국어 1등급을 정말 원한다면

독서편

CONTENTS

네가 고3이거나 재수생이라면, 이 책을 펴기 전 이미 많은 인강을 들어봤을 것이다. 그리고 이 책과 비슷한 국어 공부법 책을 몇 권 찾아봤을 수도 있다. 하지만 여러 방법을 찾아나서도 네 안에 있는 '애매함'은 지워지지 않았을 것이다.

또한 지금 이 책을 읽는 대부분의 학생들은 꾸준히 비문학을 풀어도 막상 시험을 쳐보면 틀리는 개수는 그대로였을 거라 생각한다. 그래서 '이렇게 공부하는 게 맞나' 싶은 생각이 들기도 할 거고, 스스로는 잘 읽었다고 생각했을 때도 꼭 1문제씩은 틀렸을 것이다. 공부할 땐 성적이 막 오르는 거 같다가도 막상 학교에서 모의고사 쳐보면 또 성적은 그대로다. 이런 경험이 반복되면서 국어는 타고나야 하는 거라고, 재능이 없으면 1등급을 받을 수 없다고 생각했을지도 모른다.

나도 그랬다. 매일 3, 4시간씩 국어 공부를 했지만 성적은 쉽게 오르지 않았다. 인터넷에서 비싼 모의고사도 사서 풀어보고, 나름대로 기출 문제집도 왕창 사다 놓고 많이 봤는데 중요한 시험에서는 항상 3, 4등급이었다. 글이 조금만 어려워지면 머릿속에서 튕겨져 나갔고, 시험을 쳤다 하면 시간은 항상 부족했으며, 아무리 좋다는 강의를 들어봐도 성적은 제자리였다. 나도 너처럼 국어 성적 한 번 올려보겠다고 유튜브에 국어 공부법이란 공부법은 전부 찾아봤고, 메가스터디, 대성마이맥, 이투스에서 좋다는 인강은 전부 들어봤다. 그런데도 성적은 쉽게 변하지 않았다. 학교 선생님들한테 국어 잘하는 법을 물어보면, 그냥 글을 많이 읽으라고 하거나 국어는 타고나는 게 크다는 말뿐이었다.

그런데 내 인생을 바꾸는 사건이 발생한다.

재수를 결심하고 2개월 만에 '1등급'에 도달한 것이다. 나는 정말 '우연히' 찾은 국어 공부법을 통해서, 내가 여태껏 해왔던 고민들이 말끔히 해결됐고 국어 성적은 '고정 1등급'이 되었다. 어떻게 이게 가능했을까? 바로 '14습관'이라는 걸 깨달았기 때문이다. 그리고 그 '14습관'이 무엇인지는 앞으로 460p에 걸쳐서 매우 구체적으로 설명해 줄 것이다.

그런데, 이 책을 읽는 네 입장에서는 이런 의문이 들 수도 있다.

"이 책에 있는 방법이 정말 성적을 올려주는 방법이라는 걸 어떻게 믿지?"
"다른 1타 강사들이 말해주는 것보다 이 책에서 말하는 게 더 좋다고?"

내 생각을 말하자면 이렇다. 너도 알고 있듯이, 이 세상에 국어 1등급은 많다. 하지만 **만년 3, 4등급에서 2개월 만에 고정 1등급으로 성적을 올린 사람**은 매우 적다. 보통 계속 1등급을 받던 친구가 수능 때도 1등급을 받기 때문이다. 그리고 그렇게 성적을 올린 사람들 중에서 **자기가 '어떻게', '왜' 성적이 수직 상승했는지 구체적으로 설명할 수 있는 사람**은 더 적다. 거기에 더해서 **자기 공부법을 공유하여 다른 사람을 자기와 같은 성적으로 만들 수 있는 사람**은 아마 거의 없을 것이다. 나는 바로 그 '거의 없는' 사람들 중 한 명이다.

나는 고3 내내 만년 3, 4등급을 받았었다. 고등학교 1학년 때도 처음 친 모의고사에서 국어 5등급을 받았을 정도로, 국어에 재능이 없다고 생각하는 학생이었다. 그런데 재수를 결심하고 단 2개월 만에 '고정 1등급'으로 성적을 올렸다. 1등급으로 올라선 뒤에는 6월, 9월 평가원을 비롯해서 사설 모의고사까지 단 한 번도 1등급을 놓쳐 본 적이 없다. 그리고 나는 내가 성적이 오른 방법을 '국정원'이라는 책으로 썼다. '국정원'에서는 1등급들이 어떤 생각을 하면서 글을 읽는지 아주 구체적으로 설명해 놓았다. 그렇게 '국정원'은 2023년 1월부터 지금까지 가장 많이 팔리는 '국어 공부법' 책이 되었다. 이뿐만 아니다. '국정원'은 많이 팔리기만 하는 게 아니라 실제로 많은 학생들의 성적을 올리고 있는 책이다. 아래는 내 유튜브, 인스타로 연락이 온 후기들 중 대표적인 후기들이다. 아래 후기들은 정말 단 1도 조작하지 않았다. 궁금하다면 네가 직접 '범작가' 유튜브 채널에 와서 확인해봐도 좋다.

박OO (3등급 → 1등급)

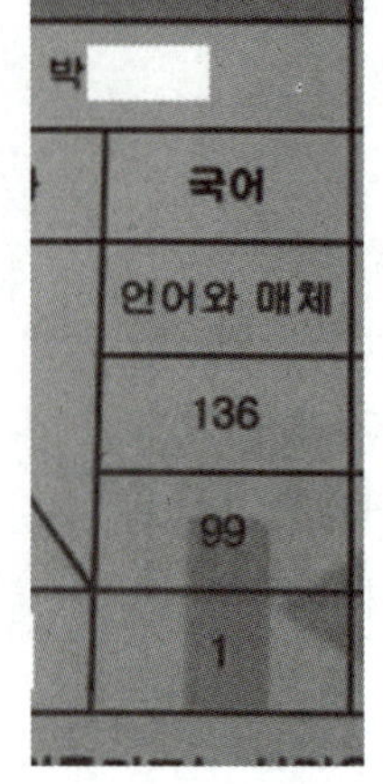

국정원은 수능 국어의 본질을 정확하게 이해한 책이라고 생각합니다. 수능 국어에서 요구하는 능력을 정확히 알고 있고, 그 능력을 갖추기 위해 필요한 학습이 무엇인지 또한 정확히 제시하고 있습니다. 예를 들어, 제가 국정원을 접하기 전에는 독서 지문을 풀 때, 밑줄이나 동그라미를 많이 사용하여 풀고는 했습니다. 하지만 정작 글 자체를 제대로 이해하지 못하여 문제를 풀 때 그 표시들이 큰 도움이 되지 않았던 것 같습니다. 국정원에 이런 습관에 대한 조언이 나와있었고, 그 조언대로 공부한 뒤부터는 독서에서의 오답이 현저히 줄어들었습니다. 글 자체를 이해하는 것이 해결책이었던 것이죠. 선지에서 막히는 경우가 허다해 다시 읽고 또 다시 읽고 하면서 시간을 많이 소비했습니다. 하지만 다시 읽는 횟수가 많이 줄어들었습니다.

손OO (4등급 → 1등급)

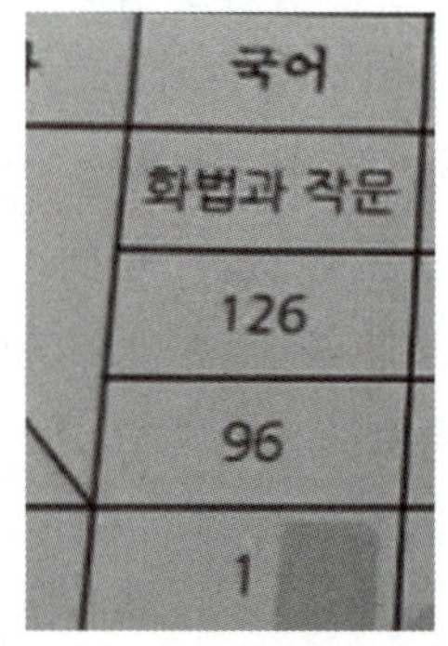

국정원의 가장 큰 차이점은 아주 자세한 해설이라 생각합니다! 물론 유명한 기출 문제집들도 해설이 아예 상세하지 않다는 것은 아니지만 저는 타 책들은 어딘가 부족한 부분들이 많다고 생각했었습니다. (예를 들어 선지의 정답은 자세하게 해설이 되어있지만 오답들은 해설이 되어있지 않음, 해설이 된 부분도 혼자 이해하기 어려운 부분이 많음 등) 그러나 국정원은 모든 선지 하나하나를 자세히 풀어서 설명 되어있기 때문에 저처럼 독해력이 초등학생 수준에 머물러있는 사람도 충분히 이해할 수 있습니다. 또 이해가 잘 안되는 부분은 귀신같이 원래 처음엔 이해하기 어려울 것이라는 범작가님의 코멘트가 있어 정말 학생의 입장에서 생각하고 만든 책이라는 느낌을 강하게 받았습니다.

저는 성적표를 보면 알겠지만 22, 23수능을 응시했고 두 시험 모두 국어 4등급을 받았습니다. (모고도 4~5였습니다) 그렇게 반수 실패 후 복학해 학교생활을 하다 수능에 미련이 생겨 1년 휴학 후 한번 더 도전하게 되었습니다. 국어는 3월부터 시작해 다른 강사 분의 강의를 듣고 문제를 푸는 식으로 공부하였습니다. 그러나 25년도 6월 모의고사의 결과는 낮은 3등급으로 그제서야 공부법에 문제가 있다는 것을 깨달았던 것 같습니다. 범작가님의 영상 하나를 유튜브 알고리즘을 통해 알게 되었고 그 영상의 내용은 정확히는 기억 안나지만 대략 국어 만년 4등급의 특징이었고 눈으로 빠르게 훑고 이해했다고 생각하기, 대충 읽고 와리가리치기(...)등등 이었던 것 같습니다. 영상 속에서 설명하는 만년 4등급의 모습이 정확히 저와 같다는 생각을 했고 책 값도 저렴해서 속는 셈 치고 한번 구매해보자! 해서 국정원을 선택하게 되었고, 이는 제 수험생활 중 가장 현명한 선택이었다 생각합니다.

윤OO (3등급 → 1등급)

일단 14습관을 제시해준 것 자체가 너무 좋습니다. 공부의 길을 제대로 잡은 느낌입니다. 그리고 작가님께서는 제가 접한 국어 공부에 관한 내용 중 처음으로 '다시 읽어도 된다'라고 말씀해주신 분입니다. 유튜브에선 지문을 읽을 때 절대 다시 돌아가지 말라는 말이 너무 퍼져 있는 것 같아요. 이 책을, 작가님을 접하기 전까진 그렇게 읽어왔고 그래서 성적이 정체되어 있던 것 같습니다. 이 책을 보게된 이유는 유튜브 영상 내용 때문이었습니다. 유튜브에서 국어 공부법 영상을 통해, 어떻게 공부해야 하는지, 어떻게 사고해야 하는지에 대한 방향을 알려주셨습니다. 많이 배우고 느꼈기에 이 분이 쓰신 문제집이라면 믿어도 되겠구나, 싶었습니다. 두 번째로 다른 책들과 국정원의 차별점은 역시 해설입니다. 지문을 단순히 꼼꼼하게 설명하는 것이 아니라, 생각의 방향을 계속해서 제시하는 것이 국정원의 가장 큰, 대체 될 수 없는 장점이라고 생각합니다. 14습관을 통해 사고 회로를 익히고, 이를 잘 적용할 수 있는 지문을 통해 연습하고, 해설을 보며 이 사고회로의 적용을 점검할 수 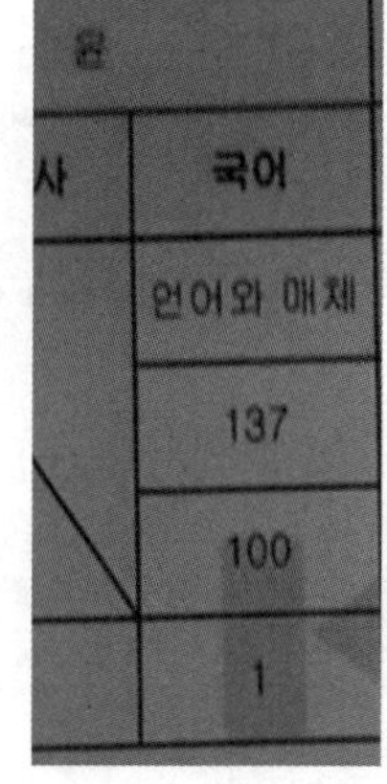 있는, 세 단계가 완벽하게 이루어지는 책이라고 생각합니다 문제집의 구성을 보면 하라는 대로 한다면 성적이 절대 안 오를 수가 없는 것 같아요.

해설에서는 어떤 부분은 이런 식으로 읽어야 한다며 길을 제시해 주는데 그 부분이 정말 좋았습니다. 깨달음을 얻을 때마다 따로 노트에 정리해가며 글에 대한 감을 키울 수 있었습니다. 제가 점점 국어 성적이 떨어지며 3모 때는 3, 6모 때는 2컷에 걸쳤었습니다. 8월부터 최저 때문에 국어와 탐구만 잡고 달린 결과 수능에서는 백분위 100이라는 결과를 낼 수 있었습니다. 감사합니다. 제 독서 공부법을 간단하게 순서로 나타내보겠습니다.

1. 14습관을 읽는다
2. 종이에 14습관의 주요 내용을 정리한다
3. 습관 중 내 습관이 아닌 것을 지문 읽기 전에 훑어본다
4. 그 중에서 가장 익히고 싶은 습관 3개를 지문 위에 적는다
5. 지문을 읽고, 답을 확인한다
6. 선지에 대해 해설을 달아본다
7. 해설을 달지 못했던 부분의 지문을 읽어보며, 14습관 중 어떤 것을 적용하지 못했는지 점검한다
8. 국정원식 해설을 읽으며 내가 점검하지 못했던 부분을 확인한다
9. 7~8에서 깨달음을 얻은 부분을 노트에 정리한다.

이런 식으로 공부하면 정말 실력이 오르지 않을 수가 없습니다. 정말 좋은 책이라고, 감사하다고 말씀드리고 싶습니다.

신OO (3등급 → 1등급)

고3 여름까지 독서 문학이 계속 애매하게 잡히지 않아서 국어 공부법을 알아보다 추석연휴 직전에 작가님을 알게되었습니다. 그 전까지는 기출문제를 한 번씩 풀기만 하고 실모랑 EBS를 돌리고 있었습니다. 작가님 영상이랑 오르비 글을 보고 바로 국정원 사서 지문 접근 태도랑 기출 문제를 죽어라 공부했는데, 독서/문학 지문을 읽는 방법이 탄탄하게 잡혀가더라고요. 그 후 상상모고X범작가로 실전 연습 및 지문 분석하고 수능 보러 갔더니 언매 97점 백분위99 받았습니다. 작가님 덕분에 가장 약하고 불안했던 과목인 국어가 6모 79점(2 중후반)-9모 94점(2 후반)-수능 97점으로 만족스러운 성과를 이뤄낼 수 있었고, 의대에 합격했습니다. 정말 감사드립니다!! 저는 특히 독서가 약해서 불안감이 컸는데 국정원은 이런 저를 구원해준 레전드 교재라고 느꼈습니다..ㅎㅎ 이번 수능 성적과 대학합격증 보내드려요! 작가님께서 항상 건승하시길 진심으로 응원하겠습니다. 정말이지 너무너무 감사드립니다.

최OO (3등급 → 1등급)

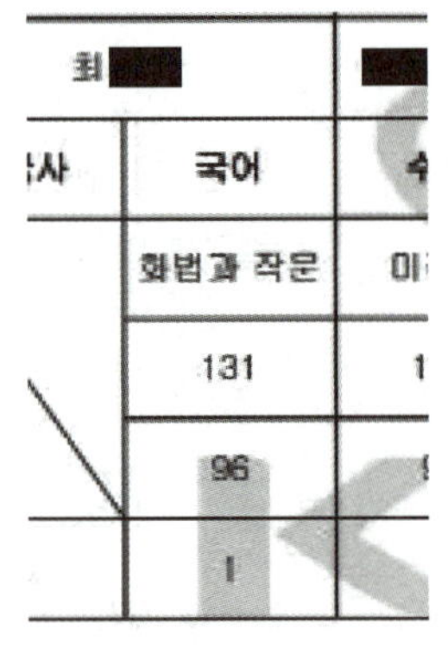

모의고사 보면 독서에서 주로 틀려서 보통 3등급 정도 나왔습니다 올해 6, 9모의고사도 3등급이고요. 그래서 독서를 어떻게 할지 커뮤니티를 돌아보다가 국정원을 알게 되어서 유튜브를 봤는데 국어 공부법 영상에서 하신 말씀이 와닿더라고요. 다른 국어 독서 독학책을 본 적은 없고 인강을 들은 적은 있는데 지문을 하나하나 보면서 강사의 방식을 터득해야 했는데 국정원은 미리 글읽기 방법을 확실히 보여주는 게 다른 점인 것 같습니다다 그리고 인강에서 개인적으로 정말 중요한 걸 알려주는 느낌이 아니었습니다 애초에 한문장 한문장 자체가 이해조차 안되는 데 그걸 이해하는 방법을 알려주는 게 아니라 그걸 어느정도 이해했다는 전제하에 글을 이어읽고 세부정보를 분류하고 이런 방법을 알려주었습니다 근데 국정원은 질문하기, 추상어 감지하기 등과 같은 구체적인 방법을 통해 문장을 이해할 수 있게 도와주었습니다.

강OO (4등급 → 1등급)

수험번호	성명	생년월일	성별	출신고교 (반 또는 졸업?
	강		여	

영역	선택과목	표준점수	백분위	등급
한국사	-	-	-	
국어	화법과 작문	131	96	1

시중에 다른 문제집이나 강의들은 문제위주의 학습을 중요하게 여겼다면, 국정원은 수능에 정말로 도움이 되는 독해 위주의 학습 방법을 알려주고 있다는 생각이 읽자마자 들었고 그 점이 다른 문제집과 강의들과 차별화된 점 같아서 한번 믿고 따라해보자 라는 심정으로 선택했습니다. 가장 도움이 되었던 점은 독서편과 문학편 둘다 독해하는 방법과 공부할 때 어떤 실력을 길러야하는지를 알려주는 내용이 도움이 되었습니다. 특히 시간을 재지 말고 독해 실력을 기르라는 부분이 수험 생활 내내 가장 큰 도움이 되었던 것 같습니다. 일단 읽기만 해도 국어를 대하는 태도가 바뀌는거에서 도움이 된다고 생각하고,국정원의 방법들을 스스로 독해하면서 활용할 수 있을때까지 국정원에 있는 기출로 연습하면 가장 좋다고 생각합니다. 국정원의 방법을 완전히 내것으로 만들면 처음보는 지문을 읽어도 흔들림없이 자신의 실력이 나오는 것을 수많은 모의고사와 사설들을 보며 체감했습니다. 저는 현역으로 처음엔 국어 낮은 3~4등급이었지만 1년동안 국정원 문학편과 독서편을 각각 2~3번씩 정독하고 기출 문제만 계속 반복해서 푸는식으로 해서 다른 강의나 학원의 도움없이 1등급을 받았습니다.

김OO (3등급 → 1등급)

내가 하고있었던 성적이 오르지 않는 공부법을 정확하게 책에서 서술하고 있어서 신뢰가 갔다. 수험생의 입장을 잘 헤아리고 있는 것 같았다. 일단 글을 읽는 방법들을 정독하면서 자신이 그동안 무엇을 잘못하고 있었고 무엇을 해야할지 고민해보기. 그리고 국정원에 있는 지문들을 그 방법대로 끝까지 스스로 고민해보며 뚫어보기. 그리고 뒤에 있는 해설을 보며 내가 했던 사고과정과 비교해보기. 이 과정을 여러번 거친다면 뒤로 갈수록 점점 해설과 비슷하게 지문을 뚫을 수 있을겁니다!

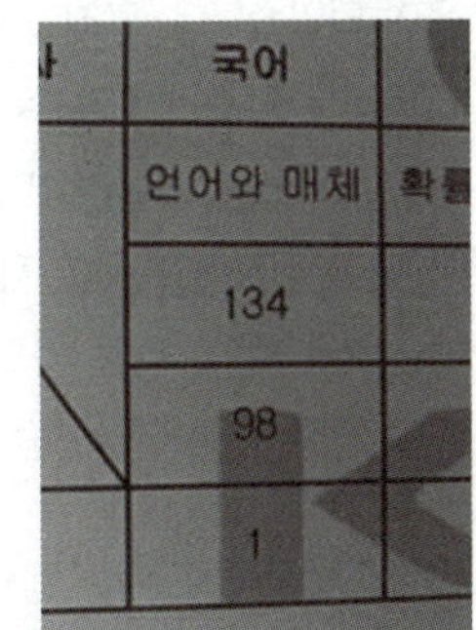

	국어
	언어와 매체	확률
	134
	98
	1

문OO (2등급 → 1등급)

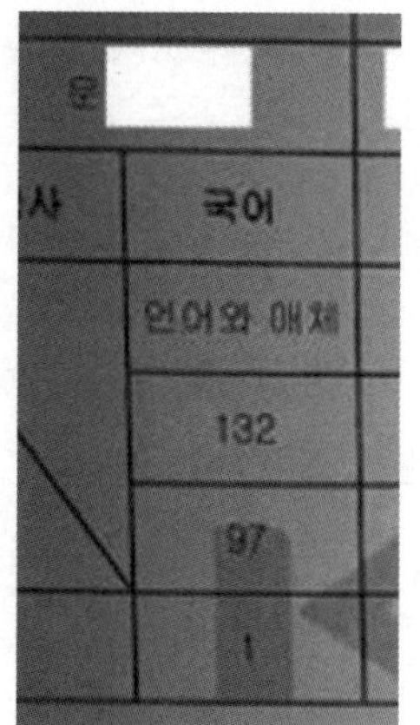

그동안 애매하게 알고 있던 지식을 글로 정리해 명확하게 제시하고, 국어의 대원칙을 제시해 국어공부의 길잡이가 되어준다는 점이 가장 기존의 책과 다른점이자 좋은점입니다. 저는 1,2학년때 1등급 3학년때는 1~2등급이 나왔습니다. 국어를 못하진 않지만 저에게 여전히 국어는 불안하고 잘 모르겠는 과목이었습니다. 제 스스로에게 질문을 던졌을때 왜 국어를 잘하는지, 문제는 어떻게 푸는건지, 국어 공부는 어떻게 하는건지에 대해 대답하지 못했고 그냥 감의 영역으로 남겨두었습니다. 이렇게 감으로 푸는 것의 문제점은 풀이가 일정하지 않고 불안하다는 점입니다. 어떤 상황에서도 잊지 않을 저만의 규칙이 있으면 긴장이나 컨디션에 상관없이 일정한 성적을 낼 수 있는데 그런게 없으니 계속 불안에 시달렸으며 문제도 잘 풀릴때는 잘 풀리고 안 풀릴때는 안 풀렸습니다. 국정원의 좋은 점은 그렇게 감의 영역으로 남겨둔 부분을 글로 정리해두었다는 것입니다. 다른 책에서는 국어 전체에 적용되는 원칙을 제시하기보다 갈래별로 방법을 따로 제시하고 또 잡다한 도구들이 너무 많았습니다. 그래서 제가 공부를 맞게 하는건지, 글을 이해하고 있는건지와 같은 물음에는 대답할 수 없었습니다. 하지만 이 책은 전체 대원칙을 제시하기 때문에 국어 전반을 공부할때 길잡이가 되었습니다. 또한 오랜 수험 생활을 하다보면 단순히 감에 의존한 공부는 길을 잃어버릴 수 있는데 이렇게 책으로 정리되어있으니 제가 그동안 애매하게 알고 있던것을 다시 간단하게 정리할 수 있었고 주기적으로 다시 꺼내보며 제 공부방향을 점검할 수 있었습니다.

앞쪽에 있는 대원칙과 뒤쪽에 있는 충분한 양의 실전적용이 가장 도움이 되었습니다. 사실상 책 내용 전부가 다 도움이 되었습니다 ㅎㅎ 앞쪽에 있는 대원칙은 제 국어공부 전반의 길잡이가 되어주었습니다. 긴 수험생활동안 제가 흔들릴때마다 이 책을 다시 꺼내보며 국어공부 방향을 점검할 수 있었고, 정확하게 글로 원칙이 정리되어 있으니 어떤 상황에서도 잊지 않을 나만의 규칙을 세워 불안에 떨지않고 시험을 볼 수 있었습니다. 책으로 정리가 되어있으니 언제든지 다시 꺼내 간단하게 읽을 수 있다는점도 큰 장점이었습니다. 뒤쪽에 있는 실전적용은 그렇게 만든 규칙을 연습할 수 있어 도움이 되었습니다. 규칙을 세우고 혼자 연습을 하면 제가 제대로 하고 있는게 맞는지 의심을 들때가 있는데 실제로 국어 지문에 어떻게 적용할 수 있는지 한줄한줄 코멘트가 달려있어서 쉽게 연습을 할 수 있었습니다. 특히 좋았던 점은 모든 문장에 코멘트가 달려있다는 점과 수록되어 있는 지문 양이 많다는 점이었습니다. 모든 문장에 코멘트가 달려있으니 제가 미처 생각하지 못한 지점까지 확인할 수 있었고, 코멘트가 원칙을 어떤식으로 적용하면 되는지 보여주었기 때문에 연습하고 체화시키는 것도 훨씬 쉬웠습니다. 또한 다양한 갈래의 글이 넉넉하게 수록되어 있기 때문에 연습을 충분히 할 수 있다는 점도 좋았습니다.

국정원과 기출을 번갈아가며 공부하면서 국정원 1회독에서는 기본적인 지식을, 그 후 회독에서는 깨달음을 바탕으로 점점 나만의 규칙과 사고를 정교하게 교정해가는 것이 가장 좋다고 생각합니다. 국정원과 기출문제집을 준비해 국정원을 1회독 한 후 기출문제집을 풉니다. 당연히 1회독으로는 실력이 늘지 않기에 기출문제집을 푸는게 어려울 수 있습니다. 하지만 그렇게 혼자서 계속 시도하고 부딪치고 깨져본후 국정원을 다시 보면 얻을 수 있는 깨달음은 이전과는 차원이 다를 것입니다. 겉돌던 규칙이 흡수되는 것이 느껴지기 때문입니다. 그렇기에 국정원->기출->국정원->기출을 계속 반복하며 공부를 해줍니다. 국어는 생각을 많이 해볼수록 실력이 늡니다. 설령 답을 내리지 못하고 답지를 본다 하더라도 그 과정속에서 분명히 국어 실력이 늡니다. 그렇게 하다보면 어느순간 무언가 궤도에 올랐다는 생각이 들때가 있습니다. 그 순간을 위해서는 계속 치열하게 고민하고 부딪치고 실패하는 과정이 필요합니다. 따라서 저는 국정원과 기출문제집을 계속 번갈아가며 보는 것을 추천합니다.

유OO (3등급 → 1등급)

저는 지난 수능 국어를 준비하며 국정원을 통해 비약적인 성적 향상을 겪었습니다. 국정원을 접한 후 문학–비문학편, 상상모의고사 콜라보까지 6개월 동안 공부하면서, 이전까지 3등급이었던 국어 등급이 당해 수능 때에 1등급까지 상승하게 되었습니다. 거창한 '독해스킬' 같은 것이 아닌 이미지화나 내면세계 공감 같이 실제로 체화할 수 있는 습관들을 알려주면서, 이를 직접 과외하는 것처럼 쓰여진 어체로 공부할 수 있는 것은 독학으로 공부하는 학생에게 정말 큰 도움이 된다는 것을 직접 경험하였습니다. 그리고 이러한 경험들이 국어를 잘하게 하는 것을 넘어 국어를 좋아하게 만들었습니다.

선택과목		화법과작문
표준점수		134
백분위		97
등급	1	1

정OO (4등급 → 1등급)

현역시절과 재수시절때 제 국어 실력은 들쑥날쑥이었습니다. 1등급이 나올때도 있었고 4등급이 뜨기도 했습니다. 어렴풋이 국어는 이해와 감상이 가장 중요하다고 생각했던 것 같지만 화려한 스킬을 보여주는 동네 학원이나 인강 강사들의 말을 믿으며 이리저리 끌려다녔습니다. 그 결과 현역과 재수 국어 성적이 모두 4등급이었습니다. 3수를 시작하면서 국어에 대한 고민을 하고있을 때, 제가 가장 국어 성적이 잘 나왔을 때 어떤 방식으로 문제를 풀었는지 생각해보았습니다. 그리고는 지문을 이해하고 풀었을 때 성적이 잘 나왔고, 밑줄긋고 암기에 급급했을 때 성적이 안 나왔다는 걸 깨달았습니다. 우연한 계기로 유튜브에서 국정원을 보았을 때 아 이거다 싶었습니다. 제가 어렴풋이 가지고 있던 이해와 감상이 중요하다는 생각이 정답이었구나 생각했습니다. 그리고 바로 국정원 문학 비문학을 구매해서 읽었고, 상승곡선을 그린 끝에 수능 1등급을 달성했습니다.

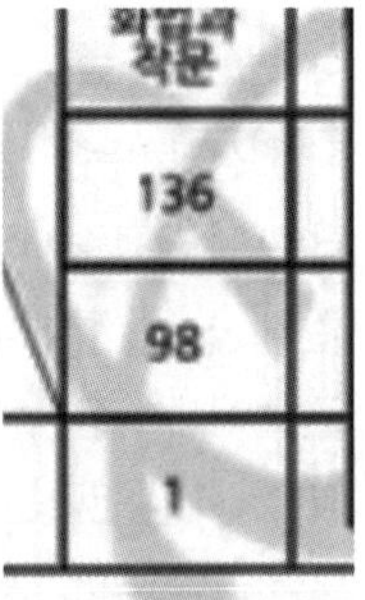

화법과작문	
136	
98	
1	

이OO (5등급 → 1등급)

국정원을 노베편까지 열심히 읽었습니다!!ㅋㅋ
올해 어디든 가고 끝낼 거 같아요ㅎㅎ

영역	원점수 (공통/선택)	등급	표준 점수	백분위
국어 언어와매체	92 (68/24)	1	130	95
수학 미적분	88 (70/18)	1	136	98

신OO (3등급 → 1등급)

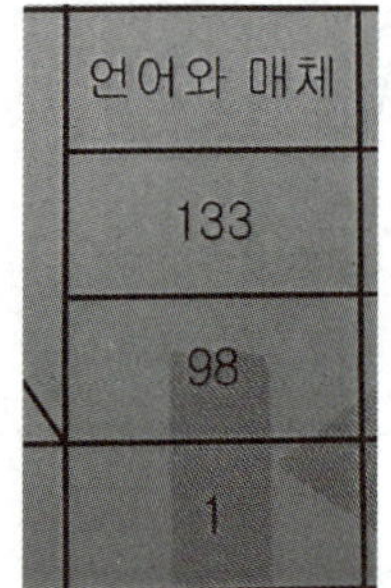

'다들 듣는 거니까 나도 해야 하지 않을까..?' 하는 마음으로 무작정 덥석 국어 인강을 결제했습니다. 인강이 모든 걸 해결해줄 거라고 생각했습니다. 하지만 인강을 듣고, 나름 완벽하게 '체화'했다라고 생각했을 때쯤, 3월 모의고사를 치릅니다. 정말 열심히 풀었지만, 결과는 처참히도 3등급. 그렇게 어언 일주일을 유튜브 속에서 방황하다 범작가님을 발견했고, 기출학습에 기반한 '생각하는 능력'을 기르기에 가장 완벽한 시발점이 되는 교재라고 생각하여 덥석 결제하게 되었습니다!

국정원은 '스스로 생각'하게 해줍니다. 다른 책, 혹은 영상들은 국어 공부법에 관해 이야기할 때, '이런이런 인강을 들으면 된다.' 혹은 '이런이런 책을 풀면 된다'는 식으로만 안내해줍니다. 하지만 국정원은 '기출'을 기반으로 '어떻게 공부해야하는지', '공부하면서 어떤 생각을 해야하는지'에 대해 가장 자세하게 알려줍니다. 사실 다른 국어 공부법들은 저에게 '이렇게까지 내가 스스로 생각해 봐야 한다고?' 라는 깨달음을 주지 못했어요. 하지만 국정원을 정독하면서 저의 평가원 독서를 대하는 방법에 상당한 문제점이 있다는 것을 깨닫게 되었고, 정확히 말하면 국어공부에 대한 '마음가짐'을 바로잡아준 은인같은 책입니다. 제가 원칙이자 철칙으로 지켰던 '이해가 안되는 문장이 없게 하자'는 물론이고, '1:1 대응 방식으로 답의 근거를 찾고 넘어가지 않는 것' 이 허를 찔렀습니다.

당연히 저는 국어 문제가 틀렸을 때 '아 여기 있는 걸 못 찾아서 틀렸구나 다음에는 잘 찾아야지' 에서 끝냈습니다. 하지만 정확히는 '왜?' 라는 질문을 던지기 시작한 순간, 저의 공부 초점 자체가 아예 바뀌기 시작했습니다. 이후 제가 오답할 때 국정원이나 기출문제집에 적게 된 빨간 글씨는 "몇 문단 어느 줄을 잘못이해함. 똑바로 읽어야겠다."가 아니라, "절대정신이 절대적 진리인 이념을 인식하는 정신의 영역을 가리킨다는 건, 절대정신을 수단으로 이념을 인식한다는 걸로 이해해야 깔끔하겠구나. 입을 수단으로 밥을 먹는 것을 입이 밥을 먹는다고 표현할 수 있듯이, 절대정신을 수단으로 이념을 인식한다는 건 절대정신이 이념을 인식한다. 라고도 할 수 있겠구나! 다음부터는 받아들이기 어려운 단어가 나오면 그냥 넘어가지 말고 쉬운 상황으로 바꾸어 이해해봐야겠다."로 바뀌었습니다. 이렇게 오답을 하기 시작하면 저의 읽기 습관에 어떤 문제가 있는지 파악하기도 쉬웠고, 가시적으로 문제점을 인식해 '국정원식의 사고방식'으로 교정할 수 있었습니다.

저는 학기 초반에 국정원, 그리고 범작가님이 추천해주신 기출문제집으로 아침에 국어공부를 하기 위해 매일 아침 5시 15분에 기상했습니다. 6시까지 등교 후, 자습실 책상에 앉아 조례(8시 35분) 전까지 매일매일 거의 2시간씩 머리를 쥐어뜯으며 기출공부를 했습니다. 제 스스로가 공부하는 것에 부담을 느끼지 않게 매일 딱 1지문씩만 공부했습니다. (사실 이것 마저도 끝내지 못할 때도 많았습니다. 브레턴우즈, 헤겔의 변증법, 예약계약 지문과 같은 악명 높은 지문들은 처음 읽을 때 4시간씩 걸렸으니까요..) 모르는, 혹은 깔끔하게 읽히지 않는(머리속으로 정확한 이미지가 떠오르지 않는) 문장은 모두 번호를 매겨 포스트잇에 해당 문장의 번호를 적고, 이해가 될 때까지 그 문장에 대한 부연 설명을 적었습니다. 어떨 때는 그 구어체로 쓴 부연 설명이 작은 글씨로도 포스트잇 2장을 꽉 채울 때도 있었고, 간단하게 저의 말로 풀어질 때도 있었습니다. 최대한.. 정말 최대한 범작가님의 설명을 보지 않고 스스로 이해하려고 꾹 참았습니다. 처음 볼 때 이해가 되지 않는 지문은 포스트잇으로 표시, 엑셀파일에 정리해두고 며칠 지나서 또 볼 수 있도록 날짜별로 계획해두어 이해하려고 끝까지 물고 늘어졌습니다. 아!!!! 하는 순간에는 다시 저의 말로 또 정리해보고, 그림도 그려보고, 마지막으로 '이정도면 충분하다' 싶을 때 범작가님의 해설으르 들춰봤습니다. 범작가님의 생각과 저의 해석이 일치할 때의 기쁨은 이루말할 수 없습니다. 아마 그게 중독성이 있어 제가 수능때까지 국어공부를 즐겁게(사실은 고통스럽게) 할 수 있었던 듯합니다 ㅎㅎ. 학기가 시작되고 3-1학기 중간고사와 기말고사 기간이 시작될 때부터는 하루에 국어지문 하나를 4시간씩 물어뜯고 있을만큼의 시간적 여유가 없습니다. 하루에 수능공부를 10시간 한다고 해도, 국어에 4시간을 쏟기에는 사실 효율적이지 않을 수 있기 때문이죠. 그럼에도 저는 매일매일 2시간은 꼭, 그 2시간만큼은 반드시 '머리를 쥐어뜯'었습니다. 머리가 뜨끈해지고, 일어서면 어지러울 정도로 한 지문을 고민하고 또 고민하는 것은 반드시 지켰습니다.

제 기억으로 수능직전까지 1년에 걸쳐 매번 같은 '쥐어뜯는' 방식으로 브레턴우즈 지문은5번, 헤겔의 변증법 4번, 바나나 지문 4번, 예약계약 7번 이상을 반복한 후 드디어 스스로 글의 짜임새를 알고 정확히 이해했다고 말할 수 있게 되었던 것으로 기억합니다. 수능이 끝난 지금의 저는 10년치의 기출 중 아무 독서 지문이나 떼와서 아무 문장이나 콕 집어 10살짜리에게 설명해보라고 하면, '무조건 설명할 수 있다.' 라고 답변할 수 있을 정 도로 자신감을 많이 얻었고, 또 그만큼 공부도 많이 했습니다. 인강을 듣던, 학원을 다니던 각자의 마음입니다. 하지만 국어과목에서만큼 가장 중요한 것은 '스스로 생각하고 판단하는 능력'을 기르는 것임을 절대 잊지 말아야한다고 생각합니다. 저는 후배들이 국정원에서 본질적인 수능 국어 공부법을 배우기를 간절히 기대합니다.

김OO (5등급 → 1등급)

작년 제 나이 29세일 때, 수능 준비를 시작하였습니다. 막연하게 수특을 사서 공부하다가 도저히 뭘 해야할지 모르겠어서 유튜브에 수능국어 1등급을 검색하였고, 운이 좋게 범작가님의 영상과 국정원을 접하게 되었습니다. 범작가님의 책은 컴팩트하다고 생각되었습니다. 공부에 있어서 중요한 것은 일정한 틀을 만들고 그 틀을 계속 반복해서 체화해야 한다고 생각이 드는데, 국정원은 책 한권에 그 틀에 대한 설명이 완벽히 들어있었습니다. 타 강사님들 및 다른 책은 상당히 킨 커리와 여러가지 강의를 들어야해서 시간적인 소모가 크다고 생각하는데, 국정원은 그냥 책 한 권에 완벽하게 그 틀이 담겨있습니다. 타강사님의 강의를 모두 수강하고 하는 것보다 시간적 소모가 적어서, 다른 과목에 투자할 수 있는 시간이 늘어나는 것도 큰 장점 중 하나라 생각합니다!(툴이 간결하고 체화가 쉽다)

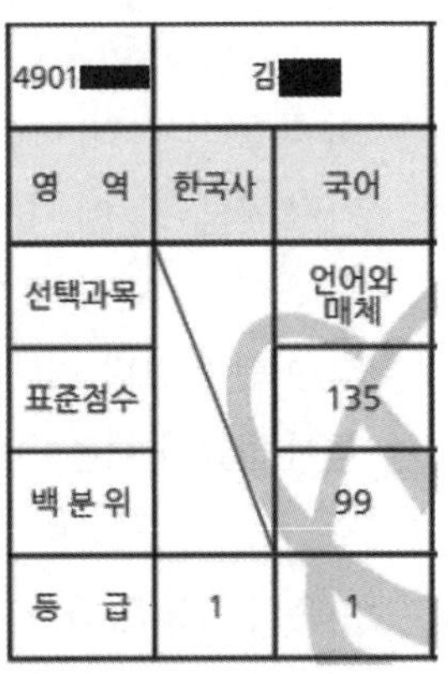

4901░░░		김░░
영 역	한국사	국어
선택과목		언어와 매체
표준점수		135
백 분 위		99
등 급	1	1

너무 많은 스킬과 생각을 가지고 실전에 임하면 뭐하나 온전하게 하지 못한다 생각합니다. 하지만, 14습관은 처음에 국정원을 읽고 자연스럽게 체화가 되었고, 이미지화와 내면세계 감상은 시험장에서 가장 쓰기 좋은 스킬(?)이라 생각들었습니다.(어찌보면 스킬이 아니라 작가가 원하는 감상법이겠죠?) 작년에는 6월쯤 국정원 비문학 편을 먼저 두번 보고, 마땡텅을 구매하여 하루 4지문을 국정원식으로 읽어보자 훈련하였습니다. 마땡텅과 함께 국정원 문학편을 구매하여 병행하였고, 마찬가지로 2번 복습 후 마땡텅을 구입하여 기출을 풀었습니다. 검은색 책과 붉은 책 두개를 사서 각각 2번씩 기출복습을 하였습니다. 이 때 문제를 그냥 푸는것이 아니라, 정말 내가 국정원에서 배운대로 적용하고 있는지를 계속 인지하며 하는게 중요하다 생각합니다.(배워서 안 써먹으면 쓸모가 없습니당). 그렇게 작년엔 국어 백분위 97(화작에서 다 틀림) 을 맞았습니다.

올해는 4월 쯤에 국어 공부를 시작하여 마찬가지로 작년에 산 국정원 두개를 다 보았고, 기출을 2006년 까지 전부 보았습니다. 역시 국정원에서의 내용을 적용하는 것을 목표로 하여 공부하였고, 그 후엔 수특, 리트 지문 등을 국정원 방법으로 독해하였습니다.(문학, 비문학 모두) 또, 14습관과 내면세계감상, 이미지화를 포스트잇에 적어서 붙여두고 계속 인지하려 하였습니다. 그렇게 올해는 국어 백분위 99를 받고, 의대 목표를 눈앞에 두고 있습니다! 늦은 나이의 도전이었고, 해보지 않은 국어가 가장 무서웠지만 운이 좋게 국정원을 접하고 가장 자신있는 과목이 국어가 되었습니다. 또 나이 30에 책 읽는 것이 제 취미가 되었네요. 이 책을 써주셔서 정말 감사합니다!

나는 3, 4등급 학생들의 국어 성적이 왜 오르지 않는 건지 정확하게 알고 있다. 그들이 글을 어떻게 읽는지, 기출은 어떻게 분석하는지, 왜 국어 시험에서 시간이 부족한지 다 안다. 왜냐하면 내가 바로 3, 4등급 학생이었기 때문이다. 나는 정말 어딜 가도 볼 수 있는 평범한 국어 실력의 3, 4등급 학생이었기 때문에, 지금 3, 4등급을 받고 있는 학생들의 마음에 진심으로 공감하고 있다.

내가 국어 공부법을 터득하고, 많은 학생들을 가르치면서 한 가지 깨달은 것이 있다. 그건 바로 '국어는 방향만 제대로 잡아주면 누구나 성적이 오르는 과목'이라는 것이다. 물론 타고난 재능에 따라 1등급까지 걸리는 시간은 각자 다르겠지만, 정말 '누구나' 성적을 올릴 수 있다. 내가 지금이야 이렇게 말하지만, 나는 학창 시절에 누구보다 회의적인 학생이었다. 정말 하루 5, 6시간씩 국어 공부만 해도 성적이 오르지 않았기 때문이다. 그래서 계속 합리화를 했다. 국어는 소위 '재능충'들만 1등급을 받는 과목이라고. 하지만 이제는 안다. 국어는 그 어떤 과목보다 정직하게 점수를 받을 수 있는 과목이라는 걸 말이다.

이 책을 쓰기 전, 나는 이미 나와 같은 말을 하고 있는 사람이 있을까 해서 한 달 동안 시간 날 때마다 교보문고에 가서 국어 공부법 관련 책을 전부 뒤져보았다. 대략 하루 평균 2~3권씩, 70권 정도 훑어보았다. 그렇게 많은 책들을 모두 다 뒤져본 뒤에 나는 이 책이 여태껏 시중에 나와 있는 그 어떤 책보다 이해하기 쉽고 도움될 것이라고 확신했다. 왜냐하면 단 한 권도 이 책과 비슷한 책이 없었기 때문이다. 이건 네가 이 책을 한 장 한 장 넘겨 가면서 스스로 느낄 것이다.

기존의 책들은 하나같이 '공통된 특징'이 있었다. '공통된 특징'은 글을 읽는 '본질적인 방법'을 말해주기보다는 글 읽는 스킬 같은 잡다한 방법을 설명하고 있었다는 것이다. 거시 독해, 구조 독해, 문단 번호 매기기, 기호 표시 등등. 그런 것을 부정하는 건 아니지만, 내가 볼 때 그런 것들은 이미 1등급인 학생들에게나 유용한 것이었다. 또 그런 기존 책들이 말하는 방법은 시험장에서 쓰기에는 무리가 있었다. 생각해봐라. 정말 네가 여태껏 배운 것들이 시험장에서 생각나던가? 그 책들이 말하고 있는 방법들은 체화하기에 시간이 너무 오래 걸렸다. 내가 봤을 때 3, 4년은 그 방식대로 읽어야 쓸 수 있을 거 같은 방법들이 수두룩했다. 그뿐만 아니라 책에서 쓰는 단어나 문장들이 너무 추상적이어서 명확하게 이 사람이 뭘 말하려고 하는지 이해하기가 힘들었다. 책을 읽으면서 계속 '3, 4등급이 이 책을 읽고 깨달음을 얻을 수 있을까?' 하는 의문이 들었다. 분명한 건 내가 3, 4등급을 받았었던 고등학생 때 그런 책들을 봤다면 아무것도 깨닫지 못했을 거라는 거다.

나는 이 책을 쓰면서 계속 스스로에게 한 가지 질문을 했다.

"내가 3,4등급이었을 때 이 책을 읽었다면 깨달음을 얻고 1등급을 받을 수 있었을까?"

매 문장마다, 매 문단마다 이 생각에 맞춰 검토를 했다. 결론은 "반드시, 그렇다."였다. 이 책의 원고 집필을 끝내고 정말 강한 확신이 들었다. 내가 3, 4등급 때 이 책을 읽었다면, 재수를 하지 않고 고3 때 1등급을 받을 수 있었을 거라 확신한다. 그리고 내 생각이 맞았다는 듯이 이 책을 읽고 인생이 바뀌었다고 말하는 학생들이 매년 등장하고 있다. 이 책에는 2등급 이하 학생들이 국어 공부할 때 고민하는 내용, 성적이 안 오르는 이유, 어떻게 하면 성적을 올릴 수 있는지 전부 담았다. '1등급의 시선'이 아닌, '3, 4등급의 시선'으로 의문점들을 하나씩 해소해 놓았다.

또한 정말 3, 4등급이 읽어도 1등급을 받는 데 지장이 없도록 상세하고 구체적으로 설명하려고 애썼다. 문장 하나당 기본적으로 5번 이상의 검토를 했다. 추상적인 말을 너무 많이 쓰고 있진 않은지, 논리적으로 비약이 있는 문장은 없는지 정말 끈질기게 검토했다. 밥 먹으면서도 휴대폰에 파일을 옮겨서 계속 읽었고, 이동할 때도, 약속 장소에서 친구를 기다릴 때도 짬짬이 검토했다. 그래서 자신 있게 말한다. 이 정도까지 상세하고 와닿도록 독서 공부법을 설명하고 있는 책은 없을 거라고. 정말 다른 거 더 할 필요 없이, 이 책 한 권만 제대로 봐도 독서는 걱정 없을 것이다.

단언컨대, 이 책의 구성이나 내용은 그 어디서도 볼 수 없는 이야기라고 확신한다. 물론 기본적인 지문 해설이나 개념은 중복되는 내용이 있겠지만 비문학 독해의 '14습관'이라는 본질적인 내용이나, '우리가 갖춰야 할 시험장에서의 태도' 등은 기존의 어떤 책에서도 말하지 않았던 방법이다. 또한 '이해한 척하려는 인간의 본성', '모든 글은 한 폭의 그림이다', '사자는 함부로 달리지 않는다' 등 흥미로운 독해 개념들이 당신을 기다리고 있다. 이 책에 제시하는 대로만 따라간다면 반드시 대한민국 상위 4%의 독해력을 갖출 수 있게 될 것이라 자신한다.

이 책을 읽은 뒤, 너는 이제 시간이 부족할 일도 없을 것이고, 이해가 안 되는 문장도 손에 꼽을 것이다. 또 글을 읽고 난 뒤에, 글의 내용이 머릿속에 생생하게 살아 있을 것이다. 미리 말하지만 자신의 변화된 모습에 많이 놀랄 수도 있다. 그리고 무엇보다 가장 큰 변화는, 공부를 하면서 **스스로 '확실하게 성적이 오르고 있다는 느낌'을 받을 수 있게 된다**는 것이다. 공부하면서 스스로 성적이 오르고 있음을 느끼는 것, 이것은 공부를 함에 있어서 가장 중요한 부분이라고 생각한다.

자, 여기까지 이 책이 어떤 가치를 담고 있는 책인지 설명했다. 이 정도 얘기했으면 이 책이 네 인생에 얼마나 큰 영향을 끼칠 책인지 이해했을 거라 생각한다.

**"자, 그럼 이제
성적 한번 바꿔 보자."**

☼ 구체적인 책 활용법

〈Chapter 1. 한평생 그 누구도 말해주지 않았던, 경이로운 글 읽기 방법〉에서는 본격적으로 '글을 읽는 구체적인 방법'을 설명한다. 그리고 본격적으로 그 방법을 설명하기에 앞서, 먼저 '수능'이란 시험이 어떤 시험인지에 대해 말해줄 것이다. 왜냐하면 '수능'이라는 시험이 어떤 시험인지 즉, 학생들에게 어떤 능력을 측정하려는 시험인지 알아야 그 능력을 키울 것이기 때문이다. 그리고 이후 '글을 읽는 구체적인 방법'을 '14습관'이라는 것으로 설명해 놓았다. '14습관'은 1등급들이 글을 읽으면서 무의식적으로 하는 14가지 습관을 말한다.

'14습관'을 하나씩 읽으면서, 자신이 여태껏 했던 독해와 어떤 점이 다른지 확인해 보기 바란다. 이때 '14습관'을 읽으면서, 동시에 전부 외우려고 막 노력할 필요는 없다. 물론 그 습관들을 외우고 체화시켜야 하겠지만, 그렇게 의식적으로 노력하지 않아도 저절로 기억되도록 내용을 구성했다. 책을 '이해'하는 것에만 집중하면서 읽다보면 자연스레 '14습관'이 머릿속에 기억될 것이다.

그다음 〈Chapter 2. 1460일 만에 깨달은 시험장에서의 태도〉에서는 우리가 결국 공부하는 이유가, 수능이라는 '시험'을 치기 위한 것이라는 걸 강조한다. 수능도 하나의 '시험'이기에, 그 특징에 맞는 공부가 필요하다는 걸 말한다. 그래서 해당 챕터에서는 '시험장에서' 1등급을 받기 위해서 필요한 세부적인 팁들을 말하고 있다. 네가 아무리 열심히 공부해도 결국 시험장에서 사소한 것들로 실수가 발생하면 성적은 오르지 않는다. 이 파트에서는 네가 시험장에서 어떻게 해야 하는지까지 말해주면서 네 점수를 책임질 예정이다.

〈Chapter 3. 이 책을 덮고 혼자 공부할 때〉에서는, 이 책을 다 읽은 뒤 네가 스스로 비문학을 읽어보고, 공부 계획을 짜고, 시험을 치면서 발생할 수 있는 모든 의문점들에 대한 답을 적어 놓았다. 이 책을 덮고 난 뒤, 네가 스스로 공부할 때도 흔들리지 않도록 하기 위해서 만들어 놓은 파트이다.

'독해편' 이후에 이어지는 '기출 적용편'에서는 14습관을 전부 적용해서 역대 수능에서 '가장 어려운 기출문제'를 하나씩 분석해 놓았다. 오답률을 기준으로, 오답률이 가장 높은 비문학 지문들만 선별해 놓았다. 왜냐하면 '14습관'이 오답률이 가장 높은 지문에서도 통하는 방법이어야 네가 믿고 공부할 것이기 때문이다. 그리고 이 책은 1등급으로 만들기 위한 책이다. 따라서 1등급이 되려면 반드시 정복해야 하는 지문들로만 구성을 한 것이다. 그저 그런 난이도의 지문으로만 연습하면 1등급은 절대 도달할 수 없다.

기출 해설 속에 '어떻게 읽어야 문제를 다 맞힐 수 있는지' 상세히 서술해 놓았다. '14가지 습관'을 어떻게 적용하는지 직접 보여주면서, 정말 이 방법대로 풀면 문제를 다 맞힐 수 있다는 걸 증명해 줄 것이다. 내가 3, 4등급 학생들을 과외할 때 설명해 주던 방식 그대로 옮겨 놨으니, 어렵지 않게 이해할 수 있을 것이다.

그리고 마지막으로, 이 책에 있는 기출 문제들을 풀기 전에 앞서 배운 '14습관'을 노트에 옮겨 적기 바란다. 그리고 비문학을 풀기 전마다 반드시 그 습관들을 한 번 정독하고 풀어야 한다. 왜냐하면 그렇게 해야 '14습관'이 빨리 체화가 되기 때문이다. 딱 30일만 내가 말하는 대로 하면, 그 이후부터는 글을 읽는다는 게 정말 즐거운 일로 느껴질 것이다. 아마 지금은 믿을 수 없겠지만.

국어가 어려운 건 네 탓이 아니다.

아무도 너에게 글을 어떻게 읽어야 하는지

가르쳐주지 않았기 때문이다.

부모님도, 선생님도 가르쳐주지 않았다.

이 챕터에서 그 기나긴 여정에 마침표를 찍자.

독해편

CAHPTER. 1

한 평생 그 누구도 말해주지 않았던,
경이로운 글 읽기 방법

한 평생 그 누구도 말해주지 않았던, 경이로운 글 읽기 방법

1. 수능이란 시험이 우리에게 요구하는 것

자, 글 읽기 방법을 말해주기 전에, 일단 먼저 우리가 치는 시험이 우리에게 무엇을 요구하고 있는지 알아야 한다. 출제자는 '수능'이란 시험을 통해서 무슨 능력을 측정하려고 하는 걸까? 먼저 적을 알고, 나를 알아야만 전쟁에서 승리할 수 있다.

결론부터 말하자면, 수능에서 비문학을 출제하는 이유는 학생들의 '독해력'을 측정하기 위해서이다. 그럼 '독해력'이라는 게 구체적으로 무엇일까? '독해력'이란 '글을 읽고 이해하는 능력'이다. 출제자는 네가 글을 얼마나 깊이 이해할 수 있는지 묻기 위해 비문학을 출제한다. 근데 여기서 문제가 있다. 3~4등급 학생들은 글을 이해한다는 것이 무슨 의미인지 모른다는 것이다. 그 등급대 학생들은 이해를 못 했음에도 이해했다고 생각하고 넘어가는 경우가 대부분이다. 왜 그런 걸까? 그 이유는 아무도 이해했다는 것의 구체적인 의미를 알려주지 않았기 때문이다. 하지만 1등급 학생들은 본능적으로 자신이 글을 이해했는지 알아낸다. 그래서 그들은 1등급을 받을 때까지 '이해하는' 연습을 하게 되고, 그렇게 하니까 '독해력'이 길러져서 1등급을 받는 것이다.

여기서 다시, 평가원이 요구하는 능력을 좀 더 자세히 알아보자. 현재 수능이 비문학 파트에서 학생들에게 요구하고 있는 사항이 '독해력'이라고 퉁쳐서 말했지만, 좀 더 세부적으로 말하자면 4가지로 나눌 수 있다.

4가지는 바로 '독해력, 사고력, 어휘력, 침착함'이다. 이 내용은 한국교육과정평가원 홈페이지에 있는 "2026학년도 대학수학능력시험 학습 방법 안내서"를 참고했다. '독해력, 사고력, 어휘력, 침착함'이라는 단어들이 추상적으로 들릴 수도 있다. 그리고 너무 시시하다고 생각될 수도 있다. 너무 당연한 것 같기 때문이다. 하지만 나는 지금 누구나 하는 말을 하려는 게 아니다. 아래에서는 각 능력이 무엇을 의미하는지 매우 구체적으로 설명하고, 어떻게 그 능력들을 기를 수 있는지도 말하고 있다.

❶ 독해력

'독해력'이란 '읽을 독(讀)', '풀 해(解)', '힘 력(力)' 자를 써서, 말 그대로 글을 읽고 풀어내는 힘을 뜻한다. 이는 수능 국어를 공부함에 있어서 전부라고 할만한 능력이다. 그런데 사실 독해력이 중요하다는 건 너무도 익히 들어와서 별로 감흥이 없다. 네가 지금 독해력이 중요하다는 걸 몰라서 지금 성적이 안 오르는 게 아니지 않은가? 네가 답답한 이유는, 바로 그 '독해력'을 '어떻게 올리는지' 모르니까 답답한 것이다. 그리고 또 독해력 이 글을 이해하는 능력이라고 하는데, '이해'라는 건 도대체 어떻게 하는 건가? 이 책이 나오기 전까지 이에 대한 어떤 명쾌한 답도 존재하지 않았다.

부모님이나 선생님들이 독해력을 높이는 방법으로 말씀하시는 거라고는, 해봤자 그냥 '책을 많이 읽어라' 정도이다. 근데 정말 책만 많이 읽으면 될까? 아니다. 어떤 원리로 독해력이 향상되는 건지 이해하지 못하면 책을 많이 읽는다 해도 '독해력'은 오르지 않는다.

그럼 어떻게 독해력을 올리는가? 독해력을 올리기 위해서는 글을 읽으면서 해야 하는 '생각의 습관'들을 배워야 한다. 즉, 글을 그냥 읽어서는 안 되고 글을 읽을 때 특정한 생각들을 해주면서 읽어야 한다는 말이다. 이건 학교에서도 학원에서도 가르쳐주지 않는다. 이 책에서 바로 그 '생각의 습관'을 '14습관'을 통해서 명확하게 풀어내고 있다. 다음 장부터 시작되는 '14 습관'을 주의 깊게 읽는다면 '독해력'을 올리는 명확한 답을 얻을 수 있을 것이다.

❷ 사고력

쉽게 말해서 '사고력'을 물어본다는 것은, 머릿속에서 정보를 '조합'하고, '분류'하고, '만들어' 낼 수 있는 능력이 있는지를 물어본다는 말이다. 예를 들어서 어떤 문장을 읽었을 때 이것과 관련된 배경지식을 떠올리고, 관련된 예시를 생각해 내는 능력이 바로 '사고력'이다. 또 이 문장에서 하는 말이 정말 맞는 말인지, 다른 경우는 없는지 생각해 내는 것도 '사고력'의 일종이다.

'독해력'이 글을 '이해'하는 것에만 초점을 맞춘 단어라면, '사고력'은 글을 이해하는 것에서 더 나아가는 것을 의미하는 단어다. 글 속에 있는 정보와 다른 정보를 조합하거나, 그 글이 옳은지 그른지까지도 생각해낼 수 있는 힘을 '사고력'이라고 하는 것이다.

수능은 네가 얼마나 많은 문제를 '풀었는지' 물어보는 시험이 아니다. 얼마나 많이 '생각했는지'를 물어보는 시험이다. 출제자는 네가 얼마나 많은 생각을 했고, 그 과정에서 사고하는 힘이 얼마나 길러졌는지를 보려고 한다. 그런데 이 사고력이란 능력 또한, 다음 장에서 말할 '14 습관'들이 없으면 길러지지 않는다. '14습관' 없이는, 사고력을 기르려고 아무리 책을 읽어도 쉽사리 길러지지 않을 것이다.

❸ 어휘력

지금부터 나오는 단어들 중 뜻을 확실하게 말할 수 있는 단어가 몇 개나 있는가?

– 현학적	– 통화	– 도상적	– 여론	– 바야흐로	– 겸연쩍다
– 향유하다	– 환율	– 지양하다	– 시인하다	– 금리	– 재화	– 규범

위 단어들의 뜻을 '정확히' 말할 수 있는가? 아마 다 한 번쯤 들어봤던 단어지만, 정확하게 뜻을 말하려니까 쉽지 않았을 것이다. 그런데 위 단어들은 모두 기출 문제에 '여러 번' 활용된 단어들이다. 위 단어들 중 절반 이상이 헷갈렸다면, 수능 1등급을 받기에는 어휘력이 아직 많이 부족한 상황이다.

'어휘력'은 글쓴이가 말하고자 하는 것을 정확하게 파악하는 데 아주 중요한 역할을 한다. 왜냐하면 어휘를 잘 모르는 경우, 글쓴이는 A라는 뜻을 전하기 위해서 이 단어를 썼는데, 읽는 사람은 그 단어를 B라고 이해해버리는 경우가 생기기 때문이다. 이렇게 한, 두 단어씩 글쓴이의 생각을 못 따라가기 시작하면 결국 지문 전체가 추상적으로 읽힌다. 이 사람이 지금 무슨 말을 하려 하는 건지 이해하기 어려워지는 것이다. 그리고 또 단어의 정확한 의미를 모르고 있으면 필자가 말하고자 하는 뉘앙스나, 구체적인 상황들을 '내 맘대로' 해석하고 넘어가게 된다. 그럼 당연히 출제자가 요구하는 이해의 수준과 멀어지는 것이다.

이렇듯 국어에서 어휘력은 성적을 결정짓는 아주 중요한 요소 중 하나다. 하지만 많은 학생들은 어휘의 의미를 찾아볼 생각을 하지 않는다. 어휘를 찾아봐야겠다고 생각하는 학생들도 아예 모르는 단어 몇 개만 찾아볼 뿐, 애매하게 알고 있는 단어들은 찾아보지 않는다. 왜 그런 걸까? 답은 '귀찮아서'다. 바로 내가 그랬다. 어휘력이 부족하다는 게 지문 읽으면서 느껴지는데도, 어휘를 찾아볼 생각도 안 했고, 찾는다 해도 겨우 1, 2단어 찾고 끝냈다. 사실 국어 지문을 읽으면서 모르는 어휘도 찾아본다는 게 상당히 귀찮은 일이라는 건 나도 알고 있다. 하지만 어쩌겠는가. 그렇게 계속 어휘력을 기르지 않은 채로 글을 읽으면, 아무리 많이 읽어도 시험장에서 모르는 단어를 만나고, 문제를 틀리게 될 텐데.

모르는 단어는 반드시 찾아야 한다. 애매하게 이해하고 넘어가는 단어는 없어야 한다. 그래서 내가 추천하는 방법은 다음과 같다. 먼저 공책을 한 권 사고, 글을 읽으면서 발견하는 낯선 단어들을 그 공책에 적어 둔다. 그리고 공부가 마무리될 시점에, 휴대폰으로 각 단어의 의미를 검색해서 공책에다가 적어 둔다. 공책에다 적을 때는 '뜻'뿐만 아니라, 그 단어가 쓰인 '예시 문장'도 함께 적어 놓으면 훨씬 빨리 암기할 수 있다.

이렇게 어휘력도 신경 쓰면서 공부를 해야 성적이 빠르게 오른다. 안 그러면 지문도 계속 명확하게 안 읽힐 것이고, 무조건 나오는 2점짜리 어휘 문제에서 계속 틀리는 너를 볼 수 있을 것이다.

❹ 침착함

모든 시험이 그렇듯, 수능도 어쨌건 '시험'이기 때문에 '침착함'이 요구된다. 아무리 독해력, 사고력, 어휘력이 높은 학생이라도 지문을 읽을 때 침착함을 유지하지 못한다면 분명 놓치는 부분이 생긴다. 내가 아무리 국어 1등급의 실력을 가지고 있다고 해도 "여기서 한 문제 틀리면 죽는다."라고 옆에서 누가 총 들고 협박하고 있다면 침착하게 문제 풀기가 어려울 것이고, 분명 실수가 나온다.

침착함을 높이는 방법은 2가지다. 첫 번째는 시험 직전에 '실전 모의고사'를 푸는 것이고 두 번째는 '근본적인 글 읽는 능력'을 기르는 것이다. '실전 모의고사'를 풀 때는 정말 시간을 엄격하게 지켜서 연습을 해야 한다. 그래야 '침착함'이 길러지기 때문이다. '침착함'을 기르기 위해서는 일단 '긴박한 상황'이 있어야 한다. '침착하다'라는 말 자체가 '긴박한 상황 속에서 침착하다'는 걸 전제로 하고 있기 때문이다. 평온한 상태에서 평온하게 문제를 푸는 건 누구나 할 수 있다. 즉, '80분'이라는 제한 시간이 없는 채로 실전 모의고사를 풀면 '긴박한 상황'이 만들어지지 않고, 당연히 '침착함'도 길러지지 않는 것이다.

그리고 두 번째로, '침착함'을 유지하기 위해서는 근본적인 글 읽기 능력인 '독해력, 사고력, 어휘력'을 높여야 한다. 뻔한 말이지만 정말 중요한 말이다. 서울대 수학과 학생이 초등학교 수학 문제를 푼다면, 누가 옆에서 아무리 난리를 쳐도 흔들리지 않을 것이다. 그리고 긴장도 안 할 것이다. 이렇듯 긴장하지 않는 방법은 근본적인 실력을 올리는 것이다. 1등급들도 시험 칠 때 당연히 떨린다. 그럼에도 불구하고 그들이 1등급을 받아내는 이유는 그들의 실력이 1등급이기 때문이다. 자신이 어떤 시험을 치든 1등급이 나온다는 자신감이 있으니까, 떨지 않고 1등급을 받아내는 것이다.

2. 시험장에서 반드시 승리하는 '14습관'

제목을 보고 많이 부담스러웠을 것이라 생각한다. '뭐라고? 습관 14개? 어떻게 다 외워…'. 그러나 내가 앞으로 말할 14가지 습관 중 하나도 안 하고 있는 학생은 거의 없다. 대부분의 학생들은 이 14가지 중에 무의식적으로 몇 가지를 이미 하고 있다. 적게는 2, 3개부터 많게는 8, 9개까지 하고 있을 것이다.

'14습관'을 하나씩 보면서, 네가 하지 않고 있었던 것들이라면 습득하고, 하고 있던 것이라면 확신을 얻으면 된다. 나는 각 장을 순서대로 보길 추천하지만 제목을 보고 네가 흥미롭게 보이는 부분부터 먼저 읽어도 크게 문제는 없다. 하지만 반드시 '전부' 읽기 바란다. 그리고 '14습관'을 한 번에 외우려고 달려들 필요는 없다. 계속 반복적으로 보면서, 조금씩 외워나가면 된다. 그리고 네가 굳이 힘들게 외우려고 안 해도, '저절로' 외워지도록 '기출 적용편'을 만들어 놨으니 걱정하지 말자.

그럼, 이 '14습관'을 보기 전에, 우리가 어떻게 해야 '독해력', '사고력'을 올릴 수 있는지 생각해 보자. 앞서 네가 '수능이 우리에게 요구하는 능력' 파트를 이해했다면, 머릿속에 이런 생각이 떠올라야 한다. '국어를 잘하려면 독해력, 사고력을 키워야 한다는 건 알겠다. 근데 그 능력을 키우려면 구체적으로 어떻게 해야 하지? 빨리 그 방법을 말해달라는 말이야!'

그리고 그 질문에 대한 답은 아래 한 문장으로 정리할 수 있다.

> " 독해력, 사고력을 기르기 위해서는 <u>머리를 자극해서</u>
> <u>고차원적인 생각을 계속하게 만들어야 한다.</u> "

그렇게 가볍게 읽을 문장이 아니다. 다시 한번 천천히, 제대로 읽어봐라.

다시 한번 천천히 읽었는가? 앞으로 국어 공부 방향에 있어 이정표가 되어줄 문장이다.
먼저 '머리를 자극하는 방법'을 말해주겠다.

📌 머리를 자극하는 방법

어떤 사람이 평생 동안 동화책만 읽는다고 해보자. 그 사람은 똑똑해질 수 있을까? 사람이 계속 동화책만 읽는다면 절대 똑똑해질 수 없다. 아마 동화책을 몇천 권씩이나 읽어도 그 사람의 독해력과 사고력은 변함이 없을 것이다. 왜냐하면 동화책에 나오는 사고는 고차원적이지 않고, 이해하기도 어렵지 않기 때문이다. '독해력'과 '사고력'을 크게 향상시키기 위해서는 '큰 자극'이 필요하다. 이때 '큰 자극'은 동화책이나, 교과서 읽기, 친구들끼리 하는 대화로는 받을 수 없다.

그렇다면 머리에 어떻게 '큰 자극'을 줄 수 있을까? 그 방법은 바로 자기 독해 수준보다 좀 더 어려운 수준의 글을 반복해서 읽는 것이다. 처음 읽고는 쉽게 이해하기 어려운 지문들을 반복적으로 접하면서 사고의 폭을 확장시켜야 한다. 자기 독해 수준보다 좀 더 어려운 글을 읽으면 머리가 아프고, 하나도 무슨 말인지 모를 것이다. 하지만 계속 부딪혀야 한다. 한 번, 두 번, 세 번 반복해서 읽는 과정을 통해 글이 점차 이해되기 시작한다. 바로 그 과정에서 우리는 머리를 자극하게 되고 독해력과 사고력이 상승하게 되는 것이다.

그럼 '내 독해 수준보다 어려운 수준의 글'은 구체적으로 무엇일까? 네가 지금 고정 1등급이 아니라면 그 글은 바로 '기출문제'다. 네가 기출 문제를 풀면서 계속 틀리는 문제가 나오는 이유는 네 독해력이 기출 문제에 나오는 지문을 완벽히 이해할 만큼 높지 않기 때문이다. 우리는 기출문제를 반복적으로 읽고 이해하면서, 기출문제가 요구하는 수준까지 독해력과 이해력을 끌어올려야 한다. 기출문제에는 우리가 평소 접하는 글과 대화의 수준보다 훨씬 어렵고 수준 높은 내용이 담겨있다. 그런 내용들을 반복적으로 읽고 이해하다 보면 자연스럽게 독해력, 이해력이 길러진다.

📌 고차원적 생각을 하는 방법

아까 나는 위에서, 1등급을 받으려면 '머리를 자극하고, 고차원적 생각을 하면 된다'고 했다. 그리고 '머리를 자극하는 방법'은 '기출문제'를 푸는 것이었다. 그런데 '머리를 자극'하는 것은 모든 학생들이 이미 하고 있다. 왜냐하면 누구나 기출문제를 가지고 공부하기 때문이다. 그런데 똑같은 기출 문제를 풀어도 누구는 성적이 오르고 누구는 그대로다. 왜냐하면 두 번째 조건인 '고차원적 생각'을 하지 않기 때문이다.

"그럼 고차원적 생각을 어떻게 하는지만 알려주면 1등급으로 가겠네?"

정답이다. 그리고 그 '고차원적 생각을 하는 방법'이 바로, 내가 앞으로 말할 '14습관'이다. 그래서 '14습관'을 배우면 누구나 1등급으로 갈 수 있다고 한 것이다. '14습관'에서 말하는 대로 기출문제를 풀면 '머리를 자극하고 고차원적 생각'을 하게 된다. 그러면 당연히 '독해력'과 '사고력'이 오르기 때문에 1등급에 도달할 수 있게 되는 것이다. 그럼 이제 본격적으로 '14습관'을 보면서 1등급들이 어떻게 '고차원적인 생각'을 하는지 알아보자.

3. 국어 1등급의 14가지 습관

독해력, 이해력을 향상시키는 고차원적인 사고 습관 10가지

1. 수능은 5분 안에 20문장 기억하기 게임이 아니다, '기억해야 한다'는 강박 내려놓기

2. 사자는 함부로 뛰지 않는다, 천천히 읽기

3. 머릿속으로 세계일주를 하고 와도 4분이다, 다시 읽기

4. 최상위권의 시험지는 백지에 가깝다, 지문에 표시하지 않기

5. 글을 읽는다는 건 교수님과의 1대1 미팅이다, 대화하며 읽기

6. "나는 과일을 좋아해"라는 대답에 만족하지 마라, 추상어 감지하기

7. 일단 뭘 알아야 읽을 거 아닙니까, 배경지식 쌓기

8. 모든 글은 한 폭의 그림이다, 이미지화하기

9. 교수님은 불친절하다, 부연 설명 만들기

10. 한 번 본 문장을 일주일 동안 기억하는 법, 문장 재구성하기

시험장에서 1등급을 만들어내는 '섬세한' 습관 4가지

11. 정보량을 0으로 만드는 비법, 어휘의 함축적 의미

12. 정답률 11% 문제를 맞히는 방법, 제시된 개념 인지하기

13. 출제자는 단어 하나에 4시간을 고민한다, 특수한 상황을 나타내는 단어 캐치하기

14. 이해한 척하려는 인간의 본성, 애매하면 멈추기

이제 이 14가지 습관들을 하나씩 살펴보자.

단언컨대, 이 방법을 거치지 않고서는 백날 국어 공부해봤자

성적은 제자리일 것이다.

내가 4년 동안 이걸 깨닫지 못해서, 길을 빙빙 돌아왔다.

너는 직선으로 걷기 바란다.

네가 지금 비문학을 어려워한다면, 문장을 '외우려고' 덤벼들기 때문이다. 대부분의 하위권, 중위권 학생들은 모든 문장을 외워야지만 문제를 풀 수 있다는, 잘못된 강박 속에 있다. 과외를 할 때마다 3, 4등급 학생들에게 이 사실을 깨닫게 하는 게 가장 힘들다. 중하위권 학생들은 국어 공부를 하는 몇 년 동안, 글을 '외워야 하는 정보 덩어리'로 생각해왔기 때문에 이 습관을 버리게 하기가 쉽지 않다. 그들은 글을 외우지 않고 그냥 '이해'하고 넘어간다는 것에 대한 불안감이 있는 것이다. 근데 네가 딱 한 번만 글을 '이해하려는 태도'로 읽어보면, 글을 외울 필요가 없다는 걸 알 수 있다. 글 읽는 시간을 무제한으로 두고, 글 내용을 '이해'하는 것에만 목적을 두고 읽어봐라. 문제는 알아서 풀린다.

글을 읽을 때 문장을 외우려는 태도는, 보통 채점하면서 생긴다. 대부분의 학생들은 틀린 문제가 나오면 답지를 본다. 그리고 답지에서는 '몇 문단 몇 번째 문장에 답의 근거가 있잖아. 맞지? 앞으로는 주의해서 읽어~'라고 말해준다. 그럼 너는 이 답지를 읽고 이렇게 생각한다. '아, 내가 저 문장을 기억하지 못해서 이 문제를 틀렸구나. 앞으로는 좀 더 꼼꼼히 문장을 기억하고 가자'. 이런 생각 끝에 너는 글 읽으면서 문장을 좀 더 정확하게, 많이 외우려고 애쓴다. 그런데 지금부터 이런 생각을 없애야 한다. 글에 있는 문장을 '그대로' 외우려고 덤벼드는 건, 완전 잘못된 태도다.

📌 문장 외우기가 아니라 이해를 해야 하는 이유

1. 기출이 변화했다.

예전 기출 문제에서는 그냥 냅다 외우는 태도가 몇 번 먹혀들었다. 왜냐하면 예전 시험 문제는 지문에 있는 문장을 그대로 선택지에 박아 두는 경우가 많았기 때문이다. 아래는 2016학년도 수능 A형에 나온 지문과 문제다.

─── · 지문 中 · ───

애벌랜치 광다이오드는 크게 흡수층, 애벌랜치 영역, 전극으로 구성되어 있다. 흡수층에 충분한 에너지를 가진 광자가 입사되면 전자(−)와 양공(+) 쌍이 생성될 수 있다. 이때 입사되는 광자 수 대비 생성되는 전자-양공 쌍의 개수를 양자 효율이라 부른다. 소자의 특성과 입사광의 파장에 따라 결정되는 양자 효율은 애벌랜치 광다이오드의 성능에 영향을 미치는 중요한 요소 중 하나이다

> **윗글의 내용과 일치하는 것은?**
>
> ① 애벌랜치 광다이오드는 전기 신호를 광신호로 변환해 준다.
> ② 애벌랜치 광다이오드의 흡수층에서 전자–양공 쌍이 발생하려면 광자가 입사되어야 한다.
> ③ 입사된 광자의 수가 크게 늘어나는 과정은 애벌랜치 광다이오드의 작동에 필수적이다.
> ④ 저마늄을 사용하여 만든 애벌랜치 광다이오드는 100nm 파장의 빛을 검출할 때 사용 가능하다.
> ⑤ 애벌랜치 광다이오드의 흡수층에서 생성된 양공은 애벌랜치 영역을 통과하여 양의 전극으로 이동한다.
>
> · 답 : ②

위에서 확인할 수 있듯, 예전 기출은 지문에 있는 문장을 거의 그대로 선택지에 넣어놨다. 그래서 문장을 '이해하지 않아도' 지문이랑 선택지를 왔다 갔다 하면서 정답을 맞힐 수 있었다. 하지만 요즘 시험 문제는 지문에 있는 문장이 그대로 나오지 않는다.

다음은 2026학년도 수능 6번 문제다.

> **6. (가), (나)를 바탕으로 할 때, ㉠의 이유로 가장 적절한 것은?**
>
> ① 주채무자가 보증인에게 지급하기로 한 대가를 채권자가 대신 받을 수 있기 때문이다.
> ② 보증인에게 대가를 지급할 의무를 지는 사람이 보증 계약의 당사자가 아니기 때문이다.
> ③ 보증 채무를 이행하기 전까지는 보증인이 주채무자로부터 손해 배상을 받을 수 없기 때문이다.
> ④ 채권자에게 주채무자 대신 채무를 이행하는 것은 보증인 자신의 채무를 이행하는 것에 해당하기 때문이다.
> ⑤ 보증은 주채무자에 대한 채권의 실현을 담보하는 기능을 수행한다는 점에서 담보 물권과 다름없기 때문이다.

네가 문제를 풀어봤으면 알겠지만, 놀랍게도 여기 1번부터 5번까지 선지 모두 '지문에 없는' 문장들이다. 무슨 말이냐면, 네가 시험장에서 이 문장들이 맞나 틀리나 보려고 지문으로 돌아가도, 그 근거가 되는 문장을 하나로 콕 집어낼 수가 없다는 말이다. 눈을 왔다 갔다, 아무리 굴려도 답은 보이지 않는다. 그럼 어떻게 했어야 했을까? 답은 간단하다. 지문을 읽으면서 문장 하나하나를 '이해'했어야 한다. 그리고 '이해'한 내용을 바탕으로 선택지가 맞는지 틀렸는지 구분했어야 했다. 아직 이 문제를 안 풀어봤다면 한 번 풀어보길 바란다. 그러면 지문을 이해해야지만 풀 수 있는 문제였다는 걸 깨달을 것이다.

요즘은 위 문제처럼 시험을 출제한다. 즉, 대부분의 문제들이 그냥 '단순 눈 굴리기'로 풀 수 있게 나오지 않는다는 말이다. 왜 그런 걸까? '눈 굴리기'로 문제를 풀 수 있게 해버리면 '독해력'과 '사고력'을 측정할 수 없기 때문이다. 출제자 입장에서는 얘가 진짜 이해하고 맞힌 건지, 아니면 이해도 못 했는데 그냥 눈 굴려서 운 좋게 맞힌 건지 알 수가 없다.

여기에서 왜 '고1, 2 때 국어 1등급'이던 학생들이 고3 때는 2, 3등급으로 떨어지는지 알 수 있다. 고1, 2 때는 선택지가 보통 '지문에 있는 문장 그대로' 출제된다. 그래서 눈 굴리기로, 서치하면서 푸는 게 가능했다. 하지만 고3 때는 위 예시에서도 알 수 있듯이, 그게 불가능하다. 그래서 고 1, 2학년 때 만점, 1등급을 받던 학생도, 문장에 대한 '깊은 이해'를 요구하는 고3 때는 3등급이 나오는 것이다. 그렇기 때문에 네가 수능에서도 1등급을 맞으려면 기억하려는 강박을 빨리 내려놓고 '이해'에 목숨 걸어야 한다.

2. 그 많은 문장을 외우는 것 자체가 불가하다.

평균적으로 수능 비문학에 나오는 글은 한 지문이 25~30개의 문장으로 구성되어 있다. 근데 이걸 다 외우려고 한다? 이걸 다 외우는 건 컴퓨터가 아닌 이상 불가능하다. 즉, 문장을 전부 외우려고 달려드는 것은 일단 '물리적으로 불가능한 목표'라는 것이다. 그렇기 때문에 우리는 글 읽는 '태도'를 '암기'가 아닌 '이해'로 바꿔야 한다.

너는 '다 외우는 게 아니라 중요한 것만 외우는 거'라고 나름의 반박을 할 수도 있다. 하지만 문제는, 네가 '중요하다'라고 판단하는 문장의 기준이 명확하지 않다는 것이다. 대부분은 시험장에서 그냥 '감'으로, 중요해 '보이는' 문장을 암기하고 있다. 내가 그랬기 때문에, 다 안다. 사실 너는 모든 문장을 '암기할 수도 있는 것'으로 본다는 점에서, 모든 문장을 외우려고 하고 있는 것이다.

3. 출제자는 암기를 요구하지 않는다.

내가 문장은 기억하는 게 아니라 이해하는 것이라고 말하면 대부분의 학생들은 이렇게 말한다.

"모든 문장을 기억하는 게 불가능하다는 건 알겠어요. 그런데 기억하려고 하면서 안 읽으면 문제로 갔을 때 '이런 말이 있었나?' 하는 생각이 들어요. 이럴 때는 어떻게 하나요?"

답변해 주겠다. 네가 정말 기억하려고 하면서 안 읽었기 때문에 문제로 갔을 때 "내가 이걸 봤었나?" 하는 생각이 드는 걸까? 아니다. 이해를 안 하고 넘어갔기 때문에 머릿속에 남아 있지 않은 것이다. 이유를 똑바로 봐야 해결책이 바로 선다.

1등급들은 모든 문장을 외울 수 있어서 문제를 다 맞히는 걸까? 아니다. 1등급도 우리랑 기억력은 비슷하다. 그렇다면 무엇이 다른 걸까? **1등급은 '기억하기 위해서' 기억하려 하지 않는다.** 무슨 말이냐면, 1등급은 지문 내용을 기억하기 위해서 문장을 '이해'하는 데 최선을 다한다는 것이다. 왜냐하면 1등급들은 지문을 이해하면 저절로 기억된다는 것을 알고 있기 때문이다. 정말 신기하게도, 네가 문장을 기억하려 하지 않아도 이해하면 저절로 기억이 난다. 거짓말 같은가?

아래 문장을 함께 보자. 먼저 스스로 원래 읽던 대로 아래 문단을 읽어보고 글을 이어서 읽기 바란다.

암 치료에 사용되는 항암제는 세포 독성 항암제와 표적 항암제로 나뉜다. 파클리탁셀과 같은 세포 독성 항암제는 세포 분열을 방해하여 세포가 증식하지 못하고 사멸에 이르게 한다. 그러므로 세포 독성 항암제는 암세포뿐 아니라 정상 세포 중 빈번하게 분열하는 종류의 세포도 손상시킨다. 이러한 세포 독성 항암제의 부작용은 이 약제의 사용을 꺼리게 하는 주된 이유이다. 반면에 표적 항암제는 암세포에 선택적으로 작용하도록 고안된 것이다.

– 2016학년도 9월 모의평가 –

이 문장을 읽으라고 시키면 2등급 이하 학생들은 세포 독성 항암제와 표적 항암제가 뭔지, 어떻게 작용하는지 이해하려 하지 않고 일단 머릿속으로 '암기'를 시작한다.

"파클리탁셀이 일단 세포 독성 항암제고.. 얘가 세포 분열을 방해한다라..
그리고 세포 증식을 막고 사멸에 이르게 한다.. 좀 복잡하네.."

전부 외우려고 덤벼든다. 바로 이게 잘못됐다는 것이다. 왜? 출제자는 네가 얼마나 잘 외우는지를 측정하려 하지 않기 때문이다. 그리고 위에서 말했지만 이렇게 2, 3문장 정도 외우는 건 가능할지라도 글에 나온 모든 문장을 외울 수는 없기에 분명 머릿속에서 문장들이 휘발된다.

이런 글이 있다고 하자.

> "나는 이번 주말에 가족들이랑 바다에 놀러 갔어. 날씨가 얼마나 좋던지, 햇빛이 쨍쨍하게 내리 쬐더라. 물놀이를 하다가 바로 앞에 있는 따뜻한 모래 사장에서 드러누워 낮잠을 자기도 했어. 너무 즐겁고 행복하더라."

이 글을 읽으면서 1등급은 글쓴이가 놀러 간 바다를 떠올리고, 글쓴이가 본 햇빛을 떠올리고, 따뜻한 모래사장을 느낀다. 그렇게 하면서 글쓴이가 즐거워하고 행복해했다는 걸 **이해**한다.

반면 2등급 이하의, 글을 정보처리 대상으로 느끼는 학생들은 이렇게 읽는다.

"일단 친구가 아니라 가족이랑 갔네 오케이. 이 부분은 문제로 나올 수 있으니까
외워야겠다. 그리고 자갈이 아니라 모래사장이었네 이것도 외워야겠고,
저녁이 아니라 낮잠이었다는 것도 외워둬야 할 거 같은데..."

이상해 보이지 않는가? 하지만 놀랍게도 정말, 정말 많은 학생들이 글을 이렇게 읽고 있다. 아까 위 예시에서 네가 세포 독성 항암제의 역할, 표적 항암제의 역할을 외우려고 한 것과 뭐가 다른가? 제발 이해에 초점을 두고 글을 읽기 바란다.

실제로, 상위권 학생들이 비문학 푸는 것을 보면, 서두르지도 않고 지문에 별다른 표시도 잘 안 한다. 왜냐하면 오로지 '이해'하는 것에 목숨을 걸기 때문이다. 그에 반해 2등급 이하의 학생들은 지문 읽기 를 시작하자마자 문장을 외우기에 급급해 한다. 그들에게 문장은 '기억해야 할 무언가'이기 때문이다.

지문을 외우려고 덤벼드는 자는 절대로 문제를 다 맞힐 수 없다. 위에서 말한 것처럼 우리 두뇌에는 물리적인 한계가 있기 때문이다. 또 평가원은 우리에게 암기력을 요구하지 않는다. 평가원 사이트에 가서 출제 매뉴얼을 한번 봐라. 그 파일에서 단 한 문장이라도 '암기력을 측정한다'라는 문장이 있는 지 찾아보기 바란다. 평가원은 암기력을 전혀 묻지 않는다. 출제자가 암기력을 측정하지 않겠다는데 왜 문장 암기에 목숨을 거는가? 이해하면 저절로 기억된다는 것을 믿고 강박을 내려놓아라. 아무 생 각도 하지 말고, 그냥 이해에만 초점을 맞춰서 딱 한 지문만 읽어봐라. 그러면 시간이 부족하지 않겠 느냐고? 시간은 몇 시간이 걸려도 상관없다. 지금은 이해하면 문제는 저절로 풀린다는 사실을 깨닫 는 게 더 중요하다.

나는 이 사실을 고등학교 3년 동안 깨닫지 못했다. 그래서 3등급에서 벗어날 수 없었고, 재수까지 했 다. 지금 이 글을 읽는 너는 3년 아끼고, 당장 1등급으로 가길 바란다.

두 번째 습관

**사자는 함부로 뛰지 않는다,
천천히 읽기**

뭔가 엄청난 방법을 기대하고 왔는데 제목을 보고 실망했나? 고작 하는 말이 천천히 읽어라? 하지만 놀랍게도 2등급 이하의 학생들은 '전부' 이 원칙을 무시하고 있다. 내가 장담하는데, 지금 이 글을 읽는 너도 글을 천천히 읽지 않을 것이다.

우리는 누구나 글을 '빨리' 읽으려는 습관이 있다. 이는 초등학교 때부터 치러 왔던 '시험'의 영향이 크다. 시험시간을 정해 놓고, 정해진 시간 안에 정해진 양의 문제를 풀도록 하는 학교 시험 체제에서 우리는 글을 빨리 읽을 수밖에 없었다. 그런데 여기서 문제는, 우리가 빨리 읽으려고 하면 할수록 놓치는 부분들이 많아지고, 글에 대한 이해도는 바닥으로 떨어진다는 것이다. 그런데 그걸 알더라도, 한번 자리 잡은 습관은 학창시절 내내 우리를 괴롭힌다.

네가 평소에 읽는 대로 아래 글을 읽어봐라.

국가, 지방 자치 단체와 같은 행정 주체가 행정 목적을 실현하기 위해 국민의 권리를 제한하거나 국민에게 의무를 부과하는 '행정 규제'는 국회가 제정한 법률에 근거해야 한다. 그러나 국회가 아니라 대통령을 수반으로 하는 행정부나 지방 자치단체와 같은 행정기관이 제정한 법령인 행정입법에 의한 행정규제의 비중이 커지고 있다. 드론과 관련된 행정 규제 사항들처럼, 첨단 기술과 관련되거나, 상황 변화에 즉각 대처해야 하거나, 개별적 상황을 반영하여 규제를 달리해야 하는 행정규제 사항들이 늘어나고 있기 때문이다. 행정 기관은 국회에 비해 이러한 사항들을 다루기에 적합하다.

행정입법의 유형에는 위임명령, 행정규칙, 조례 등이 있다. 헌법에 따르면, 국회는 행정 규제 사항에 관한 법률을 제정할 때 특정한 내용에 관한 입법으로 행정부에 위임할 수 있다. 이에 따라 제정된 행정입법을 위임명령이라고 한다. 위임명령은 제정주체에 따라 대통령령, 총리령, 부령으로 나누어진다. 이들은 모두 국민에게 적용되기 때문에 입법예고, 공포 등의 절차를 거쳐야 한다. 위임명령은 입법부인 국회가 자신의 권한의 일부를 행정부에 맡겼기 때문에 정당화될 수 있다. 그래서 특정한 행정규제의 근거 법률이 위임명령으로 제정할 사항의 범위를 정하지 않은 채 위임하는 포괄적 위임은 헌법상 삼권 분립 원칙에 저촉된다. 위임된 행정 규제 사항의 대강을 위임 근거 법률의 내용으로부터 예측할 수 있어야 한다는 것이다. 다만 행정 규제사항의 첨단 기술 관련성이 클수록 위임 근거 법률이 위임할 수 있는 사항의 범위가 넓어진다. 한편 위임명령이 법률로부터 위임받은 범위를 벗어나서 제정되거나, 위임 근거 법률이 사용한 어구의 의미를 확대하거나 축소하여 제정되어서는 안 된다. 위임명령이 이러한 제한을 위반하여 제정되면 효력이 없다.

대부분의 학생들에게 윗글을 읽어보라고 하면, 내가 □ 부분을 읽고 있을 때 이미 ○ 부분을 읽고 있다. 즉, 한 문장 한 문장을 깊이 있게 이해하는 게 아니라, 무작정 빨리 읽는 것이다. 그런데 글은 천천히 읽어야 이해가 된다. 특히나 수능에 나오는 글처럼 어렵고 생소한 소재로 쓰인 글을 읽을 때는 더욱더 그렇다. 하지만 대부분의 학생들은 그런 어려운 글을 빠르게 읽어버린다. 글을 쓴 사람은 독자에게 어려운 정보를 잘 전달하려고 문장도 다듬고, 단어도 섬세하게 선별하고, 구조도 고치고 했는데, 읽는 사람은 그렇게 만들어진 문장을 5초 만에 읽어버린다. 이렇게 읽게 되면 글쓴이의 생각을 섬세하게 읽어낼 수가 없다.

예를 들자면 이런 것이다. 우리가 영화를 빨리 이해하기 위해서 2배속으로 본다고 하자. 그러면 영화의 대략적인 줄거리는 머릿속에 남겠지만, 인물들의 섬세한 감정선은 이해하지 못할 것이다. 그리고 영화가 어려우면 어려울수록 2배속으로 봐서는 무슨 말을 하고 있는지 이해하는 게 불가능에 가깝다. 해석하기 어려운 영화일수록 천천히 봐야지만 보이는 단서나, 인물의 표정 같은 게 있기 때문이다. 그런데 이건 글이랑 100% 일치한다. 네가 글을 이해하지 않고, 그저 '빠르게 빠르게' 읽는 것은 영화를 2배속으로 보면서 핵심적인 단서를 놓치는 것과 똑같다. 그리고 문제는 아주 신기하게도, 네가 놓친 바로 그 단서에 관해 묻고 있다. 인물의 표정이 어땠는지, 1초 동안 짧게 등장했던 단서를 발견했는지 묻고 있다.

⭐ 생각과 눈의 속도를 같게 하라

그러면 어떻게 해야 글을 천천히, 제대로 이해하면서 읽을 수 있을까? 그건 바로 '눈의 속도'와 '생각의 속도'를 일치시키는 것이다. 정말 중요한 말이다. 보통 학생들이 천천히 읽지 않고 빨리 읽게 되는 이유는 생각의 속도가 눈의 속도를 못 따라가기 때문이다. 무슨 말이냐면, 너는 지금 네가 읽고 있는 문장을 이해하지 못했음에도 즉, **생각이 네 눈의 속도를 따라오지 못했음에도 그냥 계속 문장을 읽어 나간다**는 뜻이다. 이렇게 읽으면 당연히 글을 5분 만에 읽는 게 가능하다. 그런데 문제로 가면 선택지가 항상 헷갈리고, 답이 한 번에 안 보일 것이다. 왜냐고? **생각의 속도는 5분이 아닌데, 5분 만에 읽었으니까.** 생각하지 못하고 그냥 눈으로 '보기만' 하고 넘어간 문장들이 문제 풀이를 어렵게 만든다. 그리고 글을 다 읽고 나서도 머릿속에 남아 있는 문장이 몇 개 없다. 왜냐하면 정말 그냥 눈만 굴렸지, 문장이 무슨 말을 하고 있는지는 하나도 생각하지 않았기 때문이다. 그래서 천천히 읽는 게 익숙하지 않은 학생일수록, 글을 읽을 때 '눈과 생각의 속도'를 일치시키자고 스스로에게 주문을 걸어야 한다. 내 생각이 내가 지금 읽는 속도를 따라오지 못한다면 눈의 속도를 낮추고 생각과 함께 나아가야 한다. 그래야 놓치는 문장 없이 글을 완벽하게 이해하는 게 가능해진다.

그런데 내가 이렇게 눈과 생각의 속도를 맞춰서 천천히 읽어야 한다고 말하면 학생들이 1, 2지문 이렇게 읽어보고 나한테 하는 말이 있다. "시간이 너무 오래 걸려요. 한 지문 읽는 데 40분 걸렸어요." 정확히 말해주겠다. 만약 한 지문에 40분이 걸렸다면 **그게 너의 원래 독해력이다.** 시간을 들여서 천천히, 이 문장이 무슨 말을 하고 있는지 정확히 알아내는 데 걸리는 시간, 바로 그 시간이 지금의 네 독해력을 말해주는 것이다. 그런데 이때 시간이 너무 오래 걸린다고 해서, 다시 네가 읽던 방법으로 돌아가면 실력은 절대 오르지 않는다. 매번 시험 칠 때마다 한 지문당 2, 3문제씩 틀리게 될 것이다. 그렇기 때문에 계속해서 천천히 한 문장 한 문장 제대로 이해하는 걸 목표로, 최소 100지문(기출 11개년 분량) 이상 읽어 내려가야 한다.

누구나 처음 시작은 40분 이상이라는 걸 명심하기 바란다. 나도 처음 어려운 지문을 완벽히 독해해내기까지 40분 넘게 걸렸다. 아니, 2시간 이상 걸린 지문도 있었고, 그날 도저히 이해를 못해서 그다음 날 다시 보고 이해했던 지문도 있었다. 하지만 딱 1달만, 그렇게 계속하다 보면 시간은 40분에서 30분, 20분, 15분, 10분까지 줄어든다. 오늘 이해가 안 되면 다음날 다시 보고, 다음날도 이해가 안 되면 3일 뒤, 일주일 뒤에 다시 봐라. 이렇게 공부해야 문제를 10분 안에 풀고, 문제도 틀리지 않을 수 있다. 빨리 풀어도 한 지문당 2, 3개씩 틀린다면 무슨 소용인가? 제발 4년 낭비하고 싶지 않으면 이렇게 읽기 바란다.

★ 내가 이해했는지 판단하는 기준

여기서 또 질문이 있을 수 있다. 천천히 읽으면서 이해해야 한다는 건 알았는데, 내가 이해했는지 못했는지 어떻게 판단할 수 있냐는 것이다. 답해주자면, 첫 번째 판단 기준은 **'너 스스로가 느끼는 애매함'**이다. 이해 못 한 지문은 스스로가 애매하다고 느낀다. 이미 너도 문장을 읽고 넘어가면서 애매하다고 느꼈지 않은가? 바로 그 순간적으로 드는 감정을 무시하지 마라.

다음 두 문장을 보자. 천천히 주의 깊게 읽어봐라.

> 1. 요즘 시청자들은 자신도 모르는 사이에 간접 광고에 수시로 노출되어 광고와 더불어 살아가는 환경에 놓이게 됐다. 방송 프로그램의 앞과 뒤에 붙어 방송되는 직접 광고와 달리 PPL이라고도 하는 간접 광고는 프로그램 내에 상품을 배치해 광고 효과를 거두려 하는 광고 형태이다.
>
> — 2014학년도 수능 —

첫 번째 문장은 무슨 말인지 명확하게 이해가 됐지만, 두 번째 문장은 읽긴 읽었는데 뭔가 애매하지 않은가? 첫 번째 문장을 읽을 때와 달리 두 번째 문장을 읽었을 땐, 정확하게 의미가 안 잡히고, 글이 갑자기 붕 떴을 것이다.

만약 이 느낌을 느끼기 힘들다면, **내가 읽은 문장을 다른 말로, 더 쉽게 설명해 줄 수 있는지 생각해 보기 바란다.** 사람은 오직 자신이 완벽히 이해한 것만 설명할 수 있다. 그리고 생각만 했을 때와 말로 풀어내려 할 때는 뭔가 다를 것이다. 분명 생각만 했을 때는 쉽게 이해됐었는데, 막상 말로 하려니 입이 안 떨어졌던 경험이 있을 것이다. **네가 이해한 내용을 다른 사람에게 설명하듯이 작게 속삭여봐라. 만약 매끄럽게 말이 나온다면 이해를 한 것이고, 말로 하려니 막힌다면 명확하게 이해하지 못한 것이다.** 내가 과외를 할 때도 과외생들에게 이해됐냐고 물어보면 그렇다고 대답해 놓고, 직접 설명을 해보라고 하면 잘 설명을 못하는 경우가 많았다. 기출 속 한 문장 한 문장을 정말 남에게 쉽게 설명해 줄 수 있을 정도로 정확히 이해하고 넘어가야 한다. 남에게 설명해 보는 것은 내가 문장을 제대로 이해했는지 알아보는 굉장히 효과적인 방법이다.

또 이 책의 뒷부분에 나오는 **'기출 적용편' 지문 해설을 보면서 내가 제대로 이해한 건지 확인해도 된다.** 먼저 문제를 풀어보고, 문장도 이해해 보고 내가 써 놓은 해설과 비교하면서 내가 제대로 이해했는지 점검해 보는 것이다. 근데 잠깐, 이렇게 말하면 너는 기출 적용편 해설만 볼 거란 걸 나는 안다. 그러지 말고 할 수 있다면 위 3가지 방법 전부 다 하기 바란다. 스스로 애매하게 느끼고, 그냥 넘어가지 않고 생각도 해보고, 다른 사람에게 말로써 설명도 해보기 바란다. 그리고 내가 해놓은 해석도 보면서 여러 번 문장을 곱씹어 봐라. 사실 내 해설을 듣는 것은 맨 마지막 수단이 되어야 한다. 너 스스로 문장을 이해했을 때 그 문장이 더 기억 속에 잘 박히기 때문이다.

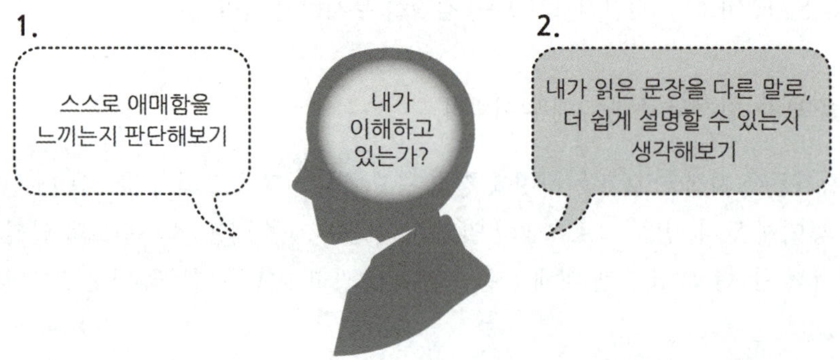

🔖 천천히 읽기는 시험장에서도 적용되어야 한다

그리고 마지막으로 천천히 읽기 파트에서 정말 강조하고 싶은 것이 있다. 우리가 천천히 읽는 것은 '시험장에서도' 발현되어야 한다는 것이다. 혼자 공부할 때뿐만 아니라 시험을 칠 때도 제발 천천히 읽기 바란다. 보통 과외 학생들에게 천천히 읽어야 한다는 걸 가르쳐 주면 혼자 공부할 때는 천천히 잘 읽는다. 그런데 시험장에서는 급한 마음에 다시 또 빨리 읽기 시작한다. 그렇게 하면 정말 모든 게 물거품이다. 암만 이 책에서 천천히 읽기를 배워도 시험장에서 침착함을 유지하지 못하고 또 자기 마음대로 빨리 읽어버린다면 성적의 변화는 없다. 틀리는 문제의 개수는 변함없을 것이기 때문이다. 시험장에서도 천천히 읽으려면 천천히 읽는 것이 문제를 더 빨리 풀고, 정확하게 푸는 방법이라는 것을 **스스로 여러 번 경험해야 한다.**

나도 시험을 쳐봤기 때문에 네 마음을 다 안다. 지문이 안 읽히는 순간에는 가슴이 두근거리면서 숨이 턱 막히고, 갑자기 식은땀이 흐르고, 집중력이 깨진다는 거 나도 안다. 하지만, 그때 정신차리고 더 정확하게 읽지 않으면 절대 1등급이 나오지 않는다. 혼자 공부하면서 근본적인 독해력, 사고력을 높이고, '천천히 읽기'에 대한 확신을 가져야 한다. 스스로 '천천히 읽기'에 대해 확신이 없으면, 시험장에서 일관된 태도를 유지할 수 없다. 비문학 지문을 펼치고 천천히 읽기를 반복해라. 정말 시간은 신경 쓰지 말고 문장 이해에만 신경을 쓰며 지문을 읽어봐라. 전보다 정답률이 올라가고 시간은 더 줄어들 것이다.

여기서 한 번 아래 글을 시험 상황이라고 생각하고 읽어봐라.

"식물의 광합성은 엽록소가 NADPH와 ATP를 생성하는 명반응과 그것들을 활용해 이산화탄소를 포도당으로 합성하는 암반응이 순환하면서 이루어진다. 빛 에너지를 흡수하면 엽록소 속에 있던 전자가 에너지를 얻어 다른 곳으로 가 버리고, 엽록소는 물을 분해해 전자를 보충한다. 즉 물(H_2O)을 분해하는 과정에서 발생한 산소(O)는 기체 상태로 배출되고, 수소는 전자(e-)와 수소 양이온(H+)으로 분해된다. 엽록소는 분해된 수소 양이온과 전자를 받아들인 다음 NADP+와 결합시켜 NADPH라는 효소를 만들어 내는 것이다. 한편 엽록소에서 빠져나온 전자는 빛 에너지가 전환된 화학 에너지 ATP를 생성하는 데 이용된다. 여기까지가 암반응 과정을 위해 필요한 명반응 과정이다. 암반응에서는 NADPH가 NADP+와 전자, 수소 양이온으로 분해되는데, NADP+는 다시 명반응 과정에서 NADPH를 생성하는 데 활용되고, 전자와 수소 양이온은 이산화탄소(CO_2)와 결합해 최종적으로 유기물인 포도당을 만드는 데 이용된다. 이때 필요한 에너지는 ATP가 ADP로 바뀌면서 발생하는 에너지로 충당하는데, 생성된 ADP 는 명반응 과정에서 ATP를 생성하는 데 재료가 된다."

– 2019학년도 사관학교 –

해당 지문을 시험장에서 마주치면 누구나 처음에 패닉이 온다. 정보가 너무 많은 거 같고, 처음 보는 어휘들도 많이 나오고, 한 번에 받아들이기 쉽지 않은 문장들이 상당히 많다. 게다가 네가 문과라면 익숙지 않은 단어들 때문에 엄청 힘들었을지도 모른다. 하지만 심호흡을 하고 천천히 한 문장, 한 문장 이해하려 내딛다 보면 어느샌가 문단 전체가 서서히 이해되고 있을 것이다. 당황하지 마라. 긴장하지 마라. 천천히, 또 천천히 읽는 것, 그것이 답이다.

만약 위에 예시로 가져온 문단을 완벽히 이해해 내는 데 시간이 20분 이상 걸린다면, 그건 아직 독해력이 낮다는 것이다. 받아들여야 한다. 근데, 계속 천천히 읽다 보면 독해력이 올라간다. 이렇게 천천히 이해에 중점을 두고 읽다 보면 독해력은 반드시 올라간다. 이렇게 독해력이 올라감과 동시에, 시간은 자연스레 줄어드는 것이다. 만약 계속 책상 위 스톱워치로 시간을 재면서 빨리 푸는 것에 집착한다면 수능장에서 10분 만에 한 지문 푸는 게 가능은 하겠지만, 이후 집에 와서 채점해 보면 그렇게 빨리 풀었던 지문에서 2, 3문제 틀려 있을 것이다. 이렇게 되면 아무리 빨리 풀어도 성적은 변함없다. 정말 이걸 원하는가?

세 번째 습관
**머릿속으로 세계일주를 하고 와도 4분이다,
다시 읽기**

우리는 10분을 매우 짧은 시간이라고 생각한다. 근데 10분은 정말 긴 시간이다. 지금 당장 눈을 감고 10분 동안 가만히 있어봐라. 10분 다 됐나? 싶어서 시간을 보면 4분밖에 안 지나 있을 것이다. 눈을 감고 머릿속으로 세계일주를 하고 와도 몇 분 안 걸렸을 것이다. 일단 우리가 비문학을 풀 때 쓰는 10분이라는 시간은 굉장히 긴 시간이라는 걸 깨달아야 한다.

이 챕터에서 말하고 싶은 것은 시간은 충분하니 이해가 안 됐으면 다시 돌아가서 읽으라는 것이다. 이 행동은 너무 당연한 거지만 대부분의 학생들이 지키지 않는다. 너도 아마 이렇게 안 할 것이다. 계속해서 말하지만 우리가 글을 읽을 때 궁극적으로 해야 하는 것은 글 내용을 '이해'하는 것이다. 쉬운 문장은 한 번 쓱, 읽고 넘어가도 바로 이해가 되지만, 어려운 문장은 한 번만 읽어서는 그 뜻을 완벽히 이해하기가 쉽지 않다.

한 번에 이해가 어려운 유형의 문장들은 다음과 같다. 1. 배경지식을 요구한다. 2. 부연 설명이 삭제되어 있다. 3. 추상어가 너무 많이 쓰였다. 이런 유형의 문장들은 시간을 들여서 2번 이상 읽어야 한다. 그래야 이해되기 때문이다. 이런 문장을 한 번 만에, 읽자마자 이해하는 건 쉬운 일이 아니다. 예를 들자면 이런 문장들이다.

1. 배경지식을 요구하는 문장의 예

실질 통화량이 증가하면 시장 금리는 감소한다.

이 문장을 이해하기 위해서는 '통화량'이 뭔지, '금리'가 뭔지 배경지식으로 알고 있었어야 했다. 그리고 또 통화량과 금리가 서로 어떤 영향을 주고받는 관계인지도 이해하고 있었어야 했다. 이 문장을 봤을 때 독자는 머릿속에서 배경지식을 끄집어내서 통화량이 뭔지, 금리가 뭔지, 이해해야 하고, 둘이 어떤 관계가 있어서 '실질 통화량이 증가하면 금리는 감소'하는지도 이해해야 한다. '당연히' 시간이 걸릴 수밖에 없다. 시간을 써야 한다. 그런데 그 시간이 생각보다 짧다. 해봐야 10초다. 10초를 투자하지 않고 가면 저 문장은 내 머릿속에 남아있지 않는다.

2. 부연 설명이 삭제된 문장

> 다만 간접점유에 의한 인도 방법 중 점유개정으로는 선의취득을 하지 못한다.

이 문장이 쓰였던 지문에서는 '왜 점유개정으로는 선의취득을 하지 못하는지'에 대해서 말해주고 있지 않았다. 즉, 부연 설명이 삭제되어 있었다. 나는 이 문장을 이해하기 위해서 내가 스스로 머릿속에서 부연 설명을 만들고 넘어가야 했었다. 그렇기에 당연히 시간이 걸리는 문장이었다. 다시 읽으면서 생각하고 넘어갔어야 했다. 여기서 시간을 쓰고 넘어가지 않은 학생은 위 문장이 쓰인 지문에서 나온 가장 어려운 문제(정답률 30%)를 맞힐 수 없었다.

3. 추상어가 너무 많이 쓰인 문장

> 16세기 전반에 서양에서 태양 중심설을 지구 중심설의 대안으로 제시하며
> 시작된 천문학 분야의 개혁은 경험주의의 확산과 수리 과학의 발전을 통해
> 형이상학을 뒤바꾸는 변혁으로 이어졌다.

'천문학 분야의 개혁', '경험주의의 확산', 수리 과학의 발전', 형이상학' 전부 추상적인 단어다. 이해하는 데 시간이 걸릴 수밖에 없다. 시간을 들여서 내 나름대로 구체적인 의미를 잡고 넘어가야 한다. 그러려면 여러 번 다시 반복해서 이 문장을 읽어야 한다. 단 한 번 만에 이 문장을 확실히, 구체적으로 이해하는 사람은 없다.

위 문장들의 경우 한 번 만에 그 뜻을 100% 파악하기가 쉽지 않다. 한 번 읽고, **다시 한 번 읽으면서** 뜻을 머릿속에서 구체화해야 한다.

배경지식이 필요한 문장, 부연 설명을 만들고 넘어가야 하는 문장, 추상어가 쓰인 문장은 이후에 나오는 챕터들에서 더 구체적으로 설명해 줄 것이다. 여기서는 그냥 가볍게 납득하고 넘어가면 충분하다.

아래는 2021학년도 수능에 나왔던 지문이다.

나는 굵은 부분을 읽고 '계약'이 무슨 뜻이었는지 보려고 다시 위 문장으로 돌아간다. 하지만 3등급은 그렇게 하지 않는다. **이해가 안 됐지만, 내리막길에서 브레이크가 고장난 자동차마냥 쭉쭉 달린다.** 이렇게 다시 읽으라고 하면 '몇 번' 정도 다시 읽고 넘어가는 게 좋은지 궁금해하는 학생이 있다. 답을 해주자면 다시 읽을 때 '몇 번 다시 읽어야 한다'는 규칙 같은 건 없다. 그냥 **내가 이해될 때까지 정해진 시험 시간 내에서 최대한 여러 번 읽고 넘어가는 것이다.** 문장을 이해하는 것이 글 읽는 가장 큰 목표이기 때문이다. 독해력이 올라가면 여러 번 읽는 횟수가 줄어들게 된다.

이렇게 다시 읽으라고 하면 학생들은 항상 시간 문제를 언급한다. 다시 여러 번 읽으면 시간이 너무 많이 걸린다고 말한다. 여기서 알아야 할 게, 우리가 2, 3번 다시 읽는다고 해서 막 1, 2분이 지나는 것이 아니다. **생각보다 시간은 느리게 흐른다.** 아까 말했듯이 지금 딱 8분만 타이머로 재고 가만히 있어봐라. 머릿속으로 세계일주를 하고 나서 시계를 봐도 4분밖에 안 지나 있을 것이다. 물론 5, 6번씩 계속 읽으면 시간이 너무 많이 지체돼서 문제가 생기겠지만 2, 3번 정도는 다시 읽고 넘어가도 된다.

그리고 천천히 읽기에서 말했듯, **다시 읽지 않고 그냥 이해가 안 된 채로 달리다 보면 어차피 선택지에서 더 많은 시간을 고민해야 한다.** 보통 학생들은 글을 읽는데 주어진 시간이 10분이라고 하면 '글 읽는 것에 5분, 문제 풀이에 5분' 이렇게 시간을 배분한다. 하지만 1등급 학생들은 글을 읽는 것에만 8, 9분을 쓴다. 글을 제대로 읽으면 문제는 더 빨리, 더 정확하게 풀린다는 걸 알기 때문이다.

📌 혼자 공부할 땐, 이해될 때까지 다시 읽기

우리는 이해 안 되는 문장을 시간을 잊고, 여러 번 읽어야 한다. 혼자 공부할 때는 특히나 이것이 중요하다. 시험 때는 물론 시간이 정해져 있으니까 여러 번 읽을 수 있는 횟수에 제한이 있다. 하지만 혼자 공부할 때는 그런 제한이 없다. 그러니까 10번 이상도 읽을 수 있다. 나는 재수할 때 지문을 읽다가 이해 안 되는 문장이 나오면 정말 10번 이상 읽었다. 그날 이해가 안됐던 문장은 노트에다가 옮겨 적어놓고, 잠들기 전에 한 번씩 보고 잤다. 보통 거의 모든 지문은 10번 안으로 이해된다. 단언컨대 2등급 이하 학생은 이렇게 끈질기게 문장을 이해하려 해본 적이 없을 것이다. 문장 이해가 가장 중요하단 걸 모르니까 당연하기도 하다. 지금부터는 이해가 안되는 문장이 나오면 10번 이상 생각하라. 정말 끈질기게 물고 늘어져라. '이게 무슨 뜻이지?' 싶었던 문장도 10번 정도 반복하면 거의 이해가 된다. 꽤나 똑똑한 네 머리를 믿고 반복해서 보아라. 그 과정이 바로 독해력을 올리는 순간이다. 오늘 이해 안되면 내일 다시 읽어라. 내일도 안되면 모레 다시 읽어라.

내가 이렇게 '여러 번 읽기'를 강조하는 데에는 다 이유가 있다. 이해 안 되는 문장을 붙잡고 여러 번 읽으면서, 이해하려고 끙끙댈 때 네 독해력이 올라간다. 이건 아무 근거 없이 하는 말이 아니다.

📌 물고 늘어져야 독해력이 올라간다는 것의 근거

이는 '신경 가소성 이론'과 연관이 있다. 신경 가소성이란, 내가 생각하고, 경험한 것에 따라 신경의 기능과 모양이 변한다는 말이다. 쉽게 말하면, 내가 글을 읽고 생각하는 연습을 계속하다 보면, 이전보다 이해하는 속도가 훨씬 빨라진다는 뜻이다. 내가 글을 읽고 뇌의 생각을 담당하는 부분을 계속 자극하면 뇌는 그 자극에 빨리 반응하기 위해서 신경 구조를 바꾸고, 해당 부분의 신경 세포 수와 밀도를 높인다. 이렇게 되면 문장을 이해하는 것이 점점 빨라지게 된다.

다음은 위 주장에 대한 근거들이다.

1) "한 중학생이 책을 읽다가 생소한 철학 용어를 보았다고 하자. 우리의 뇌는 이처럼 어떤 대상이나 개념을 처음으로 접하면 그것을 인식하는 데 시간이 걸린다. 그런데, 모르던 것도 한 번 알고 나면 그다음부터는 그것을 다시 인식하는 데 시간이 짧게 걸린다. 해당 생각을 하는 데 필요한 뇌의 신경이 강화되기 때문이다. 이는 뇌가 '프레임'을 만들어 내는 것으로 표현할 수 있다."

– UC버클리대학교 인지과학과 교수, 조지 레이코프 –

2) "책을 읽더라도 아무 생각 없이 읽으면 앞쪽 뇌가 활성화되지 않는다. 문장이 복잡해서 많은 생각을 하게 되면 좌측 앞쪽 뇌의 표현 기능이 '강화'된다."

– 나덕렬 삼성서울병원 신경과 교수 –

3) "글 읽기를 배우면, 뇌의 배선 구조가 바뀐다.(여기서 뇌의 배선 구조가 바뀐다는 건 뇌가 발달하고 진화한다는 말이다)". 라이프치히 대학의 뇌과학 연구소 skeide와 동료들은 복잡한 글을 읽는 것이 어떻게 뇌를 변화시키는지 연구했다. 30명을 모집하여 A조와 B조로 나눴다. A조에게는 글 읽기를 교육했고, B조는 아무것도 시키지 않았다. 그리고 6개월 뒤 뇌를 스캔했다. 읽기를 교육한 A조에서는 뇌에 상당한 변화가 일어났다. 학습에 관여하는 뇌의 가장 바깥쪽 층인 피질에서 뇌 활동이 증가한 것이다. 특히 뇌의 깊은 곳에 있는 시상, 뇌간 부분의 활동이 크게 관찰되었다. 이 두 영역은 우리의 감각과 움직임의 정보를 조정하는 매우 중요한 영역이다. 단순한 정보처리뿐만 아니라, 시각을 처리하는 뇌 부분이 발달했다.

– 출처, 워싱턴 포스트–

4) "뇌의 영역에서 읽기 및 해독 능력과 밀접한 관련이 있는 부위는 대뇌피질 중 전두엽의 앞부분인 '전전두엽'이다. EBS 〈당신의 문해력〉 제작팀에서 '전전두엽 활성화' 실험을 진행한 결과에서도 글을 읽고 해석할 때 뇌의 영역 가운데 전전두엽이 특히 활성화되는 것을 확인할 수 있었다.

어려운 글을 읽고 생각하는 과정에서 전전두엽이 활성화된다. 전전두엽이 활성화되면 자연스럽게 한 차원 높은 시각에서 관찰하고 발견하고 통제하는 활동인 '상위인지' 능력이 발달하게 된다. 즉, 계속 글을 반복해서 읽으면, 반복적인 전전두엽 자극을 통해 우리의 문해력은 상승하게 되는 것이다."

– EBS 당신의 문해력 –

위 제시한 근거들에서도 알 수 있듯, 내가 한 말은 그저 나의 개인적인 주장이 아니다. 정말 우리 뇌는 많이 쓰면 쓸수록, 자극하면 자극할수록 해당 부분의 기능이 강화된다. 혼자 공부할 때는 계속 어려운 문장을 반복해서 읽으면서 뇌를 계속 자극해 줘야 한다. 그렇게 될 때 우리는 더 복잡하고 고차원적인 생각들을 손쉽게 해낼 수 있게 된다.

정리하자면, 혼자 공부할 때는 정말 이해가 안 되면 될 때까지 끈질기게 '혼자' 문장을 물고 늘어져야 한다. 최대한, 해설 보는 건 나중으로 미루기 바란다. 혼자 끙끙대는 순간이 있어야 한다. 그리고 이제 시험장에서는, 다시 읽어도 시간이 충분하다는 걸 깨닫고, 이해가 안 되는 문장이 있으면 멈춰야 한다. 그리고 다시 읽는다. 이렇게 지문을 읽으면서, 문제 풀이 시간의 90%를 '지문 이해'에 써야 한다.

이렇게까지 다시 읽기의 중요성을 말해도 학생들 대부분은 보통 시험장에서 이해 안 된 문장을 2번 이상 읽지 않는다. 왜? 시간 압박을 느끼기 때문이다. 하지만 위 '천천히 읽기' 챕터에서도 말했지만 이해하지 못하고 넘어가면 내가 이해하지 못한 그 문장을 선택지에서 물어봤을 때 고민의 시간이 늘어나게 된다. 그렇게 되면 전체적으로 봤을 때 시간이 더 많이 걸리게 된다.

지문 읽을 때 이해가 안 가는 문장에서 멈춘 뒤, 10초 정도 더 투자해서 정확하게 이해하고 넘어가는 것이 시험 전체적으로 봤을 때 시간이 더 적게 걸린다. 이 사실은 네가 직접 지문을 읽으면서 경험해야 한다. 내가 지금 한 번 더 읽어서 이해하지 않으면, 어차피 문제에서 한 문제 이상 반드시 틀리게 된다는 걸 '경험적으로' 체득해야 한다. 그러니 그냥 원래 읽던 것처럼 읽어보고, 지금 내가 말하는 방법대로 이해에 초집중해서 읽은 다음 정답률을 비교해 보아라. 그리고 그렇게 30일 동안 읽은 뒤에 시간도 비교해 보아라. 시간은 당연히 처음에는 내가 말한 방법이 훨씬 많이 걸린다. 하지만 30일, 60일 지나고 보면 결국 시간도 내가 말한 방법대로 읽었을 때 줄어든다는 걸 알 수 있을 것이다.

태어나서 바다를 한 번도 못 본 사람한테 암만 바다를 상세히 설명해봤자, 그 사람이 바다를 100% 이해할 수 없는 것처럼, 내 말만 들어서는 이해가 완벽하게 되진 않을 것이다. 직접 지문을 꺼내고 풀어보며 비교해 보지 않는 이상 절대 행동으로 나타나지 않을 것이다. 그러니 제발 직접 해보고 느껴라.

네 번째 습관

**최상위권들의 시험지는 백지에 가깝다,
지문에 표시하지 않기**

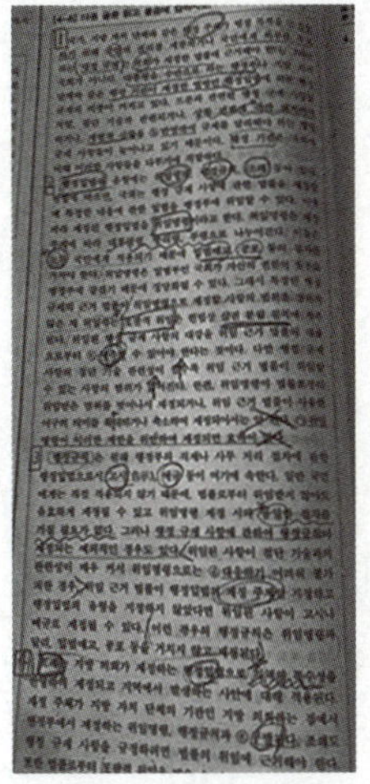

왼쪽 사진은 내가 과외할 때 가르쳤던 4등급 학생의 시험지다. 지금까지 네가 시험장에서 풀었던 비문학 지문을 한 번 꺼내 봐라. 만약 왼쪽 사진과 같이 밑줄, 동그라미, 네모로 범벅되어있다면 넌 1등급이 아니다. 지문 옆에 지문 내용을 요약 정리한 표시가 있다면 넌 1등급이 아니다. 장담하건대 글을 그렇게 읽는 학생은 절대 2등급 이상으로 올라갈 수 없다.

내가 바로 잡다한 기호에 미친 학생이었다. 나는 고3 때까지 비문학을 풀 때 내가 중요하다고 생각하는 단어나 문장에 동그라미, 네모, 세모, 밑줄 표시하기 바빴다. 시험 치고 나서 보면 시험지는 표시들 때문에 새까매져서 글이 보이지 않을 정도였다. 내가 썼던 기호들은 인강에서 배운 것들이었다. 그렇게 하는 게 글을 잘 읽는 방법인 줄 알았다. 그렇게 푸는 게 1등급으로 가는 방법인 줄 알았다. 하지만 그렇게 죽어라 표시를 하면서 읽어도 지문은 머릿속에 들어오지 않았다. 기호를 쓰며 읽어도 이해가 안 되는 건 마찬가지였다. 그러다가 재수를 하면서 겪은 한 사건으로 인해서 독해 방법에 큰 변화를 맞이하게 된다.

내가 재수학원에 다닐 때, 나랑 같은 반에서 의대를 준비하는 형이 있었다. 그 형은 국어 시험을 칠 때마다 무조건 100점이 아니면 기껏해야 하나 정도를 틀렸었다. 나는 3월 모의고사가 끝나고, 우연히 그 형이 책상 위에 올려놓은 국어 시험지를 보게 되었다. 그 순간은, 아직도 생생하게 기억날 정도로 나에게 엄청난 충격이었다. **그 형의 시험지에는 지문에 그 어떠한 표시도 없었다.** 지문 옆에 조그마한 요약 정리도 없었고, 그 흔한 밑줄 하나 없었다. 그냥 답만 체크되어 있을 뿐이었다. 나는 그 형이 답을 어디서 보고 외운 뒤에, 답만 체크한 줄 알았다. 믿을 수가 없었다. 시험지 모습이 나랑 정반대였다.

처음에는, 현실을 부정했다. 그래서 저 형은 천재니까 저런 게 가능하다고 생각했다. '원래부터 똑똑한 사람들은 지문에 표시를 안 하고 읽어도 머릿속으로 처리가 가능하니까 그런가 보다' 싶었다. 나는 그런 부류의 사람이 아니니까, 여러 표시를 하면서 읽어야 한다고 믿었다. 그런데 공부할 때마다 그 형의 시험지가 잊히지 않았다. '사실 저렇게 읽는 게 1등급으로 가는 비법 아닐까?' 하는 생각이 머릿속에 계속 맴돌았다. 그래서 나는 고민하다가 '나도 한 번 저렇게 해볼까?' 싶어서 지문 하나를 꺼내고 최대한 표시 없이 머릿속으로 풀어봤다. 표시를 하지 않으니까 정보를 전부 머릿속으로 기억해야 했다. 그런데 '기억하려는 강박을 내려놓아라'에서 말했듯 모든 문장을 기억하는 건 뇌 용량에 한계가 있기에 물리적으로 말이 안 된다. 그래서 나는 '어쩔 수 없이' 지문을 이해해야 했다. **이 경험을 했던 순간은 내가 1등급을 받을 수 있었던 과정에서 아주 중요한 순간이었다.** 그렇게 전혀 지문에 표시하지 않고 풀었는데, 지문에 여러 표시를 하면서 읽었을 때보다 글 내용이 머릿속에 생생하게 살아있었다. 그리고 정답률도 더 좋아졌고 문제로 갔을 때 지문 내용이 더 잘 기억났다. 이 지문만 그런 거 아닐까 싶어서 몇 지문을 더 풀어봤는데 마찬가지였다.

그런데 이는 사실 당연한 일이다. 우리는 지문에 표시하면서 읽는 순간 "내가 이 정보를 처리했다. 즉, 이해했다"라는 착각을 한다. 하지만 그것은 정보를 이해한 게 아니다. 그냥 밑줄만 쳐 놓은 것이다. 머릿속으로 이해하고 넘어가지 않았기 때문에, 문제로 갔을 때 해당 문장은 머릿속에 없다. 내가 지문에 표시하지 않고 읽었을 때, 지문 내용이 더 잘 기억나고 정답률도 올라간 이유는 글을 강제적으로 이해하며 읽게 되었기 때문이다.

지문에 표시하면 안 되는 이유를 보기 쉽게 나열해 보겠다. 이걸 읽고 납득한 뒤, 지문에 표시하기를 멈추기 바란다.

📌 지문에 표시하면 안 되는 이유

1. 표시하며 읽는 행위는 내가 지금 밑줄 치는 이 문장을 '기억했다', 또는 '이해했다'고 '착각'하게 만든다.

 사실 나는 그 문장에 눈길 한 번 주고 넘어갔을 뿐, 이해하지도 기억하지도 못했다. 그냥 그런 문장이 있구나 하고 넘어간 것이다. 이해도 정확히 안 되고 문장이 어려우니까 중요해 보여서 그냥 밑줄 친 것이다. 이렇게 밑줄 쳐 놓고, 또는 중요하다고 생각하는 단어에 네모 표시하고 문제로 가면 머릿속엔 아무것도 남지 않는다. 왜 그럴까? 왜냐하면, '이해'를 해야 선택지로 갔을 때 내가 읽었던 문장이 기억나는데, 표시하는 행위는 '이해'와 아무 관련이 없기 때문이다. 오히려 '이해'를 방해한다. 표시는 내가 이해했다고 착각하게 만들기 때문이다. 그래서 시험장에서 비문학을 잘 읽었다고 생각했는데도, 막상 선택지로 가면 아무것도 기억이 안 난다. 그러니까 문제로 갔을 때 계속 시험지 펄럭이며 눈동자를 굴려야 한다.

2. 머릿속으로 정보를 처리하려 하지 않고 지문에 표시함으로써 정보를 덜어내기에, 두뇌 훈련이 되지 않는다.

정보를 머릿속으로 이해하려고 할 때 우리는 두뇌를 쓰게 되고, 힘이 든다. 하지만 옆에 쓰거나 지문에 표시해버리면 이렇게 머리를 쓰지 않아도 된다. 쉽게 말해서, 머릿속으로 정보를 이해하려고 애쓰면서 뇌 기능을 향상시켜야 하는데, 표시하고 기록하면서 풀면 그게 불가능해진다. 그렇기에 우리는 표시 없이 모든 걸 머릿속으로 처리하려 해야 한다. 그래야 정보를 처리하는 뇌의 부분이 성장한다.

3. 지문에 표시하며 읽을 때 우리는 생각하기를 게을리한다.

밑줄을 그을 때 우리 머릿속은 생각하지 않고 그냥 문장을 낭독하고 있는 것과 같은 상태다. 정보를 처리했다는 생각, 정보를 덜어냈다는 안도감 때문에 우리는 머리를 써서 힘들게 이해하길 거부한다. 당연하다. 뇌는 될 수 있으면 에너지를 적게 쓰려고 하기 때문에, 밑줄을 긋는 순간 나는 생각하기를 멈춘다. 이건 무의식적으로 일어나는 일이라 혼자 공부하면서 이 사실을 깨닫기는 매우 힘들다. 그러니까 내가 지금 해주는 말을 듣고 태도를 고쳐 잡아라.

이렇게 말하면 항상 학생들이 하는 질문이 있다. "쌤, 그럼 1등급 중에서 표시하면서 읽는 애들은 뭐예요? 제 친구 중에 국어 맨날 100점 맞는 애가 있는데, 걔는 지문에 표시를 엄청 하면서 읽어요!"

좋은 질문이다. 나도 궁금했다. 나도 학창 시절에, 막 표시하면서 읽는데도 1등급을 받는 친구들을 보았다. 그들은 어떻게 그렇게 표시하며 읽어도 1등급을 받는 걸까? 오랜 고찰 끝에 그 이유를 알아냈다. 그렇게 표시를 함에도 1등급을 받는 친구들은, 다른 학생들과 똑같이 표시를 하면서 읽지만, 이해가 우선이라는 걸 알고 있다. 표시를 하면서 읽기 때문에 그들이 1등급인 것이 아니라는 말이다. 만약 너도 이해를 하면서 읽는다면 얼마든지 지문에 표시하면서 읽어도 좋다. 나는 지문에 표시하는 행위 그 자체를 말리는 것이 아니다. 대부분 2등급 이하 성적의 학생들에게는 표시하며 읽는 행위가 이해하는데 방해되기 때문에, 하지 말라고 하는 것이다. 만약 네가 지문을 이해하기도 하면서, 심적 안정을 얻기 위해 문장마다 / 표시를 하고 넘어간다면 난 전혀 말리지 않을 것이다. 다만 내가 말하고자 하는 건 '이해가 먼저'라는 거다. 이해를 하고 넘어간다면 표시를 하든 말든 네 마음이다. 나도 글이 안 읽힐 때는 가끔 문단 끝에 / 표시를 해서 집중력을 끌어올리기도 하고, 중요한 단어라는 생각이 들면 □표시를 해놓기도 한다.

좀 더 자세하게 말해서, 지문에 표시하면서 읽는데도 1등급을 받아내는 친구들은 사실 표시하지 않고 읽게 해도 1등급이 나온다. **왜냐하면 표시도 하면서 이해도 하기 때문이다.** 그 친구들은 그냥 표시하는 게 그냥 자신만의 습관이 된 것이다. 사실 그들에게 밑줄은, 크게 의미 없다. 1등급 학생들이 지문에 표시하며 읽는 것은 손흥민이 경기장 들어가기 전에 무조건 오른발로 선을 밟고 들어가는 루틴이 있는 것과 같다. 무슨 말이냐면, 그냥 습관이 되어버렸다는 말이다. 그렇게 해야 마음이 편하기에 그냥 하는 거다. 근데 손흥민이 선을 왼발로 밟고 들어갔다고 해서 근본적인 실력에 변화가 생기는 게 아니듯이, 그들이 기호를 안 쓴다고 해서 근본적인 실력의 변화가 생기는 게 아니다. 걔네는 아마 기호를 못 쓰게 한 뒤에 읽어 보라고 해도 1등급, 만점을 받을 것이다.

그런데 보통 3, 4등급 학생들은 이러한 사실을 모르니까, '1등급 친구들이 기호를 쓰기 때문에 지문을 잘 읽는 거'라고 착각한다. 그리고 그들의 기호를 막 따라한다. 당연히 실력 변화는 없다. 본질을 꿰뚫지 못하고 그냥 겉모습만 따라했기 때문이다. 이는 마치 손흥민이 경기 시작 전 무조건 오른발로 경기장의 흰 선을 밟고 들어간다고 해서, 그게 축구 실력을 높이는 원인이라고 착각하는 것과 같다. 손흥민처럼 되려면 슈팅 연습도 하고, 패스 연습도 해서 근본적인 축구 실력을 높여야 하는데, 손흥민의 그런 습관만을 따라하고 있으니 실력은 오르지 않는다.

여기서 더 비극적인 것은 그렇게 기호를 쓰며 1등급을 받는 친구들이, 자신들이 그렇게 기호를 쓰기 때문에 1등급을 받는다고 생각하고 있다는 것이다. 본질은 '이해'에 있는 데도 말이다. 최상위권들과 대화를 해보면, 최상위권들은 중하위권 학생들이 '이해'를 안하고 읽는다는 사실조차 모른다. 중하위권들 얘기를 해주면 '아니, 이해를 안 하면서 읽는 게 가능해요?'라고 대답하는 경우가 대부분이다. 그래서 최상위권들은, 중하위권이 '이해'를 하고 읽는다는 전제하에 여러 조언을 건넨다. 그래서 주변 친구들이 어떻게 1등급을 맞았냐고 물어보면 중요한 단어에 네모 표시하고, 역접어에 세모 표시하라고 가르쳐 준다. **당연히 기본은 되어 있을 거라고 생각하니까 스킬을 강조하는 것이다.** 그런데 이때부터 비극이 시작된다. <u>이건 마치 손흥민이 축구를 어떻게 잘하게 됐냐는 질문에 경기 전에 무조건 오른발로 선을 밟았던 행동 때문이라고 답하는 것과 같다.</u> 사실 손흥민 입장에서는 맞는 말이다. 그런 행동으로 인해서 심적으로 안정을 얻고 그날 경기를 잘 마무리했으니까. 근데, 문제는 그게 본질이 아니라는 거다. **축구를 잘하려면 슈팅, 패스를 연습해야 한다.**

이러한 이유로 인강이나 유튜브 영상을 봐도 성적이 안 오르는 현상을 설명할 수 있다. 인강 강사들, 공부 유튜버들은 대부분 학력이 좋다. 즉, 거의 대부분의 강사들이 선천적인 1등급들이라는 것이다. 그래서 이들은 학생들에게 비문학을 가르칠 때 자기가 하는 것처럼 지문에 표시하는 법을 가르쳐 준다. **학생들이 '이해'를 안 하고 읽는다는 더 근본적인 문제는 고려하지 않은 채 말이다.** 그러니, 2등급 이하 학생들이 백날 인강을 들어도 1등급이 될 수 없는 것이다. 성적이 오르는 본질적인 원리는 '독해력' 즉, '이해력이 올라가서'인데, 인강에서는 그걸 연습시켜주지 않으니 말이다. 그건 스스로 연습해야 한다. 하지만 너는 그냥 계속 표면적으로 강사들이 지문에 기호 표시하는 것만 따라한다. 이렇게 하면 성적은 절대 오르지 않는다.

이렇게 말하면 인강 듣고 성적 올렸다고 반박하는 학생이 있을 수 있다. 그 학생은 인강에서 말하는 '표시하는 법' 때문에 성적이 오른 것이 아니다. 중요한 단어에 네모 치고, 역접어에 세모 치는 방법을 배웠기 때문에 성적이 오른 게 아니란 말이다. 자신은 모르겠지만, 어떤 방법으로든 독해력, 이해력이 올라갔기에 성적이 오른 것이다. 하지만 성적이 오른 많은 학생들은 착각한다. 자기가 그런 표기법을 배워서 성적이 오른 거라고. 그렇게 친구들에게, 후배들에게 자신의 공부법을 전수한다. **그렇게 비극은 반복된다.**

지금부터 지문에 표시하기를 멈춰라. 적어도 혼자 기출 분석할 땐 최대한 표시하지 않고 읽어보기 바란다. 모든 것을 머리로 처리해야 한다. 지문 옆에 필기하면서 읽어서도 안 되고, 밑줄을 그으며 읽어서도 안 된다. 최대한 표시하기를 멈추고 머리로 문장을 이해하는 데 목숨을 걸어라. 다른 선수들의 경기 전 루틴을 그만 찾아보고, 슈팅과 패스를 연습해라.

"독서는 독자와 필자의 대화라고 할 수 있다. 필자는 글을 통해 독자에게 어떠한 문제에 관한 자신의 생각을 전달하고, 독자는 글을 읽으면서 필자의 의도를 파악하고, 필자의 주장을 비판적으로 수용한다. 또한 독자는 필자와 독자 자신, 사회에 질문을 던지며 자기 나름대로 의미를 파악하고 생각을 정리해 나감으로써 독서의 의미를 독자와 필자의 개인적 대화 차원을 넘어서 하나의 사회적 의사소통 행위로 확장해 나간다."

– 박영목 〈독서 교육론〉 –

'대화하며 읽기'는 말 그대로 글을 읽으면서 계속 필자에게 말을 걸라는 의미이다. 필자에게 말을 걸고, 답을 들으면서 '대화'하라는 말이다. 글을 쓰는 사람도 글을 읽는 사람이 '이렇게 말하면 이게 궁금해지겠지?'라고 생각하며 글을 쓴다. 근데 우리는 전혀 궁금해하지 않는다. 정보를 처리하기에 급급해서 그냥 막 읽는다. 필자와 대화하기를 거부하는 것이다. 공감하지 않고, 이해하지 않고 그냥 단지 계속 정보를 달라고 말하며 달린다.

이렇게 읽으면 당연히 선지로 갔을 때 내가 읽었던 문장들이 기억나지 않는다. 왜? 대화하지 않고 그저 필자가 말하는 내용을 정리하고 외우기에 급급하며 읽었다는 것은, 글을 '정보처리'에 목적을 두고 읽었다는 뜻이기 때문이다. 이렇게 읽었을 때 글을 잘 기억하는 것이 불가능한 이유는 '기억하려는 강박을 내려놓아라'에서 설명했었다. 우리 뇌는 저장할 수 있는 정보의 한계가 있기에 이런 태도로는 절대 지문 내용을 전부 기억할 수 없다.

비유를 하자면, 학교 수업 상황에서, 네가 선생님 말에 질문도 하고, 선생님 말에 "네" 라고 호응도 하면서 들었을 때 수업 내용이 더 기억에 잘 남지 않았던가? 그냥 수동적으로 선생님이 하는 말만 들었던 수업은 기억 속에서 쉽게 휘발된다. 선생님이 말씀하시는 게 이해 안 되면 질문해서 이해를 하고 넘어가고, 선생님 말이 조금 잘못된 거 같으면 손 들어서 의문도 제기해보고, 그렇게 수업을 들어야 기억에 남는다. 글 읽기도 전혀 다르지 않다. 글쓴이에게 계속 대화를 걸어라. 글 내용이 훨씬 더 잘 기억날 것이다.

'대화하며 읽기가 주는 효과'의 근거는 우리 머리에 가해지는 '**충격**'으로 설명할 수 있다. 대화하며 읽으면 머릿속에 '충격'이 가해진다.

아래 문장을 같이 읽어보자.

> "당시 유학자들은 서양 의학의 필요성을 느끼지 못하였고, 의원들의 관심에서도 서양 의학은 비껴나 있었다."

이 문장을 읽고 어떤 생각이 들어야 할까? 당연히 "왜?"라는 질문이 머릿속에 떠올라야 한다. 즉, 의문을 품었어야 했다는 것이다. 왜 당시 유학자들이 서양 의학의 필요성을 느끼지 못했는지, 왜 서양 의학이 그들의 관심에서 비껴나 있었는지 궁금해해야 한다. 그리고 마음속으로 필자한테 물어야 한다.

"왜 그럴죠?"

그런데 놀랍게도 바로 다음 문장에서 '왜 당시 유학자들이 그런 생각을 했는지' 설명해 주고 있다.

> "당시에 전해진 서양 의학 지식은 내용 면에서도 부족했을 뿐 아니라, 지구가 둥글다거나 움직인다는 주장만큼 충격적이지는 않았다. 서양 해부학이 야기하는 윤리적 문제도 서양 의학의 영향력을 제한하는 요인으로 작용하였으며, 서학에 대한 조정의 금지 조치도 걸림돌이었다."

우연일까? 아니다. 우연이라고 의심된다면 이때까지 기출문제에 나온 여러 지문들을 대화하는 태도로 다시 읽어보기 바란다. 이 글을 출제하는 교수는 네가 의문을 품어야 했었던 문장을 읽고 의문을 품길 바라고 출제했다. 그래서 바로 뒤에 네가 품은 의문을 해소해 줄 답을 적은 것이다. 하나만 더 예시를 보여주겠다.

> "판매자가 광고를 통해 상품의 차별성을 알리는 대표적인 방법은 상품에 대한 정보를 전달하는 것이다. 하지만 많은 비용을 들인 것으로 보이는 광고만으로도 상품의 차별성을 부각할 수 있다."
>
> – 2022학년도 고3 9월 모의고사 –

이 문장을 읽고 의문이 들어야 한다. '어떻게 광고로 상품에 대한 정보를 전달하지 않아도 그저 광고만으로 상품의 차별성을 부각할 수 있다는 거지?'

> "판매자가 경쟁력에 자신 없는 상품에 많은 광고 비용을 지출하지 않을 것이라는 구매자의 추측을 유도하는 것이 이 광고 방법의 목적이다."

이 두 번째 예시에서도 네가 볼 수 있듯, 첫 번째 예시와 똑같이 우리가 의문을 품을 걸 예측해서 바로 다음 문장에 교수님이 답을 써 놓았다. 필자와 대화를 하면서 글을 읽었던 학생은 바로 뒷 문장을 더 잘 기억했을 것이다. 왜? 자기가 의문을 품은 부분에 대해서 바로 답해주고 있기 때문이다. **이때 우리의 뇌는 '충격'을 받는다.** 그럼 그 순간이 머릿속에 강하게 각인된다. 반면 그냥 아 그렇구나 하고 대화 없이 죽죽 글을 읽어 나간 학생은 '충격'을 받지 않는다. 그렇기에 선지로 돌아갔을 때, 해당 내용이 기억나지 않는 것이다.

또 필자와 대화하며 읽어야 하는 중요한 이유가 하나 더 있다. 필자와 대화하지 않고 그냥 정보처리에만 주의해서 읽게 되면 글이 **재미가 없다.** 지금 점수 올리기 바빠 죽겠는데 재미가 웬 말이냐고? 글에 재미를 느끼는 학생과 그렇지 못하는 학생은 장기적으로 봤을 때 접하는 활자의 양이 엄청나게 차이난다. 글이 재밌다는 걸 느낀 학생들은 일부러 글을 찾아 읽는다. 기출 문제가 더 없나 싶어서 2010년 이전 기출들을 찾아보고, 더 많은 글을 읽고자, 뉴스 기사와 책을 읽기 시작한다. 거짓말 같겠지만 사실이다. 나 또한 그랬고 내가 가르친 학생들이 모두 이렇게 바뀌었다. 반면에, 글에 재미를 못 붙이는 학생들은 하루하루 국어 공부하는 게 고역이다. 이해도 안 되고 왜 봐야 하는지도 모르겠는 이 지문을 몇 시간이나 붙잡고 있어야 하니, 얼마나 고통이겠는가. 그러니 글 읽기를 매번 피하게 된다. 글을 재미로 찾아보는 학생과 글을 피하는 학생, 시간이 갈수록 이 둘의 차이는 크게 벌어질 수밖에 없다.

비유를 들어 설명해 보자면, 친구와 대화하는 상황을 떠올려봐라. 오랜만에 친구를 만나서 카페에 갔는데, 친구가 자기 얘기만 한다. 나에게는 말할 기회를 주지도 않고 3시간 동안 주야장천 자기 얘기만 한다. 그 친구를 다음에도 만나고 싶을까? 우리가 비문학을 싫어하는 이유는 사실 바로 이 상황처럼 우리가 그저 필자의 말을 듣기만 하기 때문이다. 우리도 대화에 참여해야 한다. 나는 어떻게 생각하는지, 나는 그 사안에 대해 어떤 감정이 드는지 생각하고 말하며 대화에 적극적으로 참여해야 한다.

2등급 이하 학생들은 보통 교수(필자)님이 혼자 말하도록 내버려 둔다. 적극적으로 질문해야 한다. "교수님 이건 왜 이렇게 되는 거죠?", "교수님 이건 이해가 잘 안되는데요?" 당연히 이렇게 적극적으로 수업에 참여한 학생이 수업 내용을 더 잘 기억하지 않겠는가? 또 교수님이 한 말 중에 공감되는 부분이 있으면 맞장구쳐라. "맞지, 그럴 수밖에 없지", "저 상황에서는 나라도 저러겠다"라는 식으로, 네 감정을 글에 넣길 바란다. 바로 그렇게 글을 읽을 때 글은 생생하게 살아 움직이기 시작한다. 필자와 서로 '주고받는' 대화를 시작할 때 글은 재밌어지고, 글 내용도 더 잘 기억난다.

나는 지금 내가 이렇게 지면을 할애해서 글 읽기가 재밌는 것이라고 '설득'해야 하는 현실이 참 안타깝다. 사실 글 읽기의 즐거움은 어린 시절부터 경험해 봤어야 하는 것이다. 내가 굳이 글 읽기가 재밌다고 막 떠들지 않아도 당연히 알고 있어야 하는 것이다. 내가 몰랐던 걸 알고, 새로운 세계를 글을 통해 접하고, 문장을 머릿속으로 가져와 상상의 나래를 펼쳐본다는 건 매우 흥분되고, 신기한 일이기 때문이다. 그리고 글 읽기를 통해 성숙한 사고가 가능해지고 세계가 선명해지는 경험은 말로 표현할 수 없을 만큼 짜릿하다.

하지만 나도 재수하기 전까지는 글 읽는 게 도대체 뭐가 재밌는 건지 몰랐다. 그냥 대학에 가기 위해서 하는 행동 중에 하나일 뿐이었고 전혀 흥미가 없었다. 아마 학생들이 글 읽기에 흥미를 느끼지 못하는 건 '글 읽는 법'을 제대로 배워본 적이 없기 때문이 아닐까 싶다. 시험 칠 때 비문학 문제 빨리 맞히는 법만 찾아다녔지, 정말 '글' 그 자체를 읽는 방법을 제대로 배워본 적이 없으니까 글에도 흥미를 붙이기가 쉽지 않았을 것이다. 지금부터라도 방법을 잘 터득하여 글 읽기가 얼마나 재밌는 일인지 깨달았으면 한다.

정리해 보겠다. 대화하면서 읽었을 때 비로소 우리는 글에 공감하고 납득하게 된다. 그리고 그렇게 읽으면 글은 당연히 기억에 더 잘 남는다. 왜? 필자와 대화하며 질문하며 읽고 글 속에서 내가 한 질문의 답이 제시되었을 때, 머릿속에 '충격'이 발생하기 때문이다. 또 대화하며 읽을 때 글 읽는 것이 재밌어진다. 앞으로 글을 읽을 땐 말을 걸고, 의문을 품고, 질문을 하며 다채롭게 읽기 바란다. 바로 그때 글은 하나의 생명체로서 네 머릿속에서 살아 움직이게 될 것이다.

여섯 번째 습관

"나는 과일을 좋아해"라는 대답에 만족하지 마라, 추상어 감지하기

친구랑 대화를 하던 도중에 내가 "너는 어떤 음식 좋아해?"라고 친구에게 물었다. 친구가 "나는 과일 좋아해"라고 대답한다. 보통 우리는 여기서 어떻게 반응하는가? 당연히 한 번 더 물어본다. "무슨 과일? 사과? 바나나? 포도?" 과일을 좋아한다는 말로는 얘가 사과를 좋아한다는 건지, 바나나를 좋아한다는 건지 모르니까 다시 한번 물어본다.

여기서 과일은 '추상어'에 해당한다. 추상어란 뭔지는 알겠는데, 구체적으로 이미지는 안 그려지는 것을 말한다. 과일이 뭔지는 알겠다. 근데 정확히 말해보라고 하면 말을 못 하겠다. 어렴풋한 이미지는 떠오르는데, 구체적인 이미지가 떠오르지 않는다. 과일은 추상적인 말이기 때문이다.

글을 읽을 때도 이와 같이 추상적인 단어들이 등장한다. 무슨 말인지 대충은 알겠는데, 구체적으로 말해보라고 하면 입이 안 떨어지는, 그런 말들 말이다. 뭔가 머릿속에서 희미하게 그림 그려지는 그런 말들이 추상어이다. 우리는 이런 추상어들을 글을 읽으면서 추상어라고 인지해야 한다. 추상어를 그냥 흘려 읽어버리면 문제에서 그 추상어를 활용하여 선택지를 냈을 때 문제를 맞힐 수 없다. 추상어는 곱씹고 넘어가지 않으면 결코 머릿속에 남아있지 않기 때문이다.

추상어를 추상어라고 인식하는 능력은 1등급과 타 등급 학생들을 가르는 주요한 기준이기도 하다. 1등급 학생들은 글에서 추상어가 나오면 함부로 넘어가지 않는다. 추상어가 추상어라는 걸 알기에 머릿속으로 구체적으로 바꾸고 넘어가거나 의문을 품고 넘어간다. 이 추상어를 그냥 넘기면 이게 반드시 문제에서 나를 곤란하게 할 걸 알기에 쉽게 넘어가지 않는다. **여기서 곱씹고 넘어간다는 말은 '이게 정확히 무슨 말이지?'라고 마음속으로 생각해 보거나 문장의 의미를 머릿속으로 그려보는 걸 의미한다.**

반대로 2등급 이하 학생들은 추상어 감지에 대한 감이 부족하다. 평소 글을 읽을 때 글을 이해하려 하지 않고 글에서 말하는 걸 외운 다음, 문제 풀기에만 급급하니 추상어가 눈에 보일 리 있겠는가. 추상어는 천천히 읽어야 보인다. 글을 이해하려고 하면서 필자에게 질문도 하고, "무슨 소리냐, 구체적으로 말해 달라"라고 닦달하기도 하면서 글을 머릿속에 선명하게 만드는 과정에서 보이는 것이다. 그런데 2등급 이하 학생들은 그렇게 하지 않으니까, 그냥 글을 읽을 때 정보처리만 하려고 달려드니까, 이런 추상어들이 눈에 보이지 않는 것이다. 그런 식으로 글을 읽게 되면 추상어들을 활용해서 문제를 냈을 때 무슨 말인지 이해가 안 돼서, 시험지를 펄럭이며 해당 추상어가 나왔던 문장을 찾으러

떠나게 된다. 수능에서는 일부러 쉽게 낸 문제가 아니고서야 절대 이렇게 찾아 푸는 방식으로 문제가 풀리도록 만들지 않는다. 이렇게 해서 풀리는 문제로는 독해력, 사고력을 측정할 수 없기 때문이다. 설령 어찌어찌 문제를 푼다고 해도 이미 그 문제에서 시간을 엄청 많이 써서, 다른 문제를 풀 시간이 없을 것이다.

아래 추상어가 쓰인 경우의 예시를 읽어보면서 어떤 경우가 추상어가 나온 경우인지 이해해보기 바란다. 아래는 2022학년도 6월 모의고사에 나온 문장이다.

> 그는 인간이 감각적인 존재라는 사실에 맞추어 제도가 운용될 것을 역설한다.
>
> – 2022학년도 고3 6월 –

보통 이 문장을 읽고 2등급 이하의 학생들은 '아 그렇구나'하고 넘어가 버린다. 하지만 1등급 학생들은 여기서 이렇게 생각한다. '감각적인 존재라는 게 정확히 뭐지?'

내가 여기서 '감각적인 존재'가 뭔지 생각하고 넘어가야 한다고 말하면, 2등급 이하의 학생들은 이렇게 말한다. "아니 쌤, 감각적인 존재가 감각적인 존재죠!" 그래서 내가 그럼 감각적인 존재가 무슨 뜻인지 정확히 말해보라고 하면 또 정확히 설명은 못한다. 이렇게 글을 읽으면서 추상어 인식에 실패하면 문장들이 머릿속에서 유기적으로 연결되지 않는다. 글이 정확히 이해되지 않는다는 말이다. 그리고 또 '감각적인 존재'라는 단어가 문제에 나왔을 때, 이 단어에 대해서 구체적으로 생각하고 넘어가지 않았기에 틀리거나 시간을 많이 쓰게 된다.

> 그는 인간이 감각적인 존재라는 사실에 맞추어 제도가 운용될 것을 역설한다. 가장 잔혹한 형벌도 계속 시행되다 보면 사회 일반은 그에 무디어져 마침내 그런 것을 봐도 옥살이에 대한 공포 이상을 느끼지 못한다.

여기서 1등급 학생들의 사고를 보여주겠다. "감각적인 존재가 뭐지? 아 바로 다음 문장에서 부연 설명해주네? 음, 다음 문장은 인간은 감각을 가지고 있기 때문에 잔혹한 형벌을 여러 번 보면 그것에 대해 점점 무뎌진다는 말이구나. 그럼 '감각적 존재'라는 건, 잔혹한 걸 봐도 시간이 지나면서 그것에 대해 점점 무뎌지는 인간의 특성을 묘사한 말이겠네". 1등급들은 이런 식으로 '감각적 존재'에 대한 의미를 정확하게 잡고 넘어간다. 이렇게 이해하고 넘어가면 글 속에서 추상적으로 남아있는 단어, 문장이 없기에 글이 선명해진다.

좀 더 난이도를 높여 보겠다. 이번에는 너 스스로 추상어를 뽑아내 보기 바란다. 긴 지문이다. 반드시 시간 들여서 아래 지문을 읽어보고 글을 계속 읽기 바란다.

> 　인간의 본성에 관한 서로 다른 두 관점이 있다. 종교적 인간관에 따르면, 인간에게는 물리적 실체인 몸 이외에 비물리적 실체인 영혼이 있다. 영혼은 물리적 몸과 완전히 구별되며 인간의 결정의 원천이다. 반면 유물론적 인간관에 따르면, 인간은 물리적 몸에 지나지 않는다. 물리적 몸 이외에 영혼은 존재하지 않는다. 따라서 인간의 결정은 단지 뇌에서 일어나는 신경 사건이다. 이러한 두 관점 중 유물론적 인간관을 가정할 때, 인간은 자유롭게 선택할 수 있을까? 즉 인간에게 자유의지가 있을까? 가령 갑이 냉장고 문을 여니 딸기 우유와 초코 우유만 있다고 해 보자. 갑은 이것들 중 하나를 자유의지로 선택할 수 있을까?
>
> 　이러한 질문과 관련하여 반자유의지 논증은 갑에게 자유의지가 없다고 결론 내린다. 우선 임의의 선택은 이전 사건들에 의해 선결정되거나 무작위로 일어난다. 여기서 무작위로 일어난다는 것은 선결정되지 않는다는 것을 의미한다. 이러한 전제하에 반자유의지 논증은 선결정 가정과 무작위 가정을 모두 고려한다. 첫 번째로 임의의 선택이 그 이전 사건들에 의해 선결정된다고 가정해 보자. 반자유의지 논증에서는 이 경우 우리에게 자유 의지가 없다고 결론 내린다. 가령 갑의 딸기 우유 선택이 심지어 갑이 태어나기도 전에 선결정된 것이라면 갑이 자유의지로 그것을 선택한 것이라고 보기 어려울 것이다.
>
> 　두 번째로 임의의 선택이 무작위로 일어난 것이라 가정해 보자. 반자유의지 논증에서는 이 경우에도 우리에게 자유의지가 없다고 결론 내린다. 가령 갑의 딸기 우유 선택이 단지 갑의 뇌에서 무작위로 일어난 신경 사건이라고 한다면, 그것은 자유의지의 산물이라고 보기 어려울 것이다. 그러나 이 논증에 관한 다양한 비판이 가능하다. 반자유의지 논증을 비판하는 한 입장에 따르면 반자유의지 논증의 선결정 가정을 고려할 때의 결론은 받아들여야 하지만, 무작위 가정을 고려할 때의 결론은 받아들일 필요가 없다. 따라서 반자유의지 논증의 결론도 받아들일 필요가 없다고 주장한다. 그 이유는 아래와 같다.
>
> – 2022학년도 고3 9월 모의평가 –

여기서 추상어는 무엇인가? 위 지문에서 추상어는 2개 존재한다. 바로 '선결정 가정을 고려할 때의 결론'과 '무작위 가정을 고려할 때의 결론' 바로 이 2가지가 위 지문에서 추상어다. 보통 이 지문을 읽을 때, 2등급 이하의 학생들은 이 두 단어에 전혀 주목하지 않는다. 또 그냥 흘려 읽어버린 것이다. 내가 이 단어가 무슨 의미냐고 물어보면 그제야 고민하기 시작한다. '선결정 가정을 고려할 때의 결론'이 무슨 말인가? 도대체 무슨 의미인가? 왜 '글을 읽을 때' 정확히 잡고 넘어가지 않느냔 말이다. 애매한 것을 애매하다고 느낄 수 있어야 한다. 그래야 지문을 읽으면서 정확히 애매한 부분의 의미를 제대로 잡고 넘어갈 수 있고, 지문 전체가 선명하게 읽힌다.

◆ '선결정 가정을 고려할 때의 결론'과 '무작위 가정을 고려할 때의 결론'의 의미는 모두 '자유 의
지가 없다'이다.

결국 해당 추상어는 문제로 나왔다. 이렇게 되면, 추상어를 인지하지 못했던 학생들은 더 골치 아파
지는 것이다.

13번 문제 1번 선지

: H의 가설이 실험 결과에 의해 입증된다면, **선결정 가정을 고려할 때의 결론**을 거부해야 한다.

13번 문제 4번 선지

: H의 가설이 실험 결과에 의해 입증되지 않는다면, **무작위 가정을 고려할 때의 결론**을 받아
들여야 하는 것은 아니다.

이렇게 추상어가 문제의 선택지로 나오면 그제서야 학생들은 지문으로 돌아가서 '선결정 가정을 고
려할 때의 결론'이 뭔지, '무작위 가정을 고려할 때의 결론'이 뭔지 찾기 시작한다. 이렇게 되면 다시
지문으로 돌아가도 바로 눈에 보이지 않는다. 시험장에서는 마음이 훨씬 더 급해지기 때문이다. 그리
고 설령 지문에서 다시 잡는다고 하더라도 이미 시간은 엄청 지체되었을 것이다. 그렇기에, 이런 일
이 일어나지 않도록 우리는 지문을 읽으면서 추상어를 감지하는 능력을 계속 키워야 한다.

추상어가 나오는 상황은 2가지로 나눠서 볼 수 있다.

1. 추상어가 어떤 의미인지 뒤 문장에서 설명해 주는 경우

내가 첫 번째 예시로 들었던 경우가 바로 이 경우다. 첫 번째 예시의 경우, '감각적 존재'라는 추상어
의 의미를 바로 뒤 문장에서 설명해 주고 있다. 이 경우에는 좀 더 추상어를 제대로 이해하고 넘어가
기가 쉽다. 그리고 추상어라는 걸 발견하기도, 상대적으로 수월하다. 왜냐하면 바로 뒤 문장이 추상
어랑 관련된 문장이기 때문에 제대로 이해하면서 읽다 보면 앞 문장을 다시 볼 수밖에 없다. 그렇게
되면, 내가 읽으면서 추상어를 놓치고 넘어갔더라도 다시 앞 문장을 읽으면서 추상어를 잡을 확률이
높아지기 때문이다.

2. 추상어가 어떤 의미인지 뒤 문장에서 설명해 주지 않는 경우

이 경우에는 <u>스스로 맥락을 통해 추상어의 의미를 구체화하고 넘어가야 한다.</u> 이 경우에는 당연히
첫 번째 경우보다 추상어를 이해하기 어려워진다. 그리고 글의 난이도도 높아진다. 두 번째 예시가
바로 그 경우이다. 뒷부분을 읽어보면 알겠지만, 해당 지문은 뒷부분에서 '선결정 가정을 고려할 때
의 결론'이 뭔지 설명해 주지 않는다. 내가 스스로 다시 위 문장을 읽으면서 추상어의 의미를 잡고 넘

어가야 했다. 이 경우 만약 추상어의 의미가 아무리 생각해도 안 잡힌다면, 내가 할 수 있는 만큼만 머릿속으로 구체화하고 넘어간다. 당연히 가장 좋은 것은 맥락상 정보를 통해서 제대로 이해를 해내는 것이다.

여기까지 설명하면 학생들은 이렇게 질문한다. "그럼 그 중요하다는 추상어를 어떻게 감지할 수 있나요?"

첫 번째, 천천히 이해하는 것에 초점을 두고 읽으면 된다. 우리가 글을 읽으면서 추상어를 감지하려면 시간이 필요하다. 추상어를 감지해내는 건 '생각'을 하면서 글을 읽는 사람만이 할 수 있다. 한 문장 한 문장 섬세하게 읽어내려가면서 '무슨 말이지?'라고 끊임없이 생각해줘야 한다. 그래야 추상어가 눈에 보인다. 그러기 위해서는 당연히, 허겁지겁 빨리 읽어 내려가서는 안 된다.

두 번째, 대화하며 읽으면 된다. 천천히 읽어내려가면서 문장 하나하나에 반응해줘라. 이해가 되면 '그렇지, 당연하지'라고 생각해 주고, 이해가 안 되면 '무슨 말이지?'라고 반응하면서 필자와 대화해라. 그렇게 읽으면 추상어를 마주했을 때 '응? 이게 정확히 무슨 말이지?'라고 머릿속에 질문이 생기게 된다. 여기서 핵심은 최대한 모든 문장에 반응하고 넘어가야 한다는 것이다. 그래야 추상어가 쓰인 문장도 지나치지 않을 수 있다.

세 번째, 다양한 문장을 접해보면서 무엇이 추상어인지 경험한다. 추상어가 뭔지 알려면 일단 어떤 경우에 추상어라고 말하는지 경험해봐야 한다. '기출 분석편'에 나오는 기출들을 통해서 무엇을 추상어라고 하는지 감을 잡길 바란다. 그리고 이 책을 다 읽고 스스로 기출문제들을 풀어보면서 계속 추상어에 대한 감을 익히면 된다.

일곱 번째 습관
**일단 뭘 알아야 읽을 거 아닙니까,
배경지식 쌓기**

수능 1등급을 위해서는 배경지식이 필요하다. 다시 한 번 말한다. 수능에서는 배경지식을 요구한다. 하지만 2등급 이하의 학생들은, 배경지식 쌓는 노력은 고사하고 배경지식을 쌓아야 한다는 생각조차 못한다. 그들은 성적을 올리기 위해서, 독해력을 올리기 위해서 배경지식을 쌓아야 한다는 사실을 모른다. 내가 딱 그런 학생이었다. 그냥 지문 읽고 문제를 맞혔으면 PASS. 만약 틀렸으면 왜 틀렸는지만 정리하고 지문은 PASS. 이렇게 공부하는 학생이었다. 게다가 지문에 나와있는 문장을 이해하고 풀지 않으니까 지문이 배경지식으로 쌓일 리는 없었다. 그러니, 몇백 지문을 읽어도 머리에 배경지식으로 남아있는 게 거의 없었던 것이다.

> "문항을 해결하는 능력을 획득하기 위해서는 학생들이 교과서 중심의 독서에만 그칠 것이 아니라 철학, 역사 등 다양한 분야의 학술적인 글도 다양하게 읽을 필요가 있다."
>
> – 한국교육과정평가원 보도자료 –

수능 시험을 출제하는 한국교육과정평가원 보도에 따르면, 이렇게 대놓고 '배경지식을 쌓아 놓으라'고 말한다. 학생들에게 다양한 분야의 배경지식이 있다면 수능에서 좋은 점수를 받을 수 있음을 말해주고 있다. 근데, 이건 조금만 생각해 보면 당연한 것이다. 10년 동안 병원에서 일한 의사라면 생물학과 관련된 글을 읽을 때 다른 사람들보다 잘 이해할 수 있지 않겠는가? 또 수년간 로펌에서 일한 변호사라면 법지문을 읽을 때 남들보다 더 잘 이해할 수 있을 것이다.

📌 배경지식도 독해력이다.

독해력이 무엇인지는 앞에 '수능이 우리에게 요구하는 능력'에서 설명했다. 바로 '글을 읽고 이해하는 능력'이다. 다시 말하지만, 내가 법에 대한 배경지식이 있다면 법지문을 쉽게 읽고 이해할 수 있을 것이다. 내가 고등학교 때 화학을 배웠다면, 지문에 화학식이 나왔을 때 화학을 배우지 않은 친구들보다 쉽게 이해할 수 있을 것이다. 이건 당연한 것이다. 내가 배경지식도 독해력이라고 말하면 학생들은 이렇게 질문한다. "아니, 그렇다고 지금 사회, 과학, 기술, 예술 이런 걸 전부 다 공부할 수는 없잖아요...!" 맞다. 지금 이걸 전부 다 어떻게 공부하겠는가. 그나마 다행인 건 출제자는 너무 과한, 즉 너무 전문적인 배경지식은 요구하지 않는다는 사실이다. 이건 고등학교 3학년의 학업 능력을 측정하기 위한 시험이기 때문이다.

하지만, 출제자는 적어도 학생들이 기출문제에 소개되었던 개념, 단어들은 배경지식으로 가지고 있길 요구한다. 이건 출제자가 문제를 내는 과정을 생각해 보면 알 수 있다. 출제자는 문제를 낼 때 우선 기출 문제를 검토한다. 기출문제에 나왔던 걸 계속 내면 안 되고, 난이도도 적당하게 만들어야 하기 때문에 기출 문제를 보는 것은 출제자 입장에서 아주 중요하다. 출제자가 이렇게 기출을 보고 새로운 문제를 낼 때, 학생들이 이전 기출 지문에 나와있는 개념은 배경지식으로 알고 있다고 생각하고 문제를 낸다. 당연히 '기출'되었던 지문이니까 학생들이 공부하면서 열심히 읽고 내용을 이해했을 거라고 생각한다. 그렇기에 기출되었던 개념을 가지고 다음 지문을 쓴다. 예를 들어서 기출에 '환율'이 뭔지 설명해줬다면 다음 지문부터는 환율에 대한 설명 없이 바로 환율을 활용해서 글을 쓴다는 것이다. 그렇기에 우리는 최소한 기출 지문에 나와있는 내용만큼은 배경지식으로 알고 있어야 한다.

여기서 주의할 것이 자칫 잘못하면 "배경지식만 가지고 있으면 장땡이다"라고 생각할 수 있다는 것이다. 절대 아니다. **평가원은 배경지식만으로 문제를 풀 수 있게 하지 않는다.** 철학 지문이 나왔을 때, 내가 철학을 잘 알고 있다고 해서 지문도 안 읽고 바로 문제를 풀지는 못하게 만든다는 말이다. 물론 정말 완벽하게 해당 분야에 대해서 개념을 알고 있다면 지문을 안 읽어도 맞힐 수 있을지 모르겠다. 하지만 너는 고3 또는 재수생일 텐데, 네가 가지고 있는 지식이 완벽할 가능성은 매우 낮을 것이다. 배경지식만으로 문제를 풀려고 하는 태도는 매우 위험한 태도이다. **수능은 지식이 아니라 능력을 측정하는 시험이기 때문이다.**

배경지식은 소금 같은 것이다. 소금은 음식 맛을 내는데 많은 도움을 주지만 소금만 먹을 수는 없다. 배경지식도 글을 읽는 데 도움을 줄 수는 있지만 그 자체만으로 문제를 푸는 건 불가능하다. 그럼에도 내가 배경지식 쌓기를 말하는 이유는 그래도 글 읽는 데 최소한의 배경지식은 필요하기 때문에 배경지식을 쌓으라고 강조하는 것이다. 그리고 그 '최소한의 배경지식'은 기출이다.

일단 다양한 기출을 읽으면서 배경지식을 쌓기 바란다. 그다음에 그렇게 공부하면서 생긴 또 다른 의문을 해소하면서 추가적인 배경지식을 차츰 쌓아 나가는 식으로 공부해야 한다. 일단 기출 문제를 전부 분석하면서 기출 문제에 나와있는 개념들을 이해해야 한다. 그 이후에는 다양한 분야의 글을 접하면서 배경지식을 늘려나가면 된다. 궁금한 분야에 대한 책을 읽어도 좋고, 신문을 봐도 좋다. 이 방법이 정말 생각보다 도움이 많이 된다. 그리고 이렇게 공부하기 시작하면 글 읽기가 재밌어진다. 내가 궁금했던 것들을 하나 하나 명확히 이해할 때 느낄 수 있는 쾌감이 있기 때문이다.

나는 재수할 때 '바이러스'가 정확히 뭔지 이해하려고 〈우리가 몰랐던 바이러스 이야기〉라는 책을 빌려서 읽었었다. 또 유튜브에서 바이러스가 세균에 침투하는 영상도 찾아 보고, 바이러스 구조를 설명하는 영상을 보기도 하면서 바이러스에 대한 이해도를 높여 갔다. 그러고 나서 다시 기출에 나와있는 '바이러스'지문을 읽으니까 완전히 새롭게 읽혔다. 머릿속에서 생생하게 이미지가 그려졌고 이해 안되는 문장이 하나도 없었다. 어쩔 수 없다. 글은 내가 아는 만큼 읽힌다. 단어나 개념의 의미가 머릿속에 명확하게 있지 않다면 내가 한 것처럼 다양한 방법을 통해 반드시 명확하게 만들고 넘어가야 한다.

배경지식 쌓기와 관련해서 마지막으로 할 중요한 말은 바로 여러 분야 중에서도 '경제' 지문을 읽을 때는 특히나 배경지식이 아주 중요해진다는 것이다. 다른 제재의 지문에 비해서 경제지문은 기본적인 경제 용어에 대한 지식이 없으면 문장을 이해하기가 매우 어렵다. 그리고 어느 정도의 경제 요소들 간의 상관관계도 알고 있어야만 문제를 수월하게 풀 수 있다. 통화량이 증가하면 금리가 낮아진다든지, 소비가 감소하면 경기가 침체된다든지 하는 기본적인 사실들을 알고 있어야 글을 수월하게 이해할 수 있다. 물론 지문에서 개념들을 설명해 주겠지만 만약 이런 지식이 없는 상태로 경제 지문을 읽는다면 한 번에 이해하기가 매우 어려울 것이다. **왜냐하면 통화량이 오를 때 금리가 낮아진다고 하는데, 그 이유를 시험장에서 바로 생각해내기란 거의 불가능에 가깝기 때문이다.**

통화량의 의미는 '시중에 유통되는 화폐의 양'이다. 시중에 유통되는 화폐의 양이 많아지면, 시중에 돈이 없을 때보다 돈을 구하기가 쉬워질 것이다. 따라서 돈의 가치는 하락한다. (사과가 많이 재배돼서 시장에 많아지면 사과 값이 떨어지는 것과 같다.) 이때 '돈의 가치'는 '이자율'이라고 할 수 있다. (왜 돈의 가치가 이자율인지는 '경제' 기출 분석 편에 다 설명해뒀다. 그렇지만 스스로 찾아보길 추천한다. 그래야 기억에 오래 남기 때문이다.) 이때 이자율은 다른 말로 '금리'라고 부르기도 한다. 정리해보면, 통화량이 증가할 때 이자율은 하락한다고 할 수 있다. 그래서 "통화량이 증가하면 금리가 낮아진다."라는 문장이 나오게 되는 것이다. 근데, 이걸 시험장에서 즉시 머릿속으로 생각해낸다고? 그건 불가능하다. 미리 알고 있었어야 했다.

다음은 2018학년도 수능에 나왔던 경제 지문의 일부이다.

> "가령 국내 통화량이 증가하여 유지될 경우, 물가가 경직적이어서 **실질 통화량은 증가하고 이에 따라 시장 금리는 하락한다.** 국가 간 자본 이동이 자유로운 상황에서, 시장 금리 하락은 투자의 기대 수익률 하락으로 이어져, 단기성 외국인 투자 자금이 해외로 빠져나가거나 신규 해외 투자 자금 유입을 위축시키는 결과를 초래한다. 이 과정에서 자국 통화의 가치는 하락하고 환율은 상승한다."

'실질 통화량은 증가하고 이에 따라 시장 금리는 하락', 이 부분을 읽으면서 **실질 통화량이 증가함**

에 따라 시장 금리가 왜 하락하는지 바로 이해할 수 있어야 했다. 그래야 시간 내에 지문을 읽고 문제까지 다 맞히는 것이 가능했다. 해당 문장의 의미를 시험장에서 생각해내기란 불가능에 가까웠다. 내가 앞서 말했던 '통화량이 증가함에 따라 금리가 하락하는 이유'를 시험장에서 전부 스스로 떠올려야 했기 때문이다. 지문에서는 친절하게 이유를 하나 하나씩 꼼꼼하게 설명해 주지 않는다. 이미 통화량이란 단어도 기출에 나왔었고 금리라는 단어도 나왔었기 때문이다.

'시장 금리 하락은 투자의 기대 수익률 하락으로 이어져, 단기성 외국인 투자 자금이 해외로 빠져나가거나 신규 해외 투자 자금 유입을 위축시키는 결과를 초래한다.' 이 문장도 읽고 바로 이해할 수 있어야 했다. 이 문장도 위 문장과 마찬가지로 이유를 다 생략해서 말해놓고 부연 설명이 하나도 없었다. 우리는 '금리'가 뭔지 이 글을 읽기 전에 이미 알고 있었어야 했다.

> "어떤 가상의 경제에서 20○○년 1월 1일부터 9월 30일까지 3개 분기 동안 중앙은행의 기준 금리가 4%로 유지되는 가운데 다양한 물가 변동 요인의 영향으로 물가 상승률은 아래 표와 같이 나타났다. 단, 각 분기의 물가 변동 요인은 서로 관련이 없다고 한다."

위 문장은 2018학년도 6월 모의고사에 나온 문장이었다. 이때 금리가 뭔지 몰랐다면 찾아봤어야 했다. 금리는 이자율과 같은 말이고, 이 이자율이 낮아진다는 말은 우리나라 은행에 돈을 맡겨 놓아도 이자를 많이 안 준다는 뜻이다. 그러니까 투자자 입장에서 투자를 했을 때 예상되는 수익률 즉, 투자의 기대 수익률이 하락하는 것이다. 그래서 외국인 투자자들이 우리나라 은행에 있는 돈을 빼서 다른 곳에 투자를 하고, 다른 투자자들도 우리나라 은행에 돈을 안 맡기게 되는 것이다. 방금 내가 말한 이 내용이 머릿속으로 문장을 읽는 순간 빠르게 머릿속에서 만들어졌어야 했다. 그러기 위해서는 기출에 나왔던 경제 배경지식은 머릿속에 탑재하고 있어야 한다.

출제자는 이미 기출에 나온 개념은 다시 자세하게 써주지 않는다고 말했었다. 경제 지문에서도 마찬가지이다. 이미 환율이 뭔지 이전 기출에서 설명했다면 다음번에 문제를 낼 땐 환율이 뭔지 굳이 자세하게 설명해 주지 않는다. 바로 환율과 관련된 복잡한 경제 현상을 설명한다. 그렇기 때문에 그런 복잡한 문장을 읽고 바로 이해하기 위해서, 우리는 기출에 나왔던 경제 지문을 하나씩 보며 경제 관련 배경지식을 쌓아 나가야 한다. 금리, 통화량, 주식, 조세, 옵션, 선물, 신용이 뭔지 하나하나 찾아보고, 검색해보고 이해해야 한다.

만약 네가 경제 지문에 자신이 없다고 한다면 평가원 역대 경제 기출 문제들을 전부 뽑아 놓고 하나씩 천천히 풀어보기 바란다. 모르는 단어가 나오면 검색해서 찾아보고, 모르는 현상이 나오면 유튜브에서 영상도 찾아보고 하면서 문장에 대한 이해도를 높여 나가기 바란다. 그렇게 공부한다면 경제는 더 이상 두려운 제재가 아닐 것이다.

여덟 번째 습관
모든 글은 한 폭의 그림이다, 이미지화하기

명심해라. '모든' 글은 한 폭의 그림이다. 출제자는 비문학을 한 줄 한 줄 쓰면서, 머릿속에 한 폭의 그림을 떠올린다. 그리고 그걸 문장들로 묘사해간다. 우리는 문장을 읽으면서 출제자의 머릿속에 있는 그림을 똑같이 한 땀 한 땀 그려나가야 한다. **출제자가 보는 걸 우리도 같이 봐야 한다.** 그래야 글이 머릿속에서 더 잘 이해되고, 더 잘 기억된다. 문제를 풀려면 우리가 글을 읽고 문제로 갔을 때 글 내용이 '머릿속에 남아있어야' 한다. 이때, 이미지화는 글 내용을 머리에 남기는 아주 유용한 방법이다.

'이미지화'라는 개념은 특히나 과학 지문, 기술 지문을 읽을 때 매우 효과적인 개념이다. 왜냐하면 과학기술 지문의 경우에 정보가 상당히 많이 제시되는데, 이미지화를 하면 그런 많은 정보들을 한 폭의 그림 안에 담아서 쉽게 처리할 수 있기 때문이다. 즉, 그 많은 정보를 굳이 외우려 하지 않아도 이미지화를 통해 자연스럽게 머릿속에 각인시키는 게 가능하다는 의미이다. 그런데 이미지화를 하지 않으면 각각의 정보들이 전부 산발적인, 별개의 정보로 보이고 머릿속에서 하나로 통합되지 않는다. 이런 경향이 과학, 기술 지문에서 좀 더 강하기 때문에 특히나 과학, 기술 지문에서 이미지화가 더 요구된다고 말하는 것이다. 그렇다고 해서 과학, 기술 지문에서만 이미지화를 하라는 말이 아니다. 당연히 할 수만 있다면, 과학, 기술 제재 지문뿐 아니라 모든 글에서 이미지화가 되는 문장들은 이미지를 떠올려주고 넘어가는 것이 좋다.

이미지화가 무엇인지 예시를 통해서 좀 더 자세히 설명해 보겠다. 일단 '이미지화'라는 단어의 의미를 보고 넘어가자면, 말 그대로 '읽은 문장을 머릿속에서 이미지로 바꿔라'라는 말이다.

> "진핵세포의 세포질에는 막으로 둘러싸인 여러 종류의 세포 소기관이 있으며, 그중 미토콘드리아는 세포 활동에 필요한 생체 에너지를 생산하는 기관이다."
>
> – 2020학년도 고3 6월 –

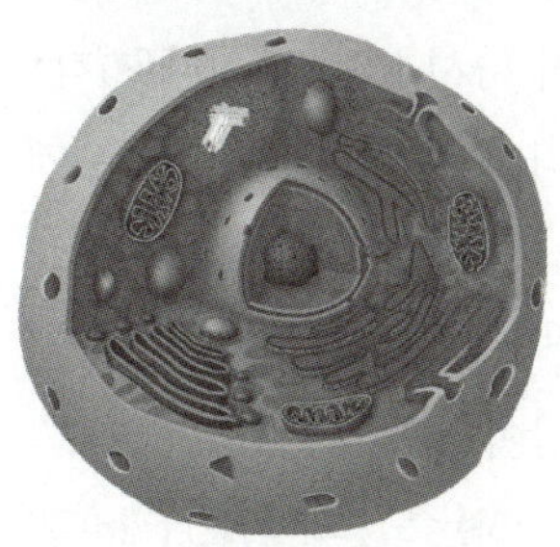

위 문장을 읽었을 때 머릿속에는 이런 그림이 떠올랐어야 한다는 것이다. 물론 완전 정확하게 토씨 하나 틀리지 않고 이 그림을 떠올리라고 말하는 건 아니다. 그래도 저 그림과 어느 정도 비슷한 이미지를 머릿속에 그리면서 읽어 주어야 한다. 그래야 저 그림을 기준으로, 이후 주어지는 정보들이 하나씩 머릿속으로 이해가 되고 또 그렇게 읽을 때 글이 입체적으로 읽힌다.

머릿속에서 문장에 맞는 그림이 그려져야 한다. 여기서 글이 '입체적으로 읽힌다'는 건, 생생하게 이미지가 그려져서 이해가 더 잘 된다는 말이다. 이해를 돕기 위해서 최근 기출 문제로 예시를 하나 더 들어보겠다.

이 글을 읽고 머릿속으로 아래 〈그림〉과 비슷한 이미지를 떠올렸어야 했다.

〈그림〉

우리의 뇌는 정보를 최대한 다양한 감각으로 받아들일 때 정보를 더 잘 기억한다. 아기에게 '물'이라는 단어를 외우게 한다고 해보자. 그냥 '물'이라는 글자를 보여주고 계속 외우게 하는 것은 그다지 효과적이지 않다. 실제로 물을 만져보게 하고, 강물 소리도 들려주고, 바다도 보여주면서 '물'을 외우게 하면 훨씬 잘 기억하지 않겠는가? 우리도 마찬가지다. 우리가 비문학을 읽을 때, 그냥 활자를 눈으로 인식하는 걸 넘어서서 머릿속으로 그 활자의 이미지를 그리며 읽으면 우리 뇌의 시각 정보를 담당하는 부분이 활성화된다. 그렇게 되면 우리는 해당 정보를 시각 정보로도 인식하게 되고 따라서 정보는 더 잘 기억된다. 글 내용을 머릿속에 최대한 남기며 읽는 가장 좋은 방법은 일단 한 번 그냥 눈으로 문장을 읽고, 그다음 소리 내서 한 번 더 읽고(청각), 머릿속으로 상상하며 다시 읽는 것이다(시각). 하지만 시험 치면서 우리가 소리 내서 글을 읽을 수는 없기에, 이미지만이라도 그려주면서 읽자는 것이다. 이렇게 읽을 때 우리는 뇌의 다양한 부분을 자극하게 되고, 이미지를 떠올리지 않고 읽을 때보다 문장이 머릿속에 더 잘 기억된다. 그렇게 되면 글을 다 읽고 문제로 돌아갔을 때 시간 써서 다시 지문으로 돌아가며 풀지 않아도 된다. 이미 글 내용이 머릿속에 이미지로 남아있기 때문이다.

(참고 〈정리하는 뇌〉 대니얼 J. 레비틴)

물론 이미지화가 어려운 문장들도 존재한다. 이를테면,

이런 문장이라든지,

이런 문장들 말이다.

위 문장들은 문장의 의미를 이미지로 그려내기가 힘들다. 나는 이런 문장들까지 모두 이미지화를 반드시 하고 넘어가라고 말하는 것이 아니다. 시험 칠 땐 내 수준에서 이미지화가 가능한 문장들만 이미지를 떠올려 주고 넘어가면 된다. 물론 위 문장들도 할 수 있다면, 시험장에서 이미지가 떠오른다면, 떠올려주고 넘어가는 것이 좋다. 위에서 설명했듯, 그렇게 했을 때 문제를 풀면서 글 내용이 더 잘 기억나기 때문이다.

내가 이렇게 이미지화를 해야 한다고 강조하면 항상 질문이 들어온다. "오케이. 쌤, 문장 읽으면서 이미지화해야 한다는 건 알겠어요. 근데 막 DNA, 세포, 바이러스 이런 건 이미지를 어떻게 떠올리나요? 저는 문과잖아요…" 답해주겠다. 어떻게 떠올리냐고? 사실, 그 정도는 이미 알고 있어야 한다. 이게 무슨 무책임한 말이냐고? 정말이다. 글쓴이는 네가 그 정도는 알고 있다고 가정하고 글을 쓴다. 그러니까 너도 그 정도 개념은 알고 있어야 한다. 그럼 글쓴이는 너가 왜 세포, DNA 같은 내용을 알고 있다고 생각할까? 그 이유는, 이미 해당 단어가 기출문제에 제시되었기 때문이다.

이렇듯, 이미 너무 많이 나왔다. 몰랐으면, 이미지가 안 그려진다면, 검색을 해서 뜻을 찾고, 영상을 찾아봤어야 했다. '배경지식 쌓기' 파트에서도 말했지만, 글쓴이는 기출 문제에서 이미 세포, DNA라는 말이 여러 번 나왔기 때문에, 학생들이 공부했을 거라고 생각한다. 그리고 너도, 기출문제를 풀면서 세포, DNA같은 내용이 머릿속에 구체적으로 없었다면 인터넷에 검색을 해보고, 유튜브로 영상도 찾아보고, 관련 책도 읽어보면서 배경지식을 늘렸어야 했다. 그게 '기출 분석'이기 때문이다. 기출 분석을 한다는 건 기출에 나와있는 단어나 문장을 모두 완벽하게 이해하고 넘어간다는 의미이다.

내가 말하고 싶은 건, 이미지화를 하기 위해서 기출 문제에 나왔던 개념은 배경지식으로 가지고 있어야 한다는 것이다. 지금 내가 생물 지문 풀기 위해서 막 생1, 생2 교과서를 읽고 배경지식을 쌓으라고 말하는 게 아니다. 그리고 그걸 공부했다고 해서 무조건 문제를 맞힐 수 있게 출제하지도 않는다. 수능은 지식이 아니라 능력을 측정하는 시험이기 때문이다. 전문적인 배경지식을 쌓는 것까진 아니더라도 기출 문제에 나와있는 개념은 공부하라는 것이다. 단어 뜻을 모르겠으면 사전을 찾아보면서 뜻을 알고 넘어가고, 이미지가 그려지지 않으면 유튜브에 올라온 영상을 보고 이해하는 노력을 해야 한다. 왜? 출제자는 네가 그렇게 했을 거라고 생각하고 문제를 내니까.

당연히 지식이 없는 것보다는 있는 게 좋다. 내가 해당 지문 내용을 이미 알고 있다면 이미지화가 더 쉽게 되기 때문이다. 하지만 그렇다고 해서 막막해하지 않아도 된다. 일단 기출에 있는 개념만 배경지식으로 쌓아 놓으면, 문제 풀면서 이미지화 해내는 데 크게 어려움은 없기 때문이다.

여기까지 말했을 때 다음으로 나오는 질문이 있다. "쌤 근데 시험을 쳐보면 기출문제에 없었던 내용이 글에 나오기도 하는데, 처음 보는 내용은 어떻게 떠올리죠?"

이미지화도 많이 하면 단련된다. 우리 뇌에서 이미지화를 담당하는 부분을 계속 자극하여 단련해놓으면, 처음 보는 내용을 마주했을 때도 이미지를 그려내는 것이 가능해진다. (40p. 신경 가소성 원리 참고) 나는 고3 때, 2019학년도 6월 모의고사에 나왔던 키트 지문을 풀면서, 진단 키트에 대해서 아무런 이미지가 없었다. 이전에 키트와 관련된 기출이 한 번도 출제되지 않았을뿐더러 살면서 진단 키트라는 걸 본 적도 없었다. 고3이었던 나에게 키트 지문은 매우 어려웠고, 5문제 중에 4문제를 틀렸다. 이해도 하나도 안 되고 이미지도 그려지지 않았다. 이후 재수할 때 기출 분석을 하면서 이 지문을 다시 한 번 풀어봤다. 그때는 이미 많은 기출 지문들을 통해서 이미지화를 연습한 상태였다. 글을 읽는데, 한 번도 본 적 없는 키트의 그림이 머릿속에 천천히 자리를 잡아갔다. 키트로 어떻게 검사를 한다는 건지, 키트 모양은 어떻다는 건지, 천천히 이미지가 머릿속에 그려지고 있었다. 수많은 기출 분석을 통해서 글을 이미지화해내는 능력이 향상되었던 것이다.

이렇듯 기출을 통해서 이미지화하는 능력을 기르면, 설령 네가 시험장에서 처음 보는 주제의 글이라도 이미지화를 해낼 수 있다. 그리고 평가원은 과도한 배경지식은 요구하지 않기 때문에, 말도 안 되는 그림을 그리라고 요구하진 않는다. 이건 네가 스스로 기출 문제를 풀어보면 느낄 것이다. 네가 기출에 나와 있는 지문들을 착실히 떠올리려고 연습했다면, 수능에서도 충분히 이미지를 떠올릴 수 있게 한다.

아홉 번째 습관
**교수님은 불친절하다,
부연 설명 만들기**

시험에 짧은 글이 나왔을 때 학생들이 하는 착각이 있다. 학생들은 글이 짧으니까 더 쉽게 읽히고, 더 빨리 읽힐 거라고 생각한다. 하지만 그것은 큰 착각이다. **왜냐하면 지문의 길이가 짧든, 길든 문제를 풀기 위해서 해야 하는 '생각의 양'은 변하지 않기 때문이다.** 짧은 지문을 보면 겉으로는 지문 길이가 줄어들어서 빨리 문제를 풀 수 있어 보인다. 하지만 실제로 문제를 풀어보면 이해 안 되는 문장들 때문에 문제 풀이 시간이 줄어들지 않는다. 오히려 훨씬 더 시간이 오래 걸리기도 한다.

2018학년도 수능 '오버슈팅' 지문과 2026학년도 수능 '인격 동일성' 지문의 길이를 비교해 보면 2026학년도 수능 지문이 2018학년도 수능 지문보다 훨씬 짧다. 하지만 그렇다고 해서 2026학년도 수능 지문이 훨씬 더 빨리 풀리느냐? 아니다. 제대로 이해하고 풀려면 오히려 더 오래 걸린다. 왜 글이 짧아졌는데도 문제 풀이 시간은 줄어들지 않을까? 그 이유는 바로 **생각해야 하는 양이 변하지 않았기 때문이다.** 무슨 말인지 구체적으로 설명하자면, 우리가 글을 읽으면서 문장을 이해하기 위해 해야 하는 생각들이 있는데, 그 생각의 양이 글이 길 때와 비교해서 줄어들지 않았다. 그렇기에 문제 풀이 시간은 비슷하다는 것이다. 그럼 어떻게 생각의 양을 변하지 않게 만들 수 있었을까? 그건 바로 **출제자가 글을 쓰면서 '부연 설명 삭제'라는 방식을 사용했기 때문이다.**

'부연 설명'이라는 건 말 그대로, 글에서 제시된 개념이나 현상을 이해하는 데 도움을 주기 위해 **부연해서 쓰는 문장을 말한다.** 출제자는 학생들이 한 문장으로 쓰면 이해를 못 할 거 같으니까 2, 3문장을 더 붙여 써서 이해하기 쉽게 만들어 준다. 이때 붙이는 2, 3문장이 부연 설명인 것이다. 그런데 이런 부연 설명을 요즘의 시험에서는 삭제하기 시작했다. 출제자가 불친절해지기 시작한 것이다. 왜냐? 글의 길이가 짧아졌다고 해서 학생들이 지문을 빨리 읽거나, 문제를 빨리 풀 수 있게 해버리면 시험 난이도가 낮아지고 1, 2개만 틀려도 2등급이 되는 상황이 벌어질 수 있기 때문이다.

출제자는 고민했다. 짧은 글에서 어떻게 난이도를 높이지? 어떻게 학생들이 빨리 읽어버리지 않게 만들 수 있을까? 그 답으로 나온 것이 바로 '부연 설명 삭제'다. 부연 설명을 삭제하기 시작함으로써, 학생들이 문장을 읽으면서 생각해야 하는 시간을 늘렸다. 부연 설명이 삭제되어 있으니까 학생들은 문장이 쉽게 이해되지 않는다. 그렇기에 그 부연 설명이 삭제된 문장을 이해하기 위해서 시간을 쓰고 넘어가게 된다. 그렇게 되면 글이 길 때와 비교해서 생각해야 하는 양은 그대로이기 때문에 문제 풀이 시간은 비슷비슷해진다. 예를 들어서 "바젤 Ⅲ 협약이 발표되면서 자기자본에서 단기후순위 채무가 제외되었다."라는 문장을 써 놓고, 출제자는 왜 제외되었는지는 말해주지 않는다. 스스로 생각하게 만든다. 우리는 스스로 왜 단기후순위 채무가 제외되었을까 생각해 봐야 한다. 이렇게 생각하고 넘어가려면 당연히 시간이 오래 걸린다. 그렇게 출제자는 난이도를 조절하는 것이다.

그런데, 학생들은 이런 사실을 모른다. 그래서 글이 짧으면 만만하게 보고, 빨리 읽고 풀어야겠다는 생각을 한다. 그렇게 대부분의 학생들은 부연 설명이 삭제되어 있건 말건, 앞 문장을 읽던 속도로 '부연 설명이 삭제된 문장'도 읽고 넘어간다. 그런데, 부연 설명이 삭제되어 있는데도 그걸 눈치 못 채고 빠르게 쓱 읽고 지나가면, 문제로 돌아갔을 때 그 '부연 설명이 삭제된 문장'이 기억나지 않는다. 그럼 당연히 선택지 판단이 애매해지는 것이다. 그래서 많은 학생들은 글이 짧아도, 틀리는 개수는 똑같다.

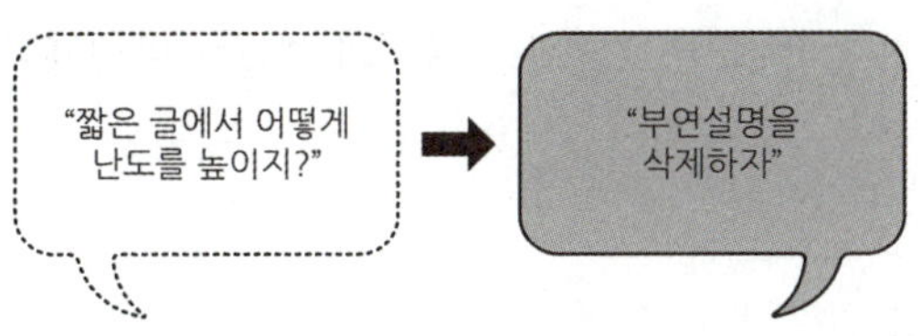

아래는 2015학년도 6월에 나왔던 지문이다.

> 별의 밝기는 별의 거리, 크기, 온도 등을 연구하는 데 중요한 정보를 제공한다. 별의 밝기는 등급으로 나타내며, 지구에서 관측되는 별의 밝기를 '겉보기 등급'이라고 한다. 고대의 천문학자 히파르코스는 맨눈으로 보이는 별의 밝기에 따라 가장 밝은 1등급부터 가장 어두운 6등급까지 6개의 등급으로 구분하였다. 이후 1856년에 포그슨은 1등급의 별이 6등급의 별보다 약 100배 밝고, 한 등급 간에는 밝기가 약 2.5배 차이가 나는 것을 알아내었다. 이러한 등급 체계는 망원경이나 관측 기술의 발달로 인해 개편되었다. 맨눈으로만 관측 가능했던 1~6등급 범위를 벗어나 그 값이 확장되었는데 6등급보다 더 어두운 별은 6보다 더 큰수로, 1등급보다 더 밝은 별은 1보다 더 작은 수로 나타내었다.
>
> 별의 겉보기 밝기는 지구에 도달하는 별빛의 양에 의해 결정된다. 과학자들은 단위 시간 동안 단위 면적에 입사하는 빛에너지의 총량을 '복사 플럭스'라고 정의하였는데 이 값이 클수록 별이 더 밝게 관측된다. 그러나 별의 복사 플럭스 값은 빛이 도달되는 거리의 제곱에 반비례하기 때문에 별과의 거리가 멀수록 그 별은 더 어둡게 보인다. 이처럼 겉보기 밝기는 거리에 따라 다르게 관측되기 때문에 별의 실제 밝기는 절대 등급으로 나타낸다. 예를 들어 '리겔'의 경우 겉보기 등급은 0.1 정도이지만, 절대 등급은 −6.8 정도에 해당한다.
>
> 절대 등급은 별이 지구로부터 10파섹*(약 32.6광년)의 거리에 있다고 가정했을 때 그 별의 겉보기 등급으로 정의한다. 별의 실제 밝기는 별이 매초 방출하는 에너지의 총량인 광도가 클수록 밝아지게 된다. 광도는 별의 반지름의 제곱과 별의 표면 온도의 네제곱에 비례한다. 즉, 별의 실제 밝기는 별의 표면적이 클수록 표면온도가 높을수록 밝다.

위 지문에서 파란색으로 색칠한 부분이 부연 설명에 해당하는 부분이다. 이처럼 보통 문장의 이해를 돕기 위해서 부연 설명을 넣어준다.

<blockquote>

"그러나 별의 복사 플러스 값은 빛이 도달되는 거리의 제곱에 반비례하기 때문에 별과의 거리가 멀수록 그 별은 더 어둡게 보인다."

</blockquote>

여기서 부연 설명을 삭제하면 이렇게 된다.

↓

<blockquote>

"그러나 별의 복사 플러스 값은 빛이 도달되는 거리의 제곱에 반비례한다. 별과의 거리가 멀수록 그 별은 더 어둡게 보인다."

</blockquote>

난도를 높이기 위해서 "그러나 별의 복사 플러스 값은 빛이 도달되는 거리의 제곱에 반비례한다."라고만 주고, 뒤에 "별과의 거리가 멀수록 그 별은 더 어둡게 보인다."라는 문장은 빼버리는 것이다. 문제로 갔을 때 그렇게 뺀 문장을 학생이 스스로 생각해내게 만든다. 그게 요즘 시험을 내는 방식이다.

마찬가지로,

<blockquote>

"광도는 별의 반지름의 제곱과 별의 표면 온도의 네제곱에 비례한다. 즉, 별의 실제 밝기는 별의 표면적이 클수록, 표면 온도가 높을수록 밝다."

</blockquote>

↓

<blockquote>

"광도는 별의 반지름의 제곱과 별의 표면 온도의 네제곱에 비례한다. 즉, 별의 실제 밝기는 별의 표면적이 클수록, 표면 온도가 높을수록 밝다."

</blockquote>

위 문장에서 "즉, 별의 실제 밝기는 별의 표면적이 클수록, 표면 온도가 높을수록 밝다." 이 부분을 빼버린다. 그럼 당연히 학생이 문장을 읽으면서 스스로 부연 설명에 해당하는 문장을 뽑아내야 한다. 그렇게 스스로 해야 하는 생각의 양도 늘어난다. 이런 방식으로 출제자는 난이도를 조절한다.

감을 확실히 잡게 하기 위해서 아래에 기출 문제 중 부연 설명이 삭제된 순간들을 나열해 놓았다.

<h1 style="text-align:center">〈부연 설명이 삭제된 문장 예시〉</h1>

아래 예시로 나오는 지문을 읽어봤다면 바로 이해가 될테지만, 아직 읽어보지 않았다면 이해가 잘 안 될 수도 있다. 그렇다면, 읽어보고 다시 이 페이지로 돌아와서 부연 설명이 삭제된 경우를 납득하기 바란다.

> "판매자는 이렇게 광고가 경쟁을 제한하는 효과를 노린다."
>
> – 2022학년도 9월 –

➜ 왜 광고가 경쟁을 제한하는지 정확하게 서술해주지 않는다. 위 문장과 연결 지어 읽으면서 스스로 부연 설명을 만들어냈어야 했다.

> "우선 광고가 독점적 경쟁 시장의 판매자 간 경쟁을 촉진할 수 있다."
>
> – 2022학년도 9월 –

➜ 마찬가지로 어떻게 광고가 독점적 경쟁 시장의 판매자 간 경쟁을 촉진할 수 있는지 명확하게 설명해 주고 있지 않다. 스스로 아래 문장을 읽으면서 부연 설명을 만들어내고 갔어야 했다.

> "충전지가 방전될 때 양극 단자와 음극 단자 간에 전위차 즉, 전압이 발생하는데, 방전이 진행되면서 전압이 감소한다."
>
> – 2022학년도 예시문항 –

➜ 왜 방전이 진행되면 전압이 '감소'하는 건지 명확하게 이유를 말해주지 않았다.

> "충전지를 크게 만들면 충전 용량과 방전 전류 세기를 증가시킬 수 있으나 전극의 물질을 바꾸지 않는 한 공칭 전압은 변하지 않는다."
>
> – 2022학년도 예시문항 –

➜ 전극의 물질을 바꾸지 않으면 왜 공칭 전압이 변하지 않는 건지 학생 스스로 만들고 넘어갔어야 했다.

> "충전에 사용하는 충전기의 전원 전압은 충전지의 공칭 전압보다 높은 전압을 사용하고 충전지로 유입되는 전류를 저항으로 제한한다."
>
> – 2022학년도 예시문항 –

➜ 왜 전원 전압은 충전지의 공칭 전압보다 높은 건지 부연 설명하지 않았다.

> "일반적으로 급부가 이행되지 않아 채권자에게 손해가 발생한 경우 채무자는 자신의 고의나 과실에서 비롯된 것이 아님을 증명하지 못하는 한 채무 불이행 책임을 진다. 이로 인해 채무의 내용이 바뀌는데, 원래의 급부 내용이 무엇이든 채권자의 손해를 돈으로 물어야 하는 손해 배상 채무로 바뀐다."
>
> – 2021학년도 수능 –

➜ 왜 원래 급부 내용과 관계없이 무조건 채권자의 손해를 돈으로 물어야 하는 건지 부연 설명하지 않았다.

> "위임된 사항이 첨단 기술과의 관련성이 매우 커서 위임명령으로는 대응하기 어려워 불가피한 경우, 위임 근거 법률이 행정입법의 제정 주체만 지정하고 행정입법의 유형을 지정하지 않았다면 위임된 사항이 고시나 예규로 제정될 수 있다. 이런 경우 행정규칙은 위임명령과 달리, 입법예고, 공포 등을 거치지 않고 제정된다."
>
> – 2021학년도 9월 –

➜ 왜 갑자기 행정규칙이 위임명령과 달리 입법예고와 공포를 거치지 않아도 제정될 수 있는지 부연 설명하지 않았다. 스스로 글의 맥락을 잡아내서 이해했어야 했다.

> "조례도 행정 규제 사항을 규정하려면 법률의 위임에 근거해야 한다. 또한 법률로부터 포괄적 위임을 받을 수 있지만 위임 근거 법률이 사용한 어구의 의미를 다르게 사용할 수 없다."
>
> – 2021학년도 9월 –

➜ 이 지문을 읽어봤으면 알겠지만, 왜 조례는 포괄적 위임을 받을 수 있는 건지 이해하기가 쉽지 않다. 출제자가 그 이유를 설명하지 않았기 때문이다. 스스로 부연 설명을 만들어 냈어야 한다.

이렇게 부연 설명을 만들어내고 가야 한다고 말하면 학생들은 이렇게 질문한다. "쌤, 시험장에서 부연 설명이 안 만들어지면 어떡하죠?" 출제자가 부연 설명을 만들어 내길 바라고 문장을 냈는데, 만약에 부연 설명이 안 만들어진다면 아직 독해력, 사고력이 부족한 것이다. 당연히 문제에서 틀릴 확률도 높아진다. 이 경우 계속 독해력, 사고력 키우는 노력을 계속해야 한다. 근데 너무 걱정 안 해도 되는 것이, 출제자도 학생이 맥락상 생각해 낼 수 없는 너무 과한 부연 설명은 요구하지 않는다.

"스트레스는 건강에 좋을 수도 있다고 한다. 스트레스를 받으면 옥시토신이라는 호르몬이 분비되는데, 이 옥시토신은 스트레스로부터 심장을 보호하고 심장 세포의 재생을 돕기 때문이다. 또 스트레스는 뇌에서 뉴런을 서로 연결시켜주는 뉴로트로핀과 면역 체계를 관장하는 인터류킨을 분비한다고 한다."

↓

"스트레스는 건강에 좋을 수도 있다고 한다. 스트레스를 받으면 옥시토신이라는 호르몬이 분비되는데, 이 옥시토신은 스트레스로부터 심장을 보호하고 심장 세포의 재생을 돕기 때문이다. 또 스트레스는 뇌에서 뉴런을 서로 연결시켜주는 뉴로트로핀과 면역 체계를 관장하는 인터류킨을 분비한다고 한다."

이렇게 부연 설명을 삭제하고 문제에서 "스트레스가 건강에 좋은 이유는?" 이렇게 물어보지 않는다는 말이다. 뒷 문장을 물어본다는 건 고3 학생들이 생각해 낼 수 없는 너무 과한 부연 설명을 요구하는 것이기 때문이다. 출제자는 우리가 옥시토신, 뉴로트로핀, 인터류킨을 지식으로 알고 있길 바라지 않는다. 고3이 만들 수 없는 부연 설명은 요구하지 않는다.

출제자는 착실히 독해력과 사고력을 키우는데 집중한 학생들이라면 생각했을 때 만들어 낼 수 있을 만큼의 부연 설명만 요구한다. 이건 네가 기출 문제를 하나하나 전부 분석해보면 느낄 수 있다. 우리는 수능날까지 최대한 독해력, 사고력을 높여서 부연 설명을 못 만드는 문장을 없게 만들어야 한다. 부연 설명이 안 만들어지는 문장이 3개 이상 나오게 되면 그 지문과 관련된 문제는 다 맞히기 힘들다고 봐야한다. 그러니, 우리는 수능 전까지 할 수 있는 만큼 최대한 부연 설명 만드는 연습을 해줘야 한다.

🚩 부연 설명의 타당성은 중요하지 않다

그리고 부연 설명을 붙일 때 중요한 것이 있다. 바로 내가 생각해낸 부연 설명이 맞고, 틀리고는 중요치 않다는 것이다. 왜? **나에게는 그냥 저 문장을 납득해서 기억하는 것이 목적이기 때문이다.**

"바젤 Ⅲ 협약이 발표되면서 자기자본에서 단기후순위 채무가 제외되었다."

이 문장에서 내가 '단기후순위 채무'가 없어진 이유를 '아 단기후순위 채무는 안정적이라고 보기에는 좀 불안해서 자기자본에서 빠졌구나' 라고 생각하든 '단기후순위 채무는 계산하기가 어려워서 자기

자본에서 빠졌구나' 라고 생각하든 상관없다는 것이다. 왜? 일단 **우리의 목표는 글을 읽으면서 위 문장을 이해한 뒤, 머릿속에 집어넣어서 기억하는 것**이기 때문이다. 그렇기에 부연 설명을 뭐라고 붙이든 해당 문장이 납득만 된다면 상관없다.

📌 부연 설명이 아예 안 만들어지는 경우

그런데 내 마음대로 부연 설명을 만들어내려고 해도 아예 아무런 부연 설명이 만들어지지 않는 경우가 있다. 그럴 때는 어떻게 할까? 답은 '그냥 밑줄 긋고 간다.'이다. 말이 되는 부연 설명이 떠오르지도 않고, 내 맘대로 부연 설명을 붙이기도 어려울 때는 그냥 2, 3번 더 읽어보고 밑줄 긋고 넘어간다. 그리고 이런 문장은 어쩔 수 없이 문제에서 물어보면 지문으로 돌아와서 서치해야 한다. 이렇게 밑줄치고 가면 문제에서 물어봤을 때 빨리 해당 문장으로 돌아올 수 있기에 부연 설명을 붙이지 못했어도 문제를 맞힐 가능성이 높아진다.

사실 부연 설명을 못 만들고 넘어가면 해당 문장은 그냥 '정보 덩어리'가 된다. 그렇게 되면 그 문장을 생으로 외워야 하기에, 부연 설명을 붙였을 때보다 해당 문장이 활용된 선지를 판단하기 어렵다. 따라서 문제를 맞힐 확률도 낮아진다. 그렇기에 최대한 부연 설명이 안 만들어지는 문장이 없도록 평소에 독해력, 사고력을 올리는 연습을 해야 하는 것이다. 그렇게 연습했음에도 시험장에서 부연 설명이 안 만들어지는 문장이 나타난다면, 정답률을 최대한 높이기 위해서 밑줄 그어 놓고 넘어간다.

당부하는데, 혼자 공부할 때는 부연 설명이 안 만들어지는 문장을 10번이고 20번이고 읽어서 스스로 최대한 부연 설명을 생각해 봐야 한다. 모르는 단어 때문에 부연 설명이 안 만들어진다면 인터넷에 그 단어의 뜻을 찾아본 뒤 다시 이해될 때까지 읽어라. 그렇게 끈질기게 사고할 때 시험장에서 부연 설명 붙이는 것이 가능해진다.

📌 부연 설명 붙이는 것보다 중요한 것

'부연 설명 붙이기' 파트에서 가장 중요한 걸 아직 말 안했다. 이 파트에서 가장 중요한 건 ★ **부연 설명을 붙여야 하는 문장이라는 걸 인지**하는 것이다. 내가 지금 읽고 있는 이 문장이 부연 설명이 삭제되어 있는 문장이라는 걸 인지한다면 부연 설명이 붙여지지 않아도 머릿속에 각인이 된다. 그래서 문제에 그 문장이 활용되어 나와도 빠르게 정오를 판단할 수 있다.

여기서 '부연 설명이 삭제되어 있는 문장'이란 한 번 더 쉽게 설명해서, 말 그대로 '부연'이 삭제된 문장이다. 부연이란 '덧붙여 알기 쉽게 풀어놓은 설명'을 의미한다. 이때 부연은 '이유'가 될 수도 있고, 그냥 문장을 좀 더 쉽게 풀어 쓴 것일 수도 있다.

> **"다만 간접점유에 의한 인도 방법 중 점유개정으로는 선의취득을 하지 못한다."**

이런 문장은 왜 점유개정으로는 선의취득을 하지 못하는지 말해주지 않고 있으므로 '이유'에 대한 부연 설명이 삭제된 문장이다.

> **"광도는 별의 반지름의 제곱과 별의 표면 온도의 네제곱에 비례한다.** 즉, 별의 실제 밝기는 별의 표면적이 클수록, 표면 온도가 높을수록 밝다."

이런 문장도 이처럼 '문장을 좀 더 쉽게 풀어 써준' 부연 설명이 삭제된 문장에 해당한다.

이해를 돕기 위해 하나만 더 예시를 들자면,

기업들은 자기 제품을 광고함

➔ 각 기업들이 광고를 하면 사람들이 다양한 상품을 볼 수 있게 됨

➔ 다양한 상품을 보면 상품 고를 때 고민을 많이 하게 됨

➔ 고민을 하면서 품질과 가격을 많이 따지게 됨

➔ 즉, 소비자는 품질과 가격에 예민하게 반응함

이런 내용이 있을 때 문장은

> '광고를 통해 소비자들은 품질과 가격에 예민해진다.'

이런 식으로 나온다는 것이다. 사이사이 필요한 생각들을 생략해 버리고 이렇게 낸다. 그럼 우리는 왜 광고를 보면 소비자들이 품질과 가격에 예민해지는지 스스로 생각해야 한다.

이런 식으로 부연 설명 삭제는 다양한 형태로 나타날 수 있다. 이건 글을 읽으면서 스스로 경험해야 한다. 이때 '어떻게 스스로 경험하나'고 물을 수 있다.

그 방법은 '대화하며 읽기', '천천히 읽기'다. 앞서 말해준 '대화하며 읽기', '천천히 읽기'를 하다 보면 자연스럽게, '어? 이건 왜 이렇게 되는 거지?' 하는 의문이 생기게 되고, 부연 설명이 삭제된 문장을 스스로 인지할 수 있게 된다.

열 번째 습관

**한 번 본 문장을 일주일 동안 기억하는 법,
문장 재구성하기**

문장을 재구성한다는 것은 말 그대로, 내가 읽은 문장을 다른 말로 바꾼다는 뜻이다. 우리는 문장을 있는 그대로 읽고 넘어가면 안 된다. 내가 읽은 문장을 머릿속에서 내가 이해하기 쉬운 말로 바꾸고 넘어가야 한다. 왜 문장을 재구성하고 가야 하는 걸까?

첫 번째 이유는 문장을 재구성하고 넘어갈 때 해당 문장을 깊이 이해하는 게 가능하기 때문이다. 보통 출제자가 쓴 지문의 문장은 학술적인 정보를 전달하고자 하기에 형식적이고 딱딱하다. 그런 문장을 그대로 받아들이면 이해하기가 쉽지 않다. 그냥 받아들이려고 하면 머릿속에서 문장의 의미가 붕 뜨게 된다. 깊게 이해가 안 된다는 말이다. 문장을 나한테 익숙한 표현으로 바꾸고, 내가 익숙한 상황에 비유하고 넘어가야 한다. 그럴 때 문장에 대한 깊이 있는 이해가 가능해진다.

두 번째 이유는 문장을 재구성하는 과정에서 문장이 머릿속에 오래 기억되기 때문이다. 첫 번째 이유에서 말했지만 문장을 재구성하면 문장을 깊이 이해하는 것이 가능해진다. '기억하려는 강박을 내려놓아라'에서 말했듯 이해하면 굳이 기억하려 하지 않아도 기억된다. 문장 재구성은 문장이 완벽히 이해될 수 있게 해서, 문장이 저절로 기억되게 해준다. 이렇게 문장이 머릿속에 강하게 기억되기에, 지문을 다 읽고 문제로 갔을 때 지문에 돌아가지 않고도 다른 학생들보다 문제를 빨리 풀 수 있게 된다.

아래는 최근에 나왔던 기출 문장이다.

> **"인간의 정신에 크나큰 효과를 끼치는 것은 형벌의 강도가 아니라 지속이다."**

이 문장을 읽고 2등급 이하의 학생들은 그냥 "아, 그렇구나"하고 넘어가 버린다. 이렇게 그냥 아무 생각 없이 읽고 넘어가면 이 문장이 깊이 이해되지 않는다. 그렇게 문장이 깊이 이해되지 않으면, 문제로 넘어갔을 때 해당 문장이 기억에 남아있지 않게 된다.

1등급 학생들은 저 문장을 보고 그냥 넘어가지 않는다. 문장의 의미가 마음속에 확 와닿지 않으면 문장을 흘려보내지 않는다. 1등급 학생들은 "아 그러니까 사람을 불로 태워서 죽이는 화형보다 평생 광산에서 땅 파며 살게 하는 게 인간의 정신에 더 큰 효과를 끼친다는 말이구나"라고 문장을 재구성하고 넘어간다. 이렇게 문장을 자신만의 언어로 재구성하고 넘어간 학생들의 머리엔 이 문장이 더 강하게 기억되고, 문제에서 이 문장을 활용한 선지를 만났을 때 속도가 빨라진다.

감을 확실히 잡기 위해 아래 예시를 보고 연습해보자. 예시를 읽고 스스로 재구성해본 뒤 내가 재구성해놓은 문장을 읽고 비교해 보기 바란다. 내가 한 것과 완전 똑같이 하라는 말이 아니다. 너는 너만의 언어로 재구성하고 넘어가면 된다.

> "가격이 변화할 때 구매자의 상품 수요량이 변하는 정도를 수요의 가격 탄력성이라 하는데, 구매자가 자신이 선호하는 상품이 차별화되었다고 느낄수록 수요의 가격 탄력성은 감소한다."
>
> – 2022학년도 9월 –

➜ "아~ 그러니까, 구매자가 자신이 사려하는 제품을 다른 제품에 비해 디자인이 뛰어나다고 생각하거나, 품질이 좋다고 생각하면 판매자가 물건 가격을 높여도 산다는 말이구나."

> "컴퓨터 언어는 인간이 쓰는 언어에 비해서 구조와 내용의 면에서 단순하지만 그 차이라 하는 것은 종류의 차이가 아니라 정도의 차이다."
>
> – 2022학년도 예비시행 –

➜ "아~ 컴퓨터 언어도 영어를 쓰고, 인간도 영어를 쓰는 건 똑같은데 컴퓨터는 간단한 문장만 쓸 줄 알고 인간은 복잡한 문장도 쓴다는 말이네."

> "또한 이와 비슷한 시기에 외부 세계나 작가의 내면보다 작품 자체의 고유한 형식을 중시하는 형식론도 발전했다."
>
> – 2021학년도 9월 –

➜ "아~ 작품을 볼 때 작품에 쓰인 선의 모양, 선의 굵기, 작품 속 사물들의 구도같은 것들을 중시했다는 거네."

> "사회 구성원들이 경제적 이익을 추구하는 과정에서 불법 행위를 감행하기 쉬운 상황일수록 이를 억제하는 데에는 금전적 제재 수단이 효과적이다."
>
> – 2016학년도 6월 –

➜ "아~ 사람들이 돈을 버는 과정에서 나쁜 짓 하기 쉬운 상황일수록 벌금같이 돈으로 제재를 가하는 게 효과적이라는 거구나."

만약 시험장에서 문장을 읽었는데 재구성이 안되면, 이것도 '부연 설명 삭제'에서 설명했던 것과 마찬가지로 최대한 이해하기 위해 2, 3번 더 읽어본다. 그래도 안된다 하면 시험장에서는 밑줄 치고 넘어가면 된다. 하지만 혼자 공부할 때는 문장이 재구성될 때까지 수없이 읽어야 한다. 문장을 재구성할 수 있다는 건 해당 문장을 완벽히 이해했다는 의미이기 때문이다. 가장 베스트는 시험 지문에서 재구성이 안되는 문장이 하나도 없게 하는 것이다. 우리는 시험장에서 재구성되지 않는 문장이 하나도 없게 하기 위해 계속 기출을 보며 문장 재구성을 연습해야 한다.

우리는 결국 시험을 보아야 하고 시험에서 좋은 성적을 거둬야 한다. 독해력과 이해력이 충분히 높다면 시험에서도 무리 없이 좋은 점수를 받을 수 있다. 하지만 아래에 추가적으로 나오는 4가지 태도들 없이는 '안정적으로' 1등급을 받기가 힘들다. 아래 나오는 습관들은 독해할 때 알고 있다면 '좀 더 빨리, 답을 찾고 문제를 풀 수 있는' 방법들이다. 여기서 말하는 태도들까지 완벽하게 체화한다면 반드시 고정 1등급이 될 수 있다고 약속한다.

> ## 14가지 습관 중 마지막 4개 습관
>
> **시험장에서 1등급을 만들어 내는 '섬세한' 습관 4가지**
>
> 1. 정보량을 0으로 만드는 비법, 함축적 의미
> 2. 정답률 11% 문제를 맞히는 방법, 제시된 개념 인지하기
> 3. 출제자는 단어 하나에 4시간을 고민한다, 특수한 상황을 나타내는 단어 캐치하기
> 4. 이해한 척하려는 인간의 본성, 애매함 느끼기

지금부터 말하는 4가지 습관들은 내가 정말 여러 번 고심하고, 또 고심한 끝에 핵심만 남겨놓았다. 무엇보다 시험장에서 정말 적용이 가능한 태도의 방법들만 선별하고 또 선별했음을 말하고 싶다. 이건 사실 시험을 치는 사람 입장에서 매우 중요한 점이다. 아무리 배워도 내가 '시험장에 가서' 쓸 수 없는 방법이라면 아무 소용이 없을 것이기 때문이다. 정말 유용하고 좋은 방법이라도, 설명하는 사람만 쓸 수 있는 것이라면 백날 듣고 있어 봤자 성적은 오르지 않는다.

2025학년도부터 1994학년도까지, 몇백 지문 이상의 수능 기출문제를 수십 번 읽어보고, 분석하면서 정말 필요한 태도들만 뽑아냈다. **장담하건대, 이 태도들만 체화해도 충분하다. 부디 이 태도들만이라도 제대로 체화하기 바란다.** 나도 수험생이었기에 누구보다 효율적으로 공부하고 싶어 하는 마음을 충분히 이해한다. 이것보다 더 효율적이고 빠른 방법은 없다. 정말 여러 번의 검토와 적용을 거쳤다. 믿고, 우직하게 아래 나오는 태도들을 30일만이라도 적용해 보기 바란다.

열한 번째 습관
정보량을 0으로 만드는 비법,
어휘의 함축적 의미

"공부는 개념이 전부다. 그리고 그 개념은 용어 속에 전부 담겨 있다. 왜냐하면 우리 말의 70% 는 한자어이기 때문이다. 한자로 만들어진 단어는 그 속에 단어의 의미를 모두 품고 있다. 예를 들어 사회화의 의미는 말그대로 '사회+화'인 것이다."

– 손주은 메가스터디 회장 –

위 문장은 메가스터디 손주은 회장이 강의 도중 했던 말이다. 공부의 핵심을 꿰뚫은 말이다. 우리는 이 원리를 비문학 읽을 때도 적용해야 한다. 손주은 회장이 했던 말은 쉽게 말해서, 단어 자체가 이미 그 단어의 뜻을 품고 있다는 말이다. 그러니 그 단어를 잘 살펴보면 단어의 의미도 자연스레 뽑아낼 수 있다.

나는 이걸 어휘의 '**함축적 의미**'라고 표현한다. 말 그대로 **어휘 자체가 함축하고 있는 의미**라는 말 이다. 예를 들어 '모방론'은 '모방과 관련된 이론'이고, '표현론'은 '표현과 관련된 이론'이다. 이 간단한 원리를 글 읽기에 적용함으로써 우리는 정보량을 0으로 만들 것이다. 아래 문장을 한 번 읽어보자.

"맥락주의 비평은 주로 예술 작품이 창작된 사회적, 역사적 배경에 관심을 갖는다. 비평가 텐 은 예술 작품이 창작된 당시 예술가가 살던 시대의 환경, 정치-경제-문화적 상황, 작품이 사회 에 미치는 효과 등을 예술 작품 비평의 중요한 근거로 삼는다."

– 2021학년도 9월 –

어휘의 함축적 의미를 동원하면 이 긴 문장을 다 외우지 않아도 된다. '맥락주의' 라는 단어 안에 저 의미를 집어넣는 것이다.

일단 함축적 의미를 동원하기 전에, 먼저 설명할 것이 있다. '00주의'라고 할 때 이 '주의'의 의미를 정 확히 잡고 넘어가자면, **바로 그 주의 앞에 있는 '00'을 중요시하는 사상**을 의미한다. 예를 들어 민주 주의면 '국민이 주인인 것을 중요시하는 사상'이 되는 것이고, 전체주의면 '전체를 중요시하는 사상' 이라고 보면 된다. 그렇다면 맥락주의는 맥락을 중요시하는 사상인 것이다. 여기까지 잡고, '맥락주 의'라는 단어 속에, 뒤에 나오는 문장들을 넣어보자.

맥락주의 비평은 주로 예술 작품이 창작된 사회적, 역사적 배경에 관심을 갖는다.

일단 '맥락'주의 비평이니까 당연히 예술 작품이 창작된 사회적, 역사적 배경을 고려할 것이다. **예술 작품이 창작된 사회적, 역사적 배경이 바로 맥락이기 때문이다.** 그럼 이 문장을 외울 필요가 없다. 그냥 "아~그래서 맥락주의구나"하고 넘어가면 된다.

다음 문장도 마찬가지이다.

비평가 텐은 예술 작품이 창작된 당시 예술가가 살던 시대의 환경, 정치-경제-문화적 상황, 작품이 사회에 미치는 효과 등을 예술 작품 비평의 중요한 근거로 삼는다.

이 문장도 마찬가지로 맥락주의라는 어휘를 통해서, 비평가 텐이 왜 이렇게 생각했는지 이해할 수 있다. '당시 예술가가 살던 시대의 환경, 정치-경제-문화적 상황, 작품이 사회에 미치는 효과'는 한마디로 말하면 '맥락'이다. 그러니까 비평가 텐이 이것들을 예술 작품 비평의 중요한 근거로 삼았다는 것이 자연스럽게 다가온다. 이렇게 문장을 받아들이고 가면 내 머릿속에는 '맥락주의'라는 단어 하나만 남아있다. 문제로 가서 '맥락주의'라는 단어를 봤을 때 글 내용이 거의 다 기억난다. **왜? 나는 단어 안에 문장을 담아 놓았기 때문이다.**

간단히 말하자면 어휘의 함축적 의미를 동원한다는 건,

"□는 △다."

이런 문장이 있다고 했을 때, □안에 △를 집어넣는 걸 의미한다. 아까 위에서 '맥락주의'라는 단어 안에 맥락주의를 설명하는 문장을 집어넣었던 것처럼.

아래에 나와 있는 문장들은 기출 문제 중에서 '함축적 의미'를 사용했다면 정보량을 줄일 수 있었던 문장이다. 하나씩 보고 스스로 함축적 의미를 생각해본 뒤, 내가 적어 놓은 설명과 비교해 보면서 감을 잡으면 된다.

함축적 의미 잡기 트레이닝

한대에 동중서는 하늘이 덕을 잃은 군주에게 재이를 내려 견책한다는 천견설과, 인간과 하늘에 공통된 음양의 기를 통해 하늘과 인간이 서로 감응을 한다는 천인감응론을 결합하여 재이론을 체계화하였다.

– 2022학년도 6월 –

➜ "하늘이 군주를 견책한다는 설이니까 '천견'설이겠네, 하늘과 인간이 기를 통해 서로 감응하니까 천인감응론이구나." 이렇게 하고 넘어가면 문제에서 천견설, 천인감응론이 나왔을 때 다시 지문으로 돌아가지 않아도 된다. 이미 단어가 함축하고 있는 의미를 한 번 생각해 주고 넘어갔기 때문에 선택지에서 해당 단어를 봐도 바로 기억난다.

가격이 변화할 때 구매자의 상품 수요량이 변하는 정도를 수요의 가격 탄력성이라 하는데, 구매자가 자신이 선호하는 상품이 차별화되었다고 느낄수록 수요의 가격 탄력성은 감소한다.

– 2022학년도 9월 –

➜ 멈추고, 수요의 가격 탄력성 안에 '가격이 변화할 때 구매자의 상품 수요량이 변하는 정도' 이 말을 집어넣어라. "구매자의 수요가 가격에 따라 '탄력적으로' 변하는 정도를 나타내는 거니까 '수요의 가격 탄력성'이라고 하나 보네."

스스로 평등견이라 불렀던 인식 태도를 바탕으로 그는 당시 청에 대한 찬반의 이분법에서 벗어나 청과 조선의 현실적 차이뿐만 아니라 양쪽 모두의 가치를 인정하였다.

– 2021학년도 수능 –

➜ 청과 조선의 현실적 '차이를 인정'하고, 양쪽 모두의 가치도 '있는 그대로 인정'하는 인식 태도니까 '평등+견(생각)'이겠구나.

반추 동물이 짧은 시간에 과도한 양의 비섬유소를 섭취하면 S의 개체 수가 급격히 늘고 과도한 양의 젖산이 배출되어 반추위의 산성도가 높아진다.

– 2021학년도 수능 –

➜ 젖'산'이니까 반추위의 '산성'도를 높이는 것이겠구나.

→ 비콘들이 보내는 신호 세기가 모두 동일하다고 가정하면, 신호가 가장 세다는 건 가장 가까이 있다는 뜻이겠네. '가장 가까이 있는' 즉, '가장 근접한' 비콘의 위치를 단말기의 위치로 정하는 방법이니까 '근접성 기법'이겠구나.

→ 육체는 물리적이고 정신은 비물리적이니까 육체와 정신이 서로 다르다고 주장한다는 점에서 '이'원론이고, 육체와 정신 모두 물리적임으로 동일하다고 주장한다는 점에서 '동'일론인가 보네.

🔖 함축적 의미를 잡아야 글이 부드럽게 읽힌다.

이런 식으로 **함축적 의미를 생각하면서 읽으면 그 단어가 다음 문장에 반복해서 쓰일 때 문장 이해가 쉽다.** 무슨 말이냐면, 앞 문장에서 a의 의미를 설명해 줬을 때 함축적 의미를 생각해 보고 넘어가면, 이후 글을 읽는 도중 a가 또 나왔을 때, 이미 a가 뭔지 내 머릿속에 있기 때문에 문장 이해가 잘 된다. 근데 만약 a의 함축적 의미를 생각하지 않고 그냥 넘어갔다? 그럼 다시 위 문장으로 돌아와서 a가 무슨 뜻인지 새로 잡아야 한다. 근데, 이렇게 다시 문장에 a가 나왔을 때 다시 위로 올라가서 그 a의 뜻을 제대로 잡기라도 한다면 다행이다. 대부분의 학생들은 a의 뜻이 구체적으로 머리에 없는데도 다시 올라가서 a의 의미를 잡기는커녕 그냥 달린다. 그러면 문장을 읽을 때마다 글이 추상적으로 읽힌다. 따라서 글에 대한 전체적인 이해도는 점점 떨어지는 것이다.

결국 글을 잘 이해하기 위해서라도 어휘의 함축적 의미를 생각해 보고 넘어가는 건 아주 중요하다. 이렇게 하고 넘어가는 게, 지금은 별로 효과가 없는 것처럼 보일 수 있다. 하지만 시험장에서 딱 한 번만 직접 해보면 바로 알 수 있을 것이다. 이게 정말 정보량을 줄이는 엄청난 방법이라는 걸 말이다.

✳ 함축적 의미가 잘 도출되지 않는 경우

이렇게 함축적 의미가 잘 유추되는 단어만 나오면 좋겠지만, 시험에서는 그렇지 않은 단어들도 많이 나온다. 전혀 함축적 의미를 유추할 수 없는 단어들도 종종 나온다. 그럼 이럴 때는 어떻게 해야 할까? 이럴 때는 그냥 2, 3번 읽어보면서 최대한 머릿속에 집어넣어야 한다. 아니면 아예 말이 안 되게 의미를 붙이고 넘어가도 된다. 결국 우리는 해당 문장을 머릿속에 붙잡아 놓는 게 목적이기 때문이다. 다음은 단어의 함축적 의미로 그 뜻을 처리하기 곤란한 문장이다.

> "변화하는 단자 전압의 평균을 공칭 전압이라 한다."
>
> – 2022학년도 예시문항 –

이 문장만 보고 '변화하는 단자 전압의 평균'을 왜 '공칭' 전압이라고 하는지 떠올리기는 매우 힘들다. 함축적 의미가 떠오르지 않는다. '공칭'이 어떤 의미인지 와닿지 않는다. 글을 직접 읽어보면 알겠지만, 이후에 왜 이게 공칭 전압인지에 대한 부연 설명도 없다. 하지만 우리는 어떻게든 이 문장을 머릿속에 박아 넣어야 한다. 두 가지 방법이 있다.

1) 2, 3번 읽어서 각인시키기

첫 번째 방법은 그냥 2, 3번 읽어서 머릿속에 집어넣는 것이다. 속도를 늦추고 차분히 '공칭 전압과 변화하는 단자 전압의 평균'을 연결시킨다. 2, 3번 반복해서 읽으면서 머릿속에 강하게 붙들어 놓는다.

2) 표시하기

근데 만약 이렇게 했는데도 문제로 넘어갔을 때 기억이 나지 않을 거 같다면 두 번째 방법으로, 밑줄을 그어 놓고 넘어가거나 □표시를 하고 넘어가도 괜찮다. 근데 여기서 주의할 것이 있다. 그건 바로, 밑줄이나 □표시를 하기 전, 반드시 먼저 2, 3번 반복해서 읽어야 한다는 것이다. 함축적 의미가 생각나지 않는다고 해서 그냥 보자마자 바로 밑줄이나 □표시를 하고 넘어가면 해당 문장이 내 머릿속에 박히지 않는다. 왜? 생각을 안 하고 그냥 표시만 했기 때문이다. 이건 '지문에 표시하지 않기' 파트에서도 강조했다. 우리는 모든 문장을 생각하고 넘어가야 하는데, 그냥 보자마자 밑줄을 치거나 □표시를 하려 하면 생각하지 않는다. 그러니 우선은 최대한 2, 3번 읽으면서 단어랑 그 의미를 말이 되게 이어 보려고 노력해야 한다. 2, 3번 반복해서 시도해 보고 그래도 안 되겠다 싶을 때 표시해 놓고 넘어가는 것이다.

열두 번째 습관

**정답률 11% 문제를 맞히는 방법,
제시된 개념 인지하기**

자, 배운 것 좀 써먹어보자. 아까 배운 함축적 의미를 가지고 제시된 개념이 무슨 말일지 생각해봐라. 제시된 개념? 여기서 말하는 제시된 개념이란 말 그대로 **필자가 글 속에서 제시해준 개념**을 의미한다. 아래 문장을 같이 보자.

> "채권은 어떤 사람이 다른 사람에게 특정 행위를 요구할 수 있는 권리이다."
>
> - 2021학년도 수능 -

여기에서 채권이 '제시된 개념'에 해당하는 것이다. 필자는 글을 써 내려 가면서 우리에게 단어의 의미를 알려준다. 고3 수준에서 배경지식으로 알고 있기 힘든 단어들은 글을 써 내려가는 도중에 설명을 해준다. 그렇게 하지 않으면 독자가 글을 제대로 이해할 수 없기 때문이다. 이때 단어가 무슨 뜻인지 알려주는 문장이 바로 제시된 개념을 말해주는 부분인 것이다.

① 제시된 개념은 글에서 계속 활용된다

제시된 개념이 왜 중요할까? 제시된 개념은 글에서 계속 활용되기 때문이다. 계속 활용된다는 말은 제시된 개념을 중요하게 보고 넘어가지 않으면 글 전체를 잘못 이해할 수도 있다는 말이다. 그래서 글을 제대로 이해하기 위해서 제시된 개념을 제대로 인식하고 가는 건 매우 중요하다.

> "계약이란 권리 발생 등에 관한 당사자의 합의로서, 계약이 성립하면 합의 내용대로 권리 발생 등의 효력이 인정되는 것이 원칙이다."
>
> - 2021학년도 수능 -

이 문장은 2021학년도 수능에 나왔던, 제시된 개념을 말해주는 문장이다. 위 문장은 계약의 개념을 제시해 주고 있다. 이렇게 이 글에서 '계약'의 의미가 무엇인지 제시해 주고, 이후 13번이나 '계약'이라는 말을 반복해서 사용했다. 만약 처음에 계약의 제시된 개념을 제대로 잡지 못하고 글을 계속 읽었다면 최대 13번이나 글이 이해가 안 됐을 것이다.

계약이란 권리 발생 등에 관한 당사자의 합의로서, 계약이 성립하면 합의 내용대로 권리 발생 등의 효력이 인정되는 것이 원칙이다. 당장 필요한 재화나 서비스는 그 제공을 급부로 하는 계약을 성립시켜 확보하면 되지만 미래에 필요할 수도 있는 재화나 서비스라면 계약을 성립시킬 수 있는 권리를 확보하는 것이 유리하다. 이를 위해 '예약'이 활용된다. 일상에서 예약이라고 할 때와 법적인 관점에서의 예약은 구별된다. 기차 탑승을 위해 미리 돈을 지불하고 승차권을 구입하는 것을 '기차 승차권을 예약했다'고도 하지만 이 경우는 예약에 해당하지 않는 계약이다. 법적으로 예약은 당사자들이 합의한 내용대로 권리가 발생하는 계약의 일종으로, 재화나 서비스 제공을 급부 내용으로 하는 다른 계약인 '본계약'을 성립시킬 수 있는 권리 발생을 목적으로 한다. 예약은 예약상 권리자가 가지는 권리의 법적 성질에 따라 두 가지 유형으로 나뉜다. 첫째는 채권을 발생시키는 예약이다. 이 채권의 급부 내용은 '예약상 권리자의 본계약 성립 요구에 대해 상대방이 승낙하는 것'이다. 회사의 급식 업체 공모에 따라 여러 업체가 신청한 경우 그중 한 업체가 선정되었다고 회사에서 통지하면 예약이 성립한다. 이에 따라 선정된 업체가 급식을 제공하고 대금을 받기로 하는 본계약 체결을 요청하면 회사는 이에 응할 의무를 진다. 둘째는 예약 완결권을 발생시키는 예약이다. 이 경우 예약상 권리자가 본계약을 성립시키겠다는 의사를 표시하는 것만으로 본계약이 성립한다. 가족 행사를 위해 식당을 예약한 사람이 식당에 도착하여 예약 완결권을 행사하면 곧바로 본계약이 성립하므로 식사 제공이라는 급부에 대한 계약상의 채권이 발생한다. 예약에서 예약상의 급부나 본계약상의 급부가 이행되지 않는 문제가 생길 수 있는데, 예약의 유형에 따라 발생 문제의 양상이 다르다. (생략)

필자는 제시된 개념 위에 계속해서 사고를 더한다. '계약'의 개념을 제시해주고 그 위에 '계약과 예약이 다른 이유', '계약의 효과', '본계약' 등의 내용을 설명하면서 고차원적인 사고를 더해간다. 그런데 만약 '계약'이 뭔지 제대로 머릿속에 박혀 있지 않다면? 당연히 이후에 나오는 모든 문장들이 제대로 이해되지 않을 것이다.

② 내 머릿속에 있는 배경지식을 제시된 개념에 맞게 조정하라

제시된 개념을 인지하고 넘어갈 때 중요한 것이 있다. 바로 내 머릿속에 있는 배경지식을 제시된 개념에 맞게 조정해야 한다는 것이다. 내 머릿속에 '계약'이 무엇인지에 대한 개념이 있어도 글을 읽을 때 필자가 '계약'의 개념을 제시해주고 있다면, 최대한 필자가 제시해준 의미대로 생각하면서 글을 읽어야 한다. 내 배경지식을 조정해서 필자가 하는 말을 토대로 다시 '계약'이 뭔지 잡는다. 왜? 필자가 제시해준 개념을 고려하지 않고 그냥 내 배경지식으로 글에 나온 단어의 의미를 생각하고 넘어가면 글이 잘못 이해되기 때문이다. 필자는 A라는 단어를 B라는 뜻으로 사용하고 있는데, 나는 A를 A라고 생각하면서 읽으면 당연히 글이 잘못 읽힌다. 내 머릿속에 '수박'을 '초록색 바탕에 검은 줄이 있는 과일'이라고 알고 있었지만 지문에서 수박은 '노란색 바탕에 검은 줄이 있는 과일'이라고 정의해줬다면 그에 맞게 내 배경지식을 조정해야 한다.

아래 예시를 읽으면서 감을 잡아보자.

내가 '무작위'라는 단어를 뭐라고 생각하고 있었든지 간에 이제부터 무작위는 '선결정되지 않는다'라
고 읽어줘야 한다.

내가 '본질'이라는 단어를 평소에 뭐라고 생각했든 간에 이 글을 읽을 때만큼은 '어떤 대상이 반드시
가져야만 하고 그것을 다른 대상과 구분해 주는 속성'이라고 생각해야 한다.

마찬가지로 내가 '시각'이라는 단어를 평소에 어떻게 생각했든 간에 이 글을 읽을 때는 '물체의 양쪽
끝으로부터 눈에 이르는 두 직선이 이루는 각'이라고 읽어줘야 한다.

내 머릿속에 있는 '추론'이 어떤 의미이든 간에, 앞으로 '추론'의 의미는 '이미 제시된 명제인 전제를
토대로, 다른 새로운 명제인 결론을 도출하는 사고 과정'이라고 생각해야 한다.

③ 제시된 개념은 함부로 축약하지 말 것

그리고 이렇게 제시된 개념을 인지하고 넘어갈 때 또 중요한 것이, 제시된 개념은 함부로 축약하면 안 된다는 것이다.

> "두 생명체가 서로 떨어져서 살 수 없더라도 각자의 개체성을 잃을 정도로 유기적 상호작용이 강하지 않다면 그 둘은 공생 관계에 있다고 본다."
>
> – 2020학년도 6월 –

위 문장을 읽고 많은 학생들이 이 문장을 "두 생명체가 서로 떨어져서 살 수 없더라도 각자의 개체성을 잃을 정도로 유기적 상호작용이 강하지 않다면 그 둘은 공생 관계에 있다고 본다." 이렇게 받아들였다. 즉, 공생 관계의 제시된 개념을 선택적으로 받아들이고 넘어간 것이다. 학생들은 무의식적으로 "두 생명체가 서로 떨어져서 살 수 없더라도"라는 부분을 그냥 넘겼다. 그리고 이 공생 관계의 제시된 개념을 활용해서 낸 문제는 정답률 11%를 기록했다. 이렇게 낮은 정답률이 나온 이유가 뭘까? 참고로 역대 모든 기출문제를 통틀어서 가장 낮은 정답률이었다. 그 이유는 이 문제를 풀 때 학생들이 "두 생명체가 서로 떨어져서 살 수 없더라도"라는 말을 공생 관계의 제시된 개념으로 인지하고 넘어가지 못했기 때문이다.

이 문제에서 우리는 교훈을 얻을 수 있다. 바로, **제시된 개념을 함부로 축약하면 안 된다**는 것이다. 글에서 제시된 개념이 주어진다면 최대한 그 의미를 전부 이끌고 가려고 해야 한다. 만약 그게 안 될 것 같다면 밑줄을 그어 놓고, 문제에서 물어봤을 때 다시 돌아와서 정확하게 확인하고 넘어가는 것도 좋은 방법이다.

④ 제시된 개념이 항상 특정한 형식을 띄는 것은 아니다.

개념이 제시되는 방식은 정해져 있지 않다. 여러 가지 문장 형태로 나타날 수 있다. 보통 제시된 개념은 'A는 B이다' 형식으로 나온다. 아래가 그런 경우이다.

i) 'A는 B이다' 형식으로 개념이 제시되는 경우(→ 파악하기 쉬움)

> "**부력**은 어떤 물체에 의해서 배제된 부피만큼의 유체의 무게에 해당하는 힘으로, 항상 중력의 반대 방향으로 작용한다."

> "**중력**은 물체의 질량에 중력 가속도를 곱한 값이다."

위 문장들은 각각 '부력', '중력', '수분 퍼텐셜'의 제시된 개념을 알려주고 있다는 걸 쉽게 잡을 수 있다. 모두 'A는 B이다' 형식으로 말하고 있기 때문이다.

하지만 다음 문장들은 제시된 개념을 바로 파악하기 힘든 문장들이다.

ii) 제시된 개념을 바로 파악하기 어려운 경우

➜ 여기서는 '표지'와 '인과적 과정'의 제시된 개념이 나와 있다. 인과적 과정의 개념을 설명해 주고 있다는 건 쉽게 잡지만 많은 학생들이 이 문장에서 표지의 개념도 제시되어 있다는 건 눈치채지 못한다. 출제자는 '표지, 즉 대상의 변화된 물리적 속성' 이렇게 표지의 개념을 드러냈다.

➜ 여기서도 알게 모르게 제시된 개념이 2개나 나와 있다. 첫 번째는 진리연산의 제시된 개념이고 두 번째는 진리 조건의 제시된 개념이다. '요소 명제들로부터 진리함수가 만들어져 나오는 방법'이 진리 연산의 의미이고, '복합 명제가 참이 되거나 거짓이 되는 조건을 말해주는 것'이 진리 조건의 의미이다.

이렇듯 출제자는 얼마든지 'A는 B이다' 이외의 형식으로 제시된 개념을 줄 수 있다. 이런 식으로도 제시된 개념이 나올 수 있음을 미리 알고, 글을 읽을 때 항상 예의 주시해야 한다. 제시된 개념을 알아보기 쉽게 주면 좋겠지만, 출제자가 그렇게 주지 않는 경우도 굉장히 많기에, 우리는 대비해야 한다.

열세 번째 습관
**출제자는 단어 하나에 4시간을 고민한다,
특수한 상황을 나타내는 단어 캐치하기**

평가원에서는 예외적인 부분이거나, 특이한 부분이거나, 변하는 부분들을 무조건 물어본다. 많은 통찰을 담고 있는 문장이다. 외우기 바란다. 왜 그런 걸까? 방금 말한 부분들은 글을 읽으면서 놓치기 쉬운 부분들이기에, 글을 제대로 이해하면서 읽는 학생들이 아니라면 발견하기 쉽지 않다. 방금 말한 것들을 인지하면서 읽은 학생은 독해력과 사고력이 높은 학생일 테고, 출제자는 그런 학생들을 선별해 내야 하기 때문에 저런 부분들을 내는 것이다. 글에는 예외적이거나 특이한 부분을 나타내는 단어들이 존재한다. 그 단어들은 글을 읽으면서 인식할 수 있어야 한다. 출제자가 의도적으로 넣어 놓은 단어를 놓치고 읽는다면 문제에서 시간이 오래 걸릴 수밖에 없다. 물론 정답률도 떨어진다.

기출 문제를 보면 특수한 상황을 나타내는 단어들이 종종 등장한다. 그리고 그런 단어들은 반드시 문제에서 오답 선지로든, 정답 선지로든 활용된다. 출제자 입장에서 글을 날림으로 읽는 친구들을 변별하기 좋기 때문이다. 네가 2등급 이하 학생이라면 '모든'이란 단어를 못 봐서 틀리거나 '어떤', '특정한', '오직' 등의 단어를 못 봐서 문제를 틀렸던 경험이 있을 것이다. 이런 단어는 글에서 나왔을 때, 신경 써서 읽어야 한다는 생각을 안 하고 있으면 그냥 흘려버릴 가능성이 매우 크다. 우리는 글을 읽으면서 의식적인 노력을 통해 특수한 상황을 나타내는 단어들을 알아채야 한다.

그럼 특수한 상황을 나타내는 단어란 어떤 단어를 말하는 걸까? 지금부터 대표적인 단어들을 하나씩 소개해 보려 한다.

① 다만

이 단어는 쉽게 지나칠 단어가 아니다. '다만'은 예외 상황을 말하기 위해서 쓰는 단어이기 때문이다. 글에서 '다만 = 예외'이기 때문에 이는 매우 중요하다. 출제자는 예외를 내기 좋아한다. '다만'이 쓰인 문장은 주의해서 보아야 한다. 독해력이 부족한 학생은 글의 전체적인 내용 파악도 힘들어하기 때문에 예외까지 신경 써서 이해하고 넘어가지 않는다. 출제자 입장에서는 독해력, 사고력이 낮은 학생들은 틀리도록 문제를 내야 하기에, 예외를 활용해서 내는 건 아주 좋은 선택지가 된다. 문제에 슬쩍 넣어 놓으면 예외를 이해하지 못하는 학생들은 눈치 못 채고 자주 틀리기 때문이다. 보통 법 지문에서 '다만'은 아주 큰 파괴력을 가지는데, 법은 예외가 중요하고 또 많기 때문이다.

예시

- **다만** 간접점유에 의한 인도 방법 중 점유개정으로는 선의취득을 하지 못한다.

- 2020학년도 9월 -

- **다만** 예약상 권리자에게 예약 상대방이나 방해자 중 누구라도 손해 배상을 하면 다른 한쪽의 배상 의무도 사라진다.

- 2021학년도 수능 -

- **다만** 행정 규제 사항의 첨단 기술 관련성이 클수록 위임 근거 법률이 위임할 수 있는 사항의 범위가 넓어진다.

- 2021학년도 9월 -

② 필수적으로

반드시 필요한 것이라고 하니, 조건을 물어보는 문제에서 활용되기 좋다. 매우 특수한 상황을 나타내는 것이므로 글을 읽을 때 나온다면 주의 깊게 봐 둬야 한다.

예시

- 이처럼 의사 표시를 **필수적** 요소로 하여 법률 효과를 발생시키는 행위들을 법률 행위라 한다.

- 2019학년도 수능 -

- 대부분의 진핵세포는 미토콘드리아를 **필수적으로** 가지고 있다.

- 2020학년도 6월 -

- 알킬화제와 산화제는 병원체의 내부로 침투하면 **필수적인** 물질 대사를 정지시킨다.

- 2021학년도 9월 -

- 탄수화물은 사람을 비롯한 동물이 생존하는 데 **필수적인** 에너지원이다.

- 2017학년도 수능 -

③ 여러

글을 읽으면서 필자가 말하는 게 한 개인지, 두 개 이상인지 파악하는 것은 정말 기본이다.

<table>
<tr><th>예시</th></tr>
</table>

- 또한 진핵세포의 세포질에는 막으로 둘러싸인 **여러** 종류의 세포 소기관이 있으며, 그중 미토콘드리아는 세포 활동에 필요한 생체 에너지를 생산하는 기관이다.

– 2020학년도 6월 –

- 이렇게 들러붙은 타이타늄은 높은 화학 반응성 때문에 **여러** 기체 분자와 쉽게 반응하여, 떠돌아다니던 기체 분자를 흡착한다.

– 2019학년도 9월 –

- 스마트폰은 다양한 위치 측정 기술을 활용하여 **여러** 지형 환경에서 위치를 측정한다.

– 2020학년도 9월 –

- **여러** 비콘 신호를 수신했을 경우에는 신호가 가장 강한 비콘의 위치를 단말기의 위치로 정한다.

– 2020학년도 9월 –

- 렌즈 모듈은 보정용 렌즈를 포함한 **여러** 개의 렌즈들로 구성된다.

– 2021학년도 6월 –

- 또한 최종 단계까지 통과하지 못한 사람들에게도 국가가 **여러** 특권을 부여하고 그들이 지방 사회에 기여하도록 하여 경쟁적 선발 제도가 가져올 수 있는 부작용을 완화하고자 노력했다.

– 2021학년도 6월 –

④ 모두, 모든

이 단어는 범위를 말해준다는 점에서 중요하다. 특수한 상황을 나타내는 단어들 중 가장 빈번하게 나오는 단어이다.

<table>
<tr><td align="center">예시</td></tr>
</table>

- 폴라니는 명확하게 표현되지 않고 주체에게 체화된 암묵지 개념을 통해 **모든** 지식이 지적 활동의 주체인 인간과 분리될 수 없다는 것을 강조했다. 요컨대 **모든** 지식에는 암묵적 요소들과 이들을 하나로 통합하는 '인간적 행위'가 전제되어 있다는 것이다.

- 2016학년도 수능 B형 -

- 헴펠에 따르면 설명은 세 가지 조건을 **모두** 충족해야 한다.

- 2016학년도 9월 -

- 이 사진에서는 피사체의 질감이 뚜렷이 살지 않게 처리하여 **모든** 피사체들이 사람인 듯한 느낌을 주고자 하였다.

- 2016학년도 9월 A형 -

- 17세기의 과학은 실험을 통해 과학적 설명의 참, 거짓을 확인할 것을 요구했고, 그런 경향은 생명체를 비롯한 세상의 **모든** 것이 물질로만 구성된다는 물질론으로 이어졌으며, 물질론 가운데 일부는 **모든** 생물학적 과정이 물리, 화학 법칙으로 설명된다는 환원론으로 이어졌다.

- 2018학년도 수능 -

- 한 가능세계는 **모든** 시간과 공간을 포함해야만 하며, 연속된 시간과 공간에 포함된 존재들은 **모두** 동일한 하나의 세계에만 속한다.

- 2019학년도 수능 -

- 이 신호 세기와 비콘의 식별 번호, 기준점의 위치 좌표를 서버에 있는 데이터베이스에 위치 지도로 기록해 놓는다. 이 작업을 **모든** 기준점에서 수행한다.

- 2020학년도 9월 -

- 항미생물 화학제 중 멸균제는 포자를 포함한 **모든** 병원체를 파괴한다.

- 2021학년도 9월 -

- 대상의 현실성과 표현의 사실성을 **모두** 추구한 하이퍼리얼리즘은 같은 리얼리즘 경향에 드는 팝아트와 비교하면 그 특성이 잘 드러난다.

- 2017학년도 9월 -

- 다만, 이중 가닥 DNA 특이 염료는 모든 이중 가닥 DNA에 결합할 수 있기 때문에 2개의 프라이머끼리 결합하여 이중 가닥의 이합체를 형성한 경우에는 이와 결합하여 의도치 않은 발색이 일어난다.

- 2022학년도 6월 -

- 그러나 유물, 그림, 구전 등 과거가 남긴 흔적은 모두 사료로 활용될 수 있다.

- 2020학년도 9월 -

- 모든 영화는 명시적이거나 우회적인 방법으로 역사를 증언한다.

- 2020학년도 9월 -

- 직접점유와 간접점유는 모두 점유에 해당한다.

- 2020학년도 9월 -

- 이는 바이러스의 활성을 가지지 않으며 사람을 포함한 모든 포유류에 존재한다.

- 2019학년도 수능 -

- 이런 세포로부터 유래된 자손의 모든 세포가 갖게 된 것이 내인성 레트로바이러스이다.

- 2019학년도 수능 -

- 이들은 모두 국민에게 적용되기 때문에 입법예고, 공포 등의 절차를 거쳐야 한다.

- 2021학년도 9월 -

- 여기에서 BIS 비율의 위험가중자산은 신용 위험에 대한 위험 가중치에 자산의 유형과 신용도를 모두 고려하도록 수정되었다.

- 2020학년도 수능 -

⑤ 순차적으로

이 단어는 많이 간과하는 단어인데, 이 또한 매우 중요하다. '순서를 지정'해 주는 단어이기 때문이다. 랜덤으로 하는 게 아니라 일정하게 규칙이 부여되어 있다는 단어이다. 특수한 상황을 나타내는 단어이고, 주의해서 읽어야 한다.

예시

- 왜냐하면 GPU는 한 번의 연산에 쓰이는 데이터들을 순차적으로 각 코어에 전송한 후, 전체 코어에 하나의 연산 명령어를 전달하면, 각 코어는 모든 데이터를 동시에 연산하여 연산 시간이 짧아지기 때문이다.

- 2021학년도 수능 -

⑥ 획일적으로

획일적이라는 단어는 '모두 다 한결같이 똑같다'는 의미이다. 특수한 상황이다. 글을 읽는 데 만약 획일적이라는 단어가 나온다면 주의해서 이해하고 넘어가야 한다.

예시

- 위험 가중치는 자산 유형별 신용 위험을 반영하는 것인데, OECD 국가의 국채는 0%, 회사채는 100%가 획일적으로 부여되었다.

- 2020학년도 수능 -

- 또한 다양한 습속을 지닌 사람들이 어떻게 대규모 기계 리듬에 맞추어 획일적으로 움직이는 노동자가 되는지 탐구했다.

- 2020학년도 9월 -

⑦ 항상

'항상'이라는 단어도 굉장히 중요하다. '언제나 그렇다'라는 말이니까 뒷 문장을 읽을 때 이 단어를 항상 염두에 두고 문장을 읽어야 한다.

<table>
<tr><td align="center">예시</td></tr>
</table>

- 따라서 점유자와 소유자가 항상 일치하지는 않는다.

– 2020학년도 9월 –

- 그런데 우리의 몸은 자신의 것이 아닌 물질이 체내로 유입될 경우 면역 반응을 일으키므로, 유전적으로 동일하지 않은 이식편에 대해 항상 거부 반응을 일으킨다.

– 2020학년도 수능 –

⑧ 고유하다

'고유하다'라는 건 고유하게 그 대상만 가지고 있다는 걸 나타내는 단어이니까 굉장히 특수한 상황이다. 이런 특수한 상황은 출제자가 문제에서 활용하기 좋다.

<table>
<tr><td align="center">예시</td></tr>
</table>

- 인터넷에 연결된 컴퓨터들이 서로를 식별하고 통신하기 위해서 각 컴퓨터들은 IP(인터넷 프로토콜)에 따라 만들어지는 고유 IP 주소를 가져야 한다.

– 2018학년도 6월 –

- 세포는 생명체의 고유한 유전 정보가 담긴 DNA를 가지며 이를 복제하여 증식하고 번식하는 과정을 통해 자신의 DNA를 후세에 전달한다.

– 2020학년도 수능 –

- 모델링은 3차원 가상 공간에서 물체의 모양과 크기, 공간적인 위치, 표면 특성과 관련된 고유의 값을 설정하거나 수정하는 단계이다.

– 2021학년도 수능 –

- 물체의 표면을 구성하는 각 삼각형 면에는 고유의 색과 질감 등을 나타내는 표면 특성이 하나씩 지정된다.

– 2021학년도 수능 –

- 그런데 러더퍼드의 모형은 각각의 원자에서 나타나는 <u>고유한</u> 스펙트럼을 설명하지 못했다.

- 2016학년도 6월 A형 -

위 예시들을 통해서 어떤 단어가 특수한 상황을 나타내는 단어들인지 감을 잡았을 것으로 생각한다. 스스로 기출 분석을 하면서 위에서 소개한 단어들 말고도 특수한 상황을 나타내는 단어들을 많이 경험해 보기 바란다. 위에서 설명한 예시 외에도 '일부', '조금이라도' 등의 특수한 상황을 나타내는 단어들이 여럿 있다. 기출 분석을 하면서 직접 마주했을 때, 그 기억이 오래가기 때문에 전부 다 이 책에 넣진 않았다. 기출 문제를 풀면서 경험해라. 그렇게 경험한 것을 바탕으로 글을 읽을 때 항상 특수하거나 예외임을 드러내는 단어들에 주목하며 읽어야 한다. 출제자는 단어 하나만으로도 틀리게 만들 수 있다. **특수한 상황을 나타내는 단어들에 주목해서 글의 분위기가 바뀌는 걸 알아채기를 바란다.**

📌 특수한 단어를 캐치한 걸로 만족하면 안 되고, 특수한 단어가 왜 특수한지 '이해'해야 한다.

여기서 한 가지 더 중요하게 당부하자면, 특수한 단어를 내가 글 읽으면서 캐치했다고 해서 그걸로 끝나면 안 된다. 특수한 단어라는 걸 잡은 다음, '왜' 이게 특수한 단어인지 '이해'하고 넘어가야 한다. 예를 들어서 쉽게 설명해 보겠다.

> "직렬 구조에서 시스템이 정상 가동하기 위해서는 모든 부품이 다 정상 작동해야 한다."
>
> - 2010학년도 수능 -

위 문장에서 '모든'이라는 단어에 눈길을 줬다면 잘한 것이다. 그런데, 거기서 끝나면 안 된다. '모든'이라는 특수한 상황을 나타내는 단어가 나왔다는 것만 인식하고 넘어가면 머리에 아무것도 안 남는다. 그럼 어떡해야 할까? **여기서 더 나아가서, 직렬 구조에서는 왜 '모든' 부품이 다 정상 작동해야 하는지 이해하는 것이 '함께' 이뤄져야 한다.** 그래야 머릿속에서 특수한 상황이라는 게 납득됨과 동시에 강하게 각인된다.

이 챕터에서 단순히 "아 그래, 앞으로는 특수한 단어 나오면 체크하자" 정도로 생각하고 넘어가는 학생들이 있을까 봐 덧붙여 말했다. 특수한 단어가 나왔을 때 체크하는 건 매우 좋은 태도지만, 거기에서 멈추면 안 된다. **왜 그게 특수한 단어인지 생각해 보고, 그 단어가 또는 그 문장이 특수하다는 걸 진심으로 납득하고 넘어가야 한다.** 그래야 머릿속에 남고, 특수한 단어를 활용하여 문제에서 물어봤을 때 쉽게 판단할 수 있다.

열네 번째 습관
**이해한 척하려는 인간의 본성,
애매하면 멈추기**

지금까지 잘 따라왔다면 이제 글을 읽을 때 천천히 읽어야 하고, 추상어를 마주했을 땐 멈춰서 다시 생각해 봐야 한다는 것쯤은 이해했을 것이다. 하지만 많은 학생들이 그걸 이해하고도 시험장에서 계속 그렇게 읽지 않는다. 왜 그런지 물어보면, 대부분 "글을 읽을 땐 제대로 이해하고 넘어갔다 생각했는데 문제로 가보니 내가 제대로 이해한 게 아니었다"라고 답한다.

그렇게 되는 이유는 '애매함을 느끼는 능력'이 아직 부족하기 때문이다. 무슨 말이냐면, **내가 문장을 제대로 이해하지 못했음을 이해하는 능력이 부족하다는 말이다.** 많은 학생들은 글을 읽으면서 자기가 문장을 100% 이해하고 넘어갔다고 생각한다. 하지만 막상 그 문장의 의미를 제대로 알고 있는지 물어보면 답을 못한다. 문장을 읽을 때 이해가 안 되면 이해한 척하지 말고 멈춘 다음, 무슨 말이냐고, 더 구체적으로 말해달라고 글쓴이를 닦달해야 한다. 문장이 제대로 이해가 안 됐는데도 그냥 "뭐 이런 말이겠지" 하면서 넘어가면 절대 안 된다는 말이다.

네가 그렇게 글이 애매하게 읽혔음에도 그냥 넘어가는 이유가 있다.

① 네 본능 때문이다.

이걸 이해하고 의식적으로 경계해야 한다. 인간은 오랜 기간 부족 사회에서 살았다. 그리고 그 부족에서의 퇴출은 죽음을 의미했다. 인간은 혼자 살 수 없는 존재이기 때문이다. 부족에서 무시를 당하고, 따돌림을 당하는 순간 나에게 사망선고가 내려진 것이나 다름없었다. 그래서 인간은 무리 속에서 무시당하지 않기 위해서 똑똑하고, 힘이 세 보이는 것처럼 행동할 필요가 있었다. 그렇게 만들어진 인간의 본성이 지금 우리에게 남아있다. 우리는 사람들에게 무시당하지 않으려고 노력한다. 그래서 내 앞에 있는 사람이 어려운 말을 쏟아부어도 고개를 끄덕이며 이해했다는 듯이 행동하고, 어려운 글을 읽거나 영상을 볼 때도 계속 '이해한 척'하려고 한다. 친구들과 대화할 때 내가 잘 모르는 주제가 나와도 종종 우리는 아는 척을 한다. 근데 이건 내가 그래야겠다고 생각하고 하는 게 아니라 무의식 적으로 이런 기제가 발동하는 것이다. 그래서 우리는 이런 사실을 인지하고 의식적으로 내 생각을 감 시해야 한다. 내가 제대로 이해하고 있는지, 그냥 이해한 척하고 있진 않은지 말이다.

② 뇌의 구조 때문이다.

인간의 '뇌'는 몸 전체에서 차지하는 부피가 2% 정도밖에 되지 않는다. 하지만 우리가 쓰는 모든 에 너지 중 20~25%를 사용한다. 이건 매우 높은 수치로, 뇌는 우리 몸에 있는 장기 중에 가장 많은 에너 지를 사용하는 장기다. 그래서 우리가 공부를 열심히 하고 나면 항상 배가 고픈 것이다.

우리 몸은 이런 뇌를 최대한 쓰지 않으려고 한다. 왜냐하면 한 번 깊게 생각하는 데 엄청난 에너지가 필요하기 때문이다. 원시 시대만 해도 인간들은 사냥을 나가야 했고, 사자나 호랑이가 나타나면 빨리 도망가야 했다. 그런데 뇌가 에너지를 많이 써버리면 사냥하고, 도망갈 에너지가 없다. 그럼, 결국 죽 는다. 그래서 인간은 '뇌'를 최대한 쓰지 않도록 진화했다. 한번 가동하는 데 엄청난 힘이 드는 '뇌'를 쓰는 건 생존에 불리했던 것이다. 이러한 뇌의 특성은, 지금 이 글을 읽고 있는 네 뇌도 마찬가지로 갖고 있는 특성이다. 그래서 내가 힘써서 이해하고 넘어가야 할 부분에서 그냥 '아 뭐 이런 뜻이겠지' 하고 넘어가 버린다. 뇌를 쓰지 않으려고 하는 것이다. 그럼 이런 뇌를 어떻게 다스릴 수 있을까? 이 건 '뇌가 이해하기를 싫어한다'라는 사실을 인지하기만 해도 다스릴 수 있다. 애매하게 이해하고 넘 어갈 때면, 더 깊이 생각하기 싫어질 때면, '뇌'가 머리 쓰기 싫다는 신호를 보낸다고 생각해라.

글을 읽을 땐 자신이 이해하지 못한 문장에 대해서 애매함을 느낄 수 있어야 하고, 애매하면 함부로 넘어가지 말아야 한다. 분명 이해가 100%까지 되지 않았음에도 스스로 "그래 알겠어"라고 하고 넘어 가면 절대 안 된다. 이해도가 0부터 100까지라고 한다면, 60%만 이해하고 만족하지 말라는 것이다. 문제에서는 문장의 의미를 80~90% 이해해야 풀 수 있게 나온다. 글을 읽으면서 문장에 대한 이해도 를 80~90%까지 끌어올려야 한다. 애매하면 멈추고 생각해라. 반복해서 읽어라.

내가 지금 해당 문장을 몇 % 이해했는지 감을 잡을 수 있게 되면 그때부터 성적은 엄청 빨리 오른다. **즉, 내가 애매하게 이해했다는 걸 내 스스로 느낄 수 있을 정도가 되면 그때부터 성적은 가파르게 오른다. 왜? 그렇게 애매하게 느껴지는 문장들은 멈추고, 다시 읽어서 분명하게 뜻을 이해하고 넘 어가면 되기 때문이다.** 그럼 그 80~90% 이해했다는 감을 어떻게 잡을 수 있을까? 즉, 내가 90%까지 이해한 건지 안 한 건지 어떻게 스스로 판단할 수 있을까?

그건, 선택지로 갔을 때 선택지에서 물어보는 것들이 네 머릿속에 있는지를 기준으로 판단하면 된다. 네가 출제자가 원하는 만큼 깊이 있게 문장을 읽었다면, 문제에서 물어보는 내용이 이미 네 머릿속에 들어 있을 것이다. 문제가 헷갈린다면 또는 문제를 틀린다면, 분명 출제자가 원하는 만큼 이해를 안 하고 넘어간 문장이 있다는 뜻이다. 그럼, 지문으로 돌아가서 내가 바로 판단하지 못한 선지의 근거가 되는 부분을 확인하고, "내가 이 문장에서 100% 이해를 안 하고 넘어갔구나"하는 걸 깨달으면 된다. 그리고 다음부터는 지문을 읽을 때 내가 놓친 문장들과 비슷한 문장들에 더 신경 쓰면서 읽으면 된다.

예를 들어서 나는 항상 '수식의 의미'를 설명하는 문장에서 집중을 못 하고 흘려 읽는 습관이 있었다. 화학식이라든지, 경제 현상을 식으로 표현한 것이라든지, 그런 것들이 나오면 제대로 안 읽고, 항상 애매하게 이해하고 넘어갔었다. 지문을 다 읽고, 문제 풀러 가서 보니 내가 이해 못한 부분을 항상 물어보고 있었다. 내가 '애매하게' 이해하고 넘어간 부분에서 선택지가 만들어졌음을 깨닫고, 다음 지문을 읽을 땐 내가 놓친 문장과 비슷한 문장이 나오면 주의하면서 읽었다. 이렇게 몇십, 몇백 지문을 읽고 태도를 교정하다 보니 내가 이해 못한 문장에 대해서 정확히 '애매함'을 느낄 수 있게 되었다.

많은 학생들을 보면 보통 혼자 천천히 글을 읽을 때는 자기가 제대로 이해하지 못한 문장에 대해 애매함을 잘 느낀다. 근데 시험만 되면 많은 학생들이 '시간제한'이라는 압박감 때문에 계속 문장을 읽고 '이해한 척'한다. 여기서 멈추고 다시 읽고 생각하면 시간이 너무 많이 걸릴까 봐 두려워서 그냥 이해한 척해버린다. 근데 어차피 그렇게 읽고 넘어가면 문제에서 훨씬 시간을 많이 쓰게 되어있다. 그리고 정답률도 떨어진다. 문장을 이해하지 못했기 때문이다. 이걸 깨닫고, '시험 칠 때' 애매함을 지우고 가야 한다. 이건 이미 '다시 읽기' 파트에서도 충분히 설명했다. 결국 천천히 읽고, 이해 안 된 문장은 '다시 읽으면' 애매하게 이해하고 넘어가는 문장은 많이 줄어든다. (이쯤 되면 느꼈겠지만, 내가 말하는 14습관은 모두 '제대로 이해하는 것'을 목표로 다 같이 달리고 있다. 그리고 각 습관들은 글을 읽으면서 동시다발적으로 적용해야 한다. 천천히 읽는 동시에, 이해가 안 되면 다시 읽고, 항상 대화하는 태도로 읽어야 한다.)

'시험장에서도' 자기가 90% 이상으로 제대로 이해하지 못한 문장에 대해 애매함을 느낄 수 있는 학생이 1등급이다. 우리는 시험장에서 그렇게 애매함을 느끼기 위해서 계속 생각하며 읽는 연습을 해야 한다. 한 문장 한 문장 읽어 가면서, "내가 정말 제대로 이해하고 있는 거 맞나? 정말 애매한 부분이 없나?" 끊임없이 생각해 줘야 한다. 그렇게 계속 반복적으로 '애매함'에 대한 감을 키울 때 급박한 시험 상황에서도 내가 이해되지 않은 애매한 문장들이 눈에 들어오게 된다. 스스로 읽으면서 "이 문장은 좀 애매한데?"라는 감을 느낄 수 있게 된다. 이런 느낌이 들면 멈추고, 생각해야 한다. 네가 애매함을 느낀 그 부분은 출제자가 의도적으로 심어 놓은 함정이다. 그곳에서 생각하지 않고 간다면 그건 그냥 폭탄을 제거하지 않고 가 버리는 것과 같다. 그럼, 그 폭탄이 문제로 갔을 때 터진다.

"BIS 비율은 은행의 재무 건전성을 유지하는 데 필요한 최소한의 자기자본 비율을 설정하여 궁극적으로 예금자와 금융 시스템을 보호하기 위해 바젤위원회에서 도입한 것이다."

이 문장을 시험장에서 맞닥뜨렸을 때 우리는 이해한 척하면 안 된다. 'BIS 비율'이 뭔지, '재무 건전성'이 뭔지 '자기자본'이 뭔지, '예금자'가 뭔지 '금융 시스템'이 뭔지 이해하지 못했으면 고개를 끄덕이지 말라는 말이다. 함부로 납득하지 말아야 한다. 멈추고 각 단어의 의미를 떠올려 줘야 한다. 그런데 2등급 이하의 학생들은 계속 '이해한 척'을 한다. 무슨 말인지 정확하게 모르겠는데, 문장에 대한 이해도가 50%밖에 안되는데, 그냥 읽고 넘어간다. 그럼 당연히 문제로 갔을 때 기억도 안 나고 문제도 안 풀린다. 다시 한번 말하지만 문장에 대한 이해도가 90%가 되지 않았다면 그냥 넘어가면 안 된다.

📌 애매하게 이해하고 넘어가는 것을 막는 방법

시험장에서도 '애매함'을 그냥 지나치지 않는 팁 2가지를 말해주자면, **첫 번째는 이미지화가 가능한 문장에는 항상 '이미지를 떠올려 주고' 가는 것이다.** '이미지화'를 한다는 것은 '구체화'하고 간다는 것과 같은 말이다. 문장을 구체적인 장면으로 나타냄으로써 내가 글을 '애매하게' 읽고 넘어가는 걸 막을 수 있다.

두 번째는 추상적인 문장을 마주쳤을 때, 내 나름대로 '예시'를 드는 것이다. '예시'를 드는 행위는 이미지화와 마찬가지로 문장을 '구체화'하고 넘어가는 행위이다. 예시를 드는 건, 내가 그 문장을 완벽히 이해했을 때만 가능하기 때문이다. 시간이 많이 걸릴 것 같지만, 그렇게 많이 걸리지 않는다. 그리고 예시를 구체적으로 만들어 놓고 가면, 그렇게 읽지 않았을 때보다 문제로 갔을 때 지문이 훨씬 더 머릿속에 생생하게 남아있다.

애매함을 줄이고 넘어가는 대표적인 방법인 '이미지화'와 '예시 들기' 이 두 과정을 거치고 넘어가면, 문장이 머릿속에 훨씬 선명히 남아있을 것이다.

📌 '애매하면 멈추기' 습관의 강조점

이 챕터가 '천천히 읽기'나 '추상어 감지하기'와 같은 다른 파트에서 하는 말을 반복하고 있다고 생각할 수도 있다. 그렇게 느끼는 것이 정상이다. 결국 내가 하고자 하는 말은 '잘 읽어라'라는 것인데, 잘 읽기 위해서는 애매함을 느끼는 능력을 길러서 추상어를 잘 감지해야 하고, 동시에 천천히 읽어야 한다. 그런데, 결국 이 각각의 습관들은 익숙해지면 서로 연결되는 하나의 습관이 된다. 그럼에도 이렇게 굳이 각각의 다른 습관으로 나눠서 제시한 이유는, 하나하나가 한 번씩 강조하고 넘어가야 할 만큼 매우 중요하기 때문이다. 처음에는 각 습관들의 중요성을 개별적으로 납득하고 넘어갈 필요가 있다. 그리고 이 습관들에 익숙해졌을 때 동시다발적으로 습관들을 사용하고 넘어가는 것이다.

이 '애매하면 멈추기' 습관에서는 무엇보다, **'애매함을 느껴야 한다'**를 강조하고 싶었다. **너에게 글을 애매하게 읽고 넘어가려는 본성이 있음을 자각하고, 글을 읽을 때 의식적으로 '애매함'을 느끼려 해야 함을 강조하고 싶었다.** 시험장에서는 자신이 이해 못 한 문장을 '애매하게' 느끼는 게 정말 중요하기 때문이다. 그리고 시험장에서 그 '애매함'을 느끼는 팁으로 '이미지화'와 '예시 들기'를 소개했다. 문장을 읽으며 자신이 몇 퍼센트를 이해한 것인지 애매함을 느끼는 능력이 제대로 길러져야 '천천히 읽기', '추상어 감지하기'도 제대로 된다. 애매함을 느끼지 못하면 천천히 읽고 이해해야 하는 문장을 빠르게 지나가 버릴 것이고, 그러면 결국 글 전체가 이해되지 않기 때문이다.

이 습관을 통해 애매함을 느끼는 능력을 기르고, 애매하게 느껴진 문장에서 '천천히 읽기'를 실천해야 한다. 그래야 글이 100% 이해가 되기 시작하고 독해력과 사고력이 상승함을 경험할 수 있을 것이다.

당부의 말

어휘의 함축적 의미, 제시된 개념 인지하기, 특수한 상황을 나타내는 단어 캐치하기, 애매하면 멈추기. 이 4가지 방법은 시험장에서 '특히나' 주의해서 해주어야 한다. 시험장에서 할 수 있으려면? 당연히 혼자 글을 읽을 때 반복해서 연습해야 한다. 이 4가지 태도도 글을 읽을 때 필수적으로 지켜줘야 하는 행동들이다. 그러나 의식적으로 인지하고 있지 않으면 시험장에서 까먹고 안 하기가 쉽다. 그만큼 체화하기가 어려운 부분이기도 하다. 반드시 의식적으로 이 4가지 태도를 상기하도록 하자!

14가지나 되는 습관들을 읽고 이해한다고 수고 많았다. 이제 중요한 건 그 습관들을 글을 읽을 때 반복적으로 써먹어 보면서 체화하는 것이다. 배운 습관들을 글 읽을 때 써먹지 않으면 아무 소용이 없다. 근데 14개나 되니까 이걸 어떻게 정리하고 넘어가야 할지 감이 안 잡힐 것이다. 그래서 내가 대신 정리해 놓았다. 이 '총정리' 파트를 읽으면서 공부할 때 어떤 생각, 어떤 태도로 글을 읽어야 하는지 스스로 다시 한번 생각해 보기 바란다.

복습해 보자. 일단 비문학 독해에서 가장 중요한 것은 문장을 '천천히' 읽고 '정확히' 이해하려는 태도이다. 시험장에서 비문학 첫 문장을 읽어 내려갈 때 "천천히 읽고 정확히 이해한다."라는 생각이 머릿속에 있어야 한다. 그렇게 천천히 읽고 정확히 이해하면, 기억하려 하지 않아도 문장들이 머릿속에 남아있을 것이다. 천천히 이해하면서 지문을 읽는 도중 잘 이해가 안 가는 부분이 나온다면 그 부분에서 애매함을 느끼고, 다시 읽어야 한다. 시험장에 가면 누구나 떨린다. 많은 학생들이 시간 압박 때문에 미처 이해를 못 한 문장이 있어도 '다시' 읽지 않는다. 그러나 비문학 만점을 위해서는, 이해 못 했으면 다시 돌아가서 2, 3번 읽고, 이해하고 넘어가야 한다.

그리고 천천히 읽어 내려 가면서 항상 글과 대화하려는 태도를 유지해야 한다. 필자가 하고 있는 말이 납득되면 "그렇지"라고 반응도 해주고, 뭔가 납득이 잘 안되면 "왜 그렇지?"라고 의문을 떠올릴 수 있어야 한다. 대화 중에 입을 꾹 다물고 있는 건 실례다. 이때 글을 읽으면서 쓸데없는 표시는 하지 않는다. 최대한 '머리'로 모든 문장을 이해하고 넘어간다.

그렇게 문장을 읽다 보면 여러 문장들이 나온다. 만약 도중에 추상어가 나온다면 잠깐 멈추고 머릿속에서 정확히 그 뜻을 생각하고 넘어가 준다. '문장'이 추상적이라면 '나만의 문장'으로 재구성하고 넘어간다. 또 이미지가 그려지는 문장은 항상 머릿속으로 이미지를 만들어서 이해하고 넘어간다. 그리고 글을 읽는데 문장이 불친절할 경우, 즉, 이유를 자세히 설명해 주고 있지 않을 경우, 스스로 부연 설명을 만들어 내야 한다. 내 나름대로 설명을 붙여서 정보량을 줄이고 간다. 정 이해가 안 된다면, 밑줄 그어 놓고, 문제에서 물어봤을 때 다시 돌아온다.

그리고 이렇게 문장들을 처리하면서 동시에 해줘야 하는 습관이 있다. 바로 함축적 의미, 제시된 개념, 특수한 상황을 나타내는 단어, 애매한 문장을 잡는 것이다. '시험장'에서는 특히나 글에 나오는 정보량을 최대한 줄이고 넘어가야 한다. 즉, 최대한 모든 문장을 이해해서 기억할 필요가 없게 만들어야 한다는 말이다. 혼자 편하게 공부할 때와 달리, 긴박한 상황에서는 문장을 기억하는 게 쉽지 않다. 글에 나오는 정보량을 최대한 줄이려면 단어가 내포하고 있는 의미를 활용해야 한다. 이때 어휘의 함축적 의미를 활용해서 정보량을 줄여준다. 그리고 시험장에서 글을 읽는데 제시된 개념이 나온다면 반드시 좀 더 주의해서 읽어준다. 계속 글 속에서 활용되기 때문에, 제시된 개념을 제대로 잡고 읽어야 글이 이해된다.

그렇게 글을 읽다가, 출제자가 심어 놓은 특수한 상황을 나타내는 단어들을 마주하면 의식적으로 한 번 더 주목해 주고 넘어간다. 이미지를 그리든, 부연 설명을 만들든, 의미를 곱씹어주고 넘어간다. 그리고 마지막으로, 시험장에서는 특히나 더 내가 애매하게 느끼고 있는 문장을 감지해야 한다. 이건 첫 문장부터 마지막 문장까지 유지해야 하는 태도다. 문제를 다 풀고 나서 그냥 넘어가는 것이 아니라 읽었던 지문에 나왔던 단어나 개념들, 문장들의 의미를 한 번 더 구체적으로 이해해야 한다. 인터넷에 검색을 하든, 관련 서적을 읽어보든, 찾아보면서 배경지식을 늘려나가야 한다. 그래야 더 깊은 독해가 가능하다. 이렇게 14습관을 글 읽으며 어떻게 적용해야 하는지 한 번 가볍게 훑어봤다. 아직 완벽하게 감이 안 잡혀도 괜찮다. '기출 적용편'에 나와 있는 기출들을 풀어보고, 내가 실어 놓은 해설을 보면, 구체적으로 14습관을 어떻게 적용해야 하는지 완벽하게 느낄 수 있을 것이다.

결국 우리는 '시험'을 쳐야 한다.

/등급의 독해력을 가졌다 하더라도

시험장에서 지켜야 할 몇 가지 태도들을

지키지 않는다면 '좋은' 점수를 받기 힘들다.

이번 챕터를 통해서 '시험장에서도'

네 실력이 발휘될 수 있게 해주겠다.

독해편

CAHPTER. 2

내가 1460일 만에 깨달은,
시험 칠 때 가져야 할 태도

1. 시간 절대 보지 않기

화작, 언매 15분, 문학 20분, 독서 40분, 마킹 5분이라는 환상

지금 내가 하는 말이 굉장히 낯설게 느껴질 것이다. "시험을 치는 데 시계를 보지 말라니? 그러다가 마킹도 못 하고 시험 망치면 어쩌려고?" 네가 어떤 생각을 하고 있는지 다 알고 있다. 지금부터 그 생각을 바꿔 주겠다.

학생들 사이에는 흔히 '몇 분 컷'이라는 말이 있다. 화작은 몇 분 만에 풀어야 하고 언매는 몇 분 만에 풀어야 하고 하는 말들이 돌아다닌다. 보통 화작 선택자들은 화작에 15분, 언매 선택자들은 언매에 15분, 문학과 독서는 각각 25분, 35분 이렇게 배치하고 시험을 치는 학생들이 대부분일 것이다.

이렇게 생각을 하고 시험을 치면, 만약 화작&언매→문학→비문학 순서로 문제를 푼다고 했을 때 우리는 화작&언매를 풀고 시계를 보게 된다. 그리고 문학을 풀고 또 시계를 보고, 비문학을 풀면서는 한 지문 풀 때마다 시계를 본다. 그럼, 이 행동을 왜 하지 말라는 걸까? **방금 내가 말한 저 행동들은 시험을 치는 데 아무런 도움이 되지 않기 때문이다. 아니, 오히려 방해가 된다.**

잘 생각해 보자. 네가 화작을 15분 만에 풀어야겠다고 다짐하고 수능장에서 화작을 푼다. 근데 어찌어찌해서 화작을 다 풀고 시간을 보니, 18분이 지나 있다. 이때 네 머릿속은 어떨까? 아마 불안감 때문에 초비상일 것이다. 원래 15분 만에 풀어야 했는데 3분이나 지체되었으니 말이다. 그럼 당연히 그 3분을 메꾸기 위해서 문학이나 비문학을 풀 때 **빨리 풀어야겠다**는 생각을 한다. 그래야 시간 내에 모든 문제를 다 풀 수 있으니까. 근데, 계속 말했지만 빨리 풀려고 하는 순간 실수가 나온다. 그리고 사실 빨리 풀어야겠다는 생각을 하면 더 느리게 풀린다. 빨리 풀려는 생각에 지문을 날려 읽게 되고, 그 때문에 문제에서 고민하는 시간은 더 늘어난다. 결국 시간은 천천히 읽을 때보다 훨씬 더 걸린다.

그리고 또 시계를 봤을 때 생기는 문제가 있다. **시계를 보고 다시 문제를 풀려고 하면 바로 집중이 안 된다.** 빌 게이츠와 스티브 잡스의 마인드 코치였던 짐 퀵이 했던 말이 있다. "우리는 멀티태스킹이 불가능하다. 두 가지 작업을 동시에 하는 것처럼 보이지만 실은 하나씩 처리하고 있는 것이다. 우리는 멀티태스킹이 아니라 작업 전환을 하고 있다. 그런데 이렇게 우리가 작업 전환을 할 때 다시 다른 작업에 완전히 집중하기 위해서는 몇 분의 시간이 걸린다. 그리고 이렇게 작업 전환을 할 때 우리 뇌는 정확한 판단을 하지 못한다. 즉, 오류가 날 가능성이 커진다.” 정리해 보자면, 우리는 멀티태스 킹이 아니라 작업 전환을 하고 있는 것이고 이 작업 전환을 할 때는 시간이 걸린다. 그리고 그 시간에 우리는 잘못된 판단을 내릴 가능성이 커진다.

짐 퀵의 말에 따르면 내가 시계를 보는 행위는 작업 전환이다. 시계를 보고 다시 문제에 집중하려고 하면, 제대로 집중하기 위해서 몇 분을 소비해야 한다. 즉, 시계를 자주 볼수록 집중력이 계속 끊기고, 다시 집중하기 위해 시간을 써야 하기 때문에 문제를 푸는 시간이 길어진다. 그리고 또 짐 퀵이 말했 듯 작업 전환 도중에 우리는 실수를 할 확률이 높아진다. 우리가 시험장에서 시계를 보고 다시 문제 를 풀 때 그 문제에서 실수를 할 확률이 높아진다는 것이다.

(출처, 「마지막 몰입」 짐퀵)

화작을 내가 예상한 시간보다 빨리 풀게 돼도 이건 문제다. 내가 예상한 시간보다 문제를 빨리 풀게 되면 우리는 그때부터 이상한 짓을 시작한다. 바로 ‘일부러’ 문학, 비문학을 천천히 푸는 것이다. 시간 이 많다는 생각에 1번이 명확한 답인데도 2, 3, 4, 5번 선지를 전부 보고 넘어간다.

그리고 수능장에서는 내가 생각한 것보다 빨리 문제를 풀면 마냥 기분 좋게 넘어갈 수가 없다. 그냥 혼자 모의고사 풀 때와 다르게 **수능장에서는 내 예상보다 문제를 빨리 풀면 불안해진다. 내가 혹시 잘못 읽은 건 없을지 걱정하기 시작한다.**

이렇듯 시계를 보는 행위는 **내가 예측한 시간이 정확히 맞을 때를 제외하고 나에게 모두 악영향을 끼친다.** 사실 근데 내가 예측한 시간이 정확히 맞을 때도, 시계를 보고 다시 문제에 집중하는 데 시간 을 써야 하기 때문에 시간이 낭비된다. 결국 시계를 보는 것에 대한 이점은 없다.

여기까지 말하면 학생들이 이렇게 질문한다. “쌤, 그러면 시계 안 보고 풀다가 종치면 어떡해요?” 걱 정하지 않아도 된다. 수능장에 가면 시험 종료 10분 전에, 10분 남았음을 알리는 종이 울린다. 그 종이 울리기 전에는 시계를 보지 않고 최대한 내가 풀 수 있는 만큼의 문제를 푼다. 그리고 10분 종이 울리 면 풀던 걸 멈추고 일단 푼 문제는 마킹을 한다. 그리고 이때부터 시계를 보는 것이다. 10분 전부터 시 험이 끝나기 전까지는 별도의 알림이 없기 때문에 스스로 시계를 보고 시간 조절을 해야 한다.

정확한 가이드를 제시해 주겠다. 일단 시작종이 울리면 시험 10분 전 종이 울리기 전까지는 시간을 신경 쓰지 않고 70분간 내가 풀 수 있는 최대량의 문제를 푼다. 그리고 10분 전 종이 울리면 하던 걸 다 멈추고 일단 OMR에 마킹을 한다. 그리고 그때부터는 시계를 보면서 못 푼 문제들을 마무리한다. 이렇게 푼다면 수능장에서 최고로 집중해서 푸는 것이 가능하다.

그리고 마지막으로, 명심할 것이 국어 시험은 80분이라는 것이다. 무슨 말이냐면 네가 문학을 20분 풀고 비문학을 40분 풀든, 문학을 25분 풀고 비문학을 35분 풀든 80분 안에 다 풀기만 하면 되는 것이다. '몇 분 컷'에 집착하지 말기 바란다. 남들이 만들어 놓은 시간에 속지 말고 네 페이스대로 후회 없는 수능을 치기 바란다.

"다시 한번 말하지만, 시험장에서 최고로 집중하기 위해서는 시계를 많이 보면 안 된다."

만약 자기가 시계를 안 보는 게 더 불안한 학생이라면 시계를 봐도 된다. 시계를 안 보고 풀면 계속 시험 치는 내내 "몇 시지? 너무 느리게 푸는 거 아니야?" 이런 생각이 드는 학생들도 있다. 사람은 누구나 다를 수 있기에 이해한다. 그런 학생들은 차라리 중간중간 시계를 보고 가는 게 마인드 컨트롤에 도움 될 수 있다. 하지만 그렇더라도 시계는 최소한으로 보는 걸 추천한다. 아니, 수능 전까지는 일단 '시계 안 보는 연습'을 하기 바란다. 위에서도 말했듯 객관적으로 봤을 때, 시계를 보는 행위는 집중에 방해가 되기 때문이다. 수능 일주일 전까지도 시계 안 보는 게 불안하다면, 그때 시계를 보고 치기로 결정하더라도, 그 전까지는 안 보고 푸는 연습을 하기 바란다.

2. 함부로 과감하지 마라

지문을 나름대로 천천히 이해하면서 읽었다. 그렇게 지문을 읽고 문제로 갔는데, 문제에서 헷갈리는 선택지가 나왔다. 이때 그냥 머릿속에 있는 걸로 풀어야 할까 아니면 지문으로 다시 돌아가야 할까? 당연히 지문으로 다시 돌아가야 한다. 다시 돌아가서 확실하게 답의 근거를 잡고 다시 와야 한다. 근데 생각보다 많은 학생들이 그냥 자기 머릿속에 있는 생각만으로 답을 찍고 넘어간다. 분명 선택지가 애매한데도 '이해한 척'하고 그냥 찍고 넘어간다. 그렇게 찍고 넘어간 1, 2문제 때문에 대학이 갈린다. 애매하다면 지문으로 돌아가서 확실히 하고 넘어가자.

나도 시험장에서 아무리 나름대로 천천히, 꼼꼼하게 읽는다 하지만 가끔 선택지 중에 헷갈리는 것들이 나온다. 그럴 때 나는 무조건 다시 지문으로 돌아가서 확실하게 확인하고 찍는다. 글 내용이 머릿속에 애매하게 남아있는데도 그냥 답을 과감하게 찍고 넘어가면 무조건 틀린다. 헷갈리면 정확하게 확인하고 넘어가는 습관을 기르자.

3. 결국 침착함이 전부이다

시험장에서는 결국 침착하게 푸는 것이 전부이다. 위에서 내가 말한 방법대로 수능날까지 꾸준히 글을 읽는다면 독해력은 시간이 지남에 따라 자연스럽게 1등급에 도달할 것이다. 하지만 독해력이 1등급이라 해서 시험장에서도 1등급을 받는다고 보장할 수 없다. 시험장에서도 1등급을 받아내려면 결국 침착해야 한다. 같은 독해력을 가진 친구라도 시험장에서 차분하게 읽고 푸는 학생과 허겁지겁 푸는 학생은 점수가 다르다.

침착함을 유지하는 방법은 크게 3가지가 있다. 먼저 첫 번째 방법은 아까 말한 '시계 안 보기'이다. 그리고 두 번째 방법은 '모르는 문제는 일단 넘어가기'이다. 문제를 풀다 보면 매우 높은 확률로 내가 모르는 문제가 1문제는 나온다. 국어만 몇 년째 공부하고 있는 나도 45문제를 풀다 보면 1문제 정도는 항상 헷갈리는 문제가 나온다. 그럼에도 불구하고 100점을 받는데 어떻게 가능할까? 바로 '어차피 다시 오면 풀린다'라는 생각으로 일단 넘어가는 것이다. 그리고 정말 일단 넘어간 뒤 나중에 다시 돌아오면 풀린다.

내가 '어차피 다시 오면 풀린다'라는 생각을 안 하고 붙잡고 있었다면? 계속 답이 안 보여서 당황하고 시간은 시간대로 썼을 것이다. 시험장에서는 계속 심박수를 최대한 일정하게 유지해야 한다. 흥분하는 순간 오판이 나기 때문이다. 그래서 답이 안 보이면 일단 넘어간다. 계속 붙잡고 있는데 계속 답이 안 보인다? 더 당황해서 점점 손이 떨리고, 입이 마를 것이다.

만약 비문학을 푸는데 〈보기〉 문제가 안 풀리면 일단 넘어가라. 나 같은 경우에는 비문학을 풀다가 어떤 문제에서 막히면 일단 별표 치고 다른 문제로 넘어간다. 그렇게 다른 비문학 문제 하나를 풀고 다시 내가 아까 별표 쳤던 지문으로 돌아온다. 그리고 다시 문제를 천천히 읽고 풀어본다. 만약 그렇게 했는데도 안 풀린다면 그 문제는 해당 시험에서는 풀 수 없는 문제라고 생각하고 그냥 찍는다. 너도 경험을 해봐서 알겠지만 국어는 시험 도중에 한 번 안 보이면 끝까지 안 보인다. 설령 답을 발견한다 해도 시간을 엄청 써야 한다. 나머지 문제까지 모두 풀었는데 시간이 남았다면 별표 친 문장을 끝까지 물고 늘어지겠지만 그런 경우가 아니라면 과감하게 버리고 풀 수 있는 것부터 다 푼다.

여기까지 말했을 때 나오는 질문이 "쌤, 비문학은 다시 돌아가면 처음부터 끝까지 다시 읽고 풀어야 하는 거 아니에요? 그럼 시간 더 걸릴 거 같은데..." 네가 직접 해보면 알겠지만 생각보다 지문 내용이 머릿속에 많이 남아있다. 물론, 내가 위에서 말한 방법대로 읽었을 경우에만 그렇다. 그냥 문장 하나하나 암기할 심산으로 읽고 가면 당연히 다시 돌아왔을 때 기억이 안 난다. 침착하게 이해하면서 읽었다면 다시 돌아왔을 때 대부분 기억이 난다. 설령 다시 지문을 읽는다고 해도 이미 한 번 이해했기 때문에 훨씬 빨리 읽힌다. 마지막으로 침착함을 유지하는 세 번째 방법은 '독해력 자체를 높이는 것'이다. 너무 당연한 말 아니냐고? 하지만 꽤 많은 학생들이 침착함을 키우기 위해 '실력'을 높이는 공부를 하지 않고 시험장에서 쓸 수 있는 잡다한 '스킬'에만 주목하고 있다. 명심하자. 수능장에서 나를 침착하게 만드는 것은 내 '실력'이다. 실력을 키우는 건 앞서 소개한 방법들 중 침착함을 유지하는 가장 효과적인 방법이다. 실력을 올리면 침착함은 자동으로 따라온다. 서울대 수학과 학생이 중학교 수학 문제를 풀 때 당연히 긴장하지 않을 것이다. 실력을 높이는 건 먼저 소개한 두 방법들 보다 어렵지만, 그 어떤 방법보다 확실하게 침착함을 기를 수 있는 방법이다.

정리하면, 우리는 수능장에서 침착하기 위해 평소에는 독해력을 키우고, 시험장에서는 시계를 보지 않아야 한다. 동시에 모르는 문제가 나오면 '어차피 돌아오면 풀린다'라는 믿음을 갖고, 별표 치고 넘어가는 담대함을 키워야 한다.

4. 지문이 쉬워 보이는 순간을 조심해라.

내가 위에서 말한 방법대로 공부를 하다보면 독해력이 차츰 오르게 되고 쉬워지는 지문들이 생긴다. 이때 조심해야 할 것은 지문을 읽을 때 점점 섬세하게 읽지 않는다는 것이다. 이건 정말 조심해야 한다. 글을 읽을 땐 난이도와 상관없이 계속 섬세하게 읽어줘야 한다. 만약 시험장에서 쉬운 지문이 나온다면, 오히려 더 위험할 수 있다. 쉽다고 생각하며 읽은 지문은 제대로 머릿속에서 이해가 안 될 것이고 문제도 많이 틀릴 것이다. "분명 쉬웠는데, 왜 틀렸지? 이건 실수야" 이렇게 생각해버리면 거기서 성적이 더 이상 안 오른다. 네가 지문이 쉬웠는데도 문제를 틀린 이유는 쉽다고 생각했기 때문이란 걸 깨달아야 한다. 쉽다고 생각했기에 가볍게 읽은 것이다. 이미지도 안 그리고, 추상어가 나와도 머릿속으로 구체적으로 만들지 않고 넘어가게 된다.

내가 지문을 쉽다고 생각해 버리는 순간 반드시 실수가 나온다. 2021학년도 수능 시험을 칠 때 나는 마지막 비문학 하나를 남겨 두고 17분 정도가 남았었다. 마지막 지문을 읽는데, 내가 평소에 기출 공부하면서 봤던 내용이랑 비슷해서 쉽게 읽혔다. 그리고 나는 지문 중간쯤에 이 지문을 쉽다고 생각했다. 그런 생각이 드니까 그 이후 문장들은 날림으로 읽었다. 천천히 생각도 안 하고 그냥 눈으로 훑고 '이해한 척'하고 지나갔다. 그렇게 읽고 문제로 갔는데 문제가 전부 헷갈렸다. 그래서 나는 다시 지문으로 돌아갔다. 다시 돌아가서 천천히 이해하면서 읽었다. 그렇게 1분 남겨 두고 그 지문을 16분이나 써서 다시 이해하고 넘어갔다. 이렇듯 내가 시험 도중에 지문을 쉽다고 생각해 버리는 순간, 반드시 제대로 이해를 하지 않고 넘어가는 문장들이 생긴다. 바로 그 문장들이 선택지로 갔을 때 나를 헷갈리게 만든다.

글을 읽을 때 글이 쉽다고 생각되면 잠시 멈춰라. 내가 지금 실수할 가능성이 매우 크다는 걸 인지하고 다시금 천천히 읽어라. 글이 쉽다고 해서 속도가 빨라지면 안 된다. 속도는 일정하게 유지해야 한다.

5. 배경지식으로 풀려고 하는 순간 틀린다.

앞에서 배경지식이 도움이 된다고 이야기했다. 그렇다. 배경지식은 글의 이해에 도움이 된다. 그러나 평가원은 지식을 측정하려고 하지 않는다. 내가 알고 있는 내용만으로 문제가 풀리게 하지 않는다는 말이다. 반드시 글을 읽고 이해해야지만 문제를 풀 수 있게 낸다. "쌤, 저는 그냥 배경지식으로 풀어서 맞혔는데요?" 운이 좋았던 것이다. 평가원은 배경지식만으로 풀리는 문제를 지양한다. 배경지식만으로 문제가 풀리게 내면 '천하제일 상식대회'가 되어 버리기 때문이다. 물론 배경지식을 가지고 있으면 글을 수월하게 이해할 수 있고 당연히 문제도 상대적으로 쉽게 풀 수 있다. 하지만 내가 말하고 싶은 건, 내가 알고 있는 내용이라고 해서 날려 읽거나 안 읽어버리면 그건 문제라는 것이다. 내가 알고 있는 내용이 나와도 지문은 천천히, 빠뜨리는 문장 없이 읽어줘야 한다.

그리고 네가 알고 있는 배경지식이 정말 확실한 지식이라는 보장도 없다. 매우 높은 확률로 너는 '조금만' 알고 있을 가능성이 크다. 그러니까 겸손하게, 지문에 나와 있는 문장은 모두 곱씹으면서 읽기 바란다. 알고 있는 내용이라도 섬세하게, 천천히 읽어라.

6. 어려운 문단은 2, 3개밖에 없다.

말 그대로 출제자는 모든 문단을 이해하기 어렵게 쓰지 않는다. 만약 6개의 문단이 나온다면 그중 2, 3개만 이해하는 데 시간이 많이 걸리게 만들고 나머지 문단들은 상대적으로 쉽게 읽히도록 낸다.

전반적으로 정답률이 50% 이하였던 2021학년도 수능의 예약 지문, 모델링 지문, 2020학년도 수능의 BIS 지문, 레트로바이러스 지문, 2019학년도 수능의 우주론 지문, 가능세계 지문. 이 지문들을 구성하는 모든 문단들이 어려운 게 아니었다. 특정 2, 3개의 문단에서만 시간을 많이 써야 했다.

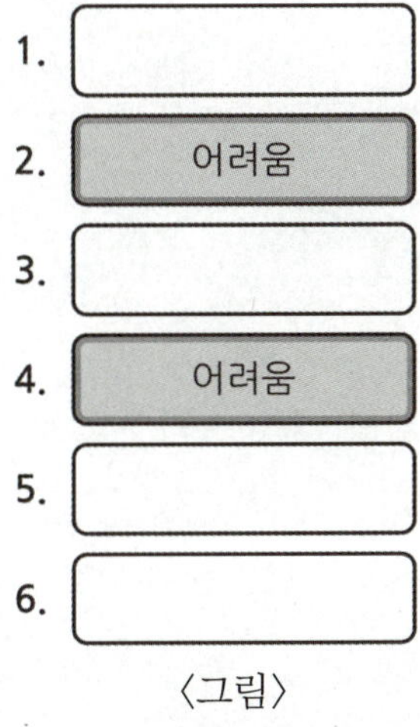

〈그림〉

위 〈그림〉처럼 평가원 지문들이 쓰여 있다. 모든 문단들이 다 시간을 많이 써야 하고 이해하기 어려운 것이 아니라 특정 문단들만 그런 것이다. 이때 어려운 문단을 빨리 읽는다고 이해하지 못하고 넘어가면 그 이후 문단들도 제대로 이해가 안 된다. 〈그림〉의 2번 문단을 제대로 이해하지 않고 그냥 넘어가면 3, 4, 5, 6번 문단이 모두 애매한 채로 머릿속에 남아있게 된다. 출제자는 2번 문단을 기반으로 3, 4, 5, 6번 문단을 쓰기 때문이다. 그래서 여기서 하고 싶은 말은, 글을 읽다가 어려운 내용이 나오거나 시간을 많이 써야 하는 순간이 와도 당황하지 말고 천천히 읽으라는 것이다. 어차피 네가 어렵다고 느낀 그 문단은 출제자가 일부러 어렵게 낸 문단이니 말이다. 시간을 너무 많이 쓰는 거 같다고 걱정할 필요 없다. 어차피 다른 문단들에서 시간을 줄일 수 있다.

이 책을 덮은 뒤 어떻게 해야 할까?

이제 독해법은 제대로 알았는데,

구체적으로 공부 계획에 어떻게 녹이지?

이 챕터를 통해 답을 주겠다.

독해편

CAHPTER. 3

이 책을 덮고,
혼자 공부할 때

이 책을 덮고, 혼자 공부할 때

이 챕터에서는 학생들이 이 책을 읽고 했던 질문들 중 가장 많이 나왔던 질문들을 바탕으로, 혼자 공부할 때 참고하면 도움 될 만한 내용들을 넣어 놓았다. 이 책을 덮고 혼자 공부할 때는 어떻게 공부해야 하는지 아래 다섯 가지를 통해 확인해 보기 바란다.

1. 하루에 몇 지문 풀어야 해요?

하루에 한 지문밖에 못 읽어도 상관없다. 4시간 동안 한 지문밖에 못 해도 좋다. **중요한 것은 얼마나 많은 문제를 풀었는지가 아니라 얼마나 많은 생각을 했느냐이다.** 국어 성적은 결국 내가 한 생각의 양과 비례해서 오른다. 부연 설명도 만들어보고 머릿속으로 그림도 그려보고 문장도 쉽게 바꿔보고 하는 과정을 통해 국어 성적이 오르는 것이다. 물론 그 과정에서 문제 풀이도 많이 해보아야 한다. 그러나 문제 풀이 양이 핵심이 아니다. 생각하는 시간을 절대적으로 늘려야 한다. 국어는 많이 풀었다고 해서 무조건 성적이 오르는 과목이 아니기 때문이다. 만약 많이 푼 대로 성적이 오른다면 나는 고3 때 이미 만점이 나왔어야 한다. 옆에 친구가 하루에 5지문을 풀든, 10지문을 풀든 신경 끄고 스스로 오늘 공부할 때 얼마나 많은 생각을 하며 읽었는지만 체크해라.

2. 하루에 몇 시간 공부해야 해요?

국어는 양이 아니라 시간으로 공부 계획을 짜야 한다. 왜냐하면, 내가 오늘 3지문을 읽기로 계획해도, 3지문 모두 어려운 지문이라서 한 지문당 4시간이 걸릴 수도 있기 때문이다. 국어는 양으로 계획을 세우기란 어렵다. 그러니 시간을 기준으로 국어 공부 계획을 세우기 바란다. 하루 공부 시간을 정해 놓고 그 시간 안에 할 수 있는 만큼 최대한 많이 생각하고, 많이 푼다. 하루 공부 시간은 3시간에서 4시간 정도를 추천한다. 물론 자기가 국어 공부에 시간을 더 쓸 수 있다면 더 써도 상관없다. 당연히 많이 공부할수록 성적은 빨리 오른다. 성적을 빨리 올리고 싶다면 적어도 하루에 3시간은 국어 공부를 하기 바란다.

3. 시기별 공부법

시기별 공부법이라…. 시기별 공부법이 딱히 있는 것은 아니다. 중학생이든 고등학생이든 대학생이든 내가 위에 소개해 놓은 글 읽기 방법대로 글을 읽으면서 독해력, 사고력을 키우는 것. 그게 핵심이고 전부다. 그래도 학년별로 풀어야 하는 문제가 다르기 때문에, 이에 대해서 간략히 설명해 보려 한다.

❶ 중학생

고등학교 1학년 모의고사 기출 문제를 풀면 된다. 위 14습관을 적용하면서 모의고사 기출 지문을 풀수 있을 만큼 풀면 된다. 서점 가면 '고1 모의고사 모음'이라고 해서 많은 책들이 있다. 그중에 맘에 드는 걸 골라서 풀면 된다. 그리고 아직 고등학생까진 시간이 있기에, 관심 있는 분야의 책을 읽으면서 위 14습관을 적용하는 걸 추천한다. 본인이 관심 있는 분야의 책을 읽는 건 생각보다 독해력, 사고력에 큰 도움을 준다. 그러니 네가 시간이 많은 중학생이라면, 책도 같이 읽으면서 배경지식도 늘리고 독해력, 사고력을 키워 나가길 추천한다.

❷ 고등학교 1, 2학년

고등학교 1학년이라면 마찬가지로 고등학교 1학년 모의고사 기출 문제를 풀면 된다. 만약 다 풀었다면 2학년 기출을 풀면 되고 그것도 다 끝냈다면 3학년 기출을 풀면 된다. 고등학교 2학년이라면 2학년 기출을 먼저 공부하고 끝냈으면 3학년 기출을 들어가면 된다. 위에서 말한 '14습관'을 각 문제마다 적용하면서 기출 문제들을 하나씩 읽고 이해하면 충분하다.

❸ 고등학교 3학년

고등학교 3학년이라면 주변에서 ebs를 해야 한다고 할 것이다. 위에서도 말했지만, 우선은 기출이다. 적어도 기출을 2006학년도까진 봐야 한다. 해당 학년도까지는 배울 수 있는 것이 많다. 기출 문제를 읽으면서 이해 못 하는 문장을 하나도 없게 만들어라. 그걸 충실히 다 하고 나면 빨라야 10월 초일 것이다. 즉, 내가 위에서 소개한 방식대로 기출을 분석하면, 공부해야 할 양이 생각보다 만만치 않다. 네가 고3이라면 사설 컨텐츠에 집중하기보다는 기출 분석에 총력을 기울이기 바란다. 그리고 수능이 다가오면 시험에 대한 '감 유지'용으로만 사설을 3, 4개 정도 풀고 시험장에 들어가면 된다. 앞에서도 말했지만 나는 재수하는 내내 거의 기출만 보았고, 수능 한 달 전에 사설 모의고사 5개 정도 푼 게 전부였다.

❹ N수생

네가 N수생이어도 공부법은 고3과 마찬가지이다. 일단 무조건 기출이 우선이다. 기출 문제를 철저하게 분석해서 독해력, 사고력을 키워 나가야 한다. 다른 사설 컨텐츠에 목매지 말고 기출에 집중해라. 고3 때 성적이 안 나왔다면, 아마 99% 확률로 기출 분석도 제대로 안 하고 시험을 쳤을 것이다. 일단 가장 먼저 이 책에서 소개했던 '14습관'을 기준으로 기출문제 하나하나를 완벽히 분석해라. 나는 2006학년도까진 푸는 걸 추천한다. 옛날 기출 중에도 요즘 기출과 비슷한 난이도의 지문이 많다.

N수생은 상대적으로 시간 여유가 있기에, 열심히 하면 수능 전에 기출 분석을 끝낼 수도 있다. 만약 기출 분석을 다 했다면 사관학교 문제를 풀기 바란다. 사관학교 시험이 기출 다음으로 평가원 시험과

유사하다. 사관 학교도 다 끝냈다면 교육청을 풀기 바란다. 그것도 끝났다면 수특, 수완, 리트를 푼다. 하지만 시험 직전에는 반드시 기출로 돌아와야 한다. 평가원 시험은 평가원 특유의 문장 쓰는 방식이나 자주 쓰는 단어 같은 게 있다. 다시 여기에 눈을 익숙하게 만들어야 한다.

4. 시험 친 직후 드는 회의감

지금 네가 3등급이라면 아마 너는 내가 시킨 대로 했을 때 바로 다음 시험에서 4등급이 나올 수도 있다. 아마 시험지를 보고 굉장한 회의감이 들 것이다. '이 방법이 정말 맞는 건가' 하는 의심이 막 샘솟을 것이다. 근데, 정확히 말해주자면 4등급이 네 원래 독해력이다. 천천히 문장을 이해하면서 읽었을 때 나오는 점수가 진정한 네 점수이다. 태어나 처음으로, 날것 그대로의 네 실력을 확인하게 된 순간이다. 축하한다. 사실, 자기 독해력을 수험생활 내내 제대로 마주해 보지도 못하고 수능 날 3등급을 받고서 그제야 깨닫게 되는 학생들이 허다한데, 너는 그 전에 네 실력을 확인했다. 너는 성적을 바꿀 '기회'를 얻은 것이다. 이제, 거기서부터 1점씩 올려 나가면 된다.

내가 말한 태도들을 철저히 지켰다면 4등급이 나왔지만, 푼 문제에서는 틀리는 게 별로 없을 것이다. 그냥 생각 없이 막 풀었던 지난 시험에 비해서 '의문사' 당하는 문제도 적을 것이다. 즉, 왜 틀렸는지도 모르고 틀린 문제들이 줄어든다는 말이다. 지난날에는 덤벙대면서 풀었으니까 내가 푼 문제가 왜 틀렸는지, 왜 맞았는지 엄청 애매했는데, 이제는 차근차근히 생각하면서 문제를 푸니까 푼 문제들에 대한 확신이 생긴다. 일단 1등급을 만들기 위해서는 푼 문제들에 대한 정답률을 올리는 것이 핵심이다. 시간은 계속 반복해서 글을 읽으며 자연스레 줄여 나가는 것이다. 이제 그 4등급에서 1점씩 점수를 차근차근 올리면 된다. **이렇게 올린 점수는 속도는 느리지만, 절대 떨어지지 않는다.**

5. 기출 분석법

기출 분석법이라고 해서 절대 거창한 방법이 있는 것이 아니다. 다른 국어책들을 보면 막 거창하게 분석 방법을 설명하는데, 나는 그것에 반대한다. 기출 분석을 한다는 건 정말 간단히 말해서 기출 문제 안에 있는 문장, 개념 중 이해 안 되는 것이 없게 한다는 의미이다. 말 그대로 **그냥 읽고, 제대로 이해하면 그게 기출 분석이다.** '어떻게' 읽어야 하는지는 14습관에서 말했고, 어떻게 하는 게 '제대로' 이해하는 건지는 뒤편에 나오는 기출적용편에서 말해줄 것이다. 그래도 한 번 더 아래에 보기 쉽게 정리해 놓았으니 읽어보면서 제대로 방향을 잡길 바란다.

첫 번째는 기출 지문에서 이해 안 되는 문장이 없도록 한다. 지문을 읽었는데 무슨 말인지 하나도 모르겠으면 그 지문과 관련된 배경지식을 인터넷 검색을 하든 책을 보든 어떻게든 이해하도록 만든다. 그리고 다시 읽는다. 이해가 안 되면 될 때까지 읽어본다. 그날 이해가 안 되면 내일 이해하면 된다. 내일 안되면 일주일 뒤에 이해하면 된다. 중요한 것은 너 '스스로' 고민을 거듭해서 답을 찾아내는 것이다.

두 번째는 문제의 정답이 내가 생각했던 부분에서 나왔는지 체크하는 것이다. 내가 출제자가 원하는 대로 글을 읽었다면, 문제로 갔을 때 맞닥뜨리는 선택지들 중 이해 안 되는 것이 없어야 한다. 만약 헷갈리는 선지가 있다면 지문을 읽을 때 내가 생각을 해야 했는데 생각하지 않고 넘어간 부분이 있다는 것이다. 그런 것들을 하나하나씩 확인해 가면서 네가 자주 놓치는 문장들을 체크해라.

이렇게 분석할 때 주의할 점은 절대 1대1 대응 방식으로 답의 근거를 찾고 넘어가면 안 된다는 것이다. "아 이 답의 근거는 5번째 줄에 있었구나, 다음부터 놓치지 않고 봐야지" 이런 식의 1대1 대응 해설은 아무런 도움이 안 된다. "아, 내가 이 문장을 놓치고 갔구나"라는 생각 이후에 왜 내가 이 문장을 놓치고 갔을까? 다음부터 이런 문장을 놓치지 않고 읽으려면 어떻게 해야 할까? 라고 생각하는 게 핵심이다. 이렇게 생각하는 것이 진정 기출 분석을 하는 것이다. 단순히 그냥 '이 선택지 근거는 이 문장이네' 하는 식으로 분석하고 넘어가는 건 '틀린 그림 찾기'지 공부가 아니다.

자, 이론은 다 배웠다.

이제 배운 무기를 들고 전쟁터로 나가보자.

부딪히고, 맞서 싸우면서 무기 사용법을 익혀야 한다.

기출편

기출적용편

1. 어떻게 공부해야 하는지는 알았는데, 뭐로 공부하지?

들어가기에 앞서 많은 학생들이 하는 질문에 대한 답을 먼저 하려고 한다. 어떻게 공부해야 하는지는 이제 알겠는데, '어떤 책으로' 공부해야 하는지 묻는 질문이 많다. 답을 하자면 '기출 문제'를 모아 놓은 문제집이라면 무엇이든 괜찮다.

내가 14습관을 설명하면서도 계속 얼핏 강조했던 것이 바로 기출 문제로 공부해야 한다는 것이다. 기출 문제를 보면서 배경지식을 쌓아야 하고, 출제자가 쓰는, 특수한 상황을 나타내는 단어를 경험해야 한다. 또 내가 궁금해한 부분에서, 이해하고 넘어간 부분에서 문제가 나오는지 기출문제를 통해 경험해야 한다. 그래야 확신을 얻을 수 있다. 그리고 평가원 기출은 모두 철저하게 독해력, 사고력을 평가하기 위해 만들어진 지문들이다. 그렇기에 기출 문제가 내가 독해력, 사고력이 올랐는지 판단하는 기준이 되어 줄 수 있다. 기출 문제를 완벽하게 이해할 수 있다면 출제자가 원하는 독해력, 사고력을 갖췄다고 봐도 되기 때문이다.

그래서 공부는 기출문제로 해야 한다. 기출 문제집 중에서는 내가 쓴 '국정원 기밀문서' 시리즈를 가장 추천한다. 이 책에는 2002학년도부터 가장 최신 학년도까지 필수적으로 풀어야 하는 지문들을 선별해 놓았다. 그리고 해설도 국정원에 있는 해설과 마찬가지로 한 문장씩 아주 상세하게 달아 놓았다. 그래서 국정원에 있는 내용대로 공부하는 사람이라면 같이 공부했을 때 효과가 매우 좋을 것이다.

2. 14습관이 최고난도 문제에도 통할까?

이 파트에서는 나랑 같이 위에서 배운 태도들을 지문에 직접 적용해 볼 것이다. 위 방법들을 체화하기에 가장 최적화된 지문들로만 구성했다. 그리고 조금 어려울 수 있다. 쉬운 지문은 혼자서 풀어도 충분히 해낼 수 있다고 생각했기 때문에 기출 문제 중 가장 어려운 지문들만 가지고 왔다. ebs에서 제공하고 있는 오답률 기준으로, 각 영역별로 가장 어려운 축에 속하는 지문들을 선별했다. 그래서 해설을 보기 전에 혼자 많이 고민해 봐야 한다. 내가 아무리 해설을 쉽게 해도 지문에 대한 이해도가 너무 없다면 따라오기 힘들 수 있기 때문이다. 스스로 혼자 많이 읽어본 다음에 내가 적어놓은 해설을 보기 바란다. 그래야 네가 얻어가는 것이 더 많을 것이다.

위에서 말한 14습관을 가장 어려운 지문들에다가 아주 자연스럽게 적용하는 걸 보여 주려 한다. 정말 어떤 지문에서도 다 통하는 방법이라는 걸 납득시켜주려 한다. 먼저 책에 있는 문제를 스스로 풀어보고 뒤에 나와 있는 해설을 읽으면서, 내가 14습관을 어떻게 활용하는지 확인해 보기 바란다.

여기서 주의할 것이, 해설로 공부하려고 하면 안 된다는 것이다. 해설은 지금 내가 읽고 있는 방식이 맞는지 확인하는 용도로만 써야 한다. 무슨 말이냐면, 해설을 보는 시간은 솔직히 말해서 네 독해력, 사고력을 기르는 시간이 아니란 것이다. 너 혼자 문장을 읽어보고, 이해하려 끙끙댈 때 독해력, 사고력이 오른다. 내가 해설을 통해 해주는 것은 오직 '방향'을 잡아주는 것이다. 내가 올바른 길을 알려줄 수는 있어도, 너를 그 길 위에서 달리게 할 수는 없다. 그건 너의 몫이다.

보통 수능 기출 문제는 1문제당 천만 원 정도의 비용을 들여 만들어진다고 한다. 다른 사설 기관이 아무리 많은 인력과 비용을 투입해서 문제를 만든다고 하더라도 수능만큼의 인력과 비용이 들어가기란 결코 쉽지 않다. 기출 문제는 중의적 해석의 여지를 없애면서 객관적 정답은 존재하게 만든다. 거기다 변별력도 갖추고 있다. 이런 문제를 낸다는 것은 생각보다 쉬운 일이 아니다. 이런 기출 문제를 1번만 보고 그 기출 문제의 의미와 가치를 전부 다 완벽하게 파악했다고 생각하는 건 착각일 확률이 크다. 정말 네가 기출 분석을 완벽하게 다 했다면 다른 문제를 푸는 걸 막진 않겠다. 그러나 기출만 하기도 벅찰 것이다. 강조하는데, 기출은 정말 아로새겨야 한다. 그냥 애매하게 답이 기억나는 정도가 아니라 지문의 내용, 지문에서 쓰인 단어, 문장의 형태가 전부 머릿속에 박혀 있어야 한다. 그래야 수능장에 가서 지문을 읽으며 비슷한 느낌을 받을 수 있다. "어 이거 기출에 00지문이랑 사고과정이 비슷한데?" 문제 풀면서 이런 느낌을 받을 정도로 기출은 완벽히 꿰고 있어야 한다. **그래야 시험장에서 판단의 시간이 줄어든다.** 그리고 기출에서 경험했던 내용, 기출에서 경험했던 사고 과정을 시험장에서 맞닥뜨리면 안정감도 갖게 된다. 이처럼 여러모로 기출이 큰 도움을 준다.

이렇게 기출을 반복해서 보다 보면 뭔가 이제 읽어도 더 이상 성적이 안 오르는 거 같은 느낌을 받게 된다. 그 순간을 조심해야 한다. 나는 이 순간을 '블랙 스팟'이라고 부른다. 그 순간을 견뎌내야 한다. 기출이 지루하다고 다 안다고 리트나 EBS를 풀게 되면 안 된다. 지루해도 그걸 참고 꾸준히 기출을 머릿속에 박아 넣어야 한다. 정말 내가 모든 문장들에 대한 이해도를 100%로 만들기 전까지는 기출만 본다는 생각으로 보고 또 봐야 한다.

3. 당부하고 싶은 말

기출은 정말 여러 번 봐야 한다. 눈 감고도 내용이 입에서 술술 나올 정도로 봐야 한다. 기출을 읽으면서 가장 중요하게 해야 할 것은 출제자가 문장에 대한 이해를 어느 정도까지 요구하는지 살피는 것이다. 시중 사설 문제집이나 EBS 문제집에 있는 문제들과 다르게 평가원은 지문에 대한 매우 깊은 이해를 요구한다. 글에 나와 있는 문장을 그대로 내지 않는다. 글 내용을 정말 제대로 이해하지 않으면 풀 수 없게 낸다. 기출 문제를 여러 번 보면서 "아, 평가원이 이 정도까지 이해하길 원하고 있구나" 하는 감을 잡아야 한다. 당연히 처음에는 잘 안 보일 것이다. 오늘 읽었던 지문을 일주일 뒤에 다시 읽어봐라. 그러면 글이 새롭게 느껴진다. 일주일간 내 독해력이 변했기 때문이다. 글을 읽으면서 더 많은 것이 보인다. 문장을 70%만 이해하고 넘어갔었는데 90%만큼 이해된다. 그때 감이 오는 것이다. "아, 이 정도로 이해해야 제대로 이해하고 넘어가는 거구나"

그리고 이 외에도 여러 이유가 있다. 나열해 보자면, 기출문제를 보면서 평가원이 썼던 단어, 내용 중 네가 몰랐던 것은 검색해 보고 배경지식으로 채워야 한다. 또 기출로 평가원이 어떤 식으로 이미지를 그리게 하는지 경험하면서 이미지화를 연습해 보고, 부연 설명 만드는 것도 연습해 보고, 문제로 무조건 활용되는 특수한 상황의 단어들을 마주해 보기도 해야 한다. 이렇게 네가 위에서 했던 습관들을 한 지문 한 지문씩 적용해서 읽고 넘어가다 보면 기출만 하기에도 양이 벅차다는 걸 느낄 것이다. 2006학년도~2025학년도 기출만 해도 자그마치 180지문 가까이 된다. 그리고 네가 고3이라면 더구나 시간이 없을 것이다. 그렇기에 고3이면 더 기출만 파야 한다. 시중에서 파는 '비문학N제'라든지, 고난도 사설 모의고사라든지 이런 건 기출을 완벽하게 분석한 다음에 풀어야 한다. 기출이 머릿속에 제대로 박혀있지 않은 상태에서 질 낮은 사설 비문학을 풀다 보면 내가 기출을 풀며 잡았던 평가원이 문제를 내는 방식이 머릿속에서 흐려지거나 왜곡될 수 있다.

인문 1

2021학년도 수능, 북학론

(가)

18세기 북학파들은 청에 다녀온 경험을 연행록으로 기록하여 청의 문물제도를 수용하자는 북학론을 구체화하였다. 이들은 개인적인 학문 성향과 관심에 따라 주목한 영역이 서로 달랐기 때문에 이들의 북학론도 차이를 보였다. 이들에게는 동아시아에서 문명의 척도로 여겨진 중화 관념이 청의 현실에 대한 인식에 각각 다르게 반영된 것이다. 1778년 함께 연행길에 올라 동일한 일정을 소화했던 박제가와 이덕무의 연행록에서도 이러한 차이가 확인된다.

[A] 북학이라는 목적의식이 강했던 박제가가 인식한 청의 현실은 단순한 현실이 아니라 조선이 지향할 가치 기준이었다. 그가 쓴 『북학의』에 묘사된 청의 현실은 특정 관점에 따라 선택 및 추상화된 것이었으며, 그런 청의 현실은 그에게 중화가 손상 없이 ⓐ 보존된 것이자 조선의 발전 방향이기도 하였다. 중화 관념의 절대성을 인정하였기 때문에 당시 조선은 나름의 독자성을 유지하기보다 중화와 합치되는 방향으로 나아가야 한다는 생각이 그의 북학론의 밑바탕이 되었다. 명에 대한 의리를 중시하는 당시 주류의 견해에 대해 그는 의리 문제는 청이 천하를 차지한 지 백여 년이 지나며 자연스럽게 소멸된 것으로 여기고, 청 문물제도의 수용이 가져다주는 이익을 논하며 북학론의 당위성을 설파하였다. 대체로 이익 추구에 대해 부정적이었던 주자학자들과 달리, 이익 추구를 인간의 자연스러운 욕망으로 긍정하고 양반도 이익을 추구하자는 등 실용적인 입장을 보였다.

이덕무는 『입연기』를 저술하면서 청의 현실을 객관적 태도로 기록하고자 하였다. 잘 정비된 마을의 모습을 기술하며 그는 황제의 행차에 대비하여 이루어진 일련의 조치가 민생과 무관하다고 지적하였다. 하지만 청 문물의 효용을 ⓑ 도외시하지 않고 박제가와 마찬가지로 물질적 삶을 중시하는 이용후생에 관심을 보였다. 스스로 평등견이라 불렀던 인식 태도를 바탕으로 그는 당시 청에 대한 찬반의 이분법에서 벗어나 청과 조선의 현실적 차이뿐만 아니라 양쪽 모두의 가치를 인정하였다. 이런 시각에서 그는 청과 조선은 구분되지만 서로 배타적이지 않다고 보았다. 즉 청을 배우는 것과 조선 사람이 조선 풍토에 맞게 살아가는 것은 서로 모순되지 않는다는 것이다. 하지만 그는 중국인들의 외양이 만주족처럼 변화된 것을 보고 비통한 감정을 토로하며 중화의 중심이라 여겼던 명에 대한 의리를 중시하는 등 자신이 제시한 인식 태도에서 벗어나는 모습을 보이기도 하였다.

(나)

18세기 후반의 중국은 명대 이래의 경제 발전이 정점에 달해 있었다. 대부분의 주민들이 접근할 수 있는 향촌의 정기 시장부터 인구 100만의 대도시의 시장에 이르는 여러 단계의 시장들이 그물처럼 연결되어 국내 교역이 활발하게 이루어지고 있었다. 장거리 교역의 상품이 사치품에 ⓒ 한정되지 않고 일상적 물건으로까지 확대되었다. 상인 조직의 발전과 신용 기관의 확대는 교역의 질과 양이 급변하고 있었음을 보여 준다. 대외 무역의 발전과 은의 유입은 중국의 경제적 번영에 영향을 미친 외부적 요인이었다. 은의 유입, 그리고 이를 통해 가능해진 은을 매개로 한 과세는 상품 경제의 발전을 ⓓ 자극하였다. 은과 상품의 세계적 순환으로 중국 경제가 세계 경제와 긴밀하게 연결되었다.

그러나 청의 번영은 지속되지 않았고, 19세기에 접어들 무렵부터는 심각한 내외의 위기에 직면해 급속한 하락의 시대를 겪게 된다. 북학파들이 연행을 했던 18세기 후반에도 이미 위기의 징후들이 나타나고 있었다. 급격한 인구 증가로 인한 여러 문제는 새로운 작물 재배, 개간, 이주, 농경 집약화 등 민간의 노력에도 불구하고 해결되지 않았다. 인구 증가로 이주 및 도시화가 진행되는 가운데 전통적인 사회적 유대가 약화되거나 단절된 사람들이 상호 부조 관계를 맺는 결사 조직이 ⓔ 성행하였다. 이런 결사 조직은 불법적인 활동으로 연결되곤 했고 위기 상황에서는 반란의 조직적 기반이 되었다. 인맥에 기초한 관료 사회의 부정부패가 심화된 것 역시 인구 증가와 무관하지 않았다. 교육받은 지식인들이 늘어났지만 이들을 흡수할 수 있는 관료 조직의 규모는 정체되어 있었고, 경쟁의 심화가 종종 불법적인 행위로 연결되었다. 이와 같이 18세기 후반 청의 화려한 번영의 그늘에는 ㉠ 심각한 위기의 씨앗들이 뿌려지고 있었다.

통치자들도 번영 속에서 불안을 느끼고 있었다. 조정에는 외국과의 접촉으로부터 백성들을 차단하려는 경향이 있었으며, 서양 선교사들의 선교 활동 확대로 인해 이런 경향이 강화되기도 하였다. 이 때문에 18세기 후반에 청 조정은 서양에 대한 무역 개방을 축소하는 모습을 보였다. 그러나 그때까지는 위기가 본격화되지는 않았고, 소수의 지식인들만이 사회 변화의 부정적 측면을 염려하거나 개혁 방안을 모색하였다.

---

1. (가), (나)에 대한 설명으로 가장 적절한 것은?

① (가)는 18세기 중국에 대한 학자들의 견해를 제시하면서 그러한 견해의 형성 배경 및 견해 간의 차이를 설명하고 있다.

② (가)는 18세기 중국을 바라보는 사상적 관점을 제시하면서 각 관점이 지닌 역사적 의의와 한계를 서로 비교하고 있다.

③ (나)는 18세기 중국의 사회상을 제시하면서 다양한 사회상을 시대별 기준에 따라 분류하여 서술하고 있다.

④ (나)는 18세기 중국의 사상적 변화를 제시하면서 그러한 변화가 지니는 긍정적 측면과 부정적 측면을 분석하고 있다.

⑤ (가)와 (나)는 모두 18세기 중국의 현실을 제시하면서 그러한 현실이 다른 나라에 미친 영향을 예를 들어 설명하고 있다.

2. (가)의 '박제가'와 '이덕무'에 대한 이해로 적절하지 않은 것은?

① 박제가는 청의 문물을 도입하는 것이 중화를 이루는 방도라고 간주하였다.

② 박제가는 자신이 파악한 청의 현실을 조선을 평가하는 기준이라고 생각하였다.

③ 이덕무는 청의 현실을 관찰하면서 이면에 있는 민생의 문제를 간과하지 않았다.

④ 이덕무는 청 문물의 효용성을 긍정하면서 청이 중화를 보존하고 있음을 인정하였다.

⑤ 박제가와 이덕무는 모두 중화 관념 자체에 대해서는 긍정적인 태도를 견지하였다.

3. 평등견에 대한 이해로 가장 적절한 것은?

① 조선의 풍토를 기준으로 삼아 청의 제도를 개선하자는 인식 태도이다.

② 조선의 고유한 삶의 방식을 청의 방식에 따라 개혁해야 한다는 인식 태도이다.

③ 청과 조선의 가치를 평등하게 인정하고 풍토로 인한 차이를 해소하려는 인식 태도이다.

④ 중국인의 외양이 변화된 모습을 명에 대한 의리 문제와 관련지어 파악하려는 인식 태도이다.

⑤ 청에 대한 배타적 태도를 지양하고 청과 구분되는 조선의 독자성을 유지하자는 인식 태도이다.

4. 문맥을 고려할 때 ⓘ의 의미를 파악한 내용으로 가장 적절한 것은?

① 새로운 작물의 보급 증가가 경제적 번영으로 이어지는 상황을 가리키는 것이군.

② 신용 기관이 확대되고 교역의 질과 양이 급변하고 있는 상황을 가리키는 것이군.

③ 반란의 위험성 증가 등 인구 증가로 인한 문제점들이 나타나는 상황을 가리키는 것이군.

④ 이주나 농경 집약화 등 조정에서 추진한 정책들이 실패한 상황을 가리키는 것이군.

⑤ 사회적 유대의 약화로 인하여 관료 사회의 부정부패가 심화되는 상황을 가리키는 것이군.

5. 〈보기〉는 (가)에 제시된 『북학의』의 일부이다. [A]와 (나)를 참고하여 〈보기〉에 대해 비판적 읽기를 수행한 학생의 반응으로 적절하지 <u>않은</u> 것은?

< 보기 >

  우리나라에서는 자기가 사는 지역에서 많이 나는 산물을 다른 데서 산출되는 필요한 물건과 교환하여 풍족하게 살려는 백성이 많으나 힘이 미치지 못한다. … 중국 사람은 가난하면 장사를 한다. 그렇더라도 정말 사람만 현명하면 원래 가진 풍류와 명망은 그대로다. 그래서 유생이 거리낌 없이 서점을 출입하고, 재상조차도 직접 융복사 앞 시장에 가서 골동품을 산다. … 우리나라는 해마다 은 수만 냥을 연경에 실어 보내 약재와 비단을 사 오는 반면, 우리나라 물건을 팔아 저들의 은으로 바꿔 오는 일은 없다. 은이란 천년이 지나도 없어지지 않는 물건이지만, 약은 사람에게 먹여 반나절이면 사라져 버리고 비단은 시신을 감싸서 묻으면 반년 만에 썩어 없어진다.

---

① 〈보기〉에 제시된 중국인들의 상업에 대한 인식은 [A]에서 제시한 실용적인 입장에 부합하는 것이라 볼 수 있어.

② 〈보기〉에 제시된 조선의 산물 유통에 대한 서술은 [A]에서 제시한 북학론의 당위성을 뒷받침하는 근거라 볼 수 있어.

③ 〈보기〉에 제시된 중국인들의 상행위에 대한 서술은 (나)에 제시된 중국 국내 교역의 양상과 상충되지 않는다고 볼 수 있어.

④ 〈보기〉에 제시된 은에 대한 평가는 (나)에 제시된 중국의 경제적 번영에 기여한 요소를 참고할 때, 은의 효용적 측면을 간과한 평가라 볼 수 있어.

⑤ 〈보기〉에 제시된 중국의 관료에 대한 묘사는 (나)에 제시된 관료 사회의 모습을 참고할 때, 지배층의 전체 면모가 드러나지 않는 진술이라 볼 수 있어.

---

6. 문맥상 ⓐ ~ ⓔ와 바꿔 쓰기에 가장 적절한 것은?

① ⓐ : 드러난

② ⓑ : 생각하지

③ ⓒ : 그치지

④ ⓓ : 따라갔다

⑤ ⓔ : 일어났다

(가) 1문단

> 18세기 북학파들은 청에 다녀온 경험을 연행록으로 기록하여 청의 문물제도를 수용하자는 북학론을 구체화하였다.

➜ 이 문장은 북학론이 무엇인지에 대한 개념을 제시해 주고 있다. 즉, 여기서 말하는 북학론은, 위에서 배웠던 **'제시된 개념'**이다. 따라서 주목해야 한다. 그리고 <u>청의 문물제도를 수용하자는 것이 왜 북학론일까?</u> 조금만 생각해 보면 **함축적 의미**가 떠오른다. '청의 문물제도를 수용하자 = 북쪽(청)을 배우자'는 이론이니까 '북학'론이라고 하는 것이다.

📣: 빨리 읽는데 이런 생각들을 하고 갈 수 있을까? 당연히 천천히, 이해에 집중하면서 읽어줘야 눈에 들어온다.

> 이들은 개인적인 학문 성향과 관심에 따라 주목한 영역이 서로 달랐기 때문에 이들의 북학론도 차이를 보였다.

➜ "어떤 차이를 보였다는 거지?" 대화하는 태도를 유지하며 읽는다. 한 문장 한 문장 반응해 준다.

> 이들에게는 동아시아에서 문명의 척도로 여겨진 중화 관념이 청의 현실에 대한 인식에 각각 다르게 반영된 것이다.

➜ 중화 관념이라는 것은 '중국이 문명의 중심이라는 생각'이다. 만약 몰랐다면 지식으로 쌓아두면 된다. 문제 풀 때는 중화 관념이 뭔지 몰랐더라도, 동아시아 문명의 척도가 중화 관념이구나 하고 넘어가면 됐다.

이 문장을 읽고 **"이 중화 관념이 청의 현실 인식에 어떻게 다르게 반영되었다는 걸까?"**와 비슷하게 생각하고 넘어갔어야 했다. 중화 관념이 청의 현실에 대한 인식에 각각 다르게 반영되었다고 하는데, **'다르게 반영됐다는 게 무슨 뜻이지?'**, **'구체적으로 어떻게 다르게 반영됐다는 거지?'**라고 당연히 의문을 품었어야 했다. 추상적인 말은 구체화 시켜주고 가야 한다.

> 1778년 함께 연행길에 올라 동일한 일정을 소화했던 박제가와 이덕무의 연행록에서도 이러한 차이가 확인된다.

➜ 중화 관념이 청의 현실 인식에 어떻게 반영되었는지, 박제가와 이덕무 각각의 입장을 말해주려나 보다.

많은 강의나 책에서 공통점, 차이점을 생각하면서 읽으라고 한다. 물론 그런 방법이 통할 때도 있겠으나 긴박한 시험 상황에서 스스로 공통점, 차이점을 정리하고 비교하면서 읽기란 사실 불가능할 때가 많다. 또, 막상 문제에 가서 내가 잡은 공통점, 차이점을 묻는 문제가 없으면 시간 낭비한 꼴이 된다. 공통점, 차이점이 눈에 쉽게 보이면 잡되, 억지로 힘들여서 잡을 필요는 없다. 글을 읽을 때는 이들의 주장을 각각 납득하는 것으로 충분하다. 만약 문제에서 공통점, 차이점을 물어본다면 그때 가서 확인하면 된다.

2문단

북학이라는 목적의식이 강했던 박제가가 인식한 청의 현실은 단순한 현실이 아니라 조선이 지향할 가치 기준이었다. 그가 쓴 『북학의』에 묘사된 청의 현실은 특정 관점에 따라 선택 및 추상화된 것이었으며, 그런 청의 현실은 그에게 중화가 손상 없이 보존된 것이자 조선의 발전 방향이기도 하였다.

→ **특정 관점**이라는데, 어떤 관점을 말하는 걸까? 이런 추상어를 그냥 넘기면 안 된다. 하나하나 놓치지 않고 생각해줘야 한다. 여기서 말하는 특정 관점은 **'청을 조선이 지향해야 할 가치 기준으로 보는 관점'이다.**

📢: 인문 지문에서는 특히나 문장들이 추상적인 경우가 많아서, 계속 내 나름대로 문장을 '재구성'하고 넘어가 줘야 한다.

나는 이걸 읽으면서 **"아 박제가는 청을 최고라고 생각했고, 그래서 우리가 청을 따라야 한다고 생각했다는 말이네"** 이렇게 나름대로 정리하고 넘어갔다.

중화 관념의 절대성을 인정하였기 때문에 당시 조선은 나름의 독자성을 유지하기보다 중화와 합치되는 방향으로 나아가야 한다는 생각이 그의 북학론의 밑바탕이 되었다.

→ **중화 관념의 '절대성'은 추상적인 말이다.** 절대성? 머릿속에서 구체화하고 넘어간다.

"아 중화 관념의 절대성이란 말은 중화 관념이 절대적이고 최고라는 말이네. 그러니까 조선은 독자성을 버리고 중화를 따라가야 한다고 말하는 거네"

명에 대한 의리를 중시하는 당시 주류의 견해에 대해 그는 의리 문제는 청이 천하를 차지한 지 백여 년이 지나며 자연스럽게 소멸된 것으로 여기고, 청 문물제도의 수용이 가져다주는 이익을 논하며 북학론의 당위성을 설파하였다.

➜ "박제가는 청이 최고라고 생각하고 청을 따르자고 했으나, 청 이전 나라인 명에 대한 의리를 중시하는 당시 주류 사람들은 명에 대한 의리를 지키고자 그걸 반대했구나", "박제가는 지금 그런 걸 따질 때가 아니라, 조선이 발전하기 위해서 청나라의 좋은 점은 빨리 받아들여야 한다고 말했네" 그렇게 이해 못 할 만한 어려운 문장은 없다. 그냥 박제가의 주장을 납득해 주고 넘어가면 된다. 박제가 입장을 한 번 떠올려 보고 '저렇게 말할 수도 있었겠네' 하고 이해하고 넘어가면 충분하다.

명라라 다음 청나라가 세워졌다. 중국 나라는 지문에서 많이 나오기 때문에, 건국 순서 정도는 알아 두는 것이 좋다.

* 순서 : 하나라 – 은나라 – 주나라 – 춘추전국 시대 – 진나라 – 한나라 – 위 진 남북조 – 수나라 –
  당나라 – 오대십국 – 송나라 – 원나라 – 명나라 – 청나라

기출 사례

"**한대(漢代)**의 동중서는 하늘이 덕을 잃은 군주에게 재이를 내려 견책한다는 천견설과,"

– 2022학년도 6월 –

"**송대(宋代)**에 이르러, 주희는 천문학의 발달로 예측 가능하게 된 일월식을 재이로 간주하지 않는 경향을 수용하였고"

– 2022학년도 6월 –

대체로 이익 추구에 대해 부정적이었던 주자학자들과 달리, 이익 추구를 인간의 자연스러운 욕망으로 긍정하고 양반도 이익을 추구하자는 등 실용적인 입장을 보였다.

➜ 이해하기 어렵지 않다. 여기서 하나 짚을 것은, 양반'도' 부분이다. 양반'도' 이익을 추구하자고 말한 걸 봐서 원래 양반은 이익 추구를 하면 안 됐거나, 이익 추구에 관심이 없었다는 걸 추론해 볼 수 있다. 글을 읽을 때 이런 보조사 하나까지 섬세하게 읽어줘야 글이 완벽하게 이해된다.

3문단

이덕무는 『입연기』를 저술하면서 청의 현실을 객관적 태도로 기록하고자 하였다.

➜ "객관적 태도가 정확히 무슨 말일까?" 추상어를 감지하면서 읽는다. 뒷 문장을 읽어보니 여기서 말하는 객관적 태도란, 박제가처럼 무조건 청을 배워야 한다고 주장하는 게 아니라 **청의 모습에도 잘못된 부분이 있으면 지적해야 한다**는 의미라는 걸 알 수 있다.

→ 이덕무는 박제가처럼 그냥 청이 좋으니까 무조건 따라야 한다고 말하지 않고 청의 부정적인 부분
을 지적했다. 나는 이걸 읽으면서 국가에서 황제가 행차한다고 백성들을 시켜서 퍼레이드도 하게 하
고 청소도 시키고 하는 모습이 떠올랐다. 이런 것들은 민생과는 상관이 없는 행동이니까 이덕무가 지
적한 것이다.

🔊: 이런 식으로 문장 하나를 놓고 이미지도 그려보고, 여러 번 읽으며 정확한 의미도 파악해 보려고 하면서
문장이 가슴에 와닿도록 만들어야 한다.

→ "음 그렇다고 청을 무작정 깐 것도 아니구나. 이덕무도 청에게 배울 건 배워야 한다고 봤네."

→ 평등견 즉, 평등한 생각이라는 말이니까 함축적 의미를 생각해서 뒷 문장을 평등견이라는 단어 안
에 담는다. 그럼 평등견이 뭔지 다시 와서 보지 않아도 된다. '평등견'을 이해하고 넘어가라는 말이
다. 위 문장을 쉽게 말하자면, 이덕무는 이 평등견이라는 사상을 바탕으로, 청 찬성 또는 청 반대가
아니라 청도 청만의 가치가 있고 조선도 조선만의 가치가 있으니 서로 인정해 줘야 한다는 생각을
펼쳤다는 것이다.

→ 그냥 흘려 읽으면 안 된다. 이덕무의 말은 청을 배우면서 우리의 것을 전부 버릴 필요는 없고, 청
의 장점은 취하면서 조선의 독자성은 또 유지하는 게 가능하다는 말이다. "그는 청과 조선은 구분되
지만 서로 배타적이지 않다고 보았다." 이 말이 무슨 말인지 이해하고 넘어가야 한다. '배타적'이라는
추상적인 단어의 의미를 나름대로 구체화하고 넘어가야 한다. 서로 배타적이지 않다고 봤다는 말은,
청을 배우면 조선을 포기해야 하고, 조선을 유지하면 청을 배울 수 없다고 보지 않았다는 말이다.

> **범작가 TIP**
>
> 이런 식으로 제대로 문장의 의미를, 단어의 의미를 머릿속으로 세우고 가야 한다. 날려 읽는 독해로는 절대 성적이 오르지 않는다. 이 문장에서 여기까지 생각 안하고 넘어갔다면 3번 문제를 틀렸을 것이다. 실제로 3번 문제가 2021학년도 수능에 나온 문제 중 오답률 3위였다. 많은 학생들이 이 문장을 곱씹지 않고 그냥 넘겼다는 것이다.

> 하지만 그는 중국인들의 외양이 만주족처럼 변화된 것을 보고 비통한 감정을 토로하며 중화의 중심이라 여겼던 명에 대한 의리를 중시하는 등 자신이 제시한 인식 태도에서 벗어나는 모습을 보이기도 하였다.

→ 여기서 "자신이 제시한 인식 태도가 뭐지?" 라고 생각 안 했다면 지금 독해 수준이 낮다고 봐야한다.

여기서 말하는 자신이 제시한 인식태도는 '평등견'을 의미한다. 이덕무는 자기가 "청의 모습은 청의 모습대로 가치를 인정해줘야 한다"라고 말했으면서, 중국인(청)들의 모습이 만주족으로 변한 걸 보고 비통해 한다. 그리고 갑자기 중화의 중심이라 여겼던 명에 대한 의리를 중요시한다. 즉, 평등견을 유지하지 못한 것이다.

그리고 나는 여기서 하나 더 머릿속으로 씹고 갔던 것이, **이덕무는 명을 중화의 중심이라고 여겼다는 것이다.** 박제가와 같이 청의 문물을 받아들이고 실용적 입장을 취했지만 중화의 중심이 어느 나라인지에 대한 인식은 달랐던 것이다. 나는 그럼 왜 이 문장에 눈이 갔던 걸까? 아까 맨 처음에 "이들에게는 동아시아에서 문명의 척도로 여겨진 중화 관념이 청의 현실에 대한 인식에 각각 다르게 반영된 것이다." 이 문장에서 의문을 품었기 때문이다. "중화 관념이, 청의 현실에 대한 인식에 어떻게 각각 다르게 반영되었다는 거지?" 라고 의문을 품었었기에 이덕무가 명을 중화의 중심이라고 여겼다는 문장이 눈에 들어왔던 것이다. 이덕무가 생각한 중화는 '명'을 중심으로 한 중화였고, 박제가가 생각한 중화는 '청'을 중심으로 한 중화였다.

그리고 이걸 2번의 ④번 선지에서 물어보고 있다. "이덕무는 청 문물의 효용성을 긍정하면서 청이 중화를 보존하고 있음을 인정하였다." **이덕무는 중화의 중심이 명이라고 생각했다. 따라서 이 선지가 틀린 선지였다.** 즉, 의문을 품으면서 읽었다면, 글을 날려 읽지 않고 문장 하나 단어 하나 모두 신경 쓰며 읽어줬다면, 빨리 맞힐 수 있었을 것이다.

📢 (가), (나) 지문은 (가) 지문을 읽고 바로 (나)를 읽는 게 아니라 (가) 지문과 관련된 문제를 먼저 풀어준 다음 (나)를 읽어줘야 한다. (나)까지 다 읽고 풀려고 하면 (가) 내용이 헷갈리기 때문이다.

2. (가)의 '박제가'와 '이덕무'에 대한 이해로 적절하지 <u>않은</u> 것은?

🔊 2번 문제는 (가)만 읽고 풀 수 있는 것이다. 내가 말했듯이 박제가와 이덕무의 주장을 제대로 이해하는 것에 초점을 두고 읽었으면 충분히 쉽게 풀 수 있었다.

> ① 박제가는 청의 문물을 도입하는 것이 중화를 이루는 방도라고 간주하였다.

→ 맞다. 박제가에게는 청이 중화의 중심이기에, 청을 보고 배우는 것이 중화를 이루는 방도라고 생각하였을 거라 볼 수 있다. 이런 선택지는 문제로 가서 서치하는 게 아니다. 만약 문제로 돌아가서 풀었으면 너는 절대 1등급이 아니다. 머릿속에 박제가의 입장을 이해한 걸 바탕으로 푸는 것이다. 헷갈린다면 당연히 문제로 돌아가서 확인하고 와야 한다. 하지만 최대한 이해하면서 읽었다면, 이 정도는 쉽게 판단할 수 있었다.

> ② 박제가는 자신이 파악한 청의 현실을 조선을 평가하는 기준이라고 생각하였다.

→ 이것도 마찬가지로 박제가의 입장을 이해했다면 쉽게 풀 수 있었다. 굳이 지문에서 답의 근거를 찾자면 "북학이라는 목적의식이 강했던 박제가가 인식한 청의 현실은 단순한 현실이 아니라 조선이 지향할 가치 기준이었다." 이 문장을 통해서 2번이 맞는 선지임을 판단할 수 있다.

> ③ 이덕무는 청의 현실을 관찰하면서 이면에 있는 민생의 문제를 간과하지 않았다.

→ 아까 글을 읽으면서 "잘 정비된 마을의 모습을 기술하며 그는 황제의 행차에 대비하여 이루어진 일련의 조치가 민생과 무관하다고 지적하였다." 이 문장을 머릿속으로 재구성하고 제대로 이해하고 넘어갔으면 쉽게 판별할 수 있었다.

> ④ 이덕무는 청 문물의 효용성을 긍정하면서 청이 중화를 보존하고 있음을 인정하였다.

→ 아까 내가 주의해서 읽었던 부분에서 선택지가 나왔다. 이덕무는 명이 중화의 중심이라고 생각하였기에, 청이 중화를 보존하고 있음을 인정하였다는 말은 틀렸다.

> ⑤ 박제가와 이덕무는 모두 중화 관념 자체에 대해서는 긍정적인 태도를 견지하였다.

→ 박제가는 청의 중화 관념을, 이덕무는 명의 중화 관념을 긍정했다는 점에서, 이 둘 모두 중화 관념

자체에 대해서는 긍정적인 태도를 취했다고 볼 수 있다.

· 답 : ④

3. 평등견 에 대한 이해로 가장 적절한 것은?

> ➡ 3번 문제도 (가)만 읽고도 풀 수 있는 문제이다. 바로 해설을 해보자면 일단 평등견이라는 것은 조선, 청을 배타적으로 여기지 않고 청은 청대로, 조선은 조선대로 인정해주자는 뜻이다. 3번같이 해당 단어의 의미를 물어보는 문제는 그 뜻을 머릿속에 먼저 잡고 선택지로 가야 한다. 4번같이 문장의 의미를 물어보는 문제도 마찬가지이다. 문장에 밑줄 그어 놓고 이 문장이 무슨 의미인지 물어보는 문제에서도 미리 선택지로 가기 전에 생각을 하고 들어가 줘야 한다. 안 그러면 선택지를 보고 설득당할 수도 있기 때문이다. 선택지를 보고 지문을 보면 또 그럴듯하게 보인다. 선택지에 속지 않으려면 문제에 들어가기 전, 미리 나름대로의 답을 만들어 놓고 가야 한다.

① 조선의 풍토를 기준으로 삼아 청의 제도를 개선하자는 인식 태도이다.

➡ 청의 제도를 개선하자는 인식이 아니다. 청은 청대로 인정해주자는 말이다.

② 조선의 고유한 삶의 방식을 청의 방식에 따라 개혁해야 한다는 인식 태도이다.

➡ 평등견은 위에서도 말했듯 조선의 고유한 삶의 방식을 개선하자는 게 아니다.

③ 청과 조선의 가치를 평등하게 인정하고 풍토로 인한 차이를 해소하려는 인식 태도이다.

➡ 청과 조선의 가치를 평등하게 인정하는 건 맞지만 풍토로 인한 차이를 해소하고자 하는 것이 아니다. 평등견에 따르면 풍토로 인한 차이를 해소하는 것이 아니라 인정해줘야 한다.

④ 중국인의 외양이 변화된 모습을 명에 대한 의리 문제와 관련 지어 파악하려는 인식 태도이다.

➡ 중국인의 외양이 변화된 모습을 명에 대한 의리 문제와 관련 지어 파악한 것은 평등견에 대한 말이 아니다. 오히려 평등견에서 벗어난 모습을 말하는 것이다.

⑤ 청에 대한 배타적 태도를 지양하고 청과 구분되는 조선의 독자성을 유지하자는 인식 태도이다.

→ 청에 대한 배타적 태도를 지양하고 청과 구분되는 조선의 독자성을 유지하자는 태도이다. 확실한 정답이다. 이게 바로 평등견에서 말하고 있는 것이다. 근데 놀랍게도 이 문제의 정답률이 33%이다.

왜 그렇게 정답률이 낮았을까? 많은 학생들이 '배타적'이라는 단어의 의미를 제대로 곱씹지 않고 그냥 넘어갔기 때문이다. 이 단어가 구체적으로 뭘 의미하는지 지문 읽으면서 잡지 않았기 때문에 선택지로 갔을 때 배타적 태도라는 말이 와닿지 않았을 거고, 그래서 ⑤번이 애매하게 느껴진 것이다. 위 14습관에서도 말했지만, 추상어를 감지하는 능력은 1등급과 타 등급을 구분 짓는 핵심적인 기준이다.

· 답 : ⑤

북학론 해설

(나) 1문단

> 18세기 후반의 중국은 명대 이래의 경제 발전이 정점에 달해 있었다. 대부분의 주민들이 접근할 수 있는 향촌의 정기 시장부터 인구 100만의 대도시의 시장에 이르는 여러 단계의 시장들이 그물처럼 연결되어 국내 교역이 활발하게 이루어지고 있었다.

→ 이미지를 그려라. 시장에 사람들이 바글바글한 모습, 상인들 간 교역이 활발하게 이루어지는 모습. 문장을 머릿속에서 생생하게 그려내라.

> 장거리 교역의 상품이 사치품에 한정되지 않고 일상적 물건으로까지 확대되었다.

→ 이게 의미하는 바가 뭘까? 그냥 넘기지 말고 한번 생각해 보자. 예를 들어서 1억짜리 사치품은 장거리 교역을 해서 팔아도 운송비 빼고 1000만원 정도 이윤이 남는다. 이렇게 이윤이 많이 남으니까 장거리로도 계속 교역을 했다. 하지만 1만 원짜리 일상적 물건은 장거리 교역을 하면 이윤이 운송비 빼고 1000원도 채 안 남는다. 그럼에도 불구하고 일상적 물건까지 장거리 교역 상품이 되었다는 말은, 일상적 물건을 장거리로 교역해도 이윤이 많이 남았다는 뜻이다. 어떻게 이게 가능했을까? 추론해 보자면, 대도시가 만들어지면서 사람들이 모여 살게 되었고, 시장에서 일상적인 물건을 구매하고자 하는 사람들이 많아졌을 것이다. 그리고 그 많은 사람들에게 일상적인 물건을 팔기 위해서 판매자는 1만 원짜리 일상적인 물건을 몇천 개씩 주문했을 것이다. 1만 원짜리 1개를 배송해주면 이윤이 남지 않기 때문에 장거리로 배송하긴 힘들지만 1만 원짜리 몇천 개는 배송해줘도 이윤이 많이 남는다. 그래서 이런 과정을 통해 일상적인 물건도 장거리 교역이 가능했을 것이다.

> ➡ 아마 너는 이 책을 읽기 전에 이 문장을 이런 식으로 깊이 생각해 본 적이 없었을 것이다. 앞으로는 글 읽는 태도를 바꿔야 한다. 의문을 품고, 끈질기게 답을 생각해 봐야 한다. 한 문장도 빼놓지 말고 '제대로' 이해해라.

> 상인 조직의 발전과 신용 기관의 확대는 교역의 질과 양이 급변하고 있었음을 보여준다.

→ 신용 기관이 무엇인가? 대답을 못하겠다면 기출 분석을 제대로 안 한 것이다. 신용이라는 말은 기출에서 여러 번 나왔다.

"**신용** 위험의 측정 방식은 표준 모형이나 내부 모형 가운데 하나를 은행이 이용할 수 있게 되었다."

– 2021학년도 수능 –

"한편 적립된 완충자본은 경기 침체기에 대출 재원으로 쓰도록 함으로써 **신용**이 충분히 공급되도록 한다."

– 2020학년도 6월 –

'신용'이라는 말이 경제와 관련해서 쓰이면 '돈을 갚을 수 있는 능력'을 의미한다. 신용불량자는 돈을 갚을 수 있는 능력이 없는, 불량한 자를 의미한다. 신용 기관은 흔히 은행을 말한다. 왜냐하면 우리가 돈을 빌릴 때 주로 은행에서 빌리는데, 이때 우리의 신용을 거래하기 때문이다. 쉽게 말하면 우리가 돈 빌리려고 은행을 가면 집을 담보로 잡든, 차를 담보로 잡든 해야 하는데 이때 내가 담보로 잡히는 것들이 신용이라는 것이다. 내가 만약 집을 담보로 대출을 한다면 집이라는 '신용'을 은행에게 준 것이다. 그래서 신용을 거래하는 기관이라고 해서 은행을 신용 기관이라고 부른다.

📢: 신용 기관은 은행만 있는 게 아니다. 신용을 거래하는 모든 곳이 신용 기관이다.

> 대외 무역의 발전과 은의 유입은 중국의 경제적 번영에 영향을 미친 외부적 요인이었다.

→ '대외' 무역의 발전과 은의 '유입'이니까 외부적 요인 맞네. 함축적 의미를 생각해 보고 납득해준다.

> 은의 유입, 그리고 이를 통해 가능해진 은을 매개로 한 과세는 상품 경제의 발전을 자극하였다. 은과 상품의 세계적 순환으로 중국 경제가 세계 경제와 긴밀하게 연결되었다.

→ 상품 경제가 무엇인가? 왜 모르는데 그냥 지나치는 걸까? 애매함을 느끼기 바란다. 상품 경제는 '재화나 서비스를 상품으로서 생산하고 교환하는 경제'를 말한다. 여기서 재화는 '돈이나 값이 나가는 물건'을 의미한다. 그럼 은의 유입, 은을 통한 과세가 어떻게 상품 경제의 발전을 자극했다는 걸까?

예전에는 물물 교환을 해야 했다. 내가 고기 한 근을 사려면 집에서 정육점까지 수박 한 덩이를 끙끙대며 들고 와야 했다. 근데 이제는 은화 몇 개면 고기도 사고, 수박도 사고, 옷도 산다. 거래가 '편리'해진 것이다. 그러니까 재화나 서비스를 상품으로서 생산하고 교환하는 양이 늘어났을 것이다. 즉, 상품 경제가 발전하기 시작한 것이다.

2문단

그러나 청의 번영은 지속되지 않았고, 19세기에 접어들 무렵부터는 심각한 내외의 위기에 직면해 급속한 하락의 시대를 겪게 된다.

➡ 이 문장을 읽고 아무 생각이 안 들었으면 반성해야 한다. 무슨 생각을 해야 할까? 당연히 "심각한 내외의 위기가 뭘까?"라고 생각해야 한다. 능동적으로 질문하면서, 의문을 품으면서 읽어라.

북학파들이 연행을 했던 18세기 후반에도 이미 위기의 징후들이 나타나고 있었다. 급격한 인구 증가로 인한 여러 문제는 새로운 작물 재배, 개간, 이주, 농경 집약화 등 민간의 노력에도 불구하고 해결되지 않았다.

➡ 잡았다. 심각한 내외 위기는 인구증가와 관련된 것이다.

인구 증가로 이주 및 도시화가 진행되는 가운데 전통적인 사회적 유대가 약화되거나 단절된 사람들이 상호 부조 관계를 맺는 결사조직이 성행하였다. 이런 결사 조직은 불법적인 활동으로 연결되곤 했고 위기 상황에서는 반란의 조직적 기반이 되었다.

➡ 결사조직이 불법적인 활동으로 연결되곤 했고, 반란의 조직적 기반이 될 수 있었다는 걸 외우는 게 아니다. 납득한다.

인맥에 기초한 관료 사회의 부정부패가 심화된 것 역시 인구 증가와 무관하지 않았다.

➡ "모든 게 인구증가 때문에 난리네"

교육받은 지식인들이 늘어났지만 이들을 흡수할 수 있는 관료 조직의 규모는 정체되어 있었고, 경쟁의 심화가 종종 불법적인 행위로 연결되었다. 이와 같이 18세기 후반 청의 화려한 번영의 그늘에는 심각한 위기의 씨앗들이 뿌려지고 있었다.

→ 나 같은 경우 '불법적인 행위가 뭐가 있을까?' 생각하고 넘어가준다. 그러면 문제로 돌아갔을 때 이 문장이 기억이 더 잘 나기 때문이다. 자리는 한정되어 있는데 사람은 많으니까, 돈을 주고 자리를 산다든지, 아니면 부모님 도움으로 들어간다든지 하는 일이 일어났겠구나 생각하고 넘어가준다.

통치자들도 번영 속에서 불안을 느끼고 있었다. 조정에는 외국과의 접촉으로부터 백성들을 차단하려는 경향이 있었으며, 서양 선교사들의 선교 활동 확대로 인해 이런 경향이 강화되기도 하였다.

→ '왜 조정에서는 백성과 외국의 접촉을 막았을까?'라고 의문을 품고 부연 설명을 만들었어야 했다. 이 문장을 문제에서 안 물어보더라도, 글을 읽을 땐 항상 이해가 안 되는 문장을 인지하는 습관이 있어야 한다. 이해가 안 됐으면 멈추고 부연 설명을 만들어봐야 한다. 나는 "아마도 백성이랑 외국 사람들이 서로 접촉하면 인구증가로 인한 청의 위기가 외부로 새어나가게 될 수 있으니까 막았던 거 아닐까? 지금 청이 흔들리고 있다는 걸 외국이 알면 침략해 올 수도 있으니까." 이렇게 생각하고 넘어갔다.

나랑 똑같이 생각하지 않아도 된다. 너 나름대로 말이 되는 이유를 만들고 넘어가면 충분하다. 이건 부연 설명 만들기 파트에서도 설명했다. 만약 부연 설명이 안 만들어지면 그냥 밑줄 긋고 넘어가도 된다. 여기서 중요한 것은 내가 이해 못했다는 걸 이해하고 넘어갔느냐는 것이다. 아마 대부분의 학생들이 이 문장을 읽으면서 의문을 전혀 품지 않았을 것이다. 자신이 이해하지 못한 문장을 그냥 넘어가지 않는 것, 그것이 1등급으로 가는 첫걸음이다.

이 때문에 18세기 후반에 청 조정은 서양에 대한 무역 개방을 축소하는 모습을 보였다. 그러나 그때까지는 위기가 본격화되지는 않았고, 소수의 지식인들만이 사회 변화의 부정적 측면을 염려하거나 개혁 방안을 모색하였다.

→ 이제 (가), (나)를 전부 읽었으니 1번, 4번, 5번, 6번을 풀면 된다.

나머지 문제 풀기

1. (가), (나)에 대한 설명으로 가장 적절한 것은?

➡ 이 문제를 풀 때 주의할 것은 문장이 지문 내용을 전부 담고 있는지 따져 보는 것이다. 쉽게 말해서, 지문에서는 중국의 번영, 역사적 의의, 한계 이렇게 말했는데 선지에 '중국의 번영과 역사적 의의를 말하고 있다' 이렇게 말하면 이 선지는 답이 아닐 가능성이 크다는 것이다. '중국의 한계'를 빠뜨렸기 때문이다. 글의 전체 내용을 물어보는 것이기 때문에, 답이 되는 선지는 글의 내용을 '전부' 포괄하고 있어야 한다.

① (가)는 18세기 중국에 대한 학자들의 견해를 제시하면서 그러한 견해의 형성 배경 및 견해 간의 차이를 설명하고 있다.

➜ 18세기 중국에 대한 박제가와 이덕무의 견해를 제시하고 있다. 그리고 그 견해가 어떻게 형성되었는지에 대해 첫 문단에서 배경을 설명하고 있고, 그 견해 간의 차이도 설명하고 있다.

② (가)는 18세기 중국을 바라보는 사상적 관점을 제시하면서 각 관점이 지닌 역사적 의의와 한계를 서로 비교하고 있다.

➜ 18세기 중국을 바라보는 박제가와 이덕무의 사상적 관점을 제시하고 있다고 볼 수는 있다. 하지만 각 관점의 역사적 의의와 한계를 비교하고 있는 것은 아니다.

③ (나)는 18세기 중국의 사회상을 제시하면서 다양한 사회상을 시대별 기준에 따라 분류하여 서술하고 있다.

➜ 18세기 중국의 사회상을 제시하면서 다양한 사회의 모습을 제시하고 있는 건 맞다. 근데 그걸 시대별 기준에 따라서 서술하고 있는 것은 아니다.

📢 시대별 기준에 따라 서술한다는 것은 A시대 때의 사회상 a,b,c B시대 때의 사회상 d,e,f 이런식으로 서술한다는 의미이다.

④ (나)는 18세기 중국의 사상적 변화를 제시하면서 그러한 변화가 지니는 긍정적 측면과 부정적 측면을 분석하고 있다.

➜ 중국의 사상적 변화는 나타나 있지 않다.

⑤ (가)와 (나)는 모두 18세기 중국의 현실을 제시하면서 그러한 현실이 다른 나라에 미친 영향을 예를 들어 설명하고 있다.

➡ 중국의 현실을 제시한 것은 맞지만 그러한 현실이 다른 나라에 미친 영향을 예를 들어 설명하고 있는 것은 아니다.

· 답 : ①

4. 문맥을 고려할 때 ㉠의 의미를 파악한 내용으로 가장 적절한 것은?

㉠ 심각한 위기의 씨앗들이 뿌려지고 있었다.

➡ 이렇게 문장의 의미를 묻는 문제의 경우에는 먼저 답을 어느 정도 생각하고 선택지로 넘어가야 한다. 그래야 선택지에 설득당하지 않는다. ㉠의 의미는 '인구증가'로 인해서 나라가 망할 위기에 처한 청의 상황을 드러내는 것이다. 핵심은 '인구증가'이다. 대화하면서 읽었다면 글을 읽으면서 '심각한 내외 위기'의 원인이 인구증가라는 것을 잡을 수 있었다. 그리고 그 인구증가로 인해 청에 위기가 발생했다. 그러니 '심각한 위기의 씨앗'은 '인구 증가'로 인한 청의 위태로운 상황을 의미한다고 볼 수 있다.

① 새로운 작물의 보급 증가가 경제적 번영으로 이어지는 상황을 가리키는 것이군.

➡ 지금 ㉠에서 '위기의 씨앗'이 뿌려졌다고 했는데, 경제적 번영? 말이 안된다.

② 신용 기관이 확대되고 교역의 질과 양이 급변하고 있는 상황을 가리키는 것이군.

➡ 교역의 질과 양의 급변은 중국의 경제 발전과 관련된 상황이다. '위기의 씨앗'과는 관련이 없다.

③ 반란의 위험성 증가 등 인구 증가로 인한 문제점들이 나타나는 상황을 가리키는 것이군.

➡ '인구증가' 들어갔고 인구 증가로 반란의 위험성이 증가한다고 했으니까 맞다.

④ 이주나 농경 집약화 등 조정에서 추진한 정책들이 실패한 상황을 가리키는 것이군.

➜ 이주나 농경 집약화는 '조정에서 추진한 정책'이 아니다. 인구 증가로 인해 민간에서 일어난 것이다.

⑤ 사회적 유대의 약화로 인하여 관료 사회의 부정부패가 심화되는 상황을 가리키는 것이군.

➜ 사회적 유대 약화와 관료 사회의 부정부패는 상관이 없다. 글을 제대로 읽어보면 관료 사회의 부정부패는 '인구 증가'와 관련이 있다. 인구는 늘어나는 데 관직 수는 그대로니, 관직을 차지하려고 부정부패가 일어나는 것이다.

· 답 : ③

5. 〈보기〉는 (가)에 제시된 『북학의』의 일부이다. [A]와 (나)를 참고하여 〈보기〉에 대해 비판적 읽기를 수행한 학생의 반응으로 적절하지 <u>않은</u> 것은?

─── 〈 보기 〉 ───

　우리나라에서는 자기가 사는 지역에서 많이 나는 산물을 다른 데서 산출되는 필요한 물건과 교환하여 풍족하게 살려는 백성이 많으나 힘이 미치지 못한다. … 중국 사람은 가난하면 장사를 한다. 그렇더라도 정말 사람만 현명하면 원래 가진 풍류와 명망은 그대로다. 그래서 유생이 거리낌 없이 서점을 출입하고, 재상조차도 직접 융복사 앞 시장에 가서 골동품을 산다. … 우리나라는 해마다 은 수만 냥을 연경에 실어 보내 약재와 비단을 사 오는 반면, 우리나라 물건을 팔아 저들의 은으로 바꿔 오는 일은 없다. 은이란 천년이 지나도 없어지지 않는 물건이지만, 약은 사람에게 먹여 반나절이면 사라져 버리고 비단은 시신을 감싸서 묻으면 반 년 만에 썩어 없어진다.

① 〈보기〉에 제시된 중국인들의 상업에 대한 인식은 [A]에서 제시한 실용적인 입장에 부합하는 것이라 볼 수 있어.

➜ 〈보기〉에서 드러난 중국인들의 상업에 대한 인식은 "중국 사람은 가난하면 장사를 한다. 그렇더라도 정말 사람만 현명하면 원래 가진 풍류와 명망은 그대로다."에서 확인할 수 있다. 앞 문장과 [A]의 "이익 추구를 인간의 자연스러운 욕망으로 긍정하고 양반도 이익을 추구하자는 등 실용적인 입장을 보였다."를 비교해 봤을 때 부합한다고 볼 수 있다.

② 〈보기〉에 제시된 조선의 산물 유통에 대한 서술은 [A]에서 제시한 북학론의 당위성을 뒷받침하는 근거라 볼 수 있어.

➜ 〈보기〉에 제시된 조선의 산물 유통에 대한 서술은 "우리나라에서는 자기가 사는 지역에서 많이 나는 산물을 다른 데서 산출되는 필요한 물건과 교환하여 풍족하게 살려는 백성이 많으나 힘이 미치지 못한다."에서 확인할 수 있다. 사람들이 교환하려고 해도 힘에 부친다는 말을 통해서 청나라를 배워야 한다는 근거라고 볼 수 있다. 청나라를 배워서 이런 상황을 극복해야 하기 때문이다.

③ 〈보기〉에 제시된 중국인들의 상행위에 대한 서술은 (나)에 제시된 중국 국내 교역의 양상과 상충되지 않는다고 볼 수 있어.

➜ 〈보기〉에 제시된 "그래서 유생이 거리낌 없이 서점을 출입하고, 재상조차도 직접 융복사 앞 시장에 가서 골동품을 산다."라는 말은 (나)에 제시된 중국 교역 양상("대부분의 주민들이 접근할 수 있는 향촌의 정기 시장부터 인구 100만의 대도시의 시장에 이르는 여러 단계의 시장들이 그물처럼 연결되어 국내 교역이 활발하게 이루어지고 있었다.")과 상충하지 않는다.

④ 〈보기〉에 제시된 은에 대한 평가는 (나)에 제시된 중국의 경제적 번영에 기여한 요소를 참고할 때, 은의 효용적 측면을 간과한 평가라 볼 수 있어.

➜ 은의 효용적 측면을 '간과한' 평가가 아니다. 오히려 "은이란 천년이 지나도 없어지지 않는 물건이지만"이라는 말을 통해서 은의 효용적 측면을 높이 평가하고 있음을 알 수 있다.

⑤ 〈보기〉에 제시된 중국의 관료에 대한 묘사는 (나)에 제시된 관료 사회의 모습을 참고할 때, 지배층의 전체 면모가 드러나지 않는 진술이라볼 수 있어.

➜ (나)에는 관료 사회의 부정적인 면들이 서술되었는데 〈보기〉에는 그런 말들이 없다. 그렇기에 지배층의 전체 면모가 드러나지 않는 진술이라고 할 수 있다.

· 답 : ④

6. 문맥상 ⓐ ~ ⓔ와 바꿔 쓰기에 가장 적절한 것은?

➡ 6번 같은 문제는 문제 풀이 방법이라고 할 것이 딱히 없다. 기출 분석을 하면서 모르는 단어가 나오면 찾고, 다양한 문장을 많이 접해보면서 단어의 쓰임에 대한 감을 잡아야 한다. 쓰임이 적절하지 않은 걸 고르는 문제에서 단어의 쓰임을 읽어보고 뭔가 '어색한' 뭔가 '안 어울리는 듯한 느낌'이 들면 답이다. 적절한 것이라면 답이 아니다. 어휘 문제는 사실 축적된 '감'으로 푸는 것이다.

1등급이라고 어휘 문제를 푸는 특별한 방법이 있는 것이 아니다. 다양한 단어와 문장에 노출되는 경험을 통해 실력을 쌓아야지만 어휘 문제를 맞힐 수 있다. 그게 전부다.

①,②,④,⑤번은 문장에 바꿔 넣어서 읽어보면 뭔가 '어색하다'. ③번 '그치지'는 '한정되지'와 바꿔 넣어봤을 때 어색하지 않다. 이렇게 푸는 것이다. 뭔가 어색한 느낌을 느낄 수 있는 능력. 그게 6번 문제를 푸는 힘이다.

① ⓐ : 드러난　　　② ⓑ : 생각하지　　　③ ⓒ : 그치지
④ ⓓ : 따라갔다　　　⑤ ⓔ : 일어났다

· 답 : ③

(가)

　서양의 과학과 기술, 천주교의 수용을 반대했던 이항로를 비롯한 척사파의 주장은 개항 이후에도 지속되었지만, 개화는 거스를 수 없는 대세로 자리 잡았다. 개물성무(開物成務)와 화민성속(化民成俗)의 앞 글자를 딴 개화는 개항 이전에는 통치자의 통치행위로서 변화하는 세상에 대한 지식 확장과 피통치자에 대한 교화를 의미했다.

　개항 이후 서양 문명에 대한 긍정적 인식이 확산되면서 서양 문명의 수용을 뜻하는 개화 개념이 자리 잡았다. 임오군란 이후, 고종은 자강 정책을 추진하면서 반(反)서양 정서의 교정을 위해 『한성순보』를 발간했다. 이 신문의 개화 개념은 서양 기술과 제도의 도입을 통한 인지의 발달과 풍속의 진보를 뜻했다. 이 개념에는 인민이 국가의 독립 주권의 소중함을 깨닫는 의식의 변화가 내포되었고, 통치자의 입장에서 수용 가능한 문명의 장점을 받아들여 국가의 진보를 달성한다는 의미도 담겼다.

　개화당의 한 인사가 제시한 개화 개념은 성문화된 규정에 따른 대민 정치에서의 법적 처리 절차 실현 등 서양 근대 국가의 통치 방식으로의 변화를 내포하는 것이었다. 그는 개화 실행 주체를 여전히 왕으로 생각했고, 개화 실행 주체로서 왕의 역할이 사라진 것은 갑신정변에서였다. 풍속의 진보와 통치 방식 변화라는 의미를 내포한 갑신정변의 개화 개념은 통치권에 대한 도전으로뿐 아니라 개인의 사욕을 위한 것으로 표상되었다. 이후 개화 개념은 국가 구성원을 조직하고 동원하기 위해 부정적 이미지에서 벗어나야 했고, 유길준은 『서유견문』을 저술하며 개화 개념에 덧씌워진 부정적 이미지를 떼어 내고자 했다. 이후 간행된 『대한매일신보』 등의 개화 개념은 국가 구성원 전체를 실행 주체로 하여 근대 국가 주권을 향해 그들을 조직하고 동원하는 것을 의미했다.

　을사늑약 이후, 개화 논의는 문명에 대한 본격적인 논의로 이어졌다. 대한 자강회의 주요 인사들은 서양 근대 문명을 수용하여 근대 국가를 건설하고자, 앞서 문명화를 이룬 일본의 지도를 받아야 한다고 보았다. 이들은 서양 근대 문명의 주체를 주체 인식의 준거로 삼았기 때문에 민족 주체성을 간과했다. 이러한 상황에서 박은식은 ㉠ 근대 국가 건설과 새로운 주체의 형성에 주목하여 문명에 대한 견해를 제시했다. 그의 기본 전략은 문명의 물질적 측면인 과학은 서양으로부터 수용하되, 문명의 정신적 측면인 철학은 유학을 혁신하여 재구성하는 것이었다. 그는 생존과 편리 증진을 위해 과학 연구가 시급하지만, 가치관 정립과 인격 수양을 위해 철학 또한 필수적이라고 보았다. 자국 철학 전통의 정립이라는 당시 동아시아의 사상적 흐름 속에서 그가 제시한 근대 주체는 과학적·철학적 인식의 주체이자 실천적 도덕 수양의 주체로서의 성격을 띠는 것이었다.

(나)

　중국이 서양의 과학과 기술에 전면적인 관심을 기울인 때는 아편 전쟁 이후였다. 전쟁 패배에 따른 위기감은 반세기에 걸쳐 근대화의 추진과 함께 의욕적인 기술 수용으로 이어졌지만, 청일 전쟁의 패배는 기술 수용만으로는 부족하다는 인식을 낳았다. 이에 따라 20세기 초반 진정한 근대를 이루기 위해 기술 배후에서 작용하는 과학 정신을 사회 전체에 이식하려는 시도가 구체화되었다.

　옌푸는 국가 간에 벌어지는 약육강식의 경쟁을 부각하고, 경쟁에서 승리하려면 기술뿐 아니라 국민의 정신적 자질이 뒷받침되어야 한다고 보았다. 정신적 자질 중 과학적 사유 능력이 가장 중요하다고 파악한 그에게 과학 정신이 전제되지 않은 정치적 변혁은 뿌리내릴 수 없는 것이었다. 그는 인과 실증의 방법에 근거한 근대 학문 전체를 과학이라 파악하고, 과학을 습득하여 전통 학문의 폐단에서 벗어나야 한다고 주장했다. 그의 입장은 1910년대 후반 신문화 운동을 주도한 천두슈에게 이어졌다.

　천두슈를 비롯한 신문화 운동의 지식인들은 ⓛ <u>과학의 근거 위에서만 민주 정치의 실현이 가능하다고 주장했다.</u> 중국이 달성해야 할 신문화는 과학 및 과학의 방법에 근거한 문화라 보고, 신문화를 이루기 위해 전통문화 전반에 대해 철저한 부정과 비판을 시도했다. 사상이나 철학이 과학의 방법을 이용하지 않으면 공상(空想)에 ⓐ <u>그칠</u> 뿐이라고 주장한 천두슈는 사회와 인간의 삶에 대한 연구도 과학의 연구 방법을 이용해야 한다고 보았다. 그는 제1차 세계 대전의 비극은 과학을 이용해 저지른 죄악의 결과일 뿐 과학 자체의 죄악이 아니라고 주장하며 과학에 대한 자신의 생각을 지속했다.

　한편, 제1차 세계 대전 이후 유럽을 시찰했던 장쥔마이는 통제되지 않은 과학이 불러온 역작용을 목도한 후, 과학이 어떻게 발달하든 그것이 인생관의 문제를 해결할 수는 없다며 서양 근대 문명을 비판했다. 근대 과학 문명에서 초래된 사상적 위기가 주체의 책임 부재에서 비롯된 것이라는 주장에 동의했던 그는 과학적 방법을 부정하지 않았지만, 인생관의 문제에는 과학적 방법이 적용될 수 없다고 지적했다. 그는 인생관을 과학과 별개로 파악했고, 과학만능주의에 기초한 신문화 운동에 의해 부정된 중국 전통 가치관의 수호를 내세웠다.

1. 윗글에 대한 이해로 적절하지 <u>않은</u> 것은?

① (가) : 서양 과학과 기술의 국내 유입을 반대하는 주장이 개항 이후에도 이어졌다.

② (가) : 유학을 혁신하여 철학으로 재구성하는 것이 필요하다는 견해가 을사늑약 이후에 제기되었다.

③ (나) : 진정한 근대를 이루려면 기술 수용의 차원을 넘어서야 한다는 인식이 등장하였다.

④ (나) : 과학 정신이 사회에 자리 잡으려면 정치적 변혁이 선행되어야 한다는 주장이 제기되었다.

⑤ (나) : 근대 과학 문명에 대한 비판적 인식을 바탕으로 전통 가치관에 주목하는 견해가 제시되었다.

2. 개화 에 대한 이해로 적절하지 <u>않은</u> 것은?

　① 개항 이전의 개화 개념은 백성을 다스리는 통치자로서의 역할과 관련 있었다.
　②『한성순보』의 개화 개념은 서양 기술과 제도의 선별적 수용을 통한 국가 진보의 의미를
　　포함하였다.
　③『한성순보』와 개화당의 한 인사의 개화 개념은 통치권자인 왕을 개화의 실행 주체로 상
　　정하였다.
　④ 개화의 실행 주체로 왕에게 역할을 부여하지 않은 갑신정변의 개화 개념은 통치권에 대
　　한 도전으로 이해되었다.
　⑤『대한매일신보』의 발간에 이르러서야 국가의 주권과 결부한 개화 개념이 제기되었다.

3. (나)의 '천두슈'와 '장쥔마이'가 모두 동의할 수 있는 진술로 가장 적절한 것은?

　① 전통 사상은 과학 및 과학 정신과 양립할 수 없는 관계에 놓여 있다.
　② 전통 사상의 폐단은 과학 정신이 뿌리내리지 못한 사회 체질에서 비롯된 것이다.
　③ 과학을 이용하는 과정에서 문제가 발생했다고 해도 과학적 방법을 부정할 수 없다.
　④ 서양의 과학 정신을 전면적으로 도입하면 당면한 국가의 위기를 충분히 극복할 수 있다.
　⑤ 국가의 위기는 과학적 방법으로 사상을 재구성할 필요가 있다는 인식이 부재한 데에서
　　비롯된 것이다.

4. ㉠과 ㉡에 대한 이해로 가장 적절한 것은?

　① ㉠은 인격의 수양을 동반하는 근대 주체의 정립에, ㉡은 전통적 사유 방식에 기반을 둔 신
　　문화의 달성에 동의하는 입장이다.
　② ㉠은 주체 인식의 준거가 서양 근대 문명의 주체라는 인식에, ㉡은 철학이 과학의 방법에
　　근거할 수 없다는 생각에 반대하는 입장이다.
　③ ㉠은 생존과 편리 증진을 위한 과학 연구의 시급성을, ㉡은 과학의 방법에 영향 받지 않는
　　사상이나 철학을 부인하는 입장이다.
　④ ㉠은 앞서 근대 문명을 이룬 국가를 추종하는 태도를, ㉡은 전쟁의 폐해가 과학을 오용한
　　자들의 탓이라는 주장을 비판하는 입장이다.
　⑤ ㉠은 과학과 철학이 문명의 두 축을 이루는 학문이라는 견해에, ㉡은 철학보다 과학이 우
　　위임을 인정할 수 없다는 견해에 동의하는 입장이다.

5. (가), (나)를 이해한 학생이 〈보기〉에 대해 보인 반응으로 적절하지 <u>않은</u> 것은?

─── < 보기 > ───

A 마을은 가난했지만 전통문화와 공동체적 삶을 중시하며 이웃 마을들과 조화롭게 살아왔다. 오래전, 정부는 마을의 경제 발전을 목표로 서양의 생산 기술을 도입하는 정책을 시행했다. 마을 사람들은 정책의 필요성에 공감하면서도 자신들이 발전을 이뤄 낼 수 있다는 확신이 부족했다. 이에 정부는 마을 사람들을 독려하기 위해 마을의 역량으로 달성할 수 있는 미래상을 지속해서 홍보했다. 이후 마을은 물질적 풍요를 누리게 되었지만 경제적 이권을 두고 이웃 마을들과 경쟁하며 갈등하게 되었다. 격화된 경쟁에서 A 마을은 새로운 기술의 수용만을 우선시했고, 과거에 중시되었던 협력과 나눔의 인생관은 낡은 관념이 되었다. 젊은이들에게 전통 문화는 서양 문화에 비해 열등한 것으로 여겨졌다.

① (가)에서 『한성순보』를 간행한 취지는 서양에 대한 반감을 줄이는 데에 있다는 점에서, 〈보기〉에서 정부가 서양의 생산 기술 도입으로 변화하게 될 마을을 홍보한 취지와 부합하겠군.

② (가)에서 개화당의 한 인사의 개화 개념에 내포된 개화의 지향점은 통치 방식의 변화와 관련 있다는 점에서, 〈보기〉에서 정부가 서양의 생산 기술을 도입하며 내세운 목표와 다르겠군.

③ (가)에서 박은식은 과학과 구별되는 철학의 중요성을 강조했으므로, 〈보기〉에서 젊은이들의 자문화에 대한 인식 변화는 가치관 정립을 위한 철학이 부재했기 때문이라고 보겠군.

④ (나)에서 옌푸는 경쟁에서 승리하기 위한 조건으로 기술과 정신적 자질을 강조했으므로, 〈보기〉에서 마을이 기술의 수용만을 중시하면 마을 간 경쟁에서 승리할 수 없다고 보겠군.

⑤ (나)에서 장쥔마이는 과학적 방법의 한계를 지적했으므로, 〈보기〉에서 마을이 과거에 중시했던 인생관이 더 이상 유효하지 않게 된 문제는 과학적 방법으로 해결할 수 없다고 보겠군.

---

6. ⓐ와 문맥상 의미가 가장 가까운 것은?

① 다행히 비는 그사이에 <u>그쳐</u> 있었다.

② 우리 학교는 이번에 16강에 <u>그쳤다</u>.

③ 아이 울음이 좀처럼 <u>그치지</u> 않았다.

④ 그는 만류에도 말을 <u>그치지</u> 않았다.

⑤ 저 사람들은 불평이 <u>그칠</u> 날이 없다.

개항 이후 개화 개념 해설

(가) 1문단

> 서양의 과학과 기술, 천주교의 수용을 반대했던 이항로를 비롯한 척사파의 주장은 개항 이후에도 지속되었지만, 개화 는 거스를 수 없는 대세로 자리 잡았다.

➡️ 먼저 이 문장을 읽을 때는 세 가지를 짚고 넘어갔어야 한다. 첫 번째는 '천주교의 수용'이라는 부분이다. '천주교'가 무엇인지 모르는 학생들도 있었을 것이다. 하지만 천주교가 뭔지 모르더라도 '아 어쨌거나 서양의 과학과 기술처럼 우리의 것이 아닌 다른 무언가를 받아들인다는 거구나' 정도만 이해했으면 된다. 하지만 여기서 만약 본인이 '천주교'가 무엇인지 몰랐는데, 의미를 생각하지 않고 그냥 넘어갔다면 반성해야 한다. 정확한 뜻은 몰라도, 내가 모르는 단어나 구절이 나오면 의미를 '생각해 보기는' 해야 한다. 그래야 그 단어가 기억에 남는다. 참고로 천주교는 '하느님과 그의 아들 예수님을 믿는 종교'를 말한다.

두 번째는 '이항로를 비롯한 척사파'라고 말한 부분이다. 이 부분에서는 '이항로'가 '척사파의 인물'이었다는 것을 알 수 있다. 보통 '~을/를 비롯한'이라는 표현은 뒤에 오는 집단의 구성원이나 대표적인 예시를 앞에 제시할 때 사용된다. 예를 들어 "김연아를 비롯한 피겨선수들"이라고 하면 김연아가 피겨선수이자 대표적인 피겨선수라는 걸 추측할 수 있는 것이다. 이항로와 척사파는 서양의 과학과 기술, 천주교의 수용을 반대했다고 하는데, 충분히 납득할 수 있다. 서양의 문물이 들어올 때 반대하는 세력이 있었다는 건 한국사를 한 번만 공부해 봤으면 쉽게 이해할 수 있는 부분이다. 만약 이 내용이 너무 생소했다면 반성해야 한다. 지금의 수능 체제는 '한국사 필수' 체제다. 수능을 출제하는 사람들은 '학생들이 기본적인 한국사 내용은 숙지하고 있다고 생각'한다. 그래서 국어에서도 이 한국사와 관련된 내용을 활용해서 지문을 출제하곤 한다. 그러니까 한국사 공부도 기본 정도는 꼭 해두자.

세 번째는 이 문장에서 '개항'과 '개화'의 차이가 뭘지 고민했어야 한다. 비슷하게 생긴 단어라고 해서 뜻이 같을 거라고 넘겨짚어서는 안 된다. 실제로 '개항'과 '개화'를 같은 말로 이해했다면 이후 독해가 꼬이게 되어있었다. 둘은 겉보기에 비슷해 보이지만 다른 의미다. 척사파는 '개항' 이후에도 계속해서 서양의 과학과 기술, 새로운 종교의 수용을 거부했다. '개항'이라는 것의 함축적 의미를 생각해 보면 '**항**구를 **개**방하는 것'이라고 추측할 수 있다. 이렇게 못 했더라도 그냥 '문을 여는 것' 정도로 생각했으면 충분하다. 즉, 한국이 문을 열고(개항) 새로운 것을 받아들이기 시작했을 때도 이에 반대하는 이항로와 척사파의 주장은 계속되었던 것이다. 하지만 '개화'는 거스를 수 없는 대세로 자리 잡았다. 이 말을 봤을 때 '개항'은 말 그대로 문을 여는 것이고, '개화'는 '변화의 흐름', '변화의 물결' 정도로 이해할 수 있겠다. 아래에서 개화의 의미를 더 구체적으로 말해주는데, 그걸 보고 더 정교하게 잡아 나갔으면 됐다. 일단 지금 여기까지 읽었을 때는 추론하는 수밖에 없다.

개물성무(開物成務)와 화민성속(化民成俗)의 앞 글자를 딴 개화는 개항 이전에는 통치자의 통치행위로서 변화하는 세상에 대한 지식 확장과 피통치자에 대한 교화를 의미했다.

→ 학생 입장에서 '개물성무'와 '화민성속'이 무슨 말인지 모르는 건 당연하다. 그런데 지금 '한자'를 공부하는 게 아니기 때문에, 어려운 사자성어는 몰라도 된다. 우선 이 문장에서 가장 먼저 눈길이 갔어야 하는 건 '개항 이전'이라는 표현이다. 특히 '개항 이전에는'이라고 하는데 여기서 '-는'이라는 보조사를 왜 썼을지 생각해 봐야 한다. '그때는 그랬지'라고 하면 '지금은 그렇지 않다'는 뜻이듯이, 여기서도 '-는'을 쓴 건 **개항 이전**과 **개항 이후**를 **구별하기 위해서다.** 그래서 바로 아래 문장에서 '개항 이후'에 대해 말하는 것이다. 글을 읽을 때는 이런 보조사와 같이 특수한 상황을 알려주는 표현을 캐치 하는 게 중요하다. 그래야 글의 흐름이 보인다. 글의 흐름이 보이면 침착해지고, 침착해지면 문장을 깊게 이해할 수 있다. 이런 것들을 캐치해 내려면 평소에 글을 천천히 읽으면서 '-는' 같은 보조사의 의미를 놓치지 않고 깊게 생각해 봐야 한다.

자, 그럼 '개항 이전'의 '개화'가 무슨 뜻이었는지 살펴보자. 이 문장에 따르면 '개화'는 **'통치자의 통치 행위'**였다. 좀 더 구체적으로 말하면 두 가지 의미를 가지고 있었다. 하나는 '통치자'가 '변화하는 세상에 대한 지식을 확장'하는 것이고, 다른 하나는 통치자가 자신의 확장된 지식을 기반으로 '피통치자(백성)를 교화'하는 것이다. 즉, '개화'라는 말에는 '통치자'가 주체가 되어서 자기 스스로 변화하는 세상에 대해 공부도 하고, 백성들도 가르친다는 의미가 담겨있었던 거다. 이걸 보면 알 수 있듯이 개항 이전의 '개화'는 '통치자가 중심'이 되는 개념이었다.

* 개물성무(開物成務) : 사람이 아직 알지 못하는 도리를 깨달아 이것을 실지로 행하여 성공함.
* 화민성속(化民成俗) : 백성을 교화하여 좋은 풍속을 이룸.

2문단

개항 이후 서양 문명에 대한 긍정적 인식이 확산되면서 서양 문명의 수용을 뜻하는 개화 개념이 자리 잡았다.

→ 개항 이후에는 '개화'의 개념이 좀 달라졌다. 개항 이전에는 '개화'가 '통치자의 통치 행위'를 뜻하는 말이었지만, 개항 이후에는 '서양 문명의 수용'을 뜻하는 개념으로 바뀐 것이다. 좋은 서양 문명들이 들어오면서 '개화'는 더 이상 '내부의 변화'만을 의미하는 말이 아니라 '외부에서 들어오는 서양 문물을 받아들이는 것' 자체를 의미하게 된 것이다.

임오군란 이후, 고종은 자강 정책을 추진하면서 반(反)서양 정서의 교정을 위해 『한성순보』를 발간했다.

➔ 여기서 '임오군란'이 무엇인지 알았더라면 부담은 조금 덜했겠지만, 몰랐더라도 문제는 없다. 지금 역사 시간이 아니기 때문에 저런 단어를 모른다고 못 풀게 내지 않는다. 그냥 저 사건 이후라는 것만 인식하고 넘어가자. 그리고 '자강 정책'이라는 단어가 나오는데, 함축적 의미를 생각해 보면 '스스로 강해지는 정책?' 정도로 생각해 볼 수 있겠다.

이 문장에서 가장 중요한 것은 고종이 '반(反)서양 정서의 교정을 위해' 『한성순보』를 발간했다는 점이다. 나는 이 문장을 읽고 '아, 개항도 하고 서양 문명에 대한 긍정적 인식도 퍼졌지만 아직 반서양 정서가 남아 있었나 보구나'라고 생각했다. 그리고 '반서양 정서의 교정'을 위해서 『한성순보』를 만든 거니까, 『한성순보』에는 '서양은 나쁜 게 아니다', '서양을 받아들여야 하는 이유' 등의 내용이 있었을 거라고 추측할 수 있다.

* 임오군란 : 1882년 신식 군대(별기군)와의 차별에 분노한 구식 군인들이 일으킨 난.
* 자강 정책 : 외세에 의존하지 않고 군사, 경제, 교육 등의 근대적 개혁을 통해 나라의 힘을 키우고 자주적인 국가를 만들고자 했던 노력.

> 이 신문의 개화 개념은 서양 기술과 제도의 도입을 통한 인지의 발달과 풍속의 진보를 뜻했다.

➔ 『한성순보』에 들어 있던 구체적인 내용을 말해준다. 『한성순보』에도 '개화'의 개념이 담겨 있었다. 그리고 『한성순보』의 제작 목적이 '국민들의 반서양 정서를 교정하기 위함'이니까, 당연히 '개화'에 대해서 긍정적으로 설명한 것이다.

구체적으로는 '개화'에 '서양 기술과 제도의 도입을 통한 인지의 발달'과 '풍속의 진보'라는 의미가 담겨 있었다고 한다. 쉽게 말해서 서양 기술과 제도를 도입하면 사람들이 더 똑똑해지고, 생활 방식도 발전한다는 말이다.

> 이 개념에는 인민이 국가의 독립 주권의 소중함을 깨닫는 의식의 변화가 내포되었고, 통치자의 입장에서 수용 가능한 문명의 장점을 받아들여 국가의 진보를 달성한다는 의미도 담겼다.

➔ 이 문장을 제대로 이해하기 위해서는 앞서 나온 '자강 정책'에 대해서 생각해 봐야 한다. 아까 고종은 '자강 정책'의 일환으로 『한성순보』를 발간했다고 한다. '자강 정책'을 '스스로 강해지는 정책'이라고 이해한다면, 『한성순보』의 발간 이유는 '서양 문물을 받아들여서 국민들이 더 똑똑해지고, 나라가 강해지기 위함'이라고 할 수 있다.

이러한 맥락으로 봤을 때, 『한성순보』에서 설명하는 '개화' 개념이 왜 '인민이 국가의 독립 주권의 소중함을 깨닫는 의식의 변화'를 내포하고 있었는지 이해할 수 있다. 일단 지금 고종 입장에서 『한성순보』로 해야 하는 건 '서양 문물'을 받아들여야 한다고 사람들을 설득하는 것이다. 그러면 인민(국민)은 이렇게 질문할 수 있다. "왜 우리가 굳이 받아들여야 하는데?" 고종은 이에 대해서 "우리가 좋은 서양 문물을 받아들여야지만 우리나라가 강해진다. **우리가 강해지지 못하면 독립 주권을 지킬 수 없고, 강대국들한테 맨날 시달려야 한다.**"라는 말을 하고 싶었던 것이다. 그래서 고종은 『한성순보』에 '인민이 국가의 독립 주권의 소중함을 깨달을 수 있는 내용'을 넣고자 했다.

그리고 마지막으로 '통치자의 입장에서 수용 가능한 문명의 장점을 받아들여'라는 부분을 보자. 나는 여기서 '아, 다 받아들이는 게 아니라 **통치자 입장에서 수용 가능한 것만** 받아들이는구나'라고 생각했다. 지금까지의 내용만 보면 고종이 서양의 좋은 건 다 받아들이는 줄 알았는데, 갑자기 '통치자 입장에서 수용 가능한 것만' 받아들인다고 하니까 눈길이 갔던 것이다. 왜 이런 제한을 두는 걸까? 생각해 보면 통치자가 납득할 수 없는 서양 문명을 받아들인다는 건 말이 안 되는 거 같기도 하다. 일단 납득하고 넘어가자. 나중에 뒤에서 더 설명을 해주면 그때 더 자세히 이해하면 된다.

3문단

> 개화당의 한 인사가 제시한 개화 개념은 성문화된 규정에 따른 대민 정치에서의 법적 처리 절차 실현 등 서양 근대 국가의 통치 방식으로의 변화를 내포하는 것이었다.

→ '개화당'이니까 '개화에 동의하는 사람들이 만든 당'으로 이해할 수 있다. 그런 개화당의 한 인사(속한 사람)가 '개화' 개념에 대해서 어떤 의견을 제시했다. 그 내용은 성문화된 규정 즉, '글로 쓰여 있는 규정'에 따라 '국민을 상대로 하는 정치 활동(대민 정치)'을 할 때 '법적 처리' 절차를 잘 밟으면서 활동할 수 있도록 하자는 거였다. 이는 서양 근대 국가의 통치방식과 일치한다.

그런데 개화당의 한 인사가 왜 이런 말을 했는지 생각해 보자. 우리나라는 서양 근대 국가의 통치 방식과 다르게, '성문화된 규정'이 없었고, 그렇다 보니까 백성을 대상으로 정치를 할 때 법적 처리 절차가 잘 실현되지 않았던 것이다. 즉, 그때그때 내 주관대로 정치를 하니까 일관된 법적 처리 절차에 따라 일이 진행되기 어려웠다. 그래서 서양을 따라가자고 하는 사람은, "우리 이렇게 하지 말고, 우리가 따라야 할 것들에 대해서 글로 적고, 적혀 있는 대로 통치하자"라고 말한 것이다.

> 그는 개화 실행 주체를 여전히 왕으로 생각했고, 개화 실행 주체로서 왕의 역할이 사라진 것은 갑신정변에서였다.

→ '개화당의 한 인사'가 제시한 개화 개념은 '여전히' 개화를 실행하는 주체를 '왕(통치자)'으로 생각했다고 한다. '여전히'라는 말은, 이전에도 그랬다는 뜻이다. 생각해 보니까 앞서도 '고종'이 개화를 실행하는 역할이었으니까 개화 실행 주체가 '왕'이라고 할 수 있다. 그리고 '통치자 입장에서 수용 가능한' 문명의 장점만 받아들인다는 데서도 개화 실행 주체가 왕(고종)이라는 걸 알 수 있다. 즉, 개항 이후 '개화'의 개념 자체는 '서양 문명을 수용하고 그를 통해 변화하는 것'을 의미하는 개념으로 바뀌었지만, '개화의 실행 주체'는 여전히 '왕'이었던 것이다.

그런데 '갑신정변'이 되어서 왕의 역할이 사라졌다. 생각해 보면, 원래 개항 이전에는 '개화' 개념이 '통치자의 통치 행위', '통치자 중심의 개념'이었으니까 그게 완전히 바뀌는 데까지는 당연히 시간이 걸렸을 것이다. 참고로 개항은 1876년에 있었던 일이고, 임오군란은 1882년, 갑신정변은 1884년에 있었던 일이다. 즉, 개항 이후에 '개화'의 개념에서 통치자의 역할이 사라지기까지는 약 8년의 시간이 걸렸던 것이다.

* 갑신정변 : 1884년 김옥균을 비롯한 개화파 세력이 우정국 개국 축하연을 기회로 정변을 일으켜 근대적 개혁을 시도했
   으나, 청나라의 개입으로 3일 만에 실패한 사건.

> 풍속의 진보와 통치 방식 변화라는 의미를 내포한 갑신정변의 개화 개념은 통치권에 대한 도전
> 으로뿐 아니라 개인의 사욕을 위한 것으로 표상되었다.

→ 이건 지금까지 문장을 잘 이해해 왔으면 충분히 납득할 수 있다. 바로 윗문장에서 갑신정변의 개화 개념은 '개화 실행 주체로서 왕의 역할이 사라진 개념'이었다. 이는 '통치 방식 변화'라는 의미를 내포했다고 할 수 있다. 그런데 이러한 개화 개념은 통치자들 입장에서 '통치권에 대한 도전'으로 느껴질 수밖에 없었을 것이다. 지금까지 개화는 실행 주체가 통치자였는데, 갑신정변의 개화 개념에서는 그 통치자의 역할이 사라졌기 때문이다.

그리고 이 문장에 따르면 갑신정변의 개화 개념이 '풍속의 진보'라는 의미도 내포했음을 알 수 있다. 이때 '풍속의 진보'는 '국민들이 누리는 이점'이니까, 통치자 입장에서는 개화를 외치는 사람들이 '개인의 사욕'을 위해서 저런다고 본 것이다. 즉, 통치자들은 "저들이 개화를 주장하는 것은 우리들의 권력을 빼앗으려는 것일 뿐만 아니라, 결국 자신들의 이익을 채우려는 속셈이야!"라고 생각했다.

이렇게 한 단어도 그냥 넘어가지 말고 이해하는 습관을 길러야 한다. 문제 풀 때는 100% 다 이해하긴 어렵겠지만, 공부할 땐 그렇게 해야 한다. 그래야 문제 풀 때 80%, 90%라도 할 수 있게 되는 것이다.

> 이후 개화 개념은 국가 구성원을 조직하고 동원하기 위해 부정적 이미지에서 벗어나야 했고,
> 유길준은 『서유견문』을 저술하며 개화 개념에 덧씌워진 부정적 이미지를 떼어 내고자 했다.

→ 납득할 수 있다. '개화'를 일부 사람들만 외친다면 진정한 '개화'가 이뤄질 수 없을 것이다. 그래서 우선은 '개화'에 대한 부정적 이미지를 없애서, 국가 구성원을 조직하고 동원할 수 있어야 했다. 그래서 유길준은 『서유견문』으로 개화 개념에 덧씌워진 부정적 이미지를 떼어 내고자 했다. 『서유견문』의 함축적 의미를 생각해 보면 '서쪽에서 본 것을 적은 문서' 정도로 이해할 수 있겠다. 설령 못 했어도 크게 문제는 없지만, 공부할 때는 계속 함축적 의미를 생각해 보는 습관을 길러야 한다. 그래야 이후 시험장에서도 함축적 의미를 추론할 수 있게 되고, 더 깊은 이해가 가능해지는 것이다. 그리고 지금 『서유견문』의 저술 목적이 '개화'에 대한 부정적 이미지 제거이기 때문에, 『서유견문』에는 '서양 문물에 대한 긍정적 서술'이 담겼을 거라 추측할 수 있다.

> 이후 간행된 『대한매일신보』 등의 개화 개념은 국가 구성원 전체를 실행 주체로 하여 근대 국가 주권을 향해 그들을 조직하고 동원하는 것을 의미했다.

→ 이 문장에서 한 가지 생각해 봤어야 하는 게 있다. 왜 『대한매일신보』에서 나타난 개화 개념은 '국가 구성원 전체를 실행 주체'로 했던 걸까? 이건 윗부분에서 답을 찾을 수 있다. 아까 갑신정변 때 개화 개념이 가진 문제가 뭐였나? 갑신정변의 개화 개념은 '통치권에 대한 도전', '개인의 사욕을 위한 것'으로 여겨졌다는 게 문제였다. 그래서 『대한매일신보』에 이르러서는 개화가 '특정 세력이나 개인의 욕심을 위한 것'이 아니라, '국가 구성원 모두가 함께 참여해서 근대 국가를 만들어가는 것'이라는 의미로 발전하게 된 것이다.

4문단

> 을사늑약 이후, 개화 논의는 문명에 대한 본격적인 논의로 이어졌다. 대한 자강회의 주요 인사들은 서양 근대 문명을 수용하여 근대 국가를 건설하고자, 앞서 문명화를 이룬 일본의 지도를 받아야 한다고 보았다.

→ 여기서 '대한 자강회'라는 새로운 단체가 등장하는데, 이들은 구체적인 개화 방법에 대해서 제안하고 있다. 서양 근대 문명을 수용해서 근대 국가를 건설하고자, 우리보다 먼저 문명화를 이룬 일본의 가르침을 받아야 한다는 것이다. 참고로 이때 '문명'이란 '인간 사회가 기술, 제도, 물질적 발전을 통해 이룩한 체계적이고 조직화된 상태'를 의미한다. 그리고 여기서 말하는 '근대 문명', '근대 국가'는 '과학적으로 발달한 서양의 문명'과 '그런 문명이 발달되어 있는 국가들'을 말하는 걸로 이해할 수 있다.

그런데 여기서 이 문장의 중요성을 제대로 파악하려면 '을사늑약 이후, 개화 논의는 **문명에 대한 본격적인 논의**로 이어졌다'라는 말에 눈길이 갔어야 한다. 사실 개화에 대한 논의는 지금까지 계속 이어져 오던 거 아니었나? '문명에 대한 본격적인 논의'로 이어졌다는 게 무슨 말이지? 그리고 왜 그렇게 된 거지? 이런 의문들을 품어 봐야 하는 것이다. 답을 하자면 이렇다. 일단 지금까지의 내용을 보면 '개화' 개념의 변화를 이렇게 정리할 수 있다.

1. 개항 이전 : 통치자의 통치 행위(지식 확장 + 백성 교화)
2. 개항 이후 : 서양의 새로운 것들을 받아들이자는 의미로 변화
3. 임오군란 이후 : 서양의 기술과 제도 도입을 통한 발전, 하지만 개화 실행 주체는 여전히 왕(고종)
4. 갑신정변 : 통치 방식도 바꾸자고 주장, 서양식 통치 방식으로의 변화 추구
5. 대한매일신보 : 국가 구성원 전체가 참여하는 근대화 즉, 통치의 주체가 '국민 전체'로 확장됨

이런 맥락에서 보면, 지금까지의 '개화'는 주로 '서양의 것을 받아들일 것인지, 받아들인다면 어떻게 받아들일 것인지'에 초점이 맞춰져 있었다. '서양의 것을 받아들이자/받아들이지 말자'의 단순한 찬반 논쟁이나, '누가 주체가 되어 받아들일 것인가'의 문제에 집중되어 있었던 것이다. 그런데 "개화 논의가 문명에 대한 본격적인 논의로 이어졌다"는 건, 이제는 더 깊은 차원의 논의가 시작됐다는 뜻으로 해석할 수 있다. 즉, '문명이란 무엇인가', '우리가 추구해야 할 문명은 어떤 것인가', '어떻게 근대 문명을 수용해서 근대 국가가 될 수 있는가' 같은 더 근본적이고 본질적인 논의가 시작된 것이다. 그래서 '대한 자강회' 인사들은 단순히 '서양의 것을 받아들이자'가 아니라, '문명화를 이룬 일본의 지도를 받아 근대 국가를 건설하자'는 구체적인 방안을 제시했다. 물론 시험장에서 이 모든 생각을 정확히 하긴 어렵겠지만, 적어도 '본격적인 논의'가 무엇인지에 대해서는 궁금해했어야 했다.

이들은 서양 근대 문명의 주체를 주체 인식의 준거로 삼았기 때문에 민족 주체성을 간과했다.

➜ 여기서 '서양 근대 문명의 주체를 주체 인식의 준거로 삼았다'는 말이 무슨 말일까? 이건 쉽게 말해서 서양 근대 문명을 이룬 서양인, 일본인들의 관점이나 가치관을 기준으로 삼아, 자신들을 바라보고 평가했다는 뜻이다. 예를 들어 "서양이나 일본이 성공한 걸 보니까 그들이 하는 게 다 옳은 거야. 우리도 무조건 그들처럼 하자!"라는 식으로 생각한 것이다. 마치 친구가 공부 잘한다고 그 친구의 공부 방법을 무조건 따라 하려고 하는 것처럼, 자신의 상황이나 특성은 전혀 고려하지 않고 남의 방식만 쫓았던 것이다. 그러다 보니 당연히 '우리 민족만의 특성이나 주체성'은 전혀 생각하지 못했다.

이러한 상황에서 박은식은 ㉠ 근대 국가 건설과 새로운 주체의 형성에 주목하여 문명에 대한 견해를 제시했다.

➜ 박은식의 주장이 해결책으로 등장한다. 아까 대한 자강회는 일본처럼 되자고만 했지 '우리가 누구인가'와 같은 민족 주체성은 고민하지 않았다. 그래서 박은식은 '근대 국가 건설'과 '새로운 주체의 형성'에 주목했다. 대한 자강회가 말하는 대로 근대 국가를 만들긴 하되, 우리만의 새로운 주체성을 가진 나라를 만들자고 한 것이다. 그러면 여기서 궁금한 게, '새로운 주체'는 구체적으로 무슨 주체를 말하는 걸까? 이 의문을 반드시 품었어야 했다. 왜냐하면 '새로운 주체'는 추상어이기 때문이다. 앞 문맥을 고려해보면, 이 '새로운 주체'는 서양이나 일본을 맹목적으로 따르지 않고 우리 민족의 특성과 정체성을 바탕으로 하는 주체를 의미할 것이다.

그의 기본 전략은 문명의 물질적 측면인 과학은 서양으로부터 수용하되, 문명의 정신적 측면인 철학은 유학을 혁신하여 재구성하는 것이었다.

➜ 여기서는 박은식의 구체적인 견해를 말하고 있다. 그는 문명을 '물질적 측면'과 '정신적 측면'이라는 두 가지 측면으로 나누었다. 먼저 물질적 측면인 '과학'은 서양 것을 받아들이자고 했다. 당연히 서

양의 '과학'이 우리보다 발전했으니까 그런 것이다. 충분히 납득할 수 있다. 그런데 정신적 측면인 '철학'은 달랐다. 그냥 서양 철학을 받아들이자는 게 아니라, 우리의 '유학'을 혁신해서 재구성하자고 한 것이다. 그래야 바로 앞 문장에서 말한 '새로운 주체 형성'이 가능할 테니 말이다. 이 문장을 보니까 앞서 말한 '새로운 주체'는 '물질적 측면은 서양을 받아들이되, 우리만의 정신적 측면을 갖고 있는 사람'을 말한다는 걸 알 수 있다.

> 그는 생존과 편리 증진을 위해 과학 연구가 시급하지만, 가치관 정립과 인격 수양을 위해 철학 또한 필수적이라고 보았다.

→ 충분히 납득할 수 있다. 실질적인 '생존과 편리 증진'을 위해서는 서양 과학을 받아들여 연구하는 게 시급하다. 하지만 동시에 민족 정체성을 잃지 않고 가치관 정립과 인격 수양을 하기 위해서는 우리만의 '철학' 또한 필요하다. 박은식이 지향하는 '새로운 주체'는 과학도 이해하면서, 올바른 가치관이 정립되어 있고 인격도 수양된 사람인 것이다.

> 자국 철학 전통의 정립이라는 당시 동아시아의 사상적 흐름 속에서 그가 제시한 근대 주체는 과학적·철학적 인식의 주체이자 실천적 도덕 수양의 주체로서의 성격을 띠는 것이었다.

→ 마지막 문장에서는 박은식이 생각한 '근대 주체'가 어떤 것이었는지 정리하고 있다. 이는 앞서 언급한 '새로운 주체'와 이어진다. 먼저 박은식의 주장은 '자국 철학 전통의 정립이라는 당시 동아시아의 사상적 흐름' 속에서 나왔다는 걸 알 수 있다. 즉, 박은식만 이런 생각을 한 게 아니라 당시 동아시아 전체가 '우리의 철학을 정립하자'는 흐름 속에 있었던 것이다.

그런 흐름 속에서 박은식이 제시한 '새로운 주체', '근대 주체'는 두 가지 성격을 가지고 있었다. 하나는 '과학적·철학적 인식의 주체'다. 이건 앞서 말한 것처럼 서양 과학도 받아들이고 우리의 철학도 발전시키면서 두 가지를 다 인식할 수 있는 주체가 되자는 거다. 다른 하나는 '실천적 도덕 수양의 주체'다. 이는 도덕적 수양이 단순한 관념이나 이론에 그치지 않고 실제 현실에 적용되고 실현되어야 한다는 의미다. 즉, 도덕을 **현실 속에서** 실천하고 구현할 수 있는 주체가 되어야 한다는 것이다.

결국 박은식은 대한 자강회처럼 서양이나 일본을 무조건 따라 하자는 게 아니라, 과학은 서양 것을 받아들이되 철학은 우리 것을 발전시켜서, 지식과 도덕을 겸비한 새로운 근대 주체를 만들자고 주장한 것이다. 이런 주장은 당시 동아시아의 전반적인 흐름과도 일치하는 것이었다. 지금까지의 '개화' 개념의 발전 과정을 보면, 처음에는 단순히 '서양의 것을 받아들일 것인지' 정도였다가, 점차 '어떻게 받아들일 것인가'를 고민하다가 마지막에는 '우리는 어떤 주체가 되어야 하는가'라는 본질적인 고민으로까지 발전했음을 알 수 있다.

(가) 지문 관련 문제 해설

2. 개화 에 대한 이해로 적절하지 <u>않은</u> 것은?

> ① 개항 이전의 개화 개념은 백성을 다스리는 통치자로서의 역할과 관련 있었다.

➡ 맞는 말이다. 지문 읽으면서 '개항 이전'과 '개항 이후'의 변화를 캐치 했던 학생이라면 너무 쉽게 판단했을 것이다. '개항 이전'의 개화 개념은 '통치자의 통치 행위'였다. 즉, 통치자가 중심이었던 것이다. 하지만 '개항 이후'의 개화 개념은 '서양 문명의 수용' 자체를 의미하는 개념으로 바뀌었다.

> ②『한성순보』의 개화 개념은 서양 기술과 제도의 선별적 수용을 통한 국가 진보의 의미를 포함하였다.

➡ 기억이 안 났다면 지문으로 뛰어 올라가서 확인했어야 한다. 일단 이 선지에서 판단해야 할 부분은 '선별적 수용'이다. 지문을 확인해 보면,『한성순보』의 개화 개념에는 '**통치자의 입장에서 수용 가능한** 문명의 장점을 받아들여 국가의 진보를 달성한다는 의미도 담겼다'고 했다. 즉, '통치자가 수용 가능하다고 판단한 것만' 선별적으로 수용해서 국가 진보를 달성한다는 뜻이다. 따라서 2번은 맞는 말이다.

이 선지를 꽤나 많은 학생들이 골랐는데, 아마 '선별적 수용'이라는 단어 때문이었을 것이다. 지문으로 돌아가도 '선별적 수용'이라는 말이 없기 때문이다. 이런 문제를 안 틀리려면 문장 자체를 이해하는 수밖에 없다. '통치자의 입장에서 수용 가능한 문명의 장점을 받아들여'라는 말의 의미를 이해했다면 쉽게 판단할 수 있었다.

> ③『한성순보』와 개화당의 한 인사의 개화 개념은 통치권자인 왕을 개화의 실행 주체로 상정하였다.

➡ 맞는 말이다. 개항 이후 고종이 발간한『한성순보』에서는 개화 개념이 '서양 문명의 수용' 그 자체였으나, 개화의 실행 주체는 여전히 왕(고종)이었다. 이는『한성순보』의 개화 개념 중 '**통치자 입장에서 수용 가능한** 문명의 장점을 받아들인다'는 데서 확인할 수 있다. 그리고 개화당의 한 인사가 제

시한 개화 개념 또한 여전히 왕을 개화의 실행 주체로 설정했다. 이는 '그는 개화 실행 주체를 여전히 왕으로 생각했고, 개화 실행 주체로서 왕의 역할이 사라진 것은 갑신정변에서였다.'라는 문장에서도 확인할 수 있다. 이 선지도 2번과 마찬가지로, 정확하게 기억이 안 났으면 빨리 지문으로 가서 확인했어야 한다.

④ 개화의 실행 주체로 왕에게 역할을 부여하지 않은 갑신정변의 개화 개념은 통치권에 대한 도전으로 이해되었다.

→ 지문에서 분명 '개화 실행 주체로서 왕의 역할이 사라진 것은 갑신정변에서였다'라고 했다. 이는 다른 말로 개화의 실행 주체였던 왕에게 더 이상 역할을 부여하지 않은 것이다. 그리고 이렇게 왕의 역할을 없애버린 갑신정변의 '개화' 개념은 '통치권에 대한 도전'으로 인식되었다. 지금까지 '왕'이 개화의 실행 주체였는데, 갑자기 그 역할이 사라졌으니 통치자들 입장에서는 자신들의 권력에 대한 도전으로 여길 수밖에 없었던 것이다. 따라서 4번은 맞는 말이다.

⑤『대한매일신보』의 발간에 이르러서야 국가의 주권과 결부한 개화 개념이 제기되었다.

→ 5번은 틀린 말이다. 만약 이 선지가 애매했다면 빠르게『대한매일신보』와 관련된 곳을 찾아갔어야 한다. 관련 부분을 보면『대한매일신보』에 나타난 개화 개념은 '국가 구성원 전체를 실행 주체로 하여 **근대 국가 주권**을 향해 그들을 조직하고 동원하는 것'임을 알 수 있다. 즉, 이 당시 개화 개념은 '국가의 주권'과 결부되어 있었던 것이다. 그런데 그럼 이전에 개화 개념은 '국가의 주권'과 관련이 없었을까?

정확히 확인해 보면,『한성순보』에서도 '국가의 주권'과 결부한 개화 개념이 제기되었음을 알 수 있다. 지문에서『한성순보』의 개화 개념에는 '인민이 **국가의 독립 주권**의 소중함을 깨닫는 의식의 변화'가 내포되어 있었다고 했다. 즉, 개화 개념에 '국가의 주권'과 관련된 내용이 있었던 것이다. '화작 선택자' 기준으로 이 문제 정답률이 54%였다. 이 문제가 어려웠던 이유는 5번 선지에 있는 '국가의 주권'이라는 말이 지문에 없었기 때문이다. 정확히 '국가의 주권'이라는 단어는 지문에 한 번도 나오지 않았다. '근대 국가 주권', '국가의 독립 주권'이라는 말로 등장했을 뿐이다. 그러다 보니까, 문장의 의미를 '이해'하지 않고 그저 '서치'하려고 했던 학생들은 자신이 찾는 말이 없어서 답을 찾기가 힘들었을 것이다. 계속 말하지만 수능 국어를 정복하는 방법은 그저 잘 '이해'하는 것뿐이다.

답 : ⑤

(나) 1문단

> 중국이 서양의 과학과 기술에 전면적인 관심을 기울인 때는 아편 전쟁 이후였다.

→ (나)에서는 '중국의 서양 기술 수용'에 대해 말하려는 거 같다. '아편 전쟁'이라는 단어가 나오는데, 지금 역사를 공부하는 게 아니니까 구체적으로 몰라도 푸는 데는 문제 없다. 그리고 또 이 문장에서는 중국이 갑자기 왜 '서양의 과학과 기술에 전면적인 관심을 기울이게 됐는지'가 궁금했어야 한다.

* 아편 전쟁 : 영국이 청나라에 아편(마약) 무역을 강요하며 벌어진 전쟁. 1840년과 1856년 두 차례에 걸쳐 일어났다.

> 전쟁 패배에 따른 위기감은 반세기에 걸쳐 근대화의 추진과 함께 의욕적인 기술 수용으로 이어졌지만, 청일 전쟁의 패배는 기술 수용만으로는 부족하다는 인식을 낳았다.

→ 아, 중국이 아편 전쟁에서 졌나 보다. 그래서 '아 이대로는 우리 안 되겠다'라고 생각해서 서양의 과학과 기술에 전면적인 관심을 기울였던 것이다. 중국은 거의 반세기(50년)에 걸쳐서 근대화를 추진하고 의욕적으로 기술을 수용했다. 하지만 '청일 전쟁'에서 또 한 번 패배했다. 그래서 중국은 이 패배로 '아 그냥 기술만 수용해서는 안 되겠구나'라고 생각하게 된 것이다. 그럼 중국은 무엇이 더 필요하다고 생각했을까?

> 이에 따라 20세기 초반 진정한 근대를 이루기 위해 기술 배후에서 작용하는 과학 정신을 사회 전체에 이식하려는 시도가 구체화되었다.

→ 중국이 더 필요하다고 생각했던 것은 서양의 과학 기술 뒤에서 작용하는 '과학 정신'이었다. 단순히 기술만 받아들이는 게 아니라, 이 '과학 정신'이 있어야 '진정한 근대'를 이룰 수 있다고 생각한 것이다. 이건 앞서 (가) 지문에서 본 '물질적 측면'과 '정신적 측면'의 구분과도 연결해서 생각해 볼 수 있다.

그런데 아직 '과학 정신'의 의미가 '구체적으로' 무엇인지는 모르겠다. 이건 뒷부분을 읽으면서 구체적으로 잡아보자.

옌푸는 국가 간에 벌어지는 약육강식의 경쟁을 부각하고, 경쟁에서 승리하려면 기술뿐 아니라 국민의 정신적 자질이 뒷받침되어야 한다고 보았다.

➔ '옌푸'라는 사람의 주장이 나온다. 우선 옌푸는 '국가 간에 벌어지는 약육강식의 경쟁을 부각'했다고 한다. 즉, 약하면 더 강한 나라에게 잡아 먹힌다는 것을 강조함으로써 **냉정한 국제 관계에 대한 경각심을 일깨웠던 것이다.** 그리고 옌푸는 그런 약육강식의 세계에서 살아남으려면 단순히 기술만 발전시키는 게 아니라 '국민의 정신적 자질'도 뒷받침되어야 한다고 본다. 여기서 '국민의 정신적 자질'이 구체적으로 무엇을 의미하는지 의문이 들 수 있는데, 아마도 아까 1문단에서 언급된 '과학 정신'과 같은 맥락일 거라 추측할 수 있다.

정신적 자질 중 과학적 사유 능력이 가장 중요하다고 파악한 그에게 과학 정신이 전제되지 않은 정치적 변혁은 뿌리내릴 수 없는 것이었다.

➔ 앞서 옌푸가 '정신적 자질'을 강조했다고 했는데, 여기서는 그 정신적 자질의 구체적인 내용이 나온다. 바로 '과학적 사유 능력'이다. 함축적 의미를 생각해 보면 '과학적으로 생각하고 판단하는 능력'이 아닐까 싶다. **따라서 '과학 정신'이란 '과학적으로 생각하고 판단하는 것'을 의미한다고 추측할 수 있는 것이다.**

그런데 여기서 또 '정치적 변혁'이라는 말이 나온다. '정치적 변혁'이란 말 그대로 정치 체제나 제도를 바꾸는 걸 의미한다. 옌푸는 이런 정치적 변화가 일어날 때도 '과학 정신'이 반드시 필요하다고 봤다. 즉, 정치 제도만 바꾼다고 해서 나라가 발전하는 게 아니라, 그 제도를 운영하는 사람들이 먼저 과학적으로 생각하고 판단할 수 있어야 한다는 것이다. 충분히 납득 가능하다.

이제 앞뒤 맥락이 좀 더 선명해진다. 1문단에 따르면 20세기 초반 과학 정신을 사회 전체에 이식하려는 시도가 구체화되었다고 했다. 그 시도 중 하나가 옌푸의 시도이고, 옌푸는 국민의 정신적 자질, 특히 과학적 사유 능력을 강조함으로써 사회 전체에 과학 정신을 심으려 했던 것이다.

그는 인과 실증의 방법에 근거한 근대 학문 전체를 과학이라 파악하고, 과학을 습득하여 전통 학문의 폐단에서 벗어나야 한다고 주장했다. 그의 입장은 1910년대 후반 신문화 운동을 주도한 천두슈에게 이어졌다.

➔ 이 문장에서 '과학 정신'의 의미가 더 구체적으로 드러난다. 옌푸는 '인과 실증의 방법에 근거한 근대 학문 전체를 과학이라고 파악'했다. 따라서 '과학 정신'은 '인과 실증의 방법에 근거해서 생각하는 것' 정도로 이해할 수 있다.

이때 '인과 실증의 방법'이라는 것은 '원인과 결과의 관계를 실제 증거를 통해 밝히는 방법'을 의미한다. 정확히 이런 의미로 생각하진 못했어도 비슷하게 생각했으면 충분하다. 즉, 어떤 현상이 일어났을 때 "아마도 그럴 거야" 같은 추측이나 "옛날부터 그래왔으니까" 같은 관습에 기대지 않고, 실제로 그 현상이 왜 일어났는지 증거를 찾아 원인과 결과의 관계를 밝힌다는 뜻이다. 옌푸는 이런 방식으로 공부하고 연구하는 근대 학문 전체를 '과학'이라고 봤다.

그래서 그는 "전통 학문의 폐단에서 벗어나야 한다"고 했다. 여기서 '전통 학문의 폐단'이란 '증거 없이 관습이나 권위에 기대는 것을 말하는 거'라고 추측할 수 있다. 이런 옌푸의 생각은 나중에 '신문화 운동'을 주도한 천두슈에게 이어졌다. '신문화 운동'이 뭔지 구체적으로는 모르지만, 이름만 봐도 '새로운 문화를 만들자'는 운동이지 않을까 싶다.

3문단

→ 여기서 말하는 '민주 정치의 실현'은 아까 '옌푸'가 주장했던 '정치적 변혁'과 관련된 거 같다. 천두슈를 비롯한 신문화 운동의 지식인들도 옌푸와 마찬가지로, '과학'의 근거 위에서 생각하고 판단할 때 '민주 정치'의 실현이 가능하다고 본 것이다.

참고로 지문 읽을 때는 알 수 없지만 정확한 이해를 위해서 말해주자면, 당시 중국은 황제가 모든 걸 통치하는 정치 체제였다. 이런 체제에서는 과학적 사고가 어렵다. "황제님 말씀이 곧 법이다"라는 식으로 되기 때문이다. 이렇게 되면 당연히 나라 전체가 발전하기 어렵다. 그래서 천두슈 같은 지식인들은 '민주 정치' 즉, 국민이 주인이 되는 정치가 필요하다고 본 것이다. 왜냐하면 민주 정치에서는 누구나 자유롭게 의견을 낼 수 있고, 그 의견들을 과학적으로 검증하고 토론할 수 있으며, 이를 통해 더 나은 해결책을 찾을 수 있기 때문이다.

→ 충분히 납득할 수 있다. 천두슈와 신문화 운동의 지식인들은 중국이 '과학 및 과학의 방법에 근거한 문화'를 수립해야 한다고 봤다. 그래서 과학에 근거하지 않은 전통문화 전반에 대해 부정하고 비판한 것이다.

　　사상이나 철학이 과학의 방법을 이용하지 않으면 공상(空想)에 ⓐ <u>그칠</u> 뿐이라고 주장한 천두슈는 사회와 인간의 삶에 대한 연구도 과학의 연구 방법을 이용해야 한다고 보았다.

→ 여기서는 천두슈의 구체적인 비판이 나온다. 천두슈는 사상이나 철학이 '과학적 방법'을 이용하지 않으면 그냥 '공상' 즉, '실체 없는 상상'에 그칠 뿐이라는 생각을 갖고 있었다. 예를 들어 "교육 수준이 높아지면 범죄가 줄어든다"라는 사회적 주장을 할 때, 그냥 막연한 추측으로 끝내지 말고 실제 교육 수준과 범죄 발생 수의 상관관계를 통계적으로 분석하고, 여러 지역의 사례들을 비교 연구하는 등 과학적 방법으로 검증해야 한다는 것이다.

그렇기 때문에 천두슈는 '사회와 인간의 삶'에 대해 연구할 때도 과학의 연구 방법을 이용해야 한다고 봤다. 즉, 실제 증거를 가지고 원인과 결과를 따져봐야 한다는 것이다. 이건 아까 옌푸가 말한 '인과 실증의 방법'과도 연결된다.

　　그는 제1차 세계 대전의 비극은 과학을 이용해 저지른 죄악의 결과일 뿐 과학 자체의 죄악이 아니라고 주장하며 과학에 대한 자신의 생각을 지속했다.

→ 아, 이 문장을 보니까 천두슈에게 "과학 때문에 제1차 세계 대전 일어난 거 아니야?"라는 비판이 있었던 거 같다. 전쟁에서 과학 기술로 만든 무기들이 사용되면서 많은 사람들이 죽었으니까, 과학 자체를 비판하는 목소리가 있었던 것이다. 하지만 천두슈는 이런 비판에 대해 "제1차 세계 대전은 그저 과학을 잘못 이용해서 저지른 죄악의 결과일 뿐, 과학 자체가 나쁜 건 아니다"라고 반박하면서 과학의 중요성을 계속해서 주장했다.

4문단

　　한편, 제1차 세계 대전 이후 유럽을 시찰했던 장쥔마이는 통제되지 않은 과학이 불러온 역작용을 목도한 후, 과학이 어떻게 발달하든 그것이 인생관의 문제를 해결할 수는 없다며 서양 근대 문명을 비판했다.

→ '장쥔마이'는 '천두슈'와 반대 입장이다. 장쥔마이는 제1차 세계 대전 이후에 유럽을 직접 가서 봤다. 폐허가 된 유럽을 보면서 통제되지 않은 과학이 불러온 부작용을 두 눈으로 본 것이다. 이런 경험을 한 장쥔마이는 천두슈와 다른 결론을 내렸다. 천두슈는 계속해서 '과학'을 긍정적으로 바라보고 '과학'의 중요성을 강조했지만, 장쥔마이는 과학의 '한계'를 지적했다. 쉽게 말해서 장쥔마이는 "과학이 발달하면 다 해결된다고? 그건 착각이야. 내가 직접 봤는데 과학이 아무리 발달해도 인생관의 문제는 해결 못 해"라고 주장한 것이다. 여기서 '인생관의 문제'라는 건 '우리는 왜 살아가는가?', '어떻게 사는 것이 옳은가?'와 같은 문제들을 말한다. 실제로 과학이 아주 많이 발달한 현대 사회에서도 저 질문들에 대한 답은 여전히 명확하지 않다.

→ 여기서 장쥔마이의 입장이 더 구체적으로 드러난다. 장쥔마이는 근대 과학 문명에서 초래된 사상적 위기 즉, 제1차 세계 대전이 '주체의 책임 부재'에서 비롯된 것이라는 주장에 동의했다. 즉, "과학을 발전시키기만 하고 그걸 책임감 있게 다룰 주체가 없었다"는 주장에 동의한 것이다.

이는 '과학' 자체가 나쁘다는 것이 아니고, 그걸 다루는 사람들의 잘못을 지적한 것이다. **장쥔마이도 '과학적 방법' 자체를 부정하진 않았다.** '과학적 방법'은 근거를 가지고 인과 관계를 논리적으로 판단하자는 건데, 이걸 반대하진 않았을 것이다. 하지만 '인생관'의 문제, 즉 '우리는 왜 살아가는가?', '어떻게 사는 것이 옳은가?'와 같은 근본적인 질문들에 대해서는 과학적 방법으로 답을 찾을 수 없다고 본 것이다.

→ 과학적 방법의 한계를 지적했던 장쥔마이는 '중국 전통 가치관'을 해결책으로 내세웠다. 그는 과학적 방법 자체는 필요하다고 봤지만, '우리는 왜 살아가는가?', '어떻게 사는 것이 옳은가?'와 같은 인생관의 문제는 **중국의 전통 가치관**으로 해결해야 한다고 본 것이다.

이는 앞서 신문화 운동이 과학만능주의에 빠져서 전통문화를 모두 부정한 것과는 완전히 다른 입장이다. 장쥔마이는 과학과 전통, 두 가지를 모두 적절히 활용해야 한다고 봤다.

나머지 문제 풀기

1. 윗글에 대한 이해로 적절하지 <u>않은</u> 것은?

> ① (가) : 서양 과학과 기술의 국내 유입을 반대하는 주장이 개항 이후에도 이어졌다.

→ 맞는 말이다. 지문 바로 첫 문장에 '이항로를 비롯한 척사파'는 개항 이후에도 계속해서 서양 과학과 기술의 국내 유입을 반대했다고 말하고 있다. 지문 읽으면서 납득했다면 쉽게 판단할 수 있었다.

그리고 지문에 정확하게 표기되어 있진 않았지만, 고종이 '반서양 정서'를 없애려고 했다는 점에서도 이를 추측할 수 있다. 고종이 『한성순보』를 통해 '반서양 정서'를 '교정'하려고 했다는 것은, 개항 이후에도 여전히 서양 과학과 기술의 국내 유입을 반대하는 주장이 있었다는 걸 의미한다.

> ② (가) : 유학을 혁신하여 철학으로 재구성하는 것이 필요하다는 견해가 을사늑약 이후에 제기되었다.

→ 맞는 말이다. 이것도 지문을 이해했다면 아주 쉽게 판단할 수 있었다. '박은식'은 을사늑약 이후에 '유학을 혁신'해서 정신적 측면인 철학으로 재구성해야 한다고 말했었다.

> ③ (나) : 진정한 근대를 이루려면 기술 수용의 차원을 넘어서야 한다는 인식이 등장하였다.

→ 이건 (나)의 전체적인 주제다. '진정한 근대'를 이루기 위해서는 단순히 기술만 받아들이는 게 아니라 '과학 정신'이 필요했다. 그래서 옌푸와 천두슈 모두 '과학 정신'을 강조했다. 장쥔마이 역시 과학적 방법의 필요성은 인정했지만, 과학만으로는 부족하다고 보았다. 특히 '인생관'의 문제를 해결하기 위해서는 중국 전통 가치관이 필요하다고 주장했다. 결국 세 사람 모두 각자의 방식으로 '기술 수용의 차원을 넘어서야 한다'고 본 것이다.

> ④ (나) : 과학 정신이 사회에 자리 잡으려면 정치적 변혁이 선행되어야 한다는 주장이 제기되었다.

→ 완전 반대다. (나)에서는 분명히 '과학 정신'을 기반으로 '정치적 변혁'을 이뤄야 한다고 했다. 우선 옌푸는 '과학 정신이 전제되지 않은 정치적 변혁은 뿌리내릴 수 없다'고 말했다. 즉, 과학 정신이 먼저 전제되고, 그 이후에 정치적 변혁이 일어나야 한다는 것이다. 천두슈도 마찬가지다. 천두슈 또한 '과학의 근거 위에서만 민주 정치의 실현이 가능하다고 주장'했다. 즉, 과학 정신이 먼저 자리 잡아야 그 위에 민주 정치와 같은 정치적 변혁이 일어날 수 있다는 것이다. 따라서 4번이 정답이다. 이렇게 선후 관계를 바꿔서 내는 건 정말 자주 나오는 패턴이니까 주의하자.

> ⑤ (나) : 근대 과학 문명에 대한 비판적 인식을 바탕으로 전통 가치관에 주목하는 견해가 제시되었다.

→ 이건 (나)의 '장쥔마이'를 말하는 것이다. 장쥔마이는 근대 과학 문명으로 '인생관'의 문제는 해결할 수 없다고 했다. 그러면서 '중국 전통 가치관'을 수호해야 한다고 했으므로 5번은 맞는 말이다.

답 : ④

3. (나)의 '천두슈'와 '장쥔마이'가 모두 동의할 수 있는 진술로 가장 적절한 것은?

→ 이런 문제를 풀기 전에는 '천두슈'와 '장쥔마이'의 사상을 한번 생각해 주고 푸는 게 좋다. 그래야 문제가 더 정확하고 빨리 풀린다. 일단 '천두슈'와 '장쥔마이'의 차이점은 '과학'에 대한 생각이었다. 천두슈는 과학을 긍정적으로만 바라봤고, 장쥔마이는 과학의 한계를 지적했다. 과학이 발달해도 '인생관'의 문제는 해결할 수 없다는 것이다.

하지만 천두슈와 장쥔마이의 공통점도 있다. 그건, 둘 모두 '과학적 방법'을 사용하는 것이 중요하다는 데는 동의했다는 것이다. 장쥔마이는 과학의 한계를 지적한 거지, 과학 자체가 나쁘다고 하진 않았다.

> ① 전통 사상은 과학 및 과학 정신과 양립할 수 없는 관계에 놓여있다.

→ 이건 장쥔마이 입장에서 동의하지 못할 말이다. 장쥔마이는 과학적 방법으로도 '인생관의 문제'는 해결할 수 없기 때문에 '중국 전통 가치관'으로 해결해야 한다고 주장했다. 즉, 과학과 전통이 서로 배타적인 관계가 아니라 각자의 영역에서 역할을 할 수 있다고 본 것이다.

> ② 전통 사상의 폐단은 과학 정신이 뿌리내리지 못한 사회 체질에서 비롯된 것이다.

→ 이것도 틀린 말이다. 전통 사상의 폐단을 지적한 것은 옌푸였고, 천두슈는 옌푸의 입장을 이어받았으니 이런 생각에 동의했을 것이다. 하지만 장쥔마이는 절대 이 선지에 동의할 수 없다. 장쥔마이는 오히려 '중국 전통 가치관의 수호'를 주장했다. 그는 전통을 폐단이라고 보지 않았고, 오히려 인생관의 문제를 해결하기 위해 꼭 필요한 것이라고 보았다.

> ③ 과학을 이용하는 과정에서 문제가 발생했다고 해도 과학적 방법을 부정할 수 없다.

→ 정답이다. 이 선지는 천두슈와 장쥔마이가 모두 동의할 수 있는 내용이다. 먼저 천두슈는 제1차 세계 대전의 비극에 대해 이건 '과학을 이용해 저지른 죄악의 결과일 뿐 과학 자체의 죄악이 아니'라고 했다. 장쥔마이 역시 '과학적 방법 자체'를 부정하지는 않았다. 즉 두 사람 모두 과학을 '이용하는 과정'에서 문제가 있었다는 건 인정했지만, 그렇다고 해서 '과학적 방법 자체'를 부정하지는 않은 것이다. 오히려 장쥔마이는 이런 문제들을 해결하기 위해서라도 과학과 함께 인생관의 문제를 고민해야 한다고 했다.

> ④ 서양의 과학 정신을 전면적으로 도입하면 당면한 국가의 위기를 충분히 극복할 수 있다.

→ 틀렸다. 천두슈는 신문화 운동을 주도하면서 '전통문화 전반에 대한 철저한 부정과 비판'을 시도

했고, 서양의 과학 정신을 전면적으로 도입하자고 주장했으니 이 선지에 동의했을 것이다. 하지만 장쥔마이는 동의할 수 없다. 장쥔마이는 '과학이 아무리 발달해도 인생관의 문제는 해결할 수 없다'고 보았고, 애초에 '인생관의 문제에는 과학이 적용될 수 없다'고도 했다. 그렇다면 장쥔마이는, 인생관 때문에 생긴 국가의 위기를 '과학 정신'만으로 극복하는 건 불가능하다고 볼 것이다.

> ⑤ 국가의 위기는 과학적 방법으로 사상을 재구성할 필요가 있다는 인식이 부재한 데에서 비롯된 것이다.

→ 천두슈는 동의하고, 장쥔마이는 동의하지 않을 말이다. 장쥔마이는 '인생관의 문제'와 같은 사상적인 부분은 과학적 방법으로 다룰 수 없다고 보았고, 오히려 이런 문제는 중국의 전통 가치관으로 접근해야 한다고 주장했다. 따라서 '사상을 과학적 방법으로 재구성해야 한다'는 말은 장쥔마이의 입장과 완전히 배치된다.

답 : ③

4. ㉠과 ㉡에 대한 이해로 가장 적절한 것은?

㉠ : (이런 상황에서 박은식은) 근대 국가 건설과 새로운 주체의 형성에 주목하여 문명에 대한 견해를 제시했다.
㉡ : (천두슈를 비롯한 신문화 운동의 지식인들은) 과학의 근거 위에서만 민주 정치의 실현이 가능하다고 주장했다.

> ① ㉠은 인격의 수양을 동반하는 근대 주체의 정립에, ㉡은 전통적 사유 방식에 기반을 둔 신문화의 달성에 동의하는 입장이다.

→ 일단 ㉠은 '박은식'의 주장이다. '박은식'이 하는 말만 제대로 이해했다면 쉽게 판단할 수 있다. 박은식은 확실히 '인격의 수양을 동반하는 근대 주체의 정립'을 주장했다. 박은식은 과학과 철학을 모두 갖춘 새로운 주체를 만들고자 했고, 특히 '가치관 정립과 인격 수양'을 위해 철학이 필수적이라고 보았기 때문이다.

다음으로 ㉡은 '천두슈'의 입장이다. 그런데 '천두슈'가 '전통적 사유 방식에 기반을 둔 신문화의 달성'에 동의했다는 건 완전히 틀린 말이다. 천두슈는 오히려 모든 것을 '과학' 중심으로 구성해야 한다고 보았고, '전통문화 전반'에 대해 철저한 부정과 비판을 시도했다. 전통을 완전히 부정한 사람이 전통적 사유 방식에 기반을 둔 신문화를 만들자고 할 리가 없다. 따라서 이 선지는 틀렸다.

② ⑤은 주체 인식의 준거가 서양 근대 문명의 주체라는 인식에, ⑥은 철학이 과학의 방법에 근거할 수 없다는 생각에 반대하는 입장이다.

→ 정답이다. 먼저 ⑤(박은식)은 '주체 인식의 준거가 서양 근대 문명의 주체라는 인식'에 반대했다. 대한 자강회가 서양이나 일본처럼 되자고만 하면서 민족 주체성을 간과했던 것에 대한 해결책으로, 박은식은 '새로운 주체 형성'을 주장했던 것이다. 이는 지문의 '서양 근대 문명의 주체를 주체 인식의 준거로 삼았기 때문에 민족 주체성을 간과했다'라는 문장의 의미를 제대로 이해했다면 쉽게 판단할 수 있었다. 이 문제 정답률이 화작 기준으로 29%였는데, 이처럼 어려운 선지는 항상 '이해를 제대로 했는지'를 묻는다.

다음으로 ⑥(천두슈)에 대한 설명도 적절하다. 이 선지는 '이중 부정' 형태라 판단하는 데 조금 시간이 걸렸을 것이다. '철학이 과학의 방법에 근거할 수 **없다**는 생각에 **반대**한다'는 건 '철학이 과학의 방법에 근거할 수 **있다**고 생각한다'는 뜻이다. 이중 부정은 두 부정어에 '/' 표시를 해서 그냥 없는 말이라고 생각한 뒤에 풀면 편하다. 천두슈는 '사상이나 철학이 과학의 방법을 이용하지 않으면 공상에 그칠 뿐'이라고 했는데, 이는 철학도 과학적 방법을 써야 한다고 본 것이다. 따라서 2번은 맞는 말이다.

③ ⑤은 생존과 편리 증진을 위한 과학 연구의 시급성을, ⑥은 과학의 방법에 영향 받지 않는 사상이나 철학을 부인하는 입장이다.

→ 이 선택지는 정답보다 더 많은 학생들이 고른 선택지다. 무려 33%의 학생들이 선택했다. 차분하게 생각해 보자. 지문을 제대로 이해했다면 '박은식은 물질적 측면인 과학을 서양으로부터 수용'하고자 했다는 점이 기억에 남았을 것이다. 그렇다면 '과학 연구의 시급성'을 언급했는지 확인해 볼 필요성을 느꼈어야 한다.

하지만 많은 학생들이 ⑤에 대한 설명을 판단하면서 지문으로 돌아가지 않고, '박은식은 철학을 강조했으니까 과학 연구가 시급하다고 본 건 아니지 않을까..?'라고 생각했다. 답이 확실하지 않을 때 '머릿속으로만' 고민하고 판단하는 건 틀리는 지름길이다. 반드시 지문으로 돌아가야 한다. 돌아가서 확인해 보면, 지문에서는 '그는 생존과 편리 증진을 위해 과학 연구가 시급하지만, 가치관 정립과 인격 수양을 위해 철학 또한 필수적이라고 보았다'라고 말하고 있다. 즉, 박은식은 '생존과 편리 증진을 위한 과학 연구의 시급성'을 **인정**한 것이다. 이에 더해서 철학 '또한' 필수라고 했을 뿐이다. 따라서 ⑤에 대한 설명은 틀렸다.

그리고 다음으로 ⑥에 대한 설명을 보자. 천두슈는 '사상이나 철학이 과학의 방법을 이용하지 않으면 공상에 그칠 뿐'이라고 말했다. 이는 다르게 말해서 '과학의 방법에 영향받지 않는 사상' 즉, '과학과 상관없이 존재하는 사상'은 존재할 수 없다는 것이다. 따라서 ⑥에 대한 설명은 적절하다.

④ ㉠은 앞서 근대 문명을 이룬 국가를 추종하는 태도를, ㉡은 전쟁의 폐해가 과학을 오용한 자들의 탓이라는 주장을 비판하는 입장이다.

→ ㉠에 대한 설명은 맞다. 박은식은 근대 문명을 이룬 국가를 추종하는 태도에 대해 비판했다. 박은식이 주장을 펼칠 당시, 다른 사람들은 '서양 근대 문명의 주체를 주체 인식의 준거로 삼아서 민족 주체성을 간과'했기 때문이다. 그래서 박은식은 근대 문명 국가를 이룬 나라들을 추종하지 말고 '새로운 주체'를 형성하자고 말했다.

하지만 ㉡에 대한 설명이 틀렸다. 천두슈는 '전쟁의 폐해가 과학을 오용한 자들의 탓'이라고 생각하는 입장이다. 그는 제1차 세계 대전이 일어난 이유에 대해서 그건 '과학' 자체의 문제가 아니라 그 '과학'을 잘못 사용한 사람들의 탓이라고 주장했다. 따라서 천두슈는 전쟁의 폐해가 과학을 오용한 자들의 탓이라는 주장을 '비판'하는 게 아니라 '옹호'하는 입장일 것이다.

⑤ ㉠은 과학과 철학이 문명의 두 축을 이루는 학문이라는 견해에, ㉡은 철학보다 과학이 우위임을 인정할 수 없다는 견해에 동의하는 입장이다.

→ ㉠에 대한 설명은 맞지만 ㉡에 대한 설명이 틀렸다. 박은식은 '새로운 주체' 형성을 말하면서 문명의 물질적 측면은 과학이, 정신적 측면은 철학이 담당해야 한다고 주장했다. 구체적으로 '생존과 편리 증진'을 위해서는 과학이, '가치관 정립과 인격 수양'을 위해서는 철학이 필요하다고 봤다. 그리고 마지막 부분을 보면 '그가 제시한 근대 주체는 과학적·철학적 인식의 주체이자'라고 말하고 있다. 따라서 박은식은 과학과 철학이 문명의 두 축을 이루는 학문이라는 견해에 동의할 것이다.

다음으로 ㉡을 보자. 천두슈는 과학을 매우 강조한 사상가다. '사상이나 철학'도 과학의 방법을 이용하지 않으면 '공상(현실적이지 못한 생각)'이라고 했을 정도다. 이는 굳이 우위를 따지자면, '과학이 철학보다 우위(우월한 지위)에 있다고 생각'한 것이다. 따라서 천두슈는 '철학보다 과학이 우위임을 인정할 수 없다'라는 견해에 대해서는 반대할 것임을 알 수 있다. 그는 '철학보다 과학이 우위에 있다'라고 생각하기 때문이다.

답 : ②

5. (가), (나)를 이해한 학생이 〈보기〉에 대해 보인 반응으로 적절하지 <u>않은</u> 것은?

> ─── < 보기 > 분할 분석 ───
>
> A마을은 가난했지만 전통문화와 공동체적 삶을 중시하며 이웃 마을들과 조화롭게 살아왔다. 오래전, 정부는 마을의 경제 발전을 목표로 서양의 생산 기술을 도입하는 정책을 시행했다. 마을 사람들은 정책의 필요성에 공감하면서도 자신들이 발전을 이뤄 낼 수 있다는 확신이 부족했다. 이에 정부는 마을 사람들을 독려하기 위해 마을의 역량으로 달성할 수 있는 미래상을 지속해서 홍보했다.

→ 정부가 마을의 경제 발전을 목표로 서양의 생산 기술을 도입했던 건 (가), (나)의 상황과 비슷하다. (가)에서 고종이 『한성순보』를 통해 서양 문물 수용을 추진했고, (나)에서 중국이 아편 전쟁 패배 이후 서양의 과학과 기술을 받아들이려 했던 것처럼, 〈보기〉의 정부도 '통치자'가 되어 서양 기술을 도입하려 했다.

하지만 여기서 한 가지 다른 게 있다. 그건 바로 피통치자들의 태도다. 〈보기〉의 마을 사람들은 서양의 생산 기술을 도입하는 데 필요성을 느끼고 공감했다. 다만 자신들이 그걸 해낼 수 있을지에 대한 자신감이 부족했을 뿐이다. 하지만 (가)에서는 완전히 달랐다. '서양 문물 수용 자체를 반대'하는 사람들이 있었다. 이항로를 비롯한 척사파가 그랬고, 개항 이후에도 반서양 정서가 남아 있어서 고종이 『한성순보』로 이를 바로잡으려 했을 정도였다. 이걸 제대로 파악했다면 이 문제를 아주 쉽게 풀 수 있었다.

3점짜리 〈보기〉 문제는 이렇게 새로운 상황을 주는 경우가 많다. 겉으로 보면 비슷해 보이지만 그 안에 숨어 있는 차이점을 찾아낼 수 있어야 한다. 이 문제에서는 '서양 문물 수용'이라는 같은 상황 속에서 '수용하는 사람들의 태도 차이'를 발견해냈어야 했던 것이다. 이걸 알고 있는 채로 〈보기〉 문제를 푼다면 앞으로 정답률이 더 나아질 것이다. 그러니 꼭 기억하자.

> ─── < 보기 > 분할 분석 ───
>
> 이후 마을은 물질적 풍요를 누리게 되었지만 경제적 이권을 두고 이웃 마을들과 경쟁하며 갈등하게 되었다. 격화된 경쟁에서 A마을은 새로운 기술의 수용만을 우선시했고, 과거에 중시되었던 협력과 나눔의 인생관은 낡은 관념이 되었다. 젊은이들에게 전통 문화는 서양 문화에 비해 열등한 것으로 여겨졌다.

→ A마을은 '새로운 기술의 수용'만을 우선시했다. 이는 (나)에서 과학만능주의에 빠져 전통문화 전반을 부정했던 천두슈의 태도와 유사하다. 특히 A마을에서 "과거에 중시되었던 협력과 나눔의 인생관이 낡은 관념이 되었다"는 점은, 장쥔마이가 우려했던 것처럼 과학적 방법만을 중시하고 전통적 가치관을 무시하는 전형적인 모습을 보여준다.

이런 태도는 결국 문제를 낳았다. A마을에서는 과거에 중시되었던 '협력과 나눔의 인생관'이 낡은 관념이 되었고, 젊은이들은 전통문화를 열등한 것으로 여기게 되었다. 이 상황에 대해서 (가)의 '박은식'과 (나)의 '장쥔마이'는 부정적으로 볼 것이다. 박은식은 물질적 측면의 과학은 서양에서 받아들이되, 정신적 측면은 우리의 철학을 발전시켜야 한다고 주장했고, 장쥔마이는 과학적 방법은 필요하지만 인생관의 문제는 전통 가치관으로 해결해야 한다고 봤기 때문이다.

> ① (가)에서 『한성순보』를 간행한 취지는 서양에 대한 반감을 줄이는 데에 있다는 점에서, 〈보기〉에서 정부가 서양의 생산 기술 도입으로 변화하게 될 마을을 홍보한 취지와 부합하겠군.

→ 이 선지가 그냥 얼핏 보면 맞는 말 같이 보인다. 이렇게 긴 선지는 반드시 내용을 나누어서 하나씩 꼼꼼하게 따져봐야 한다. 일단 첫 번째로 따져봐야 하는 것은 (가)에서 『한성순보』를 간행한 취지가 '서양에 대한 반감'을 줄이는 데 있다는 게 정말 맞는 말인지 봐야 한다. 그런데 이건 사실 지문만 제대로 이해했으면 쉽게 판단할 수 있다. 고종은 '반서양 정서'를 줄이기 위해서 『한성순보』를 만들었다.

다음으로는 고종이 『한성순보』를 발간한 취지가, 〈보기〉에서 정부가 '서양의 생산 기술 도입으로 변하게 될 마을을 홍보한 취지와 부합'하는지 생각해 봐야 한다. 우선 〈보기〉의 정부가 변하게 될 마을의 미래상을 홍보한 취지는 '발전할 수 있다는 확신이 없는 마을 사람들에게 확신을 심어주기 위함'이었다. 그런데 이게 '반서양 정서'를 줄이는 것과 같나? 아니다. **〈보기〉의 마을 사람들은 '반서양 정서' 자체가 없었다.** 따라서 1번은 틀린 말이 되는 것이다. 이 문제 정답률이 화작 기준으로 20%였다. 80%나 되는 학생들이 틀린 것이다. 사실 이 문제는 〈보기〉 내용만 제대로 읽어냈어도 쉽게 판단할 수 있었지만, 학생들이 '지문 내용으로만' 〈보기〉를 독해하려고 하다 보니 함정에 빠졌다. 〈보기〉에는 보통 '새로운 정보'가 있다는 사실을 망각하고, 그저 '〈보기〉도 지문과 비슷한 내용이겠거니' 하고 생각했다면 분명 틀렸을 것이다.

> ② (가)에서 개화당의 한 인사의 개화 개념에 내포된 개화의 지향점은 통치 방식의 변화와 관련 있다는 점에서, 〈보기〉에서 정부가 서양의 생산 기술을 도입하며 내세운 목표와 다르겠군.

→ 이 선지는 선택률이 26%로, 정말 많은 학생들이 고른 선지다. 일단 '개화당의 한 인사의 개화 개념에 내포된 개화의 지향점'이 '통치 방식의 변화'와 관련 있는지부터 판단해 보자. 기억이 안 났다면 지문으로 빨리 돌아갔어야 한다. 지문을 보면 개화당의 한 인사가 제시한 개화 개념은 '성문화된 규정에 따른 대민 정치에서의 법적 처리 절차 실현 등 서양 근대 국가의 통치 방식으로의 변화를 내포하는 것'이었다고 말하고 있다.

이제 〈보기〉에서 정부가 서양의 생산 기술을 도입하며 내세운 목표를 보자. '정부는 마을의 경제 발전을 목표로 서양의 생산 기술을 도입하는 정책을 시행했다'라는 문장을 보면 알 수 있듯이, 정부의 목표는 '경제 발전'이었다. 그런데 개화당의 한 인사가 생각한 개화의 지향점은 '성문화된 규정에 따른 대민 정치에서의 법적 처리 절차 실현'이었다. 이는 〈보기〉의 정부가 목표로 한 '경제 발전'과는 완전히 다르다. 따라서 2번은 맞는 말이다. 그러면 왜 이렇게 많은 학생들이 2번을 골랐을까? 그건 지문을 읽으면서 '성문화된 규정에 따른 대민 정치에서의 법적 처리 절차 실현'이라는 문장을 제대로 이해하지 않고 넘어갔기 때문이다. 저 문장을 제대로 이해했다면 '통치 방식의 변화'가 구체적으로 무엇을 의미하는지 이해할 수 있었을 거고, 〈보기〉의 '경제 발전'과는 다른 의미라는 걸 충분히 파악할 수 있었다.

> ③ (가)에서 박은식은 과학과 구별되는 철학의 중요성을 강조했으므로, 〈보기〉에서 젊은이들의 자문화에 대한 인식 변화는 가치관 정립을 위한 철학이 부재했기 때문이라고 보겠군.

→ 맞는 말이다. 우선 (가)에서 박은식은 '과학'과 구별되는 '철학'의 중요성을 강조했다. (가)에서 박은식은 '과학'뿐만 아니라 '가치관 정립과 인격 수양'을 위해서 철학 또한 필수적이라고 말했다.

이런 박은식의 입장에서 봤을 때, 〈보기〉의 상황은 그가 우려했던 일이 실제로 벌어진 것이다. 박은식에 따르면 '가치관 정립'은 '철학'의 영역이다. 그런데 지금 〈보기〉의 젊은이들은 자신들의 전통문화를 '열등한 것'으로 생각하게 됐다. 따라서 박은식 입장에서는 '그들에게 올바른 가치관 정립을 도와줄 **철학**이 부재했던 것'이라고 말할 것이다.

> ④ (나)에서 옌푸는 경쟁에서 승리하기 위한 조건으로 기술과 정신적 자질을 강조했으므로, 〈보기〉에서 마을이 기술의 수용만을 중시하면 마을 간 경쟁에서 승리할 수 없다고 보겠군.

→ 이것도 2번 선지와 마찬가지로 26%나 되는 학생들이 골랐다. 일단 (나)에서 옌푸가 뭐라고 했는지 생각해 보자. 옌푸는 '과학 정신'을 강조했다. 그냥 기술만 받아들이는 게 아니라, 과학적 사유 능력이라는 정신적 자질을 길러야 한다고 본 것이다. 이런 옌푸 입장에서 봤을 때, 만약 〈보기〉에서 말하는 대로 마을이 계속 기술의 수용만을 중시하면 마을 간 경쟁에서 승리할 수 없다고 볼 것이다. 이 선지는 옌푸의 입장을 제대로 이해하고, 〈보기〉에서 '격화된 경쟁에서 A마을은 새로운 기술의 수용만을 우선시했고'라는 부분을 제대로 읽었다면 충분히 판단할 수 있었다.

⑤ (나)에서 장쾨마이는 과학적 방법의 한계를 지적했으므로, 〈보기〉에서 마을이 과거에 중
시했던 인생관이 더 이상 유효하지 않게 된 문제는 과학적 방법으로 해결할 수 없다고 보
겠군.

→ 맞는 말이다. (나)에서 장쾨마이는 과학적 방법의 한계를 지적했다. 과학적 방법을 부정하진 않았
지만, '인생관의 문제'에는 과학적 방법이 적용될 수 없다고 했다. 따라서 그는 〈보기〉에서 생긴 '인생
관'의 문제도 과학적 방법으로는 해결할 수 없다고 볼 것이다. 장쾨마이 입장에서 〈보기〉의 문제를
해결한다고 했을 때는, '과학적 방법'이 아닌 '전통 가치관의 수호'가 필요하다고 말하는 게 적절하다.

답 : ①

6. ⓐ와 문맥상 의미가 가장 가까운 것은?

사상이나 철학이 과학의 방법을 이용하지 않으면 공상(空想)에 ⓐ 그칠 뿐이라고

① 다행히 비는 그사이에 그쳐 있었다.
② 우리 학교는 이번에 16강에 그쳤다.
③ 아이 울음이 좀처럼 그치지 않았다.
④ 그는 만류에도 말을 그치지 않았다.
⑤ 저 사람들은 불평이 그칠 날이 없다.

→ 먼저 지문에서 ⓐ가 쓰인 문맥을 보자. '사상이나 철학이 과학의 방법을 이용하지 않으면 공상에
그칠 뿐'이라는 말은 '과학적 방법을 쓰지 않으면 실제로 이루어지지 못하고 공상으로 **머물고 말 것**'
이라는 의미다. 즉 여기서 '그치다'는 '어떤 상태나 정도에 머무르다'라는 뜻으로 쓰였다.

이제 선지들을 살펴보자. ①번과 ③은 '중단되다'라는 의미다. ④번과 ⑤는 '멈추다'라는 의미고, ②
만이 '어떤 정도에 머무르다'라는 의미로 쓰였다. 따라서 정답은 ②번이다.

답 : ②

인간은 정보와 독립적으로 존재하며 정보는 인간의 도구에 불과하다는 인간중심주의와 달리, 플로리디의 정보 철학은 인간을 정보적 존재의 하나로 간주한다. 인간을 포함한 세계 내 모든 존재는 속성과 행위가 정보로 환원된다는 것이다. 가령 내가 빵을 사는 행위를 하는 것은, '내가 빵을 산다'는 정보이다. 이렇듯 속성과 행위가 정보로 환원되는 정보적 존재를 플로리디는 '인포그'라고 부른다. 인포그는 정보적으로 상호 연결되어 영향을 주고받는 존재이다. 상호 연결되었다는 것의 의미는, 다른 정보를 변화시키는 행위자 즉 주체인 동시에 다른 정보에 의해 변화되는 대상이라는 것이다. 내가 친구에게 빵이 맛있다고 말해서 친구가 그 빵을 샀다면, 나의 음성 정보는 그 빵이 지닌 속성이라는 정보에 의해 촉발된 대상이자 친구의 행위라는 정보를 발생시킨 주체이다. 플로리디는 인간을 정보적 상호 연결에 의해 구현되는 인포그의 하나로 본다는 점에서, 인간을 별도의 범주로 분류하는 인간중심주의와 대비된다.

인간을 바라보는 관점의 차이는 윤리적 견해의 차이로 이어진다. 존재함 즉 '있음'을 '경험될 수 있다'는 뜻으로 정의하는 경험주의와 달리, 인포그의 '있음'은 '상호 연결의 주체와 대상이 될 수 있다'는 뜻으로 정의된다. 그러한 연결 속에서 인간을 비롯한 모든 인포그들은, 동일한 권리는 아니지만 각자의 본성에 적합한 방식으로 '있을' 나름의 권리를 가진다고 플로리디는 주장한다. 자유 의지를 지닌 인간만을 도덕 행위자로 인정하는 칸트 윤리학과 생명에 절대적인 가치를 부여하는 생명 중심 윤리학은 도덕적 주체 및 도덕적으로 대해야 하는 대상의 범위에서 인공물을 제외하지만, 플로리디는 존재하는 것의 내재적 가치를 '있음'에서 찾음으로써 인공물로까지 그 범위를 확장한다.

플로리디는 인포그와 그 상호 연결을 망라하는 공간을 '인포스피어'라 칭한다. 온라인 공간과 오프라인 공간이 중첩되어 가는 오늘날, 우리의 생활 환경 전체가 인포스피어에 해당한다. 이 공간은 기존의 공간 개념과는 다른 이해를 요구한다. 예를 들어 뉴턴이 생각한 공간은 주체나 대상과 관계없는 절대적인 것이었으나, 인포스피어는 대상과 주체가 서로 의존함으로써 존재하는 공간이자 대상이 추상화 층위를 통해서 인식되는 공간이다. 추상화 층위란 주체의 목적이나 관심을 반영함으로써 주체와 대상 사이의 인식적 관계를 매개하는 경로이다. 추상화 층위에서는 그 층위를 선택한 주체의 목적에 부합하는 속성만 정보로 인식되고 나머지 정보는 생략된다. 예컨대 차량 구매 시, 안전성을 목적으로 추상화 층위를 선택했을 때는 에어백 성능 등의 정보가, 경제성을 목적으로 했을 때는 유지 비용 등의 정보가 인식된다. 이처럼 ㉠ 추상화 층위를 통해 인식되는 정보는 '구성'된 것이다. 여기서 구성이란, 주어진 세계를 주체가 택한 경로에 따라 해석하여 이해하는 것을 말한다. 즉, 플로리디에 따르면 인포스피어라는 공간은 주체가 발견한 것도 주체가 만들어 낸 허구도 아니다. 정보 철학은 삶의 터전이 온라인으로 확장되는 한편 인공 지능 등의 비인간 행위자가 인간과 공존하는 현대의 변화를 통찰한다는 의의를 가진다.

1. 플로리디의 정보 철학 에 대한 이해로 가장 적절한 것은?

① '있음'의 개념은 경험주의에서 정의하는 것과 같은 뜻을 지닌다.

② 인간과 영향을 주고받는 정보는 모두 음성 정보의 형태로 전달된다.

③ 사물이 지닌 속성과 마찬가지로 인간이 지닌 속성 또한 정보로 환원될 수 있다.

④ 추상화 층위에서 생략되는 정보는 층위를 선택한 주체의 목적에 부합하는 정보이다.

⑤ 하나의 정보적 존재는 다른 정보적 존재들과의 상호 연결 관계를 둘 이상 맺을 수 없다.

2. ㉠의 의미로 가장 적절한 것은?

① 인포그가 속한 공간은, 오프라인 공간이 아닌 온라인 공간이다.

② 주체가 어떤 추상화 층위를 택하는가에 따라, 인포그는 행위자와 대상 중 어느 하나에만 해당한다.

③ 추상화 층위에 의한 주체와 대상 사이의 매개는, 인포그가 가지는 속성에 대한 인식이 객관적임을 보장한다.

④ 인포그들이 서로 의존함으로써 존재하는 공간은, 추상화 층위를 통해 주체가 전적으로 만들어 낸 허구이다.

⑤ 인포그가 지닌 속성이라는 정보는, 주체가 자신을 둘러싼 세계를 어떤 관점을 통해서 인식하는가에 의존한다.

3. 윗글을 바탕으로 다음의 ㄱ~ㅁ에 대해 판단한 것으로 적절하지 <u>않은</u> 것은?

―― < 보기 > ――

ㄱ. 인간은 무엇이 그 본성에 적합한가와 무관하게 다른 인공물들과 동일한 권리를 가진다.

ㄴ. 모든 정보는 인간의 행위에 의해 발생한다.

ㄷ. 정보는 도구일 뿐이며 인간은 정보와 별개로 존재한다.

ㄹ. 주체가 속한 공간은 그 주체가 어떤 인식적 매개 경로를 택하는가에 의해 영향을 받는다.

ㅁ. 인공물은 도덕적으로 대해야 하는 대상이 아니다.

① ㄱ은 플로리디의 입장과 상충하지 않는다.

② ㄴ은 플로리디의 입장과 상충한다.

③ ㄷ은 인간중심주의의 입장과 상충하지 않는다.

④ ㄹ은 뉴턴의 입장과 상충하지만, 플로리디의 입장과는 상충하지 않는다.

⑤ ㅁ은 생명 중심 윤리학의 입장과 상충하지 않지만, 플로리디의 입장과는 상충한다.

4. 〈보기〉는 플로리디와 학생이 나눈 가상의 대화이다. 윗글을 참고할 때, ㉮에 들어갈 내용으로 적절하지 <u>않은</u> 것은?

학생 : 선생님의 강연을 칸트와 비교하여 듣고, '책임의 소재'에 대해 궁금해졌습니다. 자동으로 작동하며 작동 규칙도 변경할 수 있지만, 자유 의지는 없는 인공 지능 교통 통제 시스템(AI-TCS)이 교통 혼란을 일으켰다고 해 보죠. 이 경우에 대한 선생님의 견해를 듣고 싶습니다.

플로리디 : 칸트에 따르면 자유 의지가 있음은 행위에 대해 도덕적 책임을 질 수 있음을 뜻합니다. 학생이 예로 든 시스템이 혼란에 대한 책임을 질 수는 없지만 나는 칸트와 달리 그 시스템이 도덕 행위자에 포함될 뿐 아니라 도덕적 옳고 그름까지 평가될 수 있다고 봐요. 이처럼 정보화 사회에서는 책임을 질 수 없는 도덕 행위자가 늘어나는 한편, 더 많은 정보를 보유하게 된 인간은 예상되는 결과를 예방적으로 관리하고 전체 인포스피어의 번영을 감독할 책임이 그만큼 커지지요. 인포스피어의 책임 있는 관리자로서의 인간을 나는 '호모포이에티쿠스'라 부릅니다.

학생 : 선생님께서는   ㉮   보시는군요.

① AI-TCS는 호모포이에티쿠스에 속하지 않으며, 칸트 윤리학에서 도덕 행위자로서의 지위가 인정될 자격을 갖지 않는다고

② 칸트와는 대조적으로, 자유 의지를 지니지 않은 비인간 행위자인 AI-TCS에는 교통 혼란에 대한 책임을 지울 수 없다고

③ AI-TCS와 같은 인공물이 운전자와 보행자에게 바람직하지 않은 결과를 초래하지 않게끔 예방적으로 관리할 책임이 호모포이에티쿠스에게 있다고

④ 도로의 교통 통제에 대한 규칙을 입력된 프로그램에 따라 변경한 AI-TCS에 대해 도덕적 옳고 그름을 평가하는 것이 칸트와 달리 가능하다고

⑤ AI-TCS와 같은 인포그들이 상호 의존함으로써 존재하는 생활 환경으로서의 인포스피어를 더 나은 공간으로 가꿔 나가는데 호모포이에티쿠스가 책임을 다해야 한다고

플로리디의 정보 철학 해설

1문단

> 인간은 정보와 독립적으로 존재하며 정보는 인간의 도구에 불과하다는 인간중심주의와 달리, 플로리디의 정보 철학 은 인간을 정보적 존재의 하나로 간주한다.

→ 여기서 '인간중심주의'는 말 그대로 '인간이 중심인 것을 중요하게 여기는 사상'이다. 그래서 이 사상에서는 인간이 '정보'와는 독립적으로 존재하고, '정보'는 그저 인간의 도구에 불과하다고 생각한다. 정보와의 관계에서 '인간'을 중심으로 여기는 것이다. 이와 달리 '플로리디의 정보 철학'은 인간을 정보적 존재의 하나로 간주한다. '정보적 존재'라는 말을 유추해 보면, 인간 또한 어떻게 보면 하나의 '정보'라는 말인 거 같다. 그러니까 이 철학에 따르면 인간이 정보와 독립적으로 존재하고, 정보는 인간의 도구에 불과하다는 생각은 틀렸다. 인간도 그냥 수많은 정보적 존재들 중 하나이기 때문이다. 그런데 인간이 '정보적 존재'라는 게 구체적으로 무슨 말일까?

> 인간을 포함한 세계 내 모든 존재는 속성과 행위가 정보로 환원된다는 것이다. 가령 내가 빵을 사는 행위를 하는 것은, '내가 빵을 산다'는 정보이다.

→ 아, 이 문장을 보니까 이해가 된다. '정보적 존재'는 존재의 속성과 행위과 정보로 환원되는 존재를 말한다. 여기서 '환원'이라는 건 쉽게 말해 '~로 바뀐다' 또는 '~로 표현된다'라는 뜻이다. 예를 들어서 '나'라는 존재가 '빵을 사는 행위'를 했을 때, 이는 '내가 빵을 산다'는 정보로 환원시킬 수 있다. 따라서 '나'는 정보적 존재가 되는 것이다. 그리고 이런 논리라면 정보적 존재는 인간뿐만이 아니다. '강아지가 빵을 먹는다'라는 정보가 있다면 강아지 또한 정보적 존재라 할 수 있다. 그러니 인간을 포함한 세계 내 '모든 존재'라고 하는 것이다.

> 이렇듯 속성과 행위가 정보로 환원되는 정보적 존재를 플로리디는 '인포그'라고 부른다.

→ 아, 앞선 예시에서 봤듯이 속성과 행위가 정보로 환원되는 정보적 존재를 '인포그'라고 한다. '인포그'의 개념을 말해주는 문장이니까 주의해서 봤어야 한다. 정보랑 관련된 거니까 이름이 인포메이션과 비슷한 느낌인 게 아닐까?

> 인포그는 정보적으로 상호 연결되어 영향을 주고받는 존재이다.

→ 인포그들이 '정보적으로 상호 연결'되어 있다는 게 무슨 말일까? 그냥 연결된 게 아니라 '정보적으로' 연결되어 있다는 건 서로 뭔가 '정보를 주고 받는 관계'라는 게 아닐까 싶다.

상호 연결되었다는 것의 의미는, 다른 정보를 변화시키는 행위자 즉 주체인 동시에 다른 정보에 의해 변화되는 대상이라는 것이다.

→ 아, 여기서 '상호 연결'의 의미를 구체적으로 설명해 준다. '인포그'들이 '상호 연결'되었다는 건, 한 인포그가 '다른 인포그의 정보를 변화시키는 **주체**'가 되는 동시에 '자신도 다른 인포그의 영향으로 정보가 변화되는 **대상**'이 된다는 뜻이다. 바로 아래 예시를 빌려서 설명하자면, **"빵이 맛있다"라는 '나의 음성 정보'는 빵의 속성(맛있음)에 영향받는 대상이면서, 동시에 친구에게 영향을 주는 주체가 된다.** 이렇게 모든 인포그는 영향을 받기도 하고 주기도 하면서 연결되어 있다.

내가 친구에게 빵이 맛있다고 말해서 친구가 그 빵을 샀다면, 나의 음성 정보는 그 빵이 지닌 속성이라는 정보에 의해 촉발된 대상이자 친구의 행위라는 정보를 발생시킨 주체이다.

→ 일단 내가 친구에게 "빵이 맛있어"라고 말해서 친구가 그 빵을 샀다고 하자. 그러면 우선 "빵이 맛있어"라는 음성 정보는 '그 빵이 지닌 속성'이라는 정보에 의해 촉발된 대상이다. 즉, 그 빵이 실제로 '맛있음'이라는 속성을 가지고 있기 때문에, "빵이 맛있어"라는 정보가 만들어진 것이다.

그리고 또 "빵이 맛있어"라는 나의 음성 정보는 '친구의 (빵을 사는) 행위'라는 정보를 발생시킨 '주체'라고 할 수 있다고 한다. 나는 여기서 읽는 속도를 약간 늦추고 생각했다. "빵이 맛있어"라는 음성 정보 자체가 '주체'라고? 그렇다면 "빵이 맛있어"라는 정보가 '인포그'라는 건데? 그런데 맥락상 '인포그'는 '나'나 '친구', '빵' 같은 존재가 되어야 하는 거 아닌가? **아, 사실 생각해 보니까 '음성 정보' 또한 '인포그'로 볼 수 있겠다.** 아까 앞에서도 '세계 내 모든 존재'의 속성과 행위가 정보로 환원된다고 했기 때문이다. 그럼 '음성 정보' 또한 세계 내 모든 존재 중 하나로 볼 수 있고, 어떤 '존재'로서 다른 정보와 상호작용 할 수 있다. 실제로 이 예시에서도 '음성 정보'가 빵의 속성에 영향받는 '대상'이고, 친구의 행위에 영향을 주는 '주체'니까 말이다. 그래서 나는 여기서 '음성 정보' 또한 '인포그'로 볼 수 있다는 것을 한번 곱씹은 뒤에 넘어갔다.

플로리디는 인간을 정보적 상호 연결에 의해 구현되는 인포그의 하나로 본다는 점에서, 인간을 별도의 범주로 분류하는 인간중심주의와 대비된다.

→ 여기서 플로리디의 입장을 다시 한번 더 정리해 준다. 플로리디는 인간을 그저 '수많은 인포그들 중 하나'일 뿐이라고 본다. 그리고 "정보적 상호 연결에 의해 구현되는 인포그"라는 말을 통해서, '인간'은 혼자 독립적으로 존재하는 게 아니라 '빵'이든 '친구'든 '음성 정보'든 모든 것들과 상호작용 하면서 존재한다는 것을 알 수 있다. 그래서 플로리디는 굳이 인간만 특별 취급할 이유가 없다는 입장이다. 반면 인간중심주의는 인간을 '별도의 범주'로 분류한다. 즉, 인간은 특별하고, 정보는 그저 인간의 도구일 뿐이라는 것이다.

2문단

인간을 바라보는 관점의 차이는 윤리적 견해의 차이로 이어진다.

→ 구체적으로 어떤 '윤리적 견해의 차이'가 있는 걸까? 이때 '윤리적 견해'라는 건 말 그대로 '도덕적인 부분에 대한 생각'이다. '무엇이 옳고 그른지, 누구를 어떻게 대해야 하는지' 등에 대한 생각 말이다.

존재함 즉 '있음'을 '경험될 수 있다'는 뜻으로 정의하는 경험주의와 달리, 인포그의 '있음'은 '상호 연결의 주체와 대상이 될 수 있다'는 뜻으로 정의된다.

→ 우선 '있음'에 대한 정의를 소개해 준다. 경험주의는 무언가가 '있다'는 걸 '경험될 수 있다'로 정의한다. 즉, 내가 보고 듣고 만질 수 있으면 존재한다는 것이다. 그런데 인포그의 관점에서 '있다'는 건 '상호 연결의 주체와 대상이 될 수 있다'는 뜻이다. 즉, 다른 정보적 존재와 연결되어서 서로 영향을 주고받는다면('인포그'가 될 수 있다면) '있다'고 말할 수 있다. 예를 들어 '컴퓨터 프로그램'은 만질 수 없지만, 다른 프로그램과 데이터를 주고받으니까 플로리디 관점에선 '있다'고 볼 수 있는 것이다.

그러한 연결 속에서 인간을 비롯한 모든 인포그들은, 동일한 권리는 아니지만 각자의 본성에 적합한 방식으로 '있을' 나름의 권리를 가진다고 플로리디는 주장한다.

→ 이 문장을 제대로 이해하고 넘어가는 게 정말 중요했다. 대부분의 학생들은 '동일한 권리는 아니지만'이라는 말을 제대로 이해하지 않고 넘어갔고, 이로 인해 3번 문제는 6모 전체 오답률 1위(37%)를 차지했다. 플로리디가 하는 말을 정확히 이해해 보자. 일단 플로리디는 인포그들이 모두 권리를 가지긴 한다고 본다. 인간이든, 강아지든, 나무든, 돌멩이든 각자의 본성에 적합한 방식으로 '있을'(상호 연결의 주체와 대상이 될) 나름의 권리가 있다는 것이다. 이때 '각자의 본성에 적합한 방식으로 있다'는 것은, 인간은 '언어'로 소통을 하고 강아지는 짖거나 꼬리를 흔들면서 각자의 방식으로 상호 연결의 주체와 대상이 된다는 뜻이다. 나무나 돌멩이 또한 마찬가지다. 나무는 산소를 내뿜고 이산화탄소를 흡수하면서 환경과 상호작용 하고, 돌멩이는 다른 돌멩이를 밀치거나 비바람에 깎이면서 상호작용 한다. 즉, 각자 자기만의 방식으로 다른 존재와 정보를 주고받는 것이다.

그런데 여기서 중요한 것이 있다. 이 모든 존재들이 가지고 있는 권리가 서로 '동일'하진 않다는 것이다. 이게 무슨 말일까? 예를 들어서 인간은 '인간답게 살 권리'가 있다. 하지만 강아지나 나무, 돌멩이에게는 이런 권리가 없다. 다른 사물들은 '그 사물들답게' 상호작용 할 권리가 있는 거고, 인간에게는 그 사물들과 달리 '인간답게 사고하고 선택하며' 상호작용할 권리가 있는 것이다. 나는 이 문장을 읽기 전까지 '플로리디는 인간이랑 돌멩이를 비슷하게 보는 건가?'라고 생각했는데, 그게 아니라는 걸 확실히 알았다. 플로리디도 당연히 인간이 돌멩이보다 많은 권리를 갖고 있다고 생각하는 것이다.

자유 의지를 지닌 인간만을 도덕 행위자로 인정하는 칸트 윤리학과 생명에 절대적인 가치를
부여하는 생명 중심 윤리학은 도덕적 주체 및 도덕적으로 대해야 하는 대상의 범위에서 인공
물을 제외하지만, 플로리디는 존재하는 것의 내재적 가치를 '있음'에서 찾음으로써 인공물로
까지 그 범위를 확장한다.

→ 문장이 길지만 내용 자체는 그리 어렵지 않다. 차근차근 뜯어보자. 먼저 칸트 윤리학은 '자유 의지
를 지닌 인간만' 도덕 행위자로 인정한다. '자유 의지'가 구체적으로 뭔지는 몰라도, 함축적 의미 그
대로 '자유롭게 행동할 의지' 정도가 아닐까 싶다. 칸트 윤리학에서는 '자유 의지'가 없는 동물이나 식
물, 무생물 등은 도덕 행위자가 아니다. 생명 중심 윤리학은 말 그대로 '생명'에 절대적인 가치를 부여
한다. 그래서 '생명'이 없는 '인공물'은 도덕적 주체 및 도덕적으로 대해야 하는 대상이라고 보지 않는
다. 예를 들어 '로봇' 같은 건 인공물이니까, 도덕적 주체가 될 수 없다.

그런데 플로리디는 다르다. 앞서 플로리디는 '있음' 자체에서 가치를 찾았다. 그리고 플로리디에게
'있음'은 '상호 연결의 주체와 대상이 될 수 있다'는 거였다. 따라서 로봇이나 돌멩이 같은 것도 다른
존재와 정보를 주고받으니까 '있다'고 말할 수 있다. 즉, 인간과 마찬가지로 도덕적 대상이 될 수 있는
것이다. 이를 이해하고 나면, 아까 왜 '음성 정보' 또한 인포그가 될 수 있었는지 더 잘 이해가 된다.

참고로 이러한 플로리디의 철학은 실제로 의미가 있다. 예를 들어 어떤 로봇이 공장에서 일하다가 고
장 났다고 하자. 그 로봇을 그냥 폐기 처분해도 될까? 칸트나 생명 중심 윤리학에서는 "그냥 기계니
까 상관없어"라고 하겠지만, 플로리디라면 "그 로봇도 나름의 방식으로 존재해 온 인포그인데, 최소
한의 존중은 필요하지 않을까?"라고 생각할 수 있다. 즉, 플로리디의 철학은 AI와 인간이 공존하게
될 미래 사회에서 생길 윤리적 문제들을 어떻게 바라보고 해결할지에 대한 새로운 관점을 제시하기
도 하는 것이다.

3문단

플로리디는 인포그와 그 상호 연결을 망라하는 공간을 '인포스피어'라 칭한다.

→ '인포스피어'라는 새로운 개념이 나왔다. 여기서 '망라한다'는 건 '모두 포함한다' 같은 뜻이다. 따
라서 '인포스피어'는 모든 인포그들과 그들 사이의 상호 연결을 다 포함하는 공간이라고 이해할 수
있다. 쉽게 말해서 인포그들이 정보를 주고받으며 상호작용하는 공간 전체를 '인포스피어'라고 부르
는 것이다. 그리고 함축적 의미를 생각해 보면 '인포메이션' + '스피어(sphere = 구체)'여서 정보를 주
고받으며 상호작용하는 공간(스피어)라고 말하는 게 아닐까 싶다.

→ 납득할 수 있다. 앞서 이해한 '인포스피어'의 정의에 따르면 오늘날 우리의 생활 환경 전체를 '인포스피어'라고 할 수 있을 것이다. 요즘은 사람들이 길을 걸으면서도 스마트폰으로 SNS를 하고, 카페에서도 노트북으로 일하고, 집에서도 인터넷으로 쇼핑한다. 즉, 우리는 우리의 생활 환경 '전체'에서 상호 연결되어 있고, 서로 정보를 주고받으며 산다. 그래서 우리가 사는 모든 공간을 '인포스피어'라고 할 수 있는 것이다.

→ 이것도 충분히 이해할 수 있다. 뉴턴이 생각한 '공간'은 인간 같은 인포그가 상호작용을 하든 말든 절대적으로 존재하는 것이었다. 그리고 우리가 흔히 일상에서 말하는 '공간'도 이 의미에 더 가깝다. 보통 우리는 인포그들의 상호작용이 하나도 없는 황무지 또한 '공간'이라고 생각하기 때문이다. 그런데 플로리디가 말하는 '공간'은 우리가 생각하는 '공간'이 아니다. 우선 플로리디가 말하는 공간인 '인포스피어'는 '대상과 주체가 서로 의존함으로써' 존재하는 공간이다. 즉, 인포그들이 서로 상호작용을 해야만 그 공간이 존재한다는 것이다. 그리고 또 인포스피어는 '대상이 추상화 층위를 통해서 인식되는 공간'이라고 한다. 여기서 '추상화 층위'가 뭘까? 다행히 아래에서 설명해 주고 있다.

→ '추상화 층위'의 개념을 말해주는 문장이다. 말이 좀 어려운데, 이럴수록 속도를 늦추고 제대로 이해해야 한다. 일단 '주체의 목적이나 관심을 반영'한다는 게 무슨 말일까? 이는 쉽게 말해서 내가 뭘 원하는지, 뭐에 관심 있는지에 따라 추상화 층위가 달라진다는 것이다. 그리고 추상화 층위는 '주체의 목적이나 관심을 반영'함으로써 '주체와 대상 사이의 인식적 관계를 매개하는 경로'인데, 마치 내가 대상을 인식할 때 거쳐 가는 '필터'인 셈이다. 내 목적과 관심에 따라 이 필터가 달라지고, 그 필터를 통해서 대상을 인식한다는 것이다.

→ 여기를 보니까 확실히, 이해된다. '추상화 층위'는 정말 '필터' 같은 거였다. 주체가 어떤 정보를 인식할 때 주체는 어떤 '추상화 층위를 선택'하게 된다. 그리고 주체는 그 추상화 층위에서 해당 추상화 층위를 선택한 '자신의 목적'에 부합하는 속성만을 '정보'로 인식하고, 나머지 정보는 정보로 인식하지 않는다. 즉, '추상화 층위'라는 '필터'를 통해 정보를 인식하는 것이다. 아래 예시가 있으니 읽고 더 구체적으로 이해해 보자.

→ 우리는 차량을 구매할 때 목적에 따라 다른 '추상화 층위'를 선택한다. 만약 내가 '안전성'을 목적으로 추상화 층위를 선택한다면 '에어백 성능' 등의 정보가 인식될 것이다. 반면 '경제성'을 목적으로 추상화 층위를 선택한다면 '유지 비용' 등, '경제성'과 관련된 정보가 인식된다.

→ 중요한 문장이다. 우리가 일상적으로 쓰는 말인 '구성'의 의미를, 이 문장에서는 다르게 설명하고 있다. 이런 문장들은 더 주의 깊게 봐야 한다. 그래야 선지에서 '구성'이라는 말을 봤을 때 내가 알고 있는 의미가 아니라 지문에서 정의해준 의미로 풀 수 있다.

생각해 보면 내가 어떤 '추상화 층위'를 통해 정보를 인식한다고 했을 때, 해당 정보는 '구성'된 것이라고 할 수 있다. 왜냐하면 그렇게 내가 인식한 세계는 실제로 존재하는 그대로가 아니라, 나의 목적, 관심에 따라 '만들어진'(구성된) 세계이기 때문이다. 예를 들어서 똑같은 차를 봐도 내가 '안전성 층위'를 선택하면 '안전한 차'로, '경제성 층위'를 선택하면 '경제적인 차'로 인식된다. 즉, 추상화 층위를 통해 인식되는 정보는, 객관적으로 고정된 게 아니라 내 목적과 관심에 따라 '구성'되는 것이다.

→ 이 문장이 조금 어려울 수 있다. 집중했어야 한다. '인포스피어'라는 공간이, 주체가 '발견한 것'도 아니고 '허구'도 아니라는 게 무슨 말일까? 앞서 이해했듯이 '인포스피어'는 추상화 층위를 통해 '구성'되는 것이다. '발견'은 원래 있던 걸 찾아내는 거고, '허구'는 완전히 상상으로 만든 것을 의미한다.

그런데 '인포스피어'는 '실제로 존재'(=허구가 아님)하는 인포그들의 상호작용을, 주체의 목적과 관심에 따라 '새롭게 구성'(=기존에 있던 걸 발견한 게 아님)해서 인식하는 거니까, '발견'도 아니고 '허구'도 아니다.

정보 철학은 삶의 터전이 온라인으로 확장되는 한편 인공 지능 등의 비인간 행위자가 인간과 공존하는 현대의 변화를 통찰한다는 의의를 가진다.

→ 마지막 문장은 플로리디 정보 철학의 의의를 정리한다. 왜 이런 철학이 필요할까? 현대 사회가 변하고 있기 때문이다. 첫째, 우리는 이제 온라인에서도 소통한다. 즉, 삶이 온라인으로 확장됐다. 둘째, AI 같은 비인간 행위자들이 등장했다. 이런 변화 속에서 '인간만 특별하다'라는 기존 철학으로는 한계가 있다. 왜 그럴까? AI가 인간과 똑같이 정보를 주고받으며 상호작용 하는데, 기존 철학으로는 AI를 그저 '도구'로만 볼 수밖에 없기 때문이다. 예를 들어 AI가 중요한 결정을 내리거나 문제를 일으켰을 때, 그냥 "기계니까 아무 책임도 권리도 없다"라고만 할 수 있을까? 이런 새로운 상황을 설명하기 어렵다는 것이다. 그래서 모든 존재를 정보적 존재로 보는 플로리디의 철학이 의미가 있다. 플로리디 철학은 AI도 인포그로서 권리를 가질 수 있다고 보니까, 앞으로의 윤리 문제를 다룰 수 있는 토대가 되는 것이다.

지문 관련 문제 해설

1. 플로리디의 정보 철학 에 대한 이해로 가장 적절한 것은?

> ① '있음'의 개념은 경험주의에서 정의하는 것과 같은 뜻을 지닌다.

→ 틀렸다. 경험주의에서 '있음'은 '경험될 수 있다'는 뜻이지만, 플로리디의 정보 철학에서 인포그의 '있음'은 '상호 연결의 주체와 대상이 될 수 있다'는 뜻이다. 경험주의는 감각으로 느낄 수 있으면 존재한다고 보지만, 플로리디는 다른 인포그와 정보를 주고받을 수 있으면 존재한다고 본다. 즉, 플로리디가 정의하는 '있음'의 개념과 경험주의에서 정의하는 '있음'의 개념은 전혀 다르다.

> ② 인간과 영향을 주고받는 정보는 모두 음성 정보의 형태로 전달된다.

→ 틀렸다. 지문의 예시를 보면 '나의 음성 정보'는 '빵의 속성'이라는 정보에 의해 촉발되고, '친구의 행위'라는 정보를 발생시킨다. 여기서 '빵의 속성 정보'나 '친구의 행위 정보'는 '음성 정보'가 아니다. 즉, 인간과 영향을 주고받는 정보에는 음성 정보뿐만 아니라 다양한 형태의 정보가 있다.

③ 사물이 지닌 속성과 마찬가지로 인간이 지닌 속성 또한 정보로 환원될 수 있다.

→ 맞는 말이다. 플로리디는 인간을 포함한 세계 내 '모든' 존재의 속성과 행위가 정보로 환원된다고 했다. 사물의 속성과 행위뿐만 아니라 인간의 속성과 행위도 모두 정보로 환원되는 것이다. 그리고 이게 바로 플로리디가 모든 존재를 '정보적 존재'로 보는 이유다.

④ 추상화 층위에서 생략되는 정보는 층위를 선택한 주체의 목적에 부합하는 정보이다.

→ 틀렸다. 반대로 이해했다. 추상화 층위에서는 주체의 목적에 부합하는 정보만 인식되고, 목적에 부합하지 않는 정보가 생략된다. 차를 살 때 '안전성'이 목적이면 '가격 정보'는 생략되는 것처럼, 목적에 맞지 않는 정보가 걸러지는 것이다.

⑤ 하나의 정보적 존재는 다른 정보적 존재들과의 상호 연결 관계를 둘 이상 맺을 수 없다.

→ 틀렸다. 인포그는 상호 연결되어 다양한 영향을 주고받는 존재인데, 한 인포그가 오직 하나의 다른 인포그하고만 관계를 맺는다는 건 말이 안 된다. "빵이 맛있다"라는 나의 음성 정보는 친구와도, 빵과도, 여러 존재들과도 동시에 상호작용 할 수 있다.

· 답 : ③

2. ㉠의 의미로 가장 적절한 것은?

㉠ : 추상화 층위를 통해 인식되는 정보는 '구성'된 것이다

① 인포그가 속한 공간은, 오프라인 공간이 아닌 온라인 공간이다.

→ 틀렸다. 이건 추상화 층위와 전혀 관계없는 얘기다. 게다가 플로리디는 온라인과 오프라인이 중첩된 우리 생활 환경 전체를 '인포스피어'라고 했다. 인포그가 온라인에만 존재한다는 건 완전히 잘못된 이해다.

> ② 주체가 어떤 추상화 층위를 택하는가에 따라, 인포그는 행위자와 대상 중 어느 하나에만
> 해당한다.

→ 틀렸다. 인포그는 항상 주체이면서 '동시에' 대상이다. 추상화 층위를 선택한다고 해서 인포그가 주체 아니면 대상 둘 중 하나로 고정되는 게 아니다. "빵이 맛있다"라는 나의 음성 정보가 빵의 속성에 영향받는 대상이면서, 동시에 친구에게 영향을 주는 주체인 것처럼, 인포그는 언제나 양쪽 역할을 동시에 한다.

> ③ 추상화 층위에 의한 주체와 대상 사이의 매개는, 인포그가 가지는 속성에 대한 인식이 객
> 관적임을 보장한다.

→ 틀렸다. 오히려 정반대다. 추상화 층위는 주체의 목적과 관심을 반영하기 때문에 주관적이다. 같은 차를 봐도 내 목적이 '안전성'이냐 '경제성'이냐에 따라 다르게 인식되는 것처럼, 객관적 인식을 보장하는 게 아니라 주관적으로 구성된 인식을 만든다.

> ④ 인포그들이 서로 의존함으로써 존재하는 공간은, 추상화 층위를 통해 주체가 전적으로
> 만들어 낸 허구이다.

→ 틀렸다. 플로리디는 '인포스피어'에 대해서, 주체가 '발견'한 것도 아니고 주체가 만들어 낸 허구도 아니라고 분명히 말했다. '실제로 존재'하는 인포그들의 상호작용을 주체의 목적에 따라 '새롭게 구성'해서 인식하는 거지, 완전히 꾸며낸 가짜가 아니다.

> ⑤ 인포그가 지닌 속성이라는 정보는, 주체가 자신을 둘러싼 세계를 어떤 관점을 통해서 인
> 식하는가에 의존한다.

→ 맞는 말이다. 이게 바로 '구성'의 의미다. 정보는 객관적으로 고정된 게 아니라, 주체가 어떤 추상화 층위를 선택하느냐, 즉 어떤 관점으로 보느냐에 따라 달라진다. 차량의 속성도 내가 '안전성' 관점으로 보면 에어백 성능이 인식되고, '경제성' 관점으로 보면 유지비가 인식되는 것처럼, 주체의 관점에 따라 구성되는 것이다.

· 답 : ⑤

3. 윗글을 바탕으로 다음의 ㄱ ~ ㅁ에 대해 판단한 것으로 적절하지 <u>않은</u> 것은?

― < 보기 > ―

ㄱ. 인간은 무엇이 그 본성에 적합한가와 무관하게 다른 인공물들과 동일한 권리를 가진다.

ㄴ. 모든 정보는 인간의 행위에 의해 발생한다.

ㄷ. 정보는 도구일 뿐이며 인간은 정보와 별개로 존재한다.

ㄹ. 주체가 속한 공간은 그 주체가 어떤 인식적 매개 경로를 택하는가에 의해 영향을 받는다.

ㅁ. 인공물은 도덕적으로 대해야 하는 대상이 아니다.

① ㄱ은 플로리디의 입장과 상충하지 않는다.

→ 틀렸다. ㄱ은 플로리디의 입장과 상충한다. 플로리디는 모든 인포그가 '동일한 권리는 아니지만' 각자의 본성에 적합한 방식으로 '있을' 권리를 가진다고 했다. 예를 들어 인간은 인간의 본성에 맞는 권리를, 인공물은 인공물의 본성에 맞는 권리를 가지는 것이다. 이는 다르게 말해서 인포그들에 따라 그들이 가진 '권리가 서로 다르다'는 뜻이다. 그런데 ㄱ은 지금 인간이 본성과 무관하게 인공물과 '동일한 권리'를 가진다고 말하고 있다. 이는 플로리디 입장과 완전히 어긋난다. 따라서 ㄱ은 플로리디의 입장과 '상충한다'고 해야 한다. 이 문제 정답률이 매우 낮았는데, 결국 지문 이해가 핵심이다. 네가 지문에 있는 문장을 이해하지 않고 날려 읽는 순간, 그 문장은 아주 높은 확률로 문제에서 만나게 된다. 그래서 시험장에서는 최대한 모든 문장을 제대로 이해하려 하는 수밖에 없다.

② ㄴ은 플로리디의 입장과 상충한다.

→ 맞는 말이다. 플로리디는 모든 존재의 속성과 행위가 정보로 환원된다고 했다. 예를 들어 빵의 '맛있다'는 속성도 정보고, 돌멩이가 비바람에 깎이는 것도 정보다. 이때 이런 정보들이 '모두' 인간의 행위에 의해 발생하는 건 아니다. 돌멩이가 비바람에 깎이는 건 자연 현상이지, 인간의 행위와 관련이 없다. 그런데 ㄴ은 지금 '모든 정보'가 인간의 행위에 의해 발생한다고 말하고 있으니까, 이는 당연히 플로리디 입장과 상충한다.

③ ㄷ은 인간중심주의의 입장과 상충하지 않는다.

→ 맞는 말이다. 인간중심주의는 정보를 인간의 도구로 보고, 인간은 정보와 독립적으로 존재한다고 본다. ㄷ이 말하는 내용이 바로 인간중심주의의 핵심이다. 따라서 상충하지 않는다.

④ ㄹ은 뉴턴의 입장과 상충하지만, 플로리디의 입장과는 상충하지 않는다.

→ 맞는 말이다. 뉴턴은 '공간'이 주체나 대상과 관계없이 '절대적'이라고 봤다. 내가 어떤 생각을 가지고 공간을 바라보든 공간은 그대로 존재한다. 즉, 뉴턴의 공간은 주체가 어떤 인식적 매개 경로를 택하는가에 영향받지 않는다. 그런데 플로리디의 '인포스피어'는 주체가 어떤 추상화 층위를 택하느냐에 따라 다르게 구성되는 공간이다. 즉, 주체가 어떤 인식적 매개 경로를 택하는가에 따라 공간이 새롭게 구성된다. 이는 다르게 말해서 공간이 주체의 추상화 층위에 영향을 받는다는 뜻이다. 따라서 ㄹ은 뉴턴과는 상충하지만 플로리디와는 일치한다.

⑤ ㅁ은 생명 중심 윤리학의 입장과 상충하지 않지만, 플로리디의 입장과는 상충한다.

→ 맞는 말이다. 생명 중심 윤리학은 생명이 없는 인공물을 도덕적 대상에서 제외한다. 로봇은 생명이 아니니까 도덕적으로 대할 필요가 없다는 것이다. 반면 플로리디는 인공물도 인포그로서 도덕적 대상이 된다고 본다. 따라서 ㅁ은 생명 중심 윤리학과는 일치하지만 플로리디와는 상충한다.

· 답 : ①

4. 〈보기〉는 플로리디와 학생이 나눈 가상의 대화이다. 윗글을 참고할 때, ㉮에 들어갈 내용으로 적절하지 <u>않은</u> 것은?

> ─── < 보기 > 분할 분석 ───
>
> **학생** : 선생님의 강연을 칸트와 비교하여 듣고, '책임의 소재'에 대해 궁금해졌습니다. 자동으로 작동하며 작동 규칙도 변경할 수 있지만, 자유 의지는 없는 인공 지능 교통 통제 시스템(AI-TCS)이 교통 혼란을 일으켰다고 해 보죠. 이 경우에 대한 선생님의 견해를 듣고 싶습니다.

→ 학생이 AI-TCS(인공지능 교통 통제 시스템)를 예로 들면서 책임 문제를 물어본다. 이 AI-TCS는 '자유 의지'가 없다. 즉, 자기 스스로 인간처럼 어떤 판단을 해서 교통 혼란을 일으킨 게 아니다. 이 상황에서 칸트는, AI에게 책임을 지울 수 없다고 말할 것이다. 칸트에게 '책임'이라는 건 자유 의지를 지닌 인간만이 지는 것이기 때문이다. 여기에 대해서 플로리디는 뭐라고 답변할까?

┌─── < 보기 > 분할 분석 ──────────────────────────────┐

플로리디 : 칸트에 따르면 자유 의지가 있음은 행위에 대해 도덕적 책임을 질 수 있음을 뜻합
　　니다. 학생이 예로 든 시스템이 혼란에 대한 책임을 질 수는 없지만 나는 칸트와 달리 그 시
　　스템이 도덕 행위자에 포함될 뿐 아니라 도덕적 옳고 그름까지 평가될 수 있다고 봐요. 이
　　처럼 정보화 사회에서는 책임을 질 수 없는 도덕 행위자가 늘어나는 한편, 더 많은 정보를
　　보유하게 된 인간은 예상되는 결과를 예방적으로 관리하고 전체 인포스피어의 번영을 감
　　독할 책임이 그만큼 커지지요. 인포스피어의 책임 있는 관리자로서의 인간을 나는 '호모포
　　이에티쿠스'라 부릅니다.

학생 : 선생님께서는 [　　　　㉮　　　　] 보시는군요.

└──┘

→ 플로리디의 답변을 정리해 보자. 플로리디는 칸트의 주장도 말해준다. 칸트에 따르면 '자유 의지
가 있음'은 자신의 행위에 대해 '도덕적 책임을 질 수 있음'을 뜻한다. 플로리디는 칸트와 마찬가지로
AI-TCS가 책임을 질 수 없다는 점에는 동의한다. 자유 의지가 없으니까 말이다. 하지만 AI-TCS가
도덕 행위자에는 포함되고, 더 나아가 AI-TCS의 행동에 대해 도덕적 옳고 그름까지 평가할 수 있다
고 본다. **즉, AI-TCS가 도덕적 책임은 못 지지만 도덕적으로 평가받을 수는 있다는 것이다.** 예를 들
어 AI가 잘못된 판단을 했다면 AI에게 "네가 책임져라"라고 할 수는 없지만, "이 AI의 행동은 도덕적
으로 옳지 않다"라고 평가할 수는 있다. 생각해 보면 납득이 되는 말이다.

그럼 이때 책임은 누가 질까? 바로 '인간'이다. 플로리디에 따르면 AI 같은 '책임을 질 수 없는 도덕 행
위자'가 늘어날수록, 인간의 책임은 더 커진다. 인간이 AI의 행위에 대해서도 책임을 져야 하기 때문
이다. 그래서 인간이 이런 AI들을 예방적으로 관리하고 인포스피어 전체를 감독해야 한다. 그리고 이
런 책임 있는 관리자로서의 인간을 '호모포이에티쿠스'라고 부른다. ㉮에는 이런 플로리디의 주장과
칸트 윤리학에 어긋나지 않는 말이 들어가야 할 것이다.

┌──┐
│ ① AI-TCS는 호모포이에티쿠스에 속하지 않으며, 칸트 윤리학에서 도덕 행위자로서의 지위
│ 　 가 인정될 자격을 갖지 않는다고
└──┘

→ 맞는 말이다. 호모포이에티쿠스는 책임 있는 관리자로서의 '인간'을 가리키는 말이다. AI-TCS는
인간이 아니니까 호모포이에티쿠스가 아니다. 그리고 칸트는 '자유 의지'가 있는 인간만 도덕 행위자
로 인정하니까, AI-TCS는 칸트에게 도덕 행위자가 될 수 없다.

② 칸트와는 대조적으로, 자유 의지를 지니지 않은 비인간 행위자인 AI-TCS에는 교통 혼란
　에 대한 책임을 지울 수 없다고

→ 틀렸다. '칸트와는 대조적으로'라는 부분이 문제다. 〈보기〉에 따르면 '칸트'는 **플로리디와 마찬가지로** 'AI-TCS가 책임을 질 수 없다'는 입장이다. AI에게는 자유 의지가 없으니까 말이다. 따라서 '칸트와는 대조적으로'가 아니라 '칸트와 마찬가지로'라는 식의 말이 들어가야 한다. 칸트와 플로리디의 입장이 다른 건 AI-TCS를 '도덕 행위자'로 인정하느냐 마느냐이다. 칸트는 AI-TCS를 '도덕 행위자로 볼 수 없다'는 입장이고, 플로리디는 '도덕 행위자로는 볼 수 있다'는 입장이다. 〈보기〉 이해만 잘했다면 답은 생각보다 쉽게 나왔다.

③ AI-TCS와 같은 인공물이 운전자와 보행자에게 바람직하지 않은 결과를 초래하지 않게
　끔 예방적으로 관리할 책임이 호모포이에티쿠스에게 있다고

→ 맞는 말이다. 플로리디는 인간이 AI를 예방적으로 관리해야 한다고 했다. AI가 문제를 일으키기 전에 미리 관리하고 감독하는 게 '호모포이에티쿠스'(인간)의 책임이다.

④ 도로의 교통 통제에 대한 규칙을 입력된 프로그램에 따라 변경한 AI-TCS에 대해 도덕적
　옳고 그름을 평가하는 것이 칸트와 달리 가능하다고

→ 맞는 말이다. 플로리디는 AI-TCS를 '도덕 행위자'로 봤고, 더 나아가서 AI-TCS가 '도덕적 옳고 그름'을 평가받을 수 있다고 했다. 반면 칸트는 AI를 '도덕 행위자'로 보지 않았다. 그렇기 때문에 AI의 행위에 대해서는 도덕적 평가 자체가 불가능하다. 따라서 '칸트와 달리'라는 표현이 적절하다.

⑤ AI-TCS와 같은 인포그들이 상호 의존함으로써 존재하는 생활 환경으로서의 인포스피어
　를 더 나은 공간으로 가꿔 나가는데 호모포이에티쿠스가 책임을 다해야 한다고

→ 맞는 말이다. 플로리디는 '호모포이에티쿠스'가 인포스피어의 번영을 감독할 책임이 있다고 했다. AI도 인포그고, 인포그들이 상호작용 하는 공간이 인포스피어니까, 이를 더 나은 공간으로 만드는 게 호모포이에티쿠스의 책임이다.

· 답 : ②

(가)

법조문으로 구성된 법 규범인 성문법의 의미를 파악하는 것을 법 해석이라고 한다. 법은 사회 구성원들에게 보편적으로 적용되는 규범이므로, 성문법을 ⓐ 구성하는 단어나 문장은 그 일상적 의미에 충실하게 해석되어야 한다. 이러한 '문리 해석'이 법 해석의 출발점이다.

그러나 문리 해석으로 그 내용을 제대로 파악하기 어려우면, 그것이 사용된 맥락을 ⓑ 고려하여 그 의미를 파악하는 '체계적 해석', 입법 과정에서 논의된 내용을 바탕으로 그 의미를 파악하는 '역사적 해석' 등의 해석 방법을 사용할 수 있다. 그 예로서 '담보'를 들 수 있다. 담보의 일상적 의미는 '맡아서 보증함'이고, 이런 의미로 사용된 예로 '구조물의 안전을 담보하기 위한 검사'를 들 수 있다. 하지만 성문법 조문에서 사용될 때는 그 맥락을 고려하여 다른 의미로 해석되기도 한다.

담보는 유상 계약의 맥락에서 거래 대상의 값어치를 보장한다는 의미로 해석된다. 유상 계약이란 그 당사자가 서로 대가를 주고받을 것을 약속하는 계약을 뜻한다. 유상 계약의 일종인 매매 계약에서 목적물이 계약 체결 당시부터 있던 하자 때문에 대금만큼의 값어치를 하지 못하는 상태였다면, 매도인은 그 하자 발생의 원인이 무엇이든 담보 책임을 져야 한다. 그 책임의 내용은 손해 배상이 원칙이지만, 만약 하자로 인해 매수인이 계약의 목적을 달성할 수 없으면 매수인은 계약을 ⓒ 파기하고 대금 환불을 청구할 수도 있다. 다만 매수인이 계약 체결 당시 하자의 존재를 알았거나 알 수 있었던 경우에는 담보 책임이 인정되지 않는다.

한편, 담보는 채권과 관련된 맥락에서는 채권의 실현 가능성을 보장하기 위한 조치라는 의미로 해석된다. 담보 물권이 그 예이다. 금전 채권은 채권자가 채무자로부터 돈을 받아야 실현되는데, 채무자가 돈을 지급하지 않으면 강제 집행 절차를 거쳐야 한다. 강제 집행의 목적물이 부동산이면 그 부동산을 경매하여 마련된 경매 대금을 배당받음으로써 금전 채권이 실현된다. 이때 경매 대금을 배당받을 금전 채권자가 여럿이면 각 채권자는 각자의 채권액에 비례하여 배당받아야 하는 것이 원칙이다. 그러나 그 채권자 중 담보 물권을 가진 자는 경매 대금에서 자신의 채권액부터 먼저 배당받는다.

(나)

보증이란 채무자가 채무를 이행하지 않으면 그 채무를 다른 사람이 대신 이행하기로 하는 것이다. 이때 원래의 채무자를 주채무자, 주채무자 대신 채무를 이행하는 사람을 보증인이라 하고, 주채무자가 부담하는 채무를 주채무, 보증인이 부담하는 채무를 보증 채무라 한다. 보증은 담보 기능을 수행하므로 주채무가 소멸되면 보증 채무도 당연히 소멸된다. 보증이 ⓓ 성립하려면 채권자와 보증인을 당사자로 하는 보증 계약이 필요하다. 보증 계약은 보증인에게만 채무를 발생시키므로 유상 계약이 아니다. ㉠ 이는 주채무자와 보증인 간에 보증의 대가를 지급하기로 하는 계약이 별도로 체결되었더라도 마찬가지이다.

보증 계약에 대해서는 보증인 보호를 위하여 법적 규제가 적용된다. 우선 「민법」에 의하면 보증 계약을 할 때는 일반적인 계약과는 달리 계약서가 작성되어야 하고, 여기에는 보증인의 서명이나 기명 날인이 있어야 한다. 이를 위반한 보증 계약은 무효이지만 보증 채무가 이행되었으면 보증인이 그 무효를 주장할 수 없다. 주채무가 주채무자의 사업과 무관한 금전 채무이고, 보증인이 대가 없이 주채무자에 대한 호의로 보증 계약을 한 경우에는 「보증인 보호를 위한 특별법」에 의한 보호도 제공된다. 예컨대 보증 기간이 명시되지 않은 경우 보증 기간은 3년으로 간주된다.

채권자가 주채무자에게 주채무의 이행을 청구하지 않고 곧바로 보증인에게만 보증 채무의 이행을 청구한 경우, 보증인은 주채무자가 강제 집행 대상 재산을 보유하고 있음을 채권자에게 증명하여 보증 채무의 이행을 거절할 수 있는 권리가 있다. 그러나 보증인이 이러한 권리를 포기하기로 하는 '연대 보증 특약'이 보증 계약에 포함될 수 있다. 이러한 특약을 한 보증인인 연대 보증인 은, 채권자가 곧바로 주채무 전액에 해당하는 돈의 지급을 요구하더라도 그 이행을 거절할 수 없다.

연대 보증인에게도 「보증인 보호를 위한 특별법」이 적용되는지가 문제 되는데, 어떤 해석 방법을 따르느냐에 따라 결론이 달라질 수 있다. 위 법률 제2조가 그 적용 대상인 보증 계약을 '주채무자가 금전 채무를 이행하지 않는 경우 그 채무를 보증인이 이행하기로 하는 계약'이라고 ㉢ 규정하고 있으나 그 입법 과정에서 연대 보증인 보호의 필요성이 강조되었기 때문이다.

---

1. (가)와 (나)의 내용 전개 방식에 대한 설명으로 가장 적절한 것은?

① (가)는 법조문의 의미 해석 방법을 구분하여 제시하고, (나)는 보증 계약에 관한 규범의 주요 내용을 열거하고 있다.

② (가)는 법조문의 의미 차이가 확대되어 온 이유를 분석하고, (나)는 보증 계약에 관련되는 주요 개념들을 정의하고 있다.

③ (가)는 법조문의 의미를 해석하는 방법의 사례를 소개하고, (나)는 보증 계약의 폐해와 이로 인한 결과를 서술하고 있다.

④ (가)는 법조문의 의미를 파악하는 입장들을 대조하고, (나)는 보증 계약이 역사적 맥락에 따라 변화한 과정을 밝히고 있다.

⑤ (가)는 법조문의 의미를 다른 상황에서 유추하여 도출하고, (나)는 보증 계약의 유형별로 규제의 공통점을 비교하고 있다.

2. (가)를 통해 알 수 있는 내용으로 적절하지 <u>않은</u> 것은?

① 법은 사회 구성원들에게 보편적으로 적용되어야 하므로 일상적 의미가 해석의 출발점이 되어야 한다.
② 법조문에서의 담보에는 채권자의 금전 채권 실현의 가능성을 보장하는 조치라는 법적인 의미가 부여되기도 한다.
③ 금전 채권자가 여럿인 경우에 진행된 경매에서 담보 물권의 존재 여부는 경매 대금의 배당 순위에 영향을 준다.
④ 유상 계약에서의 담보는 당사자 간 거래 대상의 값어치를 보장하는 의미로 해석되므로, 교환 대상 사이의 값어치가 일치해야 계약이 체결된다.
⑤ 법조문의 의미를 문리 해석만으로 제대로 파악하기 어려운 경우에는 법조문의 입법 과정에서 논의된 내용을 바탕으로 그 의미를 해석하기도 한다.

3. (가), (나)를 바탕으로 할 때, ㉠의 이유로 가장 적절한 것은?

① 주채무자가 보증인에게 지급하기로 한 대가를 채권자가 대신 받을 수 있기 때문이다.
② 보증인에게 대가를 지급할 의무를 지는 사람이 보증 계약의 당사자가 아니기 때문이다.
③ 보증 채무를 이행하기 전까지는 보증인이 주채무자로부터 손해 배상을 받을 수 없기 때문이다.
④ 채권자에게 주채무자 대신 채무를 이행하는 것은 보증인 자신의 채무를 이행하는 것에 해당하기 때문이다.
⑤ 보증은 주채무자에 대한 채권의 실현을 담보하는 기능을 수행한다는 점에서 담보 물권과 다름없기 때문이다.

4. 연대 보증인 에 대한 이해로 가장 적절한 것은?

① 주채무자에 대한 호의로 대가 없이 보증 계약을 한 자이어야 한다.
②「보증인 보호를 위한 특별법」제2조의 문리 해석에 의하면 이 법의 적용 대상에 해당한다.
③ 채권자가 주채무자에게 채무의 이행을 청구하지 않는 한 보증 채무의 이행을 거절할 권리가 있다.
④ 채권자와는 보증 계약을 하고 채무자와는 연대 보증 특약을 함으로써, 보증 채무를 부담하게 된다.
⑤ 채권자가 주채무자에게 채무의 이행을 청구하여 그 채권이 실현되면 더 이상 보증 채무를 이행할 의무가 없다.

5. (가), (나)를 바탕으로 〈보기〉를 이해한 내용으로 적절하지 <u>않은</u> 것은?

— < 보기 > —

　　갑은 자신이 보유한 예술품을 1년에 1점씩 4년간 을에게 납품하고, 그 대금으로 1점당 500만 원씩을 매년 연말에 받기로 하는 매매 계약을 했다. 을은 그 예술품을 소장 목적으로 수집하고 있었다. 갑이 을에게 대금 채무에 대한 담보를 요구하자 을은 병에게 보증을 서 달라고 부탁했고, 병은 을에 대한 호의로 대가 없이 갑과 보증 계약을 했다. 이에 갑이 을에게 예술품의 납품을 시작했고 을은 2년 동안 갑에게 그 대금을 지급했다. 그런데 이후 2년 동안 갑이 예술품을 1년에 1점씩 납품했으나 을은 그 대금을 지급하지 않았다. 이에 갑이 병에게 미납 대금 1,000만 원의 지급을 요구하고 있다.

① 갑이 납품한 예술품에 갑의 행위와 무관한 하자가 있어서 을에게 손해가 발생한 경우, 계약 체결 시점에 을이 그 하자를 알 수 있었으면 을은 손해 배상을 받을 권리가 없다.

② 갑이 납품한 예술품에 하자가 있어서 을에게 손해가 발생한 경우, 을이 그 하자에도 불구하고 계약의 목적을 달성할 수 있으면 을은 그 대금의 환불을 받을 권리가 없다.

③ 보증 계약서에 병의 서명은 있고 연대 보증 특약이 없는 경우, 을에게 강제 집행 대상 재산이 있음을 병이 갑에게 증명했더라도 병은 갑이 요구한 1,000만 원의 지급을 거절할 수 없다.

④ 보증 계약서가 작성되지 않았고 연대 보증 특약이 없는 경우, 병이 을을 대신하여 갑에게 1,000만 원을 지급했으면 보증 계약의 무효를 주장할 수 없다.

⑤ 보증 계약서에 병의 서명도 날인도 없지만 연대 보증 특약이 있는 경우,「보증인 보호를 위한 특별법」제2조를 어떤 방법으로 해석하든 병은 갑에게 1,000만 원을 지급할 의무가 없다.

6. 문맥상 ⓐ～ⓔ와 바꿔 쓰기에 적절하지 <u>않은</u> 것은?

① ⓐ : 이루는
② ⓑ : 헤아려
③ ⓒ : 깨뜨리고
④ ⓓ : 이루어지려면
⑤ ⓔ : 바로잡고

(가) 1문단

법조문으로 구성된 법 규범인 성문법의 의미를 파악하는 것을 법 해석이라고 한다.

→ 첫 문장부터 용어가 막 쏟아진다. 우선 '성문법'이라는 말이 나온다. '성문법'이라는 단어는 이미 2022학년도 6월 모의평가에 출제됐던 「베카리아의 형벌론」 지문에 나왔던 단어다. 따라서 그 의미를 알고 있었던 학생들은 좀 더 쉽게 이해했을 것이다. '성문법'은 말 그대로 '이룰 성'에 '글월 문' 자로, '글자로 만들어진 법'이다. 참고로 반대말은 '불문법'이다. '아니 불' 자를 써서 '글자로 되어 있지 않은 법(관습법)'을 말한다. 이 정도는 상식으로 알아두자.

이 문장에서는 '법조문으로 구성된 법 규범'을 '성문법'이라고 정의한다. 어렵게 생각할 것 없다. 쉽게 말해서 '글로 적혀 있는 법'이라는 뜻이다. 그리고 그런 성문법의 의미를 파악하는 것을 '법 해석'이라고 한다. 글로 적혀 있는 법의 의미를 이해하는 것이니, 법을 '해석'하는 것이라 할 수 있겠다.

법은 사회 구성원들에게 보편적으로 적용되는 규범이므로, 성문법을 ⓐ 구성하는 단어나 문장은 그 일상적 의미에 충실하게 해석되어야 한다. 이러한 '문리 해석'이 법 해석의 출발점이다.

→ 충분히 납득할 수 있다. 우선 법이 '보편적으로 적용되는 규범'이라는 것은, 나나 너와 같이 평범한 사람들 모두에게 똑같이 적용된다는 뜻이다. 그런데 만약 법에 쓰인 단어를 우리가 모르는 특수한 암호처럼 해석한다면 어떨까? **일반 사람들은 법을 지키고 싶어도 무슨 말인지 몰라서 못 지킬 것이다.** 이렇게 되면 억울한 일이 생길 수도 있다. 그러니 법은 누구나 알 수 있는 '일상적인 의미' 그대로 해석해야 한다는 것이다. 그리고 이렇게 글자 그대로, 일상적 의미대로 해석하는 방식을 '문리 해석'이라고 부른다. 또 이는 가장 기본이 되고 누구나 납득할 수 있는 방식이니, 이것을 '법 해석의 출발점'이라고 한 것이다.

2문단

그러나 문리 해석으로 그 내용을 제대로 파악하기 어려우면, 그것이 사용된 맥락을 ⓑ 고려하여 그 의미를 파악하는 '체계적 해석', 입법 과정에서 논의된 내용을 바탕으로 그 의미를 파악하는 '역사적 해석' 등의 해석 방법을 사용할 수 있다.

→ 어렵지 않다. 글자를 있는 그대로만 읽어서는 무슨 말인지 알기 어렵거나, 오해가 생기는 경우에는 '문리 해석'이 아닌 '다른 해석 방법'을 쓸 수 있을 것이다. 하나는 '체계적 해석'인데, 말 그대로 해당 문장이나 단어가 속해 있는 앞뒤 맥락(체계)을 보라는 것이다. 그리고 또 다른 방법으로 '역사적

해석'이 있다. 이는 함축적 의미 그대로, 법을 만들었던 '역사'를 보고 해석하는 방식이다. 과거에 법을 만들 때는 국회의원들이 해당 법을 만든 '의도'가 있었을 것이다. 그래서 그 의도가 뭔지 보고, 그의도대로 해석을 하자는 게 바로 '역사적 해석'이다.

> 그 예로서 '담보'를 들 수 있다. 담보의 일상적 의미는 '맡아서 보증함'이고, 이런 의미로 사용된 예로 '구조물의 안전을 담보하기 위한 검사'를 들 수 있다. 하지만 성문법 조문에서 사용될 때는 그 맥락을 고려하여 다른 의미로 해석되기도 한다.

➜ 우리가 평소에 '담보'라는 말을 언제 쓸까? 지문에 나온 것처럼 '구조물의 안전을 담보(보증)한다'거나, 친구에게 "내 이름을 담보로 추천할게"라고 할 때처럼 무언가를 '맡아서 보증한다'는 뜻으로 쓴다. 이게 바로 글자 그대로, 즉 '일상적 의미'로 파악하는 '문리 해석'이다.

하지만 성문법에서 '담보'라는 단어가 쓰일 때는, 그 단어가 놓인 '맥락'에 따라 우리가 알던 것과는 전혀 다른 의미로 해석된다고 한다. **이때 '맥락'을 고려하여 다른 의미로 해석된다는 말은, '체계적 해석'이 필요한 순간이 온다는 뜻이다.** 바로 위 문장에서, '맥락'을 고려하여 의미를 파악하는 건 '체계적 해석'이라고 했다. 그래서 사실 이어지는 3문단과 4문단 모두 '역사적 해석'이 아닌 '체계적 해석'에 대해서만 말하고 있는 것이다.

3문단

> 담보는 유상 계약의 맥락에서 거래 대상의 값어치를 보장한다는 의미로 해석된다.

➜ 담보라는 단어는 원래 '맡아서 보증함'이라는 뜻이다. 그런데 '유상 계약'의 맥락에서 해석하면 '거래 대상의 값어치를 보장한다'라는 뜻으로 해석된다고 한다. 맥락에 따라 체계적 해석이 이루어지는 것이다. 뭔가 비슷한 말인 거 같은데 '거래 대상'의 '값어치'를 보장한다는 데서 차이점이 있는 거 같다. 그리고 이때 '유상 계약'이란 무엇일까?

> 유상 계약이란 그 당사자가 서로 대가를 주고받을 것을 약속하는 계약을 뜻한다.

➜ 아, 여기서 유상 계약의 정의를 설명해 준다. 유상 계약은 말 그대로 '서로 보상이 있는 계약' 정도로 이해해 볼 수 있겠다. 쉽게 말해, 내가 누군가에게 어떤 물건을 주고 그 대가로 돈을 받는다면 '유상 계약'을 한 것이라 볼 수 있는 것이다. 이 문장은 유상 계약의 정의를 제시해 주는 부분이므로, 주의해서 봤어야 한다.

→ 매매 계약 상황을 이미지화해 주자. 매매 계약이 유상 계약의 일종이라고 하는데, 매매 계약은 말 그대로 무언가를 '매매하는(사고파는)' 계약이다. 즉, 당사자끼리 '서로 물건이나 돈 같은 대가를 주고받는 계약'이니까, 유상 계약의 일종이라고 볼 수 있을 거 같다.

그리고 이 문장은 예시를 생각해 보면 이해가 쉽다. 예를 들어서 내가 100만 원을 주고 중고 노트북을 샀다고 하자. 그런데 사고 나서 확인해 보니 화면에 미세하게 금이 가 있었다. 즉, '하자'가 있었던 것이다. 이때 중요한 건 '타이밍'이다. 내가 매매 계약을 하기 '전'부터 이미 금이 가 있었다면, 내가 산 노트북은 애초부터 100만 원 만큼의 값어치를 못 하는 상태였다. 그런 경우에는, 노트북을 판 사람(매도인)이 '하자 발생 원인이 무엇이든' 담보 책임을 져야 한다.

그런데 왜 무조건 담보 책임을 져야 하는 걸까? 이건 사는 사람 입장에서 생각해 보면 쉽게 납득할 수 있다. 파는 사람이 일부러 속이려고 그랬든 아니면 자기도 모르고 그랬든, 어쨌든 상대방은 '하자 있는 물건'을 제값보다 비싸게 주고 산 셈이 되니까 말이다. 결과적으로 사기를 당한 거나 마찬가지인 상황이니, 원인이 뭐든 간에 파는 쪽에서 해결해 줘야 하는 것이다. 그리고 아까 '담보'는 '거래 대상의 값어치를 보장'해 주는 것이라고 했으니, 매도인은 금이 간 것만큼의 금액을 되돌려주거나 금이 간 부분을 수리해서 다시 제공하는 등의 보상을 해줘야 할 거 같다.

→ 아, 원칙적으로 매도인은 손해 배상을 해야 한다. 방금 예시를 생각해 보면, 노트북에 기스가 난 부분에 대해서 '수리비'를 지급하는 식으로 '손해'를 '배상'해야 하는 것이다. 그런데 만약 하자가 심각해서 노트북이 아예 켜지지 않는다면 어떨까? 이러면 매수인 입장에서 노트북을 산 목적(인강 듣기, 리포트 쓰기 등)을 달성할 수 없다. 이런 경우에는 그냥 '노트북 구매 계약' 자체를 파기하고, 노트북 구매 비용 전체(100만 원)를 환불받을 수도 있다는 것이다. 충분히 납득할 수 있다.

→ 예외가 나온다. 법지문에서는 '예외'가 중요하다. 보통 예외는 무조건 문제로 나오기 때문이다. 그런데 사실 더 중요한 건 예외를 '이해'하는 것이다. 왜 매수인이 계약 체결 당시 하자의 존재를 알았거

나, 알 수 있었던 경우에는 '담보 책임'이 인정되지 않을까?

이건 사실 조금만 생각해 보면 납득할 수 있다. 예를 들어, 매수인이 노트북에 하자가 있는 걸 알면서 100만 원에 계약을 하거나, 매도인이 계약할 때 확인하라고 찍어 보내 준 사진에서 기스를 확인할 수 있는 경우를 떠올려 보자. 상식적으로 생각해서 매수인이 화면에 기스가 난 걸 알면서도 샀다면, 아마 그만큼 싸게 샀거나 그 정도 기스는 감수하겠다는 뜻이었을 것이다. 그런데 나중에 와서 "이거 기스 났으니 책임져!"라고 따지는 것은 억지다. 그리고 기스가 난 걸 알 수 있었는데도 자신의 부주의로 알지 못했다면, 법이 이런 것까지 보호해 줄 수는 없다. 즉, 법은 뻔히 알고 한 선택이나 본인의 부주의까지 다 보호해 주지 않는다. 법이 이런 것까지 다 보호해 주면 매도인은 마음 놓고 물건을 팔 수가 없을 것이다. 이는 매도인에게 너무 과도한 짐을 지우는 것과 같다.

4문단

> 한편, 담보는 채권과 관련된 맥락에서는 채권의 실현 가능성을 보장하기 위한 조치라는 의미로 해석된다.

→ 3문단에서 '담보'의 의미가 물건의 '값어치'를 보장하는 거였다면, 지금부터는 '채권의 실현 가능성을 보장'한다는 의미다. 이때 '채권의 실현 가능성을 보장'한다는 건 쉽게 말해서, '남에게 무언가를 해달라고(돈을 갚거나, 물건을 주거나) 요구할 수 있는 권리'가 실현될 수 있도록 보장한다는 것이다.

> 담보 물권이 그 예이다. 금전 채권은 채권자가 채무자로부터 돈을 받아야 실현되는데, 채무자가 돈을 지급하지 않으면 강제 집행 절차를 거쳐야 한다.

→ 담보 물권이 뭘까? 일단 함축적 의미는 잘 생각이 나지 않는다. 일단 좀 더 읽으면서 이해해 보자. 우선 채권 중에서도, '돈을 받을 권리'인 '금전 채권'은 당연히 채권자가 채무자로부터 돈을 받아야 실현될 것이다. 그런데 만약 돈을 빌려 간 채무자가 돈을 지급하지 않는다면 어떻게 할까? '강제 집행 절차'를 거쳐야 한다. 이건 말 그대로 '강제로 돈을 지급하도록 만드는 절차'라고 이해할 수 있다.

> 강제 집행의 목적물이 부동산이면 그 부동산을 경매하여 마련된 경매 대금을 배당받음으로써 금전 채권이 실현된다.

→ 납득할 수 있다. 만약 빚진 사람이 현금은 한 푼도 없고, 달랑 집(부동산) 한 채만 가지고 있다면 어떨까? 법원은 그 집을 압류해서 '경매' 시장에 내놓는다. 이후 경매 시장에서 그 집이 팔리면 그 대가로 경매 대금이 생긴다. 이때 채권자는 법원으로부터 그 현금을 나눠 받게 되는데, 이걸 '배당'받는다고 말하는 거 같다. 계속 머릿속으로 이미지를 그리며 이해해 주자. 이렇게 되면 채권자는 받아야 할 돈을 받게 되므로 '금전 채권이 실현'된다고 할 수 있다.

→ 이것도 천천히 생각해 보면 쉽게 납득할 수 있다. 채무자가 돈을 여러 명에게 안 갚은 상황이라고 해 보자. 그러면 채무자의 부동산을 팔고 남은 돈은, 각각의 채권자가 받아야 할 채권액에 '비례'하여 나눠줘야 한다. 예를 들어 부동산을 팔고 남은 돈이 3억이다. 그리고 채권자 A는 10억을 받아야 하고, 채권자 B는 5억을 받아야 한다고 하자. 즉, A가 B보다 2배 더 많은 돈을 받아야 하는 상황이다. 그러면 3억을 나눌 때, A가 B보다 2배 더 많이 나눠 가져야 하니까, A는 2억을 받고 B는 1억을 받아야 한다.

그런데 만약 채권자 B가 '담보 물권'을 가졌다면? 이때는 경매 대금인 3억 원에서 자신의 채권액부터 '먼저' 배당을 받는다. 지금 채권자 B는 총 5억을 받아야 하는 상황이니까, 3억을 전부 다 일단 채권자 B에게 주는 것이다. '담보 물권'이 없는 A는 돈을 한 푼도 받지 못한다. 참고로 지문을 읽을 때는 당연히 이렇게 구체적으로 계산할 필요는 없고, 이것과 비슷하게 이해하고 넘어가면 충분하다. 그리고 앞서 '담보 물권'이 무엇인지 궁금했는데, 여기를 보니까 맥락상 '채무자의 물건을 팔아서 나온 돈을 제일 먼저 돌려받을 권리' 정도로 이해할 수 있겠다. '담보 물권'을 가지고 있다면 다른 채권자들에 비해 손해를 최소화할 수 있을 것이다.

> → (가), (나) 지문은 (가) 지문을 읽고 바로 (가)와 관련된 문제를 풀어줘야 한다. (나) 지문까지 다 읽고 풀면, 상대적으로 (가) 지문 내용이 머릿속에서 희미해지기 때문이다.

(가) 지문 관련 문제 해설

2. (가)를 통해 알 수 있는 내용으로 적절하지 <u>않은</u> 것은?

> ① 법은 사회 구성원들에게 보편적으로 적용되어야 하므로 일상적 의미가 해석의 출발점이 되어야 한다.

→ 맞는 말이다. 1문단에 거의 그대로 적혀 있던 문장이다. 법은 너와 나 같은 일반인에게도 똑같이 (보편적으로) 적용된다. 그러니 암호처럼 쓰면 안 되고 누구나 알 수 있는 '일상적 의미'로 해석하는 게 기본이다. 그리고 이걸 '문리 해석'이라고 했다.

② 법조문에서의 담보에는 채권자의 금전 채권 실현의 가능성을 보장하는 조치라는 법적인 의미가 부여되기도 한다.

→ 맞는 말이다. 4문단 첫 문장에 거의 그대로 나와 있어서 쉽게 판단했을 것이다. 4문단 전까지는 '담보'가 '값어치'와 관련해서 해석됐지만, 4문단에서는 채권과 관련된 맥락에서 의미가 바뀌었다. 돈 떼일 걱정 없이 확실하게 받을 수 있는 '가능성'을 보장하는 것, 그게 바로 채권 맥락에서의 '담보'다.

③ 금전 채권자가 여럿인 경우에 진행된 경매에서 담보 물권의 존재 여부는 경매 대금의 배당 순위에 영향을 준다.

→ 맞는 말이다. 아까 지문 해설에서 내가 예시로 들었던 '3억 배당' 사례를 떠올려 보자. 원칙적으로는 채권자 각각이 받아야 할 돈의 비율대로 나눠 가져야 한다. 하지만 '담보 물권'을 가진 사람이 등장하면? 그 사람이 갑자기 최고 우선순위가 되어서 먼저 돈을 다 가져간다. 즉, 담보 물권이 있냐 없냐에 따라 채권자가 돈을 받는 '순서(순위)'가 완전히 달라지는 것이다.

④ 유상 계약에서의 담보는 당사자 간 거래 대상의 값어치를 보장하는 의미로 해석되므로, 교환 대상 사이의 값어치가 일치해야 계약이 체결된다.

→ 틀렸다. 이 선지는 인과관계를 교묘하게 비틀었다. 우선 유상 계약에서 담보가 '값어치를 보장한다'는 뜻이라는 건 맞는 말이다. 하지만 뒷부분이 틀렸다. 교환 대상 사이의 값어치가 일치해야만 계약이 체결(성립)된다? 이런 말은 없었다. 오히려 지문 3문단을 보면, 하자가 있어서 "대금만큼의 값어치를 하지 못하는 상태"였더라도 매매 계약 자체는 체결될 수 있음을 알 수 있다. 계약은 일단 체결되는 것이고, 나중에 보니 값어치가 안 맞으면(하자가 있으면) 그때 가서 파는 사람이 '책임(손해배상, 환불)'을 지는 것이다. 즉, 값어치의 불일치는 '사후 책임'의 문제이지, 계약 '체결의 조건'이 아니다.

⑤ 법조문의 의미를 문리 해석만으로 제대로 파악하기 어려운 경우에는 법조문의 입법 과정에서 논의된 내용을 바탕으로 그 의미를 해석하기도 한다.

→ 맞는 말이다. 글자 그대로(문리) 읽어서 해결이 안 되면, 법을 만들던 과거(역사)로 돌아가 '입법 과정'을 살펴본다고 했다. 이게 바로 '역사적 해석'이다.

· 답 : ④

(나) 1문단

> 보증이란 채무자가 채무를 이행하지 않으면 그 채무를 다른 사람이 대신 이행하기로 하는 것이다.

→ 보증의 정의를 말해 주고 있는 만큼 주의해서 봤어야 한다. 보증의 의미 자체는 그리 어렵지 않다. 우리가 흔히 "보증 서지 마라"라고 할 때 그 보증을 말하는 거 같다. 내가 누군가의 보증을 선다는 것은, 채무자가 채무를 이행하지 않을 때 그 채무를 내가 대신 이행하기로 하는 것이다. 보증을 서는 상황을 이미지화해 보자.

> 이때 원래의 채무자를 주채무자, 주채무자 대신 채무를 이행하는 사람을 보증인이라 하고, 주채무자가 부담하는 채무를 주채무, 보증인이 부담하는 채무를 보증 채무라 한다.

→ 정의가 이어서 쏟아지고 있다. 이런 부분은 정신 차리고 정말 주의 깊게 읽어야 한다. 우선 채무자가 왜 '주채무자'가 되는 걸까? 생각해 보면 '채무자 – 채권자' 관계에서, 채무를 원래 갚아야 하는 '주인공'은 '채무자'이다. 그래서 채무자를 '주채무자'라고 부르는 게 아닐까 싶다. 그리고 채무자를 위해서 보증을 선 사람은, 말 그대로 '보증인'이라고 부른다. 이 보증인은 채무자가 채무를 이행하지 않을 때 그 채무를 대신 이행해 줘야 한다.

> 보증은 담보 기능을 수행하므로 주채무가 소멸되면 보증 채무도 당연히 소멸된다.

→ 여기서는 아까 (가)에서 설명했던 '담보'에 대한 얘기를 한다. (가)에서 충분히 설명해 준 개념이기 때문에, 여기서는 별다른 부연 설명 없이 '담보 기능을 수행'한다고 그냥 줬다. 아까 지문에서 '담보'라는 것은 "채권과 관련된 맥락에서는 채권의 실현 가능성을 보장하기 위한 조치라는 의미로 해석된다."라고 했다. **따라서 여기에서도 '채권의 실현 가능성을 보장하기 위한 조치'라는 의미로 해석해야 한다.**

결국 보증은 '채권의 실현 가능성을 보장하기 위한 기능'을 수행하기 때문에, 만약 채권이 실현되어서 주채무가 소멸되면, 대신 채권을 실현시켜 줘야 하는 보증 채무도 당연히 소멸되어야 한다. 나는 '본체'에 해당하는 주채무가 사라지면 '그림자'에 해당하는 보증 채무도 함께 사라지는 운명이라고 이해하고 넘어갔다.

> 보증이 ⓓ <u>성립하려면</u> 채권자와 보증인을 당사자로 하는 보증 계약이 필요하다.

→ 이 문장을 흘려 읽었으면 아래 문장들도 제대로 이해하기 어려웠을 것이다. **사실 이 문장은 '보증 계약'의 개념을 제시해 주고 있는 문장이기 때문에 정말 주의해서 읽었어야 한다.** 이 문장에서 말하는 '보증 계약'은 '채권자'와 '보증인'을 당사자로 하는 계약이다. 우리가 흔히 생각했을 때는, <u>내가 '채무자' 대신 보증을 서는 거니까</u> '채무자'와 '보증인'이 보증 계약을 맺어야 하는 게 아닌가 하고 생각할 수 있다. 하지만 이 문장에서 분명히 말하고 있듯, 보증 계약이라는 건 '채권자'와 '보증인'을 당사자로 하는 계약이다. 보증인이 채권자에게 가서 "만약 채무자가 안 갚으면 제가 대신 갚아줄게요!"라고 계약하는 것이다. 이 점을 명확히 머릿속에 넣어놨어야 지문을 제대로 이해할 수 있었다.

보증 계약은 보증인에게만 채무를 발생시키므로 유상 계약이 아니다.

→ 어? 유상 계약? 이건 아까 (가)에서 설명했던 개념이다. 지금 글의 흐름을 보니, 출제자가 학생이 (가) 내용을 알고 있다는 걸 전제로 글을 쓰고 있다. 이런 경우에는 (가) 내용이 기억이 안 난다면, 당연히 다시 돌아가서 확인을 해줘야 한다. 돌아가서 확인해 보니, '유상 계약'은 '당사자가 서로 대가를 주고받을 것을 약속하는 계약'이었다. 그리고 아까 (가)의 매매 계약은 유상 계약이었지만, 보증 계약은 유상 계약이 아니라고 한다. 그 이유는 보증 계약이 '보증인에게만 채무를 발생시키기 때문'이라고 하는데, 이게 무슨 말일까?

자, 이럴 때는 항상 '정의'를 다시 봐야 한다. '유상 계약'은 당사자가 **'서로'** 대가를 주고받을 것을 약속하는 계약이었다. 그런데 지금 보증 계약은 어떤가? **'서로'** 대가를 주고받는 게 아니다. 보증 계약에서 보증인은 채권자에게 "채무자가 돈 안 갚으면 내가 대신 갚아줄게!"라고 계약한다. **그런데 이 계약에서는 보증인만 '채무자 대신 채권자에게 돈을 갚아줄 의무'를 지고, 채권자는 아무런 의무를 지지 않는다.** <u>즉, 대가를 '서로' 주고받는 것이 아니라, 채권자만 대가를 받는 것이다. 채권자는 보증인에게 아무런 의무도 지지 않고 아무것도 주지 않는다.</u> 그렇기 때문에 보증 계약은 유상 계약이 아니다. 이 정도는 이해하고 넘어갔어야 3번 문제를 맞힐 수 있었을 것이다. 결국 정답률이 낮은 문제를 맞히기 위해서는 '이해'가 핵심이다.

<u>㉠ 이는 주채무자와 보증인 간에 보증의 대가를 지급하기로 하는 계약이 별도로 체결되었더라도 마찬가지이다.</u>

→ 밑줄 쳐져 있는 걸 보니, 이건 무조건 물어보겠다는 뜻이다. 반드시 이해하고 넘어가야 한다. 이 문장은 앞서 나왔던 "보증 계약은 보증인에게만 채무를 발생시키므로 유상 계약이 아니다."라는 문장에 덧붙여 말하는 문장이다.

앞서 말한 대로 보증 계약은 유상 계약이 아니다. 그런데 설령 주채무자와 보증인이 서로 '보증의 대가'를 지급하기로 하는 계약을 별도로 체결했더라도 '보증 계약' 자체는 여전히 유상 계약이 아니라는 것이다. 사실 이건 너무 당연한 말이다. '**주채무자와 보증인이 서로 보증의 대가를 지급하기로 하고 맺은 계약**'과, '**채권자와 보증인이 맺은 계약**'은 아예 다른 계약이기 때문이다. '보증 계약'은 보증인이 '채권자'에게 "빚을 대신 갚겠다"라고 약속하는 것이지만, '별도의 계약'은 '주채무자'가 보증인에게 "보증 서줘서 고마우니 수고비(대가)를 주겠다"라고 약속하는 것이다. **결국 '보증 계약'이 '유상 계약'인지 아닌지를 판단하는 데 중요한 건, "채권자가 보증인에게 뭔가 주는 게 있냐?"이다.** 그런데 주채무자와 보증인이 무슨 계약을 맺었든 간에, 여전히 채권자는 보증인에게 아무것도 주지 않는다. 그러니 '보증 계약' 자체는 여전히 유상 계약이 아니다.

추가로 나는 여기서 보증인이 왜 보증을 서는 건지 이해할 수 있었다. 사실 너도 여기까지 읽으면서 '도대체 보증을 왜 서는 거지?'라는 생각을 했을 수 있다. 나도 이게 궁금했는데, 보증인은 주채무자에게 '보증의 대가'를 기대할 수 있었던 것이다. 예를 들어 친구가 너한테 이렇게 말한다고 하자. "나 이번에 사업 자금이 필요해서 은행 대출을 5억 받았는데 너가 보증 좀 서줘. 대신 내가 500만 원 줄게." 친구가 믿을만한 녀석이라면, 너는 잠깐 보증을 서고 500만 원이라는 돈을 얻게 된다. 그러니 "뭐 보증 잠깐 서 주지"라는 생각으로 보증을 서게 되는 것이다. 하지만 보통 어른들이 "절대 보증 서지 마라"라고 하는 이유도 여기서 알 수 있다. 사실 이 예시에서 너는 친구가 사업이 잘돼서 빚을 기한 내에 다 갚아야, 500만 원 이득을 보고 끝난다. 그런데 만약 친구의 사업이 잘못되어서 친구가 망했다면? 이 경우에, 친구가 빌린 금액인 '5억 원'을 네가 다 갚아줘야 할 수도 있다. 즉, 책임은 엄청난데 얻는 보상은 그에 비해 아주 작은, 매우 위험한 계약인 것이다. 이게 바로 어른들이 "보증은 부모 자식 간에도 서지 마라"라고 신신당부하는 진짜 이유다.

2문단

> 보증 계약에 대해서는 보증인 보호를 위하여 법적 규제가 적용된다.

➜ 아, 자칫 모든 채무를 떠안아야 할 수도 있는 보증인을 보호하기 위해서 법적 규제를 만들어뒀나 보다. 구체적으로 무슨 규제를 만든 걸까?

> 우선 「민법」에 의하면 보증 계약을 할 때는 일반적인 계약과는 달리 계약서가 작성되어야 하고, 여기에는 보증인의 서명이나 기명 날인이 있어야 한다.

➜ 보증 계약은 보증인이 위험에 처할 가능성이 높은 계약이니, 일반적인 계약과 달리 무조건 '계약서'가 작성되어야 한다. 일반 계약은 계약서 없이 말만으로 계약이 되는 경우가 있나 보다. 그리고 계약서에는 무조건 보증인의 서명이나 기명 날인(자기 이름을 쓰고 도장을 찍음)이 있어야 한다고 한다. 충분히 납득할 수 있다. 보증인이 정말 본인의 의사로, 충분히 생각한 뒤에 보증 계약을 할 수 있

도록 여러 장치를 만들어 놓는 것이다.

➡ 만약 계약서를 안 썼거나, 계약서를 썼더라도 보증인의 서명이나 기명 날인이 없으면 그 보증 계약은 무효다. 그런데 특이하게도, 보증 채무가 '이미 이행되었으면' 보증인이 그 무효를 주장할 수 없다고 한다. 왜 그럴까? 생각을 해봤어야 한다. 납득이 안 되면 밑줄 쳐 놓고 그냥 '그런가 보다' 하고 넘겼어야 했지만, 이 정도는 생각해 볼 수 있다.

보증 채무가 이행이 됐다는 건, 보증인이 주채무자 대신 채권자에게 '이미 돈을 갚았다'는 뜻이다. 즉, 계약서라는 '종이'는 없었을지 몰라도, **보증인은 자신이 보증을 서겠다는 의사가 확실했다는 걸 이미 '행동'으로 증명한 셈이다.** 그런데 이제 와서 "아차, 그러고 보니 계약서에 도장을 안 찍었네? 이거 무효야! 내 돈 돌려줘!"라고 하는 건 앞뒤가 안 맞는다. 그래서 법에서는 이런 억지까지 받아주진 않는 것이다.

➡ 여기서는 새로운 법이 나온다. 바로 '민법'보다 더 강력하게 보증인을 보호해 주는 '특별법'이다. 하지만 이건 아무 보증인이나 보호해 주진 않고 '조건'이 있다. 일단 주채무가 주채무자의 사업과 '무관'한 금전 채무여야 한다. 왜 그럴까? 부연 설명을 붙여보자면, **채무자가 사업과 무관하게 자기가 개인적으로 쓰려고 빌린 돈까지 보증을 서게 만드는 건 보증인에게 너무하다고 판단했기 때문이 아닐까 싶다.** 그래서 법으로써 조금이라도 보호해 주려고 한 것이다.

그리고 또 보증인의 대가 없이 주채무자에 대한 '호의'로 보증 계약을 한 경우여야 한다. **순수하게 친구를 도와주려다가 덤터기 쓸 위기에 처한 착한 보증인만 특별하게 더 보호해 주겠다는 것이다.** 이건 충분히 납득할 수 있다. 이렇듯 주채무가 주채무자의 사업과 무관한 금전 채무이고, 보증인이 대가 없이 보증 계약을 한 경우에는 '특별법'으로 보증인을 보호해 준다. 특별법의 내용 중 하나로는, 보증 계약에 '보증 기간'이 명시되어 있지 않은 경우에 보증 기간을 3년으로 간주하는 것이다. 예를 들어 계약서에 "언제까지 보증 선다"라는 날짜를 깜빡하고 안 적었다고 치자. 원래대로라면 빚을 다 갚을 때까지 평생 책임을 져야 할 수도 있다. 그런데 특별법이 이 기간을 최대 '3년'으로 끊어주는 것이다.

3문단

> 채권자가 주채무자에게 주채무의 이행을 청구하지 않고 곧바로 보증인에게만 보증 채무의 이행을 청구한 경우, 보증인은 주채무자가 강제 집행 대상 재산을 보유하고 있음을 채권자에게 증명하여 보증 채무의 이행을 거절할 수 있는 권리가 있다.

→ 이건 충분히 이해할 수 있다. 채권자의 채무를 갚아야 할 첫 번째 사람은 '주채무자'다. 그런데 채권자가 주채무자한테는 주채무의 이행을 청구하지 않고, 보증인에게만 보증 채무의 이행을 청구한다? 그러면 보증인은 "야, 일단 주채무자한테 가서 달라고 해"라고 말하면서 거절할 수 있는 것이다. 이때 그냥 거절할 수 있는 건 아니고, 주채무자가 '강제 집행 대상 재산'을 보유하고 있음을 채권자에게 증명해야 한다. 주채무자가 '강제 집행 대상 재산'을 가지고 있다면, 채권자는 '강제 집행'을 신청해서 주채무자의 재산을 팔고 받아야 할 돈을 받으면 되기 때문이다. 이때 '강제 집행'은 (가)에서 나온 개념으로, 기억이 안 났다면 돌아가서 확인해 줬어야 한다.

> 그러나 보증인이 이러한 권리를 포기하기로 하는 '연대 보증 특약'이 보증 계약에 포함될 수 있다.

→ 와, 이건 심각하다. 도대체 보증인은 '연대 보증 특약'이라는 걸 왜 해주는 걸까? 이 특약이 보증 계약에 포함되어 있으면, 채권자의 보증 채무 이행 요구를 거절할 수 없다. 말 그대로 '연대' 책임을 지는 게 아닐까 싶다.

> 이러한 특약을 한 보증인인 연대 보증인은, 채권자가 곧바로 주채무 전액에 해당하는 돈의 지급을 요구하더라도 그 이행을 거절할 수 없다.

→ '연대 보증 특약'은 진짜 쓰면 안 되는 거 같다. 보증인이 '연대 보증 특약'을 쓰면 '연대 보증인'이 되는데, 이 경우에는 채권자가 본인에게 곧바로 '주채무 전액'에 해당하는 돈의 지급을 요구해도 이행을 거절할 수 없다고 한다. 예를 들어보자. 친구가 채권자한테 10억을 빌렸고 내가 '연대 보증'을 섰다. 이 경우, 채권자가 나한테 와서 곧바로 "10억 전부 내놔!"라고 하면 나는 군말 없이 10억을 전부 물어내야 하는 것이다. 이때 친구가 10억짜리 건물을 가지고 있다고 하더라도 "주채무자가 10억짜리 건물 있으니까, 주채무자한테 받으세요"라고 말할 수 없다. 일반 보증인은 그래도 방어막이 하나는 있었는데, 연대 보증인은 그냥 재앙이다.

4문단

연대 보증인에게도 「보증인 보호를 위한 특별법」이 적용되는지가 문제 되는데, 어떤 해석 방법을 따르느냐에 따라 결론이 달라질 수 있다.

➜ 사실 연대 보증인은 누구보다도 좀 안타까운 처지에 처해있는 사람이다. 그래서 이런 사람도 '특별법'으로 보호해 줘야 할 거 같은데, '해석 방법'에 따라 결론이 달라진다고 한다. 어떤 해석 방법이 있는 걸까? '법 해석'과 관련해서는 아까 (가)에서 다뤘었는데, (가) 내용과 엮을 수 있는 부분인 거 같다.

위 법률 제2조가 그 적용 대상인 보증 계약을 '주채무자가 금전 채무를 이행하지 않는 경우 그 채무를 보증인이 이행하기로 하는 계약'이라고 ⓒ 규정하고 있으나 그 입법 과정에서 연대 보증인 보호의 필요성이 강조되었기 때문이다.

➜ 우선 특별법 제2조를 보면 보증 계약에 대해서 '주채무자가 금전 채무를 이행하지 않는 경우 그 채무를 보증인이 이행하기로 하는 계약'이라고 규정하고 있다고 한다. 그런데 또 '특별법'의 '입법 과정'을 보면 연대 보증인 보호의 필요성이 강조되어 있는 상황이다. 이 말을 왜 하는 걸까? 이건 지금 (가)에서 말한 '문리 해석'과 '역사적 해석'을 비교하고 있는 것이다.

'문리 해석'에 따르면 특별법 제2조에 있는 문구를 '있는 그대로' 해석할 것이다. 지금 특별법 제2조의 문구를 보면, 특별법의 적용 대상을 **'주채무자가 금전 채무를 이행하지 않는 경우'**에 그 채무를 보증인이 이행하기로 한 계약이라고 말하고 있다. 즉, 글자 그대로 보면 1단계로 '주채무자가 돈을 안 갚음'이라는 사건이 일어나야 하고, 이후에 2단계로 '보증인이 나섬'이 되어야 한다. 그래야 '보증 계약'인 것이다. 그런데 연대 보증인은 채권자가 주채무자한테 안 가고 **곧바로** 연대 보증인한테 와서 돈을 달라고 해도 줘야 하는 사람이다. 즉, 1단계에 해당하는 '주채무자가 돈을 안 갚음'이라는 사건이 일어났는지 확인하는 절차 없이 바로 돈을 갚아야 하는 것이다. 바로 이게 문제다. 그러니까 문리 해석대로 본다면, "어? 법조문은 '주채무자가 안 갚는 경우'라는 조건이 먼저 확인돼야 한다고 적혀 있네. 그런데 너는 그런 확인 절차도 없이 바로 갚아야 하니까 이 문장의 조건에 딱 들어맞지 않잖아? 그럼 너는 이 법의 보호 대상이 아니야."라고 판단하게 되는 것이다. 그래서 글자 그대로만 해석하는 '문리 해석'을 따르면 연대 보증인은 보호를 못 받을 수도 있다는 결론이 나온다.

하지만 입법 과정, 즉 '역사'를 보면 말이 달라진다. 법을 만들 때 국회의원들이 "연대 보증인도 너무 힘드니까 보호해 줘야 합니다!"라고 강조했던 기록이 있기 때문이다. 따라서 '역사적 해석'을 따르면, 문장의 의미가 조금 안 맞더라도 만든 사람들의 의도를 존중해서 연대 보증인도 보호해 줘야 한다는 결론이 나온다.

1. (가)와 (나)의 내용 전개 방식에 대한 설명으로 가장 적절한 것은?

> ① (가)는 법조문의 의미 해석 방법을 구분하여 제시하고, (나)는 보증 계약에 관한 규범의
> 주요 내용을 열거하고 있다.

➜ 정답이다. 먼저 (가)를 보자. 1문단에서 '문리 해석'을 이야기하고, 2문단에서 '체계적 해석'과 '역사적 해석'을 소개했다. 즉, 법 해석의 방법을 크게 세 가지로 '구분'하여 제시하고 있다. 다음으로 (나)를 보자. 보증 계약이 무엇인지 정의한 뒤, 민법상 계약서 작성 의무, 특별법상 보호 규정, 연대 보증 특약 등 보증 계약과 관련된 법적 규범들을 하나씩 나열하고 있다. 이는 주요 내용을 '열거'하고 있는 것이 맞다.

> ② (가)는 법조문의 의미 차이가 확대되어 온 이유를 분석하고, (나)는 보증 계약에 관련되는
> 주요 개념들을 정의하고 있다.

➜ 틀렸다. 뒷부분은 맞지만 앞부분이 틀렸다. (나)에서 보증인, 주채무자 같은 주요 개념을 정의하고 있는 건 맞다. 하지만 (가)가 틀렸다. (가)는 법 해석의 '방법'을 설명하고 있지, 법조문의 의미 차이가 왜 확대되었는지 그 '이유'를 분석하는 글이 아니다.

> ③ (가)는 법조문의 의미를 해석하는 방법의 사례를 소개하고, (나)는 보증 계약의 폐해와 이
> 로 인한 결과를 서술하고 있다.

➜ 틀렸다. 이것도 앞부분은 맞지만 뒷부분이 틀렸다. (가)에서 '담보'라는 단어를 사례로 들어 해석 방법을 소개한 건 맞다. 하지만 (나)가 틀렸다. (나)는 보증 계약이 위험하다는 뉘앙스는 풍기지만, 보증 계약 때문에 사회적으로 어떤 문제가 생겼고 어떤 참혹한 결과가 나왔는지 '폐해와 결과'를 중심으로 서술한 글이 아니다. (나)의 핵심은 보증인을 보호하기 위한 '법적 규범'을 설명하는 것이다.

> ④ (가)는 법조문의 의미를 파악하는 입장들을 대조하고, (나)는 보증 계약이 역사적 맥락에
> 따라 변화한 과정을 밝히고 있다.

➜ 이건 (가), (나) 둘 다 틀렸다. (가)는 서로 싸우는 입장들을 '대조'하는 게 아니라, 상황에 따라 이런 방법도 있고 저런 방법도 있다는 '방법론'을 소개하는 글이다. (나)는 더 말이 안 된다. '보증 계약'이 옛날에는 어땠고 지금은 어떤지 '역사적 변천 과정'을 설명하는 글이 아니다. 그냥 '지금 적용되는 법'을 설명하고 있을 뿐이다.

⑤ (가)는 법조문의 의미를 다른 상황에서 유추하여 도출하고, (나)는 보증 계약의 유형별로
　　규제의 공통점을 비교하고 있다.

→ 틀렸다. (가)는 법조문의 의미를 문맥(체계)이나 입법 취지(역사)로 파악한다고 했지, 전혀 다른
상황을 끌어와서 '유추(비슷한 걸로 미루어 짐작)'한다고 하지 않았다. (나) 역시 일반 보증과 연대 보
증을 나누긴 했지만, 두 유형의 '공통점'을 비교하는 게 주된 내용이 아니다. 오히려 연대 보증이 일반
보증과 달리 방어권이 없다는 '차이점'이나 개별적인 '규제 내용'을 설명하는 데 집중했다.

· 답 : ①

3. (가), (나)를 바탕으로 할 때, ㉠의 이유로 가장 적절한 것은?

㉠ : 이는 주채무자와 보증인 간에 보증의 대가를 지급하기로 하는 계약이 별도로 체결되었더
라도 마찬가지이다.

① 주채무자가 보증인에게 지급하기로 한 대가를 채권자가 대신 받을 수 있기 때문이다.

→ 틀렸다. 말도 안 되는 소리다. 예를 들어서 주채무자가 "친구야(보증인), 도와줘서 고마우니 너한
테 100만 원 줄게"라고 약속했다고 하자. 그런데 그 돈을 왜 뜬금없이 채권자가 대신 받아 가나? 아무
런 근거가 없는 말이다.

② 보증인에게 대가를 지급할 의무를 지는 사람이 보증 계약의 당사자가 아니기 때문이다.

→ 정답이다. ㉠의 핵심 질문은 "주채무자에게 대가를 받는데도, 왜 보증 계약은 유상 계약이 아니
냐?"는 것이다. **그 이유는 대가를 주는 사람이 계약의 '당사자'가 아니기 때문이다.** 앞서 봤듯이 유
상 계약이 성립하려면 계약의 '당사자끼리' 서로 대가를 주고받아야 한다. 그런데 보증 계약의 당사
자는 '채권자'와 '보증인'뿐이고, 주채무자는 이 계약의 당사자가 아니다. 즉, 보증인에게 돈(대가)을
주기로 한 사람은 계약 당사자인 '채권자'가 아니라, 계약 밖에 있는 제3자인 '주채무자'인 것이다. 결
국 '보증 계약' 자체만 놓고 보면, 당사자인 채권자는 보증인에게 여전히 아무것도 주지 않고 있다. 그
러니 보증 계약 그 자체는 여전히 서로 주고받는 게 없는 계약이다.

③ 보증 채무를 이행하기 전까지는 보증인이 주채무자로부터 손해 배상을 받을 수 없기 때
　　문이다.

→ 틀렸다. 지금 정답이 되어야 할 선지는 '주채무자에게 대가를 받기로 했어도 왜 보증 계약이 유상 계약이 아니냐'에 대해 그 '이유'를 설명하는 선지다. 그런데 이 선지는 '보증인이 채권자에게 주채무자 대신 빚을 갚기 전에는, 주채무자에게 돈을 달라고 할 수 없다'라는 말을 하고 있다. 보증인이 주채무자에게 돈을 언제 받을 수 있는지는 '보증 계약이 유상 계약인지 아닌지'를 따지는 것과 아무런 상관이 없는 이야기다. 논점에서 벗어났다.

그리고 문장의 내용 자체도 적절하지 않다. ㉠의 상황은 주채무자와 보증인이 '보증의 대가'를 지급하기로 별도의 계약을 맺은 상황이다. '대가'를 지급하기로 계약을 맺었다면, 그 돈은 약속한 날짜에 받는 것이지 꼭 보증 채무를 이행(빚을 대신 갚음)한 뒤에야 받을 수 있는 것이 아니다. 예를 들어 "보증 서 주면 바로 100만 원 줄게"라고 계약했다면, 빚을 대신 갚기 전이라도 대가를 받을 수 있다. 게다가 이 선지는 '대가'를 '손해 배상'이라고 표현하고 있는데, 엄밀히 말해 계약에 따른 '대가(보수)'와 손해를 입었을 때 청구하는 '손해 배상'은 성격이 다르다. 따라서 이 선지는 내용적으로도 ㉠의 이유가 될 수 없다.

> ④ 채권자에게 주채무자 대신 채무를 이행하는 것은 보증인 자신의 채무를 이행하는 것에
> 해당하기 때문이다.

→ 틀렸다. 우선 선지 자체의 말만 보면 맞는 말이긴 하다. 보증인이 돈을 갚는 건 남의 빚이 아니라 보증 계약에 따라 생긴 자기의 빚인 '보증 채무'를 갚는 것이니까 말이다. 하지만 이게 '㉠의 이유'는 아니다. 4번은 보증인이 갚아야 할 돈의 '성격'을 설명하는 것일 뿐이다.

생각해 보자. ㉠은 주채무자가 보증인에게 돈(대가)을 주기로 했어도, 보증 계약이 유상 계약이라는 건 변하지 않는다는 말이다. 그런데 여기에 대고 "보증인이 주채무자 대신 빚을 갚는 건 그냥 자기가 갚아야 할 빚을 갚는 것과 같아"라고 답하는 건 똥딴지같은 소리다. 왜냐하면 '자신의 채무를 이행한다'라는 건, 대가를 주고받는 계약(유상)이든 공짜로 하는 계약(무상)이든, 계약을 맺은 사람이라면 누구나 해야 하는 당연한 일이기 때문이다. 즉, 보증인이 자신의 보증 채무를 갚는다는 사실 하나만으로는 '주채무자가 주는 돈이, 왜 보증 계약이 유상 계약이라는 사실에 아무런 영향을 미칠 수 없는지'를 전혀 설명해 주지 못한다. 그래서 ㉠의 이유가 될 수 없는 것이다.

> ⑤ 보증은 주채무자에 대한 채권의 실현을 담보하는 기능을 수행한다는 점에서 담보 물권과
> 다름없기 때문이다.

→ 틀렸다. 우선 담보 물권은 아까 (가)에서 설명했듯이, 남들보다 먼저 돈을 받을 수 있는 권리였다. 그런데 보증 역시 채권자가 돈을 확실히 받게 해준다는 점에서는 담보 물권과 기능이 비슷하다. 하지만 이것이 '㉠의 이유'가 될 수는 없다. ㉠은 "주채무자가 돈을 주기로 했는데, 왜 보증 계약은 유상 계약이 아니냐?"라는 것을 묻고 있다. 그런데 이 선지는 뜬금없이 보증의 '기능'을 이유로 들고 있다.

담보 물권이랑 비슷한 기능을 하니까 유상 계약이 아니다? 이건 논리적으로 앞뒤가 안 맞는다. 보증이 채권의 실현을 담보하는 것과, 보증 계약이 서로 대가를 주고받는 계약(유상 계약)이 아닌 것은 전혀 관계가 없다.

· 답 : ②

4. 연대 보증인에 대한 이해로 가장 적절한 것은?

> ① 주채무자에 대한 호의로 대가 없이 보증 계약을 한 자이어야 한다.

→ 틀렸다. 이건 개념을 섞어 놓은 함정이다. '대가 없이 호의로 계약한 자'는 '특별법의 보호를 받는 착한 보증인'의 조건이다. 연대 보증인과는 상관없는 이야기다. 연대 보증인이라도 돈을 받고 보증 서줄 수도 있고, 안 받고 서줄 수도 있다. 즉, 이건 연대 보증인의 정의가 아니다.

> ②「보증인 보호를 위한 특별법」제2조의 문리 해석에 의하면 이 법의 적용 대상에 해당한다.

→ 틀렸다. 지문의 마지막 문단을 잘 봤어야 한다. 분명 '문리 해석'을 하면 연대 보증인은 보호 대상에서 빠질 수도 있다고 했다. 문리 해석에 따르면 '주채무자가 돈을 갚지 않는 상황'이 먼저 발생하고, '그 이후 돈을 갚아야 하는 보증인'에 한해서만 '특별법'을 적용해야 하기 때문이다. 하지만 연대 보증인은 채권자가 요구하면 주채무자가 돈을 갚았는지 안 갚았는지 따지기도 전에 곧바로 돈을 갚아야 한다. 따라서 문리 해석에 의하면 연대 보증인은 법의 적용 대상이 아니다.

> ③ 채권자가 주채무자에게 채무의 이행을 청구하지 않는 한 보증 채무의 이행을 거절할 권리가 있다.

→ 틀렸다. 이건 일반 보증인에 대한 설명이다. 연대 보증인은 바로 이 '거절할 수 있는 권리'를 포기하겠다고 특약을 맺은 사람이다. 그러니 채권자가 주채무자를 건너뛰고 나한테 바로 와서 돈을 달라고 요구해도, 주채무자한테 먼저 가라고 거절할 권리가 없다.

> ④ 채권자와는 보증 계약을 하고 채무자와는 연대 보증 특약을 함으로써, 보증 채무를 부담하게 된다.

→ 틀렸다. 아까 보증 계약은 '채권자'와 '보증인' 사이의 계약이라고 했다. '연대 보증 특약'이라는 것도 결국 '보증 계약서' 안에 들어가는 하나의 항목일 뿐이다. 그러니 특약도 당연히 계약 당사자인 '채

권자'와 맺는 게 된다. '채무자'는 이 계약의 당사자가 아니므로 '채무자'와 특약을 맺는다는 말은 틀린 말이다. 채무자와 채권자를 구분해서 읽지 않았다면 헷갈렸을 것이다.

> ⑤ 채권자가 주채무자에게 채무의 이행을 청구하여 그 채권이 실현되면 더 이상 보증 채무
> 를 이행할 의무가 없다.

→ 정답이다. 이건 연대 보증인이든 일반 보증인이든 상관없이 적용되는 보증의 대원칙이다. 채권자가 주채무자에게 돈을 받아서 채권이 실현됐다는 건 무슨 뜻인가? 채권자가 받을 돈을 다 받았으니, 주채무자는 채권자에게 갚아야 할 채무가 사라졌다는 뜻이다. 원래 갚아야 할 주채무가 사라졌는데, 그걸 대신 갚아주기로 한 '보증 채무'만 혼자 남아 있을 수는 없다. 빚이 이미 없어졌는데 연대 보증인이라고 해서 돈을 이중으로 또 갚을 필요는 없기 때문이다.

· 답 : ⑤

5. (가), (나)를 바탕으로 〈보기〉를 이해한 내용으로 적절하지 <u>않은</u> 것은?

──── < 보기 > ────

　갑은 자신이 보유한 예술품을 1년에 1점씩 4년간 을에게 납품하고, 그 대금으로 1점당 500만 원씩을 매년 연말에 받기로 하는 매매 계약을 했다. 을은 그 예술품을 소장 목적으로 수집하고 있었다. 갑이 을에게 대금 채무에 대한 담보를 요구하자 을은 병에게 보증을 서 달라고 부탁했고, 병은 을에 대한 호의로 대가 없이 갑과 보증 계약을 했다. 이에 갑이 을에게 예술품의 납품을 시작했고 을은 2년 동안 갑에게 그 대금을 지급했다. 그런데 이후 2년 동안 갑이 예술품을 1년에 1점씩 납품했으나 을은 그 대금을 지급하지 않았다. 이에 갑이 병에게 미납 대금 1,000만 원의 지급을 요구하고 있다.

→ 상황을 보면 갑은 예술품을 파는 사람이고 을은 사는 사람이다. 여기서 첫 번째로 눈여겨봐야 할 건 을이 예술품을 '소장 목적'으로 수집하고 있다는 점이다. 즉, **을의 빚은 사업 자금이 아니라 개인적인 취미 생활을 위한 빚, 다시 말해 '사업과 무관한 채무'다.** 지문에서는 이런 경우에, 보증인이 '특별법'의 보호를 받게 될 수 있다고 했다. 그런데 사실 이 조건만 있었다면 병은 특별법의 보호를 받지 못했을 것이다. 하지만 보증인인 병은 '대가 없이' 호의로 보증을 서기도 했다. **즉, 병은 특별법의 보호를 받기 위한 2가지 조건을 모두 갖춘 보증인이다.** 그리고 지금 을은 2년 치 대금인 1,000만 원을 갚지 않아서, 갑이 보증인인 병에게 대신 갚으라고 하는 상황이다. 이제 선지를 판단해 보자.

① 갑이 납품한 예술품에 갑의 행위와 무관한 하자가 있어서 을에게 손해가 발생한 경우, 계약 체결 시점에 을이 그 하자를 알 수 있었으면 을은 손해 배상을 받을 권리가 없다.

→ 맞는 말이다. 매매 계약에서 물건에 하자가 있으면 파는 사람이 책임을 져야 하는 게 원칙이다. 하지만 여기에는 중요한 예외가 있었다. 사는 사람이 그 하자를 이미 알았거나, 조금만 주의했다면 '알 수 있었던 경우'에는 파는 사람에게 책임을 물을 수 없다고 했다. 선지에서 을이 하자를 '알 수 있었다'라고 했으니, 본인의 부주의 책임이 있는 을은 갑에게 손해 배상을 청구할 권리가 없다.

② 갑이 납품한 예술품에 하자가 있어서 을에게 손해가 발생한 경우, 을이 그 하자에도 불구하고 계약의 목적을 달성할 수 있으면 을은 그 대금의 환불을 받을 권리가 없다.

→ 맞는 말이다. 담보 책임의 원칙은 수리비 같은 '손해 배상'이고, 계약을 파기하고 환불받는 것은 아주 강력한 조치라서 조건이 까다롭다. 하자가 너무 심해서 '계약의 목적'을 도저히 달성할 수 없을 때만 환불이 가능하다. 그런데 선지에서는 하자가 있긴 하지만 계약의 목적을 달성할 수 있다고 했다. 목적 달성이 가능하다면 계약을 깰 수는 없으므로, 을은 환불을 받을 권리가 없다.

③ 보증 계약서에 병의 서명은 있고 연대 보증 특약이 없는 경우, 을에게 강제 집행 대상 재산이 있음을 병이 갑에게 증명했더라도 병은 갑이 요구한 1,000만 원의 지급을 거절할 수 없다.

→ 틀렸다. 병의 신분을 잘 봐야 한다. 선지에서 '연대 보증 특약이 없는 경우'라고 했으니, 병은 방어권이 없는 연대 보증인이 아니라 **방어권이 있는 '일반 보증인'이다.** (나)에서 일반 보증인은 채권자가 찾아오면 "제 친구한테 재산 있으니까 걔한테 먼저 가세요!"라고 거절할 수 있는 권리가 있다고 했다. 그리고 선지에 따르면 병은 을에게 재산이 있다는 걸 증명까지 한 상황이다. 그러니 병은 당연히 갑의 요구를 거절할 수 있다. 3번 선지는 지금 일반 보증인이 가진 핵심적인 권리를 부정하고 있으므로 틀린 선지다.

④ 보증 계약서가 작성되지 않았고 연대 보증 특약이 없는 경우, 병이 을을 대신하여 갑에게 1,000만 원을 지급했으면 보증 계약의 무효를 주장할 수 없다.

→ 맞는 말이다. 계약서가 작성되지 않았으니 원칙적으로 이 보증 계약은 무효가 맞다. 하지만 지문에서 '이미 돈을 갚아버렸으면' 나중에 무효라고 딴소리할 수 없다고 했다. 따라서 병이 이미 1,000만 원을 지급했다면, 스스로 보증 의사를 행동으로 증명한 셈이니 이제 와서 계약서가 없었다고 무효를 주장할 수는 없다. 지문 읽으면서 계약 무효를 주장할 수 없는 이유를 스스로 생각해 봤다면 쉽게 판단했을 것이다.

⑤ 보증 계약서에 병의 서명도 날인도 없지만 연대 보증 특약이 있는 경우, 「보증인 보호를 위한 특별법」 제2조를 어떤 방법으로 해석하든 병은 갑에게 1,000만 원을 지급할 의무가 없다.

→ 맞는 말이다. 가장 중요한 건 '보증 계약서에 병의 서명도 날인도 없다'는 사실이다. (나)에서 민법은 계약서에 서명이나 날인이 없으면 그 계약은 무효라고 확실히 말했다. 기본적인 계약 자체가 무효인데, 그 뒤에 특약이 있든 특별법을 어떻게 해석하든 아무 소용이 없다. 아주 기본적인 성립 요건을 묻는 선지다.

· 답 : ③

6. 문맥상 ⓐ~ⓔ와 바꿔 쓰기에 적절하지 <u>않은</u> 것은?

① ⓐ : 이루는
② ⓑ : 헤아려
③ ⓒ : 깨뜨리고
④ ⓓ : 이루어지려면
⑤ ⓔ : 바로잡고

→ 정답은 5번이다. ⓔ의 '규정하고'는 지문의 "'그 채무를 보증인이 이행하기로 하는 계약'이라고 ⓔ 규정하고 있으나"에서 사용됐다. 여기서 '규정하고'는 어떤 내용을 규칙으로 정하거나 의미를 명확히 정한다는 뜻이다. 그런데 '바로잡고'는 잘못된 것을 올바르게 고친다는 뜻이다. ⓔ의 상황은 법률이 보증 계약의 의미를 '정의'하는 상황이지, 잘못된 계약을 '수정'하거나 '고치는' 상황이 아니다. 따라서 '규정하고'를 '바로잡고'로 바꿔 쓰는 것은 적절하지 않다.

나머지 선지를 보자. ⓐ의 '구성하는'은 "성문법을 구성하는 단어나 문장"에서처럼 몇 가지 부분이나 요소가 모여 전체를 이룬다는 뜻이다. 이는 '이루는'과 바꿔 써도 의미가 잘 통한다. ⓑ의 '고려하여'는 "맥락을 고려하여"에서처럼 어떤 일을 할 때 여러 가지 상황을 생각한다는 뜻이다. '헤아려' 역시 미루어 짐작하거나 상황을 살핀다는 뜻이므로 맥락상 적절하다. ⓒ의 '파기하고'는 "계약을 파기하고"에서처럼 계약이나 조약 따위를 깨뜨려 버린다는 뜻이다. 이는 '깨뜨리고'와 의미가 같다. 마지막으로 ⓓ의 '성립하려면'은 "보증이 성립하려면"에서처럼 일이나 관계가 이루어진다는 뜻이다. 따라서 '이루어지려면'으로 바꿔 써도 자연스럽다.

· 답 : ⑤

과학 1

2020학년도 수능, 레트로바이러스

신체의 세포, 조직, 장기가 손상되어 더 이상 제기능을 하지 못할 때에 이를 대체하기 위해 이식을 실시한다. 이때 이식으로 옮겨 붙이는 세포, 조직, 장기를 이식편이라 한다. 자신이나 일란성 쌍둥이의 이식편을 이용할 수 없다면 다른 사람의 이식편으로 '동종 이식'을 실시한다. 그런데 우리의 몸은 자신의 것이 아닌 물질이 체내로 유입될 경우 면역 반응을 일으키므로, 유전적으로 동일하지 않은 이식편에 대해 항상 거부 반응을 일으킨다. 면역적 거부 반응은 면역 세포가 표면에 발현하는 주조직적합 복합체(MHC) 분자의 차이에 의해 유발된다. 개체마다 MHC에 차이가 있는데 서로 간의 유전적 거리가 멀수록 MHC에 차이가 커져 거부 반응이 강해진다. 이를 막기 위해 면역 억제제를 사용하는데, 이는 면역 반응을 억제하여 질병 감염의 위험성을 높인다.

이식에는 많은 비용이 소요될 뿐만 아니라 이식이 가능한 동종 이식편의 수가 매우 부족하기 때문에 이를 대체하는 방법이 개발되고 있다. 우선 인공 심장과 같은 '전자 기기 인공 장기'를 이용하는 방법이 있다. 하지만 이는 장기의 기능을 일시적으로 대체하는 데 사용되며, 추가 전력 공급 및 정기적 부품 교체 등이 요구되는 단점이 있고, 아직 인간의 장기를 완전히 대체할 만큼 정교한 단계에 이르지는 못했다.

다음으로는 사람의 조직 및 장기와 유사한 다른 동물의 이식편을 인간에게 이식하는 '이종 이식'이 있다. 그런데 이종 이식은 동종 이식보다 거부 반응이 훨씬 심하게 일어난다. 특히 사람이 가진 자연항체는 다른 종의 세포에서 발현되는 항원에 반응하는데, 이로 인해 이종 이식편에 대해서 초급성 거부 반응 및 급성 혈관성 거부 반응이 일어난다. 이런 거부 반응을 일으키는 유전자를 제거한 형질 전환 미니돼지에서 얻은 이식편을 이식하는 실험이 성공한 바 있다. 미니돼지는 장기의 크기가 사람의 것과 유사하고 번식력이 높아 단시간에 많은 개체를 생산할 수 있다는 장점이 있어, 이를 이용한 이종 이식편을 개발하기 위한 연구가 진행되고 있다.

이종 이식의 또 다른 문제는 ㉠ 내인성 레트로바이러스이다. 내인성 레트로바이러스는 생명체의 DNA의 일부분으로, 레트로바이러스로부터 유래된 것으로 여겨지는 부위들이다. 이는 바이러스의 활성을 가지지 않으며 사람을 포함한 모든 포유류에 존재한다. ㉡ 레트로바이러스는 자신의 유전 정보를 RNA에 담고 있고 역전사 효소를 갖고 있는 바이러스로서, 특정한 종류의 세포를 감염시킨다. 유전 정보가 담긴 DNA로부터 RNA가 생성되는 전사 과정만 일어날 수 있는 다른 생명체와는 달리, 레트로바이러스는 다른 생명체의 세포에 들어간 후 역전사 과정을 통해 자신의 RNA를 DNA로 바꾸고 그 세포의 DNA에 끼어들어 감염시킨다. 이후에는 다른 바이러스와 마찬가지로 자신이 속해 있는 생명체를 숙주로 삼아 숙주 세포의 시스템을 이용하여 복제, 증식하고 일정한 조건이 되면 숙주 세포를 파괴한다.

그런데 정자, 난자와 같은 생식 세포가 레트로바이러스에 감염되고도 살아남는 경우가 있었다. 이런 세포로부터 유래된 자손의 모든 세포가 갖게 된 것이 내인성 레트로바이러스이다. 내인성 레트로바이러스는 세대가 지나면서 돌연변이로 인해 염기 서열의 변화가 일어나며 해당 세포 안에서는 바이러스로 활동하지 않는다. 그러나 내인성 레트로바이러스를 떼어 내어 다른 종의 세포 속에 주입하면 이는 레트로바이러스로 변환되어 그 세포를 감염시키기도 한다. 따라서 미니돼지의 DNA에 포함된 내인성 레트로바이러스를 효과적으로 제거하는 기술이 개발 중에 있다.

그동안의 대체 기술과 관련된 연구 성과를 토대로 ⓐ이상적인 이식편을 개발하기 위해 많은 연구가 수행되고 있다.

---

1. 윗글에서 알 수 있는 내용으로 적절하지 <u>않은</u> 것은?

① 동종 간보다 이종 간이 MHC 분자의 차이가 더 크다.

② 면역 세포의 작용으로 인해 장기 이식의 거부 반응이 일어난다.

③ 이종 이식을 하는 것만으로도 바이러스 감염의 원인이 될 수 있다.

④ 포유동물은 과거에 어느 조상이 레트로바이러스에 의해 감염된 적이 있다.

⑤ 레트로바이러스는 숙주 세포의 역전사 효소를 이용하여 RNA를 DNA로 바꾼다.

---

2. ⓐ가 갖추어야 할 조건으로 적절하지 <u>않은</u> 것은?

① 이식편의 비용을 낮추어서 정기 교체가 용이해야 한다.

② 이식편은 대체를 하려는 장기와 크기가 유사해야 한다.

③ 이식편과 수혜자 사이의 유전적 거리를 극복해야 한다.

④ 이식편은 짧은 시간에 대량으로 생산이 가능해야 한다.

⑤ 이식편이 체내에서 거부 반응을 유발하지 않아야 한다.

---

3. 다음은 신문 기사의 일부이다. 윗글을 참고할 때, 기사의 ㉮에 대한 반응으로 적절하지 <u>않은</u> 것은?

> **○○신문**   ○○○○년 ○○월 ○○일
>
> 최근에 줄기 세포 연구와 3D 프린팅 기술이 급속도로 발전하고 있다. 줄기 세포는 인체의 모든 세포나 조직으로 분화할 수 있다. 그러므로 수혜자 자신의 줄기 세포만을 이용하여 3D 바이오 프린팅 기술로 제작한 ㉮세포 기반 인공 이식편을 만들 수 있을 것으로 전망된다. 이미 미니 폐, 미니 심장 등의 개발 성공 사례가 보고되었다.

① 전자 기기 인공 장기와 달리 전기 공급 없이도 기능을 유지할 수 있겠군.
② 동종 이식편과 달리 이식 후 면역 억제제를 사용할 필요가 없겠군.
③ 동종 이식편과 달리 내인성 레트로바이러스를 제거할 필요가 없겠군.
④ 이종 이식편과 달리 유전자를 조작하는 과정이 필요하지는 않겠군.
⑤ 이종 이식편과 달리 자연항체에 의한 초급성 거부 반응이 일어나지 않겠군.

4. ㉠과 ㉡에 대한 설명으로 가장 적절한 것은?

① ㉠은 ㉡과 달리 자신이 속해 있는 생명체의 모든 세포의 DNA에 존재한다.
② ㉡은 ㉠과 달리 자신의 유전 정보를 DNA에 담을 수 없다.
③ ㉡은 ㉠과 달리 자신이 속해 있는 생명체에 면역 반응을 일으키지 않는다.
④ ㉠과 ㉡은 둘 다 자신이 속해 있는 생명체의 유전 정보를 가지고 있다.
⑤ ㉠과 ㉡은 둘 다 자신이 속해 있는 생명체의 세포를 감염시켜 파괴한다.

1문단

> 신체의 세포, 조직, 장기가 손상되어 더 이상 제 기능을 하지 못할 때에 이를 대체하기 위해 이식을 실시한다. 이때 이식으로 옮겨 붙이는 세포, 조직, 장기를 이식편이라 한다.

➜ 납득하기 어렵지 않다. '이식'은 살면서 많이 들어봤다. 그리고 왜 이식으로 옮겨 붙이는 장기 같은 것들을 이식'편'이라고 부르냐면, '편'이 조각 편(片)이어서 그렇다. '옮겨 붙이는 조각'이라는 뜻에서 '이식편'인 것이다. 알고 있었다면 함축적 의미를 써서 쉽게 납득했을 것이다. 몰랐어도 문장을 이해하는 게 크게 어렵진 않았다. 그래도 몰랐다면 알아두자.

> 자신이나 일란성 쌍둥이의 이식편을 이용할 수 없다면 다른 사람의 이식편으로 '동종 이식'을 실시한다. 그런데 우리의 몸은 자신의 것이 아닌 물질이 체내로 유입될 경우 면역 반응을 일으키므로, 유전적으로 동일하지 않은 이식편에 대해 항상 거부 반응을 일으킨다.

➜ 이 문장도 납득하기 어렵지 않다. 나는 "피도 혈액형에 맞춰 수혈해야 하듯이, 장기도 그런가 보다."하고 넘어갔다.

> 면역적 거부 반응은 면역 세포가 표면에 발현하는 주조직적합 복합체(MHC) 분자의 차이에 의해 유발된다.

➜ 어려운 단어가 나왔다고 해서 흥분하지 말자. 이 문장을 보고서는 '주조직적합 복합체(MHC)분자의 차이'에 의해서 '면역적 거부 반응'이 '어떻게' 유발되는 건지 의문을 품었어야 한다. 바로 다음 문장을 보면 알겠지만, 출제자는 네가 의문을 품을 걸 알고 면역적 거부 반응이 '어떻게' 유발되는 건지 말해주고 있다.

그리고 '주조직적합 복합체(MHC)'의 함축적 의미를 생각했어야 한다. 나는 말 그대로 '주요 조직에 적합한 복합체' 정도로 생각하고 넘어갔다. 함축적 의미가 안 떠오르더라도 MHC가 무엇인지 뒤에서 설명해 주고 있다면 뒤를 보고 이해하면 된다. 만약 설명해 주지 않는다면 1, 2번 더 읽어서 머릿속에 집어넣거나 표시해 놓고 넘어가면 된다.

📢 '복합체'는 2019학년도 6월 키트 지문에서 나온 적이 있다.

"시료 패드로 흡수된 시료는 결합 패드에서 복합체와 함께 반응막을 지나 여분의 시료가 흡수
되는 흡수 패드로 이동한다."

– 2019학년도 6월 –

개체마다 MHC에 차이가 있는데 서로 간의 유전적 거리가 멀수록 MHC에 차이가 커져 거부 반
응이 강해진다.

➜ 네가 위에서 나랑 똑같이 함축적 의미를 생각하고 넘어갔다면 납득하고 넘어갈 수 있었다. "서로
간의 유전적 거리가 멀다면 당연히 '주조직'에 적합한 복합체가 서로 다를 거야. 그렇기에 MHC 차이
가 커지는 건 당연한 거지."

🔊: 함축적 의미를 떠올리지 못했더라도, 2,3번 정도 더 읽어서 그냥 납득하거나 그래도 납득이 전혀 안 된
다면 그냥 표시하고 넘어갔으면 됐다. 위 사진처럼 그냥 문장의 의미를 생각하지도 않고 '멀수록', '커져' 이
런 말에 반응해서 냅다 화살표 표시하기 바쁘다면 글을 글로 안 읽고 있는 것이다.

이를 막기 위해 면역 억제제를 사용하는데, 이는 면역 반응을 억제하여 질병 감염의 위험성을
높인다.

➜ 면역 억제제가 뭘까? 면역 억제제이다. 말 그대로 면역 반응을 억제해서 '면역 억제제'인 것이다.
근데 이걸 읽고 드는 생각이 있다. "면역 억제제를 사용했는데 이게 질병 감염의 위험성을 높인다면
어떻게 해야 되지?" 이것에 대한 답으로 뒤에서 '전자 기기 인공 장기', '이종이식'을 소개하고 있다. 필
자와 대화하면서 읽지 않는 학생들, 글 속 상황에 진심으로 공감하지 않는 학생들은 이런 생각을 하고
넘어갈 수 없다. 이 지문을 읽으면서 너는 머릿속으로 이미 '이식 과정'을 상상하고 있었어야 했다.

2문단

이식에는 많은 비용이 소요될 뿐만 아니라 이식이 가능한 동종 이식편의 수가 매우 부족하기
때문에 이를 대체하는 방법이 개발되고 있다.

➜ 납득해준다. 많은 비용, 이식편의 수 부족이 문제라면, 적은 비용으로 이식을 할 수 있게 하고, 이
식편의 수가 충분하게 만들어야 한다. 뒤에는 그걸 반영한 대안이 나오지 않을까 생각해준다.

→ '일시적으로'는 특수한 상황이다. 주목해야 한다. 그리고 '일시적으로' 대체하는 것이 왜 '전자 기기
인공 장기'의 한계인지 납득해야 한다. 그냥 "아, 그렇구나" 하고 넘어가면 안된다. 계속 말하지만 문
장을 납득하고 넘겨야 한다.

그리고 출제자가 예시를 주면 최대한 그 예시를 계속 끌고 나가야 한다. 나는 인공 심장을 떠올리면
서 문장들을 상상했다. 당연히 '인공 심장'으로 심장을 갈아 끼웠는데 영구적으로 내 심장을 대체하
지 못하고, 1년에 한 번씩 가슴을 째고 갈아 끼워야 한다면 불편할 것이다. 이미지를 그리면서 납득하
고 넘어가 준다.

→ 이미지 그려주면서 읽어라. 인공 심장으로 바꿨는데 계속 심장을 빼서 배터리 갈아 끼워야 하고
몇 달, 몇 년 주기로 계속 부품을 바꿔줘야 한다면 당연히 불편할 것이다. 그렇게 상상하면서 그게 단
점이라는 걸 진심으로 납득해라.

2번 문제를 틀린 학생들은 아마 이 문장을 읽을 때 아무런 생각도 안 하고 그냥 허겁지겁 넘겼을 것
이다. 그러니까 ①번 : "이식편의 비용을 낮추어서 정기 교체가 용이해야 한다." 이 선지를 맞다고 생
각한 것이다. 가슴을 칼로 째고 계속 심장을 넣었다 뺐다 하는 걸 상상한 사람이라면, '정기 교체가 용
이해야 한다.'라는 말이 이상하게 들렸을 것이다. 나도 문제를 풀 때, '정기 교체가 용이해야 한다.'라
는 말을 보고 순간 이상했다. 내가 그렸던 이미지랑 비교해 봤을 때 어색했기 때문이다. 그리고 다시
지문으로 돌아가서 정확하게 확인을 해보니, 확실히 틀려서 찍고 넘어갔다.

범작가 TIP

아마 네가 이 문제를 틀렸다면, 처음에 선지를 하나씩 보면서, 답이 없다고 느꼈을 것이다. 그리고
답을 찾는다고 2,3분 정도 아니면 더 오랜 시간을 썼을 것이다. 이미지를 안 떠올렸기 때문이다. 지
문 읽으면서 이미지 떠올려주는 데 30초도 안 걸린다. 이미지를 떠올렸으면 10초만에 ①번 찍고 넘
어갔다.

> 아직 인간의 장기를 완전히 대체할 만큼 정교한 단계에 이르지는 못했다.

➜ 당연히 인간의 장기와 완전히 똑같이 만들기는 힘들 것이다. 생각하고 납득한다.

3문단

> 다음으로는 사람의 조직 및 장기와 유사한 다른 동물의 이식편을 인간에게 이식하는 '이종 이식'이 있다.

➜ 사람과 동물은 다른 종이니까 '이종' 이식인 것이다.

> 그런데 이종 이식은 동종 이식보다 거부 반응이 훨씬 심하게 일어난다.

➜ 동물 심장을 너한테 끼운다고 생각해봐라. 어렵지 않게 납득할 수 있다.

> 특히 사람이 가진 자연항체는 다른 종의 세포에서 발현되는 항원에 반응하는데, 이로 인해 이종 이식편에 대해서 초급성 거부 반응 및 급성 혈관성 거부 반응이 일어난다.

➜ '항원과 항체'는 이미 배경지식으로 알고 있었어야 했다. 2019학년도 6월 키트지문에서도 언급한 적 있기 때문이다.

> #### 기출 사례
>
> "이러한 필요에 따라 항원-항체 반응을 응용하여 시료에 존재하는 성분을 분석하는 다양한 형태의 키트가 개발되고 있다."
>
>   – 2019학년도 6월 –

쉽게 말하자면 코로나 바이러스 같은 것들이 항원이고, 그 항원들이 우리 몸에 침입한다. 그 침입한 항원을 없애는 게 항체인 것이다. 항원을 없애는 것이 항체의 역할이다. 그래서 사람이 자연적으로 가지고 있는 '자연'항체는 다른 종의 세포에서 발현되는 항원에 반응하는 것이다. 이로 인해서 갑작스런 거부 반응 및 혈관과 관련된 거부 반응이 나타나는가 보다. 여기서 '초급성 거부 반응', '급성 혈관성 거부 반응' 같은 것들을 외울 필요 없다. 만약 물어보면 다시 돌아오면 된다. 이런 단순 정보에 힘을 쓰고 가면 뒤에서 나오는 '내인성 레트로바이러스', '레트로바이러스' 등 정말 중요한 내용들을 제대로 이해할 수 없다.

→ 거부 반응을 일으키는 유전자를 제거했으니까 '형질 전환' 미니돼지인 것이다.

→ 상상하고, 장점이라는 걸 '납득'한다.

4문단

→ 일단 이종 이식의 첫 번째 문제는 다른 종의 이식편이 우리 몸에 들어왔을 때, 우리 몸에 있는 자연항체가 반응해서 부작용을 일으키는 것이었다. 그 다음, 이종 이식의 '또 다른' 문제가 '내인성 레트로바이러스'라고 말하는 것이다.

→ "생명체 DNA의 일부분이라는 게 도대체 무슨 말이지?" 나는 이런 그림이 떠올랐다.

그런데 아무리 생각해봐도 그림이 너무 엉성하고 애매했다. 그래도 일단 내가 할 수 있는 최대한으로 이미지를 그리고 넘어갔다.

→ "레트로바이러스? 레트로바이러스가 뭐지? 일단 내인성 레트로바이러스가 레트로바이러스로부

터 유래된다는 건 뒤를 읽으면서 연결시키자. 만약 뒤에서 연결이 안 되면 여러 번 읽어서 그냥 머릿속에 집어넣자."

➔ 내인성 레트로바이러스는 바이러스의 활성을 가지지 않는다고 한다. '바이러스의 활성을 가지지 않는다.'는 말이 무슨 말인가? 말 그대로 몸속에서 바이러스로서 활동하지 않는다는 말이다. 하나 하나 자세히 생각해주자. 그리고 14습관에서도 말했지만 '모든'은 특수한 상황이다. 평가원은 특수하거나 예외인 것은 무조건 물어본다. '모든'에 신경 써서 읽었어야 했다.

그리고 왜 내인성 레트로바이러스는 활성을 가지지 않는지, 왜 모든 포유류에 존재하는지 납득이 안 된다. 뒤에서 설명해 주면 잡고, 안해주면 그냥 문제 풀 때 돌아와서 다시 한번 보고 풀 것이다.

➔ RNA? 역전사 효소? 나도 무슨 말인지 모르겠다. 함축적 의미도 전혀 떠오르지 않는다. 뒤에서 설명해주면 잡고, 아니면 문제 풀 때 다시 돌아와서 확인해야겠다. 그렇다고 해서 대충 읽어도 된다는 말이 아니다. 납득이 안 돼서 문제 풀 때 다시 돌아오더라도, 읽을 때는 최대한 내가 할 수 있는 만큼 납득하려고 노력해줘야 한다.

그리고 지문 읽을 때, "레트로바이러스는 특정한 종류의 세포를 감염시킨다"라는 걸 신경 써서 읽었어야 했다. 왜? 전부 감염시키지 않고, 말 그대로 '특정한' 세포만 감염시키니까 특수한 상황이라고 볼 수 있다. 앞에서도 말했지만, 평가원은 특수한 상황은 무조건 문제로 낸다.

4번 문제의 ①번 선지는 이 '특정한'이라는 단어를 가지고 만든 선지다.

①번 : ㉠은 ⓛ과 달리 자신이 속해 있는 생명체의 모든 세포의 DNA에 존재한다.

먼저 ㉠은, 지문을 전부 다 읽고 나면 알겠지만, 자신이 속해 있는 생명체의 모든 세포의 DNA에 존재한다. 하지만 ⓛ은 '모든' 세포의 DNA에 존재하지 않는다. 왜냐하면 '특정한' 종류의 세포만 감염시키기 때문이다. '특정한' 세포에 침입한 뒤, 자신의 RNA를 DNA로 바꾸고 그 DNA를 세포의 DNA 안으로 집어넣는 것이다. 따라서 모든 세포의 DNA에 존재하는 것은 아니다. 그래서 ①번이 정답이었다. 이 문제 정답률이 30%이다. 그만큼 많은 학생들이 특수한 상황을 나타내는 단어에 신경 쓰지 않고 그냥 막 읽고 있다는 걸 알 수 있다.

유전 정보가 담긴 DNA로부터 RNA가 생성되는 전사 과정만 일어날 수 있는 다른 생명체와는 달리, 레트로바이러스는 다른 생명체의 세포에 들어간 후 역전사 과정을 통해 자신의 RNA를 DNA로 바꾸고 그 세포의 DNA에 끼어들어 감염시킨다.

→ 아 위에서 '역전사'라는 게 무슨 말인지 몰랐는데, 이 문장을 읽고 이해가 됐다. DNA가 RNA로 되는 과정을 '전사'라고 하니까 '역'전사는 당연히 그 반대로 RNA가 DNA로 되는 과정을 말하는 것이다.

그리고 이 문장을 읽을 때 반드시 상상해줘야 한다. 레트로바이러스가 다른 생명체의 세포에 들어가는 걸 상상하고, 이후 역전사 과정을 통해서 자기 RNA를 DNA로 바꾸는 것까지. 그리고 마지막으로 자기가 침입한 세포의 DNA에 자신의 DNA를 넣어서 감염시키는 것이다. **이 모든 과정이 하나의 영상처럼 머릿속에서 재생되어야 한다.** 이 문장들을 이미지화 하지 않으면, 문장 하나 하나가 전부 부담스러운 정보가 된다.

이후에는 다른 바이러스와 마찬가지로 자신이 속해 있는 생명체를 숙주로 삼아 숙주 세포의 시스템을 이용하여 복제, 증식하고 일정한 조건이 되면 숙주 세포를 파괴한다.

→ 납득하기 어렵지 않다. 말 그대로 세포에 침입한 뒤 이 세포를 숙주 삼아 숙주 세포의 시스템을 이용해서 스스로 복제도 하고 증식도 한 뒤, 자기 할 거 다 하고 나면 파괴시켜 버린다는 것이다.

5문단

그런데 정자, 난자와 같은 생식 세포가 레트로바이러스에 감염되고도 살아남는 경우가 있었다. 이런 세포로부터 유래된 자손의 모든 세포가 갖게 된 것이 내인성 레트로바이러스이다.

→ 아 이제 함축적 의미가 잡힌다. 내인성 레트로바이러스에서 '내인성'이 무슨 뜻인지. 레트로바이러스에 감염되고도 살아남은 세포는 레트로바이러스에 '내성'이 생긴 세포라고 할 수 있다. 그러니까 그 세포로부터 유래된 모든 세포가 갖게 된 것이 '내(인)성' 레트로바이러스인 것이다. 물론 정말 저런 이유에서 '내인성' 레트로바이러스인 건지는 모른다. 내 목표는 저 문장을 머릿속에 집어넣는 것이기 때문에, 내가 납득되는 대로 함축적 의미, 부연 설명을 생각하고 넘어간다.

그리고 또 한 가지 중요한 것은, 이 문장에서도 '모든'이라는 특수한 상황에 주목하고 넘어가줘야 한다는 것이다. 그리고 주목만 하는 게 아니라, '왜' 생식 세포로부터 유래된 자손의 '모든' 세포가 내인성 레트로바이러스를 가지게 되는 것인지 이해해야 한다.

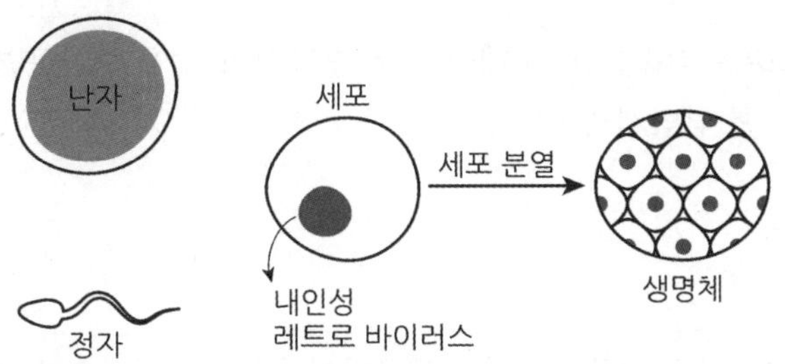

위 그림에서 보듯 난자와 정자가 만나서 세포를 만들어 낸다. 그림 속 난자와 정자는 레트로바이러스의 공격을 버틴 친구들이기 때문에, 그런 정자와 난자 둘이 만나서 만들어진 세포는 '내인성' 레트로바이러스를 갖게 된다. 그리고 이 세포가 세포 분열을 해서 생명체가 만들어진다. 이때 그 생명체를 이루는 모든 세포들은 그림에서 볼 수 있듯이 내인성 레트로바이러스를 가지게 되는 것이다.

시험장에서 어떻게 저런 그림을 떠올리냐고 반문할 수도 있다. 저런 그림이 안 떠오르면 어떡하지 하는 걱정이 들 수도 있다. 답해주자면, **저 그림이 떠오르는 게 가장 베스트다.** 왜냐하면 이 문장에서 저 그림을 말하고 싶어하고 있기 때문이다. 문장을 제대로 이해했다면 저 그림을 떠올릴 수 있다. 만약 저 그림이 안 떠올랐다 하면 어쩔 수 없다. <u>당연히 문제를 맞힐 확률은 낮아진다.</u> 받아들여야 한다. 아직 독해력, 사고력, 이미지화 하는 능력, 배경지식 등이 부족한 것이다. 우리가 공부를 하는 이유는 앞선 능력들을 갖추기 위함이다. 정리하자면, 문장이 의미하는 바가 저 그림이기 때문에 저 그림을 떠올려주고 가는 게 가장 완벽하다. 그렇기에 우리는 최대한 저 그림과 비슷하게 떠올리기 위해서 계속 이미지화를 연습하고, 문장을 이해하려고 애써야 한다.

범작가 TIP

나도 처음부터 저 그림이 머릿속에서 그려진 게 아니다. 나는 이 지문을 정말 20번은 넘게 읽은 거 같다. 그렇게 읽다 보니까 차츰 선명해지기 시작한 것이다. 조급함을 좀 내려 놓고 문장을 제대로 이해하는 것에만 몰두하다 보면 언젠가 1등급의 독해력에 도달해 있을 것이다.

내인성 레트로바이러스는 세대가 지나면서 돌연변이로 인해 염기 서열의 변화가 일어나며 해당 세포 안에서는 바이러스로 활동하지 않는다.

→ 이 문장을 읽으면서, 아까 위에서 내인성 레트로바이러스는 '바이러스의 활성을 가지지 않는다.' 라는 부분이 생각났다. 그래서 별로 어렵지 않게, "그렇겠네" 하고 넘어갔다. 어떻게 나는 위에서 읽은 문장을 생각할 수 있었을까? '바이러스의 활성을 가지지 않는다.'라는 말을 곱씹고 넘어갔기 때문이다. 그러니 그 문장이 머릿속에 깊숙이 박혀 있었고 이 부분을 읽을 때 기억이 났던 것이다.

추가로 '염기 서열'이 무슨 말인지 몰랐다면 검색해보고 배경지식으로 쌓기 바란다. 기출에 매우 많이 나오는 단어다.

그러나 내인성 레트로바이러스를 떼어 내어 다른 종의 세포 속에 주입하면 이는 레트로바이러스로 변환되어 그 세포를 감염시키기도 한다.

➜ 상상해준다.

따라서 미니돼지의 DNA에 포함된 내인성 레트로바이러스를 효과적으로 제거하는 기술이 개발 중에 있다.

➜ "아, 미니돼지의 DNA에도 내인성 레트로바이러스가 포함되어 있을 거니까 이걸 제거하고 이식해야 하겠구나.

6문단

그동안의 대체 기술과 관련된 연구 성과를 토대로 ⓐ 이상적인 이식편을 개발하기 위해 많은 연구가 수행되고 있다.

➜ 납득한다. '이상적인 이식편'은 쉽게 말하면 앞서 지문에서 나왔던 부작용들이 없는 이식편을 말할 것이다.

지문 관련 문제 해설

1. 윗글에서 알 수 있는 내용으로 적절하지 <u>않은</u> 것은?

① 동종 간보다 이종 간이 MHC 분자의 차이가 더 크다.

➜ MHC가 기억 안 나면 빨리 돌아간다. 확인해보니 서로 간의 유전적 거리가 멀수록 MHC에 차이가 커진다고 한다. 따라서 당연히 동종 간보다 이종 간에 MHC 분자 차이가 더 클 것이다.

② 면역 세포의 작용으로 인해 장기 이식의 거부 반응이 일어난다.

➜ 너무 당연한 말이다. '면역 세포'의 역할을 상상하고 이해하며 읽었으면 충분히 쉽게 풀 수 있었다.

③ 이종 이식을 하는 것만으로도 바이러스 감염의 원인이 될 수 있다.

➜ 아까 전에 내인성 레트로바이러스가 다른 종의 세포 속에 주입되면 레트로바이러스로 바뀌어서

세포를 감염시킨다고 했다. 이종 이식하는 이식편에는 내인성 레트로바이러스가 들어있을 것이다. 따라서 이종 이식을 하는 것만으로도 레트로바이러스에 감염될 수 있다.

④ 포유동물은 과거에 어느 조상이 레트로바이러스에 의해 감염된 적이 있다.

→ "내인성 레트로바이러스는 사람을 포함한 '모든' 포유류에 존재한다." + "정자, 난자 같은 생식 세포가 레트로바이러스에 감염되고도 살아남은 경우가 있었다. 이런 세포로부터 유래된 자손의 모든 세포가 갖게 된 것이 내인성 레트로바이러스다."

포유동물의 조상 중 어떤 조상이 과거에 레트로바이러스에 감염되었을 것이다. 그런데 감염이 되었음에도 불구하고 살아남았고, 따라서 그 이후에 생긴 자손들은 모두 내인성 레트로바이러스를 갖게 되었을 것이다. 즉, 포유동물은 과거에 어느 조상이 레트로바이러스에 감염된 적이 있기에 내인성 레트로바이러스가 '모든' 포유류에 존재할 수 있는 것이다.

📣 이 선택지는 2개의 문장을 조합해서 만들었다. 하지만, 특수한 상황에 눈길을 주며 읽었다면 어렵지 않게 생각해낼 수 있었다.

⑤ 레트로바이러스는 숙주 세포의 역전사 효소를 이용하여 RNA를 DNA로 바꾼다.

→ 정답이다. 숙주 세포의 역전사 효소가 아니라 자신의 역전사 효소를 이용하는 것이다. 레트로바이러스 설명 부분을 읽을 때 이미지화 하면서 이해했다면 맞힐 수 있었다.

· 답 : ⑤

2. ⓐ가 갖추어야 할 조건으로 적절하지 <u>않은</u> 것은?

① 이식편의 비용을 낮추어서 정기 교체가 용이해야 한다.

→ ①번이 정답이다. 이식이 되는 과정을 상상하면서 읽었다면 '정기 교체가 용이해야 한다.'는 말이, 처음 딱 봤을 때 어색하게 느껴졌을 것이다. 정기 교체가 용이하다는 건 계속 수술을 해서 장기를 넣었다 뺐다 하는 것이 쉽다는 뜻인데, 이게 정말 환자에게 좋을까? 이상적인 이식편은 교체할 필요가 없는 것이 가장 좋을 것이다.

② 이식편은 대체를 하려는 장기와 크기가 유사해야 한다.

③ 이식편과 수혜자 사이의 유전적 거리를 극복해야 한다.

④ 이식편은 짧은 시간에 대량으로 생산이 가능해야 한다.

⑤ 이식편이 체내에서 거부 반응을 유발하지 않아야 한다.

· 답 : ①

3. 다음은 신문 기사의 일부이다. 윗글을 참고할 때, 기사의 ㉮에 대한 반응으로 적절하지 <u>않은</u> 것은?

○○신문 ○○○○년 ○○월 ○○일

최근에 줄기 세포 연구와 3D 프린팅 기술이 급속도로 발전하고 있다. 줄기 세포는 인체의 모든 세포나 조직으로 분화할 수 있다. 그러므로 수혜자 자신의 줄기 세포만을 이용하여 3D 바이오 프린팅 기술로 제작한 ㉮세포 기반 인공 이식편을 만들 수 있을 것으로 전망된다. 이미 미니 폐, 미니 심장 등의 개발 성공 사례가 보고되었다.

① 전자 기기 인공 장기와 달리 전기 공급 없이도 기능을 유지할 수 있겠군.

➔ 자신의 줄기 세포를 가지고 새로운 이식편을 만든 경우니까 '전자 기기 인공 장기'와 달리 전기 공급이 없어도 될 것이다.

② 동종 이식편과 달리 이식 후 면역 억제제를 사용할 필요가 없겠군.

➔ 수혜자 '자신의' 줄기 세포만을 이용하여 만들었다고 했으니까, 동종 이식편과 다르게 면역 억제제를 사용할 필요가 없을 것이다.

③ 동종 이식편과 달리 내인성 레트로바이러스를 제거할 필요가 없겠군.

➔ 정답이다. 동종 이식편도 내인성 레트로바이러스를 제거할 필요는 없다. 내인성 레트로바이러스는 이종 이식과 관련된 것이다.

④ 이종 이식편과 달리 유전자를 조작하는 과정이 필요하지는 않겠군.

➜ 미니 돼지 설명 부분을 보면, 이종 이식편은 '거부 반응을 일으키는 유전자'를 제거한 형질 전환 미니 돼지의 이식편을 쓴다고 한다. ㉮는 '거부 반응을 일으키는 유전자'가 없으니까 당연히 유전자를 조작하는 과정이 필요하지 않을 것이다.

⑤ 이종 이식편과 달리 자연항체에 의한 초급성 거부 반응이 일어나지 않겠군.

➜ 자연항체는 '다른 종'에서 발현된 항원에 반응하는 것이다. 따라서 ㉮는 자연항체에 의한 초급성 거부 반응이 일어나지 않을 것이다.

답 : ③

4. ㉠과 ㉡에 대한 설명으로 가장 적절한 것은?

㉠ : 내인성 레트로바이러스　　㉡ : 레트로바이러스

➜ 이 문제는 "이미지화, 특수한 단어들에 집중하기를 얼마나 섬세하게 했는가"를 측정한다. 정답률 30%로 정말 많은 학생들이 틀렸던 문제다. 이 정도 정답률이 나왔다는 건 그만큼 학생들이 글을 읽을 때 천천히, 이미지를 떠올려주고 읽지 않으며, 특수한 단어에 대한 감이 없다는 걸 의미한다. 이 문제를 제대로 정복해서 너는 다음번에 비슷한 문제를 마주쳤을 때 꼭 맞히기 바란다.

문제 풀이 TIP

'ㄴ과 달리'라는 문구가 나왔을 땐 이 부분만 묶고 문제를 푼다. "㉠은 (㉡과 달리)" 이렇게 괄호 표시를 해둔 뒤 먼저 ㉠을 판단하고, 이후에 ㉡을 판단하면 된다. 시험장에서는 극도의 긴장 상태이기 때문에 2개를 한꺼번에 판단하려고 하면 머릿속이 복잡해진다. '㉡과 달리'를 괄호로 묶고, 2번으로 나눠서 판단하는 것이 전체적으로 봤을 때 시간을 훨씬 줄이고, 더 정확하게 풀 수 있는 방법이다.

① ㉠은 ㉡과 달리 자신이 속해 있는 생명체의 모든 세포의 DNA에 존재한다.

➜ 먼저 ㉠은, "내인성 레트로바이러스는 생명체의 DNA의 일부분으로"와 "이런 세포로부터 유래된 자손의 모든 세포가 갖게 된 것이 내인성 레트로바이러스다." 이 두 문장에 비춰 봤을 때, 자신이 속한 모든 세포의 DNA에 존재함을 알 수 있다. 이제 '㉡과 달리'를 판단해보면, ㉡은 특정한 세포만

감염시켜서, 자신의 RNA를 DNA로 바꾸고 그 DNA를 자신이 지금 들어온 세포의 DNA에 끼워 넣는 다고 했으므로, 모든 세포의 DNA에 존재하는 건 아니다. 정답이다.

> ② ⓛ은 ⑦과 달리 자신의 유전 정보를 DNA에 담을 수 없다.

➜ ⓛ은 '자신의 유전정보가 담긴' RNA를 DNA로 바꾼다고 했으니까 자신의 유전 정보를 DNA에 담을 수 있다고 봐야한다. ⑦은 자기 자신이 생명체 DNA의 일부분이므로 자신의 유전 정보를 DNA에 담을 수 있다고 볼 수 있다.

> ③ ⓛ은 ⑦과 달리 자신이 속해 있는 생명체에 면역 반응을 일으키지 않는다.

➜ 반대다. ⓛ은 복제와 증식을 하다 일정한 조건이 되면 숙주 세포를 파괴한다고 했으므로 면역 반응을 일으킬 것이다. 반면, ⑦은 자신이 속해 있는 세포 안에서는 바이러스로 활동하지 않는다고 했으므로 면역 반응을 일으키지 않을 것이다.

> ④ ⑦과 ⓛ은 둘 다 자신이 속해 있는 생명체의 유전 정보를 가지고 있다.

➜ 어려웠다. 자칫 잘못 판단하면 맞다고 볼 수 있는 선지였다. 먼저 ⑦을 판단해보자면, ⑦은 자신이 속해 있는 생명체 DNA의 일부이므로 자신이 속한 생명체의 유전 정보를 가지고 있다고 할 수 있다. 하지만 ⓛ은 그렇게 볼 수 없다. 일단 ⓛ이 어떤 놈인지 살펴보면 그 이유를 알 수 있다.

먼저 ⓛ은 다른 세포로 들어간 후, 자신의 역전사 효소를 이용해 RNA를 DNA로 바꾼다. 그리고 그렇게 바꾼 DNA를 세포의 DNA 속으로 끼워 넣는다. 그리고 이후에 세포를 조종한다.

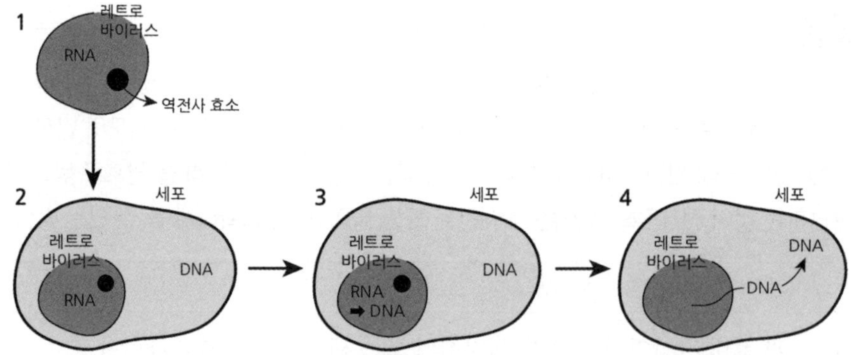

레트로 바이러스의 감염 과정을 그림으로 표현하면 위와 같다. 일단 1, 2, 3번 상황에서 ⓛ은 생명체의 유전 정보를 가지고 있다고 할 수 없다. 따라서 ⓛ 자체가 생명체의 유전 정보를 가지고 있다고 말하는 4번 선지는 틀렸다. 4번처럼 말하려면 1, 2, 3번 상황에서도 ⓛ이 생명체의 유전 정보를 가지고 있어야 하기 때문이다. 그런데 학생들이 주로 질문하는 게, 4번과 같은 상황에서는 ⓛ이 생명체의 유전 정보를 가지고 있다고 볼 수 있냐는 것이다.

일단 엄밀하게 말하면 4번 단계에서도 생명체의 유전 정보를 가지고 있다고 보긴 어렵다. ⓛ의 DNA가 생명체의 DNA에 '삽입'이 될 뿐이므로, 생명체의 DNA 자체를 갖고 있다고 단정 짓긴 어려운 것이다. 하지만 특정한 경우에 ⓛ이 생명체의 DNA를 갖게 되는 경우도 있다. 실제로는 ⓛ에서 특정 재조합 사건이 발생할 수 있고, 그러면 숙주의 유전자 일부가 ⓛ에 편입되기도 한다. 그리고 이를 두고 '레트로 바이러스가 숙주의 유전 정보 일부를 가졌다'고 말하기도 한다. 하지만 이는 지문 내용만 가지고는 알 수 없으므로, 4번에서도 ⓛ이 생명체의 유전 정보를 가지고 있다고 보긴 어렵다고 판단하는 게 더 적절하다.

⑤ ㉠과 ⓛ은 둘 다 자신이 속해 있는 생명체의 세포를 감염시켜 파괴한다.

➜ ⓛ만 자신이 속해 있는 생명체의 세포를 감염시켜 파괴한다.

· 답 : ①

　탄수화물은 사람을 비롯한 동물이 생존하는 데 필수적인 에너지원이다. 탄수화물은 섬유소와 비섬유소로 구분된다. 사람은 체내에서 합성한 효소를 이용하여 곡류의 녹말과 같은 비섬유소를 포도당으로 분해하고 이를 소장에서 흡수하여 에너지원으로 이용한다. 반면, 사람은 풀이나 채소의 주성분인 셀룰로스와 같은 섬유소를 포도당으로 분해하는 효소를 합성하지 못하므로, 섬유소를 소장에서 이용하지 못한다. ㉠ 소, 양, 사슴과 같은 반추 동물도 섬유소를 분해하는 효소를 합성하지 못하는 것은 마찬가지이지만, 비섬유소와 섬유소를 모두 에너지원으로 이용하며 살아간다.

　위(胃)가 넷으로 나누어진 반추 동물의 첫째 위인 반추위에는 여러 종류의 미생물이 서식하고 있다. 반추 동물의 반추위에는 산소가 없는데, 이 환경에서 왕성하게 생장하는 반추위 미생물들은 다양한 생리적 특성을 가지고 있다. 그중 ⓐ 피브로박터 숙시노젠(F)은 섬유소를 분해하는 대표적인 미생물이다. 식물체에서 셀룰로스는 그것을 둘러싼 다른 물질과 복잡하게 얽혀 있는데, F가 가진 효소 복합체는 이 구조를 끊어 셀룰로스를 노출시킨 후 이를 포도당으로 분해한다. F는 이 포도당을 자신의 세포 내에서 대사 과정을 거쳐 에너지원으로 이용하여 생존을 유지하고 개체 수를 늘림으로써 생장한다. 이런 대사 과정에서 아세트산, 숙신산 등이 대사산물로 발생하고 이를 자신의 세포 외부로 배출한다. 반추위에서 미생물들이 생성한 아세트산은 반추 동물의 세포로 직접 흡수되어 생존에 필요한 에너지를 생성하는 데 주로 이용되고 체지방을 합성하는 데에도 쓰인다. 한편 반추위에서 숙신산 은 프로피온산을 대사산물로 생성하는 다른 미생물의 에너지원으로 빠르게 소진된다. 이 과정에서 생성된 프로피온산은 반추 동물이 간(肝)에서 포도당을 합성하는 대사 과정에서 주요 재료로 이용된다.

　반추위에는 비섬유소인 녹말을 분해하는 ⓑ 스트렙토코쿠스 보비스(S)도 서식한다. 이 미생물은 반추 동물이 섭취한 녹말을 포도당으로 분해하고, 이 포도당을 자신의 세포 내에서 대사 과정을 통해 자신에게 필요한 에너지원으로 이용한다. 이때 S는 자신의 세포 내의 산성도에 따라 세포 외부로 배출하는 대사산물이 달라진다. 산성도를 알려 주는 수소 이온 농도 지수(pH)가 7.0 정도로 중성이고 생장 속도가 느린 경우에는 아세트산, 에탄올 등이 대사산물로 배출된다. 반면 산성도가 높아져 pH가 6.0 이하로 떨어지거나 녹말의 양이 충분하여 생장 속도가 빠를 때는 젖산 이 대사산물로 배출된다. 반추위에서 젖산은 반추 동물의 세포로 직접 흡수되어 반추 동물에게 필요한 에너지를 생성하는 데 이용되거나 아세트산 또는 프로피온산을 대사산물로 배출하는 다른 미생물의 에너지원으로 이용된다.

　그런데 S의 과도한 생장이 반추 동물에게 악영향을 끼치는 경우가 있다. 반추 동물이 짧은 시간에 과도한 양의 비섬유소를 섭취하면 S의 개체 수가 급격히 늘고 과도한 양의 젖산이 배출되어 반추위의 산성도가 높아진다. 이에 따라 산성의 환경에서 왕성히 생장하며 항상 젖산을 대사산물로 배출하는 ⓒ 락토바실러스 루미니스(L)와 같은 젖산 생성 미생물들의 생장이 증가하며 다량의 젖산을 배출하기 시작한다. F를 비롯한 섬유소 분해 미생물들은 자신의 세포 내부의 pH를 중성으로 일정하게 유지하려는 특성이 있는데, 젖산 농도의 증가로 자신의 세포 외부의 pH가 낮아지면 자신의 세포 내의 항상성을 유지하기 위해 에너지를 사용하므로 생장이 감소한다. 만일 자신의 세포 외부의 pH가 5.8 이하로 떨어지면 에너지가 소진되어 생장을 멈추고 사멸하는 단계로 접어든다. 이와 달리 S와 L은 상대적으로 산성에 견디는 정도가 강해 자신의 세포 외부의 pH가 5.5 정도까지 떨어지더라도 이에 맞춰 자신의 세포 내부의 pH를 낮출 수 있어 자신의 에너지를 세포 내부의 pH를 유지하는 데 거의 사용하지 않고 생장을 지속하는 데 사용한다. 그러나 S도 자신의 세포 외부의 pH가 그 이하로 더 떨어지면 생장을 멈추고 사멸하는 단계로 접어들고, 산성에 더 강한 L을 비롯한 젖산 생성 미생물들이 반추위 미생물의 많은 부분을 차지하게 된다. 그렇게 되면 반추위의 pH가 5.0 이하가 되는 급성 반추위 산성증이 발병한다.

---

1. 윗글을 읽고 알 수 있는 내용으로 가장 적절한 것은?

① 섬유소는 사람의 소장에서 포도당의 공급원으로 사용된다.
② 반추 동물의 세포에서 합성한 효소는 셀룰로스를 분해한다.
③ 반추위 미생물은 산소가 없는 환경에서 생장을 멈추고 사멸한다.
④ 반추 동물의 과도한 섬유소 섭취는 급성 반추위 산성증을 유발한다.
⑤ 피브로박터 숙시노젠(F)은 자신의 세포 내에서 포도당을 에너지원으로 이용하여 생장한다.

---

2. 윗글로 볼 때, ⓐ~ⓒ에 대한 이해로 적절하지 <u>않은</u> 것은?

① ⓐ와 ⓑ는 모두 급성 반추위 산성증에 걸린 반추 동물의 반추위에서는 생장하지 못하겠군.
② ⓐ와 ⓑ는 모두 반추위에서 반추 동물의 체지방을 합성하는 물질을 생성할 수 있겠군.
③ 반추위의 pH가 6.0일 때, ⓐ는 ⓒ보다 자신의 세포 내의 산성도를 유지하는 데 더 많은 에너지를 쓰겠군.
④ ⓑ와 ⓒ는 모두 반추위의 산성도에 따라 다양한 종류의 대사산물을 배출하겠군.
⑤ 반추위에서 녹말의 양과 ⓑ의 생장이 증가할수록, ⓐ의 생장은 감소하고 ⓒ의 생장은 증가하겠군.

3. 윗글을 바탕으로 ㉠이 가능한 이유를 진술한다고 할 때, 〈보기〉의 ㉮, ㉯에 들어갈 말로 가장 적절한 것은?

> ─────── < 보기 > ───────
>
> 반추 동물이 섭취한 섬유소와 비섬유소는 반추위에서 (㉮), 이를 이용하여 생장하는 (㉯)은 반추 동물의 에너지원으로 이용되기 때문이다.

① ┌ ㉮ : 반추위 미생물의 에너지원이 되고
　 └ ㉯ : 반추위 미생물이 대사 과정을 통해 생성한 대사산물

② ┌ ㉮ : 반추위 미생물의 에너지원이 되고
　 └ ㉯ : 반추위 미생물이 대사 과정을 통해 생성한 포도당

③ ┌ ㉮ : 반추위 미생물에 의해 합성된 포도당이 되고
　 └ ㉯ : 반추 동물이 대사 과정을 통해 생성한 포도당

④ ┌ ㉮ : 반추위 미생물에 의해 합성된 포도당이 되고
　 └ ㉯ : 반추위 미생물이 대사 과정을 통해 생성한 대사산물

⑤ ┌ ㉮ : 반추위 미생물에 의해 합성된 포도당이 되고
　 └ ㉯ : 반추위 미생물이 대사 과정을 통해 생성한 포도당

4. 윗글로 볼 때, 반추위 미생물에서 배출되는 숙신산과 젖산에 대한 설명으로 적절하지 않은 것은?

① 숙신산이 많이 배출될수록 반추 동물의 간에서 합성되는 포도당의 양도 늘어난다.

② 젖산은 반추 동물의 세포로 직접 흡수되어 반추 동물의 에너지원으로 이용될 수 있다.

③ 숙신산과 젖산은 반추위가 산성일 때보다 중성일 때 더 많이 배출된다.

④ 숙신산과 젖산은 반추위 미생물의 세포 내에서 대사 과정을 거쳐 생성된다.

⑤ 숙신산과 젖산은 프로피온산을 대사산물로 배출하는 다른 미생물의 에너지원으로 이용되기도 한다.

반추위 미생물 해설

1문단

> 탄수화물은 사람을 비롯한 동물이 생존하는 데 필수적인 에너지원이다.

→ 탄수화물이 뭔지 기억하려고 하지 마라. 탄수화물이 생존에 '필수'적이라고 하니까, 그냥 머릿속으로 "아 탄수화물이 중요하구나" 정도만 하고 넘어가면 된다.

> 탄수화물은 섬유소와 비섬유소로 구분된다.

→ 나도 섬유소가 뭔지 모른다. 여기서 섬유소와 비섬유소를 □, △ 표시해 가면서 외우는 건 출제자가 원하는 독해가 아니다. 그냥 "섬유소, 비섬유소는 모두 탄수화물이니까 둘 다 중요하겠구나" 라고 생각하고 넘어가면 충분하다. 아니면 그냥 "아 저렇게 구분되나 보구나" 하고 넘어가야 한다. 막 긴장하고 당황하면서, 정보를 처리해야 한다는 생각에 매몰되면 안 된다.

> 사람은 체내에서 합성한 효소를 이용하여 곡류의 녹말과 같은 비섬유소를 포도당으로 분해하고 이를 소장에서 흡수하여 에너지원으로 이용한다.

→ 아마 이 문장을 읽고 엄청 부담스러웠을 것이다. 처음 보는 단어들이 갑자기 막 쏟아지니까 당황스럽고 이해도 잘 안 됐을 거다. 조급함을 좀 내려놓고 침착하게, 하나씩 이해하면 된다. 녹말, 포도당 이런 단어들에 쫄지 마라. 외우려는 강박을 내려놓고 "그냥 그렇구나" 하면서 이해하고 넘어가면 된다.

녹말이라는 놈이 있는데 우리가 몸 속에서 만든 효소로 얘를 부숴서 포도당이란 놈으로 만든 뒤에 소장에서 흡수하여 에너지를 만든다고 한다. 나는 이 문장을 읽으면서 이미지를 그려줬다. 효소가 녹말에 붙어서 녹말을 포도당으로 만드는 이미지. 정확하게 녹말이랑 포도당이 어떻게 생겼는지, 효소가 어떻게 생겼는지는 나도 모른다. 녹말이 뭔지 포도당이 뭔지, 효소가 뭔지 정확히는 모르지만, 이미지는 그려진다. 그렇게 이 문장을 그냥 이해하고 넘어가면 충분하다.

📢: 탄수화물, 섬유소, 포도당, 녹말, 효소가 뭔지 아예 모르겠다면, 이미지가 아예 안 떠오른다면, 검색해서 배경지식으로 만든다. 배경지식도 독해력이다!

> 반면, 사람은 풀이나 채소의 주성분인 셀룰로스와 같은 섬유소를 포도당으로 분해하는 효소를 합성하지 못하므로, 섬유소를 소장에서 이용하지 못한다.

→ 셀룰로스에 밑줄 긋고 외우려고 하지 마라. 비섬유소와 다르게 사람이 섬유소는 소장에서 에너지

원으로 이용하지 못한다는 걸 받아들이는 게 더 중요하다. 이유도 앞에서 '섬유소를 포도당으로 분해하는 효소를 합성하지 못하기 때문'이라고 말해줬으니까 납득이 된다.

→ 여기서 반추는 '한번 삼킨 먹이를 다시 게워 내어 씹음'이라는 뜻이다. 또 과거를 회상할 때, "과거를 '반추'해보다" 라고 말하기도 한다. 이 단어는 이미 기출 된 적 있는 단어였기 때문에, 몰랐다면 검색해서 알고 있었어야 했다.

나는 이 문장을 읽고 의문이 들었다. 뭔가 이상하지 않은가? 나는 머릿속에 **"섬유소를 분해하는 효소를 합성하지 못하는데 어떻게 섬유소를 에너지원으로 사용하는 거지?"**라는 의문을 가지고 다음 문장을 읽었다. 글을 읽을 땐 필자와 끊임없이 대화하면서 질문해야 한다. 글을 수동적으로 읽지 말고 능동적으로 읽어라. 그리고 정보처리에 집착하지 말고 천천히 문장을 곱씹는 데 집중해라. 또 한 가지 더 말해주자면 나는 이 문단까지 읽으면서 아무런 밑줄이나 기호를 쓰지 않았다. 왜? 그냥 이해하면 끝이니까. 이해가 안 되는 문장이 없었기 때문에 밑줄이나 기호도 없다.

2문단

→ 아 반추동물은 어떻게 섬유소를 에너지원으로 사용하는가 했더니 '미생물'이 섬유소를 포도당으로 분해해주기 때문에 그게 가능한 거였구나." 이 정도 생각해주고 넘어가면 충분하다. 반추위에 산소가 없다는 거 외우려고 하지 마라. "왜 그럴까?" 생각해 보고, 부연 설명을 붙여서 넘기거나, 정 불안하면 밑줄 그어 놓고 넘어가면 된다. 물어보면 다시 오면 되니까. 이런 잡다한 정보에 힘을 빼면 안 된다. 나는 이 문장을 읽으면서 "위 속이니까 산소가 없나 보네" 이렇게 생각하고 그냥 넘겼다. '부연 설명 만들기'에서도 설명했지만 내가 붙인 설명이 맞고 틀리고는 중요하지 않다. 그리고 나머지 문장들을 외우는 게 아니라, 이미지를 그려주면서 자연스레 받아들여야 한다. F가 얽혀있는 셀룰로스를 끊어내고 포도당으로 분해한다는 걸 이미지로 그려줘라.

> F는 이 포도당을 자신의 세포 내에서 대사 과정을 거쳐 에너지원으로 이용하여 생존을 유지하고 개체 수를 늘림으로써 생장한다.

→ 난 여기서 엄청 당황했다. 아니, F가 포도당을 만들어서 반추 동물의 에너지원으로 쓸 수 있게 해주는 줄 알았는데 자신의 에너지원으로 사용한다고? 포도당이 동물의 에너지원으로 안 쓰이고 미생물의 에너지원으로 쓰이면, 동물은 어떻게 에너지를 얻지? 이 문장에서 이상함을 느낄 수 있어야 했다. 그냥 읽고 넘어갔다면 아직도 생각하지 않고, 대화하지 않고 그냥 죽죽 글만 읽고 있는 것이다. 그리고 계속 말하지만 또 생존을 유지하고, 개체 수를 늘린다는 정보에 집착하고 기억하려 하지 마라. 그냥 이해해라.

🔊: **대사 과정 :** 세포나 생명체가 음식물로부터 얻은 영양분을 에너지로 변환하고, 이 에너지를 이용해 생명 활동에 필요한 물질을 만들거나 분해하는 모든 화학 반응의 과정

> 이런 대사 과정에서 아세트산, 숙신산 등이 대사산물로 발생하고 이를 자신의 세포 외부로 배출한다. 반추위에서 미생물들이 생성한 아세트산은 반추 동물의 세포로 직접 흡수되어 생존에 필요한 에너지를 생성하는 데 주로 이용되고

→ 여기서 아세트산, 숙신산이라는 단어를 보고 흥분했을 것이다. 제발, 침착하게 읽어라. 아세트산, 숙신산을 외워야 한다는 부담감 때문에 집중이 안 되고 당황스러운 것이다. 그냥 "아세트산, 숙신산이라는 게 대사산물로 나오는구나" 하고 넘어가면 충분하다. 난 이 문장을 읽고 이렇게 이해했다. "아, 반추동물은 '미생물이 분해한 포도당'을 에너지원으로 쓰는 게 아니라, 그 포도당을 먹고 '미생물이 대사산물로 내놓은 아세트산'을 에너지원으로 쓰는 거구나."

> 체지방을 합성하는 데에도 쓰인다.

→ 나는 이 문장에 밑줄을 쳤다. 왜? 이 문장은 흐름에서 벗어난 정보이기 때문이다. 다르게 말해서, 부연 설명이 안 붙여지는 문장이라는 것이다. 내 머릿속에는 지금 '반추동물은 어떻게 섬유소를 에너지원으로 쓰는가?'라는 질문밖에 없다. 그리고 그게 지금 글에서 논의하고 있는 주된 핵심이다. 이걸 어떻게 아냐고? 첫 문장부터 필자와 대화하고, 궁금해하고, 생각하면서 읽었으면 누구나 잡을 수 있다. 아직 이게 납득이 안 된다면, 다시 첫 문장부터 필자와 대화하면서 읽고 오기 바란다.

미생물이 대사산물로 내놓은 아세트산이 반추 동물의 에너지원이 된다는 건 내가 궁금해하던 것에 대한 답이다. 하지만 아세트산이 체지방을 합성하는 데에도 쓰인다는 건, 부연 설명을 붙일 수가 없는 그냥 쌩 정보이다. 그래서 나는 이걸 기억하려고 하지 않고 즉, 힘 빼지 않고, 그냥 간단하게 밑줄 긋고 넘어간다. 만약 문제에서 이 문장을 물어본다면, 밑줄 그어 놓은 곳으로 바로 돌아와서 보고 풀

어주면 되기 때문이다. 네가 글을 정말 제대로 읽고 있다면, 이 부분을 단순 정보 덩어리로 인식할 수 있었어야 했다.

밑줄은 막 긋는 것이 아니다. 이런 식으로 일정한 규칙이 존재한다. **첫 번째는 방금과 같은 상황에서 밑줄을 긋는 것이다.** 부연 설명을 붙일 수 없는, 맥락에서 벗어난 정보가 나올 때 밑줄을 동원해서 정보를 외우는 데 힘 빼지 않고 그냥 넘어간다. 이렇게 맥락에서 벗어난 정보들 즉, 예외는 밑줄 긋기를 통해 머릿속에서 털어내야 한다. 그래야 지문의 핵심적인 내용만 머릿속에 남기면서 글을 완벽히 독해할 수 있다.

두 번째는 도저히 이해가 안 되는 문장에 밑줄을 긋는 것이다. 2, 3번 읽어도 부연 설명이 안 만들어지거나 이해가 안 되는 문장은 밑줄 쳐 놓고 넘어가야 한다. 이때는 정보를 털어내야 하기 때문이 아니다. 시간이 한정되어 있기 때문에 밑줄 치고 넘어가야 하는 것이다.

이렇게 2가지 상황에서만 우리는 밑줄을 긋고 기호를 써야 한다. 이 외에 쓰는 모든 밑줄, 기호는 멈춰야 한다. 우리의 사고가 깊어지는 것을 방해하기 때문이다.

한편 반추위에서 숙신산은 프로피온산을 대사산물로 생성하는 다른 미생물의 에너지원으로 빠르게 소진된다.

→ 이 문장도 맥락에서 벗어난 문장이다. 숙신산이 무엇인가? 대사산물이다. 그러면 나는 당연히 숙신산도 아세트산과 마찬가지로 반추 동물의 에너지원으로 사용될 거라고 추측한다. 그런데 갑자기 숙신산이 다른 미생물의 에너지원으로 쓰인다고 하네? 나는 힘 빼지 않고, 나중에 문제에서 물어보면 여기로 돌아와야겠다고 생각했다.

⚠ 주의 : 혹시나 해서 말하는데 이 문장이 맥락을 벗어난 문장이라고 해서, 부연 설명이 안 붙여지는 문장이라고 해서, 이 문장들을 날려 읽거나 중요하게 읽지 않아도 된다는 의미가 아니다. 시험장에서는 모든 문장을 하나하나 다 생각하면서 읽어줘야 한다. 그렇게 읽다 보니, "이건 좀 맥락에서 벗어난 문장이네" 하고 보이는 것이다.

이 과정에서 생성된 프로피온산은 반추 동물이 간(肝)에서 포도당을 합성하는 대사 과정에서 주요 재료로 이용된다.

→ 프로피온산이 무엇인가? 대사산물이다. 그럼 반추 동물의 에너지원으로 쓰여야 한다. 근데 프로피온산은 반추 동물이 간에서 포도당을 합성하는 대사 과정에 쓰인다네? 나는 여기에도 밑줄을 그었

다. 마찬가지로 맥락에서 벗어난 문장이기 때문이다. 만약 "프로피온산은 반추 동물의 에너지원으로 쓰인다."라고 나왔다면 나는 밑줄을 긋지 않았을 것이다. 대사산물은 반추 동물의 에너지원으로 쓰여야 한다. 그런데 그 맥락에서 벗어났기에 즉, 내 생각과 다르기에 나는 밑줄을 긋고 넘어간다. 안 그러면 머리를 써서 계속 이 정보를 잡고 있어야 하기 때문이다. 그리고 프로피온산이 에너지원으로 쓰인다고 하면 납득이 될 텐데 간에서 포도당을 합성하는 대사 과정에 쓰인다고 하니, 왜 그런지 부연 설명이 빨리 만들어지지 않는다. 그래서 그냥 밑줄 치고 넘어가는 것이다.

3문단

반추위에는 비섬유소인 녹말을 분해하는 ⓑ <u>스트렙토코쿠스 보비스(S)</u>도 서식한다.

➜ "아 반추동물은 사람과 달리 비섬유소도 미생물을 통해서 분해하나 보다."

이 미생물은 반추 동물이 섭취한 녹말을 포도당으로 분해하고, 이 포도당을 자신의 세포 내에서 대사 과정을 통해 자신에게 필요한 에너지원으로 이용한다.

➜ 이 사고과정은 이미 윗문단에 섬유소를 분해하는 과정에서 경험했기에, 익숙해야 한다. "S도 자기가 포도당을 이용하고 그 이후에 나온 자신의 대사산물을 반추 동물이 에너지원으로 쓸 수 있게 하려나 보다." 하고 생각해준다.

이때 S는 자신의 세포 내의 산성도에 따라 세포 외부로 배출하는 대사산물이 달라진다.

➜ 또 쫄지 말고! 외울 생각하지 말고! 차분하게 이해하기만 하면 된다. 그리고 지금 핵심은 대사산물이다. 나는 산성도가 이렇고, 저렇고 하는 것에 크게 힘을 주지 않을 것이다.

산성도를 알려 주는 수소 이온 농도 지수(pH)가 7.0 정도로 중성이고 생장 속도가 느린 경우에는 아세트산, 에탄올 등이 대사산물로 배출된다.

➜ 이런 걸 다 기억하려고 하면 절대 안 된다. "수소 이온…. 7.0… 생장 속도가 느린…" 머릿속으로 이러고 있으면 재앙이다. 이걸 일일이 다 기억하려고 하는 순간 머리는 엄청 복잡해진다. 그럼 이해할 힘이 남아있지 않게 되고, 지문은 추상적으로 읽힌다. 그냥 "아 그렇구나" 하고 넘어가고, 만약 선지에서 자세히 물어본다면 그때 다시 돌아와서 보고 풀면 된다. 일단 글을 읽을 때는 '이해'하는 것이 최우선 목표이다.

→ 젖'산'이니까 '산'성도가 높아지면 대사산물로 젖산이 배출되는 거 인정. 그냥 이해하고 넘어가면 충분하다.

범작가 TIP

그리고 계속 말하는데 7.0, 6.0 이런 거에 집착하지 마라. 7.0을 8.0으로 바꿔서 내지 않으니까 그냥 문장을 이해하는 데에만 초점을 둬라. 만약 그렇게 물어본다면 기억력 테스트가 되어 버리기 때문에 절대 그렇게 내지 않는다. 만에 하나 물어본다면 그때 빨리 돌아와서 확인해주면 된다. 이해하면서 읽으면, 지문의 어느 부분에 해당 정보가 있는지 더 빨리 찾을 수 있다.

→ 당연하다. 젖산은 미생물(S)의 대사산물이니까 반추 동물에게 필요한 에너지를 생성하는 데 사용되는 건 당연하다. 아까 미생물(F)가 섬유소 분해하는 과정을 '이해'했으니까 쉽고 빠르게 읽힌다.

→ 이제 내가 무슨 말 할지 알 수 있을 거다. "밑줄 그어야지. 단순 정보라고 인식 해야지." 앞에 숙신산 할 때 경험했다. 젖산의 역할을 읽으면서 숙신산이 떠올랐어야 한다.

범작가 TIP

내가 '밑줄 그어야 한다'라고 말하는 건 이 부분을 예외로, 맥락에서 벗어난 것으로 이해해 줘야 한다는 의미이다. 앞에서 이해한 문장들로 부연 설명을 만드는 게 불가능하기 때문이다. 그냥 툭 던져진 정보다. 만약 머릿속으로 그렇게 인식하고 넘어갔고 그렇게 네가 이 정보를 머릿속에서 받아들이는 데 부담스럽지 않다면 밑줄을 안 그어도 된다. 또 반드시 '밑줄'일 필요도 없다. 괄호를 쳐도 된다. 어떤 표시든지 네가 알아볼 수 있게만 하면 된다.

그런데 S의 과도한 생장이 반추 동물에게 악영향을 끼치는 경우가 있다.

→ 어? 나는 여기서 이해가 안 된다. S는 분명 비섬유소를 분해해 주는 좋은 놈이었는데 얘가 늘어나면 반추 동물에 악영향을 끼친다고? 이 의문을 가지고 계속 읽어 내려간다.

반추 동물이 짧은 시간에 과도한 양의 비섬유소를 섭취하면 S의 개체 수가 급격히 늘고 과도한 양의 젖산이 배출되어 반추위의 산성도가 높아진다.

→ 젖'산'이 많아지니까 '산성'도가 높아지는 거 인정. 이걸 막 비례, 반비례 표시해가면서 외우려고 하면… 정말 안 된다.

이에 따라 산성의 환경에서 왕성히 생장하며 항상 젖산을 대사산물로 배출하는 ⓒ 락토바실러스 루미니스(L)와 같은 젖산 생성 미생물들의 생장이 증가하며 다량의 젖산을 배출하기 시작한다. F를 비롯한 섬유소 분해 미생물들은 자신의 세포 내부의 pH를 중성으로 일정하게 유지하려는 특성이 있는데,

→ 이해하기 어렵지 않다. 이미지 그려주면서 계속 납득하면 된다.

젖산 농도의 증가로 자신의 세포 외부의 pH가 낮아지면 자신의 세포 내의 항상성을 유지하기 위해 에너지를 사용하므로 생장이 감소한다.

→ 여기를 읽으면서 아까 품었던 의문이 해소된다. 아까 왜 S의 과도한 생장이 반추 동물에게 악영향을 끼치는 건지 의문이 들었었는데 이 문장을 보니 이해가 된다. S가 늘어나고 젖산이 많아져서 L도 많아지면, 산성도가 올라간다. 그럼 F는 항상성을 유지하기 위해 에너지를 써야 돼서 생장이 감소한다. 그럼 반추 동물은 F가 부족해지니 섬유소를 분해하지 못할 것이고, 반추 동물이 섬유소로부터 얻는 에너지도 감소할 것이다. 이런 과정을 통해 악영향을 끼치게 되는 것이다.

만일 자신의 세포 외부의 pH가 5.8 이하로 떨어지면 에너지가 소진되어 생장을 멈추고 사멸하는 단계로 접어든다.

→ 5.8 이하를 기억하려고 하지 마라. 물어보면, 그때 돌아오면 된다.

이와 달리 S와 L은 상대적으로 산성에 견디는 정도가 강해 자신의 세포 외부의 pH가 5.5 정도까지 떨어지더라도 이에 맞춰 자신의 세포 내부의 pH를 낮출 수 있어 자신의 에너지를 세포 내부의 pH를 유지하는 데 거의 사용하지 않고 생장을 지속하는 데 사용한다. 그러나 S도 자신의 세포 외부의 pH가 그 이하로 더 떨어지면 생장을 멈추고 사멸하는 단계로 접어들고, 산성에 더 강한 L을 비롯한 젖산 생성 미생물들이 반추위 미생물의 많은 부분을 차지하게 된다. 그렇게 되면 반추위의 pH가 5.0 이하가 되는 급성 반추위 산성증이 발병한다.

→ "L은 아까 산성의 환경에서 왕성이 성장한다고 했으니까 F나 S에 비해서 산성에 버티는 정도가 당연히 더 크겠네." 크게 정보를 받아들이는 게 힘들지 않다. 그냥 부연 설명을 너 나름대로 붙여가면서 이해하고 넘어가면 된다. 만약 시험장에서 'F → S → L 순으로 산성에 견디는 정도가 강하다'는 정보가 너무 이해 안 된다면 밑줄 그어 놓고 넘어가도 상관없다. 하지만 공부할 때는 부연 설명 붙이는 연습을 꾸준히 해서 시험장에서 이정도 정보쯤은 간단하게 처리하고 넘어갈 수 있도록 해야 한다.

급성 반추위 산성증 이것도 그냥 외우려고 하지 말고 함축적 의미를 생각해봐라. 비섬유소를 많이 먹으면 산성도를 높이는 미생물들이 많아져서 '갑자기' 반추위가 산성으로 되는 상황이니까 '급성' 반추위 산성증인 것이다.

지문 관련 문제 해설

1. 윗글을 읽고 알 수 있는 내용으로 가장 적절한 것은?

> ① 섬유소는 사람의 소장에서 포도당의 공급원으로 사용된다.

→ 글에서, 사람은 비섬유소만 에너지원으로 쓸 수 있고, 섬유소는 소장에서 에너지원으로 못 쓴다고 했었다. 즉, 섬유소는 사람에게 포도당 공급원으로 사용될 수 없다.

> ② 반추 동물의 세포에서 합성한 효소는 셀룰로스를 분해한다.

→ 반추 동물의 세포에서 합성한 효소가 아니라 반추 동물의 반추위에서 서식하는 미생물이 셀룰로스를 분해한다.

> ③ 반추위 미생물은 산소가 없는 환경에서 생장을 멈추고 사멸한다.

→ 아까 글 읽을 때 부연 설명 만들고 넘어갔다. 산소가 없어도 왕성히 생장한다고 했다.

④ 반추 동물의 과도한 섬유소 섭취는 급성 반추위 산성증을 유발한다.

→ 비섬유소 섭취가 급성 반추위 산성증을 유발하는 것이다.

⑤ 피브로박터 숙시노젠(F)은 자신의 세포 내에서 포도당을 에너지원으로 이용하여 생장한다.

→ 정답이다. 아까 의문 품었던 부분이다. 글 읽으면서 "왜 미생물이 포도당을 먹지?"라고 의문 품었으면 쉽게 답으로 찍을 수 있었다.

· 답 : ⑤

2. 윗글로 볼 때, ⓐ~ⓒ에 대한 이해로 적절하지 <u>않은</u> 것은?

ⓐ : F   ⓑ : S   ⓒ : L

① ⓐ와 ⓑ는 모두 급성 반추위 산성증에 걸린 반추 동물의 반추위에서는 생장하지 못하겠군.

→ pH 5.0 이하에서 급성 반추위 산성증이 나타나게 되는데, ⓐ와 ⓑ는 각각 pH 5.8, pH 5.5 이하에서 사멸한다. 따라서 급성 반추위 산성증에 걸린 반추 동물의 반추위에서는 ⓐ, ⓑ모두 사멸할 것이다.

② ⓐ와 ⓑ는 모두 반추위에서 반추 동물의 체지방을 합성하는 물질을 생성할 수 있겠군.

→ 아까 글 읽으면서 체지방 뭐라 했던 부분 밑줄 쳐 놨었다. 빨리 돌아가서 확인한다. "아세트산은 반추 동물의 세포로 직접 흡수되어 생존에 필요한 에너지를 생성하는 데 주로 이용되고 **체지방을 합성하는 데에도 쓰인다.**" 여길 보니까, 체지방을 합성하는 물질이 '아세트산'이라는 걸 알 수 있다.

글이랑 비교해보니까 F는 아세트산과 숙신산을 대사산물로 배출한다고 했고, S는 아세트산과 에탄올을 대사산물로 배출한다고 했다. 둘 다 아세트산을 배출하니까, ⓐ와 ⓑ는 모두 반추위에서 반추 동물의 체지방을 합성하는 물질을 생성할 수 있다.

> **범작가 TIP**
>
> 아세트산이 체지방을 합성하는 물질이라는 걸 외우는 게 아니다. 맥락에서 벗어나는 단순 정보들은 그냥 밑줄 처리 해두고 이렇게 문제에서 물어보면 다시 올라가서 확인해야 한다. 우리 뇌는 용량에 한계가 있기 때문에 전부 다 암기하려고 달려들면 글을 읽을 수가 없다.

③ 반추위의 pH가 6.0일 때, ⓐ는 ⓒ보다 자신의 세포 내의 산성도를 유지하는 데 더 많은 에너지를 쓰겠군.

→ 당연하다. ⓒ는 ⓐ보다 산성도에 버티는 정도가 강하다. 반추위의 pH가 6.0일 때, ⓐ는 ⓒ보다 생장이 감소하고, 자신의 세포 내 항상성을 유지하기 위해 더 노력할 것이다.

④ ⓑ와 ⓒ는 모두 반추위의 산성도에 따라 다양한 종류의 대사산물을 배출하겠군.

→ ⓑ는 '세포 내 산성도'에 따라서 배출하는 대사산물이 달라진다고 하였다. "(pH)가 7.0 정도로 중성이고 생장 속도가 느린 경우에는 아세트산, 에탄올 등이 대사산물로 배출된다. 반면 산성도가 높아져 pH가 6.0 이하로 떨어지거나 녹말의 양이 충분하여 생장 속도가 빠를 때는 젖산이 대사산물로 배출된다."

ⓑ의 '세포 내 산성도'는 '반추위의 산성도'에 당연히 영향을 받을 것이므로 ⓑ는 반추위의 산성도에 따라 다양한 종류의 대사산물을 배출한다고 볼 수 있다. **하지만 ⓒ는 글에서 "항상 젖산을 대사산물로 배출한다."라고 한 걸 봤을 때 '다양한' 종류의 대사산물을 배출하지 않는다는 걸 알 수 있다. 정답은 ④번이다.**

⑤ 반추위에서 녹말의 양과 ⓑ의 생장이 증가할수록, ⓐ의 생장은 감소하고 ⓒ의 생장은 증가하겠군.

→ 글에서 "녹말의 양이 충분하여 (ⓑ의) 생장 속도가 빠를 때에는 젖산이 대사산물로 배출된다."라고 말하고 있다. 녹말의 양과 ⓑ의 생장이 증가하면 젖산이 대사산물로 배출되고 반추위는 산성도가 높아진다. 따라서 pH 5.8 이하의 산성에서 사멸하는 ⓐ는 점차 생장이 감소할 것이다. 반면 산성의 환경에서 왕성히 생장하는 ⓒ의 생장은 증가할 것이다.

· 답 : ④

3. 윗글을 바탕으로 ㉠이 가능한 이유를 진술한다고 할 때, 〈보기〉의 ㉮, ㉯에 들어갈 말로 가장 적절한 것은?

> ─── < 보기 > ───
>
> 반추 동물이 섭취한 섬유소와 비섬유소는 반추위에서 (㉮), 이를 이용하여 생장하는 (㉯) 은 반추 동물의 에너지원으로 이용되기 때문이다.

→ 이런 문제는 항상 말하지만, 주관식 문제 풀듯이 미리 답을 생각하고 진입해야 한다. 그래야 선택지에 설득당하지 않는다.

일단 판단하기 쉬운 ㉯부터 보자. 무엇이 반추 동물의 에너지원으로 이용된다는 것일까? 이건 계속 우리가 글 읽으면서 생각했던 것이다. 바로 미생물의 '대사산물'이 반추 동물의 에너지원으로 사용된다. 따라서 ㉯에는 '대사산물'이라는 말이 꼭 들어가야 한다. 그럼 답은 ①번, ④번으로 좁혀진다.

이제 ㉮에 들어갈 말을 판단해 보자. 우선 ①번을 보면 '반추위 미생물의 에너지원이 되고'라고 쓰여 있다. ㉮ 자리에 그대로 넣어보면, 반추 동물이 섭취한 섬유소와 비섬유소는 반추위에서 반추위 미생물의 에너지원이 되는 건 당연한 것이다. 섬유소와 비섬유소를 미생물이 분해하고 거기서 나온 포도당을 '바로' 반추 동물이 쓰는 게 아니라, 그 포도당은 미생물이 먹고, 미생물이 배출한 대사산물을 에너지원으로 쓰는 것이었다. 이건 글의 가장 핵심적인 내용이었다. 글 읽으면서 의문을 품었다면 쉽게 읽어낼 수 있었다. 따라서 답은 ①번이었다. ④번이 답이 아닌 이유는 반추위 미생물에 의해 '합성된' 포도당이 아니기 때문이다. 반추위 미생물은 포도당을 '합성'하지 않는다. 섬유소와 비섬유소를 분해해서 포도당으로 만드는 것이다.

이 문제 정답률이 27%이다. 31%의 학생들이 ④번을 찍었다. 너도 ④번을 골랐다면 ①번이 확실하게 아니어서 ④번을 찍었다기보다는 ①번이 애매해서, 무슨 말인지 모르겠어서 ④번을 찍었을 것이다. 반추 동물이 섭취한 섬유소와 비섬유소는 반추위에서 반추위 미생물의 에너지원이 된다는 건 글의 핵심 중의 핵심이었다. 이 문제를 틀렸다면 답은 하나다. 능동적으로 의문 품으면서 읽지 않았다는 것. 즉, 생각하지 않았다는 것. 아마 수동적으로 그냥 정보만 처리하면서 달렸을 것이다. 그게 원인이다. 이런 고난도 문제까지 맞히려면 항상 글을 읽을 때 능동적으로 생각하면서 읽어야 한다.

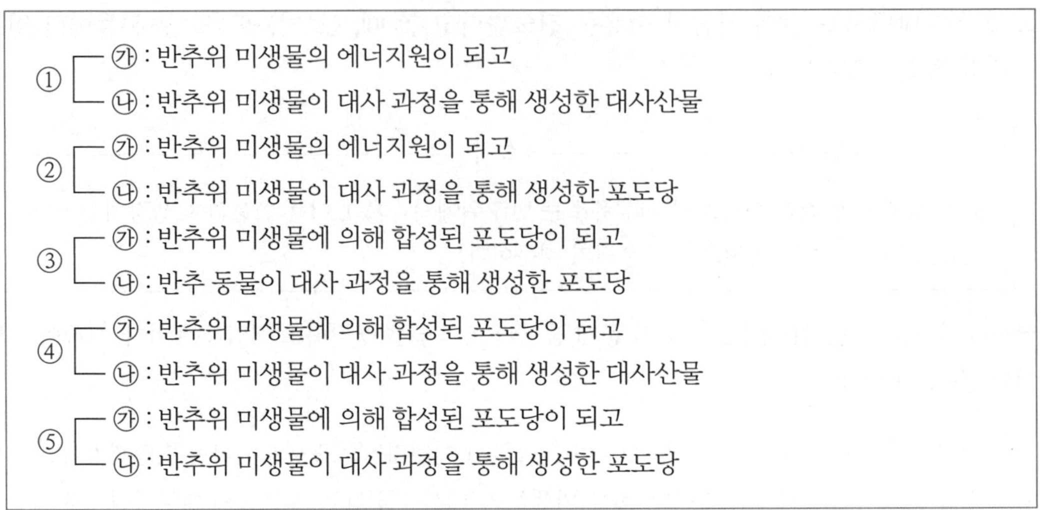

· 답 : ①

4. 윗글로 볼 때, 반추위 미생물에서 배출되는 숙신산과 젖산에 대한 설명으로 적절하지 않은 것은?

① 숙신산이 많이 배출될수록 반추 동물의 간에서 합성되는 포도당의 양도 늘어난다.

➡ 숙신산 설명이 있던 부분으로 빠르게 돌아간다. 확인해 보니, 숙신산이 많이 배출된다는 건 프로피온산을 대사산물로 생성하는 다른 미생물의 생장이 늘어난다는 말이다. 프로피온산은 반추 동물이 간에서 포도당을 합성하는 대사 과정에서 주요 재료로 이용된다고 했다. 그럼, 숙신산이 많이 배출되면 프로피온산도 많이 배출될 것이고 포도당을 합성하는 대사 과정도 더 많이 일어날 것이다.

② 젖산은 반추 동물의 세포로 직접 흡수되어 반추 동물의 에너지원으로 이용될 수 있다.

➡ 확인해 보니, 젖산은 반추 동물의 세포로 직접 흡수되어 반추 동물에게 필요한 에너지를 생산한다고 되어 있다.

③ 숙신산과 젖산은 반추위가 산성일 때보다 중성일 때 더 많이 배출된다.

➡ 숙신산은 F가 배출하는 대사산물이므로 중성일 때 더 많이 배출될 것이다. 산성에서는 F가 사멸하기 시작하기 때문이다. 반면 젖산은 중성의 환경보다 산성의 환경에서 더 많이 배출되므로 이는 틀린 말이다. ③번이 정답이다.

④ 숙신산과 젖산은 반추위 미생물의 세포 내에서 대사 과정을 거쳐 생성된다.

➜ 숙신산과 젖산은 '대사'산물이므로 '대사' 과정을 거쳐 생성된다는 건 당연한 말이다.

⑤ 숙신산과 젖산은 프로피온산을 대사산물로 배출하는 다른 미생물의 에너지원으로 이용되기도 한다.

➜ 지문으로 돌아가서 서치해 보면 쉽게 찾을 수 있다.

· 답 : ③

과학 3

2016학년도 수능 B형, 항부력

어떤 물체가 물이나 공기와 같은 유체 속에서 자유 낙하할 때 물체에는 중력, 부력, 항력이 작용한다. 중력은 물체의 질량에 중력 가속도를 곱한 값으로 물체가 낙하하는 동안 일정하다. 부력은 어떤 물체에 의해서 배제된 부피만큼의 유체의 무게에 해당하는 힘으로, 항상 중력의 반대 방향으로 작용한다. 빗방울에 작용하는 부력의 크기는 빗방울의 부피에 해당하는 공기의 무게이다. 공기의 밀도는 물의 밀도의 1,000분의 1 수준이므로, 빗방울이 공기 중에서 떨어질 때 부력이 빗방울의 낙하 운동에 영향을 주는 정도는 미미하다. 그러나 스티로폼 입자와 같이 밀도가 매우 작은 물체가 낙하할 경우에는 부력이 물체의 낙하 속도에 큰 영향을 미친다.

물체가 유체 내에 정지해 있을 때와는 달리, 유체 속에서 운동하는 경우에는 물체의 운동에 저항하는 힘인 항력이 발생하는데, 이 힘은 물체의 운동 방향과 반대로 작용한다. 항력은 유체 속에서 운동하는 물체의 속도가 커질수록 이에 상응하여 커진다. 항력은 마찰 항력과 압력 항력의 합이다. 마찰 항력은 유체의 점성 때문에 물체의 표면에 가해지는 항력으로, 유체의 점성이 크거나 물체의 표면적이 클수록 커진다. 압력 항력은 물체가 이동할 때 물체의 전후방에 생기는 압력 차에 의해 생기는 항력으로, 물체의 운동 방향에서 바라본 물체의 단면적이 클수록 커진다.

안개비의 빗방울이나 미세 먼지와 같이 작은 물체가 낙하하는 경우에는 물체의 전후방에 생기는 압력 차가 매우 작아 마찰 항력이 전체 항력의 대부분을 차지한다. 빗방울의 크기가 커지면 전체 항력 중 압력 항력이 차지하는 비율이 점점 커진다. 반면 스카이다이버와 같이 큰 물체가 빠른 속도로 떨어질 때에는 물체의 전후방에 생기는 압력 차에 의한 압력 항력이 매우 크므로 마찰 항력이 전체 항력에 기여하는 비중은 무시할 만하다.

빗방울이 낙하할 때 처음에는 중력 때문에 빗방울의 낙하 속도가 점점 증가하지만, 이에 따라 항력도 커지게 되어 마침내 항력과 부력의 합이 중력의 크기와 같아지게 된다. 이때 물체의 가속도가 0이 되므로 빗방울의 속도는 일정해지는데, 이렇게 일정해진 속도를 종단 속도라 한다. 유체 속에서 상승하거나 지면과 수평으로 이동하는 물체의 경우에도 종단 속도가 나타나는 것은 이동 방향으로 작용하는 힘과 반대 방향으로 작용하는 힘의 평형에 의한 것이다.

1. 윗글을 읽고 알 수 있는 내용으로 가장 적절한 것은?

① 스카이다이버가 낙하 운동할 때에는 마찰 항력이 전체 항력의 대부분을 차지하게 된다.

② 물체가 유체 속에서 운동할 때 물체 전후방에 생기는 압력 차는 그 물체의 속도를 증가시킨다.

③ 낙하하는 물체의 속도가 종단 속도에 이르게 되면 그 물체의 가속도는 중력 가속도와 같아진다.

④ 균일한 밀도의 액체 속에서 낙하하는 동전에 작용하는 부력은 항력의 크기에 상관없이 일정한 크기를 유지한다.

⑤ 균일한 밀도의 액체 속에 완전히 잠겨 있는 쇠 막대에 작용하는 부력은 서 있을 때보다 누워 있을 때가 더 크다.

---

2. 윗글을 바탕으로 〈보기〉에 대해 탐구한 내용으로 가장 적절한 것은?

─── < 보기 > ───

크기와 모양은 같으나 밀도가 서로 다른 구 모양의 물체 A와 B를 공기 중에 고정하였다. 이때 물체 A와 B의 밀도는 공기보다 작으며, 물체 B의 밀도는 물체 A보다 더 크다. 물체 A와 B를 놓아주었더니 두 물체 모두 속도가 증가하며 상승하다가, 각각 어느 정도 시간이 지난 후 각각 다른 일정한 속도를 유지한 채 계속 상승하였다. (단, 두 물체는 공기나 다른 기체 중에서 크기와 밀도가 유지되도록 제작되었고, 물체 운동에 영향을 줄 수 있는 기체의 흐름과 같은 외적 요인들이 모두 제거되었다고 가정함.)

① A와 B가 고정되어 있을 때에는 A에 작용하는 항력이 B에 작용하는 항력보다 더 작겠군.

② A와 B가 각각 일정한 속도를 유지할 때 A에 작용하고 있는 항력은 B에 작용하고 있는 항력보다 더 작겠군.

③ A에 작용하는 부력과 중력의 크기 차이는 A의 속도가 증가하고 있을 때보다 A가 고정되어 있을 때 더 크겠군.

④ A와 B 모두 일정한 속도에 도달하기 전에 속도가 증가하는 것으로 보아 A와 B에 작용하는 항력이 점점 감소하기 때문에 일정한 속도에 도달하는 것이겠군.

⑤ 공기보다 밀도가 더 큰 기체 내에서 B가 상승하여 일정한 속도를 유지할 때 B에 작용하는 항력은 공기 중에서 상승하여 일정한 속도를 유지할 때 작용하는 항력보다 더 크겠군.

1문단

> 어떤 물체가 물이나 공기와 같은 유체 속에서 자유 낙하할 때 물체에는 중력, 부력, 항력이 작용한다.

→ 유체가 뭔지 몰랐다면 이 문장을 읽고 납득했어야 했다. 물이나 공기와 같이 '흐르는' 물체를 '흐를 유'자를 써서 '유'체라고 한다.

> 중력은 물체의 질량에 중력 가속도를 곱한 값으로 물체가 낙하하는 동안 일정하다.

→ 내가 알고 있는 중력의 의미와 크게 다르지 않다. 당연히 물체가 낙하하는 동안 중력은 일정하다. 내가 떨어지는 동안 내 몸무게가 바뀌는 게 아니지 않은가. 납득한다.

새로운 거라고 하면 '중력 가속도' 정도일 것이다. 왜 중력 가속도를 곱하는지는 모르겠다. 지문에서 설명해 주지도 않고 시험장에서 곧바로 생각해내기도 쉽지 않다. 그래서 단순 정보로 처리한다. 굳이 머리를 써서 외우려고 힘 빼지 않는다. 만약에 문제에서 물어보면 나는 이 문장으로 돌아와서 서치할 것이다. 그냥 그런가 보다 하고 납득만 해준다.

> 부력은 어떤 물체에 의해서 배제된 부피만큼의 유체의 무게에 해당하는 힘으로,

→ 차분히 들여다보자. 일단 상상을 해야 한다. 나는 수영장에서 튜브를 물속으로 집어넣는 상황을 이미지로 그렸다. 물이 꽉 차 있는 수영장에서 내가 튜브를 물속에 넣으면 물이 밖으로 넘친다. 이때 '밖으로 넘친 물'이 '어떤 물체에 의해서 배제된 부피'인 것이다. 정확히 말하면 '어떤 물체에 의해서 배제된 **유체**의 부피'이다. 그리고 이때 '밖으로 넘친 물의 무게'가 바로 '튜브에 작용하는 부력'이 되는 것이다.

이 문장은 **부력의 제시된 개념을 말해주는 문장**이다. 더 집중해서 읽어야 한다. 네가 고등학생이라면 아마 살면서 부력이란 말을 한 번쯤은 들어봤을 것이다. 나도 이 글을 읽기 전까지 내 나름대로 부력의 의미를 머릿속에 가지고 있었다. **수영장에서 내가 물 위에 떠있을 수 있는 이유가 부력 때문이라고 대충 알고 있었다.** 근데 글을 읽어보니까 부력을 **'어떤 물체에 의해서 배제된 부피만큼의 유체의 무게'**라고 말하고 있다. 내가 알고 있던 배경지식이랑 다르다. 이럴 때 조심해야 한다. 내 배경지식과 글의 내용이 일치하지 않을 때 우리는 훨씬 더 독해를 천천히, 조심스럽게 해야 한다.

하지만 많은 학생들은 이런 문장을 그냥 지나친다. 그러고 문제로 가서 **'부력'이라는 단어를 자기 멋대로 해석한다.** 1번 문제 ④번, ⑤번 선지는 부력의 제시된 개념을 가지고 문제를 냈다. 부력을 '어떤

물체에 의해서 배제된 부피만큼의 유체의 무게에 해당하는 힘'이라고 인지했던 학생들은 맞혔겠지만, 그냥 자기 머릿속에 있는 '부력'의 의미를 생각하고 푼 학생은 틀렸을 것이다.

④ 균일한 밀도의 액체 속에서 낙하하는 동전에 작용하는 부력은 항력의 크기에 상관없이 일정한 크기를 유지한다.

물속에서 가라 앉고 있는 동전에 작용하는 부력은 항력의 크기에 상관없이 일정한 크기를 유지한다. 왜 그런지는 부력의 정의를 생각해 보면 된다. 부력이란 '어떤 물체에 의해서 배제된 부피만큼의 유체의 무게에 해당하는 힘'이다. 동전에 의해 배제된 부피만큼의 물의 무게에 해당하는 힘이 동전에 작용하고 있다. 그 힘은 동전이 가라앉든, 가만히 있든 항상 동일하게 작용하고 있다. 부력은 동전이 가만히 있지 않고 가라앉고 있다고 해서 변하는 게 아니라는 것이다.

그리고 부력의 제시된 개념을 보면 항력에 영향을 받는다는 말도 없다. 따라서 ④번은 정답이다.

⑤ 균일한 밀도의 액체 속에 완전히 잠겨 있는 쇠 막대에 작용하는 부력은 서 있을 때보다 누워 있을 때가 더 크다.

④번 다음으로 학생들이 ⑤번 선지를 많이 찍었다. '부력'이 뭔지 '글에서 설명한 대로' 이해하지 않았기 때문이다. 물속에 쇠 막대가 잠겨 있다면, 쇠 막대가 서 있든, 누워 있든, 비스듬히 있든 부력은 모두 똑같다.

1번 문제 정답률이 34%였다. 정말 많은 학생들이 틀린 문제다. 제시된 개념을 제대로 잡지 않으면 무조건 틀릴 수밖에 없도록 만든 문제였다. 이 문제를 틀렸다면 교훈 삼아 앞으로는 제시된 개념을 좀 더 신경 써서 읽도록 하자.

그리고 만약 네가 지금 아까 내가 들었던 튜브 예시가 상상도 안 되고 문장 이해도 아예 안 됐다면 아직 독해력이 부족한 것이다. 다른 방법을 찾으려 하지 말고 어려운 문장들을 수십 번 읽으면서 독해력 올리는 것에 집중하기 바란다. A라는 문장이 안 읽힌다면, A문장을 이해할 만큼의 독해력이 없다는 것이다. 그럼 독해력을 올려야 한다. 독해력을 올리는 방법은 앞 챕터에서 말했듯이, '어려운 문장을 반복적으로 읽는 것' 밖에 없다. 이 문장이 이해되지 않는다고 해서 바로 해설강의 보러 가면, 그 순간은 이해해서 좋겠지만 네 독해력에는 아무 변화가 없을 것이다.

📢: 이 문장이 이해되지 않았다면 오히려 독해력을 올릴 좋은 기회를 얻은 것이니 여러 번 상상해보고 납득하기 바란다.

→ '항상'은 특수한 상황이다. 이 문장이 그냥 쉽게 납득되는 학생도 있겠지만 낯설게 다가오는 학생도 있었을 것이다. 나는 아까 생각했던 튜브 예시를 가지고 와서 이해하고 넘어갔다. 중력 때문에 튜브는 물 위로 떨어지는데, 부력이 중력의 반대 방향으로 튜브를 미니까 물 위에 떠있는 것이다.

→ 왜? 지금 빗방울은 '공기 속'에서 떨어지고 있기 때문이다. 무슨 말이냐면, 아까 튜브 예시에서는 튜브가 '물속'에 들어가 있으니까, 튜브의 부피에 해당하는 '물의 무게'가 부력의 크기였다. 하지만 빗방울은 '공기 속'에서 떨어지고 있으므로 빗방울의 부피에 해당하는 공기의 무게가 부력의 크기가 되는 것이다.

→ '밀도'란 단위 부피당 질량을 나타내는 말이다. 쉽게 말해서, 같은 부피의 쇠구슬과 탱탱볼이 있을 때 쇠구슬이 탱탱볼보다 무겁기 때문에 "쇠구슬의 밀도가 탱탱볼보다 크다"라고 말한다는 것이다. 몰랐으면 알아두자.

다시 문장으로 돌아가서, 공기의 밀도가 물의 밀도보다 작다는 것은 같은 부피일 때, 물이 공기보다 무겁다는 것이다. 그리고 위 문장에서 말하는 바에 따르면 물이 공기보다 1000배나 더 무겁다고 한다. 그렇기 때문에 빗방울이 떨어질 때 그 빗방울에 작용하는 부력은 무시할 수 있을 만큼 영향이 적다는 것이다. 비유하자면, 커다란 바위가 날아오고 있는데, 그 바위에 계란을 던진다고 해도 바위가 날아오는 것에는 큰 영향을 못 미치는 것과 같다. 바위가 계란에 비해 훨씬 무겁기 때문이다.

🗨 이런 식으로 상황을 나름대로 상상해보기도 하면서 문장을 제대로 이해하고 넘어가야 한다.

→ 납득한다. 날아오는 바위(중력 큼)에는 계란(부력)이 아무 영향을 못 미쳤지만, 날아오는 스티로폼(중력 작음)에 계란(부력)을 던진다면 스티로폼의 진행 방향이 바뀔 것이다.

2문단

→ 항력의 정의된 개념을 말해주는 문장이다. 정말 집중해서 읽어야 한다. 그리고 내가 '공생관계' 지문에서도 말했지만, 정의된 개념은 함부로 축약하면 안 된다. 많은 학생들이 '물체가 유체 내에 정지해 있을 때와는 달리'라는 부분을 그냥 날려 읽는다. 만약 이 부분을 제대로 안 읽었으면 2번 문제 ①번 선지를 판단하기 어려웠을 것이다.

① A와 B가 고정되어 있을 때에는 A에 작용하는 항력이 B에 작용하는 항력보다 더 작겠군.

A와 B가 고정되어 있다면 A와 B에는 항력이 작용하지 않는다. 왜냐하면 항력은 '물체가 유체 내에 정지해 있을 때'는 발생하지 않기 때문이다.

📢 이렇게 정의된 개념을 멋대로 생략하면 안 된다는 건 이미 '공생관계' 지문에서 경험했다.

기출 사례

"두 생명체가 서로 떨어져서 살 수 없더라도 각자의 개체성을 잃을 정도로 유기적 상호작용이 강하지 않다면 그 둘은 공생 관계에 있다고 보는데"

– 2020학년도 6월 –

→ 움직임에 '저항'하는 힘이니까 당연히 운동 방향과 반대로 작용할 거라고 생각했다. 납득하기 어렵지 않다.

→ 항력이 물체의 운동에 저항하는 힘이니까 당연히 물체의 움직임이 커지면 즉, 속도가 커지면 이에 대해 저항하는 힘도 커질 거라고 생각했다.

→ 이렇게 개념 2개를 설명하는 건, 기출에 많이 나왔기 때문에 머릿속으로 버텨야 한다.

"표적 항암제는 암세포가 증식하고 종양이 자라는 과정에서 어느 단계에 개입하느냐에 따라 □**신호 전달 억제제**와 △신생 혈관 억제제로 나뉜다."

- 2016학년도 9월 B형 -

"바젤 위원회는 위험가중자산을 □**신용 위험에 따른 부분**과 △**시장 위험에 따른 부분**의 합으로 새로 정의하여 BIS 비율을 산출하도록 하였다."

- 2020학년도 수능 -

"위치에는 □**절대위치**와 △**상대위치**가 있다."

- 2020학년도 9월 -

"한대(漢代)의 동중서는 하늘이 덕을 잃은 군주에게 재이를 내려 견책한다는 □**천견설**과, 인간과 하늘에 공통된 음양의 기(氣)를 통해 하늘과 인간이 서로 감응한다는 △천인감응론을 결합하여 재이론을 체계화하였다."

- 2022학년도 6월 -

하나의 개념을 더 세부적으로 나누어 설명하는 방식은 이미 많은 기출에서 경험했다.

마찰 항력은 유체의 점성 때문에 물체의 표면에 가해지는 항력으로,

➡ "아 물체가 유체 속에서 흐를 때 유체의 점성 때문에 유체와 '마찰'을 일으켜서 생기는 힘이 '마찰' 항력인가 보구나." 함축적 의미 동원하자.

유체의 점성이 크거나 물체의 표면적이 클수록 커진다.

➡ "유체가 끈적 끈적하면 마찰력이 더 커질 거고, 물체의 표면적이 크다면 유체랑 더 많이 닿으니까 마찰력이 커지겠네." 한 문장 한 문장 반응하고 납득한다.

압력 항력은 물체가 이동할 때 물체의 전후방에 생기는 압력 차에 의해 생기는 항력으로, 물체의 운동 방향에서 바라본 물체의 단면적이 클수록 커진다.

➡ 어렵다. 좀 생각을 해야 한다. 이해하기 어렵다는 걸 출제자도 알기에, 바로 뒤 문장에서 빗방울과 미세 먼지를 예시로 들어서 부연 설명을 붙여주고 있다. 나는 이 문장을 이해하기 위해서 떠올렸다. 우산을 접어서 앞으로 내밀면 쉽게 내밀어진다. 그런데 우산을 펼친 다음 앞으로 내밀려 하면 잘 안 내밀어진다.

꼭 이 그림이 아니더라도 스스로 알맞은 예시를 생각했다면 상관없다. 그리고 예시를 못 들었다면, 머릿속에서 그림이 안 그려졌다면, 아래 문장에 나오는 빗방울, 미세먼지, 스카이 다이버 예시를 읽고 이해했으면 됐다.

> 안개비의 빗방울이나 미세 먼지와 같이 작은 물체가 낙하하는 경우에는 물체의 전후방에 생기는 압력 차가 매우 작아 마찰 항력이 전체 항력의 대부분을 차지한다.

→ 이 문장을 읽을 때, 빗방울, 미세 먼지가 떨어지는 게 눈에 보여야 한다.

그리고 지금 여기까지 읽으면서 '압력 차이'가 작고, 크고 하는 게 도대체 무슨 말인지 제대로 이해가 안되는 학생들이 있을 것이다. 아니다. 오히려 대부분의 학생들은 지금 자신이 '압력 차이'가 무슨 의미인지 정확히 이해하지 못했단 걸 깨닫지도 못했을 것이다.

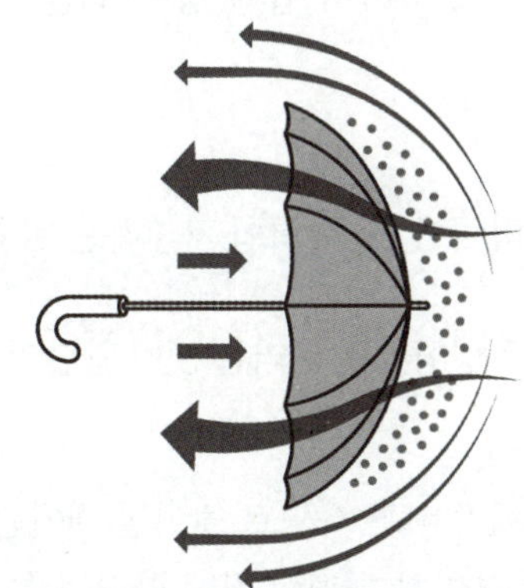

쉽게 설명해 줄 테니 집중하기 바란다. 아까 말했던 우산을 앞으로 내미는 상황을 예시로 들어서 설명해보겠다. 그림에서 확인할 수 있듯, 우산을 앞으로 빠르게 내밀면 공기가 앞쪽에 쏠린다. 이 말은 우산 앞부분의 기압이 높아진다는 말이다. 압력에는 많은 종류가 있다. 수압, 전압, 기압 등등. 이 지문에서 말하고 있는 압력은 기압을 의미한다. 왜냐하면 '공기 속'에서 빗방울, 미세먼지가 떨어지고 있기 때문이다. '물속'에서 일어났다면 아마 '수압'으로 생각해야 했을 것이다. 그럼 기압은 뭐냐? 기체의 압력이다. 쉽게 말해서, 공기가 많으면 기압이 높은 것이고, 공기가 적으면 기압이 낮은 것이다.

<그림>을 보면 우산 앞쪽에는 공기가 많이 몰려 있다. 그런데 뒤쪽에는 공기가 거의 없다. 앞쪽은 기압이 큰데, 뒤쪽은 기압이 작다. 그렇기 때문에 압력의 차이 즉, 기압의 차이가 생기게 되는 것이다. 그럼 왜 우산은 압력 차이가 크고 빗방울은 압력 차이가 적을까?

"압력 항력은 물체가 이동할 때 물체의 전후방에 생기는 압력 차에 의해 생기는 항력으로, 물체의 운동 방향에서 바라본 물체의 단면적이 클수록 커진다."

이 문장에서 알 수 있듯이 물체의 운동 방향에서 바라본 물체의 단면적 차이 때문이다.

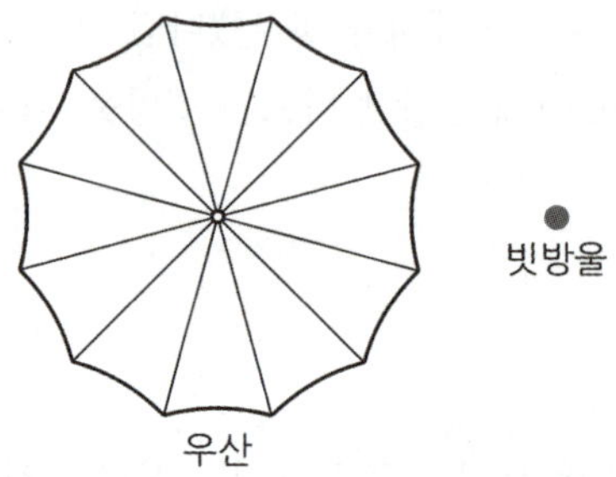

물체의 운동 방향에서 바라본 물체의 단면적이 우산이 빗방울보다 훨씬 크기 때문에 압력 항력도 훨씬 큰 것이다. 단면적이 크면, 위 우산 그림에서도 확인할 수 있듯이 당연히 앞쪽과 뒤쪽의 공기량이 많이 차이 난다. 하지만 빗방울처럼 단면적이 매우 작으면 앞쪽과 뒤쪽 공기량이 거의 차이가 없다.

정리하자면, 빗방울이나 미세먼지는 물체의 운동 방향에서 바라본 단면적이 매우 작기 때문에 전후방에 생기는 압력 차이가 매우 작고, 따라서 압력 항력이 전체 항력에서 차지하는 비중이 적은 것이다.

> 빗방울의 크기가 커지면 전체 항력 중 압력 항력이 차지하는 비율이 점점 커진다.

→ 왜 그럴까? 그 이유는, 물체의 운동 방향에서 바라본 빗방울 단면적 크기가 점점 커지기 때문이다.

> 반면 스카이다이버와 같이 큰 물체가 빠른 속도로 떨어질 때에는 물체의 전후방에 생기는 압력 차에 의한 압력 항력이 매우 크므로 마찰 항력이 전체 항력에 기여하는 비중은 무시할 만하다.

→ 윗 문장을 이해했으면 쉽게 납득된다.

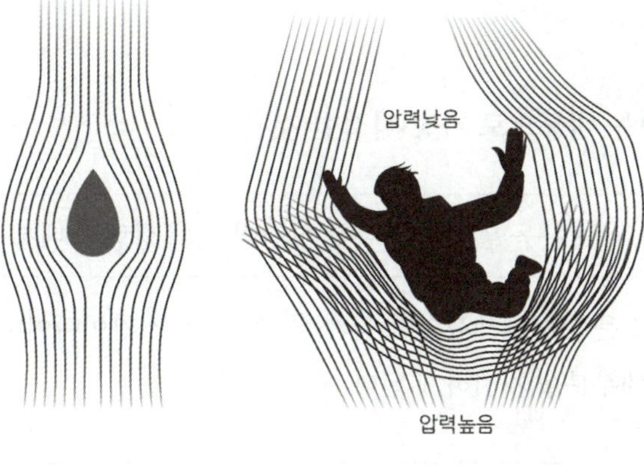

이것과 비슷한 이미지를 떠올리고 넘어갔어야 한다. 위 그림은 빗방울과 스카이다이버가 각각 낙하할 때 생기는 공기의 흐름을 나타낸 것이다. 빗방울은 그림에서 볼 수 있듯이 전후방의 압력 차가 거의 없지만, 스카이다이버가 낙하할 때는 전후방에 큰 압력 차가 생긴다.

> 빗방울이 낙하할 때 처음에는 중력 때문에 빗방울의 낙하 속도가 점점 증가하지만, 이에 따라 항력도 커지게 되어 마침내 항력과 부력의 합이 중력의 크기와 같아지게 된다.

→ 제대로 읽어야 한다. 중력에 의해 빗방울의 낙하 속도가 점점 증가하니까 이에 따라서 물체의 운동에 저항하는 항력도 같이 커진다. 그래서 마침내 '항력+부력=중력'이 되는 것이다. 이때 '항력=중력'이라고 생각하면 안 된다. 부력이 왜 들어가는지 납득해야 한다. 왜 항력과 부력을 합한 값이 중력이 되는지 이해해야 한다.

📢: '항력+부력'인 이유는 빗방울이 유체(공기) '속'에서 움직이고 있기 때문이다.

> 이때 물체의 가속도가 0이 되므로 빗방울의 속도는 일정해지는데, 이렇게 일정해진 속도를 종단 속도라 한다.

→ 함축적 의미를 활용해서 이해하고 넘어간다.

> 유체 속에서 상승하거나 지면과 수평으로 이동하는 물체의 경우에도 종단 속도가 나타나는 것은 이동 방향으로 작용하는 힘과 반대 방향으로 작용하는 힘의 평형에 의한 것이다.

→ 유체 속에서 상승하거나 수평으로 이동하는 경우에도 물체에 여러 힘이 작용해서 종단 속도가 나타나나 보다. 마지막까지 집중해서 읽기 바란다. 2번 문제는 '유체 속에서 상승하는 경우'를 문제로 낸 것이다.

지문 관련 문제 해설

1. 윗글을 읽고 알 수 있는 내용으로 가장 적절한 것은?

> ① 스카이다이버가 낙하 운동할 때에는 마찰 항력이 전체 항력의 대부분을 차지하게 된다.

→ 글 읽으면서 상상하고 문장을 이해했다면 쉽게 풀 수 있다. 스카이다이버가 낙하 운동할 때는 '압력' 항력이 전체 항력의 대부분을 차지하게 된다.

> ② 물체가 유체 속에서 운동할 때 물체 전후방에 생기는 압력 차는 그 물체의 속도를 증가시킨다.

→ 물체가 운동할 때 '물체 전후방에 생기는 압력 차'는 압력 항력을 발생시키는데, 압력 항력은 물체의 속도를 감소시킨다. '항력'을 '물체의 운동에 저항하는 힘'이라고 함축적 의미를 동원해서 생각하고 넘어갔다면 쉽게 풀 수 있었을 것이다.

> ③ 낙하하는 물체의 속도가 종단 속도에 이르게 되면 그 물체의 가속도는 중력 가속도와 같아진다.

→ 낙하하는 물체의 속도가 종단 속도에 이르면 가속도는 0이 된다. 가속도가 중력 가속도와 같다는 말은 중력 가속도도 0이라는 말인데, 그럼 중력은 0이 된다. 중력은 '물체의 질량 x 중력 가속도'이기 때문이다. '낙하'하고 있는 데 중력이 0이라는 건 말이 안 된다.

> ④ 균일한 밀도의 액체 속에서 낙하하는 동전에 작용하는 부력은 항력의 크기에 상관없이 일정한 크기를 유지한다.

→ 맞다. 부력은 항력과 관계가 없다. 균일한 밀도의 액체 속에서 낙하하는 동전에 작용하는 부력은 계속 일정하다. 정답은 ④번이다.

> ⑤ 균일한 밀도의 액체 속에 완전히 잠겨 있는 쇠 막대에 작용하는 부력은 서 있을 때보다 누워 있을 때가 더 크다.

→ 막대가 서 있든, 누워있든 부력은 동일하다. '부력의 정의'를 제대로 이해했다면 너무 쉬운 선택지다.

· 답 : ④

2. 윗글을 바탕으로 〈보기〉에 대해 탐구한 내용으로 가장 적절한 것은?

> ─────── 〈 보기 〉 ───────
>
> 크기와 모양은 같으나 밀도가 서로 다른 구 모양의 물체 A와 B를 공기 중에 고정하였다. 이 때 물체 A와 B의 밀도는 공기보다 작으며, 물체 B의 밀도는 물체 A보다 더 크다. 물체 A와 B를 놓아주었더니 두 물체 모두 속도가 증가하며 상승하다가, 각각 어느 정도 시간이 지난 후 각각 다른 일정한 속도를 유지한 채 계속 상승하였다. (단, 두 물체는 공기나 다른 기체 중에서 크기와 밀도가 유지되도록 제작되었고, 물체 운동에 영향을 줄 수 있는 기체의 흐름과 같은 외적 요인들이 모두 제거되었다고 가정함.)

> ─── 〈 보기 〉 분할 분석 ───
>
> 크기와 모양은 같으나 밀도가 서로 다른 구 모양의 물체 A와 B를 공기 중에 고정하였다.

➔ 크기와 모양은 같은데, 밀도가 서로 다르다는 말은 무슨 말일까? 〈보기〉도 항상 주의해서 읽어야 한다. 지문과 마찬가지로 〈보기〉도 이해 안 되는 문장이 없도록 만들고 넘어간다.

'크기와 모양은 같은데 밀도가 서로 다르다'는 말은, 쉽게 말해서 'A와 B의 무게가 서로 다르다'는 뜻이다.

> ─── 〈 보기 〉 분할 분석 ───
>
> 이때 물체 A와 B의 밀도는 공기보다 작으며,

➔ A와 B의 밀도가 공기보다 작다? 이 말이 무슨 뜻일까? 바로 물체 A와 B에 작용하는 부력이 A와 B에 작용하는 중력보다 크다는 뜻이다. 무슨 말인지 쉽게 설명해 주겠다. 지금 A와 B 모두 부력을 받고 있다. 왜냐하면 둘 모두 '공기 속'에 있기 때문이다. 따라서 A와 B 때문에 배제된 부피만큼의 공기의 무게가 부력이 되어 A와 B에 각각 작용하고 있다.

근데, 이때 A와 B를 들어올리는 부력의 힘이 A와 B에 작용하는 중력보다 더 크다는 것이다. 왜냐하면, A와 B보다 공기의 밀도가 더 크기 때문이다. A와 B보다 공기의 밀도가 더 크다는 말은 공기가 A와 B보다 더 무겁다는 말이다. A와 B에 작용하는 중력이 10이라면, 공기는 20의 힘으로 A와 B를 들어올리게 되는 것이다. 따라서 A와 B 모두, 아래로 떨어지는 힘(중력)의 무게보다 A와 B를 공기 중에서 상승시키는 힘(부력)의 무게가 더 크다고 할 수 있다.

여기서 중요한 사실이 밝혀지는데, 저 결론대로라면 **A와 B 모두 공기 중에서 놓았을 때 '상승'하게 된다.** A와 B를 들어올리는 힘이 A와 B를 아래로 끌어당기는 힘보다 더 크기 때문이다.

추가로, **A와 B가 각각 상승할 때, A와 B에 작용하는 부력은 크기가 서로 같다.** '크기와 모양이 같기 때문'이다. 즉, '부피'가 서로 같기 때문이다. 부력의 제시된 개념을 보면 부력은 물체의 '부피'와 관련 있다.

> ─ < 보기 > 분할 분석 ──────
>
> 물체 B의 밀도는 물체 A보다 더 크다.

→ 물체 B와 A는 서로 부피가 같다. 그런데 물체 B의 밀도가 A보다 크다는 것은 B가 A보다 더 무겁다는 걸 의미한다. 이렇게 읽어내려면 글에서 '밀도'라는 단어를 여러 번 곱씹어서 제대로 이해했어야 했다.

A와 B는 모두 공기 중에서 상승하지만, B가 A보다 더 무겁다고 한다. 그럼 이게 뭘 의미하는 걸까? 조금만 생각해 보면 알 수 있다. 바로, 둘 다 상승하는데, A가 B보다 더 빠른 속도로 상승한다는 걸 의미한다. A와 B에 작용하는 부력은 서로 동일한데, A가 B보다 가벼우니까 당연히 A가 더 빠른 속도로 상승할 것이다.

> ─ < 보기 > 분할 분석 ──────
>
> 물체 A와 B를 놓아주었더니 두 물체 모두 속도가 증가하며 상승하다가, 각각 어느 정도 시간
> 이 지난 후 각각 다른 일정한 속도를 유지한 채 계속 상승하였다.

→ 각각 다른 일정한 속도를 유지했다고 하는데, A와 B의 속도가 각각 어떻게 달랐다는 말일까? 일단, A가 B보다 더 빠른 속도로 상승한다. 그러면 A에 작용하는 항력은 B에 작용하는 항력보다 커진다. 왜냐하면, 항력이란 물체의 운동에 저항하는 힘이기에, 물체의 운동이 심해질수록 (속도가 빨라질수록) 그 운동에 저항하는 힘도 커지기 때문이다. 그래서 속도가 더 빠른 A에 작용하는 항력이 더 큰 것이다.

여기서 '일정한 속도'를 유지했다는 것은 A와 B가 각각 상승하다가 '종단 속도'에 이르렀다는 말로 해석할 수 있다. 나는 여기서 A와 B에 작용하는 힘을 생각해봤다. A와 B가 어떻게 종단 속도에 이르게 되는 건지 이해하려면, 당연히 A와 B에 작용하는 힘을 이해해야 하기 때문이다. 생각해 보니까, 아까 지문 상황에서는 '항력+부력=중력'인 상황에서 가속도가 0이었는데, <보기>는 지금 '항력+중력=부력'인 상황에서 가속도가 0이 된다.

이때, 착각하면 안 되는 것이, 항력이 커짐에 따라 물체의 속도가 다시 점점 줄어드는 게 아니다. 예를 들어 A가 상승할 때, A의 종단속도가 50이라고 하면, 공기 중에서 상승하는 A의 속도는 0에서부터 50까지 서서히 상승한다. 항력의 크기는 A의 속도가 50일 때 가장 크다. A가 종단속도(50)에 다다르면, 항력은 최대가 되고, 이때 '부력=항력+중력'이 되어, A는 50의 속도를 유지하며 계속 상승하게 되

는 것이다. 수업을 해보면, 매우 많은 학생들이 항력이 커짐에 따라 물체의 속도가 점점 감소하게 된다고 '착각'한다.

➡ 이 문장을 읽으면서 여기까지 생각해 줬어야 했다. 그래야 선택지에서 판단하는 게 빨라진다. 매번 말하지만, 〈보기〉도 또 하나의 비문학처럼, 이해 안 되는 문장 없이 꼼꼼히 읽어줘야 한다. 그리고 지금 내가 보여주는 사고과정을 보면서 "저걸 어떻게 해"라고 생각하는 학생이 있을까 봐 말한다. 나도 처음에는 당연히 이런 생각을 못 했다. 나는 처음 이 항부력 지문을 풀 때 1, 2번 전부 다 틀렸었다. 제시된 개념이 뭔지도 모르고 그냥 내 맘대로 읽었고, 문장도 이해가 안 됐다. 근데, 1번, 2번, 5번, 10번 보고 나니까 점차 문장이 이해되기 시작했다. 점점 이미지도 그려지고, 선택지도 뭘 물어보는지 이해가 됐다. 지금 문장이 이해가 안 되고 내가 말한 생각들이 안 떠올랐다고 해서 좌절할 필요 없다. **그렇게 되기까지는 누구나 시간이 필요하다.** 천천히 여러 번 읽으면서 독해력, 사고력을 키우는 데만 집중하기 바란다. 그러면 어느 순간 문장들이 선명히 이해되기 시작할 것이다.

───── < 보기 > 분할 분석 ─────

(단, 두 물체는 공기나 다른 기체 중에서 크기와 밀도가 유지되도록 제작되었고, 물체 운동에 영향을 줄 수 있는 기체의 흐름과 같은 외적 요인들이 모두 제거되었다고 가정함.)

① A와 B가 고정되어 있을 때에는 A에 작용하는 항력이 B에 작용하는 항력보다 더 작겠군.

➡ 항력의 제시된 개념을 가지고 문제를 냈다. 항력은 물체가 유체 내에 정지되어 있을 때는 작용하지 않는다. '물체의 운동에 저항하는 힘'이기 때문이다.

② A와 B가 각각 일정한 속도를 유지할 때 A에 작용하고 있는 항력은 B에 작용하고 있는 항력보다 더 작겠군.

➡ 항력은 '물체의 운동에 저항하는 힘'이다. 따라서 물체의 운동이 심해지면 그에 따라 저항하는 힘도 커진다. A는 B보다 빠른 속도로 상승하고 있다. 즉, B보다 A의 운동량이 더 크다. 따라서 A에게 작용하는 항력이 B에 작용하는 항력보다 크다.

③ A에 작용하는 부력과 중력의 크기 차이는 A의 속도가 증가하고 있을 때보다 A가 고정되어 있을 때 더 크겠군.

→ '부력'과 '중력'은 A가 움직이든 말든 상관없이 일정하다. 따라서 '부력'과 '중력'의 크기 차이도 항상 일정하다. 부력과 중력의 제시된 개념을 제대로 인지했다면 헷갈리지 않았을 것이다.

④ A와 B 모두 일정한 속도에 도달하기 전에 속도가 증가하는 것으로 보아 A와 B에 작용하는 항력이 점점 감소하기 때문에 일정한 속도에 도달하는 것이겠군.

→ 공기 중에서 A와 B모두 속도가 점점 증가한다. A와 B 각각의 속도가 증가함에 따라 물체의 운동에 저항하는 힘인 항력도 덩달아 커진다. **항력은 '항력+중력=부력'이 될 때까지 커진다.** 그래서 A와 B의 상승 속도가 점점 커지다가 일정 속도에서 멈추는 것이다. (이해가 안 된다면 다시 여러 번 읽어보기 바란다.)

따라서 A와 B에 작용하는 항력은 점점 '증가'하기 때문에 일정한 속도에 도달하게 된다.

⑤ 공기보다 밀도가 더 큰 기체 내에서 B가 상승하여 일정한 속도를 유지할 때 B에 작용하는 항력은 공기 중에서 상승하여 일정한 속도를 유지할 때 작용하는 항력보다 더 크겠군.

→ 공기보다 밀도가 더 큰 기체 내에서 B가 상승한다는 건, B에 작용하는 부력이 공기 중에 있을 때보다 더 커진다는 뜻이다. 부력은 어떤 물체에 의해서 배제된 부피만큼의 유체의 무게이기 때문이다. 기체의 밀도가 공기보다 더 크다는 말은, 그 기체가 공기보다 더 무겁다는 뜻이다. **따라서 그 기체 속에 있는 물체가 받는 부력은 공기 중에 있을 때보다 더 커진다.** 예를 들어서 설명하자면, 우리가 공기 중에서 헬륨 풍선을 놓았을 때보다 물속에서 헬륨 풍선을 놓았을 때 풍선이 훨씬 빨리 상승하는 것과 같다.

그래서, 공기보다 밀도가 더 큰 기체 내에서 B가 상승할 때의 속도는 공기 중에서 B가 상승할 때보다 더 크다. 그렇기 때문에 당연히 공기 중에서 상승할 때보다 B에 작용하는 항력의 크기는 더 커진다. 상승하는 속도가 빨라지면 이에 비례해서 저항하는 힘인 항력도 커지기 때문이다. ⑤번이 정답이다.

· 답 : ⑤

과학 4

2026학년도 수능 「열팽창 현상과 액추에이터」

열팽창이란 물체의 온도 변화에 따라 그 길이, 부피가 변화하는 현상을 말한다. 그중 길이의 변화를 수치화한 것이 선형 열팽창 계수인데, 이는 온도 변화에 따른 길이 변화율을 온도 변화량으로 나눈 값이다. 여기에서 길이 변화율은 길이의 변화량을 처음 길이로 나누어 ⓐ 얻는 값이며, 변화량이란 나중 값에서 처음 값을 뺀 것이다. 대부분의 물질은 선형 열팽창 계수가 양수이며 물질마다 그 값이 다르다. 합금인 인바(invar)와 순수한 금속인 알루미늄은 선형 열팽창 계수가 양수인 물질이며 인바는 알루미늄에 비해 매우 작은 선형 열팽창 계수를 갖는다.

선형 열팽창 계수가 다른, 두 종류의 물질 P와 Q를 서로 같은 두께의 두 층으로 접합하여 평평한 띠를 만든다고 하자. 이때 Q가 P보다 선형 열팽창 계수가 크다면 온도를 올렸을 때 Q층은 P층보다 더 팽창하려고 한다. 그러나 두 층이 접합되어 있어 독립적인 팽창이 억제되므로,

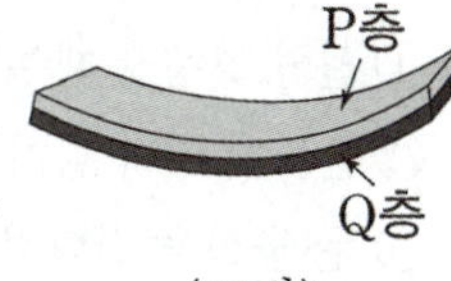

〈그림〉과 같이 띠가 P층 쪽으로 원의 호 형태로 휘면서 팽창한 후 그 상태를 유지한다. 이후 다시 처음의 온도로 내리면 띠는 원래 모양으로 ⓑ 돌아온다.

물체의 휨의 정도는 곡률로 수치화할 수 있는데, 띠 또한 휨의 정도를 곡률로 나타낸다. 띠의 길이에 비해 두께가 매우 얇고 폭이 좁아 띠를 하나의 곡선이라고 간주하면, 띠를 원의 호로 생각할 수 있다. 이때 이 원의 호를 포함하는 원의 반지름을 휘어진 띠의 곡률 반지름이라 하는데, 곡률은 이 곡률 반지름의 역수이다. 즉, 곡률 반지름이 작을수록 더 심하게 휘어진 것이다. 다른 조건이 동일하다면, 두 물질의 선형 열팽창 계수 차이가 크거나 온도 변화가 클수록 띠가 더 휘어진다. 온도 변화량이 같아도 띠를 이루는 물질에 따라 띠가 휘는 정도는 달라지며, 이를 나타내는 것이 휨 민감도이다. 휨 민감도가 더 크다는 것은 같은 온도 변화량에서 띠가 더 심하게 휨을 의미한다.

띠의 한쪽 끝을 고정하고 열을 가하면 띠가 휘면서 반대쪽 끝이 움직이는 액추에이터가 된다. 액추에이터란 열에너지 등을 기계적 동작으로 변환하는 장치로, 액추에이터의 설계에는 최대 이동 거리, 띠가 외부에 가할 수 있는 힘, 반응 완료 시간 등이 고려된다.

띠가 휠수록 고정되지 않은 끝의 이동 거리는 커진다. 최대 이동 거리는 휨을 방해하는 외부의 힘이 없다고 가정할 때, 주어진 온도 변화량에서 띠의 끝이 최대로 이동할 수 있는 거리이다. 이 값은 띠의 길이에 따라 달라진다. 띠가 휘면서 띠의 끝이 외부에 힘을 가할 수 있는데, 이 힘은 띠의 끝이 최대 이동 거리에 도달하여 휨이 완료되었을 때 소멸된다. 따라서 띠가 외부에 가할 수 있는 힘이 소멸되는 시점은 최대 이동 거리에 도달했을 때이고, 이는 띠가 휘는 과정에서 최대의 곡률에 도달했을 때와 같다. 반응 완료 시간 또한 고려해야 하는데, 반응 완료 시간은 온도를 올리기 시작한 시점부터 띠의 끝이 최대 이동 거리에 도달하기까지의 시간이고, 띠의 두께가 얇을수록 짧다.

1. 윗글의 내용과 일치하는 것은?

① 온도의 변화에 따라 물체의 길이는 변하지만 부피는 변하지 않는다.
② 물질의 선형 열팽창 계수는 열을 가해 변화되었을 때의 길이를 열을 가하기 전의 길이로 나눈 값이다.
③ 선형 열팽창 계수가 음수인 물질이 선형 열팽창 계수가 양수인 물질보다 그 종류가 더 많다.
④ 액추에이터는 열에너지를 얻기 위해 기계적 움직임을 이용하는 장치이다.
⑤ 서로 다른 물질을 두께가 같은 두 층으로 접합해 만든 띠의 온도를 올릴 때, 띠의 두께가 얇을수록 휨이 빨리 완료된다.

2. 윗글에서 추론한 내용으로 적절하지 <u>않은</u> 것은?

① 선형 열팽창 계수가 음수인 물질에 열을 가하면 길이가 줄어든다.
② 온도에 따라 길이 변화가 작아야 하는 부품에는 알루미늄보다 인바가 더 적합하다.
③ 두 물질을 접합하여 두 층으로 이루어진 띠를 만들고 온도를 내리면 선형 열팽창 계수가 작은 물질 쪽으로 휜다.
④ 열팽창으로 길이가 늘어난 두 물체의 길이의 변화량이 같다면 팽창 전의 길이가 더 긴 물체의 길이 변화율이 더 작다.
⑤ 한쪽 끝이 고정되고 길이가 다른 평평한 두 띠가 동일한 곡률로 휘었다면 길이가 긴 띠의 끝의 이동 거리가 더 길다.

3. 윗글을 바탕으로 〈보기〉를 이해한 내용으로 적절한 것은?

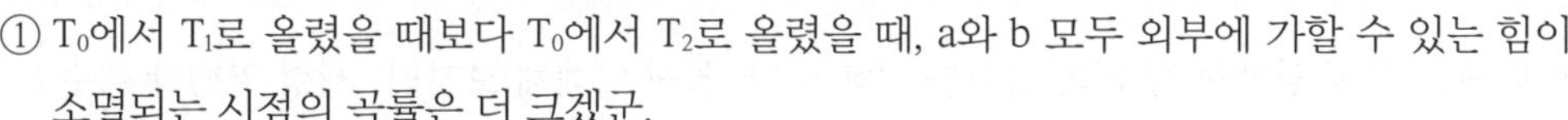

두 물질을 접합하여 두 층으로 만든, 두 종류의 띠 a와 b가 있다. 두 물질의 선형 열팽창 계수의 차이는 b가 a보다 크고, 두께와 길이는 a, b 모두 같다. 이 띠를 활용하여 오른쪽 그림과 같이 띠가 안으로 휘어 물체를 잡는 집게를 만들었다. a를 두 개 사용한 것은 집게 A이고, b를 두 개 사용한 것은 집게 B이다. 온도 T_0에서 A와 B의 모든 띠는 평평한 형태였다. 이후 온도를 T_1로 올렸을 때는 B만 물체를 잡을 수 있었다. 그런데 T_0에서 T_1보다 높은 온도인 T_2로 온도를 올렸을 때는 A도 물체를 잡을 수 있었다. (단, 선형 열팽창 계수 차이, 온도 변화 외에 휨에 영향을 주는 다른 요소는 고려하지 않음.)

① T_0에서 T_1로 올렸을 때보다 T_0에서 T_2로 올렸을 때, a와 b 모두 외부에 가할 수 있는 힘이 소멸되는 시점의 곡률은 더 크겠군.

② T_0에서 T_1로 올렸을 때, a와 b 각각의 휨이 멈춘 시점에서의 a의 곡률 반지름은 b의 곡률 반지름보다 작겠군.

③ T_0에서 T_1로 올렸을 때, A와 B 각각의 동작이 멈추는 데 걸린 시간이 서로 같았다면 b의 반응 완료 시간이 a보다 짧겠군.

④ T_0에서 T_2로 올렸을 때, a의 최대 이동 거리가 b보다 더 크겠군.

⑤ B와 달리, T_2가 되어야 A가 물체를 잡을 수 있었던 것은 a가 b보다 휨 민감도가 크기 때문이겠군.

---

4. ⓐ, ⓑ의 의미로 쓰인 예가 바르게 짝지어진 것은?

① ┌ ⓐ : 그는 이 실험에서 예측한 근사치를 <u>얻었다</u>.
   └ ⓑ : 그는 은퇴한 후 고향으로 <u>돌아왔다</u>.

② ┌ ⓐ : 그는 친구의 도움에 용기를 <u>얻었다</u>.
   └ ⓑ : 곧 그에게 발표할 차례가 <u>돌아온다</u>.

③ ┌ ⓐ : 그는 열심히 일해 지금의 결과를 <u>얻었다</u>.
   └ ⓑ : 그는 지름길을 두고 먼 길로 <u>돌아왔다</u>.

④ ┌ ⓐ : 그는 자신이 하는 일에서 보람을 <u>얻었다</u>.
   └ ⓑ : 모임이 한 달에 한 번씩 <u>돌아온다</u>.

⑤ ┌ ⓐ : 그는 가족의 열렬한 호응에 자신감을 <u>얻었다</u>.
   └ ⓑ : 우리 부서에 적은 돈이 몫으로 <u>돌아왔다</u>.

1문단

열팽창이란 물체의 온도 변화에 따라 그 길이, 부피가 변화하는 현상을 말한다.

→ '열팽창'의 정의를 말해 주고 있다. 함축적 의미를 생각해 보면 말 그대로 '열을 받아서 팽창하는 것'을 말하는 게 아닐까 싶다. 나는 이 문장을 읽으면서, 물체를 뜨겁게 달구었을 때 물체의 길이가 늘어나고 부피도 커지는 장면을 상상했다.

그중 길이의 변화를 수치화한 것이 선형 열팽창 계수인데, 이는 온도 변화에 따른 길이 변화율을 온도 변화량으로 나눈 값이다.

→ 이번에는 '선형 열팽창 계수'의 정의를 말해 준다. 쉽게 이해해 보자면, '선형 열팽창 계수'는 '물체에 열을 가했을 때 길이가 얼마만큼 늘어나는지를 수치화한 것'으로 이해할 수 있다. 그리고 구체적으로 선형 열팽창 계수는 물체의 온도 변화에 따른 '길이 변화율'을 '온도 변화량'으로 나눈 값이라고 한다. **이런 건 옆에 적고 외우기 시작하면 답이 없다.** 그럼 어떻게 해야 할까? '이해'해야 한다. 그리고 이해를 하는 가장 좋은 방법 중 하나는 '예시'를 들어보는 것이다.

지금 선형 열팽창 계수는 '온도 변화에 따른 길이 변화율/온도 변화량'이다. 이런 공식을 이해하기 위해서 가장 좋은 건, 상황을 한번 가정해 보는 것이다. 우선 온도를 조금 높였을 때 길이가 많이 변하는 상황을 가정해 보자. 그러면 분자는 큰데 분모는 작으니까, 선형 열팽창 계수는 크다. 반대로 온도를 많이 높였는데도 길이가 조금밖에 안 변한다면? 분자는 작고 분모는 큰 상황이니, 선형 열팽창 계수는 작다고 할 수 있다. **쉽게 말해서 선형 열팽창 계수는 그냥 '열을 가했을 때 길이가 얼마나 민감하게 변하냐?'를 나타내는 수치인 것이다.** 어렵게 생각할 필요 없다.

여기에서 길이 변화율은 길이의 변화량을 처음 길이로 나누어 ⓐ 얻는 값이며, 변화량이란 나중 값에서 처음 값을 뺀 것이다.

→ 아, 여기서는 좀 더 복잡해지는 거 같다. 방금 '선형 열팽창 계수'를 구하는 데 쓰였던 '길이 변화율'을 구하는 공식까지 설명해 주고 있다. 그런데 이것도 그냥 이해하면 매우 쉽다. '길이 변화율'은 '길이의 변화량', 즉 '길이가 얼마만큼 변했는지'를 '처음 길이'로 나누어 얻는 값이라고 한다. 그리고 '변화량'이란 나중 값에서 처음 값을 뺀 것이다.

일단 '변화량'의 정의는 쉽게 받아들일 수 있다. 당연히 변화한 후의 값(나중 값)에서 변화하기 전의 값(처음 값)을 빼면 '변화량'이 될 것이다. 그리고 이런 '변화량'을 '처음 길이'로 나누면 '길이 변화율'

을 구할 수 있다고 한다. 예를 들어서 '처음 길이'에 비해, 열을 가한 '나중 길이'가 매우 큰 상황이라면 당연히 '변화율'은 크다. 그런데 여기서 한 가지 드는 의문은 왜 '처음 길이'로 나누냐는 것이다. 지문 읽을 때는 그냥 받아들여졌으면 넘어가도 되지만, 지금은 한번 생각해 보자. 예를 들어서 1cm짜리가 1cm 늘어난 거랑, 10cm짜리가 1cm 늘어난 건 '비율'로 따지면 차원이 다르다. 1cm짜리가 1cm 늘어난 건 무려 2배나 늘어난 것이지만, 10cm짜리가 1cm 늘어난 건 1/10밖에 안 늘어난 것이다. **이렇듯 변화의 '비율'을 알려면 '처음 길이'로 나눠주는 과정이 필요하다.** 우리가 구하려는 건 '원래 길이에 비해 얼마나 변했는지'를 따지는 '길이 변화의 비율(변화율)'이니까, 당연히 '처음 길이'를 나눠줘야 하는 것이다.

그리고 이 문장을 좀 더 잘 기억하려면, '길이 변화율'이 언제 커지고, 언제 작아지는지를 생각해 보면 된다. 길이 변화율이 커지려면 처음 길이에 비해 나중 길이가 길면 된다. 반대로 길이 변화율이 작아지려면, 처음 길이에 비해 나중 길이의 변화가 거의 없으면 된다. 이렇게 이해하고 나면 '길이 변화율'이 좀 쉽게 받아들여질 것이다. 이 정도만 정리하고 넘어가도 충분하다. 만약 길이 변화율 구하는 공식을 구체적으로 사용해야 한다면, 나중에 돌아와서 분자, 분모에 정확히 뭐가 들어가는지 확인하고 사용하면 된다. 다만 지문 읽을 때는 이런 공식 하나하나를 외우는 게 아니라, 왜 이렇게 공식을 구하는지, 이 공식이 의미하는 게 뭔지만 이해하면 충분하다. 공식을 다 외우려고 덤비면 정보가 너무 많다고 느껴질 거고, 글에 점점 집중이 안 될 것이다.

> 대부분의 물질은 선형 열팽창 계수가 양수이며 물질마다 그 값이 다르다.

→ 선형 열팽창 계수가 양수라는 게 무슨 의미일까? 이는 '온도가 높아지면, 길이가 늘어난다'는 뜻이다. 온도가 +10이 됐는데, 길이가 −10이 된다면 선형 열팽창 계수는 '음수'가 된다. 그런데 지금 '양수'라고 했으니, 온도가 늘어남에 따라 길이도 늘어나는 것이다. 그리고 이는 반대로, '온도가 줄어들면 길이도 줄어들어야 한다'는 말과 같다. 그래야 분자, 분모가 둘 다 (−)가 돼서 선형 열팽창 계수가 양수가 나오기 때문이다.

대부분의 물질은 선형 열팽창 계수가 '양수'라고 하는데, 이는 쉽게 납득할 수 있다. 우리 주변에 있는 대부분의 물질은 열을 가할수록 팽창하고, 온도가 낮을수록 쪼그라들기 때문이다. 일반적으로 분자들에 열을 가하면 분자들 사이의 거리가 멀어지고, 온도가 낮아지면 분자들이 서로 가까이 붙는다. 그리고 선형 열팽창 계수는 당연히 물질마다 그 값이 다를 것이다. 어떤 물질은 다른 물질들보다 같은 온도에서 더 많이 팽창할 수도 있다. 너무 당연한 말이다.

→ 인바와 알루미늄이라는 단어가 나왔지만, 쫄 필요 없다. 그냥 예시일 뿐이다. 이 둘은 선형 열팽창 계수가 '양수'인 물질이다. 즉, 온도가 높아지면 팽창하고, 온도가 낮아지면 쪼그라든다. 그리고 인바와 알루미늄은 서로 다른 물질이기 때문에, 선형 열팽창 계수가 다르다. 인바는 알루미늄에 비해 매우 작은 선형 열팽창 계수를 갖는다고 하는데, 이게 무슨 의미일까? 이런 걸 외우는 게 아니라 이해해야 한다. **선형 열팽창 계수가 더 작다는 것은, 같은 열을 가해도 길이 변화가 더 적다는 뜻이다.** 즉, 인바는 알루미늄에 비해 열을 받아도 길이 변화가 적다. 다르게 표현하자면 더 '안정적인' 물질이라고 할 수 있겠다. 인바와 알루미늄에 열을 가하고, 알루미늄이 인바보다 훨씬 많이 늘어나는 걸 상상했다면 이해가 좀 더 쉬웠을 것이다.

2문단

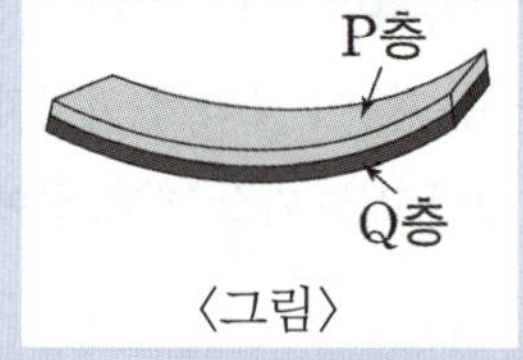

→ 자, P와 Q는 지금 선형 열팽창 계수가 다르다. 그런데 두께는 같고, 이 두 물질을 접합하여 두 층으로 된 평평한 띠를 만들었다. 그림을 보면 충분히 이해할 수 있다.

→ 이건 너무 당연한 말이다. 아까 우리가 이해한 바에 따르면, 선형 열팽창 계수가 크다는 건 '같은 열'을 가해도 '더 많이 늘어난다'는 뜻이었다. 따라서 Q가 P보다 선형 열팽창 계수가 크다면, 온도를 올렸을 때 당연히 Q층은 P층보다 '더' 팽창한다.

→ 여기서는 머리를 좀 써야 한다. 자, 지금 P와 Q는 서로 강력한 접착제로 붙어있는 상황이다. 그래서 한쪽만 길이가 늘어날 수는 없다. 즉, '독립적인 팽창'이 억제되는 것이다. 그러면 어떻게 팽창할 수 있을까? 지금 Q층의 길이가 더 길어져야 하는 상황이므로, 〈그림〉과 같이 띠가 **P층 쪽으로 굽어**

져야(휘어야) 한다. 그러면 Q가 P보다 더 바깥쪽에 있으므로, P보다 Q의 길이가 더 길어질 수 있다. 원을 생각해 봐도, 안쪽에 있는 원은 둘레가 짧고 바깥쪽 원은 둘레가 길다.

이후 다시 처음의 온도로 내리면 띠는 원래 모양으로 ⓑ 돌아온다.

➔ 납득할 수 있다. 선형 열팽창 계수가 양수라면, 온도가 줄어들었을 때 길이도 감소해야 한다. 물론 이걸 생각하지 않아도, 상식적으로 생각했을 때 너무 당연한 말이어서 충분히 납득했을 것이다.

3문단

선물체의 휨의 정도는 곡률로 수치화할 수 있는데, 띠 또한 휨의 정도를 곡률로 나타낸다.

➔ '곡률'이라는 새로운 단어가 나왔다. 어렵게 생각하지 않아도 된다. 말 그대로 '휘어진 정도'를 뜻한다. 〈그림〉에서 본 띠도 '휨의 정도'를 곡률로 나타낼 수 있다고 한다. 어렵지 않다.

띠의 길이에 비해 두께가 매우 얇고 폭이 좁아 띠를 하나의 곡선이라고 간주하면, 띠를 원의 호로 생각할 수 있다.

➔ 충분히 이해된다. 띠는 입체지만 얇으니까 그냥 하나의 곡선으로 생각할 수 있는 것이다. 그리고 휘어진 모양이 삐뚤빼뚤하지 않고 매끄럽게 휘었으니, 띠를 마치 '원의 호(원의 일부분)'로 생각할 수도 있다.

이때 이 원의 호를 포함하는 원의 반지름을 휘어진 띠의 곡률 반지름이라 하는데, 곡률은 이 곡률 반지름의 역수이다. 즉, 곡률 반지름이 작을수록 더 심하게 휘어진 것이다.

➔ '곡률이 곡률 반지름의 역수'라는 말만 보면 이해가 잘 안되는데, '즉' 뒤의 말을 통해서 쉽게 설명해 주고 있다. 곡률 반지름이 작을수록 띠가 더 심하게 휘어진 거라고 하는데, 왜 그런 걸까? 이 정도는 이해하고 넘어갔어야 한다. 먼저 띠가 '아주 조금' 구부려져 있는 경우를 생각해 보자. 그 띠를 원의 호라고 생각하고 원 전체를 그려보면, 원은 크게 그려진다. 반면 띠가 많이 구부러져 있는 경우를 생각해 보자. 이 경우에 그 띠를 원의 호로 생각하고 원을 그려보면, 원이 매우 작게 그려진다. **즉, 띠가 적게 구부려져 있으면 곡률 반지름이 크고, 띠가 크게 구부려져 있으면 곡률 반지름이 작은 것이다.**

다른 조건이 동일하다면, 두 물질의 선형 열팽창 계수 차이가 크거나 온도 변화가 클수록 띠가 더 휘어진다.

➔ 여기서 말하는 '두 물질'은 〈그림〉의 P와 Q 같은 물질을 말한다. 다른 조건이 동일하고, 이 두 물질

의 '선형 열팽창 계수 차이가 크다'는 건 한쪽은 거의 가만히 있으려고 하고 다른 한쪽은 크게 팽창하려고 한다는 뜻이다. 이렇게 되면 띠는 두 힘이 충돌하면서 가만히 있으려고 하는 쪽으로 '더 많이' 휘게 된다. 또한 온도 변화가 클수록 늘어나는 길이가 커지니, 그만큼 격차도 더 벌어져서 더 많이 휜다. 예를 들어 온도를 1도 올릴 때 Q는 2, P는 1만큼 커져서 그 차이가 1이라면, 온도를 3도를 올렸을 땐 Q는 6, P는 3만큼 커져 그 차이가 3이 되는 식이다. 즉, 온도를 많이 올릴수록 두 물질 간 늘어나는 길이의 차이가 커진다. 이건 외우는 게 아니라, 이해를 하면 너무 당연한 것이다.

→ 이건 너무 당연한 말이다. 똑같이 온도를 10도 올려도, 띠를 이루고 있는 물질에 따라 띠가 휘는 정도는 당연히 달라진다. 만약 띠를 이루고 있는 물질들의 선형 열팽창 계수의 차이가 거의 없다면, 10도를 올렸을 때 두 물질은 거의 비슷하게 늘어나므로 별로 많이 휘지 않는다. 반면 선형 열팽창 계수의 차이가 크다면, 10도를 올렸을 때 한쪽은 확 늘어나려고 하고, 한쪽은 꼼짝도 안 한다. 그러면 당연히 꼼짝도 안 하는 놈 쪽으로 크게 휘는 것이다. 그리고 이를 나타내는 것이 '휨 민감도'라고 한다.

→ '휨 민감도'는 말 그대로 '얼마나 민감하게 휘는지'를 의미한다고 이해할 수 있다. 따라서 휨 민감도가 더 크다면, 같은 온도 변화량에서 띠가 더 많이 휜다는 뜻이다. 어렵지 않다.

4문단

→ 이미지화를 하자. 띠의 한쪽 끝을 '고정'하고 띠에 열을 가하면, 띠는 고정된 쪽의 반대쪽에서만 휘어질 것이다. 그리고 이런 형태를 '액추에이터'라고 한다. 함축적 의미는 잘 떠오르지 않으므로 그냥 받아들여야 할 거 같다.

→ 액추에이터는 '열에너지'를 '기계적 동작'으로 바꾼다고 한다. 방금 상황을 떠올려 보자. 띠에 열을 가했더니(열에너지), 띠가 휘어지면서 움직였다(기계적 동작). 즉, 액추에이터는 그냥 '열을 가하면 움직이는 장치'라고 심플하게 이해하면 된다. 그리고 여기서 중요한 건 뒤에 나오는 3가지 고려 사

항이다. '최대 이동 거리', '외부에 가할 수 있는 힘', '반응 완료 시간'. 이렇게 고려 사항을 나열해 주는 걸 봐서 각각을 설명할 거 같은 느낌이 든다.

5문단

띠가 휠수록 고정되지 않은 끝의 이동 거리는 커진다.

➡ 이건 이미지를 떠올려 보면 너무 당연한 말이다. 띠가 많이 휠수록 고정되지 않은 끝의 이동 거리는 커질 것이다.

최대 이동 거리는 휨을 방해하는 외부의 힘이 없다고 가정할 때, 주어진 온도 변화량에서 띠의 끝이 최대로 이동할 수 있는 거리이다.

➡ '최대 이동 거리'의 정의를 설명해 주는 문장이다. 주의해서 봤어야 한다. 함축적 의미를 떠올려 보면 그 의미를 쉽게 이해할 수 있다. '최대 이동 거리'는 말 그대로 '띠가 최대로 이동할 수 있는 거리'다. 단 이때 '휨을 방해하는 외부의 힘'이 없다고 가정한다. 왜 그런 걸까? 나는 여기서 의문을 품었다. 그리고 "그래야 순수하게 띠가 자기 혼자 힘으로 얼마나 휠 수 있는지를 알 수 있어서 그런가 보네" 라고 부연설명을 붙인 뒤에 넘어갔다. 나중에 〈보기〉 문제 1번 선지를 해설하면서 설명하겠지만, 이 사소한 생각이 해당 문제를 맞히냐, 틀리냐를 결정했다.

이 값은 띠의 길이에 따라 달라진다.

➡ 띠의 길이에 따라 최대 이동 거리가 어떻게 달라지는 걸까? 부연 설명이 없기 때문에 스스로 추론해야 했다. 생각해 보자. 짧은 낚싯대를 구부리는 거랑 긴 낚싯대를 구부리는 거랑 비교했을 때, 끝부분이 움직이는 거리가 무엇이 더 클까? 당연히 긴 낚싯대가 더 크다. 왜냐하면 길이가 길수록 휘어질 수 있는 구간이 많기 때문이다. 똑같은 각도로 휘어도 길이가 1m인 물체와 10m인 물체의 끝부분이 그리는 궤적인 크게 차이 난다. 즉, 띠가 길면 길수록 최대 이동 거리도 늘어날 것이다.

띠가 휘면서 띠의 끝이 외부에 힘을 가할 수 있는데, 이 힘은 띠의 끝이 최대 이동 거리에 도달하여 휨이 완료되었을 때 소멸된다.

➡ 띠가 휠 때는 당연히 띠의 끝이 외부에 힘을 가할 수 있을 것이다. 왜냐하면 띠가 휠 때 말 그대로 띠가 '휘려는 힘'이 작용하기 때문이다. 그리고 이 힘은 띠의 끝이 최대 이동 거리에 도달하여 휨이 완료되었을 때 소멸된다고 한다. 사실 너무 당연한 말이다. 이동할 수 있는 최대 이동 거리에 도달하면서 쓸 수 있는 모든 힘을 다 썼기 때문에 더 이상 움직이려는 힘이 작용하지 않는 것이다.

➜ 바로 앞 문장에서 이해했듯이, 띠가 외부에 가할 수 있는 힘이 소멸되는 시점은 띠가 최대 이동 거리에 도달했을 때다. 그리고 이는 띠가 휘는 과정에서 최대의 곡률에 도달했을 때와 같다고 한다. 즉, 최대로 휘었을 때라는 뜻이다. 이것도 생각해 보면 너무 당연하다. 띠가 최대로 휘었다는 건 최대로 구부려졌다는 뜻이고, 이는 띠가 최대의 곡률에 도달했다고 할 수 있다. 그리고 이 순간, 띠는 더 이상 휘지 않기 때문에 외부에 가할 수 있는 힘이 소멸된 시점이라 봐야 한다.

➜ 마지막 문장에서 '반응 완료 시간'의 정의를 제시해 준다. 마지막 문장까지 절대 날려 읽으면 안 된다. 개념을 정의해 주는 문장은 반드시 문제로 쓰인다. 반응 완료 시간의 정의는 간단하다. 함축적 의미 그대로, 특정 온도를 올렸을 때부터 '띠가 다 휠 때까지 걸리는 시간'이다. 중요한 건 마지막에 나오는 '인과관계'다. 띠의 두께가 얇을수록 반응 완료 시간이 짧다고 하는데, 왜 그런 걸까? 부연 설명이 삭제되어 있다.

하지만 이건 우리의 상식으로 충분히 이해할 수 있다. 띠가 얇다는 것은 띠가 가볍다는 뜻이고 띠 전체에 열이 전달되는 속도도 빠르다는 뜻이다. 그래서 띠가 금방 휘어버린다. 반면 띠가 두껍다면 일단 띠 자체의 무게도 무겁고, 띠 전체에 열이 전달되는 속도도 더 느리다. 그래서 결국 띠가 휘는 데 시간이 더 오래 걸리는 것이다.

지문 관련 문제 해설

1. 윗글의 내용과 일치하는 것은?

① 온도의 변화에 따라 물체의 길이는 변하지만 부피는 변하지 않는다.

➜ 틀렸다. '열팽창'이라는 단어의 뜻만 제대로 이해했어도 고를 수 없는 선지다. 1문단 첫 줄에서 열팽창이란 물체의 온도 변화에 따라 길이와 부피가 '함께' 변화하는 현상이라고 정의했다. 상식적으로 생각해 봐도, 열을 받아서 분자들의 운동이 활발해지면 길이만 쭉 늘어나는 게 아니라 덩어리(부피) 자체가 커지는 게 자연스럽다.

② 물질의 선형 열팽창 계수는 열을 가해 변화되었을 때의 길이를 열을 가하기 전의 길이로 나눈 값이다.

→ 틀렸다. '선형 열팽창 계수'의 정의를 교묘하게 왜곡했다. 지문을 이해했다면 '선형 열팽창 계수'를 구하기 위해 두 단계가 필요하다는 걸 알 수 있다. 첫째, '길이 변화율(비율로 따졌을 때 처음과 비교하여 얼마나 변했나)'을 구하고, 둘째, 그걸 '온도 변화량'으로 나눠야 한다. 그런데 이 선지는 '나중 길이'를 '처음 길이'로 나눈다고만 말한다. 즉, '길이 변화율'을 구하지도 않았고, 결정적으로 '온도 변화량'으로 나누지도 않았다. 따라서 틀린 말이다.

③ 선형 열팽창 계수가 음수인 물질이 선형 열팽창 계수가 양수인 물질보다 그 종류가 더 많다.

→ 틀렸다. '대부분'의 물질은 선형 열팽창 계수가 '양수'라고 했다. 즉, 열을 받으면 늘어나는 물질이 압도적으로 많다는 뜻이다. 지문 읽으면서 선형 열팽창 계수가 양수라는 게 무슨 뜻인지 이해했다면 쉽게 판단했을 것이다.

④ 액추에이터는 열에너지를 얻기 위해 기계적 움직임을 이용하는 장치이다.

→ 틀렸다. 인과관계를 정반대로 말하고 있다. 액추에이터는 '열에너지'를 재료로 삼아, 띠가 휘어지는 '기계적 동작'을 만들어내는 장치다. 즉, 열을 줘야 움직이는 것이다. 그런데 선지는 반대로 '기계적 움직임을 이용해서 열을 얻는다'고 했으니 틀린 설명이다.

⑤ 서로 다른 물질을 두께가 같은 두 층으로 접합해 만든 띠의 온도를 올릴 때, 띠의 두께가 얇을수록 휨이 빨리 완료된다.

→ 맞는 말이다. 이건 지문의 마지막 부분에 거의 그대로 있었던 내용이다. 지문에서는 분명 띠의 두께가 '얇을수록' 반응 완료 시간이 '짧다'고 했다. 두께가 얇다는 건 띠가 가볍다는 뜻이고, 또 띠 전체에 열이 금방 퍼진다. 따라서 띠가 열을 받자마자 쉽게 휘어버리는 것이다. 사실 이 선지는 지문의 마지막 문장만 제대로 이해했어도 쉽게 고를 수 있는 선지였다.

· 답 : ⑤

2. 윗글에서 추론한 내용으로 적절하지 <u>않은</u> 것은?

> ① 선형 열팽창 계수가 음수인 물질에 열을 가하면 길이가 줄어든다.

➔ 맞는 말이다. 선형 열팽창 계수가 양수라는 건 물질에 열을 가하면 길이가 늘어난다는 의미였다. 그런데 선형 열팽창 계수가 음수다? 그럼 반대로 물질에 열을 가할수록 길이가 줄어든다는 뜻이다. 그렇게 생각하면 쉽게 1번을 판단할 수 있었을 것이다. 지문 읽으면서 선형 열팽창 계수가 양수라는 것의 의미를 이해하고 넘어갔다면 빠르게 판단할 수 있었다. 만약 기억이 안 났으면 '선형 열팽창 계수'의 정의를 설명해 주는 부분으로 돌아가서 정확히 확인하고 풀어야 했다.

> ② 온도에 따라 길이 변화가 작아야 하는 부품에는 알루미늄보다 인바가 더 적합하다.

➔ 맞는 말이다. 나는 이 선지를 보고 기억이 잘 안 나서 '인바'라는 단어가 있던 곳으로 빠르게 눈을 돌렸다. 다시 돌아가서 보니, 인바가 알루미늄보다 선형 열팽창 계수가 작다고 나와 있다. 즉, 열을 가해도 변형이 잘 안되는 것이다. 따라서 온도에 따라 길이 변화가 '작아야 하는' 부품에는 알루미늄보단 인바가 더 적합할 것이다.

> ③ 두 물질을 접합하여 두 층으로 이루어진 띠를 만들고 온도를 내리면 선형 열팽창 계수가 작은 물질 쪽으로 휜다.

➔ 틀렸다. 일단 선형 열팽창 계수가 작다는 것은, 온도를 높였을 때 길이가 조금만 일어난다는 뜻이다. 그리고 또 온도를 낮추는 경우에도 길이가 조금만 줄어든다. 자, 이제 지문의 〈그림〉에서처럼 두 물질을 접합하여 두 층으로 이루어진 띠를 만들었다고 하자. 그리고 온도를 높이는 게 아니라, 낮춘다. 그러면 선형 열팽창 계수가 큰 물질은 길이가 많이 줄어들 것이고, 계수가 작은 물질은 길이가 조금 줄어들 것이다. **이 경우에 띠는 길이가 많이 줄어드는 쪽으로 휘게 된다. 즉, 선형 열팽창 계수가 '큰' 물질 쪽으로 휘는 것이다.**

이 선지는 지문에서 나온 사례와 반대 사례를 물었기 때문에 당연히 헷갈릴 수밖에 없다. 지문에서는 선형 열팽창 계수가 '작은' 물질 쪽으로 휘는 경우를 설명했기 때문에, 그냥 지문에 있는 글자랑 선지를 단순 대조하며 푼 학생들은 헷갈렸을 것이다. 하지만 지문 읽으면서 온도를 높였을 때 띠가 휘는 원리를 제대로 이해했다면, 온도를 낮췄을 때도 어렵지 않게 판단할 수 있었다.

> ④ 열팽창으로 길이가 늘어난 두 물체의 길이의 변화량이 같다면 팽창 전의 길이가 더 긴 물체의 길이 변화율이 더 작다.

➔ 맞는 말이다. '길이 변화율'은 '길이의 변화량'을 '처음 길이'로 나눈 값이었다. 그런데 지금 선지에

서 열팽창으로 길이가 늘어난 두 물체의 '길이 변화량'은 같다고 했다. 이때 두 물체 중 한 물체의 '처음 길이'가 더 길다고 하자. 그러면 그 물체의 '길이 변화율'은 더 작다. 분자는 똑같은데, 분모가 더 크기 때문이다. 그러면 전체 값은 당연히 작아진다. 만약 '길이 변화율'을 구하는 방법이 기억나지 않았다면, 다시 지문으로 돌아가서 정확히 확인하고 풀었어야 한다.

> ⑤ 한쪽 끝이 고정되고 길이가 다른 평평한 두 띠가 동일한 곡률로 휘었다면 길이가 긴 띠의 끝의 이동 거리가 더 길다.

→ 맞는 말이다. 이미지를 그려보자. '동일한 곡률'이라는 건 휘어진 각도나 굽은 정도가 똑같다는 뜻이다. 똑같은 각도로 휘었을 때, 짧은 낚싯대의 끝이 움직이는 거리와 긴 낚싯대의 끝이 움직이는 거리를 비교해 봐라. 길이가 길다는 건, 그만큼 휘어질 수 있는 구간이 많다는 뜻이다. 따라서 길이가 긴 띠일수록 더 멀리까지 뻗어나가면서 끝부분의 이동 거리도 더 커진다. 즉, 띠의 길이가 길수록 이동 거리도 비례해서 커지는 것이다.

· 답 : ③

3. 윗글을 바탕으로 〈보기〉를 이해한 내용으로 적절한 것은?

─── 〈 보기 〉 ───

두 물질을 접합하여 두 층으로 만든, 두 종류의 띠 a와 b가 있다. 두 물질의 선형 열팽창 계수의 차이는 b가 a보다 크고, 두께와 길이는 a, b 모두 같다. 이 띠를 활용하여 오른쪽 그림과 같이 띠가 안으로 휘어 물체를 잡는 집게를 만들었다. a를 두 개 사용한 것은 집게 A이고, b를 두 개 사용한 것은 집게 B이다. 온도 T_0에서 A와 B의 모든 띠는 평평한 형태였다. 이후 온도를 T_1로 올렸을 때는 B만 물체를 잡을 수 있었다. 그런데 T_0에서 T_1보다 높은 온도인 T_2로 온도를 올렸을 때는 A도 물체를 잡을 수 있었다. (단, 선형 열팽창 계수 차이, 온도 변화 외에 휨에 영향을 주는 다른 요소는 고려하지 않음.)

→ 지금 상황을 제대로 이해해야 한다. 지문의 〈그림〉처럼 a와 b가 합쳐져서 하나의 띠를 이룬 상황이 아니다. a와 b라는 두 개의 띠가 있는 거고, 그 띠들은 서로 다른 두 물질을 접합하여 만들어진 띠다. 즉, 서로 다른 두 물질이 접합되어서 a라는 띠 하나가 만들어진 거고, 또 다른 두 물질이 접합돼서 b라는 띠 하나가 만들어진 상황이다. 이때 두 물질의 선형 열팽창 계수의 차이는 b가 a보다 크다고 한다. 즉, b를 이루고 있는 두 물질의 '선형 열팽창 계수의 차이'가 더 큰 것이다. 그리고 이런 상황에서 열을 가했을 때는 b가 a보다 더 많이 휜다.

또 이어지는 〈보기〉 조건을 보면 a, b의 '두께'와 '길이'는 모두 같다고 한다. 이건 되게 흘리듯이 준 조건이지만 아주 중요한 조건이다. '최대 이동 거리', '반응 완료 시간'과 관련된 조건이기 때문이다. 우선 a, b의 두께가 같다는 건, 열이 전달되는 속도가 비슷하니 '반응 완료 시간'은 서로 같다는 뜻이다. 하지만 '최대 이동 거리'는 다르다. 비록 길이는 같지만, 선형 열팽창 계수의 차이 때문에 b가 a보다 더 많이 휘어지기 때문이다. 길이가 같아도 더 많이 휘어지는 놈이 더 멀리 이동한다. 따라서 최대 이동 거리는 b가 a보다 크다.

그리고 지금 그런 a 띠 2개, b 띠 2개를 써서 '물체를 잡는 집게'를 총 2개 만든 상황이다. 〈보기〉의 그림은 1개밖에 없지만, 충분히 상상할 수 있다. a를 두 개 사용한 것은 집게 A이고, b를 두 개 사용한 것은 집게 B라고 한다. 이제 마지막으로 집게를 구성하고 있는 띠에 온도를 가하는 상황을 보자. 온도 T_0에서 A와 B는 모두 평평했다. 즉, 아무런 일도 일어나지 않은 초기 상태. 이후 온도를 T_1으로 올렸더니 재미있는 일이 벌어진다. B는 물체를 잡았는데, A는 물체를 못 잡았다. 이는 b와 a의 '선형 열팽창 계수' 차이 때문이다. b는 a보다 선형 열팽창 계수가 크다. 즉, b는 a보다 훨씬 민감하다. 그래서 온도를 똑같이 T_1만큼 올렸을 때, 예민한 B는 확 휘어서 물체를 잡은 거고, 둔한 A는 조금만 휘어서 물체를 잡지 못한 것이다. 그런데 T_1보다 더 높은 온도인 T_2로 온도를 올렸을 때는 A도 물체를 잡을 수 있었다. 즉, T_2는 A가 물체를 잡을 정도로 휠 수 있을 만큼 높은 온도다. 이때 B는 아까 T_1에서도 물체를 이미 잡았으니, 더 뜨거운 T_2에서는 훨씬 더 많이 휘려고 힘을 주면서 물체를 강하게 잡고 있을 것이다.

① T_0에서 T_1로 올렸을 때보다 T_0에서 T_2로 올렸을 때, a와 b 모두 외부에 가할 수 있는 힘이 소멸되는 시점의 곡률은 더 크겠군.

→ 이 선지는 생각보다 매우 판단하기 어려웠던 선지다. 그래서 정답률도 화작 기준으로 23%, 언매 기준으로 37%가 나왔다. 이건 2026학년도 수능 문제 중 가장 낮은 정답률의 문제였다. 그렇다면 도대체 이 문제가 왜 그렇게 어려웠던 걸까? 포인트는 2가지다. 첫 번째는 '제시된 개념'을 여러 개 엮어서 물어봤다는 점이고, 두 번째는 '제시된 개념'을 '전부 다' 확인했어야 했기 때문이다. 이게 무슨 말인지는 지금부터 좀 더 구체적으로 설명해 보겠다.

우선 a와 b에 대한 판단을 하기 전에 가장 먼저 해야 할 게 있다. 그건 바로 '외부에 가할 수 있는 힘이 소멸되는 시점'이 도대체 무슨 뜻인지 이해하는 것이다. 사실 이걸 판단해야 하는 게, 이 문제가 어려워진 첫 번째 포인트다. 지문으로 돌아가 보면, "띠가 휘면서 띠의 끝이 외부에 힘을 가할 수 있는데, 이 힘은 띠의 끝이 최대 이동 거리에 도달하여 휨이 완료되었을 때 소멸된다."라는 문장이 있다. 이 문장에 따르면, '외부에 가할 수 있는 힘이 소멸되는 시점'은 곧, 띠가 '최대 이동 거리'에 갔을 때라는 걸 알 수 있다. 그런데 사실 이것만 파악해서는 안 된다. 여기서 추가로 '최대 이동 거리'가 무엇인지까지 다시 한번 더 확인해야 한다. 즉, '제시된 개념'을 2번 확인해야 하는 것이다. 첫 번째는 '힘이 소멸되는 시점’의 개념을 확인하는 거고, 두 번째는 ‘최대 이동 거리’의 개념을 확인해야 한다. 그래서 이 문제가 매우 어려웠다.

그런데 여기서 끝이 아니다. ‘최대 이동 거리’의 개념을 확인해 보면, 정의가 굉장히 길다는 걸 알 수 있다. 우리가 지문 읽을 때는 ‘최대로 이동할 수 있는 거리’라고 이해한 뒤에 넘어갔지만, 이 문제를 풀 때는 좀 더 정교하게 개념을 이해해야 한다. 지문에서는 ‘휨을 방해하는 외부의 힘이 없다고 가정할 때’, ‘주어진 온도 변화량에서’ 띠의 끝이 최대로 이동할 수 있는 거리라고 정의하고 있다. 즉, ‘휨을 방해하는 외부의 힘이 없다’는 것도 생각해야 하고, ‘주어진 온도 변화량’에서 띠가 최대한 이동할 수 있는 거리를 말한다는 것도 생각해야 한다. 그런데 당연히 정의가 너무 길기 때문에, 학생들 머릿속 엔 이런 내용이 들어있지 않았고, 그래서 많이 틀린 것이다.

자, 그러면 이제 이걸 바탕으로 a부터 판단해 보자. a는 상대적으로 판단하기가 쉽다. 〈보기〉에서 온 도를 T_0에서 T_1로 올렸을 때, a는 여전히 물체를 잡지 못한다고 했다. 그러다가 온도를 T_2까지 올렸 을 때, 드디어 물체를 잡을 수 있었다. 이 말은 다르게 말해서, ‘주어진 온도 변화량’이 $T_0 \sim T_1$이 아닌 $T_0 \sim T_2$일 때 a의 ‘최대 이동 거리’가 더 늘어난다는 뜻이다. 그리고 ‘최대 이동 거리’가 늘어난다는 건 띠가 더 휜다는 뜻이니까, 당연히 a의 곡률은 더 커진다. 따라서 a는, 온도를 T_0에서 T_2로 올렸을 때, 외부에 가할 수 있는 힘이 소멸되는 시점의 곡률이 더 크다.

다음으로 b를 판단해 보자. b가 판단하기 꽤 어려웠다. 일단 이 문제를 틀린 학생들 대부분이, “b는 T_1 일 때도 물체를 잡고 있었으니까, T_2가 돼도 물체를 계속 똑같이 잡고 있는 거 아니야? 더 세게 잡는 거 외에는 달라지는 게 없잖아. 그러면 곡률은 변화가 없지 않나?”라고 생각했을 것이다. 하지만 이 는 ‘최대 이동 거리’의 제시된 개념을 ‘일부만’ 이해한 생각이다. 사실 나도 처음에는 네가 생각한 것 과 비슷하게 생각을 했다. 그래서 다시 ‘최대 이동 거리’의 정의를 제대로 확인하려고 지문으로 갔다. 지문으로 가니까, ‘최대 이동 거리’는 분명히, ‘휨을 방해하는 외부의 힘이 없다고 가정할 때’ 최대로 이동할 수 있는 거리였다. 그런데 지금 B의 상황은 어떤가? 물체가 있다. 즉, ‘휨을 방해하는 외부의 힘’이 있는 상황인 것이다. 그래서 ‘최대로’ 이동할 수 없다. 그런데 지금 지문은 ‘외부에 가할 수 있는 힘이 소멸되는 시점’, 즉 ‘최대 이동 거리’에 도달했을 시점에 대해 묻고 있다. 만약 b의 이동을 방해하 는 물체(장애물)가 없다고 가정해 보자. 그러면 b는 당연히 T_2일 때 훨씬 더 많이 휜다. 즉, ‘곡률이 더 큰 것’이다. 결국 이 문제를 제대로 풀기 위해서는, ‘최대 이동 거리’의 정의를 다시 보면서 ‘물체의 방 해가 없을 때’를 말한다는 걸 파악했어야 했다. 그래서 사실 이 문제가 단순해 보여도 정답률이 매우 낮았던 것이다. 정리하면, a와 b 모두 온도를 T_0에서 T_1으로 올렸을 때보다, ‘T_0에서 T_2로’ 올렸을 때 ‘외부에 가할 수 있는 힘이 소멸’되는 시점의 곡률은 더 크다.

② T_0에서 T_1로 올렸을 때, a와 b 각각의 휨이 멈춘 시점에서의 a의 곡률 반지름은 b의 곡률
　반지름보다 작겠군.

→ 틀렸다. T_1일 때의 상황을 보면 b는 많이 휘어져서 물체를 잡았고, a는 적게 휘어져서 물체를 잡지
못했다. 즉, '곡률'은 b가 a보다 더 크다. 그런데 지문에 따르면 '곡률'은 '곡률 반지름'과는 반대 관계
였다. 즉, 곡률이 클수록 곡률 반지름은 작다. 따라서 a의 곡률 반지름이 b보다 더 크다.

③ T_0에서 T_1로 올렸을 때, A와 B 각각의 동작이 멈추는 데 걸린 시간이 서로 같았다면 b의
　반응 완료 시간이 a보다 짧겠군.

→ 틀렸다. 이 선지는 '반응 완료 시간'을 결정짓는 요인이 무엇이었는지를 물어보는 선지다. 많은 학
생들이 지문의 마지막 부분을 날려 읽어서, '반응 완료 시간'에 대한 내용이 머릿속에 거의 없었을 것
이다. 그래서 실제로 3번 선지를 29%나 골랐다. 지문에 따르면 '반응 완료 시간'을 결정하는 변수는
'띠의 두께'였다. 두께가 얇을수록 반응 완료 시간은 짧아진다. 그런데 〈보기〉에서 분명 a와 b의 두께
는 같다고 했다. 따라서 a와 b의 반응 완료 시간은 '같다'.

④ T_0에서 T_2로 올렸을 때, a의 최대 이동 거리가 b보다 더 크겠군.

→ 틀렸다. '최대 이동 거리'는 방해물이 없을 때 띠가 혼자 최대로 휠 수 있는 거리다. 이건 '띠의 길
이'와 '휨 민감도(얼마나 잘 휘느냐)'에 달려 있다. 〈보기〉에서 a와 b의 길이는 같다고 했다. 그럼 결정
은 '휨 민감도'에서 난다. 그런데 〈보기〉에 따르면 b가 a보다 훨씬 민감하다(더 잘 휜다). 길이는 똑같
은데 b가 훨씬 더 유연하게 잘 휘어지니까, 방해물이 없다면 당연히 b가 더 멀리까지 휘어져서 이동
할 것이다. 따라서 최대 이동 거리는 b가 더 크다.

⑤ B와 달리, T_2가 되어야 A가 물체를 잡을 수 있었던 것은 a가 b보다 휨 민감도가 크기 때문
　이겠군.

→ 틀렸다. 이건 〈보기〉의 실험 결과를 정반대로 해석한 것이다. B는 T_1(낮은 온도)만 돼도 벌써 반
응해서 물체를 잡았다. 반면 A는 T_2(높은 온도)까지 온도를 더 올려줘야 겨우 반응해서 물체를 잡았
다. 따라서 '휨 민감도'가 더 큰 것은 b다. 그런데 선지는 a의 휨 민감도가 더 크다고 했으므로 틀린 말
이다.

· 답 : ①

4. ⓐ, ⓑ의 의미로 쓰인 예가 바르게 짝지어진 것은?

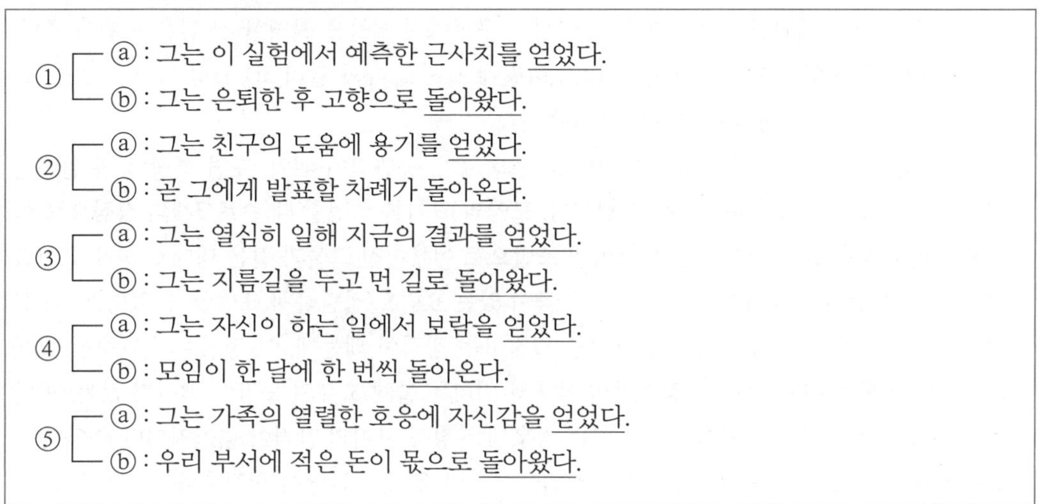

① ┌ ⓐ : 그는 이 실험에서 예측한 근사치를 얻었다.
　 └ ⓑ : 그는 은퇴한 후 고향으로 돌아왔다.

② ┌ ⓐ : 그는 친구의 도움에 용기를 얻었다.
　 └ ⓑ : 곧 그에게 발표할 차례가 돌아온다.

③ ┌ ⓐ : 그는 열심히 일해 지금의 결과를 얻었다.
　 └ ⓑ : 그는 지름길을 두고 먼 길로 돌아왔다.

④ ┌ ⓐ : 그는 자신이 하는 일에서 보람을 얻었다.
　 └ ⓑ : 모임이 한 달에 한 번씩 돌아온다.

⑤ ┌ ⓐ : 그는 가족의 열렬한 호응에 자신감을 얻었다.
　 └ ⓑ : 우리 부서에 적은 돈이 몫으로 돌아왔다.

➜ 정답은 1번이다. 먼저 ⓐ의 '얻는'을 보자. 문맥을 보면 계산이나 과정을 통해 어떤 '수치(숫자)나 결괏값'을 산출해 낸다는 뜻이라는 걸 알 수 있다. 이제 1번의 '근사치를 얻었다'를 보자. '실험'이라는 과정을 통해 '근사치(숫자)'를 산출해 냈다는 뜻이니 문맥이 정확히 일치한다. 나머지 선지들의 '용기(②)', '보람(④)', '자신감(⑤)' 같은 추상적인 감정이나, '결과(③)'라는 포괄적인 단어보다는 '수치'를 뜻하는 '근사치'가 가장 적절하다.

다음으로 ⓑ의 '돌아온다'를 보자. 이때 '돌아온다'는 변형되었던 것이 '원래의 상태나 있던 곳으로 회복된다(복귀한다)'는 뜻이다. 1번의 '고향으로 돌아왔다'도 마찬가지다. 타지에 있다가 자신이 원래 있던 곳(고향)으로 다시 복귀했다는 뜻이므로 '회복/복귀'라는 핵심 의미가 통한다. 반면 3번의 '먼 길로 돌아왔다'는 '우회했다(빙 돌아서 왔다)'는 뜻이고, 2번(차례), 4번(시간)은 '순서나 시간이 닥쳐온다'는 뜻이므로 문맥이 아예 다르다. 따라서 정답은 1번이다.

· 답 : ①

기술 1

2021학년도 수능, 모델링·렌더링

　최근의 3D 애니메이션은 섬세한 입체 영상을 구현하여 실물을 촬영한 것 같은 느낌을 준다. 실물을 촬영하여 얻은 자연 영상을 그대로 화면에 표시할 때와 달리 3D 합성 영상을 생성, 출력하기 위해서는 모델링과 렌더링을 거쳐야 한다.

　모델링은 3차원 가상 공간에서 물체의 모양과 크기, 공간적인 위치, 표면 특성 등과 관련된 고유의 값을 설정하거나 수정하는 단계이다. 모양과 크기를 설정할 때 주로 3개의 정점으로 형성되는 삼각형을 활용한다. 작은 삼각형의 조합으로 이루어진 그물과 같은 형태로 물체 표면을 표현하는 방식이다. 이 방법으로 복잡한 굴곡이 있는 표면도 정밀하게 표현할 수 있다. 이때 삼각형의 꼭짓점들은 물체의 모양과 크기를 결정하는 정점이 되는데, 이 정점들의 개수는 물체가 변형되어도 변하지 않으며, 정점들의 상대적 위치는 물체 고유의 모양이 변하지 않는 한 달라지지 않는다. 물체가 커지거나 작아지는 경우에는 정점 사이의 간격이 넓어지거나 좁아지고, 물체가 회전하거나 이동하는 경우에는 정점들이 간격을 유지하면서 회전축을 중심으로 회전하거나 동일 방향으로 동일 거리만큼 이동한다. 물체 표면을 구성하는 각 삼각형 면에는 고유의 색과 질감 등을 나타내는 표면 특성이 하나씩 지정된다.

　공간에서의 입체에 대한 정보인 이 데이터를 활용하여, 물체를 어디에서 바라보는가를 나타내는 관찰 시점을 기준으로 2차원의 화면을 생성하는 것이 렌더링이다. 전체 화면을 잘게 나눈 점이 화소인데, 정해진 개수의 화소로 화면을 표시하고 각 화소별로 밝기나 색상 등을 나타내는 화솟값이 부여된다. 렌더링 단계에서는 화면 안에서 동일 물체라도 멀리 있는 경우는 작게, 가까이 있는 경우는 크게 보이는 원리를 활용하여 화솟값을 지정함으로써 물체의 원근감을 구현한다. 표면 특성을 나타내는 값을 바탕으로, 다른 물체에 가려짐이나 조명에 의해 물체 표면에 생기는 명암, 그림자 등을 고려하여 화솟값을 정해 줌으로써 물체의 입체감을 구현한다. 화면을 구성하는 모든 화소의 화솟값이 결정되면 하나의 프레임이 생성된다. 이를 화면출력장치를 통해 모니터에 표시하면 정지 영상이 완성된다.

　모델링과 렌더링을 반복하여 생성된 프레임들을 순서대로 표시하면 동영상이 된다. 프레임을 생성할 때, 모델링과 관련된 계산을 완료한 후 그 결과를 이용하여 렌더링을 위한 계산을 한다. 이때 정점의 개수가 많을수록, 해상도가 높아 출력 화소의 수가 많을수록 연산 양이 많아져 연산 시간이 길어진다. 컴퓨터의 중앙 처리장치(CPU)는 데이터 연산을 하나씩 순서대로 수행하기 때문에 과도한 양의 데이터가 집중되면 미처 연산되지 못한 데이터가 차례를 기다리는 병목 현상이 생겨 프레임이 완성되는 데 오랜 시간이 걸린다. CPU의 그래픽 처리 능력을 보완하기 위해 개발된 ㉠ 그래픽 처리 장치(GPU)는 연산을 비롯한 데이터 처리를 독립적으로 수행할 수 있는 장치인 코어를 수백에서 수천 개씩 탑재하고 있다. GPU의 각 코어는 그래픽 연산에 특화된 연산만을 할 수 있고 CPU의 코어에 비해 저속으로 연산한다. 하지만 GPU는 동일한 연산을 여러 번 수행해야 하는 경우, 고속으로 출력 영상을 생성할 수 있다. 왜냐하면 GPU는 한 번의 연산에 쓰이는 데이터들을 순차적으로 각 코어에 전송한 후, 전체 코어에 하나의 연산 명령어를 전달하면, 각 코어는 모든 데이터를 동시에 연산하여 연산 시간이 짧아지기 때문이다.

1. 윗글에 대한 이해로 적절하지 <u>않은</u> 것은?

① 자연 영상은 모델링과 렌더링 단계를 거치지 않고 생성된다.

② 렌더링에서 사용되는 물체 고유의 표면 특성은 화솟값에 의해 결정된다.

③ 물체의 원근감과 입체감은 관찰 시점을 기준으로 구현한다.

④ 3D 영상을 재현하는 화면의 해상도가 높을수록 연산 양이 많아진다.

⑤ 병목 현상은 연산할 데이터의 양이 처리 능력을 초과할 때 발생한다.

2. 모델링 에 대한 설명으로 가장 적절한 것은?

① 다른 물체에 가려져 보이지 않는 부분에 있는 삼각형의 정점들의 위치는 계산하지 않는다.

② 삼각형들을 조합함으로써 물체의 복잡한 곡면을 정교하게 표현할 수 있다.

③ 하나의 작은 삼각형에 다양한 색상의 표면 특성들을 함께 부여한다.

④ 공간상에 위치한 정점들을 2차원 평면에 존재하도록 배치한다.

⑤ 다양하게 변할 수 있는 관찰 시점을 순차적으로 저장한다.

3. ㉠에 대한 추론으로 적절한 것은?

① 동일한 개수의 정점 위치를 연산할 때, 동시에 연산을 수행하는 코어의 개수가 많아지면 총 연산 시간이 길어진다.

② 정점의 위치를 구하기 위한 10개의 연산을 10개의 코어에서 동시에 진행하려면, 10개의 연산 명령어가 필요하다.

③ 1개의 코어만 작동할 때, 정점의 위치를 구하기 위한 연산 시간은 1개의 코어를 가진 CPU의 연산 시간과 같다.

④ 정점 위치를 구하기 위한 각 데이터의 연산을 하나씩 순서대로 처리해야 한다면, 다수의 코어가 작동하는 경우 총 연산 시간은 1개의 코어만 작동하는 경우의 총 연산 시간과 같다.

⑤ 정점 위치를 구하기 위해 연산해야 할 10개의 데이터를 10개의 코어에서 처리할 경우, 모든 데이터를 모든 코어에 전송하는 시간은 1개의 데이터를 1개의 코어에 전송하는 시간과 같다.

4. 다음은 3D 애니메이션 제작을 위한 계획의 일부이다. 윗글을 바탕으로 할 때 적절하지 <u>않은</u> 것은?

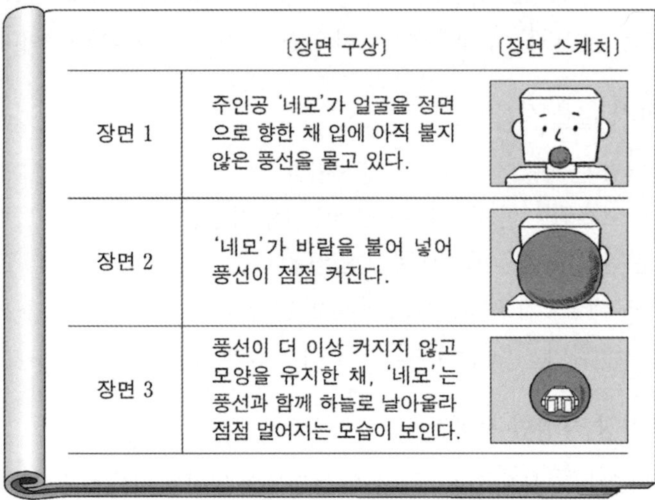

① 장면 1의 렌더링 단계에서 풍선에 가려 보이지 않는 입 부분의 삼각형들의 표면 특성은 화솟값을 구하는 데 사용되지 않겠군.
② 장면 2의 모델링 단계에서 풍선에 있는 정점의 개수는 유지되겠군.
③ 장면 2의 모델링 단계에서 풍선에 있는 정점 사이의 거리가 멀어지겠군.
④ 장면 3의 모델링 단계에서 풍선에 있는 정점들이 이루는 삼각형들이 작아지겠군.
⑤ 장면 3의 렌더링 단계에서 전체 화면에서 화솟값이 부여되는 화소의 개수는 변하지 않겠군.

모델링, 렌더링 해설

1문단

> 최근의 3D 애니메이션은 섬세한 입체 영상을 구현하여 실물을 촬영한 것 같은 느낌을 준다.

→ 머릿속에 네가 봤던 3D 애니메이션을 떠올리고, 납득해라.

> 실물을 촬영하여 얻은 자연 영상을 그대로 화면에 표시할 때와 달리 3D 합성 영상을 생성, 출력하기 위해서는 모델링과 렌더링을 거쳐야 한다.

→ 모델링? 렌더링? 함축적 의미가 바로 생각나진 않는다. 아마 뒤에서 설명해 줄 거니까 이해할 준비한다. 암튼 모델링과 렌더링을 통해서 어떻게 3D 영상을 생성하고 출력한다는 건지 의문을 품으면서 뒷문장을 읽는다.

2문단

> 모델링 은 3차원 가상 공간에서 물체의 모양과 크기, 공간적인 위치, 표면 특성 등과 관련된 고유의 값을 설정하거나 수정하는 단계이다.

→ 이 문장을 읽고 보니, 모델링이란, 말 그대로 모델을 만든다는 건가 보다 하고 함축적 의미를 생각해 준다. 그리고 이제, 어떻게 물체의 모양과 크기, 공간적 위치, 표면 특성을 설정하고 수정한다는 건지 생각하면서 아래 문장을 읽어야 한다.

📢 '고유'와 같은 특수한 단어들은 항상 주의해서 읽어준다.

> 모양과 크기를 설정할 때 주로 3개의 정점으로 형성되는 삼각형을 활용한다.

→ 삼각형을 떠올려 준다.

> 작은 삼각형의 조합으로 이루어진 그물과 같은 형태로 물체 표면을 표현하는 방식이다.

→ 나는 이런 그림을 떠올렸다.

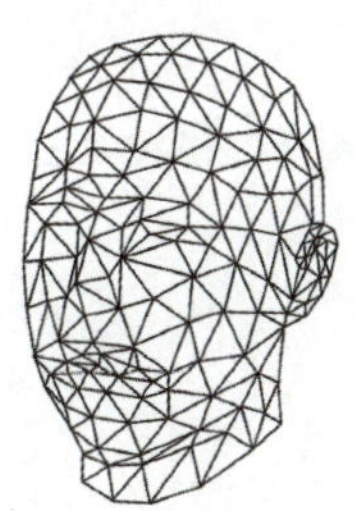

'그물'이라는 단어를 상상하면서 읽다 보니까 저 그림과 비슷한 그림이 머릿속에서 그려졌다. 당연히 저 그림과 완전 똑같이 떠올린 건 아니고, 그냥 어렴풋하게 삼각형이 그물 형식으로 이어져서 물체의 표면을 나타내고 있는 그림을 떠올리고 넘어갔다.

> **범작가 TIP**
>
> 만약 네가 저 그림과 비슷한 그림을 머릿속으로 떠올리지 못했다면, **아직 독해력과 이미지화 하는 능력이 부족한 것이다.** 더 많은 글을 읽고 생각하기 바란다. 지금 저 그림이 안 떠오른다고 해서 다른 인강을 듣거나 다른 공부법 책을 찾으러 가도 소용없다. 결국 '독해력', '이미지화 하는 능력'을 안 기른다면 절대 1등급이 될 수 없다. 제발 시간 낭비하지 말고, 내가 시키는 대로 혼자서 계속 문장 하나하나 제대로 독해하는 것에만 집중하기 바란다. 계속 말하지만, 독해력을 올리고 싶다면 혼자 고민하는 시간이 많아야 한다. 혼자 머릿속에서 문장을 요리조리 굴려보면서 이 생각, 저 생각 해야 한다.

이 방법으로 복잡한 굴곡이 있는 표면도 정밀하게 표현할 수 있다.

→ "뭐 그럴 수 있겠다" 싶다. 계속 이미지 섬세하게 떠올려 주면서 읽는다.

이때 삼각형의 꼭짓점들은 물체의 모양과 크기를 결정하는 정점이 되는데, **이 정점들의 개수는 물체가 변형되어도 변하지 않으며,** 정점들의 상대적 위치는 물체 고유의 모양이 변하지 않는 한 달라지지 않는다.

→ 이미지화 하면서 납득해준다. 근데 나는 여기서 한 가지 이해 안 되는 부분이 있다. **어떻게 정점들의 개수가 물체가 변형되는데도 변하지 않을 수 있는 거지?** 이미지가 잘 그려지지 않는다. "만약 사람을 모델링 한다고 하면, 그 사람의 팔이 잘렸을 때, 그 팔을 구성하고 있던 정점들은 없어지니까 그만큼 정점의 개수도 사라지는 거 아닌가?" 이렇게 의문을 품고 넘어갔다.

물체가 커지거나 작아지는 경우에는 정점 사이의 간격이 넓어지거나 좁아지고,

→ 정점 사이의 간격이 넓어지거나 좁아진다는 게 무슨 말인가? 바로 '삼각형의 크기'가 변한다는 말이다. 만약 아까 내가 떠올렸던 이미지대로 사람 팔이 잘린다면, 정점 개수를 일정하게 유지해야 하기 때문에 정점 사이의 간격은 좁아질 것이다. 여기서, 정점의 개수가 어떻게 변하지 않을 수 있는지 이해하고 넘어갔다.

네가 나랑 똑같이 생각 안 했어도 괜찮다. 너는 그냥 문장 읽고 바로 이해됐다면 그냥 넘어가면 된다. 하지만 '정점들의 개수가 물체가 변형되어도 변하지 않는다.'는 걸 제대로 이해하지 못했다면 나랑 비슷하게 생각해서 납득하고 넘어갔어야 한다. **최악은 '정점들의 개수가 물체가 변형되어도 변하지 않는다.'는 걸 제대로 이해하지도 못했는데 그냥 넘어가는 것이다.**

물체가 회전하거나 이동하는 경우에는 정점들이 간격을 유지하면서 회전축을 중심으로 회전하거나 동일 방향으로 동일 거리만큼 이동한다.

→ 물체가 회전하거나 이동하는 건 물체의 모양이 변하는 게 아니기에, 당연히 정점들 사이의 간격은 변하지 않아야 할 것이다. 정점들이 간격 유지하면서 회전축을 중심으로 회전하고, 동일 방향으로 동일 거리만큼 이동하는 걸 상상하면서 납득해준다.

물체 표면을 구성하는 각 삼각형 면에는 고유의 색과 질감 등을 나타내는 표면 특성이 하나씩 지정된다.

→ 파란색 단어들에 신경 쓰면서 계속 상상한다.

3문단

공간에서의 입체에 대한 정보인 이 데이터를 활용하여, 물체를 어디에서 바라보는가를 나타내는 관찰 시점을 기준으로 2차원의 화면을 생성하는 것이 렌더링이다.

→ "아, 모델링으로 모델은 만들었으니까, 이걸 애니메이션으로 표현하기 위해서 2차원의 화면을 생성하는 거구나." 이렇게 말하면 이런 생각을 어떻게 떠올리냐고 하는 학생들이 있다. 자기는 렌더링이 왜 쓰이는지는 못 잡았고, 그냥 문장만 이해하고 넘어갔다고 하는 학생들이 있다. 못 떠올려도 된다. 못 떠올려도 이 문장을 이해만 하고 넘어가면 문제는 맞힌다. 그런데, 좀 더 정확하고, 더 빠르게 풀기 위해서는 이런 생각까지 해줘야 한다.

일단 나무(문장)를 보는 능력을 기르고, 이후 그게 익숙해지면 숲(맥락)도 보면서 읽어줘야 한다. 문장을 여러 번 읽고, 독해력과 사고력이 어느정도 올라오면 글의 '흐름'이 보이기 시작한다. 왜 이 문장을 쓰는지, 왜 이 말을 하는지 보이기 시작한다.

전체 화면을 잘게 나눈 점이 화소인데, 정해진 개수의 화소로 화면을 표시하고 각 화소별로 밝기나 색상 등을 나타내는 화솟값이 부여된다.

→ 난 이 지문을 처음 풀 때 이 문장을 읽으면서 긴장이 풀렸다. '화소', '화솟값' 등의 개념은 이미 내가 알고 있던 것이기 때문이다. 어떻게 알고 있었을까? 이미 기출에 나왔었다.

기출 사례

"디지털 영상은 2차원 평면에 격자 모양으로 화소를 배열하고 각 화소의 밝기인 화솟값을 데이터로 저장한 것이다."

― 2015학년도 수능 A ―

"하나의 화면은 수많은 점들로 구성되는데, 이를 화소라 한다. 각각의 화소는 밝기와 색상을 나타내는 화솟값을 가진다."

― 2008학년도 수능 ―

렌더링 단계에서는 화면 안에서 동일 물체라도 멀리 있는 경우는 작게, 가까이 있는 경우는 크게 보이는 원리를 활용하여 화솟값을 지정함으로써 물체의 원근감을 구현한다.

→ 구체적으로는 모르겠지만, 밝기나 색상을 나타내는 화솟값을 통해서 물체가 가까이 있는지, 멀리 있는지 구현한다는 것이다. 예를 들어 멀리 있는 건 밝기를 줄이거나 색상을 어둡게 하거나 해서 원근감을 구현한다는 것이다. 천천히 읽고 납득한다.

표면 특성을 나타내는 값을 바탕으로, 다른 물체에 가려짐이나 조명에 의해 물체 표면에 생기는 명암, 그림자 등을 고려하여 화솟값을 정해 줌으로써 물체의 입체감을 구현한다.

→ 다른 물체에 가려짐, 물체 표면에 생기는 명암 등을 고려하면 입체감을 구현할 수 있겠다. 상상하고, 납득한다.

화면을 구성하는 모든 화소의 화솟값이 결정되면 하나의 프레임이 생성된다. 이를 화면출력장치를 통해 모니터에 표시하면 정지 영상이 완성된다.

→ 중요하다. 화면을 구성하는 '모든' 화소의 화솟값이 결정되어야 하나의 프레임이 생성되는 것이다. 분명 '모든'은 특수한 상황을 나타내는 중요한 단어임에도 불구하고 많은 학생들이 이를 놓쳤다. 4번 문제 ⑤번 선택지는 이 문장을 활용해서 만든 선택지이다. 정답 다음으로 많은 학생들이 ⑤번 선택지를 골랐다. (정답률 33%, ⑤번 선택률24%)

'네모'와 '풍선'만 화소로 나타낸다고 착각했기 때문이다. 화면을 나타내는 '모든' 화소에는 화솟값이 결정되어야 한다는 걸 글 읽으면서 생각하지 않았다면, 5번 선택지를 절대 제대로 판단하지 못했을 것이다.

4문단

모델링과 렌더링을 반복하여 생성된 프레임들을 순서대로 표시하면 동영상이 된다.

➡ "아, 모델링이랑 렌더링으로 만든 프레임들을 전부 순서대로 연결하면 움직이는 것처럼 보이겠네. 그렇게 동영상이 만들어지는구나."

프레임을 생성할 때, 모델링과 관련된 계산을 완료한 후 그 결과를 이용하여 렌더링을 위한 계산을 한다.

➡ 납득한다. 당연히 모델링을 먼저 하고 그 이후에 그걸 2D 화면으로 표현하는 렌더링을 해야 한다. 모델링을 렌더링보다 먼저 한다는 것도 그냥 읽지 말고 생각해 보고 납득해라.

이때 정점의 개수가 많을수록, 해상도가 높아 출력 화소의 수가 많을수록 연산 양이 많아져 연산 시간이 길어진다.

➡ 정점의 개수가 많고, 출력 화소 수가 많다면 당연히 연산량이 많아질 것이고, 따라서 연산 시간도 길어질 것이다. 납득한다.

범작가 TIP

해상도가 높을수록 화소의 수가 많다는 뜻이다. 해상도라는 건 쉽게 말해서 '선명한 정도'를 말하는데, 한 화면을 나타내는 화소 수가 많으면 많을수록 더 구체적으로, 더 선명하게 영상을 표현하는 것이 가능할 것이다.

컴퓨터의 중앙 처리장치(CPU)는 데이터 연산을 **하나씩 순서대로** 수행하기 때문에 과도한 양의 데이터가 집중되면 미처 연산되지 못한 데이터가 차례를 기다리는 병목 현상이 생겨 프레임이 완성되는 데 오랜 시간이 걸린다.

➡ 데이터를 '하나씩 순서대로' 수행하니까 한꺼번에 많은 데이터가 몰리면 처리하는 데 당연히 오랜 시간이 걸릴 것이다. 특수한 상황이니 집중해준다.

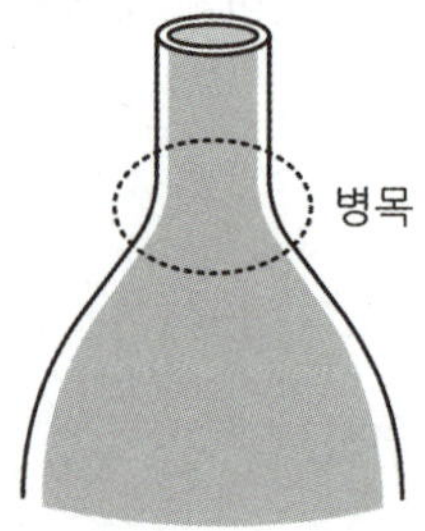

병목 현상에서 '병목'은 말 그대로 '병의 목'을 뜻한다.

CPU의 그래픽 처리 능력을 보완하기 위해 개발된 ㉠ 그래픽처리장치(GPU)는 연산을 비롯한 데이터 처리를 독립적으로 수행할 수 있는 장치인 코어를 수백에서 수천 개씩 탑재하고 있다.

→ "아, CPU만 돌리면 너무 느리니까, 데이터 처리를 도와주는 코어를 가진 GPU를 같이 쓰나 보구나"

GPU의 각 코어는 그래픽 연산에 특화된 연산만을 할 수 있고 CPU의 코어에 비해서 저속으로 연산한다.

→ 어? 뭔가 이상하다. CPU가 느려서 지금 GPU를 쓰는 건데 GPU 속 코어가 CPU 코어보다 속도가 느리다고?

하지만 GPU는 동일한 연산을 여러 번 수행해야 하는 경우, 고속으로 출력 영상을 생성할 수 있다.

→ "아, GPU 코어가 CPU 코어보다 느리긴 하지만, 동일한 연산을 여러 번 수행할 때는 고속으로 출력할 수 있어서 GPU를 쓰나 보네."

왜냐하면 GPU는 한 번의 연산에 쓰이는 데이터들을 순차적으로 각 코어에 전송한 후, 전체 코어에 하나의 연산 명령어를 전달하면, 각 코어는 모든 데이터를 동시에 연산하여 연산 시간이 짧아지기 때문이다.

→ 중요하게 읽어야 한다. **특수한 상황을 나타내는 단어들이 많이 쓰였다.** 일단 GPU가 처음에 데이터를 코어에 전송할 때는 '순차적으로' 전송한다. 그리고 전송이 전부 완료되면 전체 코어에 연산 명령어를 전달하고, 그 명령어를 받은 코어는 이미 연산에 필요한 데이터를 받은 상태이기 때문에, 바로 연산 명령어를 처리할 수 있다. 그리고 수백, 수천 개의 코어가 이렇게 '동시에' 연산을 처리하니까 CPU만 쓸 때보다 훨씬 빠르게 데이터를 처리하는 것이다.

지문 관련 문제 해설

1. 윗글에 대한 이해로 적절하지 <u>않은</u> 것은?

> ① 자연 영상은 모델링과 렌더링 단계를 거치지 않고 생성된다.

➜ 조금만 생각해 보면 된다. '자연 영상'을 외우는 게 아니다. 지금 모델링과 렌더링은 애니메이션을 만들기 위해서 쓰는 기술이다. 그러니까 당연히 있는 그대로를 나타내는 '자연' 영상은 모델링과 렌더링이 필요 없을 것이다.

> ② 렌더링에서 사용되는 물체 고유의 표면 특성은 화솟값에 의해 결정된다.

➜ 정답이다. 우리가 신경 써서 읽었던 부분에서 나왔다. 물체 고유의 표면 특성은 화솟값에 의해 결정되는 것이 아니다. **물체 고유의 표면 특성은 모델링 과정에서 '이미' 결정되어 있는 것이다.** 이 문제 정답률이 42%였다. '화솟값'이 뭔지도 글 읽으면서 제대로 생각 안하고, 물체 '고유의' 표면 특성 부분을 읽을 때도 날려 읽으니까 이런 문제에서 자꾸 틀리는 것이다. 좀 더 천천히 섬세하게 독해하는 것만이 답이다.

> ③ 물체의 원근감과 입체감은 관찰 시점을 기준으로 구현한다.

➜ 당연히 관찰 시점을 기준으로 원근감과 입체감을 구현해야 원근, 입체가 표현될 것이다. "이 선택지 근거는 2번째 문단, 첫번째 문장에 있었네" 하는 식으로 선택지 하나하나를 서치해가면서 푸는 게 아니다. 내가 이해한 내용을 바탕으로 푸는 것이다. ③번 문장과 똑같은 문장은 지문 어디에도 없었다.

> ④ 3D 영상을 재현하는 화면의 해상도가 높을수록 연산 양이 많아진다.

➜ 아까 글 읽으면서 해상도가 높을수록 연산 양이 많아진다는 걸 '납득'했다.

> ⑤ 병목 현상은 연산할 데이터의 양이 처리 능력을 초과할 때 발생한다.

➜ 평소에는 이상이 없다가, 컴퓨터가 처리할 수 있는 데이터 양이 갑자기 너무 많아지면 병목 현상이 나타난다.

· 답 : ②

2. 모델링 에 대한 설명으로 가장 적절한 것은?

> ① 다른 물체에 가려져 보이지 않는 부분에 있는 삼각형의 정점들의 위치는 계산하지 않는다.

➜ '모델링'을 이해했으면 쉽게 풀 수 있다. 모델링은 사물의 뼈대를 잡는 과정이기 때문에 보이지 않는 부분은 계산하지 않고, 보이는 부분만 계산하고, 그러지 않는다. '보이는 부분'을 고려해야 하는 건 '렌더링' 단계에서 해야 할 일이다.

> ② 삼각형들을 조합함으로써 물체의 복잡한 곡면을 정교하게 표현할 수 있다.

➜ 아까 글 읽을 때 이미지화 했다. 정답이다.

> ③ 하나의 작은 삼각형에 다양한 색상의 표면 특성들을 함께 부여한다.

➜ '다양한' 색상 표면 특성이 아니다. 하나의 삼각형 당 '고유한' 색상 표면 특성을 하나씩 부여하는 것이다. 특수한 상황을 나타내는 단어에 주목했으면 쉽게 보였을 것이다.

> ④ 공간상에 위치한 정점들을 2차원 평면에 존재하도록 배치한다.

➜ 모델링은 2차원 평면이 아니라 3차원 가상 공간에 정점들을 배치하는 단계이다.

> ⑤ 다양하게 변할 수 있는 관찰 시점을 순차적으로 저장한다.

➜ '관찰 시점' 즉, 보이는 것과 관련된 것은 '렌더링'에서 다루는 것이다.

· 답 : ②

3. ㉠에 대한 추론으로 적절한 것은?

㉠ : 그래픽 처리 장치(GPU)

① 동일한 개수의 정점 위치를 연산할 때, 동시에 연산을 수행하는 코어의 개수가 많아지면 총 연산 시간이 길어진다.

→ 각 코어는 모든 데이터를 동시에 연산하여 연산시간이 짧아지도록 만든다. 따라서 동시에 연산을 수행하는 코어의 개수가 많아지면 많아질수록 총 연산 시간은 짧아질 것이다.

② 정점의 위치를 구하기 위한 10개의 연산을 10개의 코어에서 동시에 진행하려면, 10개의 연산 명령어가 필요하다.

→ 글을 보면 "전체 코어에 **하나의** 연산 명령어를 전달하면, 각 코어는 모든 데이터를 동시에 연산할 수 있다"라고 말하고 있다. 저 '하나의' 라는 단어에 눈이 갔어야 했다. 10개의 연산을 10개의 코어에서 동시 진행하기 위해서 10개의 연산 명령어가 필요한 것이 아니다. 하나의 연산 명령어만 있으면 된다.

③ 1개의 코어만 작동할 때, 정점의 위치를 구하기 위한 연산 시간은 1개의 코어를 가진 CPU의 연산 시간과 같다.

→ 아까 글에서 CPU의 코어가 GPU의 코어보다 고속으로 작동한다고 했다. 이걸 보고서 우리는 의문을 품었었다. 이 문장을 읽으면서 이상하다고 생각했던 학생은 쉽게 ③번을 지웠을 것이다.

④ 정점 위치를 구하기 위한 각 데이터의 연산을 하나씩 순서대로 처리해야 한다면, 다수의 코어가 작동하는 경우 총 연산 시간은 1개의 코어만 작동하는 경우의 총 연산 시간과 같다.

→ 정답이다. 그런데 많은 학생들이 이 선택지 자체를 독해하지 못해서 틀렸다. 이렇게 선택지가 길 때는 선택지 자체도 세심히 독해해줘야 한다.

예를 들어 냉동만두 10개가 있다. 이 냉동만두 1개를 전자레인지에 데우는 데 1분이 걸린다. **그리고 전자레인지 1개당 만두는 1개만 데울 수 있다.** 여기서 냉동만두 10개는 '처리해야 하는 데이터'이고, 전자레인지는 '코어'다. 데우는 데 걸리는 1분이라는 시간은 '데이터를 처리하는 시간'이다. 그리고 각 코어는 데이터 연산을 '하나씩' 한다고 했으므로 이는 **'전자레인지 1개당 만두 1개만 데울 수 있는 것'**과 같다.

A의 집에는 전자레인지가 1개 있고, B의 집에는 전자레인지가 10개가 있다. 만약 A와 B에게 냉동만두 10개를 '한꺼번에' 주고 데우라고 말하면, B는 각 전자레인지에 냉동만두를 하나씩 넣고 1분간 돌리면 되니까 만두를 다 데우는 데 총 1분이 걸린다. 하지만, A는 전자레인지 하나로 만두 10개를 데워야 하니까 총 10분이 걸린다.

그런데 ④번의 상황을 보자. 이 상황은 만두 10개를 한꺼번에 주지 않고 A와 B에게 '하나씩, 순차적으로' 주는 상황이다. 이렇게 되면 B도 만두를 전부 다 데우는 데 10분이 걸리게 된다. B에는 전자레인지 10개가 있지만, 만두를 '하나씩' 데울 수 있으므로 걸리는 시간은 A와 똑같게 된다.

⑤ 정점 위치를 구하기 위해 연산해야 할 10개의 데이터를 10개의 코어에서 처리할 경우, 모든 데이터를 모든 코어에 전송하는 시간은 1개의 데이터를 1개의 코어에 전송하는 시간과 같다.

→ 모든 데이터를 모든 코어에 전송하는 시간보다 1개의 데이터를 1개의 코어에 전송하는 시간이 더 짧다. 위 글에 따르면, 10개의 데이터를 10개의 코어에서 처리할 때 모든 데이터를 코어에 '순차적으로' 전송한다. 만약 1개의 데이터를 1개의 코어에 전송할 때 걸리는 시간이 1분이라고 하면, 10개의 데이터를 10개의 코어에 전송할 때는 10분이 걸릴 것이다. 왜? '순차적으로' 데이터를 코어에 전송하기 때문이다.

· 답 : ④

4. 다음은 3D 애니메이션 제작을 위한 계획의 일부이다. 윗글을 바탕으로 할 때 적절하지 <u>않은</u> 것은?

	〔장면 구상〕	〔장면 스케치〕
장면 1	주인공 '네모'가 얼굴을 정면으로 향한 채 입에 아직 불지 않은 풍선을 물고 있다.	
장면 2	'네모'가 바람을 불어 넣어 풍선이 점점 커진다.	
장면 3	풍선이 더 이상 커지지 않고 모양을 유지한 채, '네모'는 풍선과 함께 하늘로 날아올라 점점 멀어지는 모습이 보인다.	

① 장면 1의 렌더링 단계에서 풍선에 가려 보이지 않는 입 부분의 삼각형들의 표면 특성은 화솟값을 구하는 데 사용되지 않겠군.

→ 당연히 보이지 않는 부분의 표면 특성은 화솟값을 구하는 데 사용되지 않았을 것이다. 화솟값은 2차원 평면에서, 보이는 부분들에만 부여되면 되기 때문이다. 이게 이해가 안 된다면 지금 다시 지문으로 돌아가서 '화솟값'의 제시된 개념을 읽고 오기 바란다.

② 장면 2의 모델링 단계에서 풍선에 있는 정점의 개수는 유지되겠군.

→ 아까 이 부분도 글 읽으면서 의문을 품었었다. "물체의 크기가 변형되는데 어떻게 정점의 개수가 유지된다는 거지?" 글을 읽을 때 의문을 품으면서 읽었던 학생들은 금방 맞다고 판단했을 것이다.

③ 장면 2의 모델링 단계에서 풍선에 있는 정점 사이의 거리가 멀어지겠군.

→ 물체가 변형되는데도 정점의 개수가 일정할 수 있는 이유가 뭘까? 바로 정점 사이의 거리가 변하기 때문이다. 이미 글 읽으면서 납득했던 부분이다. 독해하면서 스스로 머릿속에서 정점 사이의 거리를 변화시켜 본 학생이라면 쉽게 판단했을 것이다.

④ 장면 3의 모델링 단계에서 풍선에 있는 정점들이 이루는 삼각형들이 작아지겠군.

➡ 정답이다. 〈보기〉를 잘 읽어야 한다. "풍선이 더 이상 커지지 않고 모양을 유지한 채" 올라간다고 했다. 우리 눈에는 풍선이 작아지는 것처럼 보이지만, 3차원 세계에서 풍선의 크기는 그대로이다. 따라서 장면 3의 '모델링' 단계에서, 풍선에 있는 정점들이 이루는 삼각형은 크기가 일정한 채로 유지될 것이다. 3차원의 시각에서 봤을 때, 물체의 크기가 변하는 것이 아니기 때문이다.

> ➡ 너도 느꼈겠지만, 이 문제는 모델링, 렌더링을 완벽하게 '이해'하고 있었어야지만 풀 수 있었다. 그냥 글 대충 읽고 와서 지문이랑 비교해가며 풀려고 했으면, 틀리거나 시간이 엄청 많이 걸렸을 것이다. 이 문제 정답률이 33%인 걸 보면 많은 학생들이 글을 날림으로 읽고 있다는 걸 알 수 있다.

⑤ 장면 3의 렌더링 단계에서 전체 화면에서 화솟값이 부여되는 화소의 개수는 변하지 않겠군.

➡ 당연하다. 전체 화면에서 화솟값이 부여되는 화소의 개수는 변하지 않을 것이다. 이 선지를 골랐다면 자기가 지금 '화소'와 '화솟값'에 대해서 제대로 알고 있는지 자문해보기 바란다.

· 답 : ④

기출적용편

기술 2

2019학년도 6월, LFIA 키트

　건강 상태를 진단하거나 범죄의 현장에서 혈흔을 조사하기 위해 검사용 키트가 널리 이용된다. 키트 제작에는 다양한 과학적 원리가 적용되는데, 적은 비용으로 쉽고 빠르고 정확하게 검사할 수 있는 키트를 제작하는 것이 요구된다. 이러한 필요에 따라 항원-항체 반응을 응용하여 시료에 존재하는 성분을 분석하는 다양한 형태의 키트가 개발되고 있다. 항원-항체 반응은 항원과 그 항원에만 특이적으로 반응하는 항체가 결합하는 면역 반응을 말한다. 항체 제조 기술이 발전하면서 휴대성이 높고 분석 시간이 짧은 측면유동면역분석법(LFIA)을 이용한 다양한 종류의 키트가 개발되고 있다.

　LFIA 키트를 이용하면 키트에 나타나는 선을 통해, 액상의 시료에서 검출하고자 하는 목표 성분의 유무를 간편하게 확인할 수 있다. LFIA 키트는 가로로 긴 납작한 막대 모양인데, 시료 패드, 결합 패드, 반응막, 흡수 패드가 순서대로 나란히 배열된 구조로 되어 있다. 시료 패드로 흡수된 시료는 결합 패드에서 복합체와 함께 반응막을 지나 여분의 시료가 흡수되는 흡수 패드로 이동한다. 결합 패드에 있는 복합체는 금-나노 입자 또는 형광 비드 등의 표지 물질에 특정 물질이 붙어 이루어진다. 표지 물질은 발색 반응에 의해 색깔을 내는데, 이 표지 물질에 붙어 있는 특정 물질은 키트 방식에 따라 종류가 다르다. 일반적으로 한 가지 목표 성분을 검출하는 키트의 반응막에는 항체들이 띠 모양으로 두 가닥 고정되어 있는데, 그중 시료 패드와 가까운 쪽에 있는 가닥이 검사선이고 다른 가닥은 표준선이다. 표지 물질이 검사선이나 표준선에 놓이면 발색 반응에 의해 반응선이 나타난다. 검사선이 발색되어 나타나는 반응선을 통해서는 목표 성분의 유무를 판정할 수 있다. 표준선이 발색된 반응선이 나타나면 검사가 정상적으로 진행되었음을 알 수 있다.

　LFIA 키트는 주로 ㉠ 직접 방식 또는 ㉡ 경쟁 방식으로 제작되는데, 방식에 따라 검사선의 발색 여부가 의미하는 바가 다르다. 직접 방식에서 복합체에 포함된 특정 물질은 목표 성분에 결합할 수 있는 항체이다. 시료에 목표 성분이 포함되어 있다면 목표 성분은 이 항체와 일차적으로 결합하고, 이후 검사선의 고정된 항체와 결합한다. 따라서 검사선이 발색되면 시료에서 목표 성분이 검출되었다고 판정한다. 한편 경쟁 방식에서 복합체에 포함된 특정 물질은 목표 성분에 대한 항체가 아니라 목표 성분 자체이다. 만약 시료에 목표 성분이 포함되어 있으면 시료의 목표 성분과 복합체의 목표 성분이 서로 검사선의 항체와 결합하려 경쟁한다. 이때 시료에 목표 성분이 충분히 많다면 시료의 목표 성분은 복합체의 목표 성분이 검사선의 항체와 결합하는 것을 방해하므로 검사선이 발색되지 않는다. 직접 방식은 세균이나 분자량이 큰 단백질 등을 검출할 때 이용하고, 경쟁 방식은 항생 물질처럼 목표 성분의 크기가 작은 경우에 이용한다.

　한편, 검사용 키트는 휴대성과 신속성 외에 정확성도 중요하다. 키트의 정확성을 측정하기 위해서는 키트를 이용해 여러 번의 검사를 실시하고 그 결과를 분석한다. 키트가 시료에 목표 성분이 들어있다고 판정하면 이를 양성이라고 한다. 이때 시료에 목표 성분이 실제로 존재하면 진양성, 시료에 목표 성분이 없다면 위양성이라고 한다. 반대로 키트가 시료에 목표 성분이 들어 있지 않다고 판정하면 음성이라고 한다. 이 경우 실제로 목표 성분이 없다면 진음성, 목표 성분이 있다면 위음성이라고 한다. 현실에서 위양성이나 위음성을 배제할 수 있는 키트는 없다.

　여러 번의 검사 결과를 통해 키트의 정확도를 구하는데, 정확도란 시료를 분석할 때 올바른 검사 결과를 얻을 확률이다. 정확도는 민감도와 특이도로 나뉜다. 민감도는 시료에 목표 성분이 존재하는 경우에 대해 키트가 이를 양성으로 판정한 비율이다. 특이도는 시료에 목표 성분이 없는 경우에 대해 키트가 이를 음성으로 판정한 비율이다. 민감도와 특이도가 모두 높아 정확도가 높은 키트가 가장 이상적이지만 현실에서는 그렇지 않은 경우가 많아서 상황에 따라 민감도나 특이도를 고려하여 키트를 선택해야 한다.

---

1. 윗글을 읽고 알 수 있는 내용으로 적절하지 <u>않은</u> 것은?

① LFIA 키트에서 시료 패드와 흡수 패드는 모두 시료를 흡수하는 역할을 한다.

② LFIA 키트를 통해 검출하려고 하는 목표 성분은 항원-항체 반응의 항원에 해당한다.

③ LFIA 키트를 사용할 때 정상적인 키트에서 검사선이 발색되지 않으면 표준선도 발색되지 않는다.

④ LFIA 키트에 표지 물질이 없다면 시료에 목표 성분이 있더라도 이를 시각적으로 확인할 수 없다.

⑤ LFIA 키트를 이용하여 검사할 때, 시료에 목표 성분이 포함되어 있지 않더라도 검사선이 발색될 수 있다.

---

2. ㉠과 ㉡에 대한 이해로 가장 적절한 것은?

① ㉠은 ㉡과 달리, 시료에 들어 있는 목표 성분은 검사선에 도달하기 이전에 항체와 결합을 하겠군.

② ㉠은 ㉡과 달리, 시료에서 목표 성분을 검출했다면 검사선에서 항체와 목표 성분의 결합이 존재하지 않겠군.

③ ㉡은 ㉠과 달리, 시료가 표준선에 도달하기 이전에 검사선에 먼저 도달하겠군.

④ ㉡은 ㉠과 달리, 정상적인 검사로 시료에서 목표 성분을 검출했다면 반응막에 아무런 반응선도 나타나지 않았겠군.

⑤ ㉠과 ㉡은 모두 시료에 들어 있는 목표 성분이 표지 물질과 항원-항체 반응으로 결합하겠군.

3. 윗글을 참고할 때, 〈보기〉의 A와 B에 들어갈 말을 올바르게 짝지은 것은?

> ─ 〈 보기 〉 ─
>
> 검사용 키트를 가지고 여러 번의 검사를 실시하여 키트의 정확성을 측정하였을 때, 검사 결과 (A)인 경우가 적을수록 민감도는 높고, (B)인 경우가 많을수록 특이도는 높다.

	A	B
①	진양성	진음성
②	진양성	위음성
③	위양성	위음성
④	위음성	진음성
⑤	위음성	위양성

4. 윗글을 바탕으로 〈보기〉를 이해한 반응으로 적절하지 <u>않은</u> 것은?

> ─ 〈 보기 〉 ─
>
> 살모넬라균은 집단 식중독을 일으키는 대표적인 병원성 세균이다. 기존의 살모넬라균 분석법은 정확도는 높으나 3~5일의 시간이 소요되어 질병 발생 시 신속한 진단 및 예방에 어려움이 있었다. 살모넬라균은 감염 속도가 빠르므로 다량의 시료 중 오염이 의심되는 시료부터 신속하게 골라낸 후에 이 시료만을 대상으로 더 정확한 방법으로 분석하여 오염 여부를 확정 짓는 것이 효과적이다. 최근에 기존 방법보다 정확도는 낮으나 저렴한 비용으로 살모넬라균만을 신속하게 검출할 수 있는 ⓐ LFIA 방식의 새로운 키트가 개발되었다고 한다.

① ⓐ를 개발하기 전에 살모넬라균과 결합하는 항체를 제조하는 기술이 개발되었겠군.

② ⓐ의 결합 패드에는 표지 물질에 살모넬라균이 붙어 있는 복합체가 들어 있겠군.

③ ⓐ를 이용하여 음식물의 살모넬라균 오염 여부를 검사하려면 시료를 액체 상태로 만들어야겠군.

④ ⓐ를 이용하여 현장에서 살모넬라균 오염 의심 시료를 선별하기 위해서는 특이도보다 민감도가 높은 것이 더 효과적이겠군.

⑤ ⓐ를 이용하여 살모넬라균이 검출되었다고 키트가 판정한 경우에도 기존의 분석법으로는 균이 검출되지 않을 수 있겠군.

(**LFIA 키트 해설**)

1문단

> 건강 상태를 진단하거나 범죄의 현장에서 혈흔을 조사하기 위해 검사용 키트가 널리 이용된다.

→ 키트? 키트라는 게 정확히 어떤 건지는 모르겠지만, 일단 머릿속에 있는 배경지식으로 어렴풋이 잡고 간다.

> 키트 제작에는 다양한 과학적 원리가 적용되는데,

→ 추상어 감지해야 한다. '다양한 과학적 원리'가 도대체 뭔가? 의문을 품었어야 했다.

> 적은 비용으로 쉽고 빠르고 정확하게 검사할 수 있는 키트를 제작하는 것이 요구된다.

→ 납득하기 어렵지 않다. 당연히 비싼 것보단 싼 게 좋을 것이고, 어렵고 느리고, 부정확한 것보단 쉽고 빠르고 정확하게 검사할 수 있는 키트를 제작하려 할 것이다.

> 이러한 필요에 따라 항원-항체 반응을 응용하여 시료에 존재하는 성분을 분석하는 다양한 형태의 키트가 개발되고 있다.

→ 아, 아마 위에서 내가 의문 품었던 '다양한 과학적 원리'는 '항원-항체 반응'을 의미하는 건가 보다.

📢 항원-항체가 뭔지는 기출에 여러 번 나왔었기에 알고 있었어야 했다.

> 항원-항체 반응은 항원과 그 항원에만 특이적으로 반응하는 항체가 결합하는 면역 반응을 말한다.

→ 항원-항체 반응이 뭔지 부연 설명 해주고 있다. 이미 알고 있는 내용이었어야 했다.

> 항체 제조 기술이 발전하면서 휴대성이 높고 분석 시간이 짧은 측면유동면역 분석법(LFIA)을 이용한 다양한 종류의 키트가 개발되고 있다.

→ 함축적 의미가 생각나지 않는다. 그냥 LFIA라고 받아들이고 간다.

→ 키트에 나타나는 선을 통해서 내가 찾고자 하는 목표 성분이 있는지, 없는지 확인할 수 있나 보다. 받아들이기 어렵지 않다. 그냥 그렇구나 하고 넘어간다.

→ '가로로 긴 납작한 막대 모양'이라는 말을 보고도 이미지화를 안 했다면 또 실수한 것이다. 출제자는 머릿속에 '가로로 긴 납작한 막대 모양 키트'를 그려 놓고 글을 쓰는데, 읽는 사람이 그걸 떠올리며 읽지 않는다면 출제자가 말하고자 하는 바를 제대로 이해하기 어려울 것이다.

그리고 시료 패드, 결합 패드, 반응막, 흡수 패드가 '순서대로' 배열돼있다는 것도 주의해서 읽어야 한다. 순서를 지정해줬다는 건 특수한 상황이기 때문이다. 이 문장을 읽으면서 머릿속에 가로로 긴 납작한 막대 모양 키트를 상상하고 시료 패드, 결합 패드, 반응막, 흡수 패드를 그려 놓는다. 왜 이 순서인지는 모른다. 부연 설명이 없기 때문에 그냥 우리가 알아서 이해해야 한다. 알아서 이해하기 위해서 '이미지화'를 하라는 것이다. 과학, 기술 지문은 이렇게 부연 설명이 삭제된 문장이 많이 나오기 때문에, 이미지를 그려서 그 안에 문장들을 담지 않으면, 문장들을 머릿속에 집어넣기가 힘들다.

🗨 네가 이렇게 이미지화를 했는데도 까먹을까 봐 불안하다면 표시해놓고 가도 된다.

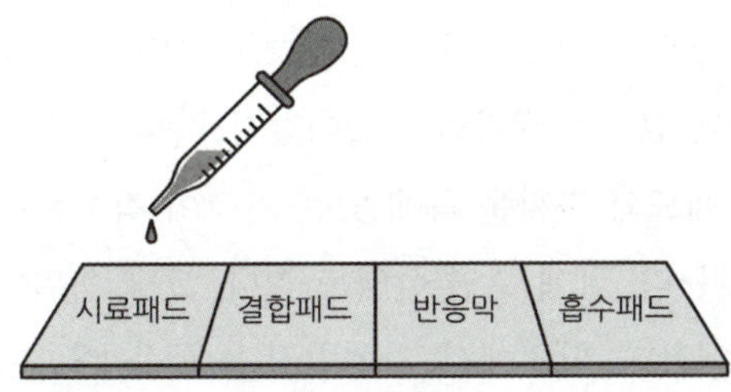

→ "시료가 흡수되는 부분이어서 '시료' 패드인가 보다. '결합' 패드니까 여기에서 시료가 복합체와 '결합'하나 보네. 그리고 시료와 복합체가 함께 '반응을 하는 막'인 '반응막'을 지나서, 여분의 시료가 '흡수'되는 '흡수' 패드로 이동하는 거구나." 항상 함축적 의미를 생각해준다.

근데 여기서 애매한 단어가 있다. '복합체'라는 단어다. 정확하게 '복합체'가 무슨 뜻인지 모르겠다. 뒤에서 설명해 주면 이해하고 아니면 그냥 머릿속으로 잡고 간다.

→ 다행히도 바로 뒤 문장에서 복합체가 뭔지 설명해준다. 복합체는 '표지 물질 + 특정물질'이라고 한다. 표지 물질은 '색을 내거나 반짝거리게 해서 무언가를 나타내는 물질' 정도로 함축적 의미가 잡히는데, 특정 물질은 이해가 잘 안된다. '특정' 물질이라는 게 도대체 무슨 물질을 말하는 건지 모르겠다.

이렇게 의문을 품었다면, 이후 뒤에서 말하는 특정 물질이, '목표 성분에 결합할 수 있는 항체'이거나 '목표 성분 자체'라는 걸 잡을 수 있었을 것이다.

→ 표지 물질이 발색 반응에 의해 색깔을 낸다는 건 납득하기 어렵지 않다. 그리고 내가 궁금했던 특정 물질이 무엇인지는 구체적으로 말 안해주고, 일단 키트 방식에 따라 종류가 다르다고 한다.

→ 일단 이미지 떠올려준다. "항체들이 띠 모양으로, 두 가닥 고정되어 있다라.." 항원-항체 반응이니까 반응막에 항체들이 고정되어 있다고 생각하고 넘어갔다. 아마 이 항체로 시료에 들어있는 항원을 검출하나 보다. 근데 왜 시료 패드와 가까운 쪽에 있는 가닥이 검사선이고 다른 가닥은 표준선인지 모르겠다. 이유가 생각나지 않는다. 글에 부연 설명도 없다. 그냥 외워야 한다. 나는 내 나름대로 말도 안 되게 이유를 붙이고 넘어갔다. 학교에서 '자치법정'을 했을 때 항상 '검사'석이 왼쪽에 있었다. 그래서 '검사'선이 왼쪽에 있다고 생각했다. 무슨 말도 안 되는 소리냐고 할 수 있겠지만, 부연 설명은 어떻게 붙이든 상관없다고 말했었다. **어쨌거나 나는 검사선이 왼쪽에 있고, 표준선이 오른쪽에 있다는 걸 문제를 다 풀 때까지 기억하고 있었다.**

지금, 너도 나랑 똑같이 부연 설명을 만들고 넘어갔어야 했다고 말하는 게 아니다. 만약 너는 부연 설명이 생각 안 났다면 그냥 2, 3번 읽어보고 외우면 된다. 정 못 외우겠다 싶으면, 표시를 하고 넘어가도 괜찮다. 내가 '시험장에서 내가 했던 생각'을 말해주는 이유는 그냥 저렇게 부연 설명 붙이고 넘어가는 방법도 있다는 걸 말해주고 싶어서다.

> 표지 물질이 검사선이나 표준선에 놓이면 발색 반응에 의해 반응선이 나타난다.

→ 아, 표지 물질은 '선'에 놓였을 때 발색을 하고, 그로 인해서 반응선이 나타나나 보다. 이미지 떠올려 준다.

> 검사선이 발색되어 나타나는 반응선을 통해서는 목표 성분의 유무를 판정할 수 있다.

→ '검사'선이니까 목표 성분이 있는지 없는지 '검사'하는 선이라고 생각했다.

> 표준선이 발색된 반응선이 나타나면 검사가 정상적으로 진행되었음을 알 수 있다.

→ '표준'선이니까 검사가 표준에 맞춰서 정상적으로 진행됐는지 나타내는 선이라고 생각했다.

3문단

> LFIA 키트는 주로 ㉠ 직접 방식 또는 ㉡ 경쟁 방식으로 제작되는데, 방식에 따라 검사선의 발색 여부가 의미하는 바가 다르다.

→ 이제 2개로 나눠서 설명하는 것쯤은 머리로 버틸 수 있다. 그리고 '직접' 방식, '경쟁' 방식이니까 함축적 의미도 쉽게 떠올릴 수 있을 것 같다.

> 직접 방식에서 복합체에 포함된 특정 물질은 목표 성분에 결합할 수 있는 항체이다.

→ 여기서부터는 갑자기 다시, 복합체에 포함된 '특정 물질'에 대해서 말을 하기 시작한다. 이때, 아까 위쪽에 있는 '이 표지 물질에 붙어있는 특정 물질은 키트 방식에 따라 종류가 다르다'라는 문장을 읽으면서, '특정 물질이 키트 방식에 따라 종류가 어떻게 다른 거지?'하고 의문을 품고 넘어갔던 학생들은 이 문장을 읽으면서 다시 '이 표지 물질에 붙어있는 특정 물질은 키트 방식에 따라 종류가 다르다'라는 문장에 눈길이 갔을 것이다. 또는 '어? 이거 내가 의문 품었던 부분인데?'라는 생각이 들었을 수도 있다. 그리고 다시 문장으로 돌아와서, '아, 이제야 방식별로(직접 방식과 경쟁 방식) 어떻게 특정

물질이 다른지 설명을 하려는 거구나' 하고 이해를 했을 것이다. 이렇게 이해를 하고 다음 문장을 읽었던 1등급 학생들은 다음 문장들이 '뭘 말하려고 하는지' 이해가 됐을 것이다.

물론 이렇게 윗 문장이랑 연결 지어서 이해를 못 한 학생이라 하더라도 지문을 이해하고, 문제를 풀 수는 있었다. 하지만, 문장을 연결 지어서 이해한 학생보다는 글 읽는 속도, 이해의 속도가 훨씬 느렸을 것이다. 왜냐하면 다음 문장들이, 윗 문장들과 이어지지 않는 새로운 정보라고 느껴졌을 것이기 때문이다. 이 문단을 빠르고 정확하게 이해하는 건 결국, '이 표지 물질에 붙어있는 특정 물질은 키트 방식에 따라 종류가 다르다'라는 문장을 보고, '키트 방식에 따라 특정 물질이 어떻게 다르지?'하고 의문을 품고 넘어갔냐 아니냐로 판가름 났다. 여기서 우리는 한 문장 한 문장 '의문을 품으면서', '대화를 하면서' 읽는 태도가 얼마나 중요한지 또 한 번 알 수 있는 것이다.

> 시료에 목표 성분이 포함되어 있다면 목표 성분은 이 항체와 일차적으로 결합하고, 이후 검사선의 고정된 항체와 결합한다.

→ 시료 패드에 들어온 시료가 일단 결합 패드를 먼저 지나니까 목표 성분은 결합 패드에 있는 특정 물질(항체)과 일차적으로 결합하는 것이다. 일차적으로 결합한다는 건 특수한 상황이니, 주의해서 본다. 그렇게 결합 패드에서 특정 물질과 결합하고, 이후 두 번째로 검사선의 고정된 항체와 결합하는 것이다.

여기서 '직접' 방식의 의미를 캐치한다. 나는 "직접 방식은, 항체(특정 물질)로 시료에 있는 항원을 '직접' 잡아내니까 '직접' 방식인가 보다" 하고 넘어갔다.

> 따라서 검사선이 발색되면 시료에서 목표 성분이 검출되었다고 판정한다.

→ "아 목표 성분이 검사선의 고정된 항체와 결합하면 검사선이 발색되나 보구나. 그리고 검사선이 발색되었다는 건 시료에 목표 성분이 있다는 의미니까, 검사선이 발색됐을 때 목표 성분이 검출되었다고 판단하는 거겠네"

4문단

> 한편 경쟁 방식에서 복합체에 포함된 특정 물질은 목표 성분에 대한 항체가 아니라 목표 성분 자체이다.

→ '경쟁' 방식에서는 특정 물질이 항체가 아니라 항원(목표 성분)이라는 말이다. 이 문장도 이것만 가지고는 왜 '경쟁' 방식인지 떠오르지 않는다. 일단 더 읽어보고 구체적으로 잡아낸다.

만약 시료에 목표 성분이 포함되어 있으면 시료의 목표 성분과 복합체의 목표 성분이 서로 검사선의 항체와 결합하려 경쟁한다.

→ "아, 시료의 목표성분과 복합체의 목표성분이 서로 경쟁해서 '경쟁' 방식이라고 하는구나." 이 문장을 읽고 함축적 의미가 이해된다. 그리고 당연히 시료에 목표 성분이 있으면 복합체의 목표 성분(특정 물질)과 서로 검사선의 항체와 붙기 위해 경쟁할 것이다. 납득할 수 있다.

이때 시료에 목표 성분이 충분히 많다면 시료의 목표 성분은 복합체의 목표 성분이 검사선의 항체와 결합하는 것을 방해하므로 검사선이 발색되지 않는다.

→ "아, 경쟁 방식은 직접 방식과 다르게 목표 성분이 있으면 반대로 검사선이 발색되지 않네." 나는 이게 바로 눈에 보여서 잡고 넘어갔다. 만약 직접 방식이랑 비교해가면서까진 못 읽었다면, 문제에서 물어봤을 때 잠깐 지문으로 돌아왔다가 다시 가서 풀면 된다.

직접 방식은 세균이나 분자량이 큰 단백질 등을 검출할 때 이용하고, 경쟁 방식은 항생 물질처럼 목표 성분의 크기가 작은 경우에 이용한다.

→ 왜 그런지 부연 설명이 없다. 스스로 이유를 만들어 내거나 아니면 밑줄 긋고 넘어갔어야 했다. 나는 "세균, 단백질은 크니까 '직접' 잡아낼 수 있어서 직접 방식을 쓰고, 항생 물질처럼 크기가 작은 것들은 '직접' 잡아내기에는 너무 작아서 대신 '경쟁' 방식을 쓰는 거구나" 하고 넘어갔다.

한편, 검사용 키트는 휴대성과 신속성 외에 정확성도 중요하다. 키트의 정확성을 측정하기 위해서는 키트를 이용해 여러 번의 검사를 실시하고 그 결과를 분석한다.

→ 어렵지 않다. 납득한다.

키트가 시료에 목표 성분이 들어있다고 판정하면 이를 양성이라고 한다.

→ 코로나 '양성' 판정이라는 것은 내 몸속에 코로나가 있다는 것이다. 그렇게 생각하면 편했을 것이다. '양성'의 의미를 몰랐다면 뭐 어쩔 수 없다. 부연 설명을 만들거나 일일이 표시해두고 넘어갔어야 했다.

이때 시료에 목표 성분이 실제로 존재하면 진양성, 시료에 목표 성분이 없다면 위양성이라고 한다.

→ 나는 "양성이라고 판단했을 때 목표 성분이 '진짜' 존재하는 상황이니까 '진'양성이다." 이렇게 생

각하고 '진양성'의 의미를 머릿속에 박고 넘어갔다. 그 다음에 위양성은 "양성이라고 판단했는데 실제로는 허위였던 거니까, '위양성'이라고 하나 보다"하고 넘어갔다. 이렇게 하면 정보량이 매우 줄어든다. 선택지로 갔을 때, 진양성, 위양성이 나와도 다시 지문으로 돌아가지 않아도 된다. 항상 함축적 의미 생각해 보는 연습을 하기 바란다.

➔ '양'성과 반대 상황이니까 '음'성이라고 하나 보다.

➔ 진양성, 위양성 때 함축적 의미를 동원했던 것과 똑같이 생각하고 넘어가준다.

➔ 100% 정확하게 만들긴 힘든가 보다.

5문단

➔ 또 나눈다. 아까부터 직접, 경쟁 방식으로 나누고, 또 양성, 음성으로 나누고, 민감도와 특이도로 나누는 것까지. 하지만 버텨야 한다. 이걸 버티는 것도 독해력, 사고력이다.

➔ 민감도의 개념이 제시되는 문장이다. 어느 한 부분도 빠뜨리지 않고 이해해줘야 한다. 목표 성분이 있을 때, 있다고 판정한 비율이 민감도라는 것이다. 근데 이건 함축적 의미가 잘 동원되지 않는다. 그래서 그냥 외우기로 했다.

➔ 특이도는 목표 성분이 없을 때, 없다고 판정한 비율이다. 이것도 딱히 함축적 의미가 잘 생각나진 않는다. 그냥 받아들이고 간다.

> 민감도와 특이도가 모두 높아 정확도가 높은 키트가 가장 이상적이지만 현실에서는 그렇지 않은 경우가 많아서 상황에 따라 민감도나 특이도를 고려하여 키트를 선택해야 한다.

→ 납득한다.

지문 관련 문제 해설

1. 윗글을 읽고 알 수 있는 내용으로 적절하지 <u>않은</u> 것은?

> ① LFIA 키트에서 시료 패드와 흡수 패드는 모두 시료를 흡수하는 역할을 한다.

→ 흡수 패드는 '흡수' 패드니까 당연히 시료를 흡수할 거고, 시료 패드가 시료를 흡수하는지는 약간 헷갈릴 수 있다. 조금이라도 애매하다면 선지에서 고민하지 말고, 빨리 글로 넘어가서 제대로 확인하고 돌아오는 게 낫다.

> ② LFIA 키트를 통해 검출하려고 하는 목표 성분은 항원-항체 반응의 항원에 해당한다.

→ '항원'과 '항체'가 뭔지 제대로 이해하고 있었다면 어렵지 않게 풀 수 있었다.

> ③ LFIA 키트를 사용할 때 정상적인 키트에서 검사선이 발색되지 않으면 표준선도 발색되지 않는다.

→ 틀렸다. 표준선은 검사가 '표준'에 맞춰서 정상으로 진행되었는지를 나타내 주는 선이었다. 검사선은 목표 성분이 있냐 없냐를 '검사'하는 선이었으므로, 검사선과 표준선의 발색은 서로 아무런 관련이 없다. 시료에 목표 성분이 없어도 검사는 정상일 수 있기 때문에, 검사선이 발색되지 않아도 표준선이 발색될 수 있다. 정답은 ③번이다.

🗨: 이 문제가 정답률 43%였다. 그런데, 검사선과 표준선의 제시된 개념만 제대로 머릿속에 잡고 있었어도 쉽게 맞힐 수 있었다.

> ④ LFIA 키트에 표지 물질이 없다면 시료에 목표 성분이 있더라도 이를 시각적으로 확인할 수 없다.

→ '표지 물질'의 제시된 개념을 제대로 알고 있냐고 묻는 선택지이다. 표지 물질은 발색 반응을 일으키는 물질이다. "표지 물질이 검사선이나 표준선에 놓였을 때 발색 반응에 의해 반응선이 나타난다"

라고 했으므로 만약 표지 물질이 없다면 반응선이 나타나지 않을 것이다. 그렇게 되면 당연히 시료에 목표 성분이 있더라도 이를 시각적으로 확인할 수 없을 것이다.

> ⑤ LFIA 키트를 이용하여 검사할 때, 시료에 목표 성분이 포함되어 있지 않더라도 검사선이 발색될 수 있다.

→ 시료에 목표 성분이 포함되어 있지 않더라도 검사선이 발색 '될 수는' 있다. 왜? 위양성인 경우가 있기 때문이다. 목표 성분이 없는데 있다고 판정하는 위양성의 경우에는 검사선이 발색된다. 즉, 이 ⑤번은 키트의 오류 가능성에 대해 말하고 있는 것이다. 위양성을 이해하면서 읽었다면 쉽게 판단할 수 있었다.

· 답 : ③

2. ㉠과 ㉡에 대한 이해로 가장 적절한 것은?

㉠ : 직접 방식   ㉡ : 경쟁 방식

> ① ㉠은 ㉡과 달리, 시료에 들어 있는 목표 성분은 검사선에 도달하기 이전에 항체와 결합을 하겠군.

→ ㉠은 시료에 들어 있는 목표성분이 검사선에 도달하기 이전에 복합체의 특정 물질과 이미 한 번 결합한다. 여기서 복합체의 특정 물질은 '목표성분에 결합할 수 있는 항체'이다. 반면 ㉡은 시료에 들어 있는 목표 성분이 검사선에 도달하기 이전에 항체와 결합하지 않는다. 경쟁 방식에서는 복합체의 특정 물질이 '목표성분에 결합할 수 있는 항체'가 아니기 때문이다. ①번이 정답이다.

➡ 직접 방식과 경쟁 방식이 이뤄지는 과정을 머릿속으로 그리면서 읽었다면 어렵지 않게 풀 수 있었다. 하지만 이 문제 정답률은 34%였다. **이는 대부분의 학생들이 이미지화를 하면서 글을 못 읽는다는 걸 의미한다. 그리고 이 정도 크기의 정보를 차분히 이해하면서 읽어 내려갈 사고력이 없다는 걸 말해준다.** 계속 말하지만 이런 문제를 맞히려면 무슨 스킬을 배워야 하는 것이 아니라 우직하게 '독해력', '사고력' 키우는 연습을 해야 한다. 그것이 본질이다.

② ㉠은 ㉡과 달리, 시료에서 목표 성분을 검출했다면 검사선에서 항체와 목표 성분의 결합이 존재하지 않겠군.

→ ㉠의 경우 시료에서 목표 성분을 검출했다면 검사선에서 항체와 목표 성분의 결합이 존재한다. 결합 패드에서 복합체와 일차적으로 결합하고, 검사선의 항체와 2차로 결합한다. ㉡의 경우에는 시료에서 목표 성분을 검출했다면 검사선에서 항체와 목표 성분의 결합이 존재하지 않았다고 볼 수 있다. 복합체의 특정 물질(목표 성분)과 시료의 목표 성분이 서로 검사선의 항체와 붙으려고 하다가 결국 아무도 검사선의 항체와 결합하지 않게 된다.

③ ㉡은 ㉠과 달리, 시료가 표준선에 도달하기 이전에 검사선에 먼저 도달하겠군.

→ ㉠과 ㉡의 경우 모두, 검사선이 표준선보다 왼쪽에 있다. 따라서 둘 다 시료가 표준선에 도달하기 이전에 검사선과 먼저 결합한다. '㉠과 달리'가 틀렸다.

④ ㉡은 ㉠과 달리, 정상적인 검사로 시료에서 목표 성분을 검출했다면 반응막에 아무런 반응선도 나타나지 않았겠군.

→ ㉠과 ㉡ 모두 정상적인 검사로 목표 성분을 검출했다면 반응막에 표준선이 발색되었을 것이다.

📢: 직접 방식(㉠)의 경우, 정상적인 검사로 시료에서 목표 성분을 검출했다면 검사선이 발색된 반응선과 표준선이 발색된 반응선이 모두 나타난다. 경쟁 방식(㉡)의 경우, 목표 성분이 충분히 많을 때 검사선은 발색되지 않고, 표준선만 발색된다.

⑤ ㉠과 ㉡은 모두 시료에 들어 있는 목표 성분이 표지 물질과 항원-항체 반응으로 결합하겠군.

→ ㉠과 ㉡ 모두 시료에 들어 있는 목표 성분이 '표지' 물질과 항원-항체 반응으로 결합하는 게 아니다. 표지 물질은 항체가 아니기 때문이다. ㉠에서는 시료에 들어 있는 목표 성분이 '특정' 물질, 검사선의 항체와 항원-항체 반응으로 결합한다. ㉡에서는 항원-항체 반응으로 결합이 일어나지 않는다.

㉠의 경우 시료에서 목표 성분을 검출했다면 검사선에서 항체와 목표 성분의 결합이 존재한다는 뜻이다. 결합 패드에서 복합체와 일차적으로 결합하고, 검사선의 항체와 2차로 결합한다. ㉡의 경우에는 시료에서 목표 성분을 검출했다면 검사선에서 항체와 목표 성분의 결합이 존재하지 않았다고 볼 수 있다. 복합체의 특정 물질(목표 성분)과 시료의 목표 성분이 서로 검사선의 항체와 붙으려고 하다가 결국 아무도 검사선의 항체와 결합하지 않게 된다.

· 답 : ①

3. 윗글을 참고할 때, 〈보기〉의 A와 B에 들어갈 말을 올바르게 짝지은 것은?

검사용 키트를 가지고 여러 번의 검사를 실시하여 키트의 정확성을 측정하였을 때, 검사 결과 (A)인 경우가 적을수록 민감도는 높고, (B)인 경우가 많을수록 특이도는 높다.

	A	B
①	진양성	진음성
②	진양성	위음성
③	위양성	위음성
④	위음성	진음성
⑤	위음성	위양성

→ 이런 문제는 100%는 아니지만, 할 수 있는 만큼 최대한 답을 만들고 선택지로 가야 한다. 〈보기〉에서 A인 경우가 적을수록 민감도가 높다고 했으니까 미리 답을 생각해본다. 민감도는 '시료에 목표 성분이 존재하는 경우에 대해 키트가 이를 양성으로 판정한 비율'이다. 이 민감도가 높아지려면, '시료에 목표 성분이 존재하는데 음성으로 판정한 비율'이 적으면 될 것이다. 즉, 위음성인 경우가 적을수록 민감도가 높은 것이다. 만약 위음성, 위양성 이런 단어들의 뜻이 정확하게 기억나지 않는다면 빨리 지문으로 돌아가서 제대로 확인하고 온다. 여기까지 생각하고 〈보기〉를 가보면, 답은 ④, ⑤ 중에 하나다.

특이도는 '시료에 목표 성분이 없는 경우에 대해 키트가 이를 음성으로 판정한 비율'이다. 이 비율이 높으려면, 말 그대로 '시료에 목표 성분이 없는 경우에 키트가 이를 음성으로 판정하는 경우'가 많으면 된다. 즉, 진음성인 경우가 많으면 특이도는 높아진다. 따라서 답은 ④번이다. 이 문제도 앞선 문제들과 마찬가지로 정답률이 35%로 매우 낮았다. 하지만 위양성, 진양성, 위음성 등의 제시된 개념을 제대로 잡고, 문제를 풀기 전, 주어진 정보를 가지고 나름대로 답을 먼저 내리고 진입했다면 쉽게 풀 수 있었을 것이다.

· 답 : ④

4. 윗글을 바탕으로 〈보기〉를 이해한 반응으로 적절하지 않은 것은?

─── 〈 보기 〉 ───

살모넬라균은 집단 식중독을 일으키는 대표적인 병원성 세균이다. 기존의 살모넬라균 분석법은 정확도는 높으나 3~5일의 시간이 소요되어 질병 발생 시 신속한 진단 및 예방에 어려움이 있었다. 살모넬라균은 감염 속도가 빠르므로 다량의 시료 중 오염이 의심되는 시료부터 신속하게 골라낸 후에 이 시료만을 대상으로 더 정확한 방법으로 분석하여 오염 여부를 확정 짓는 것이 효과적이다. 최근에 기존 방법보다 정확도는 낮으나 저렴한 비용으로 살모넬라균만을 신속하게 검출할 수 있는 ⓐ LFIA 방식의 새로운 키트가 개발되었다고 한다.

📢: 나는 처음 이 문제를 풀었을 때 갑자기 '살모넬라균'이 왜 나오는 건지 몰랐다. 〈보기〉에서 살모넬라균이 어떤 의미를 가지고 있는지 전혀 감을 못 잡았다. 그래서 선택지를 하나씩 풀면서 오히려 역으로 추측해갔다.

① ⓐ를 개발하기 전에 살모넬라균과 결합하는 항체를 제조하는 기술이 개발되었겠군.

→ LFIA키트는 항원-항체 반응을 이용하는 키트이니까, 당연히 ⓐ를 개발하기 전에 살모넬라균과 결합하는 항체를 제조하는 기술이 먼저 개발되었어야 한다.

② ⓐ의 결합 패드에는 표지 물질에 살모넬라균이 붙어 있는 복합체가 들어 있겠군.

→ ②번이 정답이다. 이 선택지를 보고 나는 〈보기〉의 살모넬라균이 어떤 의미를 가지는지 알 수 있었다. ⓐ의 결합 패드에 '표지 물질에 살모넬라균이 붙어 있는 복합체'가 들어있다는 말은 지금 ⓐ가 경쟁 방식이라는 뜻이다. 표지 물질에 붙어있는 특정 물질이 항원(살모넬라균)이기 때문이다.

따라서 ②번 선지 문장이 맞는 말이 되려면 a는 '경쟁' 방식이어야 한다. '그런데 a가 직접 방식인지, 경쟁 방식인지는 어떻게 알지?' 나는 이 의문을 가지고 다시 〈보기〉를 봤다. 그런데, 〈보기〉를 아무리 읽어봐도 단서로 보이는 건 오직 '살모넬라균'밖에 없었다. 그래서 이번엔 다시 지문으로 돌아가 보았다. 그때 내가 밑줄 그어 놓았던 문장이 눈에 들어왔다. '**직접** 방식은 **세균**이나 분자량이 큰 단백질 등을 검출할 때 이용하고'. 그렇다. 살모넬라균은 '세균'이다.

지문에서 분명 '세균'에는 '직접' 방식을 사용한다고 했다. 그렇다면, 지금 살모넬라'균'을 검출하려고 하는 ⓐ는 '직접' 방식을 사용했을 거란 걸 알 수 있다. 따라서, ⓐ가 경쟁 방식이라고 말한 2번 선지는 적절하지 않은 말이 되는 것이다. 그래서 4번 문제 답이 ②번이다. 이 문제도 정답률이 34%다. 많은 학생들이 ⓐ가 직접 방식이라는 걸 잡지 못해서 틀렸을 것이다. 그런데, 선택지를 하나하나 판단하기 위해서는 무조건, 직접 방식인지 경쟁방식인지 따져 봤어야 했다. 그렇게 따지다 보면 충분히

ⓐ가 직접 방식이라는 걸 잡을 수 있었다. 물론 시간은 다른 문제보다 당연히 오래 걸린다. 출제자가 오래 걸리라고 낸 문제이다. 차분함을 유지하면서 주어진 단서를 충분히 이해하려 하고 활용할 때 이런 최고난도 문제도 맞힐 수 있다.

> ③ ⓐ를 이용하여 음식물의 살모넬라균 오염 여부를 검사하려면 시료를 액체 상태로 만들어야겠군.

➜ LFIA 키트에서는 '액상'의 시료를 쓴다. 액상이라는 건 '액체 상태'라는 뜻이다. 따라서 시료는 액체로 만들어야 한다.

> ④ ⓐ를 이용하여 현장에서 살모넬라균 오염 의심 시료를 선별하기 위해서는 특이도보다 민감도가 높은 것이 더 효과적이겠군.

➜ 살모넬라균 의심 시료를 '선별'하기 위해서는 살모넬라균이 들어있을 때 들어있다고 말하는 비율이 높아야 한다. 즉, 목표 성분이 있을 때 이를 양성으로 판정하는 비율이 높아야 하는 것이다. 그렇기 때문에 오염 시료를 '선별'하려고 한다면 민감도가 높은 것이 더 효과적이다.

> ⑤ ⓐ를 이용하여 살모넬라균이 검출되었다고 키트가 판정한 경우에도 기존의 분석법으로는 균이 검출되지 않을 수 있겠군.

➜ 기존의 분석법이 시간은 오래 걸리지만 '정확도'는 높다고 했다. 따라서 ⓐ를 이용해서 살모넬라균이 검출되었다고 판정한 경우라도 기존의 분석법으로 해보면 균이 검출되지 않을 수 있다. ⓐ를 이용한 검사에서 오류가 날 가능성을 배제할 수 없기 때문이다.

· 답 : ②

기술 3

2025학년도 수능, 기계 학습과 확산 모델

문장이나 영상, 음성을 만들어 내는 인공 지능 생성 모델 중 확산 모델은 영상의 복원, 생성 및 변환에 뛰어난 성능을 보인다. 확산 모델의 기본 발상은, 원본 이미지에 노이즈를 점진적으로 추가하였다가 그 노이즈를 다시 제거해 나가면 원본 이미지를 복원할 수 있다는 것이다. 노이즈는 불필요하거나 원하지 않는 값을 의미한다. 원하는 값만 들어 있는 원본 이미지에 노이즈를 단계별로 더하면 노이즈가 포함된 확산 이미지가 되고, 여러 단계를 거치면 결국 원본 이미지가 어떤 이미지였는지 전혀 알아볼 수 없는 노이즈 이미지가 된다. 역으로, 단계별로 더해진 노이즈를 알 수 있다면 노이즈 이미지에서 원본 이미지를 복원할 수 있다. 확산 모델은 노이즈 생성기, 이미지 연산기, 노이즈 예측기로 구성되며, 순확산 과정과 역확산 과정 순으로 작동한다.

순확산 과정은 이미지에 노이즈를 추가하면서 노이즈 예측기를 학습시키는 과정이다. 첫 단계에서는, 노이즈 생성기에서 노이즈를 만든 후 이미지 연산기가 이 노이즈를 원본 이미지에 더해서 노이즈가 포함된 확산 이미지를 출력한다. 다음 단계부터는 노이즈 생성기에서 만든 노이즈를 이전 단계에서 출력된 확산 이미지에 더한다. 이러한 단계를 충분히 반복하면 최종적으로 노이즈 이미지가 출력된다. 이때 더해지는 노이즈는 크기나 분포 양상 등 그 특성이 단계별로 다르다. 따라서 노이즈 예측기는 단계별로 확산 이미지를 입력받아 이미지에 포함된 노이즈의 특성을 추출하여 수치들로 표현하고, 이 수치들을 바탕으로 노이즈를 예측한다. 노이즈 예측기 내부의 이러한 수치들을 잠재 표현이라고 한다. 노이즈 예측기는 잠재 표현을 구하고 노이즈를 예측하는 방식을 학습한다.

노이즈 예측기의 학습 방법은 기계 학습 중에서 지도 학습에 해당한다. 지도 학습은 학습 데이터에 정답이 주어져 출력과 정답의 차이가 작아지도록 모델을 학습시키는 방법이다. 노이즈 예측기를 학습시킬 때는 노이즈 생성기에서 만들어 넣어 준 노이즈가 정답에 해당하며 이 노이즈와 예측된 노이즈 사이의 차이가 작아지도록 학습시킨다.

역확산 과정은 노이즈 이미지에서 노이즈를 제거하여 원본 이미지를 복원하는 과정이다. 노이즈를 제거하려면 이미지에 단계별로 어떤 특성의 노이즈가 더해졌는지 알아야 하는데 노이즈 예측기가 이 역할을 한다. 노이즈 이미지 또는 중간 단계에서의 확산 이미지를 노이즈 예측기에 입력하면 이미지에 포함된 노이즈의 특성을 추출하여 잠재 표현을 구하고 이를 바탕으로 노이즈를 예측한다. 이미지 연산기는 입력된 확산 이미지로부터 이 노이즈를 빼서 현 단계의 노이즈를 제거한 확산 이미지를 출력한다. 확산 이미지에 이런 단계를 반복하면 결국 노이즈가 대부분 제거되어 원본 이미지에 가까운 이미지만 남게 된다.

한편, 많은 종류의 이미지를 학습시킨 후 학습된 이미지의 잠재 표현에 고유 번호를 붙이면 역확산 과정에서 이미지를 선택하여 생성할 수 있다. 또한 잠재 표현의 수치들을 조정하면 다른 특성의 노이즈가 생성되어 여러 이미지를 혼합하거나 실재하지 않는 이미지를 만들어 낼 수도 있다.

1. 학생이 윗글을 읽은 방법으로 적절하지 <u>않은</u> 것은?

① 확산 모델이 지도 학습을 사용한다는 점에 주목하고, 지도 학습 방법이 확산 모델에 어떻게 적용되는지 확인하며 읽었다.

② 확산 모델이 두 가지 과정으로 이루어진다는 점에 주목하고, 두 과정 중 어느 과정이 선행되어야 하는지 살피며 읽었다.

③ 확산 모델에서 노이즈의 중요성을 파악하고, 사용되는 노이즈의 종류가 모델의 성능에 미치는 영향을 이해하며 읽었다.

④ 잠재 표현의 개념을 파악하고, 그 개념을 바탕으로 확산 모델이 노이즈를 예측하고 제거하는 원리를 이해하며 읽었다.

⑤ 확산 모델의 구성 요소를 파악하고, 그 구성 요소가 노이즈 처리 과정에서 어떤 기능을 하는지 확인하며 읽었다.

2. 윗글을 이해한 내용으로 가장 적절한 것은?

① 노이즈 생성기는 순확산 과정에서만 작동한다.
② 확산 모델에서의 학습은 역확산 과정에서 이루어진다.
③ 이미지 연산기와 노이즈 예측기는 모두 확산 이미지를 출력한다.
④ 노이즈 예측기를 학습시킬 때는 예측된 노이즈가 정답으로 사용된다.
⑤ 역확산 과정에서 단계가 반복될수록 출력되는 확산 이미지는 원본 이미지와의 유사성이 줄어든다.

3. 잠재 표현 에 대한 설명으로 적절하지 <u>않은</u> 것은?

① 잠재 표현의 수치들을 조정하면 여러 이미지를 혼합할 수 있다.
② 역확산 과정에서 잠재 표현이 다르면 예측되는 노이즈가 다르다.
③ 확산 모델의 학습에는 잠재 표현을 구하는 방식이 포함되어 있다.
④ 잠재 표현은 이미지에 더해진 노이즈의 크기나 분포 양상에 따라 다른 값들이 얻어진다.
⑤ 잠재 표현은 노이즈 예측기가 원본 이미지를 입력받아 노이즈의 특성을 추출한 결과이다.

4. 윗글을 바탕으로 〈보기〉를 이해한 내용으로 적절하지 <u>않은</u> 것은?

───── < 보기 > ─────

  A단계는 확산 모델 과정 중 한 단계이다. ㉠은 원본 이미지이고, ㉡은 확산 이미지 중의 하나이며, ㉢은 노이즈 이미지이다. (가)는 이미지가 A단계로 입력되는 부분이고, (나)는 이미지가 A단계에서 출력되는 부분이다.

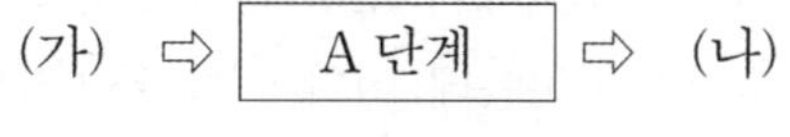

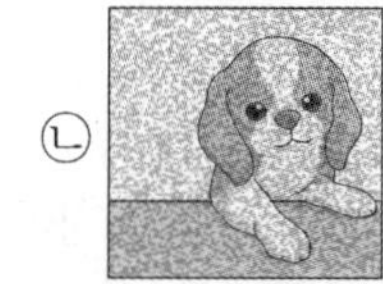

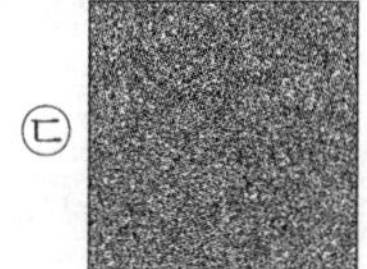

① (가)에 ㉠이 입력된다면, A단계의 이미지 연산기에서는 ㉠에 노이즈를 더하겠군.

② (나)에 ㉢이 출력된다면, A단계의 노이즈 생성기에서 생성된 노이즈가 이미지 연산기에서 확산 이미지에 더해졌겠군.

③ 순확산 과정에서 (가)에 ㉡이 입력된다면, A단계의 노이즈 예측기에서 예측한 노이즈가 이미지 연산기에 입력되겠군.

④ 역확산 과정에서 (가)에 ㉢이 입력된다면, A단계의 이미지 연산기에서는 ㉢에서 노이즈를 빼겠군.

⑤ 역확산 과정에서 (나)에 ㉡이 출력된다면, A단계의 노이즈 예측기에서 예측한 노이즈가 이미지 연산기에 입력되었겠군.

1문단

문장이나 영상, 음성을 만들어 내는 인공 지능 생성 모델 중 확산 모델은 영상의 복원, 생성 및 변환에 뛰어난 성능을 보인다.

→ 나는 이 문장을 읽고 'Chat GPT'가 생각났다. 인공 지능 생성 모델 중 '확산 모델'은 영상의 복원, 생성 및 변환에 뛰어난 성능을 보인다고 하는데, 여기서 '확산'이 정확히 무슨 뜻인지는 아직 잘 모르겠다. 좀 더 읽어보면서 구체적으로 이해해 보자.

확산 모델의 기본 발상은, 원본 이미지에 노이즈를 점진적으로 추가하였다가 그 노이즈를 다시 제거해 나가면 원본 이미지를 복원할 수 있다는 것이다.

→ 나는 사실 처음 이 문장을 봤을 때 좀 의아했다. '원본 이미지에 노이즈(잡음이나 방해되는 요소)를 추가했다가 다시 제거하면 원본 이미지를 복원할 수 있다는 건 너무 당연한 말 아닌가? 그리고 왜 굳이 이런 불필요한 과정을 거치는 걸까?' 하는 의문이 들었기 때문이다. 예를 들어 '사과 사진'이 있는데 거기에 노이즈를 추가하고 다시 그 노이즈를 제거해서 원본 사과 사진을 얻는다는 건, 마치 깨끗한 물에 흙을 섞었다가 다시 걸러내서 깨끗한 물을 얻는 것처럼 불필요해 보였다. 게다가 '복원'이라는 표현도 이상했다. 원본에 일부러 노이즈를 추가하지만 않으면 복원할 필요도 없을 텐데 말이다.

그래도 내가 모르는 어떤 전문적인 이유가 있을 수 있으니, 일단은 납득하고 뒷부분에서 설명해 주면 그때 이해해야겠다는 생각으로 읽어나갔다. 시험장에서는 일단 제한 시간 내에 문제를 푸는 게 우선이기 때문에, 이해가 안 된다고 해서 너무 붙잡고 늘어지면 안 된다.

★ 노이즈를 추가했다가 다시 제거하는 이유

지문에서는 정확한 이유를 설명하지 않지만, 사고 확장을 위해서 구체적인 이유를 말해주겠다. 먼저, 이미지에 '노이즈'를 더하는 것은 컴퓨터가 '이미지를 만드는 법'을 배우기 위해 '이미지를 **일부러 망가뜨리는** 과정'이다. 그럼 여기서 당연히 '이미지를 망가뜨리는 것과 새로운 이미지를 만드는 게 무슨 관련이 있을까?'라는 의문이 든다.

답은, **망가진 이미지를 고치는 게, 새로운 이미지를 그리는 데 도움이 되기 때문이다.** 예를 들어서 깨끗한 사과 그림 하나가 있다고 해보자. 이 그림에다가 점점 노이즈를 더하면 처음에는 그림이 조금 흐릿해지고, 나중에는 아예 알아볼 수 없을 정도로 지저분해진다. 이때 컴퓨터는 '노이즈를 어떻게 제거해서 원래 그림으로 돌릴까?'를 생각하고, 배우게 된다. 즉, 컴퓨터는 깨끗한 그림과 지저분한 그림 사이의 관계를 이해하고 어떤 식으로 이미지를 점점 복원할 수 있는지 '학습'하는 것이다.

이뿐만 아니라 컴퓨터는 '학습' 과정에서 깨끗한 그림과 노이즈가 섞인 그림을 비교하면서 '**이미지의 패턴과 특징**'을 파악한다. 예를 들어 사과 그림에서는 노이즈를 추가했을 때 사과의 둥근 모양, 색깔, 그림자 등이 어떻게 변하는지 확인하면서 이미지의 시각적 특징들을 이해하는 것이다. 그리고 이렇게 학습된 정보는 '새로운 이미지'를 그릴 때 활용된다. 컴퓨터가 '사과'라는 이미지를 만드는 패턴을 배운 뒤, 이 패턴을 변형해서 '오렌지', '수박'을 만들어내는 것이다. 이건 우리가 그림을 배우는 과정을 생각해 보면 이해가 쉽다. 우리가 연필로 '사과'를 여러 개 그린다고 해보자. 그림을 그리다 보면 둥근 모양, 질감, 음영 같은 사과의 특징을 이해하게 된다. 그래서 이걸 익히고 나면, 사과가 아니라 오렌지나 수박 같은 둥근 과일도 그릴 수 있게 되는 것이다. 컴퓨터의 학습 과정도 이와 유사하다.

게다가 망가진 그림을 복원하는 과정에서 익힌 패턴과 특징을 바탕으로, '한 입 베어 문 사과 그림'을 '온전한 사과 그림'으로 바꾸거나 사과의 색깔을 '검정색'으로 변경하는 것도 가능해진다. 이러한 원리는 대부분의 이미지 생성 프로그램의 기반이 되고 있다.

노이즈는 불필요하거나 원하지 않는 값을 의미한다.

➜ 노이즈의 개념을 제시해 주고 있다. 우리가 일상생활에서 쓰는 노이즈의 의미(잡음, 소음)를 떠올렸다면 쉽게 받아들일 수 있었을 것이다. 노이즈의 의미를 이미지로 생각해 보자면, 깨끗한 사진에 무작위로 흰색이나 검은색 점들이 찍혀 있거나 화면이 흐릿하게 깨져 보이는 것처럼 이미지를 망가뜨리는 요소들이 바로 '노이즈'인 것이다. 여기서 '값'이라는 단어는 이런 노이즈가 이미지의 각 부분에서 얼마나 강하게 나타나는지를 수치로 나타낼 수 있다는 의미이다.

원하는 값만 들어 있는 원본 이미지에 노이즈를 단계별로 더하면 노이즈가 포함된 확산 이미지가 되고, 여러 단계를 거치면 결국 원본 이미지가 어떤 이미지였는지 전혀 알아볼 수 없는 노이즈 이미지가 된다.

➜ 아 여기서 '확산'의 의미를 구체적으로 이해할 수 있다. '확산 모델'이라는 것은, '노이즈를 확산시켜 나가는 모델'로 이해할 수 있는 것이다.

그리고 여기서는 '원본 이미지', '확산 이미지', '노이즈 이미지'의 개념을 제시해 주고 있다. 앞서 '제시된 개념'을 설명할 때도 강조했지만, 이렇게 은근슬쩍 개념을 제시해 줄 때 더 조심해야 한다. 일단 '원본 이미지'는 '원하는 값만' 들어 있는 이미지다. 즉, 어떤 노이즈도 없는 아주 깔끔한 사과 이미지

같은 것을 '원본 이미지'라고 할 수 있다. 그리고 '확산 이미지'는 '노이즈가 포함되어 있는 이미지'다. 이때 또 하나 눈길을 줄 부분이, 노이즈를 '단계별로' 더한다는 부분이다. 확산 모델에서는 원본 이미지에 노이즈를 '단계별로' 더해서 노이즈가 포함된 확산 이미지를 만든다. 한 번에 노이즈를 다 더하는 게 아니라 '단계'에 따라서 더하는 것이다. 그리고 이 단계를 반복해서 원본 이미지를 알아볼 수 없을 만큼 노이즈가 심해진 이미지를 '노이즈 이미지'라고 부른다. 함축적 의미를 생각해 보면 쉽게 납득할 수 있다.

> 역으로, 단계별로 더해진 노이즈를 알 수 있다면 노이즈 이미지에서 원본 이미지를 복원할 수 있다.

→ 이것도 조금만 생각해 보면 납득할 수 있다. 각 단계별로 어떤 노이즈가 더해졌는지 알 수 있다면, 노이즈 이미지에서 각 단계별 노이즈를 제거해 나가면서 '원본 이미지'를 복원할 수 있을 것이다. 예를 들어 깨끗한 사과 사진에 1단계에서는 회색 점들을, 2단계에서는 흰색 점들을, 3단계에서는 검은색 점들을 차례로 더했다면, 거꾸로 검은색 점들, 흰색 점들, 회색 점들을 순서대로 제거했을 때 다시 깨끗한 사과 사진을 얻을 수 있다.

> 확산 모델은 노이즈 생성기, 이미지 연산기, 노이즈 예측기로 구성되며, 순확산 과정과 역확산 과정 순으로 작동한다.

→ 오, 이제 본격적으로 확산 모델의 구성 요소를 말해주면서 '작동 원리'를 알려주려나 보다. 단어들만 봤을 때는 함축적 의미가 떠오르는 쉬운 단어들인 거 같다. 예를 들어 '노이즈 생성기'는 말 그대로 '노이즈를 생성하는 부분'이고, '이미지 연산기'는 이미지를 계산하는 부분, '노이즈 예측기'는 뭔가 노이즈를 예측하는 역할을 하는 부분이 아닐까? 특히 '노이즈 예측기'는 바로 앞 문장과 연결해서 이해했을 때, '단계별로 더해진 노이즈를 예측하는 녀석인가?'하고 추측할 수도 있었다. 일단 2문단을 읽으면서 좀 더 구체적으로 이해해 보자.

2문단

> 순확산 과정은 이미지에 노이즈를 추가하면서 노이즈 예측기를 학습시키는 과정이다.

→ 바로 윗 문단에서 '순확산 과정과 역확산 과정 순으로 작동한다'라고 말했으니까, 순확산 과정부터 설명하는 거 같다. 순확산 과정은 말 그대로 '순방향으로 이미지를 더하면서 확산시키는 과정'이 아닐까 싶다. 그리고 여기서 내가 주목했던 부분은 순확산 과정이 '노이즈 예측기를 **학습**시키는 과정'이라는 것이다. 왜 노이즈 예측기를 학습시키는 걸까? 노이즈 예측기가 하는 일은 뭐지? 아직까진 정확한 설명이 없다.

첫 단계에서는, 노이즈 생성기에서 노이즈를 만든 후 이미지 연산기가 이 노이즈를 원본 이미지에 더해서 노이즈가 포함된 확산 이미지를 출력한다.

→ 여기서부터 좀 더 구체적으로 말해준다. 순확산 과정의 첫 단계에서는 노이즈 생성기가 노이즈를 만든다고 한다. 이미지를 그려주자. 그리고 이후에는 '이미지 연산기'라는 부분에서 이 노이즈를 원본 이미지에 더한 '확산 이미지'를 출력한다고 한다. 함축적 의미를 생각해 보면, 말 그대로 '이미지를 **연산**'하는 녀석이기 때문에 '원본 이미지에 노이즈를 **더해서**' 확산 이미지를 내놓는 게 아닐까 싶다. 일단 이 과정까지는 크게 어렵지 않다.

다음 단계부터는 노이즈 생성기에서 만든 노이즈를 이전 단계에서 출력된 확산 이미지에 더한다.

→ 다음 단계부터는 노이즈를 원본 이미지에 더하는 게 아니라, 아까 전 단계에서 만들었던 확산 이미지에 누적시킨다. 계속 이미지화하면서 따라가 주자.

이러한 단계를 충분히 반복하면 최종적으로 노이즈 이미지가 출력된다. 이때 더해지는 노이즈는 크기나 분포 양상 등 그 특성이 단계별로 다르다.

→ '노이즈 이미지'가 뭐였는지 생각해 보면 노이즈 이미지는 '원본 이미지가 어떤 이미지였는지 전혀 알아볼 수 없을 만큼 노이즈가 추가된 이미지'였다. 이 '노이즈 이미지'는 '노이즈 생성기', '이미지 연산기'를 통해서 '확산 이미지에 노이즈를 더하는 연산 과정'을 계속 반복하면 만들어지는 것이다. 그리고 이때 더해지는 노이즈는 '크기'와 '(노이즈의) 분포 양상' 등이 단계별로 다르다고 한다. 정확히 왜 그런지는 모르겠지만, 납득이 어려울 만한 정보는 아니다.

따라서 노이즈 예측기는 단계별로 확산 이미지를 입력받아 이미지에 포함된 노이즈의 특성을 추출하여 수치들로 표현하고, 이 수치들을 바탕으로 노이즈를 예측한다.

→ 이제 '노이즈 예측기'의 역할이 나온다. 지금 우리가 기억해야 하는 건 이 모든 순확산 과정의 목적이 '노이즈 예측기'를 **'학습'**시키기 위해서라는 것이다. 그러니 윗문장에서 말했던 과정들이 '노이즈 예측기'랑 어떤 연관이 있는 건지 제대로 이해해야 한다.

'노이즈 예측기'는 단계별로 만들어진 확산 이미지가 출력될 때마다 그 확산 이미지를 입력받는다. 그리고 그 확산 이미지에 포함된 노이즈의 특성을 추출하여 '수치'로 표현한다. 이후에는 그 수치를 바탕으로 '노이즈를 예측'한다고 한다. 함축적 의미 그대로 '노이즈 예측기'는 '노이즈를 예측하는 부분'인 거 같다. 그런데 아직까지도 노이즈를 왜 예측해야 하는지, 왜 노이즈 예측기를 학습시키는지는 잘 모르겠다. 의문을 품으면서 계속 읽어가 보자. 이때 만약 네가 앞부분 내용을 통해서 '노이즈를

예측하는 것의 의미', '노이즈 예측기를 학습시키는 이유'를 대략적으로 생각하면서 읽어갔다면 매우
잘한 것이다.

→ 노이즈 예측기가 확산 이미지에서 추출한 노이즈 특성을 '수치'로 표현하는데 바로 이 수치를 '잠
재 표현'이라고 부른다. 함축적 의미를 생각해 보면 이 수치들이 이미지 속에 **'숨어 있는'** 노이즈의 특
성을 나타내기 때문에 '잠재' 표현인 게 아닌가 싶다. 예를 들어 우리가 흐릿한 사진을 보고 '여기에
무슨 노이즈가 얼마나 들어있지?'라고 생각하는 것처럼, 노이즈 예측기도 이미지를 보고 거기에 숨
겨진 노이즈의 특성을 찾아내려 하는 것이다. 이런 노이즈 예측기는 크게 두 가지를 학습한다. 하나
는 '잠재 표현을 구하는 방식'이고, 다른 하나는 '노이즈를 예측하는 방식'이다.

3문단

노이즈 예측기의 학습 방법은 기계 학습 중에서 지도 학습에 해당한다.

→ 여기서도 노이즈 예측기를 '왜' 학습시키는지는 말해주지 않는다. 노이즈 예측기의 학습 방법을
좀 더 구체적으로 설명할 뿐이다. 그럼 일단 글의 흐름대로 노이즈 예측기의 학습 방법부터 제대로
이해해 보자. 노이즈 예측기의 학습 방법은 '지도 학습'에 해당한다고 하는데, '지도 학습'이 구체적으
로 무슨 뜻일까? 보니까 바로 뒷 문장에서 설명해 주고 있다.

지도 학습은 학습 데이터에 정답이 주어져 출력과 정답의 차이가 작아지도록 모델을 학습시키
는 방법이다.

→ 여기서 '지도 학습'의 개념을 제시해 준다. 기출 문제 분석을 많이 했던 학생이라면 이 문장이 익
숙했어야 한다. 여기서 말하는 원리는 2010학년도 9월 모의평가에 출제됐던 '우편번호 자동분류기의
원리'와 비슷하기 때문이다.

> **기출 사례**
>
> 다음으로, 추출된 특징으로 학습할 때 분류기에 **목표치(정답)**를 제공함으로써 학습을 **감독**할
> 수 있다. 즉, 입력 특징에 대한 목표치가 제시되면 분류기는 데이터를 제시된 목표치로 분류하
> 도록 학습한다. 이렇게 목표치를 이용하는 학습을 **감독학습**이라 한다.
>
> – 2010학년도 9월 –

쉽게 말해서, 지도 학습은 마치 선생님이 학생을 가르치는 것과 비슷하다. 예를 들어 학생이 수학 문제를 풀면(출력), 선생님은 정답을 알려주고(정답 제공) 틀린 부분을 고치도록 '지도'한다. 학생이 계속 연습하면서 점점 정답과 가까운 답을 내게 되는 것처럼(출력과 정답의 차이가 작아지도록), 인공지능도 반복 학습을 통해 정답에 가까운 출력을 내도록 훈련받는 것이다. 이렇게 정답을 보고 배우는 방식이라서 '지도 학습'이라고 부르는 거 같다.

> 노이즈 예측기를 학습시킬 때는 노이즈 생성기에서 만들어 넣어 준 노이즈가 정답에 해당하며 이 노이즈와 예측된 노이즈 사이의 차이가 작아지도록 학습시킨다.

→ 이제 앞서 설명한 '지도 학습'의 원리가 노이즈 예측기에 어떻게 적용되는지 구체적으로 이해할 수 있다. 먼저 순확산 과정에서 노이즈 생성기가 특정 노이즈를 만들어낸다. 예를 들어 '검은색 점 10개로 이루어진 노이즈'를 만들었다고 해보자. 이제 이 노이즈가 바로 '정답'이 된다. 노이즈 예측기는 이 노이즈가 들어간 이미지를 보고 "음... 이 이미지에는 검은색 점 n개가 있는 것 같아"라고 예측을 시도한다. 처음에는 예측이 틀릴 수 있지만, 계속해서 정답과 비교하면서 학습하다 보면 점점 더 정확한 예측을 하게 된다. 마치 학생이 문제를 풀면서 정답을 보고 실력이 늘어나는 것처럼 말이다.

4문단

> 역확산 과정은 노이즈 이미지에서 노이즈를 제거하여 원본 이미지를 복원하는 과정이다.

→ 말 그대로 '역'확산 과정이니까, 순확산 과정의 반대 과정이라는 걸 알 수 있다. 역확산 과정에서는 이미 노이즈로 가득한 '노이즈 이미지'에서 노이즈를 제거하면서 원본 이미지를 '복원'한다고 한다. 이미지화하면서 읽어 가자.

> 노이즈를 제거하려면 이미지에 단계별로 어떤 특성의 노이즈가 더해졌는지 알아야 하는데 노이즈 예측기가 이 역할을 한다.

→ 아, 드디어 '노이즈 예측기의 역할'과 노이즈 예측기를 '왜' 학습시켰던 건지 말하려는 거 같다. 일단 노이즈를 제거하려면 이미지에 단계별로 어떤 특성의 노이즈가 더해졌는지 알아야 한다. 노이즈를 한 단계씩 제거한다고 했을 때, 제대로 제거하려면 각 단계에 어떤 노이즈가 있었는지 알아야 할 것이다.

그런데 아까 위에서 각 단계에서 더해진 노이즈의 특성을 '잠재 표현'이라는 수치로 저장한다고 했었다. 그리고 그 잠재 표현을 구하는 건 '노이즈 예측기'가 하는 일이었다. 그렇기 때문에 역확산 과정에서는 '노이즈 예측기'가 각 단계별로 어떤 특성의 노이즈가 더해졌는지 알아내는 역할을 한다는 것이다.

노이즈 이미지 또는 중간 단계에서의 확산 이미지를 노이즈 예측기에 입력하면 이미지에 포함
된 노이즈의 특성을 추출하여 잠재 표현을 구하고 이를 바탕으로 노이즈를 예측한다.

→ 나는 이 문장을 보고 '왜 아까 순확산 과정에서 노이즈 예측기를 학습시켰던 건지' 이해가 됐다. 역
확산 과정에서는 노이즈 이미지나 노이즈가 적당히 추가되어 있는 중간 단계의 확산 이미지를 '노이
즈 예측기'에 입력한다. 이렇게 하는 이유는 노이즈 이미지, 확산 이미지에 추가되어 있는 노이즈가
뭔지 알아내기 위해서다. 이 과정에서 '노이즈 예측기'가 활용되고, 노이즈 예측기는 노이즈 이미지,
확산 이미지에 추가되어 있는 노이즈의 특성을 추출하여 잠재 표현을 구하고 이를 바탕으로 노이즈
를 예측한다.

**바로 이때 '노이즈 예측기'가 잠재 표현을 잘 구하고 노이즈를 잘 예측할 수 있게 하기 위해서, '순
확산 과정'을 통해 '학습'시켰던 것이다.** '순확산 과정'에서 노이즈 예측기는 '지도 학습'을 통해, 잠재
표현을 잘 구하는 법, 노이즈를 잘 예측하는 법을 배운다. 그리고 이를 바탕으로 '역확산 과정'에서 노
이즈 이미지, 확산 이미지에 있는 노이즈를 정확히 알아낼 수 있는 능력을 갖추게 되는 것이다. 그리
고 노이즈 예측기가 역확산 과정에서 노이즈를 정확히 알아내면, 노이즈가 껴 있는 이미지도 원본 이
미지에 가깝게 복원해 낼 수 있다.

이미지 연산기는 입력된 확산 이미지로부터 이 노이즈를 빼서 현 단계의 노이즈를 제거한 확산
이미지를 출력한다.

→ 이미지 '연산기'니까 노이즈를 '더하는' 과정 뿐만 아니라 노이즈를 '빼는' 과정도 관여하는 것이다.
이미지 연산기는 '노이즈 예측기'가 예측한 현 단계의 노이즈를 전달받는다. 그리고 확산 이미지로부
터 현 단계의 노이즈를 뺀다. 이후 마지막으로, 현 단계의 노이즈를 제거한 확산 이미지를 출력하는
것이다.

확산 이미지에 이런 단계를 반복하면 결국 노이즈가 대부분 제거되어 원본 이미지에 가까운 이
미지만 남게 된다.

→ 충분히 납득할 수 있다. 이렇게 계속 한 단계씩 노이즈를 제거해 나가면 확산 이미지에 있는 노이
즈가 대부분 제거되는 때가 올 것이다. 여기서 주목할 점은 '원본 이미지에 가까운' 이미지라는 표현
이다. 즉, 완벽하게 원본과 동일한 이미지가 아니라 거기에 근접한 이미지가 만들어진다는 뜻이다.
이는 당연한 결과인데, 노이즈를 제거하는 과정이 결국 '예측'을 기반으로 하는 '복원' 작업이기 때문
이다. 마치 찢어진 사진을 복원할 때 완벽하게 원본과 똑같이 만들기는 어려운 것처럼 말이다.

5문단

한편, 많은 종류의 이미지를 학습시킨 후 학습된 이미지의 잠재 표현에 고유 번호를 붙이면 역확산 과정에서 이미지를 선택하여 생성할 수 있다.

→ 구체적으로 어떻게 '고유 번호'를 가지고 '역확산 과정에서 이미지를 선택하여 생성'할 수 있는지는 모르겠다. 하지만 뒤에서 더 설명을 안 해주고 있기 때문에 '그럴 수 있겠구나' 정도로 생각하고 넘어가면 충분하다. 만약 이 원리를 제대로 이해해야 했다면 좀 더 구체적으로 원리를 설명해 줬을 것이다.

지금은 해설하는 시간이니까 그래도 추론을 해보자면 이런 과정이 아닐까 싶다. 일단 많은 종류의 이미지를 '학습'시킨다고 했으니, '노이즈 예측기'에다가 많은 이미지를 학습시킨다는 걸 알 수 있다. '학습'하는 부분은 '노이즈 예측기'였기 때문이다. '노이즈 예측기'에서는 학습시킨 이미지에 담겨 있는 잠재 표현들을 구한다. 그리고 그 표현들에 '고유' 번호를 붙여 놓는다. 예를 들어서 '빨간색 사과 그림'과 '노란색 바나나 그림'을 학습시킨다고 하자. 그리고 빨간색 사과 그림에 있는 '빨간색'이라는 잠재 표현에 대해서 1이라는 고유 번호를 붙인다. 다음으로 노란색 바나나 그림에 있는 '바나나 모양'이라는 잠재 표현에 대해서는 3이라는 고유 번호를 붙인다. 그러면 역확산 과정에서 노이즈 예측기는 해당 번호들을 '이미지 연산기'에 전달한다. 그러면 이미지 연산기가 이 1과 3이라는 고유 번호를 활용해서 '빨간색 바나나' 같은 이미지를 생성해 낼 수 있는 것이다. 구체적으로 이미지 연산기가 고유 번호를 '어떻게 활용'해서 이미지를 생성하는지는 알 수 없으나, 아무튼 이런 과정으로 이뤄진다는 것이다.

또한 잠재 표현의 수치들을 조정하면 다른 특성의 노이즈가 생성되어 여러 이미지를 혼합하거나 실재하지 않는 이미지를 만들어 낼 수도 있다.

→ 잠재 표현의 수치를 조정하면 당연히 다른 특성의 노이즈가 생성될 것이다. 그리고 이렇게 생성된 다른 특성의 노이즈를 가지고 여러 이미지를 혼합하거나 실재하지 않는 이미지를 만들어 낼 수 있다고 한다. 지금까지 노이즈를 가지고 이미지를 복원했었으니까, 그 노이즈를 수정하면 이미지를 혼합하거나 생성하는 것도 가능할 거 같다. 글에서 구체적으로 어떻게 노이즈를 가지고 이미지를 혼합, 생성하는지는 말해주지 않았기 때문에, '뭐 그럴 수도 있나 보구나' 정도로 생각하고 넘기면 충분하다.

1. 학생이 윗글을 읽은 방법으로 적절하지 <u>않은</u> 것은?

> ① 확산 모델이 지도 학습을 사용한다는 점에 주목하고, 지도 학습 방법이 확산 모델에 어떻게 적용되는지 확인하며 읽었다.

→ 이건 지문을 이해하면서 읽었다면 너무 쉽게 판단할 수 있었다. 확산 모델은 '지도 학습'을 사용한다고 했었고, '지도 학습' 방법이 확산 모델에 어떻게 적용되는지도 지문에서 설명했다. 그렇기 때문에 이를 확인하면서 읽는 것은 적절한 방법이다.

> ② 확산 모델이 두 가지 과정으로 이루어진다는 점에 주목하고, 두 과정 중 어느 과정이 선행되어야 하는지 살피며 읽었다.

→ 지문에 따르면 확산 모델은 '순확산 과정'과 '역확산 과정'이라는 두 가지 과정으로 이뤄진다고 했다. 그리고 지문에서는 '순확산 과정'을 설명한 뒤에 '역확산 과정'을 설명하는 식으로 글을 전개해 나가고 있다. 글을 읽을 때 이 선후 관계를 파악하는 건 너무 당연했다. 바로 이 순서가 확산 모델의 핵심이었기 때문이다. 따라서 확산 모델의 두 과정 중 어느 과정이 선행되어야 하는지 살피며 읽는 것은 적절하다.

> ③ 확산 모델에서 노이즈의 중요성을 파악하고, 사용되는 노이즈의 종류가 모델의 성능에 미치는 영향을 이해하며 읽었다.

→ '노이즈의 종류'라는 말을 보자마자 이상함을 감지했어야 한다. 지문을 보면 확산 모델에서 '노이즈'가 중요한 역할을 한다는 걸 알 수 있다. 하지만 지문에서 '사용되는 노이즈의 종류'를 구분해서 말하진 않았다. 그렇기 때문에 '노이즈 종류'에 따라 '확산 모델'의 성능이 달라진다는 것도 말이 안 된다. 3번은 아예 지문에 없는 내용에 대한 말이기 때문에 적절한 방법이 아니다.

> ④ 잠재 표현의 개념을 파악하고, 그 개념을 바탕으로 확산 모델이 노이즈를 예측하고 제거하는 원리를 이해하며 읽었다.

→ 지문에 따르면 '잠재 표현'은 노이즈 예측기가 이미지에서 뽑아낸 노이즈의 특성을 '수치'로 표현한 거였다. 그리고 이 '잠재 표현'이라는 걸 가지고, 확산 모델이 어떤 노이즈가 더해졌는지 예측하고 그걸 제거했었다. 그러니까 잠재 표현이라는 개념을 제대로 이해하고, 이게 확산 모델의 원리와 어떻게 연결되는지 파악하면서 읽은 건 매우 적절한 읽기 방법이다.

⑤ 확산 모델의 구성 요소를 파악하고, 그 구성 요소가 노이즈 처리 과정에서 어떤 기능을 하는지 확인하며 읽었다.

→ 지문에서 확산 모델이 어떤 부분들로 구성되어 있는지 파악하는 건 너무나 당연하다. '노이즈 생성기', '이미지 연산기', '노이즈 예측기' 같은 구성 요소들을 제대로 이해해야 확산 모델의 전체적인 원리도 파악할 수 있기 때문이다. 게다가 이 지문에서는 '노이즈'가 핵심이었다. 그러니까 각각의 구성 요소들이 이 노이즈를 처리하는 과정에서 어떤 역할을 하는지 꼼꼼히 확인하면서 읽은 건, 아주 적절한 독해 방법이다.

답 : ③

2. 윗글을 이해한 내용으로 가장 적절한 것은?

① 노이즈 생성기는 순확산 과정에서만 작동한다.

→ 이 선지가 실전에서는 판단하기 조금 어려웠을 것이다. 정답률도 50%로 매우 낮았다. 이 선지가 헷갈린 이유는 확산 모델의 각 과정을 정확히 이해하지 못했기 때문이다. 그리고 '역확산 과정'에서도 계속 '노이즈'라는 말이 나왔기 때문에, 확산 모델을 이루는 각 부분들의 역할을 제대로 이해하지 못했으면 속았을 확률이 높다. 만약 헷갈렸다면 빨리 지문으로 돌아갔어야 한다.

일단 '노이즈 생성기'는 노이즈를 '생성'하는 녀석이다. 그렇기 때문에 노이즈를 점차 더해나가는 '순확산 과정'에 쓰였다. 그런데 '역확산 과정'은 노이즈를 점점 '제거'해 나가는 과정이다. 그래서 이때는 노이즈 예측기에서 각 단계별로 노이즈를 예측하고, 그 예측된 값을 이미지 연산기에 전달해서 노이즈를 한 꺼풀씩 벗겨냈었다. 이 과정에서는 '노이즈를 생성'하지 않기 때문에, 당연히 '노이즈 생성기'는 작동하지 않는다. 따라서 1번은 맞는 말이다.

② 확산 모델에서의 학습은 역확산 과정에서 이루어진다.

→ 틀렸다. 확산 모델에서의 '학습'은 역확산 과정이 아니라 순확산 과정에서 이루어진다. 이건 '노이즈 예측기'의 역할을 계속 궁금해하면서 읽었다면 쉽게 판단했을 것이다. 노이즈 예측기는 '순확산 과정'에서 학습을 하고, 그렇게 학습된 걸 토대로 '역확산 과정'에서 이미지 연산기에 예측한 노이즈 정보를 입력해 준다.

③ 이미지 연산기와 노이즈 예측기는 모두 확산 이미지를 출력한다.

➔ '이미지 연산기'는 노이즈를 더하거나 빼는 연산을 통해 '확산 이미지'를 출력하는 역할을 한다. 반면 '노이즈 예측기'는 이미지에 포함된 노이즈의 특성을 추출하여 노이즈를 예측하는 역할이다. 따라서 둘 다 확산 이미지를 출력한다는 설명은 적절하지 않다. 이건 사실 '노이즈 예측기'의 함축적 의미만 잘 납득하고 넘어갔어도 쉽게 판단할 수 있었다. 하지만 무려 20%나 되는 학생들이 이 선지를 골랐다. 이건 지문을 읽으면서 확산 모델 자체를 제대로 이해하지 못한 것이다. 계속 말하지만 결국 '지문 이해'가 전부다.

④ 노이즈 예측기를 학습시킬 때는 예측된 노이즈가 정답으로 사용된다.

➔ 틀렸다. 노이즈 예측기의 학습은 '순확산 과정'에서 이루어진다. 이 과정을 정확히 이해해보자. 먼저 노이즈 생성기가 노이즈를 만든다. 이렇게 만들어진 노이즈가 바로 '정답'이 된다. 그리고 노이즈 예측기는 이 정답과 비슷한 노이즈를 예측할 수 있을 때까지 학습을 반복한다. 그런데 4번 선지는 '예측된 노이즈'가 정답이라고 말하고 있다. 이는 완전히 거꾸로 된 설명이다. 예측된 노이즈는 정답이 아니라 노이즈 예측기가 내놓은 '출력값'이기 때문이다. 따라서 4번은 틀린 설명이다.

⑤ 역확산 과정에서 단계가 반복될수록 출력되는 확산 이미지는 원본 이미지와의 유사성이 줄어든다.

➔ 역확산 과정의 핵심은 '노이즈 제거'에 있다. 이 과정에서 단계가 반복된다는 것은 노이즈가 하나씩 제거된다는 의미다. 예를 들어 첫 번째 단계에서는 첫 번째 노이즈가 제거되고, 두 번째 단계에서는 두 번째 노이즈가 제거되는 식이다. 이렇게 단계가 반복될수록 확산 이미지에 있는 노이즈는 점점 줄어들고, 결국 원본 이미지에 가까운 깨끗한 이미지가 된다. 따라서 단계가 반복될수록 원본 이미지와의 유사성이 줄어든다는 5번 선지는 틀린 설명이다.

답 : ①

3. 잠재 표현 에 대한 설명으로 적절하지 <u>않은</u> 것은?

> ① 잠재 표현의 수치들을 조정하면 여러 이미지를 혼합할 수 있다.

➜ 지문의 마지막 문단을 보면 '잠재 표현의 수치들을 조정하면 다른 특성의 노이즈가 생성되어 여러 이미지를 혼합할 수 있다'고 직접적으로 설명하고 있다. 비록 어떤 방식으로 혼합이 이루어지는지 구체적인 과정은 설명하지 않았지만, 잠재 표현의 수치 조정을 통해 이미지 혼합이 가능하다는 사실은 분명히 제시되어 있다. 따라서 1번 선지는 적절한 설명이다.

> ② 역확산 과정에서 잠재 표현이 다르면 예측되는 노이즈가 다르다.

➜ 지문에 따르면 잠재 표현은 '노이즈의 특성을 수치로 표현한 거'였다. 그리고 노이즈 예측기는 이 잠재 표현을 바탕으로 노이즈를 예측한다. 그렇다면 잠재 표현이 다르다는 것은 노이즈의 특성이 다르다는 의미이고, 당연히 이를 바탕으로 예측되는 노이즈도 달라질 수밖에 없다. 따라서 2번은 적절하다.

> ③ 확산 모델의 학습에는 잠재 표현을 구하는 방식이 포함되어 있다.

➜ 지문에서 '노이즈 예측기는 잠재 표현을 구하고 노이즈를 예측하는 방식을 학습한다'라고 명확히 제시했다. 이는 노이즈 예측기가 학습할 때 두 가지를 배운다는 의미이다. 하나는 '잠재 표현을 구하는 방식'이고, 다른 하나는 '노이즈를 예측하는 방식'이다. 그리고 노이즈 예측기의 학습은 곧 확산 모델의 학습이기도 하다. 따라서 확산 모델의 학습에는 잠재 표현을 구하는 방식이 포함되어 있다는 3번 선지는 적절한 설명이다.

> ④ 잠재 표현은 이미지에 더해진 노이즈의 크기나 분포 양상에 따라 다른 값들이 얻어진다.

➜ '잠재 표현'은 노이즈의 특성을 수치로 표현한 것이다. 또한 지문에서는 단계별로 더해지는 노이즈가 '크기나 분포 양상 등 그 특성이 단계별로 다르다'고 했다. 그렇다면 당연히 노이즈의 크기나 분포 양상이 달라질 때마다, 이를 수치화한 잠재 표현도 다른 값을 가질 수밖에 없다.

> ⑤ 잠재 표현은 노이즈 예측기가 원본 이미지를 입력받아 노이즈의 특성을 추출한 결과이다.

➜ 이건 말이 안 된다. 지문에 따르면 노이즈 예측기는 '확산 이미지'를 입력받아서 거기에 포함된 노이즈의 특성을 추출한다. 그리고 이렇게 추출한 노이즈의 특성을 수치화한 것이 바로 잠재 표현이다. 그런데 5번 선지는 노이즈 예측기가 '원본 이미지'를 입력받는다고 말하고 있다. 이는 완전히 잘못된

설명이다. 원본 이미지는 애초에 노이즈가 전혀 포함되어 있지 않은 깨끗한 이미지인데, 어떻게 여기서 노이즈의 특성을 추출한다는 것인가? 따라서 5번은 적절하지 않은 설명이다.

답 : ⑤

4. 윗글을 바탕으로 〈보기〉를 이해한 내용으로 적절하지 <u>않은</u> 것은?

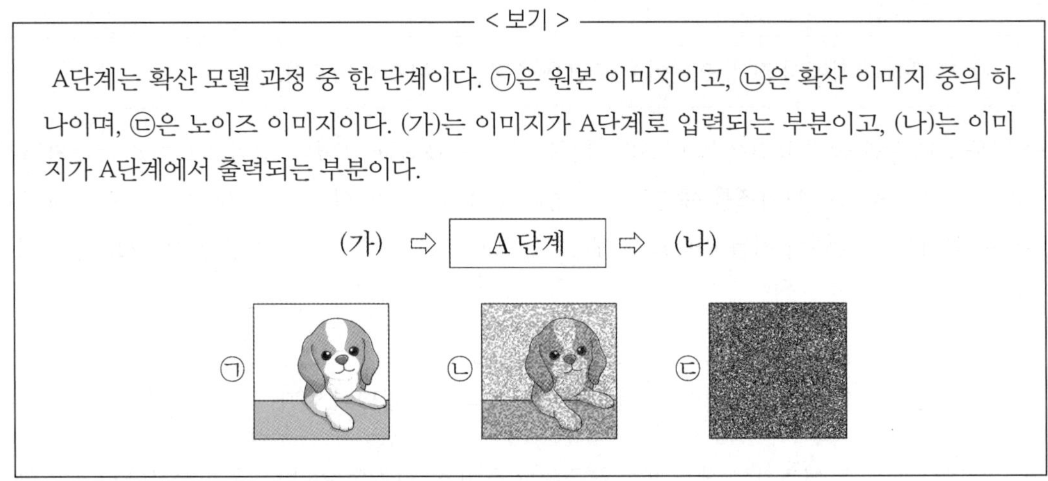

➔ 'A단계는 확산 모델 과정 중 한 단계'라는 말은 A단계가 순확산 과정일 수도 있고, 역확산 과정일 수도 있다는 뜻이다. 그리고 ㉠, ㉡, ㉢이 각각 원본, 확산, 노이즈 이미지라는 것은 그림만 봐도 쉽게 파악할 수 있다. 그럼 이제 이 정보를 가지고 선지를 한번 판단해 보자.

> ① (가)에 ㉠이 입력된다면, A단계의 이미지 연산기에서는 ㉠에 노이즈를 더하겠군.

➔ 먼저 〈보기〉의 상황을 정확히 파악해 보자. (가)에서 A단계를 거쳐 (나)로 가는 과정이 제시되어 있다. 여기서 ㉠은 깨끗한 원본 이미지이고, 이것이 (가)에 입력된다고 했다. 이때 A단계는 '순확산 과정'일 수밖에 없다. 왜냐하면 '역확산 과정'은 노이즈가 가득한 이미지에서 시작해서 원본과 비슷한 이미지로 끝나야 하는데, 지금은 반대로 깨끗한 이미지에서 시작하기 때문이다.

순확산 과정에서 이미지 연산기의 역할은 노이즈를 더하는 것이다. 따라서 A단계의 이미지 연산기는 입력된 ㉠에 노이즈를 더할 것이라는 1번 선지는 적절한 설명이다.

> ② (나)에 ㉢이 출력된다면, A단계의 노이즈 생성기에서 생성된 노이즈가 이미지 연산기에
> 서 확산 이미지에 더해졌겠군.

➔ 〈보기〉에서 (나)에 ㉢(노이즈 이미지)이 출력된다고 했다. 이때 A단계는 당연히 '순확산 과정'이어야 한다. 왜냐하면 '노이즈 이미지'는 순확산 과정의 최종 출력물이기 때문이다. 그리고 이 과정에서 (가)에는 ㉡(확산 이미지)이 있어야 한다. 순확산 과정은 단계별로 노이즈를 더해가면서 원본 이미지에서 확산 이미지를 만들고 또 노이즈 이미지까지 만들기 때문이다.

그리고 순확산 과정에서는 '노이즈 생성기'가 노이즈를 만들고, '이미지 연산기'가 이 노이즈를 확산 이미지에 더하는 방식으로 작동한다. 따라서 A단계의 노이즈 생성기에서 생성된 노이즈가 이미지 연산기에서 확산 이미지에 더해졌을 것이라는 2번 선지는 적절한 설명이다.

> ③ 순확산 과정에서 (가)에 ㉡이 입력된다면, A단계의 노이즈 예측기에서 예측한 노이즈가
> 이미지 연산기에 입력되겠군.

➔ 이 문제 정답률이 43%밖에 안 됐는데, 많은 학생들이 3번이 틀린 말이라는 걸 파악하지 못했다. 순확산 과정에서 (가)에 확산 이미지가 입력된다면, A단계에서는 '노이즈 예측기'에서 '예측'한 노이즈가 아니라 '노이즈 생성기'에서 '생성'한 노이즈가 이미지 연산기에 입력된다. 노이즈 예측기에서 예측한 노이즈가 입력되는 건 '역확산 과정'이다. 역확산 과정에서는 노이즈 예측기가 각 단계의 노이즈를 예측하고, 이미지 연산기가 그 노이즈를 제거하는 식으로 진행되기 때문이다.

사실 이건 '노이즈 예측기의 역할', '노이즈 예측기가 왜 있는지'에 대해 궁금증을 품으면서 읽어나갔다면 아주 쉽게 판단할 수 있었다. 그리고 독해를 잘하는 학생이라면 당연히 '노이즈 예측기'라는 것이 도대체 무슨 역할을 하는 건지, 노이즈를 예측하는 역할이 왜 필요한 건지 궁금했을 것이다. 이 문제를 맞히는 데는 '대화하며' 읽는 태도가 아주 중요했다.

> ④ 역확산 과정에서 (가)에 ㉢이 입력된다면, A단계의 이미지 연산기에서는 ㉢에서 노이즈
> 를 빼겠군.

➔ 맞는 말이다. 역확산 과정에서 (가)에 ㉢(노이즈 이미지)이 입력되면 A단계에서는 먼저 노이즈 예측기가 현재 단계의 노이즈를 예측한다. 그리고 이미지 연산기는 이 예측된 노이즈를 ㉢에서 빼서 노이즈를 제거한다. 이것이 역확산 과정의 기본 원리이다. 따라서 역확산 과정에서 (가)에 ㉢이 입력될 때 이미지 연산기가 노이즈를 뺀다는 4번 선지는 적절한 설명이다.

⑤ 역확산 과정에서 (나)에 ⓛ이 출력된다면, A단계의 노이즈 예측기에서 예측한 노이즈가 이미지 연산기에 입력되었겠군.

→ 역확산 과정이고 (나)에 ⓛ(확산 이미지)이 출력된다는 건, A단계에서 노이즈가 제거되어 더 깨끗한 이미지가 만들어졌다는 뜻이다. 이때 A단계의 작동 순서는 명확하다. 먼저 노이즈 예측기가 입력된 이미지에서 노이즈의 특성을 파악하고 노이즈를 예측한다. 그다음 이 예측된 노이즈가 이미지 연산기로 전달되고, 이미지 연산기는 이 노이즈를 입력된 이미지에서 빼서 더 깨끗한 확산 이미지를 만들어낸다.

이는 지문에서 설명한 역확산 과정의 기본 원리와 정확히 일치한다. 따라서 5번 선지는 적절한 설명이다. 이 선지를 23%의 학생들이 골랐는데, 이는 역확산 과정에서 노이즈 예측기와 이미지 연산기의 관계를 제대로 이해하지 못한 것이다.

답 : ③

경제 1

2020학년도 6월, 미시·거시 건전성

전통적인 통화 정책은 정책 금리를 활용하여 물가를 안정시키고 경제 안정을 도모하는 것을 목표로 한다. 중앙은행은 경기가 과열되었을 때 정책 금리 인상을 통해 경기를 진정시키고자 한다. 정책 금리 인상으로 시장 금리도 높아지면 가계 및 기업에 대한 대출 감소로 신용 공급이 축소된다. 신용 공급의 축소는 경제 내 수요를 줄여 물가를 안정시키고 경기를 진정시킨다. 반면 경기가 침체되었을 때는 반대의 과정을 통해 경기를 부양시키고자 한다.

금융을 통화 정책의 전달 경로로만 보는 전통적인 경제학에서는 금융감독 정책이 개별 금융 회사의 건전성 확보를 통해 금융 안정을 달성하고자 하는 ㉠ 미시 건전성 정책에 집중해야 한다고 보았다. 이러한 관점은 금융이 직접적인 생산 수단이 아니므로 단기적일 때와는 달리 장기적으로는 경제 성장에 영향을 미치지 못한다는 인식과, 자산 시장에서는 가격이 본질적 가치를 초과하여 폭등하는 버블이 존재하지 않는다는 효율적 시장 가설에 기인한다. 미시 건전성 정책은 개별 금융 회사의 건전성에 대한 예방적 규제 성격을 가진 정책 수단을 활용하는데, 그 예로는 향후 손실에 대비하여 금융 회사의 자기자본 하한을 설정하는 최저 자기자본 규제를 들 수 있다.

이처럼 전통적인 경제학에서는 금융감독 정책을 통해 금융 안정을, 통화 정책을 통해 물가 안정을 달성할 수 있다고 보는 이원적인 접근 방식이 지배적인 견해였다. 그러나 글로벌 금융 위기 이후 금융 시스템이 와해되어 경제 불안이 확산되면서 기존의 접근 방식에 대한 자성이 일어났다. 이 당시 경기 부양을 목적으로 한 중앙은행의 저금리 정책이 자산 가격 버블에 따른 금융 불안을 야기하여 경제 안정이 훼손될 수 있다는 데 공감대가 형성되었다. 또한 금융 회사가 대형화되면서 개별 금융 회사의 부실이 금융 시스템의 붕괴를 야기할 수 있게 됨에 따라 금융 회사 규모가 금융 안정의 새로운 위험 요인으로 등장하였다. 이에 기존의 정책으로는 금융 안정을 확보할 수 없고, 경제 안정을 위해서는 물가 안정뿐만 아니라 금융 안정도 필수적인 요건임이 밝혀졌다. 그 결과 미시 건전성 정책에 ㉡ 거시 건전성 정책이 추가된 금융감독 정책과 물가 안정을 위한 통화 정책 간의 상호 보완을 통해 경제 안정을 달성해야 한다는 견해가 주류를 형성하게 되었다.

거시 건전성이란 개별 금융 회사 차원이 아니라 금융 시스템 차원의 위기 가능성이 낮아 건전한 상태를 말하고, 거시 건전성 정책은 금융 시스템의 건전성을 추구하는 규제 및 감독 등을 포괄하는 활동을 의미한다. 이때, 거시 건전성 정책은 미시 건전성이 거시 건전성을 담보할 수 있는 충분조건이 되지 못한다는 '구성의 오류'에 논리적 기반을 두고 있다. 거시 건전성 정책은 금융 시스템 위험 요인에 대한 예방적 규제를 통해 금융 시스템의 건전성을 추구한다는 점에서, 미시 건전성 정책과는 차별화된다.

거시 건전성 정책의 목표를 효과적으로 달성하기 위해서는 경기 변동과 금융 시스템 위험 요인 간의 상관관계를 감안한 정책 수단의 도입이 필요하다. 금융 시스템 위험 요인은 경기 순응성을 가진다. 즉 경기가 호황일 때는 금융 회사들이 대출을 늘려 신용 공급을 팽창시킴에 따라 자산 가격이 급등하고, 이는 다시 경기를 더 과열시키는 반면 불황일 때는 그 반대의 상황이 일어난다. 이를 완화할 수 있는 정책 수단으로는 경기 대응 완충자본 제도를 ⓐ 들 수 있다. 이 제도는 정책 당국이 경기 과열기에 금융 회사로 하여금 최저 자기자본에 추가적인 자기 자본, 즉 완충자본을 쌓도록 하여 과도한 신용 팽창을 억제시킨다. 한편 적립된 완충자본은 경기 침체기에 대출 재원으로 쓰도록 함으로써 신용이 충분히 공급되도록 한다.

1. 윗글을 통해 알 수 있는 것은?

① 글로벌 금융 위기 이전에는, 금융이 단기적으로 경제 성장에 영향을 미치지 못한다고 보았다.

② 글로벌 금융 위기 이전에는, 개별 금융 회사가 건전하다고 해서 금융 안정이 달성되는 것은 아니라고 보았다.

③ 글로벌 금융 위기 이전에는, 경기 침체기에는 통화 정책과 더불어 금융감독 정책을 통해 경기를 부양시켜야 한다고 보았다.

④ 글로벌 금융 위기 이후에는, 정책 금리 인하가 경제 안정을 훼손하는 요인이 될 수 있다고 보았다.

⑤ 글로벌 금융 위기 이후에는, 경기 변동이 자산 가격 변동을 유발하나 자산 가격 변동은 경기 변동을 유발하지 않는다고 보았다.

2. ㉠과 ㉡에 대한 설명으로 적절하지 <u>않은</u> 것은?

① ㉠에서는 물가 안정을 위한 정책 수단과는 별개의 정책 수단을 통해 금융 안정을 달성하고자 한다.

② ㉡에서는 신용 공급의 경기 순응성을 완화시키는 정책 수단이 필요하다.

③ ㉠은 ㉡과 달리 예방적 규제 성격의 정책 수단을 사용하여 금융 안정을 달성하고자 한다.

④ ㉡은 ㉠과 달리 금융 시스템 위험 요인을 감독하는 정책 수단을 사용한다.

⑤ ㉠과 ㉡은 모두 금융 안정을 달성하기 위해 금융 회사의 자기 자본을 이용한 정책 수단을 사용한다.

3. 윗글을 바탕으로 할 때, 〈보기〉의 A~D에 들어갈 말을 바르게 짝지은 것은?

미시 건전성 정책과 거시 건전성 정책 간에는 정책 수단운용에서 입장 차이가 존재한다. 경기가 (A)일 때 (B) 건전성 정책에서는 완충자본을 (C)하도록 하고, (D)건전성 정책에서는 최소 수준 이상의 자기자본을 유지하도록 하여 개별 금융 회사의 건전성을 확보하려 한다.

	A	B	C	D
①	불황	거시	사용	미시
②	호황	거시	사용	미시
③	불황	거시	적립	미시
④	호황	미시	적립	거시
⑤	불황	미시	사용	거시

4. 윗글과 〈보기〉에 대한 이해로 적절하지 <u>않은</u> 것은?

< 보기 >

　현실에서의 통화 정책 효과는 경기에 대해 비대칭적인 것으로 알려져 있다. 통화 정책은 경기 과열을 억제하는 데는 효과적이지만 경기 침체를 벗어나는 데는 효과가 미미하기 때문이다. 경기 침체를 극복하기 위해 중앙은행의 정책 금리 인하로 은행이 대출을 늘려 신용 공급을 확대하려 해도, 가계의 소비 심리가 위축되었거나 기업이 투자할 대상이 마땅치 않을 경우 전통적인 통화 정책에서 기대되는 효과는 나타나지 않게 된다. 오히려 확대된 신용 공급이 주식이나 부동산 등 자산 시장으로 과도하게 유입되어 의도치 않은 문제를 일으킬 수 있다.

　경제학자들은 경제 주체들이 경기 상황에 대해 비대칭적으로 반응하기 때문에 나타나는 이러한 현상을 '끈 밀어올리기(pushing on a string)'라고 부른다. 이는 끈을 당겨서 아래로 내리는 것은 쉽지만, 밀어서 위로 올리는 것은 어렵다는 것에 빗댄 것이다.

---

① '끈 밀어올리기'를 통해 경기 침체기에 자산 가격 버블이 발생하는 경우를 설명할 수 있겠군.

② 현실에서 경기가 침체되었을 경우 정책 금리 인하에 따른 경기 부양 효과는 경제 주체의 심리에 따라 달라질 수 있겠군.

③ '끈 밀어올리기'가 있을 경우 경기 침체기에 금융 안정을 달성하려면 경기 대응 완충자본 제도의 도입이 필요하겠군.

④ 통화 정책 효과가 경기에 대해 비대칭적이라면 경기 침체기에는 정책 금리 조정 이외의 방안을 도입할 필요가 있겠군.

⑤ 통화 정책 효과가 경기에 대해 비대칭적이라면 정책 금리 인상은 신용 공급을 축소시킴으로써 경기를 진정시킬 수 있겠군.

---

5. 문맥상 의미가 ⓐ와 가장 가까운 것은?

① 나는 그 사람에게 친근감이 <u>든다</u>.

② 그는 목격자의 진술을 증거로 <u>들고</u> 있다.

③ 그분은 이미 대가의 경지에 <u>든</u> 학자이다.

④ 하반기에 <u>들자</u> 수출이 서서히 증가하기 시작했다.

⑤ 젊은 부부는 집을 마련하기 위해 적금을 <u>들기로</u> 했다.

미시, 거시 건전성 해설

1문단

> 전통적인 통화 정책은 정책 금리를 활용하여 물가를 안정시키고 경제 안정을 도모하는 것을 목
> 표로 한다.

→ 통화가 뭔지, 금리가 뭔지, 물가가 뭔지 모른다면 이 문장을 제대로 이해하는 건 불가능하다. 14습
관에서도 설명했지만, 경제는 배경지식이 없으면 완벽히 이해하면서 푸는 게 불가능하다. 시험장에
서 즉각적으로 문장과 문장 사이에 숨어있는 부연 설명을 생각해내기가 매우 어렵기 때문이다.

🔖 위 지문에 필요한 배경지식

통화는 쉽게 말해서 '유**통**되는 **화**폐'를 의미한다. 사람들이 물건을 사고 팔 때 쓰이는 돈, 기업
의 투자에 쓰이는 돈 같은 것들이 모두 통화이다. 금리란 이자율을 의미한다. 이자율이라는 것
은 말 그대로 '이자의 비율'을 의미한다. 예를 들자면, 내가 은행에서 100만원을 빌렸는데, 은행
에서 1년에 100만원의 1%만큼 이자를 내라고 한다. 여기서 1%가 '이자율'에 해당하는 것이다. 여
기서 또, 이자율과 이자는 구분해야 한다. 여기서 이자는 100만원의 1%인 1만 원을 의미한다.

자, 그럼 이제 '정책 금리'라는 걸 이해해보자. 쉽게 말해서, **정책 금리**는 **정부**에서 조절하는 **금
리**를 의미한다. 금리는 농협, 국민 은행, 우리 은행 같은 민간 은행이 조절할 수도 있고, 정부
가 조절할 수도 있다. 정부가 금리를 낮춰야겠다고 생각하면, 중앙 은행(한국 은행)을 이용해
서 금리를 조정한다. 정부는 중앙 은행한테 금리를 낮추라고 명령한다. 정부의 명령을 받은 중
앙 은행은 금리를 낮추게 되고, 다른 민간 은행들도 중앙 은행의 영향을 받아서 금리를 낮춘
다. 여기서 중앙 은행은 말 그대로 모든 은행의 중심이 되는 은행이다. 중앙 은행의 결정에 따
라서 여러 민간 은행들은 영향을 받는다. 중앙 은행이 금리를 내리면 민간 은행도 금리를 같이
내리고, 중앙 은행이 금리를 올리면 같이 올린다. 중앙은행은 모든 은행의 중심이 되는 은행이
기 때문이다.

마지막으로 물가란 '물건의 가격'을 의미한다. 우리가 시켜 먹는 치킨의 가격, 우리가 사 입는
옷의 가격 같은 것들이 모두 '물가'이다.

그럼 다시 문장을 이해해 보자. 처음 읽었을 때보다 훨씬 선명하게 읽힐 것이다. 전통적인 통화 정책
즉, 돈의 유통과 관련된 정책은 정책 금리를 활용하여 물가를 안정시키고 경제를 안정시킨다고 한다.
정책 금리와 물가가 뭔지는 이해했다. 그럼 여기서 남는 의문이, **정책 금리와 물가의 관계**다. 금리와
물가의 관계가 어떻길래 금리를 활용해서 물가를 안정시킬 수 있다는 걸까? 바로 뒤 문장에서 설명
하고 있다.

→ '정책 금리 인상'이 뭐길래, 중앙은행이 이걸 통해서 경기를 진정시킨다는 걸까?

🔖 위 지문에 필요한 배경지식

> 자, 그럼 정책 금리 인상이 경기와 어떤 관계가 있는지 알아보자. 일단 '경기'가 뭔지 설명하자면, 쉽게 말해서 **경제 분위기**이다. 보통 경제 분위기가 좋으면 '경기가 호황이다'라고 말하고 경제 분위기가 안 좋으면 '경기가 불황이다'라고 말한다. 경기가 호황이라는 것은 시장에 돈이 많이 풀렸다는 걸 의미한다. 경기가 불황이라는 것은 시장에 도는 돈의 양이 적다는 의미이다. 일례로, 코로나 때문에 사람들이 소비를 줄이면 경기는 불황 즉, 침체된다. 우리나라 기업들이 성장하고, 기업들의 투자가 활성화되면 일자리가 생성되고 사람들은 소득이 늘어난다. 그럼 당연히 그에 따라 소비가 늘어나고 시장에 풀리는 돈이 많아져서 경기는 활성화된다. 간단히 말해서 '경기'라는 것은 시장에 풀린 돈의 양과 관련 있다. 돈이 많이 풀리면 경기가 호황인 것이고, 돈이 적게 풀리면 경기가 불황인 것이다.

이제 다시 위 문장으로 돌아가서, 중앙 은행이 정책 금리를 인상하면 어떻게 경기가 진정되는지 알아보자. 일단 금리를 인상했을 때 일어나는 현상을 이해해야 한다. 첫 번째로, 금리가 올라갔으니까 **사람들이 수중에 있는 돈을 은행에 맡긴다.** 은행이 사람들에게 "지금 100만원을 맡기면 1년 뒤에 150만원으로 주겠다"라고 한다면, 사람들은 당연히 모두 은행에다가 돈을 맡길 것이다. 그럼 시장에 돈이 적어질 것이고 경기는 진정된다. 두 번째, 금리가 올라간다는 건 내가 100만원을 빌렸을 때 내야 하는 이자가 많아진다는 의미이다. **따라서 대출이 감소한다.** 이렇게 되면 마찬가지로 시장에 추가되는 돈의 양이 적어진다. 따라서 경기가 진정된다. 이런 효과들을 노리고 정부는 경기가 과열되었을 때 정책 금리를 인상하여 경기를 진정시키는 것이다.

📢 이걸 시험장에서 즉각 생각해낸다? 나는 불가능이라고 본다. 미리 배경지식으로 알고 있었어야 한다.

정책 금리 인상으로 시장 금리도 높아지면

→ 아까 정부가 정책 금리를 인상하면 중앙 은행이 금리를 인상하고, 그 영향으로 민간 은행들도 금리를 인상한다고 설명했었다. 민간 은행이 금리를 인상한다는 말은 시장 금리가 높아진다는 뜻이다.

가계 및 기업에 대한 대출 감소로 신용 공급이 축소된다.

→ 아까 전에 금리가 높아지면 왜 대출이 감소되는지 설명했었다. 근데 신용 공급이 축소된다는 건 무슨 말일까? 경제에서 '신용'이란 '돈을 갚을 수 있는 능력'을 의미한다. 신용불량자는 돈을 갚을 능

력이 불량한 사람인 것이다. 우리가 대출을 하러 은행에 가면 은행은 우리한테 그냥 돈을 빌려주지 않는다. 집이든 차든 담보로 잡는다. 집을 담보로 잡는다는 말은 내가 1억을 빌리고 못 갚았을 시에, 은행이 내 집을 팔아서 그 1억을 강제로 거둬들인다는 뜻이다. 암튼, 이렇게 대출을 하기 위해서 어떤 물건이 담보로 잡힐 때, 은행에 '신용'을 공급한다고 표현한다.

그러니까 대출이 감소하면, 그에 따라 사람들이 은행에 담보로 잡히는 것도 당연히 적어진다. 따라서 '신용 공급'이 축소되는 것이다.

신용 공급의 축소는 경제 내 수요를 줄여 물가를 안정시키고 경기를 진정시킨다.

→ 신용 공급의 축소는 아까 '대출 감소'랑 같은 말이었다. 대출이 감소한다는 말은 시장에 풀리는 돈의 양이 줄어든다는 뜻이다. 그리고 당연히 시장에 돈이 없으면 경제 내 수요가 줄어들 것이다. 경제 내 수요가 줄어든다는 말은 사람들이 치킨을 덜 시켜 먹고, 옷도 덜 사고, 주식도 안 산다는 말이다. 즉, 수요가 줄어든다. 돈이 없으니까 소비가 줄어드는 것이다.

이렇게 소비가 줄어들면 즉, 수요가 줄어들면 물가가 안정된다. 경제 내 수요를 줄이는 것과 물가 안정의 관계를 이해해보자. 경제 내에서 수요가 줄어든다는 건 물건을 사려는 사람이 줄어든다는 것이다. 그럼 당연히 물가는 안정된다. 수요와 공급이 비슷해지기 때문이다. 물가는 공급보다 수요가 더 큰 경우에 오른다. 허니버터칩은 10개밖에 없는데, 1000명이 사려고 한다면, 허니버터칩은 비싸질 것이다. 하나에 만원, 심지어 오만원까지 가격이 올라간다. 그런데 허니버터칩이 10개 있고, 사려는 사람도 10명이라면 허니버터칩의 가격은 안정된다. 물가가 안정되는 것이다. 이렇게 되면 허니버터칩은 적정 가격인 1000원~2000원 사이에 팔릴 것이다.

정리하자면, 신용 공급이 축소되어서 통화량이 감소하면 사람들의 소비가 전반적으로 줄어든다. 사람들이 수중에 있는 돈이 없기 때문이다. 그럼 수요와 공급이 비슷해지고 물가는 안정된다. 그리고 시중에 풀린 돈이 적으니까 경기도 진정된다.

여기서 추가로 설명할 것이 있다. 경제 내 수요가 줄어드는 것 외에도 물가가 안정되는 경우가 있다. **물가는 통화량이 줄어들 때도 안정된다.** 물가와 통화량의 관계를 설명하자면, 통화량이 증가할수록 물가는 상승한다. 반대로 통화량이 줄어들면 물가는 안정된다. 왜 그럴까? 먼저, 통화량이 증가한다는 건 시중에 돈이 많아진다는 뜻이다. 시중에 돈이 많아진다는 건 돈의 가치가 떨어진다는 의미이다. 전국 길바닥에 만원이 뿌려져 있다면 만원은 더이상 우리가 아는 만원의 가치가 아닐 것이다. 이렇게 통화량이 증가하면 돈의 가치가 하락한다. 근데, 그에 반해 물건의 가치는 그대로이다. 돈의 가치는 떨어졌는데, 물건의 가치는 그대로라면, 예전에는 만원 주고 샀던 걸 이제는 5만원 주고 사야 한다는 말이 된다. 만원이 이제 더이상 예전의 만원이 아니기 때문이다. 즉, 물건의 가격이 예전에 비해 높아진다. 반대로 통화량이 감소하면 시중에 돈이 적다는 것이고, 돈의 가치는 통화량이 많을 때보다 높아진다.

➡ 물가가 '하락'한다고 하지 않고, '안정'된다고 하는 이유

물가가 하락하기는 쉽지 않다. 물가가 하락하려면 돈의 가치가 물건의 가치보다 높아져야 하는데, 그러려면 시중에 있는 돈이 더이상 많아지지 않거나 줄어들어야 한다. 쉽게 말해서, 돈의 가치가 높아지려면 돈이 희귀해지면 된다. 돈이 희귀해지려면 나라에서 더이상 돈을 찍어내지 않거나, 시중에 풀려있는 돈을 압수해버리면 된다. 하지만 그런 상황이 발생하기는 힘들다.

우선, 나라는 돈 쓸 곳이 많다. 빚도 갚아야 하고, 지원금도 줘야 하고, 경기를 활성화시키기 위해 돈을 풀기도 한다. 이 과정에서 '중앙 은행'을 통해 돈을 계속 찍어내게 되고, 이에 따라 시중에 있는 돈은 계속 늘어난다. 이렇게 시중에 돈이 늘어나면 당연히 화폐 가치는 낮아진다. 그래서 예전에는 500원만 주고도 짜장면을 먹을 수 있었지만, 지금은 6000원은 줘야 짜장면을 먹을 수 있는 것이다.

➡ 내가 한 설명은 '이론적인' 설명이다.

실제 경제 상황은 이론과 다를 때가 많다. 내가 통화량이 많아지면 물가가 상승한다고 했지만, 실제 사회에서는 통화량이 많아져도 물가가 상승하지 않는 경우가 있다. 내가 말한 것들은 '이론적인' 상황들이다. 따라서 예외가 있을 수 있음을 인지해야 한다.그리고 또 정부가 시중에 있는 돈을 줄어들게 할 수도 없다. 정부가 "시중에 돈이 너무 많아졌으니까 한 사람당 100만원씩 회수하겠습니다"라고 한다면, 이에 동의하는 사람이 누가 있겠는가.

> 반면 경기가 침체되었을 때는 반대의 과정을 통해 경기를 부양시키고자 한다.

➡ 경기가 침체되었을 때도 한 번 생각해 보자. 경기가 침체되었을 때는 정부가 정책 금리를 낮춰서 대출을 유도한다. 그리고 금리가 낮아지면 사람들이 은행에서 돈을 뺄 것이다. 그렇게 빼낸 돈은 시장으로 흘러 들어간다. 사람들이 뺀 돈으로 주식 투자를 하거나, 채권 등에 투자하기 때문이다. 이런 과정을 통해서 시장에 통화량이 많아진다. 그럼 경제 내 수요가 증가한다. 따라서 물가는 상승하고 경기는 부양된다.

2문단

> 금융을 통화 정책의 전달 경로로만 보는 전통적인 경제학에서는 금융감독 정책이 개별 금융 회사의 건전성 확보를 통해 금융 안정을 달성하고자 하는 ㉠ <u>미시 건전성 정책</u>에 집중해야 한다고 보았다.

➡ '금융'이 무슨 뜻인가? 대부분의 학생들은 금융의 뜻을 정확히 모르지만, 안 찾고 넘어갔을 것이다. 금융은 '돈을 융통하다'라는 뜻이다. '융통하다'라는 건 간단히 설명해서 돈을 요리조리 돌린다는

뜻이다. 그래서 은행이나 투자 회사 같은 것들이 '금융 회사'인 것이다. 이들은 물건이나 서비스를 생산해내는 게 아니라 그냥 돈을 돌리기만 할 뿐이다.

이러한 관점은 금융이 직접적인 생산 수단이 아니므로 **단기적일 때와는 달리** 장기적으로는 경제 성장에 영향을 미치지 못한다는 인식과,

→ 말 그대로 돈을 융통하는 것은 물건이나 서비스를 만들어 내는 것이 아니므로 장기적으로는 경제 성장에 영향을 미치지 못한다는 것이다. 근데, **단기적으로는** 영향을 미칠 수도 있나 보다. 이런 포인트도 놓치지 않고 섬세하게 읽어줘야 한다. 그런데, 왜 단기적으로는 경제 성장에 영향을 미칠 수 있는 걸까? 나는 "돈이 특정 산업으로 쏠리거나 하면 단기적으로는 경제가 성장하는 것처럼 보일 수도 있겠네" 생각하고 넘어갔다. 너도 부연 설명을 만들고 넘어가거나, 정 납득이 안 되면 밑줄을 긋거나 하고 넘어갔으면 됐다.

범작가 TIP

경제에서는 단기와 장기의 구분이 매우 중요하다.

경제 지문을 풀 때 장기와 단기의 구분은 매우 중요하다. 많은 경제 현상들이 기간에 따라 그 양상이 달라지기 때문이다. 어떤 정책을 실시했을 때, 단기적으로는 그 정책이 효과가 있지만, 장기적으로는 오히려 역효과가 날 수도 있다.

그리고 경제 정책을 실시했을 때 그 효과가 발현되는 정도에도 차이가 있다. 정부에서 정책 금리를 낮췄다고 해서 바로 통화량이 증가하는 것이 아니다. 실제로 시장에 통화량이 증가하기 위해서는 시간이 필요하다. 이럴 때도 단기와 장기의 흐름이 달라진다. 따라서 경제 지문을 읽을 때 '단기', '장기'라는 말이 나온다면 확실히 구분해서 읽어줘야 한다.

자산 시장에서는 가격이 본질적 가치를 초과하여 폭등하는 버블이 존재하지 않는다는 효율적 시장 가설에 기인한다.

→ 버블이 존재하지 않는다는 게 무슨 말이냐면, 만약 서울에 있는 어떤 집이 시멘트, 철근 이런 원자재 값을 고려해서 5억이라고 했을 때, 이 집이 10억에 거래되는 경우는 없다는 뜻이다. 즉, 전통적 경제학에서는 집값이 본질적 가치(5억)를 초과하여 폭등하는 일은 있을 수 없다고 본 것이다. 시장은 '효율적'으로 돌아가기 때문이다.

그래서 전통적 경제학은 어떤 집이 10억에 거래되고 있다면, 그 집의 본질적 가치는 10억이라고 생각했다. 사실, 그 집의 본질적 가치는 5억인데, 버블이 껴서 10억에 거래되고 있을 수도 있는 가능성을 무시한 것이다.

➡ "아, 개별 금융 회사가 망하는 걸 막기 위해서, 각 금융 회사가 어느 정도의 돈은 갖고 있도록 한 게 최저 자기자본 규제라는 거구나." 여기서 '자기자본'이라는 것은 함축적 의미를 생각해 보면, 말 그대로 '자기'자본이라는 의미이다. 금융 회사 '자신'이 가지고 있는 '자본'을 의미한다.

3문단

➡ 첫 번째 문단에서는 통화 정책을 통해 물가 안정을 달성하는 방법에 대해 말하고 있고, 두 번째 문단에서는 금융감독 정책을 통해 금융 안정을 달성하는 방법을 말하고 있다.

➡ 글로벌 금융 위기를 겪고 난 뒤에, 금융 감독 정책을 통해 금융 안정을, 통화 정책을 통해 물가 안정을 달성할 수 있다고 보는 앞선 견해에 대해 스스로 반성했다는 말이다. 이원적 접근 방식에 뭔가 문제가 있었나 보다. '무엇' 때문에 기존 접근 방식에 대한 자성이 일어났는지 궁금해하면서 뒤 문장을 읽어간다.

➡ 아까 위에서 설명했듯이, 경기가 침체되어 있다면 중앙 은행은 금리를 낮춘다. 그렇게 시장에 통화량을 늘려서 경기를 부양하려 한다. 그런데, 글로벌 금융 위기 이후, 사람들은 이런 저금리 정책으로 늘어난 통화량이 자산 가격에 버블이 끼도록 만들 수 있다고 생각했다.

그렇게 자산 가격에 버블이 끼면, 사람들은 당연히 맘 놓고 거래를 못할 것이다. 왜냐하면 내가 지금 10억을 주고 사는 집이 사실은 5억일수도 있기 때문이다. 따라서 금융 불안이 야기된다.

또한 금융 회사가 대형화되면서 개별 금융 회사의 부실이 금융 시스템의 붕괴를 야기할 수 있
게 됨에 따라 금융 회사 규모가 금융 안정의 새로운 위험 요인으로 등장하였다.

→ 점차 카카오뱅크를 사용하는 사람들이 많아지면서 이젠 카카오뱅크가 파산이라도 하게 되면 사
회 전체의 금융 시스템이 붕괴될 수도 있게 되었다. 개별 금융 회사가 대형화된 것이다. 카카오뱅크
가 파산하다는 것은 사람들이 은행에 맡겨 놓은 돈이 전부 사라진다는 것이다. 이는 시장에서 갑자기
몇 천억, 몇 조가 사라진다는 것인데, 그렇게 되면 당연히 금융 시스템은 붕괴될 것이다.

이에 기존의 정책으로는 금융 안정을 확보할 수 없고,

→ 기존의 '미시 건전성 정책'으로는 금융 안정을 확보할 수 없다는 말이다. 개별 회사들의 건전성을
유지하는 것뿐만 아니라 개별 회사들의 '규모'도 고려해야 했기 때문이다. 이전에는 그냥 개별 금융
회사들이 규모가 고만고만 했으니까, 망하지 않게 관리만 하면 됐었다. 회사의 '크기'는 신경 쓰지 않
고 그냥 건전성만 생각하면 됐었다. 그런데 이제는 규모가 매우 거대해진 개별 금융 회사들이 등장해
서, 금융 회사의 '크기'도 신경 써야 했다. 아마 금융 회사 크기에 따라서 고려해야 할 것들이 달라지
고, 또 건전성 유지 방법도 달라졌을 것이다.

경제 안정을 위해서는 물가 안정뿐만 아니라 금융 안정도 필수적인 요건임이 밝혀졌다.

→ 글로벌 금융 위기 이전에, 사람들은 금리를 조절해서 물가만 안정시키면 경제가 안정된다고 생각
했다. 그런데 글로벌 금융 위기 이후 경제를 안정시키기 위해 중앙은행이 실시한 저금리 정책이 오히
려 버블을 만들고, 금융 불안을 야기하게 되어 경제 안정을 훼손했다. 이걸 보고 사람들은 경제 안정
을 위해 통화정책을 통한 물가 안정뿐만 아니라 금융 감독 정책을 통한 금융 안정도 '같이' 실시해야
한다고 생각했던 것이다.

그 결과 미시 건전성 정책에 ⓛ 거시 건전성 정책이 추가된 금융감독 정책과 물가 안정을 위한
통화 정책 간의 상호 보완을 통해 경제 안정을 달성해야 한다는 견해가 주류를 형성하게 되었다.

→ 기존의 미시 건전성 정책만으로는 금융 안정을 달성할 수 없어서 '거시 건전성 정책'을 추가했다.
즉, '미시 건전성 정책 + 거시 건전성 정책 = 금융 감독 정책'으로 바뀐 것이다. 그리고 경제 안정을 위
해서는 물가 안정과 동시에 금융 안정도 이뤄내야 하기 때문에, 통화 정책과 금융감독 정책을 상호
보완하여 사용해야 한다는 생각이 주류를 형성하게 된 것이다.

거시 건전성이란 개별 금융 회사 차원이 아니라 금융 시스템 차원의 위기 가능성이 낮아 건전한 상태를 말하고, 거시 건전성 정책은 금융 시스템의 건전성을 추구하는 규제 및 감독 등을 포괄하는 활동을 의미한다.

➜ '거시 건전성'의 함축적 의미가 잡힌다. 금융 '시스템'을 건전하게 만드는 정책이라 '거시' 건전성 정책인가보다.

이때, 거시 건전성 정책은 미시 건전성이 거시 건전성을 담보할 수 있는 충분조건이 되지 못한다는 '구성의 오류'에 논리적 기반을 두고 있다.

➜ 무슨 말이냐면, 각 '개별 회사'가 건전하다는 것이 '금융 시스템'의 건전성을 보장하진 못한다는 뜻이다. 물론 각 개별 회사가 건전하면 금융 시스템이 건전할 확률은 높겠지만, 100%라고 말할 수는 없다는 것이다. 예를 들어서 세계 최고의 축구 선수들을 모아서 한 팀을 만들었다고 할 때, 그 팀이 무조건 세계 최고의 팀이 되는 건 아닌 것과 같다. 아무리 개개인이 세계 최고라고 해도, 그들이 팀으로 뭉쳤을 때도 세계 최고일지는 모르기 때문이다.

거시 건전성 정책은 금융 시스템 위험 요인에 대한 예방적 규제를 통해 금융 시스템의 건전성을 추구한다는 점에서, 미시 건전성 정책과는 차별화된다.

➜ 미시 건전성 정책은 '개별' 금융 회사의 위험 요인에 대한 예방적 규제를 통해 금융 시스템의 건전성을 추구했다. 하지만, 거시 건전성 정책은 금융 '시스템' 위험 요인에 대한 예방적 규제를 통해 금융 시스템의 건전성을 추구한다는 점에서 미시 건전성 정책과 차별화된다는 것이다.

거시 건전성 정책의 목표를 효과적으로 달성하기 위해서는 경기 변동과 금융 시스템 위험 요인 간의 상관관계를 감안한 정책 수단의 도입이 필요하다.

➜ 납득한다. 당연히 경기가 금융 시스템 위험 요인에 따라 어떻게 달라지는지 고려해서 거시 건전성 정책을 펼쳐야 할 것이다.

금융 시스템 위험 요인은 경기 순응성을 가진다. 즉 경기가 호황일 때는 금융 회사들이 대출을 늘려 신용 공급을 팽창시킴에 따라 자산 가격이 급등하고, 이는 다시 경기를 더 과열시키는 반면 불황일 때는 그 반대의 상황이 일어난다.

→ 자, 먼저 왜 경기가 호황일 때 금융 회사들이 대출을 늘리는지 알아보자. 경기가 호황이라는 것은 앞에서도 설명했듯이 시중에 통화량이 많은 상태를 뜻한다. 시중에 통화량이 많으면 돈을 빌리고자 하는 사람은 어디서든 돈을 쉽게 빌릴 수 있다. 은행은 고객이 자기 은행에서 돈을 빌리도록 만들어야 하므로 서로 자기가 돈을 빌려주려고 계속 금리를 낮출 것이다. 그럼 금리가 낮아지니까, 대출하는 사람들은 계속 늘어난다. 이런 과정을 통해서 경기가 호황일 때 금융 회사들의 대출량은 늘어나는 것이다.

이렇게 은행들이 대출을 늘려서 신용 공급을 팽창시키면, 시중에 통화량이 더 많아지고, 아까 설명했듯이 통화량이 많아짐에 따라 물가는 상승한다. 이렇게 물가가 상승하면 사람들은 물건 살 때 이전보다 더 많은 돈을 지불하므로 소비도 같이 상승한다. 소비가 많아진다는 것은 시중에 돈이 많이 풀린다는 말이므로, 통화량은 또 증가하게 되고, 따라서 경기는 계속해서 과열되는 것이다.

이를 완화할 수 있는 정책 수단으로는 경기 대응 완충자본 제도를 ⓐ 들 수 있다. 이 제도는 정책 당국이 경기 과열기에 금융 회사로 하여금 최저 자기자본에 추가적인 자기 자본, 즉 완충자본을 쌓도록 하여 과도한 신용 팽창을 억제시킨다.

→ '경기 대응 완충자본 제도'는 정부가 은행이 더 이상 대출을 할 수 없게 만들어서, 즉, 신용을 팽창할 수 없도록 만들어서 위 문장에서 말하고 있는 악순환을 끊는 제도이다. 정확히 말하면, 은행에게 최저 자기자본에 완충자본을 쌓아 놓으라고 말함으로써 대출해 줄 돈이 없도록 만드는 것이다.
나는 완충 자본을 보고 기본 자기자본에 '보완'하는 자본이니까 '완충' 자본인가 보다 하고 넘어갔다. 함축적 의미가 생각났으면 붙이고 가고, 만약 아무 생각 안 들었다면 그냥 머릿속으로 받아들이거나 표시해두고 넘어가면 된다.

한편 적립된 완충자본은 경기 침체기에 대출 재원으로 쓰도록 함으로써 신용이 충분히 공급되도록 한다.

→ 완충 자본을 경기 침체기에 대출 재원으로 써서 신용이 충분히 공급되도록 하면, 경기를 부양시킬 수 있을 것이다.

1. 윗글을 통해 알 수 있는 것은?

> ① 글로벌 금융 위기 이전에는, 금융이 단기적으로 경제 성장에 영향을 미치지 못한다고 보았다.

➜ 글로벌 금융 위기 이전에도 금융이 '단기적으로는' 경제 성장에 영향을 미칠 수 있다고 봤다. 아까 글을 읽을 때 부연 설명을 만들어서 다 납득하고 갔다. 그렇기 때문에 선택지로 왔을 때 판단의 시간이 줄어든다.

> ② 글로벌 금융 위기 이전에는, 개별 금융 회사가 건전하다고 해서 금융 안정이 달성되는 것은 아니라고 보았다.

➜ 글로벌 금융 위기 이전에는 개별 금융 회사만 건전하게 유지하면 금융 안정이 달성된다고 보았다. 그래서 미시 건전성 정책에 집중해야 한다고 말했다.

> ③ 글로벌 금융 위기 이전에는, 경기 침체기에는 통화 정책과 더불어 금융감독 정책을 통해 경기를 부양시켜야 한다고 보았다.

➜ 글로벌 금융 위기 '이전'이 아니라 '이후'에 통화 정책과 더불어 금융감독 정책을 사용해야 한다고 보았다.

> ④ 글로벌 금융 위기 이후에는, 정책 금리 인하가 경제 안정을 훼손하는 요인이 될 수 있다고 보았다.

➜ 글로벌 금융 위기 이후, 정부의 저금리 정책이 자산 가격에 버블이 끼게 만들어서 경제 안정을 훼손시킬 수 있다는 데 공감대가 생겼다. 서치하려고 했으면 절대 안 보였다. '이해'하면서 읽었다면 너무 당연한 선지였을 것이다. 정답은 ④번이다.

> ⑤ 글로벌 금융 위기 이후에는, 경기 변동이 자산 가격 변동을 유발하나 자산 가격 변동은 경기 변동을 유발하지 않는다고 보았다.

➜ 자산 가격이 변동하면 즉, 물가가 오르면 이는 시장에 통화량이 더 늘어나게 만들고, 이에 따라 경기를 더 과열되게 만든다. 따라서 경기 변동으로 인한 자산 가격 변동이 또 다시 경기 변동을 유발하는 것이다.

· 답 : ④

2. ㉠과 ㉡에 대한 설명으로 적절하지 <u>않은</u> 것은?

> ① ㉠에서는 물가 안정을 위한 정책 수단과는 별개의 정책 수단을 통해 금융 안정을 달성하고자 한다.

➜ ㉠에서는 물가 안정을 위한 정책 수단 즉, 통화 정책과 별개로, 금융 안정은 금융 감독 정책을 통해 달성해야 한다고 보았다.

> ② ㉡에서는 신용 공급의 경기 순응성을 완화시키는 정책 수단이 필요하다.

➜ 맞다. ㉡에서, 계속해서 순환하는 경기 과열의 고리를 끊기 위해서 '완충자본 제도'를 도입해야 한다고 말했었다.

> ③ ㉠은 ㉡과 달리 예방적 규제 성격의 정책 수단을 사용하여 금융 안정을 달성하고자 한다.

➜ ㉠과 ㉡ 모두 예방적 규제 성격의 정책 수단을 사용하여 금융 안정을 달성하고자 했다. ㉠은 '개별' 금융 회사의 건전성에 대한 예방적 규제를 주장했고, ㉡은 금융 '시스템' 위험 요인에 대한 예방적 규제를 주장했다. 정답은 ③번이다.

> ④ ㉡은 ㉠과 달리 금융 시스템 위험 요인을 감독하는 정책 수단을 사용한다.

➜ 맞다. 거시 건전성 정책에서는 미시 건전성 정책과 다르게, 금융 '시스템' 위험 요인을 감독하는 정책 수단을 사용한다.

> ⑤ ㉠과 ㉡은 모두 금융 안정을 달성하기 위해 금융 회사의 자기 자본을 이용한 정책 수단을 사용한다.

➜ 맞다. ㉠은 '최저 자기자본 규제'를 사용하고 있고, ㉡은 '완충자본 제도'를 사용하고 있다.

· 답 : ③

3. 윗글을 바탕으로 할 때, 〈보기〉의 A~D에 들어갈 말을 바르게 짝지은 것은?

	A	B	C	D
①	불황	거시	사용	미시
②	호황	거시	사용	미시
③	불황	거시	적립	미시
④	호황	미시	적립	거시
⑤	불황	미시	사용	거시

➜ 이런 문제는 답을 미리 생각하고 들어가야 한다고 말했다. 일단, 자세히 보니까 A, B, C는 모두 상대적으로 영향을 받는다. A값에 따라 B, C 값이 달라진다는 말이다. 그래서 일단 D부터 봤다. D 건전성 정책에서는 최저 자기자본을 유지하도록 해서 '개별' 금융 회사의 건전성을 확보하려 한다고 하니까 D에는 '미시'가 들어가야 한다. 따라서 답은 ①, ②, ③번 중에 하나다.

그리고 D가 '미시'이니까 B에는 '거시'가 들어와야 한다. A를 보니까 ①,③번이 '불황'이어서 불황을 먼저 넣어봤다. 만약 경기가 불황(A)이라면 '거시' 건전성 정책에서는 완충자본을 '사용'하도록 할 것이다. 따라서 답은 ①번이다. 만약 경기가 호황(A)이라면 '거시' 건전성 정책에서는 완충자본을 '적립'하도록 할 것이다. 그런데 ②번에서는 완충자본을 '사용'하도록 할 것이라고 하고 있기 때문에 틀렸다.

· 답 : ①

4. 윗글과 〈보기〉에 대한 이해로 적절하지 <u>않은</u> 것은?

─── < 보기 > ───

　　현실에서의 통화 정책 효과는 경기에 대해 비대칭적인 것으로 알려져 있다. 통화 정책은 경기 과열을 억제하는 데는 효과적이지만 경기 침체를 벗어나는 데는 효과가 미미하기 때문이다. 경기 침체를 극복하기 위해 중앙은행의 정책 금리 인하로 은행이 대출을 늘려 신용 공급을 확대하려 해도, 가계의 소비 심리가 위축되었거나 기업이 투자할 대상이 마땅치 않을 경우 전통적인 통화 정책에서 기대되는 효과는 나타나지 않게 된다. 오히려 확대된 신용 공급이 주식이나 부동산 등 자산 시장으로 과도하게 유입되어 의도치 않은 문제를 일으킬 수 있다.

　　경제학자들은 경제 주체들이 경기 상황에 대해 비대칭적으로 반응하기 때문에 나타나는 이러한 현상을 '끈 밀어올리기(pushing on a string)'라고 부른다. 이는 끈을 당겨서 아래로 내리는 것은 쉽지만, 밀어서 위로 올리는 것은 어렵다는 것에 빗댄 것이다.

① '끈 밀어올리기'를 통해 경기 침체기에 자산 가격 버블이 발생하는 경우를 설명할 수 있겠군.

➔ 맞는 말이다. '끈 밀어올리기'가 존재하기 때문에, 경기 침체기에 중앙 은행이 저금리 정책을 펼쳐서 대출을 늘려 신용 공급을 확대하려 해도, 경기가 부양되지 않는다. 오히려 중앙 은행의 저금리 정책으로 많아진 통화량이 주식이나 부동산 등으로 유입되어 자산 가격에 버블이 발생할 수 있다.

② 현실에서 경기가 침체되었을 경우 정책 금리 인하에 따른 경기 부양 효과는 경제 주체의 심리에 따라 달라질 수 있겠군.

➔ 〈보기〉를 보면 알 수 있듯이, 은행이 금리를 인하해도 가계의 소비 심리가 위축되었거나 기업이 투자할 대상이 마땅치 않다면 경기 부양 효과는 일어나지 않을 수 있다.

③ '끈 밀어올리기'가 있을 경우 경기 침체기에 금융 안정을 달성하려면 경기 대응 완충자본 제도의 도입이 필요하겠군.

➔ 정답이다. '끈 밀어올리기'가 존재한다면 완충자본 제도를 도입해서 시장에 자본을 공급해도 그 자본이 경기 부양에 도움되지 않는다. 오히려 다른 자산 시장으로 흘러 들어가서 버블을 일으킨다. 따라서 '끈 밀어올리기'가 있을 경우 완충자본 제도의 도입은 효과가 없다.

그리고 또 한 가지 다른 해설은, '완충자본 제도'의 제시된 개념과 연관 있다. 완충 자본 제도를 '언제' 사용하는가? 글에서 말하는 완충자본 제도는, 경기 '과열' 시에 도입해서 경기 '침체'를 대비하기 위해 은행에 완충자본을 쌓도록 하는 것이다. 그런데 지금 '끈 밀어올리기'가 존재한다면 경기 '침체' 시일 텐데, 이때 완충자본 제도를 도입한다는 건 말이 안 된다. 완충자본 제도란 원래 경기 '과열' 시에 도입하는 것이기 때문이다.

이 문제를 학생들이 많이 틀린 이유는 아마 기본적인 경제 용어에 대한 배경지식이 없었기 때문이라고 생각한다. (정답률 25%) 금융, 통화, 금리, 신용 등에 대한 개념이 머릿속에 박혀있지 않으니까 이 말들이 무슨 말인지 잡기도 버거웠던 것이다. 그런데 개념이 잡히지도 않았는데, 그 위에다가 '끈 밀어올리기'니 뭐니 하고 계속 개념을 더하고 있으니, 당연히 버티기 힘들었을 것이다. 계속 말했지만 경제 지문은 배경지식을 전제한다. 이 지문을 제대로 마스터해서 다음 번 경제 지문은 좀 더 수월하게 풀기 바란다.

> ④ 통화 정책 효과가 경기에 대해 비대칭적이라면 경기 침체기에는 정책 금리 조정 이외의 방안을 도입할 필요가 있겠군.

→ 당연한 생각이다. 지금 중앙 은행의 저금리 정책이 통하지 않으니 정책 금리 조정 이외의 방안을 도입해야 할 것이다.

> ⑤ 통화 정책 효과가 경기에 대해 비대칭적이라면 정책 금리 인상은 신용 공급을 축소시킴으로써 경기를 진정시킬 수 있겠군.

→ 학생들이 이 선택지를 정답인 ③번 선택지보다 더 많이 골랐다. (34%가 선택함) 아마 '신용 공급'이 무슨 말인지 정확히 몰랐을 거고, 금리 인상과 신용 공급의 관계도 제대로 몰랐을 것이다.

〈보기〉를 참고했을 때, 통화 정책 효과가 경기에 대해 비대칭적이라는 말은 통화 정책이 경기 과열을 억제하는 데에는 효과적이지만, 경기 침체를 벗어나는 데에는 효과가 미미하다는 걸 뜻한다. 그러니까 정책 금리를 인하해서 경기를 부양시키는 건 〈보기〉의 상황에서 볼 수 있듯 쉽게 되지 않지만, 금리를 인상해서 경기를 진정시키는 건 쉽다는 말이다.

그렇기 때문에 만약 중앙 은행이 정책 금리를 인상한다면 이는 대출을 줄일 것이고, 따라서 신용 공급도 축소될 것이다. 이 말은 시중 통화량이 감소한다는 말이고, 통화량이 감소하면 경기는 자연스레 진정된다.

· 답 : ③

5. 문맥상 의미가 ⓐ와 가장 가까운 것은?

> ① 나는 그 사람에게 친근감이 <u>든다</u>.
> ② 그는 목격자의 진술을 증거로 <u>들고</u> 있다.
> ③ 그분은 이미 대가의 경지에 <u>든</u> 학자이다.
> ④ 하반기에 <u>들자</u> 수출이 서서히 증가하기 시작했다.
> ⑤ 젊은 부부는 집을 마련하기 위해 적금을 <u>들기로</u> 했다.

→ 여러 번 말하지만 이 유형의 문제는 그냥 '감'으로 푸는 것이다. 뭔가 어색한 그 느낌으로 푸는 것이다. 1등급들도 뭐 다른 비법이 있는 게 아니다.

'정책 수단으로는 경기 대응 완충자본 제도를 들 수 있다.'에서 '들'은 '설명하거나 증명하기 위해 사실을 가져다 대다.'의 뜻이므로 이와 가장 가까운 것은 ②번이다.

· 답 : ②

국제법에서 일반적으로 조약은 국가나 국제기구들이 그들 사이에 지켜야 할 구체적인 권리와 의무를 명시적으로 합의하여 창출하는 규범이며, 국제 관습법은 조약 체결과 관계없이 국제 사회 일반이 받아들여 지키고 있는 보편적인 규범이다. 반면에 경제 관련 국제기구에서 어떤 결정을 하였을 경우, 이 결정 사항 자체는 권고적 효력만 있을 뿐 법적 구속력은 없는 것이 일반적이다. 그런데 국제결제은행 산하의 바젤위원회가 결정한 BIS 비율 규제와 같은 것들이 비회원의 국가에서도 엄격히 준수되는 모습을 종종 보게 된다. 이처럼 일종의 규범적 성격이 나타나는 현실을 어떻게 이해할지에 대한 논의가 있다. 이는 위반에 대한 제재를 통해 국제법의 효력을 확보하는 데 주안점을 두는 일반적 경향을 되돌아보게 한다. 곧 신뢰가 형성하는 구속력에 주목하는 것이다.

BIS 비율(%)은 은행의 재무 건전성을 유지하는데 필요한 최소한의 자기자본 비율을 설정하여 궁극적으로 예금자와 금융 시스템을 보호하기 위해 바젤위원회에서 도입한 것이다. 바젤위원회에서는 BIS 비율이 적어도 규제 비율인 8%는 되어야 한다는 기준을 제시하였다. 이에 대한 식은 다음과 같다.

$$\text{BIS 비율(\%)} = \frac{\text{자기자본}}{\text{위험가중자산}} \times 100 \geq 8(\%)$$

여기서 자기자본은 은행의 기본자본, 보완자본 및 단기후순위 채무의 합으로, 위험가중자산은 보유 자산에 각 자산의 신용 위험에 대한 위험 가중치를 곱한 값들의 합으로 구하였다. 위험 가중치는 자산 유형별 신용 위험을 반영하는 것인데, OECD 국가의 국채는 0%, 회사채는 100%가 획일적으로 부여되었다. 이후 금융 자산의 가격 변동에 따른 시장 위험도 반영해야 한다는 요구가 커지자, 바젤위원회는 위험가중자산을 신용 위험에 따른 부분과 시장 위험에 따른 부분의 합으로 새로 정의하여 BIS 비율을 산출하도록 하였다. 신용 위험의 경우와 달리 시장 위험의 측정 방식은 감독 기관의 승인하에 은행의 선택에 따라 사용할 수 있게 하여 '바젤 I' 협약이 1996년에 완성되었다.

금융 혁신의 진전으로 '바젤 I' 협약의 한계가 드러나자 2004년에 '바젤 II' 협약이 도입되었다. 여기에서 BIS 비율의 위험가중자산은 신용 위험에 대한 위험 가중치에 자산의 유형과 신용도를 모두 ⓐ 고려하도록 수정되었다. 신용 위험의 측정 방식은 표준 모형이나 내부 모형 가운데 하나를 은행이 이용할 수 있게 되었다. 표준 모형에서는 OECD 국가의 국채는 0%에서 150%까지, 회사채는 20%에서 150%까지 위험 가중치를 구분하여 신용도가 높을수록 낮게 부과한다. 예를 들어 실제 보유한 회사채가 100억 원인데 신용 위험 가중치가 20%라면 위험가중자산에서 그 회사채는 20억 원으로 계산된다. 내부 모형은 은행이 선택한 위험 측정 방식을 감독 기관의 승인하에 그 은행이 사용할 수 있도록 하는 것이다. 또한 감독 기관은 필요시 위험가중 자산에 대한 자기자본의 최저 비율이 ⓑ <u>규제 비율을 초과하도록</u> 자국 은행에 요구할 수 있게 함으로써 자기자본의 경직된 기준을 보완하고자 했다.

최근에는 '바젤Ⅲ' 협약이 발표되면서 자기자본에서 단기후순위 채무가 제외되었다. 또한 위험가중자산에 대한 기본자본의 비율이 최소 6%가 되게 보완하여 자기자본의 손실 복원력을 강화하였다. 이처럼 새롭게 발표되는 바젤 협약은 이전 협약에 들어 있는 관련 기준을 개정하는 효과가 있다.

바젤 협약은 우리나라를 비롯한 수많은 국가에서 채택하여 제도화하고 있다. 현재 바젤위원회에는 28개국의 금융 당국들이 회원으로 가입되어 있으며, 우리 금융 당국은 2009년에 가입하였다. 하지만 우리나라는 가입하기 훨씬 전부터 BIS 비율을 도입하여 시행하였으며, 현행 법제에도 이것이 반영되어 있다. 바젤 기준을 따름으로써 은행이 믿을 만하다는 징표를 국제 금융 시장에 보여주어야 했던 것이다. 재무 건전성을 의심받는 은행은 국제 금융 시장에 자리를 잡지 못하거나, 심하면 아예 ⓒ <u>발을 들이지</u> 못할 수도 있다.

바젤위원회에서는 은행 감독 기준을 협의하여 제정한다. 그 헌장에서는 회원들에게 바젤 기준을 자국에 도입할 의무를 부과한다. 하지만 바젤위원회가 초국가적 감독 권한이 없으며 그의 결정도 ⓓ <u>법적 구속력이 없다는 것</u> 또한 밝히고 있다. 바젤 기준은 100개가 넘는 국가가 채택하여 따른다. 이는 국제기구의 결정에 형식적으로 구속을 받지 않는 국가에서까지 자발적으로 받아들여 시행하고 있다는 것인데, 이런 현실을 ㉠ <u>말랑말랑한 법(soft law)</u>의 모습이라 설명하기도 한다. 이때 조약이나 국제 관습법은 그에 대비하여 딱딱한 법(hard law)이라 부르게 된다. 바젤 기준도 장래에 ⓔ <u>딱딱하게 응고될지</u> 모른다.

1. 윗글의 내용 전개 방식으로 가장 적절한 것은?

① 특정한 국제적 기준의 내용과 그 변화 양상을 서술하며 국제 사회에 작용하는 규범성을 설명하고 있다.

② 특정한 국제적 기준이 제정된 원인을 서술하며 국제 사회의 규범을 감독 권한의 발생 원인에 따라 분류하고 있다.

③ 특정한 국제적 기준의 필요성을 서술하며 국제 사회에 수용되는 규범의 필요성을 상반된 관점에서 논증하고 있다.

④ 특정한 국제적 기준과 관련된 국내법의 특징을 서술하며 국제 사회에 받아들여지는 규범의 장단점을 설명하고 있다.

⑤ 특정한 국제적 기준의 설정 주체가 바뀐 사례를 서술하며 국제 사회에서 규범 설정 주체가 지닌 특징을 분석하고 있다.

2. 윗글에서 알 수 있는 내용으로 적절하지 <u>않은</u> 것은?

① 조약은 체결한 국가들에 대하여 권리와 의무를 부과하는 것이 원칙이다.

② 새로운 바젤 협약이 발표되면 기존 바젤 협약에서의 기준이 변경되는 경우가 있다.

③ 딱딱한 법에서는 일반적으로 제재보다는 신뢰로써 법적 구속력을 확보하는 데 주안점이 있다.

④ 국제기구의 결정을 지키지 않을 때 입게 될 불이익은 그 결정이 준수되도록 하는 역할을 한다.

⑤ 세계 각국에서 바젤 기준을 법제화하는 것은 자국 은행의 재무 건전성을 대외적으로 인정받기 위해서이다.

3. BIS 비율(%) 에 대한 이해로 가장 적절한 것은?

① 바젤I 협약에 따르면, 보유하고 있는 회사채의 신용도가 낮아질 경우 BIS 비율은 낮아지는 경향이 있다.

② 바젤 II 협약에 따르면, 각국의 은행들이 준수해야 하는 위험 가중자산 대비 자기자본의 최저 비율은 동일하다.

③ 바젤 II 협약에 따르면, 보유하고 있는 OECD 국가의 국채를 매각한 뒤 이를 회사채에 투자한다면 BIS 비율은 항상 높아진다.

④ 바젤 II 협약에 따르면, 시장 위험의 경우와 마찬가지로 감독 기관의 승인하에 은행이 선택하여 사용할 수 있는 신용 위험의 측정 방식이 있다.

⑤ 바젤 III 협약에 따르면, 위험가중자산 대비 보완자본이 최소 2%는 되어야 보완된 BIS 비율 규제를 은행이 준수할 수 있다.

4. 윗글과 〈보기〉에 대한 이해로 적절하지 <u>않은</u> 것은?

< 보기 >

갑 은행이 어느 해 말에 발표한 자기자본 및 위험가중자산은 아래 표와 같다. 갑 은행은 OECD 국가의 국채와 회사채만을 자산으로 보유했으며, 바젤 II 협약의 표준 모형에 따라 BIS 비율을 산출하여 공시하였다. 이때 회사채에 반영된 위험 가중치는 50%이다. 그 이외의 자본 및 자산은 모두 무시한다.

항목	자기자본		
	기본자본	보완자본	단기후순위채무
금액	50억 원	20억 원	40억 원

항목	위험 가중치를 반영하여 산출한 위험가중자산		시장 위험에 따른 위험가중자산
	신용 위험에 따른 위험가중자산		
	국채	회사채	
금액	300억 원	300억 원	400억 원

① 갑 은행이 공시한 BIS 비율은 바젤위원회가 제시한 규제 비율을 상회하겠군.

② 갑 은행이 보유 중인 회사채의 위험 가중치가 20%였다면 BIS 비율은 공시된 비율보다 높았겠군.

③ 갑 은행이 보유 중인 국채의 실제 규모가 회사채의 실제 규모보다 컸다면 위험 가중치는 국채가 회사채보다 낮았겠군.

④ 갑 은행이 바젤 I 협약의 기준으로 신용 위험에 따른 위험 가중자산을 산출한다면 회사채는 600억 원이 되겠군.

⑤ 갑 은행이 위험가중자산의 변동 없이 보완자본을 10억 원 증액한다면 바젤 III 협약에서 보완된 기준을 충족할 수 있겠군.

---

5. ㉠에 해당하는 사례로 가장 적절한 것은?

① 바젤위원회가 국제 금융 현실에 맞지 않게 된 바젤 기준을 개정한다.

② 바젤위원회가 가입 회원이 없는 국가에 바젤 기준을 준수하도록 요청한다.

③ 바젤위원회 회원의 국가가 준수 의무가 있는 바젤 기준을 실제로는 지키지 않는다.

④ 바젤위원회 회원의 국가가 강제성이 없는 바젤 기준에 대하여 준수 의무를 이행한다.

⑤ 바젤위원회 회원이 없는 국가에서 바젤 기준을 제도화하여 국내에서 효력이 발생하도록 한다.

6. 문맥상 ⓐ~ⓔ와 바꿔 쓰기에 적절하지 <u>않은</u> 것은?

① ⓐ : 반영하여 산출하도록

② ⓑ : 8%가 넘도록

③ ⓒ : 바젤위원회에 가입하지

④ ⓓ : 권고적 효력이 있을 뿐이라는

⑤ ⓔ : 조약이나 국제 관습법이 될지

1문단

> 국제법에서 일반적으로 조약은 국가나 국제기구들이 그들 사이에 지켜야 할 구체적인 권리와 의무를 **명시적으로** 합의하여 창출하는 규범이며, 국제 관습법은 조약 체결과 관계없이 국제 사회 일반이 받아들여 지키고 있는 보편적인 규범이다.

→ '명시적으로' 합의한다는 게 무슨 말일까? '명시적으로' 합의한다는 말은 합의 내용을 '글로 적어 둔다'는 뜻이다. 몰랐으면 알아두기 바란다.

조약과 국제 관습법이 뭐가 다른 걸까? 조약은 국가나 국제기구들이 서로 간에 지켜야 할 권리와 의무를 글로 적어서 명시적으로 합의한 것이다. 반면, 국제 관습법은 말 그대로 국제 '관습'법이니까, 글로 적어서 명시적으로 합의한 것이 아니라 '관습적으로' 지켜지고 있는 규범을 의미한다. 예를 들어서, 우리가 웃어른에게 존댓말을 써야 한다고 법에 적어 놓진 않았지만 관습적으로 존댓말을 쓰는 것과 같다.

📢 조약과 국제 관습법의 정의된 개념을 말해주는 문장이니 주의해서 읽어야 한다.

> 반면에 경제 관련 국제기구에서 어떤 결정을 하였을 경우, 이 결정 사항 자체는 권고적 효력만 있을 뿐 법적 구속력은 없는 것이 일반적이다.

→ 생각해 보고, 납득한다. 국제기구가 어떤 결정을 하면, 지켜 달라고 권유만 할 뿐, 그걸 지키지 않았을 때 법적 제재를 가하지는 않는다는 것이다.

> 그런데 국제결제은행 산하의 바젤위원회가 결정한 BIS 비율 규제와 같은 것들이 비회원의 국가에서도 엄격히 준수되는 모습을 종종 보게 된다.

→ "BIS 비율 규제가 뭐지? 왜 BIS 비율 규제는 엄격히 준수되는 걸까?"

> 이처럼 일종의 규범적 성격이 나타나는 현실을 어떻게 이해할지에 대한 논의가 있다. 이는 위반에 대한 제재를 통해 국제법의 효력을 확보하는 데 주안점을 두는 일반적 경향을 되돌아보게 한다.

→ '규범적 성격'이 뭘까? '규범적 성격'이라는 건 추상적인 말이다. 생각하고 넘어갔어야 했다. 규범적 성격이란 윗문장과 붙여서 해석했을 때, '엄격히 준수하는 것'을 의미한다. 국가들이 BIS 비율 규제가 법적 구속력이 없는데도 불구하고 엄격히 준수한다. 즉, BIS 비율 규제에 규범적 성격이 나타나

는 것이다.

여기서 조금만 더 생각해 보면, 아까 윗문장에서 조약과 관습법이 '규범'이라고 했다. 즉, 이 둘은 법적 구속력이 있는 것이다. 그래서 국가들이 엄격히 준수한다. 그런데 법적 구속력도 없는 BIS 비율 규제를 비회원 국가에서까지 엄격히 준수한다. 그러니 이상한 것이다. 그래서 "왜 법적 구속력도 없는데, 일종의 규범적 성격이 나타나는 거지?"라는 의문을 품게 되었다는 말이다.

→ 그 이유가 바로 다음 문장에 나왔다. 정확히는 모르겠지만, 많은 국가들이 법적 구속력도 없는 BIS 비율 규제를 지키는 이유가 '신뢰'와 연관되어 있나 보다.

2문단

→ '건전성', '자기자본', '금융 시스템'은 이미 미시, 거시 건전성 정책에서 했다. 그 지문을 제대로 이해한 학생이라면 어렵지 않게 읽었을 것이다. 말 그대로 BIS 비율이라는 것은 은행이 파산하지 않도록 하기 위해서 최소한의 '자기'자본 비율을 설정하여, 은행에 돈을 맡겨 놓은 사람과 금융 시스템 전체를 보호하는 것이다.

→ 왜 8%인지는 말을 안 해준다. 나는 그냥 그렇구나 하고 넘겼다.

$$\text{BIS 비율(\%)} = \frac{\text{자기자본}}{\text{위험가중자산}} \times 100 \geq 8(\%)$$

→ 식 나왔다고 해서 쫄지 마라. 경제 지문에서 그래프, 식이 나왔다고 항상 두려워하는 친구들이 있다. 나도 그런 학생이었다. 그런데, 처음 볼 때만 낯설어 보일 뿐이다. 그래프와 식은 출제자가 난도를 높이려고 가져온 것 같지만, 실은 우리의 이해를 돕기 위해 적어 놓은 것이다. 차분하게 보면 다 이해할 수 있다.

3문단

여기서 자기자본은 은행의 기본자본, 보완자본 및 단기후순위 채무의 합으로,

→ 왜 자기자본은 기본자본, 보완자본, 단기후순위 채무의 합일까? 그냥 넘어가지 말고 생각해주고 넘어간다. 이걸 외우는 게 아니다. 납득하는 것이다. 은행이 가지고 있는 '기본' 자본은 당연히 은행의 '자기' 자본에 들어갈 것이다. 또 은행이 필요할 때 '보완'할 수 있는 자본도 은행의 '자기' 자본에 속할 것이다. 근데 나는 처음에 이걸 보고 '단기후순위 채무'는 왜 자기자본에 넣는 건지 이해가 안 됐다. '채무'라는 건 '빚'이란 뜻인데, 이걸 '자기' 자본에 넣는다는 게 상식적으로 이해가 안 갔다.

물론 '단기후순위 채무'가 무엇인지 제대로 알고 나면, 왜 '단기후순위 채무'가 은행의 자기자본에 포함되는지 납득할 수 있을지도 모른다. 하지만 시험장에서 '단기후순위 채무'를 알고 있었던 학생이 얼마나 되겠는가. 나는 그냥 "왜 '단기후순위 채무'가 자기자본인 거지?"라고 의문 품고 넘어갔다. 계속 말했지만, 부연 설명을 만들지 못해도 한 번 의문을 품어 놓고 가면 문제로 돌아갔을 때 기억이 난다. 대신, 진심으로 궁금해해야 한다. 만약 네가 부연 설명을 만들었다면 그렇게 이해하고 넘어가도 된다. 의문만 품고 넘어가는 것이 불안하다면 표시해놓고 가도 괜찮다.

위험가중자산은 보유 자산에 각 자산의 신용 위험에 대한 위험 가중치를 곱한 값들의 합으로 구하였다.

→ 그냥 읽지 말고, 생각한다. '위험가중' 자산이니까 말 그대로 '위험'이 '가중'된 자산이다. 그런 위험가중자산은 보유하고 있는 자산에 각 자산의 신용 위험에 대한 '위험 가중치'를 곱한 값들의 합으로 구한다고 한다. 즉, 어떤 자산이 믿을 만하면 위험 가중치를 낮게 하고, 어떤 자산이 불안하면 위험 가중치를 높게 하나 보다. 약간 애매한 게, '위험 가중치'가 구체적으로 무슨 뜻인지 잘 모르겠다. 조금만 섬세하게 단어의 의미를 떠올리면서 읽었다면 생각해 낼 수 있었다.

📢 만약 이렇게까지 생각을 안 했다면, 자신이 정말 천천히 생각하면서 읽었는지 되돌아보기 바란다. 이런 생각을 전혀 못했으면 바로 뒤 문장과 연결시켜서 이해해주고 넘어갔어야 했다.

위험 가중치는 자산 유형별 신용 위험을 반영하는 것인데, OECD 국가의 국채는 0%, 회사채는 100%가 획일적으로 부여되었다.

→ 내가 의문 품었었던, '위험 가중치'의 정의된 개념을 말해주고 있다. 그리고 그 '위험 가중치'가 국채는 0%, 회사채는 100%로 획일적으로 부여되었다고 한다. '획일적으로' 부여되었다는 것은 특수한 상황이니까 주의한다.

여기서 1등급은 왜 국채는 위험 가중치가 0%이고 회사채는 100%인지 고민해 보고 납득한다. 너도 생

각하고 넘어가야 한다. 이해하지 못하면, 그냥 냅다 외워야 하는 단순 정보가 되어 버리기 때문이다. 1, 2문장은 외울 수 있지만, 이게 3, 4문장이 되어 버리면 버겁다.

BIS 비율 규제가 처음 만들어졌을 땐, 국가가 망할 수 없다고 생각했다. 그래서 국채 즉, 국가가 발행한 채권은 만기일에 무조건 국가가 갚아줄 것이기에, 위험 가중치가 0%였던 것이다. 하지만, 회사는 망할 확률이 100%라고 봤다. 그래서 회사가 발행한 채권은 100%로 위험하다고 본 것이다. 따라서 회사채의 위험 가중치는 100%로 부여되었다.

→ 시장 위험**'도'**에서 '도' 같은 보조사를 잘 봐야 한다. 보조사는 많은 뜻을 담고 있다. 시장 위험도 반영해야 한다는 말은 위에 '어떤 위험'이 나왔다는 말이다. 잘 찾아보니까 '신용 위험'이 나왔었다. "아, 그러니까 앞서 신용 위험만 반영했었는데, 이후에 시장 위험'도' 반영해야 한다는 요구가 커졌다는 말이구나" 이런 보조사 같은 건 천천히 읽어야만 보인다. 허겁지겁 생각도 안 하고 빨리 달리면 보이지 않는다.

🔊 보조사 : 특별한 의미를 더해 주는 조사이다. '은', '는', '도', '만', '까지', '마저', '조차', '부터' 등이 있다.

→ 앞서 자산의 신용 위험만 고려해서 위험가중자산을 책정했는데, 시장 위험도 반영하라는 요구가 커져서 '위험가중자산 = 신용 위험 + 시장 위험'이 되었다는 말이다.

→ 왜 시장 위험은 감독 기관의 승인하에 은행 마음대로 사용할 수 있게 했는지, 그 이유를 설명하지 않는다. 나는 나름대로 부연 설명을 붙이고 넘어갔다. 일단, 각 은행은 국채는 믿을 만하고 회사채는 불안하다는 데는 동의했다. 그래서 국채는 위험 가중치를 0%, 회사채는 100%을 붙였다. 하지만 은행들끼리 시장이 지금 어떤 상태에 있는지, 지금 시장이 위험한지 등에 대한 생각은 일치하지 않았기 때문에, 시장 위험은 은행별로 선택해서 측정할 수 있게 했을 것이라고 부연 설명을 붙이고 넘어갔다.

못했어도 상관없고, 넌 나랑 다르게 네 나름대로 부연 설명을 붙이고 넘어갔으면 잘한 것이다. 정 납득이 안 되면 의문을 품는다. "왜 그렇지?" 그리고 문제로 갔을 때 여기로 바로 못 돌아올 거 같으면, 시장 위험 측정 방식에 표시해 두고 넘어가도 된다.

> 금융 혁신의 진전으로 '바젤I' 협약의 한계가 드러나자 2004년에 '바젤II' 협약이 도입되었다. 여기에서 BIS 비율의 위험가중자산은 신용 위험에 대한 위험 가중치에 자산의 유형과 신용도를 모두 ⓐ 고려하도록 수정되었다.

→ 뭐가 바뀌었는가? 나는 여기서 다시 윗문장으로 돌아가서 확인한다. 바젤I에서 바젤II로 달라졌다. 그럼 당연히 뭐가 달라졌는지 궁금해야 한다. 또 '달라졌다'고 하니, 주목해줘야 한다. 평가원은 특수하고, 예외적이고 변하는 것은 무조건 물어보기 때문이다.

원래 바젤I 협약에서는 위험가중자산을 측정할 때 신용 위험에 대한 위험 가중치에 자산의 유형만 고려했다. 국채인지, 회사채인지만 판단하고 '획일적으로' 각각 0%, 100%를 부여했기 때문이다. 이렇게 위험 가중치를 부여하는 것이 문제가 생겼나 보다. 그래서 '바젤II' 협약에서는 '신용도'라는 것을 같이 고려하겠다고 한다. 근데 신용도는 추상어다. 정확히 뭘 의미하는지 안 잡힌다. 당연히 뒷문장을 읽으면서 '신용도'가 뭘 의미하는지 생각해 봐야 한다.

> 신용 위험의 측정 방식은 표준 모형이나 내부 모형 가운데 하나를 은행이 이용할 수 있게 되었다.

→ 이렇게 표준 모형, 내부 모형 2개로 나누는 것쯤은 이제 머리로 버틸 수 있어야 한다. 신용 위험과 시장 위험을 측정해서 위험가중자산을 구해야 하는데, 신용 위험 측정 방식은 표준 또는 내부 모형을 사용할 수 있게 한다는 것이다. "표준 모형, 내부 모형이 뭐지?"

> 표준 모형에서는 OECD 국가의 국채는 0%에서 150%까지, 회사채는 20%에서 150%까지 위험 가중치를 구분하여 신용도가 높을수록 낮게 부과한다.

→ "아, OECD 국가의 국채는 0%~150%, 회사채는 20%~150%까지 위험 가중치를 구분하여 신용도가 높을수록 낮게 부과한다는 '기준'을 세웠으니까 '표준' 모형인가 보네". 이렇게 함축적 의미를 생각해 준다.

🔊 표준 : 사물의 정도나 성격 등을 알기 위한 근거나 기준.

그리고 국채와 회사채의 위험가중치가 0%와 100%에서 왜 각각 0%~150%, 20%~150%가 되었는지 의문을 품고, 납득하고 넘어갔어야 했다. 나는 바젤 II협약으로 개정되면서, 사람들이 국가가 망하는 경우도 있고, 회사가 망하지 않는 경우도 있다는 걸 깨달았다고 생각했다. 그래서 국가는 망할 수도 있기에, 위험 가중치가 0%에서 0%~150%로 바뀐 것이다. 또 회사는 무조건 망한다고 생각했는데, 의외로 망하지 않고 재정을 잘 유지하는 회사도 있었던 것이다. 그래서 그런 회사는 위험 가중치를

100%이 아니라 20%~150% 사이 중 어떤 값으로, 합리적으로 결정해야 한다고 본 것이다. 그래야 그 자산(국채, 회사채)의 위험성을 정확하게 파악할 수 있기 때문이다.

→ 주어진 예시를 통해 위험 가중치의 구체적인 의미를 이해한다.

→ '내부' 모형이니까 은행이 선택한 측정 방식을 감독 기관이 승인하면, 그 은행 '내부'에서 사용할 수 있도록 하나 보다. 근데 이 문장 어디서 본 적 있는데? 나는 윗문장으로 눈이 갔다. 이 문장과 윗문장이 서로 같은지 다른지 정확하게 확인하기 위해서 다시 올라갔다.

"신용 위험의 경우와 달리 시장 위험의 측정 방식은 감독 기관의 승인하에 은행의 선택에 따라 사용할 수 있게 하여 '바젤 I' 협약이 1996년에 완성되었다."

바젤 I 협약에서 '시장 위험 측정 방식'은 **감독 기관의 승인하에 은행의 선택에 따라 사용할 수 있게 하였다.** 바젤 II 협약에서는 '시장 위험 측정 방식'이 아니라 **'신용 위험 측정 방식'을 감독 기관의 승인하에 은행의 선택에 따라 사용할 수 있게 하였다.** 즉, 신용 위험 측정 방식 중 내부 모형의 위험 측정 방식은 시장 위험 측정 방식과 같다. 이렇게 다시 위 문장을 읽고 와도 10초 안팎이다. 하지만 글에서 생각하지 않고, 문제에서 만난다면 1, 2분을 잡아먹는다.

만약 이 문장을 보고 다시 위로 올라가서 바젤 I에서 말한 '시장 위험 측정 방식'을 제대로 잡았다면 3번 문제 ④번 선지 : "바젤 II 협약에 따르면, 시장 위험의 경우와 마찬가지로 감독 기관의 승인하에 은행이 선택하여 사용할 수 있는 신용 위험의 측정 방식이 있다."를 보고 쉽게 판단했을 것이다. 지문으로 돌아갈 필요도 없었을 것이며, 빠르게 풀었을 것이다. 평가원은 특이한 것은 무조건 낸다. 주목했어야 했다. 4번 문제 정답률은 46%였다. 이 문제는 사실 단순 비교로만 풀었어도 풀 수 있었는데, 정답률이 매우 낮게 나왔다. 수능이다 보니, 다시 글로 돌아가도 학생들이 침착하게 문장을 읽어내기가 쉽지 않았을 것이다.

→ 자기자본 비율이 8%로 항상 고정되어 있다면 문제점이 생길 수 있다. 예를 들어보자면, 감독 기관

이 판단하기에 곧 큰 경기 침체가 올 거 같다. 그래서 각 은행들에게 자기자본을 많이 가지고 있으라고 하고 싶은데, 자기자본 비율이 8%로 고정되어 있다. 그러면 그 이상으로 자기자본을 쌓아두라고 하는 것이 불가능하다. 따라서 경기 침체를 예상하고도 올바른 대응을 못하는 것이다.

5문단

→ 왜 그런지 부연 설명이 없다. 나는 "단기후순위 채무는 어쨌거나 빚이니까 '자기자본'에서 제외시켰나 보네"라고 생각했다. 부연 설명이 안 떠올랐으면 그냥 표시해두고 넘어갔어도 됐다.

→ "아, '기본자본 + 보완자본 = 8%'로 설정해 놓으니까, 기본자본 1%에 보완자본 7%인 경우도 있을 수 있다. 그런데 보완자본은 어디까지나 어디서 빌려와서 '보완'할 수 있는 자본이지, 은행이 '기본적으로' 가지고 있는 자본이 아니니까, 보완자본이 큰 비율을 차지하고 있다면 '자기자본의 손실 복원력'이 약해질 것이다. 따라서 바젤 Ⅲ협약에서는 기본자본이 6%는 되어야 한다고 말했나 보다." 계속 말하지만, 부연 설명을 만들려고 노력하되, 시험장에서 2, 3번 읽었는데도 안되면 그냥 넘어가라고 했다. 내가 2,3번 읽으면서 '고민'했다면 문제로 갔을 때 기억이 난다. 기억하려는 강박을 내려놓고 전진하기 바란다.

→ 납득한다.

6문단

→ 설마 아직도 2009년을 외우는 사람은 없겠지..?

하지만 우리나라는 가입하기 훨씬 전부터 BIS 비율을 도입하여 시행하였으며, 현행 법제에도 이것이 반영되어 있다.

➔ 의문이 든다. 왜 우리나라는 가입하기 훨씬 전부터 BIS 비율을 도입하여 시행하였을까?

바젤 기준을 따름으로써 은행이 믿을 만하다는 징표를 국제 금융 시장에 보여주어야 했던 것이다.

➔ 다행히도 바로 뒤에서 이유를 말해준다.

재무 건전성을 의심받는 은행은 국제 금융 시장에 자리를 잡지 못하거나, 심하면 아예 ⓒ 발을 들이지 못할 수도 있다.

➔ 그래서 우리나라는 바젤위원회에 가입도 하기 전부터, 현행 법제에도 BIS 비율을 반영하면서 엄격히 지켰던 것이다.

7문단

바젤위원회에서는 은행 감독 기준을 협의하여 제정한다. 그 헌장에서는 회원들에게 바젤 기준을 자국에 도입할 의무를 부과한다.

➔ 바젤위원회에 가입한 '회원'들에게는 바젤 기준을 자국에 도입할 '의무'를 부과하기도 한다. 어느 정도의 압박은 가하는 것이다.

하지만 바젤위원회가 초국가적 감독 권한이 없으며 그의 결정도 ⓓ 법적 구속력이 없다는 것 또한 밝히고 있다.

➔ 바젤위원회가 초국가적 감독 권한이 없다는 건, 국가를 넘어서는 권한이 없다는 것이다. 쉽게 말해서, 바젤위원회가 막 국가별 구분을 넘어서 미국도 관리하고, 일본도 관리하고 한국도 관리할 권한은 없다는 것이다. 또한 바젤 위원회 결정을 지키지 않는다고 해서 법적 제재가 있는 것도 아니라는 걸 밝히고 있다. 그런데도 국제 금융 시장에서 은행이 건전하다는 '신뢰'를 얻기 위해서 BIS 비율 규제를 엄격히 지키는 것이다.

바젤 기준은 100개가 넘는 국가가 채택하여 따른다. 이는 국제기구의 결정에 형식적으로 구속을 받지 않는 국가에서까지 자발적으로 받아들여 시행하고 있다는 것인데, 이런 현실을 ㉠ 말랑말랑한 법(soft law)의 모습이라 설명하기도 한다.

➔ 말랑말랑한 법은 추상어다. 말랑말랑한 법의 의미가 뭔지, 제대로 잡고 가야 한다.

㉠ 말랑말랑한 법(soft law) 앞을 읽어보면, 국제기구의 결정에 형식적으로 구속을 받지 않는 국가에서까지 자발적으로 받아들여 시행하는 법이 '말랑말랑한 법'이라는 것을 알 수 있다.

📢: 그리고 딱 봐도 ㉠이라고 밑줄 그어 놓았으니까, 제대로 이해 못하면 틀린다는 경고이다. 문장이나 단어에 ㉠, ㉡ 등이 표시되어 있으면, 센스 있게 좀 더 집중해서 보기 바란다. 이런 팁은 시험 칠 때 활용하면 꽤나 유용하다.

이때 조약이나 국제 관습법은 그에 대비하여 딱딱한 법(hard law)이라 부르게 된다. 바젤 기준도 장래에 ⓔ 딱딱하게 응고될지 모른다.

➔ 조약이나 관습법은 딱딱한 법이라고 한다. 지키지 않으면 제재를 가하고, 형식적으로 구속을 받는 국가만 자발적으로 받아들여 시행하는 것이기 때문에, '딱딱한 법'이라고 부른다고 추측할 수 있다.

지문 관련 문제 해설

1. 윗글의 내용 전개 방식으로 가장 적절한 것은?

> ① 특정한 국제적 기준의 내용과 그 변화 양상을 서술하며 국제 사회에 작용하는 규범성을 설명하고 있다.

➔ ①번이 정답이다. 특정한 국제적 기준인 BIS 비율의 내용을 설명하고 있고, 그 BIS 비율이 바젤 Ⅰ 협약부터 Ⅲ 협약까지 어떻게 변화하는지 말하고 있다. 또 그 BIS 비율이 국제 사회에서 어떻게 '규범적' 성격을 띠고 있는지도 설명한다.

> ② 특정한 국제적 기준이 제정된 원인을 서술하며 국제 사회의 규범을 감독 권한의 발생 원인에 따라 분류하고 있다.

➔ 2번째 문단 1~3번째 줄을 봤을 때, BIS 비율이 제정된 원인을 설명하고 있다고 할 수는 있다. 그런데 BIS 비율을 '감독 권한의 발생 원인'에 따라 분류하고 있진 않다. 완전 생뚱맞은 소리다.

③ 특정한 국제적 기준의 필요성을 서술하며 국제 사회에 수용되는 규범의 필요성을 상반된
관점에서 논증하고 있다.

➜ 마찬가지로 2번째 문단 1~3번째 줄을 봤을 때 BIS 비율 규제의 필요성을 말하고 있다고 볼 수 있
다. 그런데 이를 상반된 관점에서 논증하고 있는 건 아니다.

④ 특정한 국제적 기준과 관련된 국내법의 특징을 서술하며 국제 사회에 받아들여지는 규범
의 장단점을 설명하고 있다.

➜ 특정한 국제적 기준에 대한 설명이 이 글의 핵심이었다. 관련된 국내법의 특징을 서술하고 있진
않다. 또 국제 사회에 받아들여지는 규범의 장단점을 말하고 있지도 않다.

⑤ 특정한 국제적 기준의 설정 주체가 바뀐 사례를 서술하며 국제 사회에서 규범 설정 주체
가 지닌 특징을 분석하고 있다.

➜ 이런 내용은 아예 없다.

· **답 : ①**

2. 윗글에서 알 수 있는 내용으로 적절하지 <u>않은</u> 것은?

① 조약은 체결한 국가들에 대하여 권리와 의무를 부과하는 것이 원칙이다.

➜ 조약의 제시된 개념을 묻고 있다. 정확히 기억 안나면 돌아가서 서치하면 된다. 확인해보니, 조약
은 체결한 국가들끼리 권리와 의무를 명시적으로 합의하여 창출한다고 한다. 맞는 선지다.

② 새로운 바젤 협약이 발표되면 기존 바젤 협약에서의 기준이 변경되는 경우가 있다.

➜ 당연하다. 이때까지 뭐가 어떻게 바뀌는지 읽고 있었다.

③ 딱딱한 법에서는 일반적으로 제재보다는 신뢰로써 법적 구속력을 확보하는 데 주안점이
있다.

➜ ③번이 정답이다. '딱딱한 법'은 제재로 법적 구속력을 확보하는 데 주안점을 둔다. 신뢰로써 법적

구속력을 확보하는 것은 '말랑말랑한 법'이다.

> ④ 국제기구의 결정을 지키지 않을 때 입게 될 불이익은 그 결정이 준수되도록 하는 역할을
> 한다.

➜ 맞는 말이다. BIS 비율을 지키지 않았을 때 다시는 금융 시장에 발을 들이지 못할 수도 있기 때문에, 바젤위원회에 가입하지 않은 국가까지도 BIS 비율을 지키는 것이다.

> ⑤ 세계 각국에서 바젤 기준을 법제화하는 것은 자국 은행의 재무 건전성을 대외적으로 인
> 정받기 위해서이다.

➜ 맞다. 바젤 기준을 자국에서 법으로 정하고 따라야, 자국의 재무 건전성을 다른 나라에 인정받을 수 있다.

· 답 : ③

3. BIS 비율(%)에 대한 이해로 가장 적절한 것은?

> ① 바젤 Ⅰ 협약에 따르면, 보유하고 있는 회사채의 신용도가 낮아질 경우 BIS 비율은 낮아
> 지는 경향이 있다.

➜ 회사채의 신용도가 낮아진다는 건 그만큼 회사채가 위험해진다는 것이다. 그럼 그에 따라 회사채의 위험가중치를 올려야 할 것이다. 하지만 바젤 Ⅰ 협약에서는 모든 회사채에 획일적으로 100%의 위험가중치를 부여한다. 따라서 회사의 신용도가 낮아져도 BIS 비율에는 영향이 없다.

> ② 바젤 Ⅱ 협약에 따르면, 각국의 은행들이 준수해야 하는 위험 가중자산 대비 자기자본의
> 최저 비율은 동일하다.

➜ 바젤 Ⅱ 협약에서는 감독 기관은 필요시 위험가중자산에 대한 자기자본의 최저 비율이 규제 비율을 초과하도록 자국 은행에 요구할 수 있게 한다. 즉, 굳이 8%가 아니더라도 상관없다는 것이다. 감독 기관이 필요하다고 판단하면 언제든 바꿀 수 있다. 따라서 ②번은 틀렸다.

> ③ 바젤 Ⅱ 협약에 따르면, 보유하고 있는 OECD 국가의 국채를 매각한 뒤 이를 회사채에 투
> 자한다면 BIS 비율은 항상 높아진다.

→ 틀렸다. 투자한 회사채의 위험가중치가 매각한 OECD 국가의 국채의 위험가중치보다 높다면 BIS 비율은 오히려 하락한다. 바젤 Ⅱ 협약에서는 국채는 0%에서 150%까지, 회사채는 20%에서 150%까지 위험 가중치를 구분하여 부과한다. 따라서 회사채의 위험가중치가 국채의 위험가중치보다 높을 수 있다.

> ④ 바젤 Ⅱ 협약에 따르면, 시장 위험의 경우와 마찬가지로 감독 기관의 승인하에 은행이 선
> 택하여 사용할 수 있는 신용 위험의 측정 방식이 있다.

→ 정답이다. 바젤 Ⅱ 협약에 따르면, 신용 위험 측정 방식 중 '내부' 모형에서는 감독 기관의 승인하에 은행이 선택하여 신용 위험을 측정할 수 있다.

> ⑤ 바젤 Ⅲ 협약에 따르면, 위험가중자산 대비 보완자본이 최소 2%는 되어야 보완된 BIS 비
> 율 규제를 은행이 준수할 수 있다.

→ 바젤 Ⅲ 협약에서는 '기본' 자본이 최소 6%가 되어야 한다고 했다. 이건 보완자본이 최소 2%여야 한다는 말과 완전 다른 말이다. 기본자본이 만약 7%라면 보완자본은 1%만 되어도 괜찮다. 기본자본이 8%면 보완 자본은 0%여도 된다. 즉, 보완자본 비율은 최소 0%까지 가능하다. 따라서 보완자본이 최소 2%는 되어야 한다는 건 틀린 말이다.

· 답 : ④

4. 윗글과 〈보기〉에 대한 이해로 적절하지 <u>않은</u> 것은?

〈 보기 〉

갑 은행이 어느 해 말에 발표한 자기자본 및 위험가중자산은 아래 표와 같다. 갑 은행은 OECD 국가의 국채와 회사채만을 자산으로 보유했으며, 바젤 II 협약의 표준 모형에 따라 BIS 비율을 산출하여 공시하였다. 이때 회사채에 반영된 위험 가중치는 50%이다. 그 이외의 자본 및 자산은 모두 무시한다.

항목	자기자본		
	기본자본	보완자본	단기후순위채무
금액	50억 원	20억 원	40억 원

항목	위험 가중치를 반영하여 산출한 위험가중자산		
	신용 위험에 따른 위험가중자산		시장 위험에 따른 위험가중자산
	국채	회사채	
금액	300억 원	300억 원	400억 원

➡ 일단 〈보기〉를 먼저 분석해 보자면,

$$\frac{\text{자기자본(50억+20억+40억)}}{\text{위험가중자산(300억+300억+400억)}} \times 100 = 11\%$$

즉, BIS 비율이 11%임을 알 수 있다. 그리고 바젤 II 협약을 쓴다는 것, 회사채 위험가중치가 50%라는 것만 주의하면 된다.

〈보기〉에 압도당하면 안 된다. 해봤자 〈보기〉에는 그렇게 많은 정보를 담을 수 없다. 저 정도만 파악하고 선택지로 들어갔다면 전부 맞힐 수 있었다.

① 갑 은행이 공시한 BIS 비율은 바젤위원회가 제시한 규제 비율을 상회하겠군.

➡ 갑 은행의 BIS 비율은 11%이다. 바젤위원회가 제시한 8%를 상회한다.

② 갑 은행이 보유 중인 회사채의 위험 가중치가 20%였다면 BIS 비율은 공시된 비율보다 높았겠군.

➡ 이걸 보고 막 계산하려고 달려드는 학생들이 있는데, 그렇게 푸는 게 아니다. 이건 국어 문제이기 때문에 출제자는 독해력, 사고력만 물어보려 한다. '계산'은 최대한 지양한다.

갑 은행이 보유한 회사채의 위험 가중치가 50%에서 20%가 되었다는 것은 회사채가 '덜 위험'해졌다는 걸 의미한다. 위험 가중치가 50%에서 20%가 됨에 따라서 위험가중자산의 합도 줄어든다. 회사채의 위험가중치가 줄어듦에 따라 회사채의 금액이 그만큼 같이 줄어들기 때문이다. 갑 은행이 보유 중인 회사채의 위험 가중치가 20%였다면 '위험가중자산의 합' 즉, 'BIS 비율에서 분모'가 현재보다 줄어든다는 뜻이다. 분자는 일정한데 분모가 줄어드니, 당연히 BIS 비율은 11%보다 더 높아질 것이다. 이 선택지를 판단하는 데 복잡한 계산은 전혀 필요 없다.

> ③ 갑 은행이 보유 중인 국채의 실제 규모가 회사채의 실제 규모보다 컸다면 위험 가중치는 국채가 회사채보다 낮았겠군.

→ 당연하다. 국채의 실제 규모가 회사채 규모보다 컸다면, 그 국채, 회사채에 곱하는 위험 가중치 값이 국채가 더 낮아야, 둘 다 300억으로 값이 같아질 수 있다.

> ④ 갑 은행이 바젤 I 협약의 기준으로 신용 위험에 따른 위험 가중자산을 산출한다면 회사채는 600억 원이 되겠군.

→ 바젤 I 협약 기준으로 따지면 회사채에 부여되는 위험 가중치는 100%이다. 지금 위험 가중치가 50%인데, 회사채가 300억이니, 만약 위험 가중치가 100%가 된다면 회사채가 600억이 될 것이다.

> ⑤ 갑 은행이 위험가중자산의 변동 없이 보완자본을 10억 원 증액한다면 바젤 Ⅲ 협약에서 보완된 기준을 충족할 수 있겠군.

→ 틀렸다. 바젤 Ⅲ 협약에서 보완된 기준은 단기후순위 채무를 제외하고, **기본자본**의 비율이 최소 6%가 되게 만든 것이다. 위험가중자산의 변동 없이 보완자본만 10억원 증액했다면, 전체 자기 자본 8%에서 기본자본이 5%, 보완자본이 3%가 되어서 바젤 Ⅲ 협약에서 보완된 기준을 충족할 수 없다. 즉, 갑 은행이 공시한 BIS 비율은 8%(기본자본 5% + 보완자본 3%)가 된다. 바젤 Ⅲ 협약에서 보완된 기준을 충족하려면 기본자본이 6%가 되어야 한다. 그렇게 되려면 '보완'자본을 10억 증액할 것이 아니라 '기본'자본을 10억 증액해야 한다. 만약 '기본' 자본을 10억 증액하면, 갑 은행이 공시한 BIS 비율 = 8%(기본자본 6% + 보완자본 2%)가 되어서, 바젤 Ⅲ 협약에서 보완된 기준을 충족할 수 있을 것이다.

· 답 : ⑤

5. ㉠에 해당하는 사례로 가장 적절한 것은?

> ㉠ : 말랑말랑한 법

> ① 바젤위원회가 국제 금융 현실에 맞지 않게 된 바젤 기준을 개정한다.
> ② 바젤위원회가 가입 회원이 없는 국가에 바젤 기준을 준수하도록 요청한다.
> ③ 바젤위원회 회원의 국가가 준수 의무가 있는 바젤 기준을 실제로는 지키지 않는다.
> ④ 바젤위원회 회원의 국가가 강제성이 없는 바젤 기준에 대하여 준수 의무를 이행한다.
> ⑤ 바젤위원회 회원이 없는 국가에서 바젤 기준을 제도화하여 국내에서 효력이 발생하도록 한다.

➜ 미리 답을 내려 놓고 가야 한다. '말랑말랑한 법'이라는 것은 실제로 **형식적인 구속을 받지 않는 국가에서까지** 자발적으로 받아들여 시행하고 있는 법을 의미한다. 이걸 문제 풀기 전에 ㉠부분을 다시 읽고 제대로 잡았어야 했다. 지문에서도 "이는 국제기구의 결정에 **형식적으로 구속을 받지 않는 국가에서까지 자발적으로 받아들여 시행**하고 있다는 것인데, 이런 현실을 말랑말랑한 법(soft law)의 모습이라 설명하기도 한다."라고 명확하게 '말랑말랑한 법'의 의미를 제시하고 있다.

문제만 떼놓고 보면 생각보다 쉬웠음에도 많은 학생들이 틀렸다. 이 문제도 정답률이 34%밖에 안 된다. 30% 정도의 학생들이 ④번을 골라서 틀렸는데, 그 이유는 ㉠이 뭔지 머릿속으로 먼저 답을 내리지 않고 선택지로 진입했기 때문이다. 그래서 ④번 선지를 보고 보기 좋게 설득당한 것이다. 이렇게, 미리 내가 답을 단단히 머릿속에 넣어두지 않으면 선택지에 설득당해서 틀린다. 정답은 ⑤번이다.

· 답 : ⑤

6. 문맥상 ⓐ~ⓔ와 바꿔 쓰기에 적절하지 <u>않은</u> 것은?

① ⓐ : 반영하여 산출하도록

➜ 고려하도록 = 반영하여 산출하도록, 문맥상 같은 뜻이다.

② ⓑ : 8%가 넘도록

➜ 규제 비율을 초과하도록 = 8%가 넘도록, 규제 비율이 8%를 의미하는 것이니까 같은 말이다.

③ ⓒ : 바젤위원회에 가입하지

➜ ⓒ : '발을 들이지' 못할 수도 있다는 것은 바젤위원회에 가입하지 못할 수도 있다는 뜻이 아니라, 국제 금융 시장에 발을 들이지 못할 수도 있다는 말이다. 정답은 ③번이다.

④ ⓓ : 권고적 효력이 있을 뿐이라는

➜ 법적 구속력이 없다는 = 권고적 효력이 있을 뿐이라는, 같은 말이다.

⑤ ⓔ : 조약이나 국제 관습법이 될지

➜ 딱딱하게 응고될지 = 조약이나 국제 관습법이 될지, '말랑말랑한'과 '딱딱한'의 의미를 제대로 파악하면서 읽었다면 풀 수 있었다.

· 답 : ③

경제 3

2018학년도 수능, 오버슈팅

정부는 국민 생활에 영향을 미치는 활동의 총체인 정책의 목표를 효과적으로 달성하기 위해 정책 수단의 특성을 고려하여 정책을 수행한다. 정책 수단은 강제성, 직접성, 자동성, 가시성의 ㉠ 네 가지 측면에서 다양한 특성을 갖는다. 강제성은 정부가 개인이나 집단의 행위를 제한하는 정도로서, 유해 식품 판매 규제는 강제성이 높다. 직접성은 정부가 공공 활동의 수행과 재원 조달에 직접 관여하는 정도를 의미한다. 정부가 정책을 직접 수행하지 않고 민간에 위탁하여 수행하게 하는 것은 직접성이 낮다. 자동성은 정책을 수행하기 위해 별도의 행정 기구를 설립하지 않고 기존의 조직을 활용하는 정도를 말한다. 전기 자동차 보조금 제도를 기존의 시청 환경과에서 시행하는 것은 자동성이 높다. 가시성은 예산 수립 과정에서 정책을 수행하기 위한 재원이 명시적으로 드러나는 정도이다. 일반적으로 사회 규제의 정도를 조절하는 것은 예산 지출을 수반하지 않으므로 가시성이 낮다.

정책 수단 선택의 사례로 환율과 관련된 경제 현상을 살펴보자. 외국 통화에 대한 자국 통화의 교환 비율을 의미하는 환율은 장기적으로 한 국가의 생산성과 물가 등 기초 경제 여건을 반영하는 수준으로 수렴된다. 그러나 단기적으로 환율은 이와 ⓐ 괴리되어 움직이는 경우가 있다. 만약 환율이 예상과는 다른 방향으로 움직이거나 또는 비록 예상과 같은 방향으로 움직이더라도 변동 폭이 예상보다 크게 나타날 경우 경제 주체들은 과도한 위험에 ⓑ 노출될 수 있다. 환율이나 주가 등 경제 변수가 단기에 지나치게 상승 또는 하락하는 현상을 오버슈팅(overshooting) 이라고 한다. 이러한 오버슈팅은 물가 경직성 또는 금융 시장 변동에 따른 불안 심리 등에 의해 촉발되는 것으로 알려져 있다. 여기서 물가 경직성은 시장에서 가격이 조정되기 어려운 정도를 의미한다.

물가 경직성에 따른 환율의 오버슈팅을 이해하기 위해 통화를 금융 자산의 일종으로 보고 경제 충격에 대해 장기와 단기에 환율이 어떻게 조정되는지 알아보자. 경제에 충격이 발생할 때 물가나 환율은 충격을 흡수하는 조정 과정을 거치게 된다. 물가는 단기에는 장기 계약 및 공공요금 규제 등으로 인해 경직적이지만 장기에는 신축적으로 조정된다. 반면 환율은 단기에서도 신축적인 조정이 가능하다. 이러한 물가와 환율의 조정 속도 차이가 오버슈팅을 초래한다. 물가와 환율이 모두 신축적으로 조정되는 장기에서의 환율은 구매력 평가설에 의해 설명되는데, 이에 의하면 장기의 환율은 자국 물가 수준을 외국 물가 수준으로 나눈 비율로 나타나며, 이를 균형 환율로 본다. 가령 국내 통화량이 증가하여 유지될 경우 장기에서는 자국 물가도 높아져 장기의 환율은 상승한다. 이때 통화량을 물가로 나눈 실질 통화량은 변하지 않는다.

그런데 단기에는 물가의 경직성으로 인해 구매력 평가설에 기초한 환율과는 다른 움직임이 나타나면서 오버슈팅이 발생할 수 있다. 가령 국내 통화량이 증가하여 유지될 경우,

물가가 경직적이어서 ⊙ 실질 통화량은 증가하고 이에 따라 시장 금리는 하락한다. 국가 간 자본 이동이 자유로운 상황에서, ⓛ 시장 금리 하락은 투자의 기대 수익률 하락으로 이어져, 단기성 외국인 투자 자금이 해외로 빠져나가거나 신규 해외 투자 자금 유입을 위축시키는 결과를 ⓒ 초래한다. 이 과정에서 자국 통화의 가치는 하락하고 ⓒ 환율은 상승한다. 통화량의 증가로 인한 효과는 물가가 신축적인 경우에 예상되는 환율 상승에, 금리 하락에 따른 자금의 해외 유출이 유발하는 추가적인 환율 상승이 더해진 것으로 나타난다. 이러한 추가적인 상승 현상이 환율의 오버슈팅인데, 오버슈팅의 정도 및 지속성은 물가 경직성이 클수록 더 크게 나타난다. 시간이 경과함에 따라 물가가 상승하여 실질 통화량이 원래 수준으로 돌아오고 해외로 유출되었던 자금이 시장 금리의 반등으로 국내로 ⓓ 복귀하면서, 단기에 과도하게 상승했던 환율은 장기에는 구매력 평가설에 기초한 환율로 수렴된다.

   단기의 환율이 기초 경제 여건과 괴리되어 과도하게 급등락하거나 균형 환율 수준으로부터 장기간 이탈하는 등의 문제가 심화되는 경우를 예방하고 이에 대처하기 위해 정부는 다양한 정책 수단을 동원한다. 오버슈팅의 원인인 물가 경직성을 완화하기 위한 정책 수단 중 강제성이 낮은 사례로는 외환의 수급 불균형 해소를 위해 관련 정보를 신속하고 정확하게 공개하거나, 불필요한 가격 규제를 축소하는 것을 들 수 있다. 한편 오버 슈팅에 따른 부정적 파급 효과를 완화하기 위해 정부는 환율 변동으로 가격이 급등한 수입 필수 품목에 대한 세금을 조절함으로써 내수가 급격히 위축되는 것을 방지하려고 하기도 한다. 또한 환율 급등락으로 인한 피해에 대비하여 수출입 기업에 환율 변동 보험을 제공하거나, 외화 차입 시 지급 보증을 제공하기도 한다. 이러한 정책 수단은 직접성이 높은 특성을 가진다. 이와 같이 정부는 기초 경제 여건을 반영한 환율의 추세는 용인하되, 사전적 또는 사후적인 미세 조정 정책 수단을 활용하여 환율의 단기 급등락에 따른 위험으로부터 실물 경제와 금융 시장의 안정을 ⓔ 도모하는 정책을 수행한다.

---

1. 윗글에 대한 이해로 적절하지 <u>않은</u> 것은?

① 국내 통화량이 증가하여 유지될 경우 장기에는 실질 통화량이 변하지 않으므로 장기의 환율도 변함이 없을 것이다.

② 물가가 신축적인 경우가 경직적인 경우에 비해 국내 통화량 증가에 따른 국내 시장 금리 하락 폭이 작을 것이다.

③ 물가 경직성에 따른 환율의 오버슈팅은 물가의 조정 속도보다 환율의 조정 속도가 빠르기 때문에 발생하는 것이다.

④ 환율의 오버슈팅이 발생한 상황에서 외국인 투자 자금이 국내 시장 금리에 민감하게 반응할수록 오버슈팅 정도는 커질 것이다.

⑤ 환율의 오버슈팅이 발생한 상황에서 물가 경직성이 클수록 구매력 평가설에 기초한 환율로 수렴되는 데 걸리는 기간이 길어질 것이다.

2. ㉮를 바탕으로 정책 수단의 특성을 이해한 것으로 가장 적절한 것은?

① 다자녀 가정에 출산 장려금을 지급하는 것은, 불법 주차 차량에 과태료를 부과하는 것보다 강제성이 높다.

② 전기 제품 안전 규제를 강화하는 것은, 학교 급식을 제공하기 위한 재원을 정부 예산에 편성하는 것보다 가시성이 높다.

③ 문화재를 발견하여 신고할 경우 포상금을 주는 것은, 자연 보존 지역에서 개발 행위를 금지하는 것보다 강제성이 높다.

④ 쓰레기 처리를 민간 업체에 맡겨서 수행하게 하는 것은, 정부 기관에서 주민등록 관련 행정 업무를 수행하는 것보다 직접성이 높다.

⑤ 담당 부서에서 문화 소외 계층에 제공하던 복지 카드의 혜택을 늘리는 것은, 전담 부처를 신설하여 상수원 보호 구역을 감독하는 것보다 자동성이 높다.

3. 윗글을 바탕으로 할 때, 〈보기〉의 'A국' 경제 상황에 대한 '경제학자 갑'의 견해를 추론한 것으로 적절하지 <u>않은</u> 것은?

───── 〈 보기 〉 ─────

　　A국 경제학자 갑은 자국의 최근 경제 상황을 다음과 같이 진단했다. 금융 시장 불안의 여파로 A국의 주식, 채권 등 금융 자산의 가격 하락에 대한 우려가 확산되면서 안전 자산으로 인식되는 B국의 채권에 대한 수요가 증가하고 있다. 이로 인해 외환시장에서는 A국에 투자되고 있던 단기성 외국인 자금이 B국으로 유출되면서 A국의 환율이 급등하고 있다.
　　B국에서는 해외 자금 유입에 따른 통화량 증가로 B국의 시장 금리가 변동할 것으로 예상된다. 이에 따라 A국의 환율 급등은 향후 다소 진정될 것이다. 또한 양국 간 교역 및 금융의존도가 높은 현실을 감안할 때, A국의 환율 상승은 수입품의 가격 상승 등에 따른 부작용을 초래할 것으로 예상되지만 한편으로는 수출이 증대되는 효과도 있다. 그러므로 정부는 시장 개입을 가능한 한 자제하고 환율이 시장 원리에 따라 자율적으로 균형 환율 수준으로 수렴되도록 두어야 한다.

① A국에 환율의 오버슈팅이 발생한 상황에서 B국의 시장 금리가 하락한다면 오버슈팅의 정도는 커질 것이다.

② A국에 환율의 오버슈팅이 발생하였다면 이는 금융 시장 변동에 따른 불안 심리에 의해 촉발된 것으로 볼 수 있다.

③ A국에 환율의 오버슈팅이 발생할지라도 시장의 조정을 통해 환율이 장기에는 균형 환율 수준에 도달할 수 있을 것이다.

④ A국의 환율 상승이 수출을 증대시키는 긍정적인 효과도 동반하므로 A국의 정책 당국은 외환 시장 개입에 신중해야 한다.

⑤ A국의 환율 상승은 B국으로부터 수입하는 상품의 가격을 인상시킴으로써 A국의 내수를
위축시키는 결과를 초래할 수 있다.

4. 〈보기〉에 제시된 그래프의 세로축 a,b,c는 [가]의 ㉠~㉢과 하나씩 대응된다. 이를
바르게 짝지은 것은?

─── < 보기 > ───

다음 그래프들은 [가]에서 국내 통화량이 t 시점에서 증가하여 유지된 경우 예상되는
㉠~㉢의 시간에 따른 변화를 순서 없이 나열한 것이다.

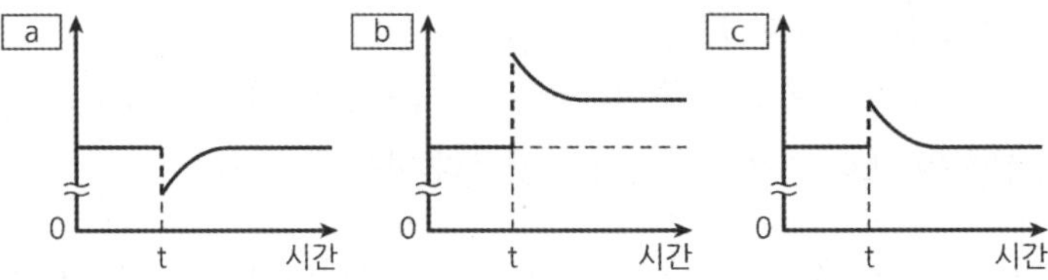

(단, t 시점 근처에서 그래프의 형태는 개략적으로 표현하였으며, t 시점 이전에는 모
든 경제 변수들의 값이 일정한 수준에서 유지되어 왔다고 가정한다. 장기 균형으로 수
렴되는 기간은 변수마다 상이하다.)

	㉠	㉡	㉢
①	a	c	b
②	b	a	c
③	b	c	a
④	c	a	b
⑤	c	b	a

5. 미세 조정 정책 수단 의 사례로 적절하지 <u>않은</u> 것은?

① 예기치 못한 외환 손실에 대비한 환율 변동 보험을 수출 주력 중소기업에 제공한다.
② 원유와 같이 수입 의존도가 높은 상품의 경우 해당 상품에 적용하는 세율을 환율 변동에
따라 조정한다.
③ 환율의 급등락으로 금융 시장이 불안정할 경우 해외 자금 유출과 유입을 통제하여 환율
의 추세를 바꾼다.
④ 환율 급등으로 수입 물가가 가파르게 상승했을 때, 수입 대금 지급을 위해 외화를 빌리는
수입 업체에 지급 보증을 제공한다.
⑤ 수출입 기업을 대상으로 국내외 금리 변동, 해외 투자 자금 동향 등 환율 변동에 영향을
주는 요인들에 대한 정보를 제공한다.

6. 문맥상 ⓐ~ⓔ와 바꿔 쓰기에 적절하지 <u>않은</u> 것은?

① ⓐ : 동떨어져

② ⓑ : 드러낼

③ ⓒ : 불러온다

④ ⓓ : 되돌아오면서

⑤ ⓔ : 꾀하는

1문단

> 정부는 국민 생활에 영향을 미치는 활동의 총체인 정책의 목표를 효과적으로 달성하기 위해 정책 수단의 특성을 고려하여 정책을 수행한다.

→ 납득한다. 정책의 목표를 효과적으로 달성하려면 정책 수단의 특성을 고려해서 정책을 수행해야 할 것이다.

> 정책 수단은 강제성, 직접성, 자동성, 가시성의 ㉮ <u>네 가지 측면</u>에서 다양한 특성을 갖는다.

→ 함축적 의미 동원할 준비한다.

> 강제성은 정부가 개인이나 집단의 행위를 제한하는 정도로서, 유해 식품 판매 규제는 강제성이 높다.

→ '강제로' 유해 식품 판매를 막는 것이니, 강제성이 높다고 할 수 있겠다. 함축적 의미를 생각해 보고, 그 안에 뜻을 담아두면 강제성, 직접성, 자동성, 가시성을 일일이 외울 필요가 없다.

> 직접성은 정부가 공공 활동의 수행과 재원 조달에 직접 관여하는 정도를 의미한다. 정부가 정책을 직접 수행하지 않고 민간에 위탁하여 수행하게 하는 것은 직접성이 낮다.

→ '직접'성이니까 정부가 공공 활동의 수행과 재원 조달에 '직접' 관여하는 정도를 의미하는 것이겠다. 함축적 의미 떠올리기가 어렵지 않다.

> 자동성은 정책을 수행하기 위해 별도의 행정 기구를 설립하지 않고 기존의 조직을 활용하는 정도를 말한다. 전기 자동차 보조금 제도를 기존의 시청 환경과에서 시행하는 것은 자동성이 높다.

→ 전기 자동차 보조금 제도를 기존 시청 환경과에서 시행하는 건 새로 만들지 않고 있던 걸 통해서 '자동'으로 시행하는 것이니까 '자동'성이 높다.

> 가시성은 예산 수립 과정에서 정책을 수행하기 위한 재원이 명시적으로 드러나는 정도이다. 일반적으로 사회 규제의 정도를 조절하는 것은 예산 지출을 수반하지 않으므로 가시성이 낮다.

➔ 가시성은 정책 수행을 위한 '돈'이 명시적으로 드러나는 정도라고 한다. 그러니 당연히 사회 규제 정도를 조절하는 건 돈이 드는 게 아니므로, 가시성이 낮은 것이다. 정부에서 코로나 거리두기 단계를 조절할 때, 돈이 필요하진 않은 것과 같다.

2문단

> 정책 수단 선택의 사례로 환율과 관련된 경제 현상을 살펴보자. 외국 통화에 대한 자국 통화의 교환 비율을 의미하는 환율은 장기적으로 한 국가의 생산성과 물가 등 기초 경제 여건을 반영하는 수준으로 수렴된다.

➔ 이건 이미 알고 있었어야 했다. 환율은 기출에도 여러 번 나온 단어이기에 어느 정도, 환율이 무엇인지 배경지식은 갖고 있었어야 했다. 환율은 **간단히 말해서 '달러의 가격'이다.** 환율을 '달러의 가격'이라고 생각하고 읽으면 이해하기 편하다.

기출 사례

"환율이 상승한 경우에는 외국에서 우리 상품의 외화 표시 가격을 다소 낮추어도 수출량이 늘어나면 수출액이 증가한다."

– 2011학년도 9월 –

그리고 경제 지문에서 '단기', '장기' 나오면 예민하게 캐치해야 한다고 말했었다.

> 그러나 단기적으로 환율은 이와 ⓐ 괴리되어 움직이는 경우가 있다.

➔ 장기적으로 환율은 기초 경제 여건을 반영하는 수준으로 수렴되는데, 단기적으로는 환율은 이와 괴리되어 움직이기도 한다는 것이다. '장기', '단기'에 집중해서 읽었으면 충분히 잡아낼 수 있었다.

> 만약 환율이 예상과는 다른 방향으로 움직이거나 또는 비록 예상과 같은 방향으로 움직이더라도 변동 폭이 예상보다 크게 나타날 경우 경제 주체들은 과도한 위험에 ⓑ 노출될 수 있다.

➔ 말 그대로이다. 환율이 상승할 거라고 생각했는데 하락하거나, 아니면 하락할 걸 알았지만 너무 크게 하락할 경우 경제 주체들은 과도한 위험에 노출될 수 있다. 여기서 경제 주체란 크게 기업, 정부, 가계를 의미한다.

🔊: 가계란 쉽게 말해서, 벌어들인 돈으로, 상품이나 서비스를 소비하는 사람들을 의미한다.

나는 군대에 입대한 뒤에 해외 주식에 투자를 하려고 100만원을 달러로 바꿨었다. 일단 먼저 공부를 하고 투자를 해야겠다고 생각해서, 달러로만 바꿔 놓고 투자는 미루고 있었다. 그리고 한 달 뒤, 2021

년 4월에 다시 계좌를 확인해 봤는데 환율이 낮아져서 달러 가격이 떨어졌다. 어느덧 100만원이 80만원으로 바뀌어 있었다. 1달만에 20만원이 사라진 것이다. 이처럼 환율이 예상과 다른 방향으로 움직이면, 환율이 오를 거라 생각하고 달러에 투자한 경제 주체들은 위험에 노출되는 것이다.

> 환율이나 주가 등 경제 변수가 단기에 지나치게 상승 또는 하락하는 현상을 오버슈팅(overshooting)이라고 한다.

→ 나는 여기서 조심해야겠다고 생각했다. '오버'슈팅이니까, 환율이나 주가가 지나치게 '상승'하는 경우를 '오버'슈팅이라고 하는 건 납득이 됐다. 그런데 환율이나 주가가 지나치게 '하락'하는 경우도 오버슈팅이라고 한다. 만약에 이걸 가지고 문제에서 페이크를 친다면, 헷갈릴 수도 있을 거 같아서 좀 더 신경 써서 읽고 넘어갔다.

범작가 TIP

14습관에서도 말했지만, "□는 △다."라는 문장에서 □가 △의 의미를 전부 담지 못한다면 좀 더 조심해야 한다고 말했다. 왜냐하면 문제로 갔을 때 □를 보고 △의 의미를 전부 떠올리지 못할 수 있기 때문이다. 그러면 뇌피셜로 또 문제를 풀게 된다.

> 이러한 오버슈팅은 물가 경직성 또는 금융 시장 변동에 따른 불안 심리 등에 의해 촉발되는 것으로 알려져 있다. 여기서 물가 경직성은 시장에서 가격이 조정되기 어려운 정도를 의미한다.

→ 오버슈팅이 '금융 시장 변동에 따른 불안 심리'에 의해서 촉발된다는 건 이해가 된다. 사람들이 불안 심리 때문에 달러를 엄청 많이 사두거나, 반대로 달러를 엄청 많이 팔면 오버슈팅이 일어날 수 있을 것이다. 그런데 물가 경직성이 어떻게 오버슈팅을 일으키는지는 잘 상상이 안 된다. 항상 문장을 제대로 이해하려고 하면서 읽으면 당연히 이런 생각이 든다.

범작가 TIP

출제자도 물가 경직성이 어떻게 오버슈팅을 일으키는지 학생들이 상상하기 힘들 거라 생각했다. 그래서 다음 문단부터는 '불안 심리에 의해 따른 환율의 오버슈팅'은 설명하지 않고 '물가 경직성에 따른 환율의 오버슈팅'에 대해서만 말해주고 있다.

3문단

물가 경직성에 따른 환율의 오버슈팅을 이해하기 위해 통화를 금융 자산의 일종으로 보고 경제 충격에 대해 장기와 단기에 환율이 어떻게 조정되는지 알아보자. 경제에 충격이 발생할 때 물가나 환율은 충격을 흡수하는 조정 과정을 거치게 된다.

→ 만약 통화량이 급격하게 늘어난다면 즉, 경제에 충격이 발생한다면, 물가는 상승할 것이고 환율은 높아질 것이다. 여기서 물가가 상승하고 환율이 높아지는 것이 충격을 흡수하는 것이다.

물가는 단기에는 장기 계약 및 공공요금 규제 등으로 인해 경직적이지만 장기에는 신축적으로 조정된다.

→ 그냥 읽지 말고 왜 그럴지 생각해라. 내가 치킨집을 운영하는데, 3년 동안 닭을 한 마리당 5000원에 받기로 계약했다면 그 3년이 끝나기 전까지는 닭 값을 올릴 수 없을 것이다. 즉, 물가가 단기에는 장기 계약으로 경직적인 것이다. 그리고 또 공공요금 규제는 막 한 달마다 바꿀 수 있는 게 아니니까, 마찬가지로 단기에는 물가가 경직적이도록 만들 것이다. 하지만 장기 계약이 끝나고, 공공요금 규제가 바뀌는 장기에서는 물가가 신축적으로 조정될 수 있을 것이다.

반면 환율은 단기에서도 신축적인 조정이 가능하다.

→ 환율은 날마다 바뀌고 있다. 지금 당장 네이버에 들어가서 '환율'이라고 치면 전일대비 환율 상승, 변동 폭을 볼 수 있다. 물가와 다르게 환율은 단기에서도 빠른 조정이 가능한 것이다.

이러한 물가와 환율의 조정 속도 차이가 오버슈팅을 초래한다.

→ 아, 이제야 물가 경직성이 왜 오버슈팅을 초래하는지 어느 정도 감이 잡힌다.

물가와 환율이 모두 신축적으로 조정되는 장기에서의 환율은 구매력 평가설에 의해 설명되는데, 이에 의하면 장기의 환율은 자국 물가 수준을 외국 물가 수준으로 나눈 비율로 나타나며, 이를 균형 환율로 본다.

→ 왜 장기의 환율을 '균형' 환율로 볼까? '균형'이 무슨 뜻일까? **그냥 받아들이지 말고 생각해야 한다.** 장기에서는 물가와 환율이 모두 신축적으로 조정된다. 즉, 물가도 경제 상황을 반영해서 적절히 조정되니까 이때의 환율은 오버슈팅이 발생하지 않은, 정상적인, '균형' 잡힌 환율이 된다. 그래서 장기의 환율을 '균형' 환율이라고 부르는 것이다.

가령 국내 통화량이 증가하여 유지될 경우 장기에서는 자국 물가도 높아져 장기의 환율은 상승한다. 이때 통화량을 물가로 나눈 실질 통화량은 변하지 않는다.

→ 통화량이 증가한 만큼 물가도 증가하니까, 통화량을 물가로 나눈 실질 통화량은 변하지 않을 것이다. 2/2나 4/4나 모두 값은 1이다.

4문단

그런데 단기에는 물가의 경직성으로 인해 구매력 평가설에 기초한 환율과는 다른 움직임이 나타나면서 오버슈팅이 발생할 수 있다. 가령 국내 통화량이 증가하여 유지될 경우, 물가가 경직적이어서 ㉠ 실질 통화량은 증가하고

→ **실질 통화량이 증가한다는 걸 외우면 너는 절대 1등급이 아니다.** 납득하는 것이다. 당연히 통화량은 증가하는데, 물가는 그대로라면 실질 통화량은 증가할 것이다. 분자는 증가하는데 분모는 그대로이면 당연히 값은 커진다.

그리고 '실질'의 의미를 살려서 읽어줘야 한다. 물가는 그대로인데, 통화량은 증가한다면 '실질적인' 통화량은 증가하는 것이다. 물건 값은 그대로인데 시장에 돈이 많아졌으니까 사람들이 살 수 있는 물건의 양은 늘어날 것이다. **즉, 시장에 '실질적인' 통화의 양이 증가하는 것이다.** 그런데, 통화량이 증가했지만, 만약 물가도 같이 증가한다면 사람들이 구매할 수 있는 물건의 양은 변하지 않을 것이므로 '실질적인' 통화량의 증가는 없을 것이다. 즉, 통화량이 증가하긴 하지만, 사람들이 살 수 있는 것은 통화량이 증가하기 전과 같으므로 '실질적인' 통화량의 증가는 없다는 것이다.

이에 따라 시장 금리는 하락한다.

→ 아마 대부분의 학생들이 왜 시장 금리가 하락하는지 이해하지 못했을 것이다. 왜 시장 금리가 하락하는지 시험장에서 즉각 이해하는 것은 거의 불가능하다. 이걸 이해하기 위해서는 통화량과 금리의 관계를 이미 배경지식으로 알고 있었어야 했다.

물가는 그대로인데, 통화량은 증가한다. 즉, 실질 통화량이 증가한다. 통화량이 증가한다는 것은 시중에 돈이 많이 풀린다는 것이다. 시장에 돈이 많이 풀리면 돈의 가치가 떨어진다. 즉, 돈을 빌리고 싶은 사람은 어디에서나 쉽게 돈을 빌릴 수 있다는 것이다. 철수도 나한테 돈을 빌려준다고 하고, 영희도 나한테 돈을 빌려준다고 한다. 철수와 영희 모두 지금 지갑에 돈이 많기 때문이다. 그런데 돈 빌려주는 대가로 철수는 한 달 이자 5%를 부르고, 영희는 3%를 부른다. 그럼 나는 당연히 영희에게 돈을 빌릴 것이다.

은행도 마찬가지이다. 통화량이 많아진다는 것은 은행도 돈을 많이 갖게 된다는 걸 뜻한다. 돈을 그냥 갖고 있는 것보다는 사람들한테 빌려주고 이자를 받아먹는 것이 은행 입장에서는 이득이므로, 은행들은 사람들이 자기 은행에서 돈을 빌리도록 만들어야 한다. 따라서 금리를 계속 낮춰서 사람들이 자기 은행에서 대출을 하도록 유도한다. 따라서 시장의 금리는 계속해서 낮아지는 것이다.

🔊: 이걸 시험장에서 바로 생각해 내는 건 불가능하다. 미리 배경지식으로 알고 있었어야 했다.

> 국가 간 자본 이동이 자유로운 상황에서, ⓛ 시장 금리 하락은 투자의 기대 수익률 하락으로 이어져, 단기성 외국인 투자 자금이 해외로 빠져나가거나

→ 시장 금리가 하락한다면 당연히 우리나라 은행에 돈을 맡겨 놓을 이유가 없다. 맡겨 놔 봤자, 이자를 많이 못 받기 때문이다. 나라도 금리가 더 높은 다른 나라 은행으로 돈을 옮길 것이다.

> 신규 해외 투자 자금 유입을 위축시키는 결과를 ⓒ 초래한다.

→ 시장 금리가 낮다면 새로운 해외 투자 자금의 유입도 당연히 위축될 것이다.

> 이 과정에서 자국 통화의 가치는 하락하고 ⓔ 환율은 상승한다.

→ 왜 자국 통화의 가치는 하락하고 환율은 상승하는지 납득해야 한다. 지금까지의 과정을 정리해보면, '통화량 증가 + 물가 고정 → 실질 통화량 증가 → 시장 금리 하락 → 단기성 외국인 자금 유출 + 신규 해외 자금 유입 위축'이라고 할 수 있다.

통화량이 증가하니까 당연히 자국 통화의 가치는 하락한다. 다이아몬드가 비싼 이유는 희소하기 때문이다. 만약 다이아몬드가 세상에 널려 있다면 1000원도 안 할 것이다. 그리고 자국의 통화 가치가 하락한다는 것은 당연히 환율이 상승한다는 것과 같은 말이다. 왜냐하면 달러의 가치는 그대로인데, 우리나라 돈의 가치는 하락하니까, 당연히 자국 통화 가치가 하락했을 때 환율은 상승한다.

> 통화량의 증가로 인한 효과는 물가가 신축적인 경우에 예상되는 환율 상승에, 금리 하락에 따른 자금의 해외 유출이 유발하는 추가적인 환율 상승이 더해진 것으로 나타난다.

→ 어렵다. 제대로 이해해야 한다. 여기에서 '물가가 신축적인 경우에 예상되는 환율 상승'은 '장기'의 환율 상승을 의미한다. 그리고 '금리 하락에 따른 자금의 해외 유출이 유발하는 추가적인 환율 상승'은 '단기'의 환율 상승을 의미한다. 생각해 보고, 납득한다. 즉, 통화량의 증가로 인한 효과는 장기의 환율 상승에 단기의 환율 상승이 더해진 것으로 나타난다는 뜻이다.

그럼, **왜 그런 걸까?** 의문을 품었어야 했다. 부연 설명을 못 만들어 내더라도 의문은 품고 넘어갔어야 했다. 나는 이 문장을 읽고 의문이 들었다. 통화량의 증가로 인한 효과가 '단기'의 환율 상승으로 나타나는 것이 아니라, 왜 '장기의 환율 상승 + 단기의 환율 상승'으로 나타나는지 이해가 안 됐다. 글 속에도 부연 설명이 없어서 그냥 받아들이고 갔다. 그리고 이 부분은 문제로 나왔다.

4번 문제를 보자.

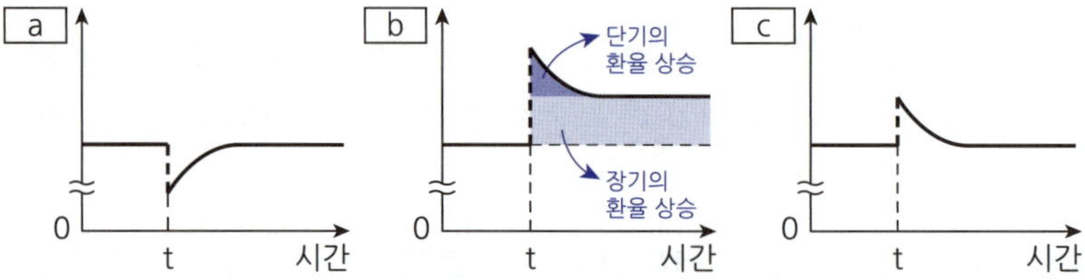

여기서 b 그래프를 보면 c 그래프와 다르게, t에서 상승한 뒤, 다시 제자리로 원상복구되지 않는다. 이 문제를 푼 대부분의 학생들에게 왜 환율이 c 그래프가 아니라 b 그래프인지 물어보면 제대로 대답을 못한다. 왜? 이 문장을 읽으면서 아무 생각을 안 했기 때문이다. 오버슈팅이 일어났을 때 환율은 '장기의 환율 상승 + 단기의 환율 상승'으로 나타난다. 그리고 오버슈팅이 끝나고 난 뒤, **다시 장기의 환율 상승 수준으로 돌아온다.** (아래 문장까지 읽어보면 알 수 있음) 그러니까 t 시점 이전의 원래 환율로 돌아오는 게 아니라는 말이다. 그래프 b를 보면 t 시점에 그래프가 확 뛴다. 이건 '장기의 환율 상승 + 단기의 환율 상승'을 의미한다. 그렇기 때문에, 이후 시간이 지나고 '장기의 환율 상승' 수준으로 그래프가 돌아오는 것이다.

📢 이 문제 정답률은 45%였다. 대부분의 학생들은 틀렸고, 맞힌 학생들도 지문으로 돌아가서 서치한다고 시간을 많이 썼을 것이다. 하지만 지문을 읽을 때 한 문장 한 문장 제대로 이해하고 넘어갔던 학생, 이해가 안 가는 부분에서는 의문을 품는 학생은 빠르고 정확하게 풀었을 것이다.

> 이러한 추가적인 상승 현상이 환율의 오버슈팅인데, 오버슈팅의 정도 및 지속성은 물가 경직성이 클수록 더 크게 나타난다.

➜ 오버슈팅의 정도 및 지속성은 물가 경직성이 클수록 더 크다는 건 당연한 것이다. 이걸 외우려고 하는 건 말이 안 된다. 오버슈팅은 물가와 통화량의 조정 속도 차이 때문에 일어난다. 그럼 물가가

경직되어 있어서 물가와 통화량의 조정 속도가 많이 차이 나면, 오버슈팅은 더 크게 나타나고, 더 오래 지속될 것이다. 즉, 당연히 물가 경직성이 크면 오버슈팅도 더 오래, 더 크게 나타나는 것이다. 외우는 게 아니고, '이해'하는 것이다.

➜ 시간이 지나면서 실질 통화량이 원래 수준으로 돌아오고, 시장 금리 상승으로 자금이 다시 돌아오면, 단기에 있었던 오버슈팅은 끝날 것이다. 그럼 환율은 당연히 장기에는 구매력 평가설에 기초한 환율로 수렴될 것이다.

여기서 '구매력 평가설에 기초한 환율'이 뭘 의미하는가? 바로 '균형' 환율이다. 이걸 균형 환율로 읽을 수 있어야 한다. 이제 단기에 있었던 오버슈팅이 끝나고, 장기에는 균형 잡힌 환율로 돌아오는 것이다.

5문단

➜ 일단 먼저, 외환 수급 불균형 해소를 위해 관련 정보를 신속하고 정확하게 공개하거나 불필요한 가격 규제를 축소하면 물가 경직성이 해소될 수 있음을 납득한다. 외환 수급 불균형 해소가 어떻게 물가 경직성을 해소하는지는 잘 모르겠다. 지문에서 부연 설명을 안 해줬기 때문이다. 하지만, 불필요한 가격 규제를 축소하면 어떻게 물가 경직성이 해소될 수 있는지는 납득이 간다. 그래서 나는 '외환 수급 불균형 해소'에 밑줄 쳐 놓고 갔다. 내가 이렇게 하고 넘어갔다고 해서 너도 그렇게 하라는 뜻이 아니다. 너는 굳이 밑줄을 안 쳐도 너 나름대로 부연 설명이 만들어져서 그냥 받아들이고 넘어갔을 수도 있다. 내가 말하고 싶은 건, 만약 네가 이 부분이 이해되지 않았다면, 이 부분을 읽고 '이해되지 않았다는 걸' 납득하고 넘어갔어야 했다는 것이다.

그리고 또 외환의 수급 불균형 해소를 위해 관련 정보를 신속하고 정확하게 공개하거나, 불필요한 가격 규제를 축소하는 것이 강제성이 낮은 사례라는 걸 납득해야 한다. 다시 한번 말하지만 각 문장들은 암기의 대상이 아니다. 납득이 안 되면 그냥 외우거나 표시하고 넘어가야겠지만, 일단 모든 문장을 '이해'하려는 태도로 접근해야 한다.

→ 이 문장을 제대로 이해하기 위해서는 환율과 수출, 수입에 대한 기본적인 이해가 있어야 한다. 환율이 상승하면 수입품의 가격은 상승한다. 왜냐하면, 예전에는 미국에서 만든 1달러짜리 볼펜을 사려면 1000원만 내면 됐었는데, 환율이 상승하면, 2000원을 내야 하기 때문이다. 반대로 수출품의 가격은 하락한다. 환율 상승 전에는 2000원짜리 볼펜을 2달러 주고 사야 했지만, 이제는 1달러만 주면 2000원짜리 볼펜을 살 수 있기 때문이다. 즉, 환율이 상승하면 외국인들 입장에서 우리나라 수출품의 가격은 하락한다.

그럼 반대로 환율이 하락하면, 수입품의 가격은 하락하고, 수출품의 가격은 상승할 것이다. 환율은 쉽게 생각해서 '달러의 가격'이라고 생각하면 편하다. 환율과 수출, 수입의 관계는 정말 기초적인 것이니 몰랐다면 검색을 하든, 책을 보든 해서 배경지식을 쌓아 두기 바란다. 배경지식도 독해력이란 걸 명심하기 바란다.

이 관계를 머릿속에 집어넣고 다시 문장을 읽어보자. 오버슈팅으로 인해서 환율이 상승하면 수입품은 가격이 상승한다. 그럼 우리나라 사람들은 수입품을 안 산다. 즉, 우리나라 내부의 수요가 감소하는 것이다. 이걸 '내수'가 위축된다고 표현한다. 그래서 수입품에 대한 세금을 줄여서 내수가 위축되는 것을 막겠다는 것이다. 수입품에 대한 세금을 줄이면 수입품의 가격이 낮아질 것이고, 그럼 사람들은 수입품을 살 것이다.

→ 환율 변동 보험을 제공한다는 것은, 말 그대로 환율이 급등락 했을 때 기업이 받는 피해를 줄여주고자 정부가 환율 변동 보험을 제공한다는 것이다. 환율이 변동했을 때, 환율 변동 보험을 가입해 놨다면 환율 변동으로 인한 피해를 보상받을 수 있다.

외화 차입 시 지급 보증을 제공한다는 말은, 말 그대로 우리나라 기업이 외국 돈을 빌려올 때, 정부가 기업을 대신해서, 외국에게 '빌린 돈을 지급하겠다고 보증'을 서주는 것이다. 그럼 당연히 외국은 우리나라 정부를 믿고 우리나라 기업에게 외화를 빌려줄 것이다. 그럼 환율이 급등했을 때, 우리나라 기업들은 외화를 갖고 있으므로 피해를 줄일 수 있을 것이다.

만약 외화 차입 시 지급 보증을 제공하는 게 환율 급등락으로 인한 피해를 어떻게 줄일 수 있는지 납득이 안 됐다면, 시험장에서는 그냥 외우거나 표시해두고 넘어갔으면 됐다. 나는 지금 해설을 쓰는 입장이기 때문에 정확한 이유를 알려주는 것이다. 그러니까, "와, 저걸 어떻게 생각해" 이런 식으로 걱정하지 않아도 된다.

> 이러한 정책 수단은 직접성이 높은 특성을 가진다.

➜ 정부가 민간에 맡기지 않고, 직접 환율 변동 보험도 제공하고, 지급 보증도 제공하는 것이니까 당연히 직접성이 높다.

> 이와 같이 정부는 기초 경제 여건을 반영한 환율의 추세는 용인하되, 사전적 또는 사후적인 미세 조정 정책 수단을 활용하여 환율의 단기 급등락에 따른 위험으로부터 실물 경제와 금융 시장의 안정을 ⓔ 도모하는 정책을 수행한다.

➜ 충분히 납득할 수 있다.

지문 관련 문제 해설

1. 윗글에 대한 이해로 적절하지 <u>않은</u> 것은?

> ① 국내 통화량이 증가하여 유지될 경우 장기에는 실질 통화량이 변하지 않으므로 장기의 환율도 변함이 없을 것이다.

➜ 틀렸다. 국내 통화량이 증가하여 유지되면, 장기에는 통화량 상승에 맞춰 물가도 같이 상승하기 때문에 실질 통화량은 변하지 않는다. **하지만 장기의 환율은 상승한다.** 왜 그럴까? 위에서도 설명했지만, 통화량이 증가하여 유지된다는 말은 화폐 가치가 떨어진다는 뜻이다. 그 말은, 예전에는 1000원으로 1달러를 샀지만 이제는 2000원으로 1달러를 사야 한다는 말이다. 따라서 환율은 상승하게 된다. 정답은 ①번이다.

> ② 물가가 신축적인 경우가 경직적인 경우에 비해 국내 통화량 증가에 따른 국내 시장 금리 하락 폭이 작을 것이다.

➜ 맞다. 물가가 경직적일 때 실질 통화량은 증가하고, 이에 따라 국내 시장 금리는 하락하게 된다. 그런데 물가가 신축적이라면? 당연히 경직적일 때보다 통화량 증가에 따른 시장 금리 하락 폭은 더 작을 것이다.

③ 물가 경직성에 따른 환율의 오버슈팅은 물가의 조정 속도보다 환율의 조정 속도가 빠르기 때문에 발생하는 것이다.

→ 당연하다. 물가는 장기 계약, 공공 요금 규제 때문에 조정 속도가 느린데, 환율은 날마다 조정이 가능하다.

④ 환율의 오버슈팅이 발생한 상황에서 외국인 투자 자금이 국내 시장 금리에 민감하게 반응할수록 오버슈팅 정도는 커질 것이다.

→ 외국인 투자 자금이 국내 시장 금리에 민감하게 반응한다는 건 조금만 금리가 낮아져도 국내에 있는 외국인 투자 자금이 전부 해외로 유출된다는 것이다. 그리고 해외에서 국내 은행으로의 투자는 거의 이뤄지지 않게 된다는 말이다. 그렇게 되면 환율 상승은 더 커질 것이고, 이에 따라 오버슈팅 정도도 더 커질 것이다.

⑤ 환율의 오버슈팅이 발생한 상황에서 물가 경직성이 클수록 구매력 평가설에 기초한 환율로 수렴되는 데 걸리는 기간이 길어질 것이다.

→ 구매력 평가설에 기초한 환율은 '균형' 환율이다. 물가 경직성이 클수록 오버슈팅도 커지므로 '균형' 환율로 돌아오는 데 시간이 길어질 것이다.

· 답 : ①

2. ㉮를 바탕으로 정책 수단의 특성을 이해한 것으로 가장 적절한 것은?

① 다자녀 가정에 출산 장려금을 지급하는 것은, 불법 주차 차량에 과태료를 부과하는 것보다 강제성이 높다.

→ '강제성'은 정부가 개인이나 집단의 행위를 제한하는 정도이다. 불법 주차 차량에 과태료를 부과하는 것은 주차를 '제한하는 것'이지만, 다자녀 가정에 출산 장려금을 지급하는 것은 '권장하는 것'이다. 따라서 틀린 선지다.

② 전기 제품 안전 규제를 강화하는 것은, 학교 급식을 제공하기 위한 재원을 정부 예산에 편성하는 것보다 가시성이 높다.

➡ '가시성'은 예산 수립 과정에서 정책을 수행하기 위한 재원이 명시적으로 드러나는 정도이다. 학교 급식 제공을 위한 재원을 정부 예산에 편성하는 건 재원이 명시적으로 드러나지만, 전기 제품 안전 규제를 강화하는 것은 재원이 명시적으로 드러나지 않는다. 따라서 틀린 선지다.

> ③ 문화재를 발견하여 신고할 경우 포상금을 주는 것은, 자연 보존 지역에서 개발 행위를 금지하는 것보다 강제성이 높다.

➡ 자연 보존 지역에서 개발 행위를 금지하는 것은 말 그대로 행위를 '제한하는 것'이지만, 문화재를 발견하여 신고할 경우 포상금을 주는 것은 신고하는 행위를 '권장하는 것'이다. 따라서 틀린 선지다.

> ④ 쓰레기 처리를 민간 업체에 맡겨서 수행하게 하는 것은, 정부 기관에서 주민등록 관련 행정 업무를 수행하는 것보다 직접성이 높다.

➡ '직접성'은 정부가 공동 활동 수행과 재원 조달에 직접 관여하는 정도이다. 정부 기관에서 주민등록 관련 행정 업무를 수행하는 것은 정부가 공공 활동 수행에 '직접' 관여하는 것이다. 하지만 쓰레기 처리를 민간 업체에 맡겨 수행하게 하는 것은 정부가 '직접' 관여하는 것이 아니다. 따라서 틀린 선지다.

> ⑤ 담당 부서에서 문화 소외 계층에 제공하던 복지 카드의 혜택을 늘리는 것은, 전담 부처를 신설하여 상수원 보호 구역을 감독하는 것보다 자동성이 높다.

➡ '자동성'은 정책을 수행하기 위해 별도의 행정 기구를 설립하지 않고 기존의 조직을 활용하는 정도이다. 전담 부처를 신설하는 것은 '기존 조직을 활용하는 것'이 아니다. 하지만 담당 부서에서 문화 소외 계층에 제공하던 복지 카드 혜택을 늘리는 건 담당 부서라는 '기존의 조직을 활용하는 것'이다. 따라서 정답이다.

· 답 : ⑤

3. 윗글을 바탕으로 할 때, 〈보기〉의 'A국' 경제 상황에 대한 '경제학자 갑'의 견해를 추론한 것으로 적절하지 <u>않은</u> 것은?

> ──── < 보기 > 분할 분석────
>
> A국 경제학자 갑은 자국의 최근 경제 상황을 다음과 같이 진단했다. 금융 시장 불안의 여파로 A국의 주식, 채권 등 금융 자산의 가격 하락에 대한 우려가 확산되면서 안전 자산으로 인식되는 B국의 채권에 대한 수요가 증가하고 있다. 이로 인해 외환시장에서는 A국에 투자되고 있던 단기성 외국인 자금이 B국으로 유출되면서 A국의 환율이 급등하고 있다.
>
> B국에서는 해외 자금 유입에 따른 통화량 증가로 B국의 시장 금리가 변동할 것으로 예상된다.

➜ 여기서 핵심은 B국의 시장 금리가 어떻게 변동하게 될지 '스스로' 유추해낼 수 있어야 했다는 것이다. 일단 <보기>의 상황을 차근차근 살펴보자. 지금 A국의 금융 시장이 불안해지면서 투자자들이 A국 주식, 채권 대신 안전 자산인 B국의 채권을 선호하게 됐다. 그래서 A국에 자기 돈을 투자했었던 외국인들은 먼저 자신들이 보유하고 있던 A국의 주식과 채권을 팔려고 한다. 그리고 그렇게 A국 주식과 채권을 팔고 받은 'A국 돈'을 다시금 외환시장에서 '달러'나 '다른 외화'로 바꾸려한다.

그런데 갑자기 이렇게 많은 외화가 필요해지면서 A국의 환율은 급등한다. 왜냐하면 A국 돈에 대한 수요는 낮아지고, 외화 수요는 높아졌기 때문이다. 그리고 이렇게 A국 돈을 '달러'나 '다른 외화'로 바꾼 외국인들은 그 돈을 다시 B국에 투자한다. 이렇게 되면 B국에 많은 자금이 들어와서 B국 통화량이 '증가'한다. 따라서 B국의 시장 금리는 '하락'할 것임을 추측할 수 있는 것이다.

> ──── < 보기 > 분할 분석────
>
> 이에 따라 A국의 환율 급등은 향후 다소 진정될 것이다.

➜ 왜 그럴까? B국의 시장 금리가 하락하면, B국에 투자되어 있던 단기성 외국인 자금들이 A국으로 다시 들어오기 때문이다. 그리고 B국에 투자되지 않은 신규 해외 투자 자금이 A국으로 유입될 것이다. 따라서 이러한 요인들 때문에 A국의 환율 급등은 향후 다소 진정되는 것이다. 이렇게 문장 아래에 깔려 있는 깊은 뜻을 이해해야 한다. 그러기 위해서는 기본적인 경제 지식은 배경지식으로 가지고 있어야 한다.

➔ 환율과 수출, 수입의 관계는 기본 중의 기본이다. 환율이 오르면 수출은 증가하고 수입은 감소한
다. 몰랐다면 배경지식으로 제대로 알아두기 바란다.

① A국에 환율의 오버슈팅이 발생한 상황에서 B국의 시장 금리가 하락한다면 오버슈팅의 정
도는 커질 것이다.

➔ 아까 〈보기〉에서 이미 다 생각했다. B국의 시장 금리가 하락한다면, B국에 있던 단기성 외국인 자
금들이 해외로 빠져나갈 것이고, 신규 해외 투자 자금의 유입도 위축될 것이다. 반대로 A국에는 B국
에 있던 단기성 외국인 자금이 유입될 것이다. B국으로 유입되지 않은 신규 해외 투자 자금이 A국으
로 유입될 것이다.

이런 과정을 거치게 되면 A국의 오버슈팅은 약해진다. 따라서 ①번이 답이다. 정말 간단하다. 그런
데, 정답률이 27%다. 일단 〈보기〉를 보고 1차적으로 쫄았을 것이다. 경제 개념어들도 지금 머릿속에
제대로 안 박혀 있는데 이걸 〈보기〉에 활용해 놓았으니 이미 풀기도 전에 위축됐을 것이다. 근데 너
도 느꼈겠지만, 사실 환율, 금리, 통화량, 이자율에 대한 기본적인 지식만 있었다면 그리 어렵지 않게
풀 수 있었다.

② A국에 환율의 오버슈팅이 발생하였다면 이는 금융 시장 변동에 따른 불안 심리에 의해 촉
발된 것으로 볼 수 있다.

➔ 맞다. 글에서 오버슈팅은 금융 시장 변동에 따른 불안 심리 또는 물가 경직성 때문에 촉발된다고
말했었다.

③ A국에 환율의 오버슈팅이 발생할지라도 시장의 조정을 통해 환율이 장기에는 균형 환율
수준에 도달할 수 있을 것이다.

→ 맞다. 오버슈팅이 발생해도 '장기'에는 시장의 조정을 통해서 균형 환율 수준에 도달할 수 있다.

> ④ A국의 환율 상승이 수출을 증대시키는 긍정적인 효과도 동반하므로 A국의 정책 당국은
> 　외환 시장 개입에 신중해야 한다.

→ 당연하다. 아까 〈보기〉에서 말한 환율과 수출 간의 관계를 이용해서 낸 선택지다.

> ⑤ A국의 환율 상승은 B국으로부터 수입하는 상품의 가격을 인상시킴으로써 A국의 내수를
> 　위축시키는 결과를 초래할 수 있다.

→ 당연히 수입품의 가격이 인상되면 그 수입품에 대한 A국 내수는 위축될 것이다.

*내수 : 내부 수요

· 답 : ①

4. 〈보기〉에 제시된 그래프의 세로축 a,b,c는 [가]의 ㉠~㉢과 하나씩 대응된다. 이를 바르게 짝지은 것은?

㉠ : 실질 통화량　　㉡ : 시장 금리　　㉢ : 환율

―――――― < 보기 > ――――――

　다음 그래프들은 [가]에서 국내 통화량이 t 시점에서 증가하여 유지된 경우 예상되는 ㉠~㉢의 시간에 따른 변화를 순서 없이 나열한 것이다.

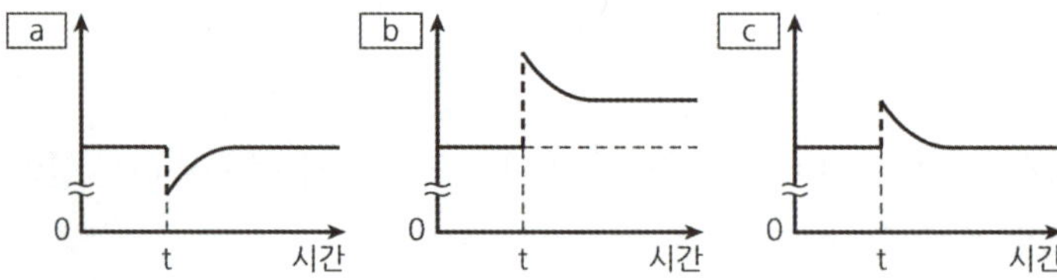

　(단, t 시점 근처에서 그래프의 형태는 개략적으로 표현하였으며, t 시점 이전에는 모든 경제 변수들의 값이 일정한 수준에서 유지되어 왔다고 가정한다. 장기 균형으로 수렴되는 기간은 변수마다 상이하다.)

→ 먼저 실질 통화량은 국내 통화량이 t 시점에서 증가했다고 할 때, 그 순간 같이 상승했다가, 시간이 지남에 따라 다시 제자리로 돌아와야 한다. 따라서 c 그래프가 실질 통화량을 의미한다고 할 수 있다.

다음으로 시장 금리는 국내 통화량이 t 시점에서 증가했을 때 하락해야 한다. 통화량이 많아진다는 건 금리가 낮아진다는 것이기 때문에, 시장 금리의 그래프는 a가 되어야 한다.

마지막으로 환율은 국내 통화량이 t 시점에서 증가했을 때, "물가가 신축적인 경우에 예상되는 환율 상승에, 금리 하락에 따른 자금의 해외 유출이 유발하는 추가적인 환율 상승이 더해진 것으로 나타난다."라는 문장을 반영한 그래프가 그려져야 한다. 물가가 신축적인 경우 예상되는 환율 상승은 '장기'의 환율 상승을 의미하고, 금리 하락에 따른 자금의 해외 유출이 유발하는 추가적인 환율 상승은 '단기'의 환율 상승을 의미한다.

통화량이 증가하는 t 시점에서는 '장기' 환율 상승 + '단기' 환율 상승이 일어나야 한다. **그리고 이후 시간이 지남에 따라 '단기'의 환율 상승이 사라지고, '장기'의 환율 상승만 남아있어야 한다.** 여기서 주의할 것이 환율은 원래 상태로 돌아오는 것이 아니다. '장기'의 환율로 수렴하게 된다. 따라서 환율을 나타내는 그래프는 c 그래프가 아니라 b 그래프가 되어야 하는 것이다. 정답은 ④번이다.

· 답 : ④

5. 미세 조정 정책 수단 의 사례로 적절하지 <u>않은</u> 것은?

➡ 글에서 '미세 조정 정책 수단'의 사례로 소개된 것은 '관련 정보 공개', '불필요한 가격 규제 축소', '가격이 급등한 수입 필수 품목에 대한 세금 조절', '수출입 기업에 환율 변동 보험 제공', '외화 차입 시 지급 보증 제공'이 있다.

①, ②, ④, ⑤번은 위 내용들 중 하나씩 해당되지만 ③번은 관련이 없다. ③번에 나온 '해외 자금 유출, 유입 통제'는 '미세 조정 정책 수단'과 관련이 없다. 이 문제를 풀기 위해서 '미세 조정 정책 수단'의 사례를 모두 외워야 하는 것이 아니다. 글 읽을 때는 하나씩 읽으면서 이해만 해주면 충분하다. 이후 문제에서 물어본다면 빠르게 서치하면 된다. 정말 제대로 이해하고 넘어갔다면 서치할 때 속도도 빨라질 것이다.

① 예기치 못한 외환 손실에 대비한 환율 변동 보험을 수출 주력 중소기업에 제공한다.

② 원유와 같이 수입 의존도가 높은 상품의 경우 해당 상품에 적용하는 세율을 환율 변동에
따라 조정한다.

③ 환율의 급등락으로 금융 시장이 불안정할 경우 해외 자금 유출과 유입을 통제하여 환율
의 추세를 바꾼다.

④ 환율 급등으로 수입 물가가 가파르게 상승했을 때, 수입 대금 지급을 위해 외화를 빌리는
수입 업체에 지급 보증을 제공한다.

⑤ 수출입 기업을 대상으로 국내외 금리 변동, 해외 투자 자금 동향 등 환율 변동에 영향을
주는 요인들에 대한 정보를 제공한다.

· 답 : ③

6. 문맥상 ⓐ~ⓔ와 바꿔 쓰기에 적절하지 <u>않은</u> 것은?

➜ "경제 주체들은 과도한 위험에 노출될 수 있다."는 "경제 주체들은 과도한 위험에 드러낼 수 있
다."로 바꿨을 때 어색하다. 따라서 ②번이 답이다.

① ⓐ : 동떨어져
② ⓑ : 드러낼
③ ⓒ : 불러온다
④ ⓓ : 되돌아오면서
⑤ ⓔ : 꾀하는

· 답 : ②

경제 4

2022학년도 수능, 브레턴우즈 체제

　기축 통화는 국제 거래에 결제 수단으로 통용되고 환율 결정에 기준이 되는 통화이다. 1960년 트리핀 교수는 브레턴우즈 체제에서의 기축 통화인 달러화의 구조적 모순을 지적했다. 한 국가의 재화와 서비스의 수출입 간 차이인 경상 수지는 수입이 수출을 초과하면 적자이고, 수출이 수입을 초과하면 흑자이다. 그는 "미국이 경상 수지 적자를 허용하지 않아 국제 유동성 공급이 중단되면 세계 경제는 크게 위축될 것"이라면서도 "반면 적자 상태가 지속돼 달러화가 과잉 공급되면 준비 자산으로서의 신뢰도가 저하되고 고정 환율 제도도 붕괴될 것"이라고 말했다.

　이러한 트리핀 딜레마는 국제 유동성 확보와 달러화의 신뢰도 간의 문제이다. 국제 유동성이란 국제적으로 보편적인 통용력을 갖는 지불 수단을 말하는데, ㉠ 금 본위 체제에서는 금이 국제 유동성의 역할을 했으며, 각 국가의 통화 가치는 정해진 양의 금의 가치에 고정되었다. 이에 따라 국가 간 통화의 교환 비율인 환율은 자동적으로 결정되었다. 이후 ㉡ 브레턴우즈 체제에서는 국제 유동성으로 달러화가 추가되어 '금 환 본위제'가 되었다. 1944년에 성립된 이 체제는 미국의 중앙은행에 '금 태환 조항'에 따라 금 1온스와 35달러를 언제나 맞교환해 주어야 한다는 의무를 지게 했다. 다른 국가들은 달러화에 대한 자국 통화의 가치를 고정했고, 달러화로만 금을 매입할 수 있었다. 환율은 경상 수지의 구조적 불균형이 있는 예외적인 경우를 제외하면 ±1% 내에서의 변동만을 허용했다. 이에 따라 기축 통화인 달러화를 제외한 다른 통화들 간 환율인 교차 환율은 자동적으로 결정되었다.

　1970년대 초에 미국은 경상 수지 적자가 누적되기 시작하고 달러화가 과잉 공급되어 미국의 금 준비량이 급감했다. 이에 따라 미국은 달러화의 금 태환 의무를 더 이상 감당할 수 없는 상황에 도달했다. 이를 해결할 수 있는 방법은 달러화의 가치를 내리는 평가 절하, 또는 달러화에 대한 여타국 통화의 환율을 하락시켜 그 가치를 올리는 평가 절상이었다. 하지만 브레턴우즈 체제하에서 달러화의 평가 절하는 규정상 불가능했고, 당시 대규모 대미 무역 흑자 상태였던 독일, 일본 등 주요국들은 평가 절상에 나서려고 하지 않았다. 이 상황이 유지되기 어려울 것이라는 전망으로 독일의 마르크화와 일본의 엔화에 대한 투기적 수요가 증가했고, 결국 환율의 변동 압력은 더욱 커질 수밖에 없었다. 이러한 상황에서 각국은 보유한 달러화를 대규모로 금으로 바꾸기를 원했다. 미국은 결국 1971년 달러화의 금 태환 정지를 선언한 닉슨 쇼크를 단행했고, 브레턴우즈 체제는 붕괴되었다.

　그러나 붕괴 이후에도 달러화의 기축 통화 역할은 계속되었다. 그 이유로 규모의 경제를 생각할 수 있다. 세계의 모든 국가에서 ㉢ 어떠한 기축 통화도 없이 각각 다른 통화가 사용되는 경우 두 국가를 짝짓는 경우의 수만큼 환율의 가짓수가 생긴다. 그러나 하나의 기축 통화를 중심으로 외환 거래를 하면 비용을 절감하고 규모의 경제를 달성할 수 있다.

1. 윗글을 통해 답을 찾을 수 <u>없는</u> 질문은?

① 브레턴우즈 체제 붕괴 이후에도 달러화가 기축 통화로서 역할을 할 수 있었던 이유는 무엇인가?
② 브레턴우즈 체제 붕괴 이후의 세계 경제 위축에 대해 트리핀은 어떤 전망을 했는가?
③ 브레턴우즈 체제에서 미국 중앙은행은 어떤 의무를 수행해야 했는가?
④ 브레턴우즈 체제에서 국제 유동성의 역할을 한 것은 무엇인가?
⑤ 브레턴우즈 체제에서 달러화 신뢰도 하락의 원인은 무엇인가?

2. 윗글을 바탕으로 추론한 내용으로 적절하지 <u>않은</u> 것은?

① 닉슨 쇼크가 단행된 이후 달러화의 고평가 문제를 해결할 수 있는 달러화의 평가 절하가 가능해졌다.
② 브레턴우즈 체제에서 마르크화와 엔화의 투기적 수요가 증가한 것은 이들 통화의 평가 절상을 예상했기 때문이다.
③ 금의 생산량 증가를 통한 국제 유동성 공급량의 증가는 트리핀 딜레마 상황을 완화하는 한 가지 방법이 될 수 있다.
④ 트리핀 딜레마는 달러화를 통한 국제 유동성 공급을 중단할 수도 없고 공급량을 무한정 늘릴 수도 없는 상황을 말한다.
⑤ 브레턴우즈 체제에서 마르크화가 달러화에 대해 평가 절상되면, 같은 금액의 마르크화로 구입 가능한 금의 양은 감소한다.

3. 미국을 포함한 세 국가가 존재하고 각각 다른 통화를 사용할 때, ㉠~㉢에 대한 설명으로 적절한 것은?

① ㉠에서 자동적으로 결정되는 환율의 가짓수는 금에 자국 통화의 가치를 고정한 국가 수보다 하나 적다.
② ㉡이 붕괴된 이후에도 여전히 달러화가 기축 통화라면 ㉡에 비해 교차 환율의 가짓수는 적어진다.
③ ㉢에서 국가 수가 하나씩 증가할 때마다 환율의 전체 가짓수도 하나씩 증가한다.
④ ㉠에서 ㉡으로 바뀌면 자동적으로 결정되는 환율의 가짓수가 많아진다.
⑤ ㉡에서 교차 환율의 가짓수는 ㉢에서 생기는 환율의 가짓수보다 적다.

4. 윗글을 참고할 때, 〈보기〉에 대한 반응으로 가장 적절한 것은?

> ─── < 보기 > ───
>
> 브레턴우즈 체제가 붕괴된 이후 두 차례의 석유 가격 급등을 겪으면서 기축 통화국인 A국의 금리는 인상되었고 통화 공급은 감소했다. 여기에 A국 정부의 소득세 감면과 군비 증대는 A국의 금리를 인상시켰으며, 높은 금리로 인해 대량으로 외국 자본이 유입되었다. A국은 이로 인한 상황을 해소하기 위한 국제적 합의를 주도하여, 서로 교역을 하며 각각 다른 통화를 사용하는 세 국가 A, B, C는 외환 시장에 대한 개입을 합의했다. 이로 인해 A국 통화에 대한 B국 통화와 C국 통화의 환율은 각각 50%, 30% 하락했다.

① A국의 금리 인상과 통화 공급 감소로 인해 A국 통화의 신뢰도가 낮아진 것은 외국 자본이 대량으로 유입되었기 때문이겠군.

② 국제적 합의로 인한 A국 통화에 대한 B국 통화의 환율 하락으로 국제 유동성 공급량이 증가하여 A국 통화의 가치가 상승했겠군.

③ 다른 모든 조건이 변하지 않았다면, 국제적 합의로 인해 A국 통화에 대한 B국 통화의 환율과 B국 통화에 대한 C국 통화의 환율은 모두 하락했겠군.

④ 다른 모든 조건이 변하지 않았다면, 국제적 합의로 인해 A국 통화에 대한 B국과 C국 통화의 환율이 하락하여, B국에 대한 C국의 경상 수지는 개선되었겠군.

⑤ 다른 모든 조건이 변하지 않았다면, A국의 소득세 감면과 군비 증대로 A국의 경상 수지가 악화되며, 그 완화 방안 중 하나는 A국 통화에 대한 B국 통화의 환율을 상승시키는 것이겠군.

1문단

> 기축 통화는 국제 거래에 결제 수단으로 통용되고 환율 결정에 기준이 되는 통화이다.

→ 이 지문을 읽으면서 너도 느꼈겠지만, 기출 문제에 나왔던 경제 지문들을 배경지식으로 가지고 있지 않으면 시간 내에 제대로 이해하고 푸는 게 불가능했던 지문이다. 그런데 반대로 말해서, 기출 문제에 있는 지문들만 제대로 읽고, 배경지식으로 쌓아뒀으면 충분히 다 맞힐 수 있었던 지문이다. 또 이 지문은 역대 기출 문제에 나왔던 경제 지문들 중 최고난도 지문이므로, 확실하게 이해해두자.

먼저 첫 번째 문장은 '기축 통화'의 개념을 제시하는 문장이다. 함축적 의미를 생각해 보면, 말 그대로 '기준이 되는 축'에 해당하는 통화가 아닐까 생각할 수 있다. 국제 거래에 결제 수단으로 널리 쓰이고, 환율을 결정하는 데도 기준이 되는 통화니까, '기축 통화'라고 부르는 건 납득할 수 있다. 현재 전 세계 기축 통화는 '달러'다. 사실 이 '기축 통화'라는 단어는, 기출 문제에 출제되는 경제 지문들을 제대로 이해하는 과정에서 한 번쯤은 봤어야 하는 단어다. '통화량', '금리'와 관련된 내용을 배경지식으로 쌓다 보면 '기축 통화'라는 단어는 무조건 마주하게 되는 단어기 때문이다.

그리고 실제로 2018학년도 사관학교 '선물' 지문에서도 '기축 통화'라는 단어가 출제 됐었다. 네가 1등급을 목표로 공부해나간다면, 수능 기출뿐만 아니라, '사관학교' 기출 문제도 5개년 정도는 봐두는 것이 좋다. 사관학교에 나왔던 제재가 수능에 많이 나오기도 하고, 교육청 모의고사나 다른 사설 모의고사에 비해서, 퀄리티가 더 좋기 때문이다.

> 1960년 트리핀 교수는 브레턴우즈 체제에서의 기축 통화인 달러화의 구조적 모순을 지적했다.

→ '브레턴우즈 체제' 하에서는 '기축 통화'가 '달러화'였다고 한다. 그런데, '브레턴우즈 체제'에서 '달러화'를 사용하는 게 어떤 문제가 있었나 보다. 트리핀 교수라는 사람이 달러화의 '구조적 모순'을 지적했다고 한다. '구조적 모순'이라는 말만 가지고는 구체적으로 무슨 문제가 있었던 건지 잘 모르겠다. 더 읽어보면서 자세하게 이해하자. 그리고 계속 말하지만 '1960년', '트리핀 교수' 이런 단어에 너무 집착할 필요 없다.

> 한 국가의 재화와 서비스의 수출입 간 차이인 경상 수지는 수입이 수출을 초과하면 적자이고, 수출이 수입을 초과하면 흑자이다.

→ '경상 수지'도 '기축 통화'와 마찬가지로, 머릿속에 이미 개념이 있었어야 한다. 왜냐하면 2011학년도 고3 9월 모의고사에 '경상 수지'와 관련된 내용이 이미 한 번 출제됐었기 때문이다. '경상 수지'의

정확한 뜻을 알고 있진 못하더라도, '경상 수지'의 뜻이 어색하게 느껴지진 않았어야 한다.

경상 수지는 한 국가의 재화와 서비스의 수출입 간 차이라고 한다. 그래서 나는 이 말을 듣고, '경상수지 = 수출 − 수입'이라고 생각했다. 그리고 뒷 문장을 보니까 수입이 수출을 초과하면 경상 수지 적자이고, 수출이 수입을 초과하면 경상 수지가 흑자라고 한다. 그런데 나는 여기서 의문이 들었던 게, 왜 수입이 수출을 초과했을 때 '적자'라고 부르는 건지 궁금했다. 그리고 왜 수출이 수입을 초과하면 '흑자'라고 부르는 걸까? 이 글에는 부연 설명이 없다. 그래서 스스로 부연 설명을 붙이고 넘어가거나, 아니면 그냥 '그런가 보다' 하고 넘어갔어야 한다.

나는 우선 '수출이 수입보다 많다'는 게 어떤 의미일지 생각해봤다. 이건 쉽게 말해서, **버는 돈이 쓰는 돈보다 많다는 뜻이다.** 수출을 하면 우리는 외국에 물건을 팔고 돈을 받는다. 반면 수입은 외국의 물건을 사기 위해서, 내가 돈을 쓰는 것이다. 즉, 수출이 수입보다 많다는 건 버는 돈이 쓰는 돈보다 많다는 뜻이다. 그리고 이렇게 내가 쓰는 돈보다 버는 돈이 많다는 건 풍족한 상황이니까, '흑자'라고 부르는 것이라고 이해했다. 반대로 내가 쓰는 돈보다 버는 돈이 적은 상황은, '수입이 수출보다 많은 상황'이다. 그러니까 이 경우에는 '적자'라고 말하는 것이다.

만약 위와 같은 부연 설명을 못 붙였다면, '경상 수지 = 수출 − 수입'을 가지고라도 간단하게 생각할 수 있었어야 한다. 수출이 수입보다 많다면 경상 수지 값은 '+'이니까 '흑자'다. 반면 수입이 수출보다 많다면 경상 수지 값은 '−'가 되고, '적자'라고 부르는 것이다. 이 정도는 글 읽으면서 부연 설명으로 붙일 수 있어야 한다. 뒷부분을 읽어보면 알겠지만, 이 문장보다 훨씬 어려운 문장들이 많이 등장한다. 그래서 만약 네가 이 문장을 정보로 처리하고 갔다면 뒷 부분을 읽으면서 독해하기가 매우 어려웠을 것이다. 이 정도 부연 설명 만들기는 네가 '한 국가의 재화와 서비스의 수출입 간 차이인 경상 수지는'이라는 구절을 제대로 이해했다면 충분히 만들 수 있는 정도였다.

→ 이 문장도 꽤나 난도가 있는 문장이다. 먼저 '미국이 경상 수지 적자를 허용하지 않아'라는 말이 무슨 뜻인지 생각해 보자. 경상 수지 '적자를 허용하지 않는다'는 건, 경상 수지를 계속 '흑자 상태로 유지'한다는 뜻이다. 즉, '미국'은 지금 계속 자기 나라 경상 수지를 '흑자'로 유지하고 싶어하는 상황이다. 이 말은 다르게 말해서, **미국이 자기 나라 '수출'을 '수입'보다 큰 상태로 유지하겠다는 말이다.**

그런데 이렇게 미국이 수출을 수입보다 큰 상태로 유지하면 '국제 유동성 공급'이 중단된다고 한다. 왜 그런 걸까? 이 말을 이해하기 위해서는, 우선 미국이 수출을 더 크게 유지했을 때 세상에 어떤 일이 일어나는지 생각해 봐야 한다. 미국이 수출을 수입보다 더 크게 유지한다는 건, 자기 나라 물건을 다른 나라에 팔고 다른 나라 돈을 계속 미국으로 가져 온다는 뜻이다. 이와 동시에 '수입'은 수출에 비해 적은 상황이다. 미국의 수입이 적다는 건, 쉽게 말해서 미국이 자기네 달러를 조금만 쓴다는 뜻이다. 이러면 미국이 가지고 있는 달러가 세상에 조금만 뿌려진다.

그런데 아까 '미국'의 돈인 '달러'는 '기축 통화'라고 했다. '달러'가 기축 통화인데, 미국이 '수입'을 적게 해서 '기준이 되는 통화'가 세상에 안 뿌려진다? 이렇게 기준이 되는 돈인 달러가 세상에 뿌려지지 않으면, 세계 경제는 크게 위축된다. 왜 그럴까? **우선 '달러가 세상에 뿌려지지 않는다'는 건, 사람들이 달러로 투자를 하거나 물건을 사지 않는다는 뜻이다.** 그런데 경제가 잘 돌아가려면 시장에 어느 정도 '돈'이 뿌려져야 한다. 그래야 투자와 소비가 활발해지기 때문이다. 그런데 기준이 되는 돈인 달러가 시장에 뿌려지지 않는다? 그러면 경제는 당연히 위축될 수밖에 없다. 그리고 이러한 상황을 두고 이 문장에서는 '국제 유동성 공급이 중단'된다고 말한 것이다. 따라서 이 문장에서 말한 '국제 유동성'은 맥락상, '달러'를 말하는 거라고 이해할 수 있다.

→ 경상 수지 '적자' 상태가 지속된다는 건, 미국이 '수출'보다 '수입'을 많이 한다는 것이다. 여기서 '수입'이 많다는 건, 미국이 '달러'로 물건을 많이 산다는 거니까, 세상에는 달러가 많이 뿌려지게 된다. 즉, '달러화가 과잉 공급'되는 것이다. 그런데 이렇게 달러화가 과잉 공급되면 어떤 일이 벌어질까? 이 문장에 따르면 첫 번째로 준비 자산으로서의 신뢰도가 저하되고, 두 번째로는 고정 환율 제도가 붕괴될 거라 한다.

첫 번째로, '준비 자산으로서의 신뢰도가 저하'될 거라고 하는 데 왜 그런 건지 생각해 보자. 우선 '준비 자산'이라는 게 뭘까? 함축적 의미를 생각해 보면 말 그대로 '준비해 놓는 자산'으로 이해할 수 있다. 그리고 이 문장을 이해하려면 또, '달러가 과잉 공급된다'는 말의 의미를 알아야 한다. 달러화가 과잉 공급된다는 건 다르게 말해서 달러의 가치가 떨어진다는 말이다. 돈이 많아지면 당연히 돈의 가치는 떨어진다. 그러면 이때 달러를 가지고 있는 사람들이 계속 '달러'를 보유하려고 할까? 아니다. 달러의 가격이 계속 떨어지고 있기 때문에, 달러를 금으로 바꾸거나 다른 화폐로 바꾸려고 할 것이다. 이는 다르게 말해서, '준비 자산'으로서 달러화의 신뢰도가 떨어지는 상황이다.

두 번째로 '달러화가 과잉 공급'되는 거랑 '고정 환율 제도'가 붕괴되는 거랑 무슨 상관일까? 앞서 말했듯이, '달러화가 과잉 공급'된다는 것은 '달러의 가치가 떨어진다'는 뜻이다. 이렇게 달러의 가치가 떨어지면 당연히 환율도 바뀐다. 예를 들어서 원래 1달러를 사려면 1000원이 필요했는데, 달러의 가치가 떨어지면 500원으로도 1달러를 살 수 있게 되는 것이다. 이는 다른 말로 '고정되어 있던 환율 제도'가 붕괴된다는 말과 같다. 원래 1달러에 1000원으로 고정되어 있던 환율이, 1달러에 500원이 되어 버렸으니 '환율 제도가 붕괴'됐다고 할 수 있는 것이다.

2문단

이러한 트리핀 딜레마는 국제 유동성 확보와 달러화의 신뢰도 간의 문제이다.

➔ '트리핀 딜레마'라는 단어에서, 함축적 의미를 생각해 볼 수 있다. '딜레마'라는 건 둘 중에 무엇을 택할지 계속 고민을 하게 되는 상황을 말한다. 위 상황을 보면, 미국이 경상 수지 흑자를 유지했을 때 '국제 유동성 확보'가 되지 않는다는 문제가 있었다. 그렇다고 미국이 경상 수지를 적자로 유지해도 문제다. 적자로 유지하는 경우에는 '달러화의 신뢰도'가 떨어지는 문제가 생겼기 때문이다. 그래서 미국이 경상 수지를 흑자로 유지할 수도, 적자로 유지할 수도 없는 상황을 두고 **딜레마**라고 한 것이다. 그리고 이러한 딜레마 상황을 '트리핀 교수'가 말한 거니까, '트리핀 딜레마'라고 이름 붙인 거 같다.

국제 유동성이란 국제적으로 보편적인 통용력을 갖는 지불 수단을 말하는데, ㉠ 금 본위 체제에서는 금이 국제 유동성의 역할을 했으며, 각 국가의 통화 가치는 정해진 양의 금의 가치에 고정되었다.

➔ 앞서 국제 유동성이 '달러'를 말하는 거라고 대충 추론했었다. 그런데 구체적으로 개념을 말해주니까 오히려 좋다. 국제 유동성의 뜻을 보니, '국제적으로 보편적인 통용력을 갖는 지불 수단'이라고 한다. 우리가 추측했던 게 맞았다. 여기서 '국제 유동성'이 '달러'를 뜻하는 말이라는 걸 확신할 수 있다.

그런데 '금 본위 체제'에서는 '달러'가 아닌 '금'이 국제 유동성의 역할을 했다고 한다. '금 본위 체제'의 함축적 의미를 생각해 보면, 말 그대로 '금'이 '본위', '근본'이 되는 체제를 말하는 거 같다. 그러니까 당연히 '금'이 국제 유동성의 역할을 했을 것이다. 정확한 함축적 의미를 생각하지 못했더라도, 느낌만 잡았으면 충분했다.

그리고 '각 국가의 통화 가치'가 '정해진 양의 금의 가치'에 고정되었다고 하는데, 이건 또 무슨 말일까? 설명을 하자면 이렇다. 만약 한국이 가지고 있는 금이 100g이고, 그게 100만원 어치라고 하자. 그러면 한국의 통화 가치는 1g당 1만 원으로 고정되는 것이다. 그리고 미국도 마찬가지로 금 100g을 가지고 있고, 그게 1,000달러라고 하자. 그러면 미국의 통화 가치는 1g당 10달러로 고정된다. 이처럼 모든 나라가, 그 나라가 보유하고 있는 금의 가치에 따라 자국 통화 가치를 고정시켰다는 것이다. 한국은 1g에 1만 원, 미국은 1g에 10달러, 일본은 1g에 1000엔 이런 식으로 말이다.

이에 따라 국가 간 통화의 교환 비율인 환율은 자동적으로 결정되었다.

➔ 납득할 수 있다. 아까 각 나라가, 자신들이 보유한 '정해진 양의 금의 가치'에 따라 자국의 통화 가치를 고정시켰었다. 예를 들어서 한국은 금 1g에 1만 원, 미국은 1g에 10달러로 통화 가치를 고정시켰

다고 하자. 그러면 이때 한국의 '1만 원'은 미국의 '10달러'와 같은 가치를 갖게 된다. 왜냐하면 '1만 원' 과 '10달러' 모두 금 1g과 바꿀 수 있기 때문이다. 이는 **다른 말로, '1만 원 = 10달러'라는 환율이 자동 적으로 결정된다는 말과 똑같다.**

→ 납득한다. 이유는 모르겠지만, 시간이 지나면서 국제 유동성으로 '금'뿐만 아니라 '달러'도 추가됐 다고 한다. 그런데 '브레턴우즈 체제'라는 말은 아까 앞에서도 한 번 나왔었다. 트리핀 교수에 따르면 브레턴우즈 체제에서의 기축 통화인 달러화는 '구조적 모순'이 있었다. '구조적 모순'은 미국이 달러 를 세상에 많이 공급해도 문제고, 공급을 안해도 문제라는 거였다. 지금부터 브레턴우즈 체제와 관련 된 말을 더 자세히 하려는 걸까? 일단 계속 읽어보자.

→ '태환'이 무슨 말인지는 잘 모르겠다. 암튼 '금 태환 조항'에 따라서 미국의 중앙은행에 금 1온스랑 35달러를 언제나 맞교환해 줘야 한다는 의무를 지게 했다고 한다. 왜 그런 걸까? 나는 '지금 금이랑 달러가 똑같은 국제 유동성에 해당하니까, 서로 언제나 교환할 수 있게 만들어야 했나 보구나' 정도 로 생각하고 넘어갔다. 너도 네 나름대로 부연 설명을 붙였으면 된다. 만약 부연 설명이 안 만들어졌 다면 밑줄 그어 놓고 넘어갔어야 한다.

* '태환'이라는 건 '교환'이라는 뜻이다.

→ 아까 '금 본위 체제'에서 국가들은 '금'에 대해 자국 통화의 가치를 고정했었다. 그런데 이제 '달러' 도 국제 유동성으로 포함되었으니까, 각 국가들이 '금'이 아닌 '달러화'에 대해서 자국 통화의 가치를 고정했다는 것이다. 이때 이 글만 보고는, 왜 굳이 '금'이 아닌 '달러화'로 다시금 통화 가치를 고정했 는지 알 수 없다. 그래서 나는 그냥 '그런가 보다'하고 넘어갔다.

그런데 이 문장에서 말하기를, '달러화로만 금을 매입할 수 있었다'고 한다. 왜 그런 걸까? 부연 설명 이 안 만들어졌다면 밑줄 긋고 넘어갔어야 한다. 나는 그냥 간단하게 '이제는 금이 아니라 달러화에 대해 각 나라들이 통화의 가치를 고정해서 그랬나 보네'라고 생각하고 넘어갔다. 달러화가 모든 통화 들의 기준이 되었으니, 절대적 기준인 '달러화'를 통해서만 '금'을 매입할 수 있게 만든 것이다. 너도 네 나름대로 부연 설명을 만들고 넘어갔다면 충분하다.

> 환율은 경상 수지의 구조적 불균형이 있는 예외적인 경우를 제외하면 ±1% 내에서의 변동만을 허용했다.

➔ '경상 수지의 구조적 불균형'이 무슨 말일까? 말 그대로, 경상 수지가 극도로 흑자이거나 극도로 적자가 되는 등 균형을 잡지 못하는 상황을 말하는 거 같다. 이런 경우에는 달러가 세상에 엄청 뿌려지거나, 거의 뿌려지지 않을 것이다. 그래서 이런 예외적인 경우를 제외하고 나머지 경우에는 환율이 항상 ±1% 내에서만 움직이도록 했다는 것이다.

그런데 이때 '환율이 항상 ±1% 내에서만 움직이도록 했다'는 게 무슨 뜻일까? 이 말은, 달러가 항상 적당한 양만큼 세상에 뿌려져 있게 만들었다는 뜻이다. '금 환 본위제'에서 '달러'는 국제적으로 보편적인 통용력을 갖는 지불 수단이었다. 그리고 모든 국가는 그 달러에 맞춰서 자국의 통화 가치를 고정했다. 그런데 그런 달러의 가치가 계속 변동한다면 어떨까? 달러를 많이 뿌린 탓에, 어떤 날은 1달러가 500원까지 내려가고, 달러를 적게 뿌린 날은 갑자기 1달러가 2000원이 된다. 그러면 사람들이 '달러'를 믿지 못할 거고, 결국 달러를 '국제 유동성'으로도 사용하지 못할 것이다. 따라서 달러는 '보편적인 통용력을 갖는 돈'이자 '기준이 되는 돈'인 만큼, 그 가치가 고정되어 있어야 한다. 그래서 달러의 환율이 항상 ±1% 내에서만 움직이도록 즉, 달러가 항상 적정하게 뿌려져 있도록 규정한 것이다.

> 이에 따라 기축 통화인 달러화를 제외한 다른 통화들 간 환율인 교차 환율은 자동 적으로 결정되었다.

➔ 납득한다. 다른 국가들이 자국 통화의 가치를 '달러화'에 고정했으니까 달러화를 제외한 다른 통화들 간 환율은 자동으로 결정되었을 것이다. 예를 들어서 우리나라가 1달러에 1000원이라고 고정했고, 일본은 1달러에 100엔이라고 고정했다고 하자. **그러면 우리나라와 엔화의 환율은 '1000원 = 100엔'으로 자동 결정되는 것이다.** 그리고 이 문장에서 '교차 환율'의 제시된 개념을 말해주고 있다는 것도 놓치지 말자.

3문단

> 1970년대 초에 미국은 경상 수지 적자가 누적되기 시작하고 달러화가 과잉 공급되어 미국의 금 준비량이 급감했다.

➔ 그런데 1970년에 갑자기 문제가 생긴다. 항상 미국이 경상 수지를 적정하게 유지해서, 달러화가 세상에 적절하게 뿌려져 있게 해야 하는데 그러지 못했다. 미국의 경상 수지 적자가 누적된 것이다. 경상 수지 적자가 누적됐다는 것은 수입이 수출보다 큰 상황이 지속됐다는 뜻이다. 이때 미국의 '수입'이 크다는 것은 달러가 세상에 많이 뿌려진다는 걸 말한다. 그러니까 이 문장에서 말하는 대로 '달

러화가 과잉 공급'된 것이다.

그런데 '금 준비량'은 왜 급감한 걸까? 이건 당연하다. 아까 위에서 미국의 중앙은행은 무조건 금 1온스당 35달러랑 교환을 해줘야 한다고 했었다. 이런 상황에서 달러가 많이 뿌려진다는 건, 35달러를 금 1온스랑 바꾸려고 하는 사람 또한 그에 비례해서 많아진다는 뜻이다. 그런데 미국이 가지고 있는 금의 양은 정해져있다. 그럼에도 계속 35달러랑 금 1온스랑 바꿔주다 보니, 미국의 금 준비량이 급감하게 된 것이다.

→ 당연히 그럴 것이다. 경상 수지 적자가 누적되면서 달러는 계속 뿌려진다. 그리고 그에 따라, 달러를 가지고 있는 사람들은 더 많아진다. 달러를 갖게 된 사람들이 많아졌으니까, 그만큼 35달러를 금 1온스로 바꿔 달라고 요청하는 사람들도 많아진다. 그런데 미국이 가지고 있는 금의 양에는 한계가 있다. 요청하는 사람들마다 계속 금을 바꿔주다 보니까, 이제 교환해줄 수 있는 금이 거의 다 떨어진 것이다.

→ 이 문장이 이 지문에서 가장 어려운 문장이었다. 많은 1등급들도 이 문장에서 좌절했을 것이다. 나도 처음 이 문장을 봤을 때 이해하기 위해서 꽤나 많은 시간을 썼었다. 이 문장에서 말하는 '그 가치'라는 게, '달러화의 가치'를 말하는 건지, 아니면 '여타국 통화의 가치'를 말하는 건지 이해하기가 힘들었기 때문이다. 그래서 2, 3번 정도 다시 읽어보고 맥락상 의미를 이해할 수 있었다. 이런 난이도 높은 문장은 앞뒤 문장의 흐름도 고려하고, 정말 차분하게 봐야 한다.

이 문장은 미국이 금 태환 의무를 감당할 수 없게 된 상황에서 그 해결책으로 2가지를 말하고 있다. 첫 번째는 '달러화의 가치를 내리는 평가 절하'다. 이걸 이해하려면 지금 미국이 왜 '금 태환 의무'를 감당할 수 없게 됐는지 이해해야 한다. 미국은 '경상 수지 적자'의 누적 때문에 금 태환 의무를 감당할 수 없게 됐었다. 경상 수지 적자 때문에 달러가 너무 많이 뿌려졌고, 이에 따라 35달러를 금 1온스로 바꾸고자 하는 사람도 너무 많아졌기 때문이다.

이걸 해결할 방법이 '달러화의 가치를 내리는 평가 절하' 방법이라고 하는데, 달러화의 가치를 내리면 어떤 일이 벌어지는 걸까? **달러화의 가치를 내린다는 건, 35달러가 더 이상 35달러가 아니게 된다는 뜻이다.** 예전에는 35달러로 금 1온스를 살 수 있었지만, 달러의 가치가 낮아지면 이제는 70달러, 80달러를 줘야 금 1온스를 살 수 있다. 이렇게 달러의 가치를 내려서 금 1온스를 사는 데 더 많은 돈이 필요하게 만들면, 달러를 금으로 바꾸려는 요청이 덜 들어올 것이다. 금 1온스의 가격이 더 비싸지면, 수요는 당연히 줄어들게 된다.

그런데 이 방법은 문제가 있다. 아까 위에서 말했지만, 미국의 중앙은행은 무조건 35달러를 금 1온스로 바꿔줘야 했다. 그래서 바로 아래 문장에서 '하지만 브레턴우즈 체제하에서 달러화의 평가 절하는 규정상 불가능했고'라는 말을 한 것이다. 브레턴우즈 체제하에서 '35달러 = 금 1온스'였기 때문에 평가 절하를 해서 '70달러 = 금 1온스'로 만드는 것은 불가능했던 것이다.

그리고 두 번째 해결책은 '달러화에 대한 여타국 통화의 환율을 하락시켜 그 가치를 올리는 평가 절상'이라고 한다. 나는 이걸 처음 봤을 때 '아니, 아까 평가 절하를 시켜서 해결이 가능하다고 했는데 평가 절상을 한다고? 서로 모순되는 거 아니야?'라는 생각을 했다. 그런데 상식적으로 '모순'되는 해결책은 말이 안 된다. 그래서 천천히 다시 봤다. 여기서 '평가 절상'의 대상을 '달러'로 보면 이 문장은 말이 안 되는 문장이 된다. 그렇다면 '평가 절상'의 대상은 '여타국 통화'라고 해석해야 한다.

그럼 다시 '여타국 통화의 환율을 하락시켜 그 가치를 올리는 평가 절상'이라는 말을 보자. 여기서 '그 가치'는 '여타국 통화의 가치'를 뜻한다. 또 '여타국 통화의 환율을 하락'시킨다는 것은 맥락상 해석하면, **타국 돈의 가치가 높아져서 달러를 싸게 살 수 있게 된다는 뜻이다.** 예전에는 우리나라 돈 1000원으로 1달러를 살 수 있었는데, (미국 돈에 대한) 우리나라 돈의 환율을 하락시키면 이제 500원으로 1달러를 살 수 있게 되는 것이다. 그런데 이 말은 첫 번째 방법인 '달러화의 평가 절하'랑 같은 말이다. 이렇게 타국 돈의 가치를 높인다는 건 결국 상대적으로 달러의 가치는 떨어진다는 말이기 때문이다. **결국 달러의 가치를 떨어뜨리는 게 해결책인데, 첫 번째 방법처럼 직접적으로 떨어뜨리냐, 아니면 타국 통화의 가치를 높여서 간접적으로 떨어뜨리냐의 차이일 뿐이다.**

> 하지만 브레턴우즈 체제하에서 달러화의 평가 절하는 규정상 불가능했고, 당시 대규모 대미 무역 흑자 상태였던 독일, 일본 등 주요국들은 평가 절상에 나서려고 하지 않았다.

➡ 이 문장에 따르면, 바로 앞 문장에서 제시한 두 가지 해결책 모두 소용이 없었다는 걸 알 수 있다. '평가 절하'를 시켜서 금 1온스 당 35달러가 아니라 70달러, 80달러로 만들려고 했으나, 그건 '브레턴우즈 체제'하에서 규정상 불가능했다. 브레턴우즈 체제에서는 무조건 금 1온스당 35달러로 교환해 줘야 한다는 규정이 있었기 때문이다.

그리고 '달러화에 대한 여타국 통화의 환율을 하락시켜 그 가치를 올리는 평가 절상'도 소용이 없었다고 한다. 왜냐하면 당시 '독일, 일본' 같은 주요국들은 '대규모 대미 무역 흑자 상태'였기 때문이다. 그런데 여기서 독일, 일본이 '대미 무역 흑자 상태'였다는 거랑, 그들이 평가 절상을 반대한 거랑 무슨 상관일까? 일단 대미 무역 흑자 상태가 무슨 뜻인지 생각해 보자. 여기서 '대미 무역 흑자' 상태였다는 건 미국을 대상으로 독일과 일본의 '경상 수지가 흑자'였다는 것이다. 즉, 독일과 일본은 미국을 대상으로 수출이 수입보다 많은 상황이었다.

그런데 이 상황에서 평가 절상을 하면 어떤 일이 벌어질까? 아까 위에서 '여타국 통화의 환율을 하락시켜 그 가치를 올리는 평가 절상'을 한다는 건, 결국 달러의 가치를 떨어뜨리겠다는 뜻이라는 걸 이해했었다. 그럼 독일과 일본이 미국으로 수출을 많이 하고 있는 상황에서 달러의 가치가 떨어진다는 게 무슨 뜻일까? 일단 독일과 일본이 미국으로 수출을 많이 한다는 건, 자신들의 재화나 서비스를 미국에 팔고, 그 대가로 '달러'를 많이 받고 있다는 뜻이다. 그런데 이 상황에서 '달러의 가치'가 떨어진다? 그러면 당연히 독일과 일본 입장에서는 손해일 것이다. **원래 미국에 수출하고 100달러씩 받고 있었는데, 갑자기 100달러의 가치가 떨어진다는 건, 똑같은 물건을 미국에 팔고 더 적은 값을 받는다는 뜻이다.** 그러니까 당연히 독일과 일본 입장에서는 '평가 절상'을 반대하는 것이다.

<blockquote>이 상황이 유지되기 어려울 것이라는 전망으로 독일의 마르크화와 일본의 엔화에 대한 투기적 수요가 증가했고, 결국 환율의 변동 압력은 더욱 커질 수밖에 없었다.</blockquote>

→ 사람들은 미국의 금 보유량이 바닥을 치는 상황에서 독일과 일본의 화폐 가치를 올리지 않고 버티는 게 어려울 거라 생각했다. 결국, 독일과 일본의 화폐 가치를 올려서 달러의 가치를 내리고, '금 1온스 = 35달러' 규정을 폐지할 거라 생각한 것이다.

그리고 달러의 가치가 내려가니까 사람들은 달러를 빨리 다른 돈으로 바꾸려고 했을 것이다. 그런데 지금 독일이랑 일본의 화폐 가치가 오를 것으로 전망되는 상황이니까, 마르크화와 엔화에 대한 투기적 수요가 증가하는 건 당연하다. 이렇게 마르크화와 엔화를 사고 싶어하는 사람이 많아지고, 달러의 가치가 낮아지면 당연히 '환율'도 바뀌어야 한다. 예전에는 10마르크로 1달러를 살 수 있었는데, 이제는 마르크화의 가치가 높아져서 5마르크로도 1달러를 살 수 있게 되는 것이다.

<blockquote>이러한 상황에서 각국은 보유한 달러화를 대규모로 금으로 바꾸기를 원했다.</blockquote>

→ 납득할 수 있다. 지금 달러의 가치가 떨어질 것으로 예측되는 상황이다. 그러니까 모든 국가들은 달러의 가치가 더 떨어지기 전에, 달러를 '금'으로 바꾸길 원했던 것이다. 왜냐하면 '금'은 그 자체로 보석이고, 가치가 있는 것이기 때문에, '달러'랑 달리 실질적인 가치가 없어지지 않기 때문이다.

<blockquote>미국은 결국 1971년 달러화의 금 태환 정지를 선언한 닉슨 쇼크를 단행했고, 브레턴우즈 체제는 붕괴되었다.</blockquote>

→ 바로 윗문장에서처럼, 사람들이 마르크화와 엔화를 사려고 하고 달러를 전부 금으로 바꾸려고 했기 때문에 달러의 가치는 계속 떨어질 수밖에 없었다. 그리고 이렇게 달러의 가치가 떨어짐에 따라서, 더 이상 '금 1온스 = 35달러'라는 건 유지될 수 없었을 것이다. 그래서 미국은 결국, 달러화의 '금 태환 정지'를 선언한 닉슨 쇼크를 단행했고, 이에 따라 '금 태환 조항'을 규정으로 가지고 있었던 브레턴우즈 체제도 붕괴된 것이다.

4문단

→ 아까 '기축 통화'라는 건 말 그대로 '기준이 되는 돈'이었다. 브레턴우즈 체제가 붕괴됐는데 왜 계속 '달러'를 기준이 되는 돈으로 사용했던 걸까?

→ '규모의 경제'가 뭘까? 함축적 의미는 잘 떠오르지 않는다. 아마 뒷부분에서 설명해 줄 것이다. '규모의 경제'랑 '달러화가 계속 기축 통화 역할을 한 거'랑 무슨 관계인 건지 계속 생각하면서 읽어가자.

→ 생각해 보자. 이게 무슨 말일까? 기축 통화가 없다면 두 국가를 짝짓는 경우의 수만큼 환율의 가짓수가 생긴다고 한다. 만약 시험장에서 이해가 안 됐다면, '어쨌거나 기축 통화가 없으면 환율의 가짓수가 많아지나 보구나' 정도로 생각하고 넘어갔어야 한다.

근데 조금만 생각해 보면 충분히 이해할 수 있다. 미국의 달러가 기축 통화 역할을 하지 않는다고 해보자. 그러면 모든 나라가 다른 나라와의 환율을 일일이 계산해야 한다. 다른 나라 돈의 가치를 판단할 수 있게 해주는 '달러'라는 기준이 없기 때문에, 나라별 환율을 각각 계산해야 하는 것이다. 예를 들어서 '한국', '미국', '일본', '독일'이라는 네 나라가 있다고 했을 때, 환율이 만들어지는 가짓수를 그림으로 표현하면 아래와 같다.

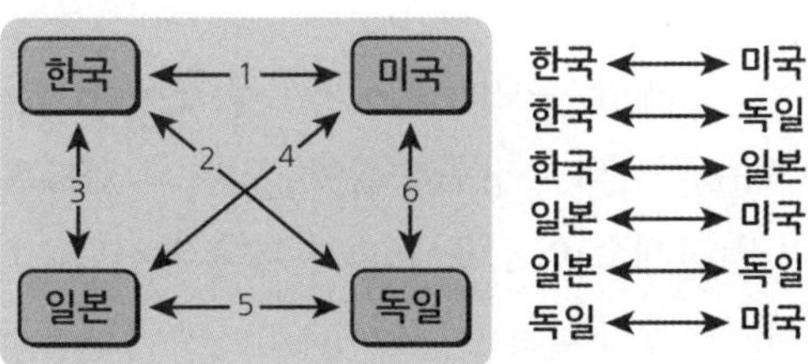

이런 식으로 두 국가를 짝짓는 경우의 수만큼 환율의 가짓수가 생긴다. 그런데 이렇게 기축 통화가 없는 경우에는, 나라가 많아지면 많아질수록 구해야 하는 환율의 가짓수가 엄청 늘어나게 된다. 네가 한 번 스스로 생각해 봐라. 나라 100개가 존재할 때는 두 국가를 짝짓는 경우의 수가 셀 수 없이 많아질 것이다. 이 말은 다르게 말해서 '기축 통화'가 있는 경우에는, 나라가 늘어나더라도 환율의 가짓수를 '덜' 구할 수 있다는 뜻이다.

→ 여기서 '비용'을 절감한다는 게 무슨 말일까? 어떤 비용을 절감할 수 있다는 말일까? 여기서 말하는 '비용'은 **각국의 환율을 일일이 다 계산하는 데 들어가는 '비용'**을 뜻한다. 앞에서 설명했듯이, 기축 통화가 없으면 계산해야 할 환율의 가짓수가 셀 수 없이 많아진다. 그러면 그 환율을 전부 계산하는데 들어가는 시간, 인력 등의 비용이 발생하는 것이다.

그래서 나라가 많으면 많을수록, '기축 통화'를 중심에 두고 환율을 구하는 것이 비용을 절감하는 길이다. 그리고 이걸 '규모의 경제'라고 부른다고 한다. '규모의 경제'는 경제학 지문에서 종종 나오는 개념이기 때문에 알아두면 좋다. '규모의 경제'란 쉽게 말해서, 생산량의 규모가 커지면 커질수록 생산에 들어가는 평균 비용이 줄어든다는 뜻이다.

예를 들어서, 내가 집에서 치킨 1마리를 만들어 먹으려면 기름도 사야 하고, 튀김 옷도 사야 하고, 닭도 한 마리 사야 하고, 튀김기도 있어야 한다. 즉, 돈이 많이 든다. 그래서 내가 집에서 완벽하게 치킨 1마리를 만들려면 100만 원 이상이 들어간다. 그런데, 하루에 치킨이 200마리씩 팔리는 치킨집에서는, 치킨을 하나 만드는데 2만 원밖에 안 든다. 왜 그럴까? 치킨집은 닭을 200마리씩 사니까, 한 마리만 사는 나보다 훨씬 싸게 구매할 수 있다. 그리고 나는 한 번 쓰고 쓸 일 없는 튀김기를, 치킨집은 200번이나 써서 치킨을 만든다. 이러면 튀김기를 한 번 쓰는 데 들어가는 비용이 줄어들게 된다. 100만원짜리 튀김기를 한 번 쓰고 말면, 한 번 튀기는 값이 100만 원이지만, 튀김기를 100번 쓰면 한 번 튀기는 값이 1만 원으로 떨어지는 것이다. 즉, 튀김기를 많이 사용할수록 튀김기 사용 비용을 낮출 수 있다. 그래서 치킨을 많이 만드는 치킨집에서는 치킨 한 마리를 만드는 데 들어가는 평균 비용이 2만 원 대로 낮아지는 것이다. 즉, 아까 '규모의 경제' 개념을 설명할 때 말했듯이, 생산량의 규모가 커지면 커질수록 생산에 들어가는 평균 비용이 줄어든다.

그러면 환율의 가짓수가 줄어드는 거랑 '규모의 경제'가 무슨 관련이 있는 걸까? 아까 보았듯이, '기축 통화'가 있으면 계산해야 하는 환율의 가짓수가 줄어들었다. **그런데 나라가 많으면 많을수록, 기축 통화 설정에 따른 환율 가짓수(개수)의 감소 효과가 더욱 커진다.** 그래서 출제자는 이러한 상황을 두고, '규모의 경제'를 달성할 수 있다고 말한 것이다.

지문 관련 문제 해설

1. 윗글을 통해 답을 찾을 수 <u>없는</u> 질문은?

> ① 브레턴우즈 체제 붕괴 이후에도 달러화가 기축 통화로서 역할을 할 수 있었던 이유는 무엇인가?

➜ '규모의 경제' 때문이다. 브레턴우즈 체제 붕괴 이후에도, 환율의 가짓수가 너무 많아지는 걸 막기 위해서, 달러화가 계속 기축 통화로 쓰였다. '규모의 경제' 관련된 설명이 나오는 부분을 제대로 이해했다면, 쉽게 답할 수 있었을 것이다.

> ② 브레턴우즈 체제 붕괴 이후의 세계 경제 위축에 대해 트리핀은 어떤 전망을 했는가?

➜ 이 선택지를 읽을 때 '이후의'라는 단어가 눈에 들어왔어야 했다. 트리핀이 '브레턴우즈 체제 붕괴 이후의 세계 경제 위축'에 대해서 어떤 전망을 내놓았었나? 아니다. 트리핀 교수는 그저 '브레턴우즈 체제'의 구조적 모순을 지적했을 뿐이었다. '브레턴우즈 체제' 붕괴 이후 상황에 대해서는 아무 말도 하지 않았다. 따라서 2번이 정답이다. 이 문제도 간단했는데 정답률이 60%다. 많은 학생들이 '이후의'라는 단어를 날려 읽었기 때문이 아닐까 싶다. 선택지는 정말 단어 하나, 조사 하나로도 오답을 만들 수 있기 때문에, 한 단어 한 단어 매우 꼼꼼하게 보는 습관을 들여야 한다.

> ③ 브레턴우즈 체제에서 미국 중앙은행은 어떤 의무를 수행해야 했는가?

➜ '브레턴우즈 체제'에서 미국의 중앙은행은 금 1온스를 35달러랑 무조건 맞교환 해줘야 한다는 의무를 수행해야 했었다.

> ④ 브레턴우즈 체제에서 국제 유동성의 역할을 한 것은 무엇인가?

➜ '브레턴우즈 체제'에서는 '금'과 '달러'가 국제 유동성의 역할을 했었다.

> ⑤ 브레턴우즈 체제에서 달러화 신뢰도 하락의 원인은 무엇인가?

➜ 이건 너무 간단하다. 달러가 많이 공급돼서, 달러의 가치가 떨어질 것으로 예상됐기 때문이다. 윗글을 보면 '경상 수지 적자가 누적'되어서 '달러화가 과잉 공급'됐었다. 이 때문에, 사람들은 달러의 가치가 내려갈 거라 생각했다. 즉, 달러화에 대한 신뢰도가 하락한 것이다. 그래서 사람들은 달러를 빨리 팔아버리고, '금' 또는 '다른 나라 화폐'로 바꾸려고 했다.

· 답 : ②

2. 윗글을 바탕으로 추론한 내용으로 적절하지 <u>않은</u> 것은?

> ① 닉슨 쇼크가 단행된 이후 달러화의 고평가 문제를 해결할 수 있는 달러화의 평가 절하가 가능해졌다.

➜ 맞는 말이다. '닉슨 쇼크'가 선언된 맥락을 보면, 미국이 계속 평가 절하의 압박을 받고 있었다. 보유하고 있는 금은 계속 떨어져 가고, 달러는 계속 뿌려져서 가치가 낮아지고 있었기 때문이다. 그런 상황에서 계속 '금 1온스 = 35달러'라는 걸 유지할 수가 없었다. 그래서 버티고 버티다가 더 이상 달러의 가치를 유지할 수 없어서 선언한 게 '닉슨 쇼크'였다.

'닉슨 쇼크'는 달러화의 '금 태환 정지 선언'을 뜻한다. '닉슨 쇼크'를 실시함으로써, 미국의 중앙은행은 더 이상 35달러를 금 1온스랑 맞교환해 주지 않아도 된 것이다. 그래서 이 '닉슨 쇼크' 덕분에 미국의 중앙은행은 이제 금 1온스의 가격을 높이는 게 가능해졌다. '금 1온스 = 35달러'가 아니라 '금 1온스 = 70달러', '금 1온스 = 80달러'도 가능해진 것이다. **이는 다른 말로 '고평가' 되어 있던 달러의 가치를 낮출 수 있게 된 것이다.** 따라서 1번 선지에서 말하고 있는 것처럼, 닉슨 쇼크가 단행된 이후 '달러화의 고평가 문제를 해결할 수 있는 달러화의 평가 절하'가 가능해졌을 거라고 추측할 수 있다.

> ② 브레턴우즈 체제에서 마르크화와 엔화의 투기적 수요가 증가한 것은 이들 통화의 평가 절상을 예상했기 때문이다.

➜ 맞는 말이다. 마르크화와 엔화에 대한 사람들의 투기적 수요가 증가한 것은, 마르크화와 엔화가 평가 절상될 것을 예상했기 때문이다. 이 선택지는 지문을 읽으면서 '달러화에 대한 여타국 통화의 환율을 하락시켜 그 가치를 올리는 평가 절상이었다'라는 구절을 제대로 이해했다면 매우 쉬웠을 것이다. 그러나 만약 '그 가치'가 '여타국 통화의 가치'라는 걸 이해하지 못했다면 2번은 아주 매력적인 오답이었다. 실제로 24%나 되는 학생들이 2번 선택지를 골라서 틀렸다.

> ③ 금의 생산량 증가를 통한 국제 유동성 공급량의 증가는 트리핀 딜레마 상황을 완화하는 한 가지 방법이 될 수 있다.

➜ 맞는 말이다. '트리핀 딜레마'는 '국제 유동성 확보'와 '달러화의 신뢰도' 문제 때문에 발생하는 거였다. 달러가 적으면 국제 유동성 확보가 안 되고, 달러가 너무 많아지면 달러화의 신뢰도가 떨어졌었다. 그래서 달러를 줄이지도, 늘리지도 못하는 상황이었고, 이를 보고 '트리핀 딜레마'라고 이름 붙였던 것이다.

이때 '금 생산량'이 증가한다면 어떻게 될까? 브레턴우즈 체제에서는 '달러'뿐만 아니라 '금' 또한 국제 유동성의 역할을 할 수 있으므로, 달러의 가치를 직접 조정하는 게 어려운 '트리핀 딜레마' 상황을 완화할 수 있다. 우선 첫 번째로 국제 유동성(달러) 공급이 중단되어서 세계 경제가 위축되는 경우를 완화하거나 막을 수 있을 것이다. 국제 유동성 역할을 대신할 수 있는 '금'이 있기 때문이다. 그리고 이뿐만 아니라, '달러'가 너무 많이 뿌려져서 달러의 신뢰도가 하락하는 일도 막을 수 있다. 이때 '금'을 더 풀면, 달러의 가치를 '금 1온스 = 35달러'로 유지할 수 있기 때문이다. 즉, 이러한 이유로 '금 생산량'이 증가하면 트리핀 딜레마 상황을 완화할 수 있게 된다.

> ④ 트리핀 딜레마는 달러화를 통한 국제 유동성 공급을 중단할 수도 없고 공급량을 무한정 늘릴 수도 없는 상황을 말한다.

→ 맞는 말이다. 이건 그냥 '트리핀 딜레마'라는 게 뭔지 글 읽으면서 이해했냐고 묻는 선택지다. 3번 선지 해설에서도 말했지만, '트리핀 딜레마'는 달러를 적게 뿌릴 수도, 많이 뿌릴 수도 없는 상황을 두고 하는 말이었다.

> ⑤ 브레턴우즈 체제에서 마르크화가 달러화에 대해 평가 절상되면, 같은 금액의 마르크화로 구입 가능한 금의 양은 감소한다.

→ **틀렸다. '마르크화가 달러화에 대해 평가 절상'된다는 건, '달러화'보다 '마르크화'의 가치가 높아진다는 뜻이다.** 마르크화의 가치가 높아지면 당연히 같은 금액의 마르크화로 구입 가능한 금의 양은 '증가'한다. 마르크화의 가치가 높아진다는 건, 같은 1마르크로 살 수 있는 물건의 양이 더 많아진다는 뜻이기 때문이다. 예를 들어서, 예전에는 1마르크로 금 1온스를 살 수 있었다면 이제는 같은 1마르크로 금 3온스, 4온스를 살 수 있게 되는 것이다. 즉, 구입 가능한 금의 양이 늘어난다.

이 문제는 '마르크화가 달러화에 대해 평가 절상'된다는 말의 의미만 제대로 이해했으면 어렵지 않게 맞힐 수 있는 문제였다. 그런데도 이 문제 정답률은 34%로 정말 낮았다. 이 말은, 대부분의 학생들이 '이를 해결할 수 있는 방법은 달러화의 가치를 내리는 평가 절하, 또는 달러화에 대한 여타국 통화의 환율을 하락시켜 그 가치를 올리는 평가 절상이었다'라는 문장을 이해하지 못한 채로 문제를 풀었다는 뜻이다.

· 답 : ⑤

3. 미국을 포함한 세 국가가 존재하고 각각 다른 통화를 사용할 때, ㉠~㉢에 대한 설명으로 적절한 것은?

> ㉠: 금 본위 체제   ㉡: 브레턴우즈 체제
> ㉢: 어떠한 기축 통화도 없이 각각 다른 통화가 사용되는 경우

> ① ㉠에서 자동적으로 결정되는 환율의 가짓수는 금에 자국 통화의 가치를 고정한 국가 수
> 보다 하나 적다.

➡ '금 본위 체제'에서는 각 국가가 자기 나라의 통화 가치를 '금'에 고정한다. 그렇기 때문에 미국을 포함한 세 나라는 모두 '금'에 자국 통화 가치를 고정하게 되고, 따라서 '금에 자국 통화의 가치를 고정한 국가 수'는 3이 된다.

그리고 '금 본위 체제'에서 자동으로 결정되는 환율 즉, '교차 환율'의 가짓수 또한 3개다. 예를 들어서 미국, 한국, 일본 이렇게 세 나라가 있고, 각 국가가 '금 1온스 = 35달러', '금 1온스 = 3만 5천원', '금 1온스 = 3500엔'로 자국 통화의 가치를 금에 고정했다고 해보자. 이때 자동으로 결정되는 환율의 가짓수는 '35달러 = 3만 5천원', '35달러 = 3500엔', '3만 5000원 = 3500엔' 이렇게 총 3개가 된다. 따라서 1번은 틀린 선지다.

> ② ㉡이 붕괴된 이후에도 여전히 달러화가 기축 통화라면 ㉡에 비해 교차 환율의 가짓수는
> 적어진다.

➡ 이건 매우 쉽다. 만약 달러화가 여전히 기축 통화로 남아있는 경우, '교차 환율의 가짓수'는 변함이 없었다. 따라서 2번도 틀린 선지다.

> ③ ㉢에서 국가 수가 하나씩 증가할 때마다 환율의 전체 가짓수도 하나씩 증가한다.

➡ 아니다. 기축 통화가 없는 상황에서는, 국가 수가 하나 증가하면 미리 존재하는 국가들에 대해서 '전부' 환율을 계산해야 한다. 예를 들어서 지금 상황이 미국, 한국, 일본 이렇게 세 나라가 존재하는 상황이라고 해보자. 그러면 '미국-한국', '미국-일본', '한국-일본' 이렇게 세 개의 환율이 존재한다. 그런데 이때 '중국'이 새롭게 들어온다. 그러면 추가로 구해야 하는 가짓수는 1개가 아니라 3개다. '중국-미국', '중국-한국', '중국-일본' 이렇게 추가로 3개의 가짓수를 더 구해야 하기 때문이다. 즉, 국가 수가 하나씩 증가할 때마다 '기존의 국가 수만큼' 환율의 가짓수가 증가한다.

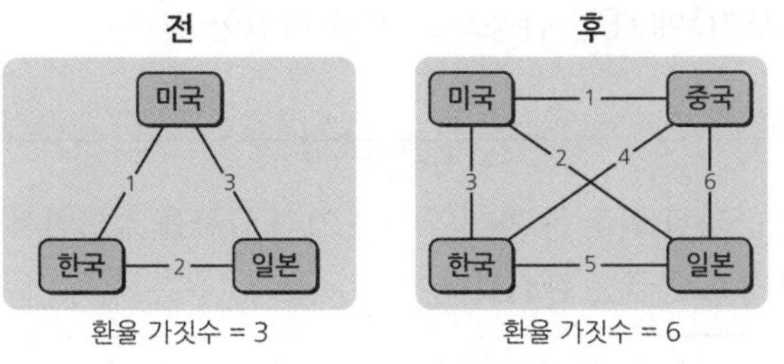

④ ㉠에서 ㉡으로 바뀌면 자동적으로 결정되는 환율의 가짓수가 많아진다.

→ 틀렸다. 먼저 ㉠을 보자. ㉠에서는 모든 나라들이 자국 통화의 가치를 정해진 양의 '금'의 가치에 고정했다. 그리고 이에 따라 국가 간 환율은 자동으로 결정되었다. 즉, 미국, 한국, 일본 이렇게 세 나라가 있다고 했을 때 각각 '금 1온스 = 35달러', '금 1온스 = 3만 5천원', '금 1온스 = 3500엔' 이렇게 통화 가치를 금의 가치에 고정한 것이다. 이렇게 되면 '35달러 = 3만 5천원', '35달러 = 3500엔', '3만 5천원 = 3500엔'으로 환율이 자동 결정된다. 이때 자동 결정되는 환율의 가짓수는 3개다.

반면 ㉡은 기축 통화로 '달러'가 있는 상황이다. 이 경우, 각 국가는 '달러'에 자국 통화 가치를 고정한다. 미국, 한국, 일본 이렇게 세 나라가 있다고 했을 때 '1달러 = 1000원', '1달러 = 100엔' 이런 식으로 자국 통화 가치를 고정하는 것이다. 이 경우에 자동 결정되는 환율은 '1000원 = 100엔'이다. 따라서 자동 결정되는 환율의 가짓수는 1개가 된다.

이때 '1달러 = 1000원'과 '1달러 =100엔'은 '자동' 결정되는 환율이 아니다. 각 국가가 '달러'에 자국 통화의 가치를 직접 '고정'하는 것이기 때문이다. 따라서 ㉠에서 ㉡으로 바뀌면 자동적으로 결정되는 환율의 가짓수는 3개에서 1개로 적어진다.

⑤ ㉡에서 교차 환율의 가짓수는 ㉢에서 생기는 환율의 가짓수보다 적다.

→ 정답이다. 답은 생각보다 정말 간단하게 나온다. 미국을 포함한 세 국가가 존재하는 상황에서 ㉡이라고 할 때, 교차 환율의 가짓수는 1개가 된다. 이는 3번 선택지 해설에서 설명했었다. 그리고 ㉢에서 생기는 환율의 가짓수는 세 나라를 짝짓는 경우의 수다. 예를 들어 세 나라가 미국, 한국, 일본이라고 하면, '미국-한국', '미국-일본', '한국-일본' 이렇게 3가지 환율의 가짓수가 나오게 되는 것이다.

그런데 이렇게 구체적인 수치를 구하지 않고, 그냥 단순하게 생각해 봐도 답이 나온다. ㉡은 지금 기축 통화가 있는 상태고, ㉢은 기축 통화가 없는 상태니까, 당연히 ㉡에서 교차 환율의 가짓수는 ㉢에서 생기는 환율의 가짓수보다 적을 것이다. 이 문제 정답률은 46%로 매우 낮은 편이었다. 답은 굉장히 간단히 나오는 걸 봐서, 앞부분에서 낚인 학생들이 많았다는 뜻이다. 시험장에서는 모르겠으면 일단 남겨두고, 빠르게 판단할 수 있는 선택지부터 보는 것도 방법이다.

· 답 : ⑤

4. 윗글을 참고할 때, 〈보기〉에 대한 반응으로 가장 적절한 것은?

> ── < 보기 > 분할 분석 ──
>
> 브레턴우즈 체제가 붕괴된 이후 두 차례의 석유 가격 급등을 겪으면서 기축 통화국인 A국의 금리는 인상되었고 통화 공급은 감소했다.

➡ 이 〈보기〉에 있는 내용도 만만치가 않은 내용이다. 기출 문제에 나왔던 배경지식이 머릿속에 제대로 들어있어야 쉽게 맞힐 수 있었다. 사실 〈보기〉 내용을 이해하지 못했다면 문제 풀이가 쉽지 않았다. 〈보기〉를 이해하지 못했다면 〈보기〉에 있는 내용을 전부 외웠어야 했는데, 그렇게 풀기엔 시간이 너무 부족하기 때문이다.

우선, '석유 가격 급등'과 '기축 통화국인 A국의 금리 인상', '통화 공급 감소'가 무슨 관계인 걸까? 일단 '석유 가격 급등'의 의미를 이해해보자. 석유 가격이 급등했다는 건, 모든 물건의 가격이 올랐다는 말과 같다. 석유는 네가 지금 신는 신발을 비롯해서 마우스, 컴퓨터, 책 등 모든 것에 쓰이기 때문이다. 즉, '석유 가격이 급등'했다는 것은 다른 말로 '물가가 급등'했다는 말과 똑같은 말이다.

이때 '물가가 올랐다'는 건 다른 말로 '시중에 통화량이 많다'는 뜻이다. 그러면 A국 입장에서는 이렇게 경기가 과열된 상황을 막아야 하기 때문에, '금리'를 높이게 된다. '금리'를 높이면 은행에 돈을 넣어놨을 때 이자를 더 많이 주기 때문에, 시중에 있는 통화량이 은행으로 들어간다. 반면 돈을 빌렸을 때는 '이자'를 더 많이 내야 하기 때문에 기업들은 돈을 안 빌리게 되고, 투자도 줄어든다. 즉, 시중에 '통화 공급'이 줄어들게 되는 것이다. 따라서 '금리 인상'에 따른 '통화 공급 감소'는 당연하다.

> ── < 보기 > 분할 분석 ──
>
> 여기에 A국 정부의 소득세 감면과 군비 증대는 A국의 금리를 인상시켰으며, 높은 금리로 인해 대량으로 외국 자본이 유입되었다.

➡ A국 정부의 소득세 감면과 군비 증대랑, A국 금리가 인상되는 거랑 무슨 관계인 걸까? 이 부분을 이해하기가 꽤나 어려웠다. 이해가 안 됐으면 그냥 밑줄 긋고 외웠어야 했다. 지금은 해설하는 시간이니까 이해해 보자.

일단 '소득세 감면'이라는 말은 말 그대로, 내가 번 돈에 대해서 세금을 조금만 매긴다는 뜻이다. 내가 예전에는 1억을 벌었을 때 2000만원을 세금으로 냈어야 했는데 지금은 500만원만 내면 된다. 그러면 나는 나머지 1500만원을 어떻게 할까? 아마 그 돈으로 투자를 하거나 옷을 사거나, 먹을 것을 사는 등 소비를 늘릴 것이다. 이는 시중에 '통화량이 공급'되는 효과를 가지고 온다. 지금 바로 앞 문장까지 A국은 금리를 높여서 물가를 잡으려고 했는데, '소득세 감면' 제도를 실시하고 있어서 물가를 잡기가 힘든 상황이다. 그래서 금리를 더 높이게 된 것이다.

'군비 증대'도 '소득세 감면'과 마찬가지로 통화량을 증가시키는 효과를 가지고 온다. '군비 증대'라는 건 정부가 총을 더 많이 만들고 전투기를 더 많이 샀다는 뜻이다. 그러면 총을 만드는 민간 기업이나, 전투기 부품을 찍어내는 공장들은 돈을 더 많이 벌게 된다. 즉, '군비 증대'를 하면 '소득세 감면'과 마찬가지로 시중에 돈이 많이 돌게 되는 것이다. 따라서 지금 물가를 안정시켜야 하는 A국 입장에서는 금리를 계속 인상하게 됐던 것이다.

그런데 이렇게 계속 금리를 인상하니까 외국 자본이 대량으로 유입됐다고 한다. 이건 무슨 말이냐면, 한국 사람들이 미국 은행에 자기 돈을 다 넣어놓으려고 했다는 뜻이다. 왜 그런 걸까? 왜냐하면 지금 미국 은행 금리가 매우 높기 때문이다. 우리나라 은행에 넣어놓으면 금리가 1%인데, 미국 은행은 5%다. 그러면 당연히 내 돈을 달러로 바꾼 뒤에 미국 은행에 돈을 넣어 놓는 게 훨씬 이득이다. 이와 같은 원리로, A국이 금리를 인상함에 따라 많은 외국 자본들이 A국 은행에 들어왔던 것이다. 그런데 이건 A국 입장에서 매우 안 좋은 상황이다. 지금 A국은 금리를 계속 올리면서 통화량을 낮추려고 하지만, 기축 통화를 발행하는 A국에 외국 자본이 들어오면 그만큼 새로 발행된 A국 화폐가 시중에 풀려 결국 통화량이 늘어나 버린다. 즉, 통화량을 줄이려고 금리를 올렸는데, 금리 상승 때문에 통화량이 늘어나는 악순환이 반복되고 있다.

―― < 보기 > 분할 분석 ――――

A국은 이로 인한 상황을 해소하기 위한 국제적 합의를 주도하여, 서로 교역을 하며 각각 다른 통화를 사용하는 세 국가 A, B, C는 외환 시장에 대한 개입을 합의했다.

→ A국은 위와 같은 상황을 해소하기 위해서, B, C와 함께 외환 시장에 대한 개입을 합의했다고 한다. 어떤 식의 개입을 합의한 걸까? 계속 읽어보자.

―― < 보기 > 분할 분석 ――――

이로 인해 A국 통화에 대한 B국 통화와 C국 통화의 환율은 각각 50%, 30% 하락했다.

→ 어떤 식의 개입을 했는지는 말해주지 않고, 어쨌거나 개입으로 인해서 A국 통화에 대한 B국 통화와 C국 통화의 환율이 하락했다는 것만 말해주고 있다. 자 이 문장을 이해하려면, 'A국 통화에 대한 B국, C국 통화의 환율이 하락'했다는 것의 의미를 해석할 수 있어야 한다. 이 문장의 의미를 해석하려면, 윗글에서 '여타국 통화의 환율을 하락시켜 그 가치를 올리는 평가 절상이었다'라는 구절을 이해했어야 한다. 윗글에서 '여타국 통화의 환율을 하락'시킨다는 건, '여타국 통화의 가치를 높이겠다'는 뜻이었다. 예전에는 1마르크로 1달러를 살 수 있었는데, 이제는 1마르크로 3달러를 살 수 있게 된 것이다. 따라서 이를 고려했을 때, A국 통화에 대한 B국 통화와 C국 통화의 환율을 하락시켰다는 건, **B국 통화와 C국 통화의 가치를 높였다는 뜻이다.**

그런데 이렇게 B국 통화와 C국 통화의 가치가 높아진다는 건, 다른 말로 A국 통화의 가치는 낮아진 다는 뜻이다. 그러면 당연히 A국에 들어와 있는 외국 자본들은, 다시금 다른 나라로 이동할 것이다. 왜냐하면 지금 A국 돈의 가치가 계속 낮아지고 있기 때문이다. 그런데 이 말은 A국의 통화량이 줄어 든다는 말과 같다. 그리고 A국의 통화량이 줄어드는 건 A국이 달성하고자 했던 것이기 때문에, A국 은 B, C국의 통화를 평가 절상하므로써 문제를 해결했다고 할 수 있다.

> ① A국의 금리 인상과 통화 공급 감소로 인해 A국 통화의 신뢰도가 낮아진 것은 외국 자본
> 이 대량으로 유입되었기 때문이겠군.

→ A국의 금리 인상과 통화 공급 감소로 인해 A국 통화의 신뢰도가 낮아졌다? 아니다. A국의 금리가 인상되고 시중 통화량이 줄어들면, A국 통화의 가치는 오히려 높아진다. '금리 인상'은 통화 가치 상 승과 같은 말이라고 보면 되고, '시중 통화량 감소'도 당연히 통화 가치 상승과 같은 말로 해석해야 한 다. 돈이 부족하면 돈의 가치가 올라가는 건 당연하다.

그리고 이렇게 A국의 통화 가치가 높아짐에 따라서 외국 자본이 대량으로 유입됐었다. 만약 A국 통 화의 신뢰도가 낮아졌다면 외국 자본은 유입되지 않았을 것이다.

> ② 국제적 합의로 인한 A국 통화에 대한 B국 통화의 환율 하락으로 국제유동성 공급량이 증
> 가하여 A국 통화의 가치가 상승했겠군.

→ '국제 유동성 공급량'이 증가했다는 건 'A국의 통화량이 증가'했다는 것이다. 왜냐하면 〈보기〉에서 A국이 '기축 통화국'이라고 했었기 때문이다. 지금 'B국 통화의 환율 하락'으로 'A국 통화량이 증가' 했었나? 아니다.

B국 통화의 환율이 하락했다는 건 B국 통화의 가치가 높아졌다는 것이다. 그리고 이는 동시에 A국 통화의 가치가 낮아졌다는 뜻이기도 하다. 이때 A국 통화의 가치가 낮아짐에 따라, A국에 있던 외국 자본은 자연스레 B국으로 이동했을 것이다. **이건 다른 말로, A국의 통화량이 '감소'했다는 뜻이다.** 그리고 '국제적 합의'가 A국의 통화량을 줄이기 위한 합의였으므로 '국제 유동성'이 증가했다는 건 말 이 안 된다.

또 A국의 통화량이 증가했다 하더라도, A국 통화량이 증가하면 A국 통화의 가치는 '상승'하는 게 아 니라, '하락'하게 된다. 돈이 많아질수록 돈의 가치가 낮아지는 건 당연하기 때문이다.

③ 다른 모든 조건이 변하지 않았다면, 국제적 합의로 인해 A국 통화에 대한 B국 통화의 환율과 B국 통화에 대한 C국 통화의 환율은 모두 하락했겠군.

→ 우선 국제적 합의로 인해 A국 통화에 대한 B국 통화의 환율이 하락하는 건 맞다. 이건 〈보기〉에도 그대로 적혀 있었다. 그런데 'B국 통화에 대한 C국 통화의 환율도 하락'하는 걸까? 이때 'B국 통화에 대한 C국 통화의 환율이 하락'했다는 것은, **B국 통화와 비교했을 때 C국 통화의 가치가 더 높아졌다는 걸 의미한다.**

아까 〈보기〉에서 'B국 통화와 C국 통화의 환율은 각각 50%, 30% 하락했다'라는 말을 다시 보자. 이 말은, **A국 통화에 비해 B국 통화의 가치는 50% 높아졌고, C국 통화의 가치는 30% 높아졌다는 뜻이다.** 즉, C국 통화의 가치보다 B국 통화의 가치가 더 많이 상승했다는 것이다. 따라서 B국 통화에 대한 C국 통화의 환율은 '상승'했다고 해야 한다.

④ 다른 모든 조건이 변하지 않았다면, 국제적 합의로 인해 A국 통화에 대한 B국과 C국 통화의 환율이 하락하여, B국에 대한 C국의 경상 수지는 개선되었겠군.

→ 맞는 말이다. 국제적 합의로 인해서, A국 통화에 대한 B국과 C국 통화의 환율이 하락했었다. 즉, B국과 C국의 통화 가치가 높아진 것이다. 구체적으로 말하자면, A국과 비교했을 때 B국의 통화 가치는 50% 상승했고, C국의 통화 가치는 30% 상승했다.

이 말은 B국이 C국과 통화 가치가 같았다면, C국 통화 가치보다 B국 통화 가치가 더 높아졌다는 뜻이다. 그리고 만약 B국이 C국보다 통화 가치가 낮았다면, B국과 C국 통화 가치가 비슷해졌다는 뜻이다. 또 B국이 C국보다 통화 가치가 높았다면, C국에 대한 B국의 통화 가치가 더 높아졌다는 말이 된다. 이때 B국과 C국 간의 통화 가치가 어떤 관계인지는 〈보기〉에 나와있지 않으므로, 일단 **B국 통화 가치의 상승률이 C국 통화 가치의 상승률보다 높다는 것만 알 수 있다.**

이렇게 B국 통화 가치의 상승률이 C국 통화 가치의 상승률보다 높아졌을 때, B국에 대한 C국의 경상 수지는 어떻게 될까? **B국 통화의 가치가 더 높아졌다는 건, C국이 B국에 수출했을 때 더 많은 이득을 얻는다는 뜻이다.** 왜냐하면 TV를 수출하고 B국으로부터 같은 100만원을 받는다고 해도, 그 100만원의 가치가 높아졌다는 뜻이기 때문이다. 이때 '경상 수지'는 수출액에서 수입액을 뺀 값이므로, B국에 대한 C국의 경상 수지는 '흑자'에 가까워진다고 표현할 수 있다. 즉, 4번 선지에서 말하는 것처럼 'B국에 대한 C국의 경상 수지가 개선'되는 것이다.

⑤ 다른 모든 조건이 변하지 않았다면, A국의 소득세 감면과 군비 증대로 A국의 경상 수지가 악화되며, 그 완화 방안 중 하나는 A국 통화에 대한 B국 통화의 환율을 상승시키는 것이겠군.

➜ 우선 A국의 소득세 감면과 군비 증대로 A국의 경상 수지가 악화되는지 생각해 보자. A국의 경상 수지가 악화되려면 **수입액이 수출액보다 커야** 한다. 그리고 〈보기〉에서 확인했듯이, '소득세 감면과 군비 증대'는 **통화량 증가**를 불러왔었다. 그럼 이때, **통화량이 증가**하면 **수입액이 수출액보다 커지는지**만 생각하면 된다. 생각해 보면 이는 맞는 말이다. 통화량이 증가한다는 건 사람들이 소비를 늘린다는 뜻이기 때문에, 따라서 수입액도 당연히 늘어나게 된다. 사람들이 물건을 원하는 만큼, 물건을 수입해 올 것이기 때문이다.

그리고 '경상 수지 악화'를 완화하는 방안 중 하나가, 'A국 통화에 대한 B국 통화의 환율을 상승'시키는 거라고 하는데, 생각해 보자. 우선 '경상 수지 악화'를 완화하려면 수출액을 높여서, 경상 수지를 흑자에 가까워지도록 해야 한다. 그리고 경상 수지를 흑자로 만들려면 4번 선택지 해설에서 말했듯이, B국 통화의 가치를 높여야 한다. 그런데 'A국 통화에 대한 B국 통화의 환율을 상승'시킨다는 건 B국 통화의 가치를 높이는 게 아니다. 이건 A국 통화의 가치를 높인다는 뜻이다. 따라서 5번은 틀린 선지다.

· 답 : ④

법 1

2021학년도 수능, 계약과 예약

채권은 어떤 사람이 다른 사람에게 특정 행위를 요구할 수 있는 권리이다. 이 특정 행위를 급부라 하고, 특정 행위를 해주어야 할 의무를 채무라 한다. 채무자가 채권을 ⓐ 가진 이에게 급부를 이행하면 채권에 대응하는 채무는 소멸한다. 급부는 재화나 서비스 제공인 경우가 많지만 그 외의 내용일 수도 있다.

민법상의 권리는 여러 가지가 있는데 계약 없이 법률로 정해진 요건의 충족으로 발생하기도 하지만 대개 계약의 효력으로 발생한다. 계약이란 권리 발생 등에 관한 당사자의 합의로서, 계약이 성립하면 합의 내용대로 권리 발생 등의 효력이 인정되는 것이 원칙이다. 당장 필요한 재화나 서비스는 그 제공을 급부로 하는 계약을 성립시켜 확보하면 되지만 미래에 필요할 수도 있는 재화나 서비스라면 계약을 성립시킬 수 있는 권리를 확보하는 것이 유리하다. 이를 위해 '예약'이 활용된다. 일상에서 예약이라고 할 때와 법적인 관점에서의 예약은 구별된다. ㉠ 기차 탑승을 위해 미리 돈을 지불하고 승차권을 구입하는 것을 '기차 승차권을 예약했다'고도 하지만 이 경우는 예약에 해당하지 않는 계약이다. 법적으로 예약은 당사자들이 합의한 내용대로 권리가 발생하는 계약의 일종으로, 재화나 서비스 제공을 급부 내용으로 하는 다른 계약인 '본계약'을 성립시킬 수 있는 권리 발생을 목적으로 한다.

[A]
예약은 예약상 권리자가 가지는 권리의 법적 성질에 따라 두 가지 유형으로 나뉜다. 첫째는 채권을 발생시키는 예약이다. 이 채권의 급부 내용은 '예약상 권리자의 본계약 성립 요구에 대해 상대방이 승낙하는 것'이다. 회사의 급식 업체 공모에 따라 여러 업체가 신청한 경우 그중 한 업체가 선정되었다고 회사에서 통지하면 예약이 성립한다. 이에 따라 선정된 업체가 급식을 제공하고 대금을 ⓑ 받기로 하는 본계약 체결을 요청하면 회사는 이에 응할 의무를 진다. 둘째는 예약 완결권을 발생시키는 예약이다. 이 경우 예약상 권리자가 본계약을 성립시키겠다는 의사를 표시하는 것만으로 본계약이 성립한다. 가족 행사를 위해 식당을 예약한 사람이 식당에 도착하여 예약 완결권을 행사하면 곧바로 본계약이 성립하므로 식사 제공이라는 급부에 대한 계약상의 채권이 발생한다.

예약에서 예약상의 급부나 본계약상의 급부가 이행되지 않는 문제가 ⓒ 생길 수 있는데, 예약의 유형에 따라 발생 문제의 양상이 다르다. 일반적으로 급부가 이행되지 않아 채권자에게 손해가 발생한 경우 채무자는 자신의 고의나 과실에서 비롯된 것이 아님을 증명하지 못하는 한 채무 불이행 책임을 진다. 이로 인해 채무의 내용이 바뀌는데 원래의 급부 내용이 무엇이든 채권자의 손해를 돈으로 물어야 하는 손해 배상 채무로 바뀐다.

만약 타인이 고의나 과실로 예약상 권리자가 가진 권리 실현을 방해했다면 예약상 권리자는 그에게도 책임을 ⓓ 물을 수 있다. 법률에 의하면 누구든 고의나 과실에 의해 타인에게 피해를

ⓔ 끼치는 행위를 하고 그 행위의 위법성이 인정되면 불법행위 책임이 성립하여, 가해자는 피해자에게 손해를 돈으로 배상할 채무를 지기 때문이다. 다만 예약상 권리자에게 예약 상대방이나 방해자 중 누구라도 손해 배상을 하면 다른 한쪽의 배상 의무도 사라진다. 급부 내용이 동일하기 때문이다.

1. 윗글에 대한 이해로 적절하지 <u>않은</u> 것은?

① 계약상의 채권은 계약이 성립하면 추가 합의가 없어도 발생하는 것이 원칙이다.
② 재화나 서비스 제공을 대상으로 하는 권리 외에 다른 형태의 권리도 존재한다.
③ 예약상 권리자는 본계약상 권리의 발생 여부를 결정할 수 있다.
④ 급부가 이행되면 채무자의 채권자에 대한 채무가 소멸된다.
⑤ 불법행위 책임은 계약의 당사자 사이에 국한된다.

2. ㉠에 대한 이해로 가장 적절한 것은?

① 기차 탑승은 채권에 해당하고 돈을 지불하는 행위는 그 채권의 대상인 급부에 해당한다.
② 기차를 탑승하지 않는 것은 승차권 구입으로 발생한 채권에 대응하는 의무를 포기하는 것이다.
③ 기차 승차권을 미리 구입하는 것은 계약을 성립시키면서 채권의 행사 시점을 미래로 정해 두는 것이다.
④ 승차권 구입은 계약 없이 법률로 정해진 요건을 충족하여 서비스를 제공받을 권리를 발생시키는 행위이다.
⑤ 미리 돈을 지불하는 것은 미래에 필요한 기차 탑승 서비스 이용이라는 계약을 성립시킬 수 있는 권리를 확보한 것이다.

3. 다음은 [A]에 제시된 예를 활용하여, 예약의 유형에 따라 예약상 권리자가 요구할 수 있는 급부에 대해 정리한 것이다. ㄱ~ㄷ에 들어갈 내용을 올바르게 짝지은 것은?

구분	채권을 발생시키는 예약	예약 완결권을 발생시키는 예약
예약상 급부	ㄱ	ㄴ
본계약상 급부	ㄷ	식사 제공

	ㄱ	ㄴ	ㄷ
①	급식 계약 승낙	없음	급식 대금 지급
②	급식 계약 승낙	없음	급식 제공
③	급식 계약 승낙	식사 제공 계약 체결	급식 제공
④	없음	식사 제공 계약 체결	급식 제공
⑤	없음	식사 제공 계약 체결	급식 대금 지급

4. 윗글과 〈보기〉에 대한 이해로 적절하지 않은 것은?

특별한 행사를 앞두고 있는 갑은 미용실을 운영하는 을과 예약을 하여 행사 당일 오전 10시에 머리 손질을 받기로 했다. 갑이 시간에 맞춰 미용실을 방문하여 머리 손질을 요구했을 때 병이 이미 을에게 머리 손질을 받고 있었다. 갑이 예약해 둔 시간에 병이 고의로 끼어들어 위법성이 있는 행위를 하여 ㉮ 갑은 오전 10시에 머리 손질을 받을 수 없는 손해를 입었다.

① ㉮가 발생하는 과정에서 을의 과실이 있는 경우, 을은 갑에 대해 채무 불이행 책임이 있고 병은 갑에 대해 손해 배상 채무가 있다.

② ㉮가 발생하는 과정에서 을의 고의가 있는 경우, 을과 병은 모두 갑에게 손해 배상 채무를 지고 을이 배상을 하면 병은 갑에 대한 채무가 사라진다.

③ ㉮가 발생하는 과정에서 을에게 고의나 과실이 있는지 없는지 증명되지 않은 경우, 을과 병은 모두 갑에게 채무를 지고 그에 따른 급부의 내용은 동일하다.

④ ㉮가 발생하는 과정에서 을에게 고의나 과실이 있는지 없는지 증명되지 않은 경우, 을과 병은 모두 채무 불이행 책임을 지므로 갑에게 손해 배상 채무를 진다.

⑤ ㉮가 발생하는 과정에서 을에게 고의나 과실이 없음이 증명된 경우, 을과 달리 병에게는 갑이 입은 손해에 대해 금전으로 배상할 책임이 있다.

5. 문맥상 ⓐ~ⓔ의 단어와 가장 가까운 의미로 쓰인 것은?

① ⓐ : 자신의 일에 자부심을 가지는 것이 중요하다.

② ⓑ : 올해 생일에는 고향 친구에게서 편지를 받았다.

③ ⓒ : 기차역 주변에 새로 생긴 상가에 가 보았다.

④ ⓓ : 나는 도서관에서 책 빌리는 방법을 물어 보았다.

⑤ ⓔ : 바닷가의 찬바람을 쐬니 온몸에 소름이 끼쳤다.

1문단

> 채권은 어떤 사람이 다른 사람에게 특정 행위를 요구할 수 있는 권리이다.

→ 이 지문을 풀 때 '채권'이 뭔지 처음 알았다면, 기출 공부를 하나도 안 한 것이다. '채권'이 뭔지는 이 지문을 읽기 전에 이미 알고 있었어야 했다. 이미 기출에 나왔었기 때문이다.

기출 사례

"청구권을 내용으로 하는 권리가 채권이고, 그에 따라 이행을 해야 할 의무가 채무이다."

– 2019학년도 수능 –

범작가 TIP

경제에서 채권과 법에서 채권은 서로 다른 뜻이다. 경제에서 채권은 자금 조달을 위해 발행하는 차용 증서를 의미한다. 여기서 차용 증서란, 남의 돈이나 물건을 빌린 것을 증명하는 문서를 의미한다. 즉, 회사나 국가가 채권을 발행함으로써 채권을 사는 사람의 돈을 빌리고, 상대방에겐 내가 돈을 빌렸다는 걸 증명하는 문서로 채권을 주는 것이다.

반면, 법에서의 채권은 어떤 사람이 다른 사람에게 특정 행위를 요구할 수 있는 권리이다.

> 이 특정 행위를 급부라 하고, 특정 행위를 해 주어야 할 의무를 채무라 한다.

→ 급부, 채무 모두 기출에 나왔었다. 이미 알고 있는 내용이어야 했다.

기출 사례

"이 경우 계약 내용에 따른 행동인 급부(給付)를 할 의무가 인정되어, 공인 중개사는 매물의 소유권을 넘겨주고 고객은 대금을 지급해야 하는 것이다."

– 2019학년도 6월 –

"채무자가 채무의 내용대로 이행하여 채권을 소멸시키는 것을 변제라 한다."

– 2019학년도 수능 –

위 문장들이 기억나진 않더라도, 기출 속에서 본 적 있기에, 급부랑 채무라는 말이 낯설게 다가오진 않았어야 했다.

채무자가 채권을 ⓐ 가진 이에게 급부를 이행하면 채권에 대응하는 채무는 소멸한다.

→ 당연하다. 납득해준다.

급부는 재화나 서비스 제공인 경우가 많지만 그 외의 내용일 수도 있다.

→ "그 외의 내용에는 뭐가 있을까?"라고 궁금해했는가? 궁금했어야 했다. 그 외의 내용이 뭔지 떠오르진 않아도 좋다. 그냥 의문을 품고, 궁금해한 것만으로도 문제로 갔을 때 기억이 난다.

1번 문제 ②번 선지, "재화나 서비스 제공을 대상으로 하는 권리 외에 다른 형태의 권리도 존재한다."를 봤을 때, 나는 이 문장이 바로 기억이 났다. 의문을 품고, 생각하고 넘어갔기 때문이다.

2문단

민법상의 권리는 여러 가지가 있는데 계약 없이 법률로 정해진 요건의 충족으로 발생하기도 하지만 대개 계약의 효력으로 발생한다.

→ '계약 없이 법률로 정해진 요건의 충족으로 발생하는 경우'가 뭐가 있을까? 예를 들어 누군가 내 돈을 몰래 훔쳐갔을 때, 나랑 내 돈을 훔친 사람이랑 계약을 하진 않았지만, 나는 돈을 돌려받을 권리가 생긴다. 항상 이렇게 예시도 떠올려보고 하면서, 문장의 의미를 구체적으로 곱씹고 가야 한다.

계약이란 권리 발생 등에 관한 당사자의 합의로서, 계약이 성립하면 합의 내용대로 권리 발생 등의 효력이 인정되는 것이 원칙이다.

→ 계약의 제시된 개념을 설명해 주는 문장이다. 주의 깊게 봐야 한다.

당장 필요한 재화나 서비스는 그 제공을 급부로 하는 계약을 성립시켜 확보하면 되지만 미래에 필요할 수도 있는 재화나 서비스라면 계약을 성립시킬 수 있는 권리를 확보하는 것이 유리하다.

→ 납득한다.

이를 위해 '예약'이 활용된다.

→ 계약을 성립시킬 수 있는 권리를 확보하기 위해 '예약'이 활용된다는 것이다.

→ 나는 이 문장을 보고 긴장했다. 왜 그랬을까? 이 문장은 지금 출제자가 "지금부터 내가 말하는 '예약'을 네가 알고 있던 뜻으로 이해하면 틀린다."라고 말해주는 문장이기 때문이다. 내가 평소에 알고 있던 '예약'의 의미와 법적인 관점에서의 '예약'이 다르다고 말한다. 그럼 그 둘이 어떤 차이가 있는지 주의 깊게 보면서, 제대로 이해해야 한다.

→ 생각하고 납득한다. 생각해 보니까 우리는 평소에 "기차 승차권을 예약했다."라고 말하기도 한다. 그런데 법적인 관점에서 이는 예약이 아니라 계약인 것이다.

이때 해야 하는 중요한 행동이 있다. 바로, **다시 계약의 제시된 개념을 말해주는 문장으로 돌아가서 계약이 뭔지 확인하는 것이다.** 이건 당연한 행동이다. ㉠이 예약이 아닌 계약이라고 하는데, 머릿속에 계약의 정확한 개념이 없다. 그러면 당연히 돌아가서 계약의 제시된 개념을 다시 확인해야 한다. 돌아가서 보니까, "계약이란 권리 발생 등에 관한 당사자의 합의로서, 계약이 성립하면 합의 내용대로 권리 발생 등의 효력이 인정되는 것이 원칙이다."라고 되어있다. 그럼 이제 이 문장을 가지고 이제 왜 ㉠이 예약이 아닌, 계약인지 이해해보자.

위 ㉠의 상황은 기차 탑승자가 승차권 판매자와 계약하여 기차 탑승권을 사는 상황이다. 계약이 성립하면 합의 내용대로 기차 탑승자의 기차 탑승권 효력이 인정된다. 따라서 이는 계약이다. 예약은 '계약을 성립시킬 수 있는 권리'를 확보하는 것인데, ㉠은 지금 **계약을 성립시킬 수 있는 권리를 확보하는 것이 아니다. 그냥 계약을 하고 있는 것이다.** '계약을 성립시킬 수 있는 권리를 확보'한다고 말하려면, 기차표를 샀을 때는 기차를 탈 효력이 인정되지 않아야 한다. 아직 기차를 탄다는 계약이 '성립'된 게 아니기 때문이다. 이 경우에 기차표를 산 사람은, 이후 '역무원과 '기차를 탄다'라는 계약을 진행해서 기차를 탈 수 있는 권리'를 갖고 있는 것이다. **쉽게 말해서 ㉠이 예약이 되려면, 매표소에서 한 번 계약을 하겠다는 의사 표시를 하고, 기차 타기 전에 또 한 번 역무원과 계약을 성립시키는 구조여야 한다.** 아래를 읽어보면 알겠지만, 음식점 예약도 이와 마찬가지다. 보통 우리는 음식점에 전화해서 '정해진 날짜에 식당에 도착해서 밥을 먹는 계약'을 하겠다고 말하고, 예약한 날짜에 도착한 뒤 돈을 지불하고 계약을 성립시킨다. 그리고 이를 '예약'이라 부른다. 예약의 개념은 뒤에서 더 자세히 설명해 주지만, 이 부분을 읽을 때 승차권을 구매하는 게 왜 예약이 아니라 계약인지 최대한 생각하고 넘어갔어야 한다. 그래야 2번 문제를 제대로 맞힐 수 있었다.

> 법적으로 예약은 당사자들이 합의한 내용대로 권리가 발생하는 계약의 일종으로, 재화나 서비스 제공을 급부 내용으로 하는 다른 계약인 '본계약'을 성립시킬 수 있는 권리 발생을 목적으로 한다.

➜ 예약의 제시된 개념이다. 정말 중요하다. 여러 번 곱씹으면서 납득한다.

3문단

> 예약은 예약상 권리자가 가지는 권리의 법적 성질에 따라 두 가지 유형으로 나뉜다.

➜ "예약상 권리자?" 추상어다. 예약상 권리자가 뭔지 정확하게 모르겠다. 일단 뒤를 읽으면서 잡아야겠다.

> 첫째는 채권을 발생시키는 예약이다. 이 채권의 급부 내용은 '예약상 권리자의 본계약 성립 요구에 대해 상대방이 승낙하는 것'이다.

➜ 누구나 시험장에서 이런 문장을 만나면 멘탈이 나간다. 정신 차려야 한다. 이 문장만 보고 이 문장의 의미를 제대로 이해하기는 쉽지 않다. 그걸 출제자도 알기에, 바로 다음 문장에 예시를 넣어 놨다.

> 회사의 급식 업체 공모에 따라 여러 업체가 신청한 경우 그중 한 업체가 선정되었다고 회사에서 통지하면 **예약**이 성립한다.

➜ 회사가 한 급식 업체에게 선정되었다고 통지하는 것이 '예약'이란다. 잘 납득이 안 된다. 내가 평소에 알고 있었던 예약의 의미랑 다르기 때문이다. **나는 다시 위로 올라가서 '예약'의 제시된 개념을 잡는다.** 지금 내가 하고 있는 행동이 매우 중요하다. 글을 읽을 땐 출제자가 제시한 개념을 계속 제대로 잡고 읽어야 한다. 예약의 제시된 개념을 다시 읽어보니, 예약은 "재화나 서비스 제공을 급부 내용으로 하는 다른 계약인 '본계약'을 성립시킬 수 있는 권리 발생을 목적으로 하는 것"이라고 한다. 즉, 회사가 급식 업체에게 선정되었다고 통지하면, 급식 업체는 회사에게 '본계약'을 체결해달라고 할 수 있는 권리를 얻게 된다. 다른 말로, **급식 업체에게 '본계약'을 성립시킬 수 있는 권리가 발생**한다. 따라서 회사가 급식 업체에게 선정되었다고 통지하는 것이 '예약'이 되는 것이다.

그리고 여기서 '예약상 권리자'가 누구인지 알아낼 수 있다. **이 예시에서 예약상 권리자는 급식 업체이다.**

"첫째는 채권을 발생시키는 예약이다. 이 채권의 급부 내용은 '예약상 권리자의 본계약 성립 요구에 대해 상대방이 승낙하는 것'이다."

이 문장에 빗대어 봤을 때, 예약상 권리자는 급식 업체이다. 왜냐하면 급식 업체가 회사를 대상으로 본계약을 성립시켜 달라는 요구를 하는 것이기 때문이다. '예약상 권리자'라는 말이 추상어라는 걸 감지하고, 글을 읽으면서 '예약상 권리자'가 구체적으로 뭘 의미하는지 계속 생각했어야 했다. 이렇게 읽으려면 천천히 읽어야 한다. 사실 이 문단에서는 누구나 시간을 써야 했다. 예약의 법적 개념은 누구에게나 낯선 개념이었을 것이다. 나는 이 정도 난이도의 문단에서는 많게는 4분도 쓴다. 하지만 그렇게 읽으면, 문제로 갔을 때 남들보다 5분 빨리 푼다.

> 이에 따라 선정된 업체가 급식을 제공하고 대금을 ⓑ 받기로 하는 본계약 체결을 요청하면 회사는 이에 응할 의무를 진다.

➜ 회사가 한 급식 업체를 선정하는 순간, 그 급식 업체에게 '본계약'을 성립시킬 수 있는 권리가 발생하기 때문이다. 납득해야 한다.

> 둘째는 예약 완결권을 발생시키는 예약이다. 이 경우 예약상 권리자가 본계약을 성립시키겠다는 의사를 표시하는 것만으로 본계약이 성립한다.

➜ 예약 완결권을 발생시키는 예약은 예약상 권리자가 본계약을 성립시키겠다는 의사를 표시하는 것만으로 본계약이 성립한다고 한다. 여기서도 예약상 권리자가 누구인지 정확하게 알아내야 한다.

> 가족 행사를 위해 식당을 예약한 사람이 식당에 도착하여 예약 완결권을 행사하면 곧바로 본계약이 성립하므로 식사 제공이라는 급부에 대한 계약상의 채권이 발생한다.

➜ **잡았다. 여기서 예약상 권리자는 '가족 행사를 위해 예약을 한 사람'이다.** 이 사람이 식당에 도착해서 예약 완결권을 행사하면 즉, 본계약을 성립시키겠다는 의사를 표시하면 바로 본계약이 성립한다.

📢: 여기서 본계약은 식사 제공을 의미한다.

자, 여기까지 읽었을 때, '채권을 발생시키는 예약'과 '예약 완결권을 발생시키는 예약'의 차이를 잡아야 한다. '채권을 발생시키는 예약'은 예약상 권리자가 본계약 체결 요청을 하고, 그 요청을 받은 상대방이 또 본계약 체결 요청에 응해야 한다. 하지만, '예약 완결권을 발생시키는 예약'은 상대방이 본계약 체결 요청에 응하기를 기다릴 필요가 없다. 예약상 권리자가 그냥 본계약을 성립시키겠다고 의사를 표시하는 것만으로도 바로 본계약이 성립하기 때문이다.

내가 왜 '채권을 발생시키는 예약'과 '예약 완결권을 발생시키는 예약'의 차이점을 잡고 넘어가려 했을까? '북학론' 설명 때도 말했지만, 글을 읽으면서 막 공통점, 차이점을 잡으면서 읽으려고 하진 않아도 된다. 그냥 문장을 제대로 이해하는 것만으로 충분하다. 그런데 나는 수능장에서 이 문단을 읽으면서 처음에는 '채권을 발생시키는 예약'과 '예약 완결권을 발생시키는 예약'을 제대로 이해하지 못했다. 그래서 이 문단을 읽고 난 뒤에, "예약이 '채권을 발생시키는 예약'과 '예약 완결권을 발생시키는 예약'으로 나뉜다는데, 이 둘이 뭐가 다른 거지?"라는 생각이 들었다. 그래서 다시 한번 더 읽으면서 이 둘이 뭐가 다른 건지 제대로 잡고 넘어갔다. 문장이 제대로 이해가 안 됐던 것이다. 즉, 문장을 제대로 이해하기 위해서 차이점을 잡고 넘어갔다.

여기서 내가 말하고 싶은 것은, 글을 읽을 땐 "공통점, 차이점을 잡아라"와 같은 스킬 말고, '문장을 제대로 이해하고 넘어가려는 태도'가 중요하다는 것이다. **문장이 이해가 안 되면 문장을 제대로 이해하기 위해서 차이점도 생각해 보고, 공통점도 생각해 보는 것이다.**

📢: 그리고 마지막으로 한 가지 팁을 말해주자면, [A]로 묶여 있거나, ㉠, ㉡이라고 되어 있는 부분은 무조건 문제로 나온다는 거니까, 읽을 때 좀 더 자세히 이해하고 넘어가 준다. 시험장에서 그 정도의 센스는 있어야 한다.

4문단

> 예약에서 예약상의 급부나 본계약상의 급부가 이행되지 않는 문제가 ⓒ 생길 수 있는데, 예약의 유형에 따라 발생 문제의 양상이 다르다.

→ "예약의 유형? 아 위에서 말한 '채권을 발생시키는 예약'이랑 '예약 완결권을 발생시키는 예약'을 말하는 거구나. 각 유형에 따라 발생 문제의 양상이 어떻게 다르다는 걸까?"

> 일반적으로 급부가 이행되지 않아 채권자에게 손해가 발생한 경우 채무자는 자신의 고의나 과실에서 비롯된 것이 아님을 증명하지 못하는 한 채무 불이행 책임을 진다.

→ 나는 '채권을 발생시키는 예약'이랑 '예약 완결권을 발생시키는 예약'이 서로 어떻게 발생 문제의 양상이 다른지 설명해 주길 기대하면서 이 문장을 읽었다. 하지만 그 둘을 각각 구분해서 설명해 주고 있진 않다. 무슨 상황인 걸까? 처음에는 나도 이해가 잘 안됐다. 예약의 유형에 따라 발생 문제의 양상이 다르다고 말해 놓고, 예약의 유형에 따라 어떻게 발생 문제의 양상이 다른지 뒤에서 말을 안 해주고 있으니까 당황스러웠다. 그런데 이 지문을 3번째 읽을 때쯤, 왜 이렇게 쓴 건지 이해가 됐다.

출제자의 마음은 이랬다. "얘들아, 예약의 유형에 따라서 발생 문제의 양상이 달라. 그런데 **일반적으로는** 채무자가 자신의 고의나 과실에서 비롯된 것이 아님을 증명하지 못하는 경우 채무 불이행 책임을 지게 돼." 만약 여기서 '예약의 유형에 따라 발생 문제의 양상이 어떻게 달라지는지' 세세하게 또 설명했다면, 지문의 길이도 엄청 길어졌을 것이고, 정보량이 많아지니까 지문 난이도도 높아졌을 것이다. 그래서 출제자는 그냥 '일반적'인 경우만 말한 것이다.

이렇게, 출제자가 쓴 문장의 의도를 이해하고 넘어가는 게 왜 중요할까? 일단 첫 번째로 문장을 끈질기게 생각하는 과정에서 독해력, 사고력이 증진된다. 또 이렇게 문장의 의미를 깊게 고민해 본 사람은 시험장에서 이해되지 않는 문장을 만났을 때, 유연하게 대처할 수 있다. 지금 이 순간이 머릿속 데이터베이스로 쌓여서, "아, 그때 고민했던 그 문장이랑 비슷한 케이스인가 보네"하고 시험장에서 당황하지 않고, 유연하게 문장을 처리할 수 있는 것이다.

이로 인해 채무의 내용이 바뀌는데 원래의 급부 내용이 무엇이든 채권자의 손해를 돈으로 물어야 하는 손해 배상 채무로 바뀐다.

→ **왜 원래 급부의 내용이 무엇이든 채권자의 손해를 돈으로 물어야 할까?** 글에 왜 그런지 이유를 설명해 주지 않았다. 납득이 안 됐으면, 멈추고 한 번 생각해야 됐다. 나는 "돈으로 주는 게 계산하기 편해서 그런 가 보다"라고 생각하고 넘어갔다. 너도 너 나름대로 납득할 수 있는 부연 설명을 붙이고 넘어갔으면 잘한 것이다. 만약 부연 설명이 생각 안 났다면 그냥 머릿속으로 여러 번 읽으면서 기억하고 넘어갔어도 됐다.

범작가 TIP

14습관에서 말했지만, 그냥 바로 외우려고 하기보다는 부연 설명을 붙이려고 최대한 노력하는 것이 좋다. 그럼, 문장을 외우지 않아도 되기 때문이다. 문장을 그냥 단순 정보로 외우고 넘어가면 문제로 넘어갔을 때 기억이 나지 않을 위험이 있다. 최대한 부연 설명을 생각하고 넘어가주되, 정말 도저히 왜 그런지 모르겠는 문장들만 표시하거나 머릿속으로 외우고 간다.

5문단

만약 타인이 고의나 과실로 예약상 권리자가 가진 권리 실현을 방해했다면 예약상 권리자는 그에게도 책임을 ⓓ 물을 수 있다.

→ 납득한다. 다른 사람이 와서 예약상 권리자의 권리 실현을 방해했다면, 당연히 그 사람에게도 책임을 물을 수 있을 것이다.

법률에 의하면 누구든 고의나 과실에 의해 타인에게 피해를 ⓔ 끼치는 행위를 하고 그 행위의 위법성이 인정되면 불법행위 책임이 성립하여, 가해자는 피해자에게 손해를 돈으로 배상할 채무를 지기 때문이다.

→ "아, 예약상 권리자의 권리 실현을 방해한 사람도 '돈'으로 피해를 배상해야 되네."

다만 예약상 권리자에게 예약 상대방이나 방해자 중 누구라도 손해 배상을 하면 다른 한쪽의 배상 의무도 사라진다. 급부 내용이 동일하기 때문이다.

→ 법 지문에서 '다만'은 예외를 의미하기 때문에 항상 주의해서 봐야 한다고 말했었다. 납득한다. 채무자나 권리 실현을 방해한 사람이나 급부 내용은 피해자에게 손해를 돈으로 물어야 한다는 점에서 똑같다. 즉, 둘 중 한 사람이 피해자에게 돈을 주면 다른 한 사람의 배상 의무는 사라진다는 것이다.

지문 관련 문제 해설

1. 윗글에 대한 이해로 적절하지 <u>않은</u> 것은?

① 계약상의 채권은 계약이 성립하면 추가 합의가 없어도 발생하는 것이 원칙이다.

→ 선택지가 한 번에 안 와닿는다. 처음 봤을 때는 계약상의 채권이 무슨 말인지 이해가 안 된다. 출제자가 일부러 조금 꼬아 놓은 것이다. 이럴 때는 오히려 차분히 '선택지도 독해한다'는 마음으로 읽어야 한다.

글 내용에 따르면, 계약을 했을 때 채권이 발생한다. 이때 추가적인 합의가 또 필요하다는 말은 없었다. 그래서 ①번은 맞는 말이다. 이 문장의 근거는 몇 번째 문장에 있었고 하는 식의 풀이는 절대 1등급을 만들어줄 수 없다. '서치'해서 '비교'하는 것이 아니다. 글을 읽으며 '이해'한 내용을 바탕으로 선택지를 '독해'해 내는 것이다.

② 재화나 서비스 제공을 대상으로 하는 권리 외에 다른 형태의 권리도 존재한다.

→ 아까 "뭐가 있을까?"하고 글에서 의문을 품었다면 쉽게 지울 수 있다.

③ 예약상 권리자는 본계약상 권리의 발생 여부를 결정할 수 있다.

→ 맞다. 이 선지는 글을 읽으면서 '예약상 권리자'가 누구인지 생각하지 않고 읽었다면 시간이 좀 걸렸을 것이다. '예약상 권리자'는 아까 글에서 나온 '급식 업체'와 '식당 예약한 사람'이라 할 수 있다. 급식 업체는 회사가 선정을 해도 본계약 성립을 요구하지 않을 수 있다. 급식업체의 입장에서, 2개의 회사가 계약을 체결하자고 요청한다면 하나의 회사에게는 본계약 성립 요구를 하지 못할 것이다.

그리고 식당 예약자의 경우 식당에 갈 수도 있고, 안 갈 수도 있다. 예약은 했지만, 식당에 가지 않는다면 본계약은 성립하지 않게 된다. 따라서 위 생각을 통해 예약상 권리자는 본계약상 권리의 발생 여부를 결정할 수 있음을 알 수 있다.

> ④ 급부가 이행되면 채무자의 채권자에 대한 채무가 소멸된다.

→ 급부, 채무자, 채권자의 제시된 개념만 제대로 알고 있었다면 쉽게 판단할 수 있었다.

> ⑤ 불법행위 책임은 계약의 당사자 사이에 국한된다.

→ 마지막 문단을 이해했다면 쉽게 지울 수 있다. 불법행위 책임은 계약 실현을 방해한 사람에게도 생긴다. 정답은 ⑤번이다.

· 답 : ⑤

2. ㉠에 대한 이해로 가장 적절한 것은?

🔊: ㉠에 대한 이해를 하라고 했으니까, 지문으로 들어가기 전에 먼저 ㉠에 대한 이해를 하고 넘어간다. ㉠은 지금 '계약' 상황이다. 기차 탑승을 위해 미리 돈을 지불하고 승차권을 구입하는 사람과 승차권을 판매하는 사람 간의 계약 상황이다.

> ① 기차 탑승은 채권에 해당하고 돈을 지불하는 행위는 그 채권의 대상인 급부에 해당한다.

→ 기차 탑승권을 사고파는 계약에서 '기차 탑승'은 채권이라고 볼 수 있다. 내가 기차 탑승권을 사면, 기차를 탑승할 권리를 얻게 되기 때문이다. 그리고 이에 대응하는 급부는 '기차를 태워주는 것'이다. '돈을 지불하는 행위'는 채권의 대상인 급부가 아니다. 이 계약에서 채권의 대상인 급부는 '기차를 태워주는 것'이다.

> ② 기차를 탑승하지 않는 것은 승차권 구입으로 발생한 채권에 대응하는 의무를 포기하는 것이다.

→ 이 선택지가 제대로 이해하려면 매우 어려운 선택지였다. 차분히 이해해보자. 우선 승차권 구입으로 발생한 채권에 대응하는 의무가 무엇인지 생각해 보자. 내가 매표소에 가서 승차권을 발급 받았다고 할 때, 내 의무는 무엇일까? 기차를 타야하는 게 내 의무일까? 아니다. 내 의무는 '돈을 내는 것'이다. 나는 매표소에 있는 직원에게 돈을 주고, 기차표를 얻을 권리를 얻는다. 반면 매표소 직원은 나에게 표를 주고, 나에게 돈을 받을 권리를 얻는 것이다. 내가 매표소 직원에게 표와 돈을 교환하겠다고

하는 순간 '계약'은 성립하고, 내가 돈을 주고 표를 받는 순간 계약은 종료된다. 그래서 내가 기차표를 사는 건 '계약'의 과정이지, '본계약'을 발생시키는 예약이 아니었던 것이다. 내가 표를 사고 나중에 역무원과 또 다른 본계약을 체결하는 게 아니다. 내가 표를 산 그 순간에 계약은 끝난 것이다. 그리고 나는 '기차를 탈 권리'인 채권을 가지고 있는 상태이고, 그 채권의 효력을 발휘해서 나중에 기차를 타는 거였다. 따라서 내가 기차를 탑승하지 않는 것은, 승차권 구입으로 발생한 '채권'을 사용하지 않겠다고 하는 것이지, 채권에 대응하는 '의무'를 포기하는 것이 아니다.

> ③ 기차 승차권을 미리 구입하는 것은 계약을 성립시키면서 채권의 행사 시점을 미래로 정해 두는 것이다.

→ 이게 정답이다. 기차 승차권을 구입할 때 나는 '돈을 지불할 의무'를 다하고, '기차를 탈 권리'인 채권을 획득한다. 이는 다른 말로 '계약이 성립됐다'는 뜻이다. 그리고 나는 계약으로 얻은 채권을 조금 있다가 사용해서 기차를 타면 된다. 즉, 매표소에서 기차 승차권을 살 때 채권을 확보하고, 실제 채권의 행사는 기차를 탈 때 이루어지는 것이다. 매표소에서 승차권을 사는 계약을 할 때, '승차권에 해당하는 돈을 지불한다'는 의무는 즉시 다하지만 '기차를 탈 권리'에 해당하는 채권은 기차 도착 시간에 맞춰서 사용하는 것이다. 따라서 ③번이 정답이다.

> ④ 승차권 구입은 계약 없이 법률로 정해진 요건을 충족하여 서비스를 제공받을 권리를 발생시키는 행위이다.

→ 지금 ㉠은 '계약' 상황이다. 그런데, 승차권 구입이 계약 없이 법률로 정해진 요건을 충족하여 서비스를 제공받을 권리를 발생시키는 행위다? 말이 안 된다.

> ⑤ 미리 돈을 지불하는 것은 미래에 필요한 기차 탑승 서비스 이용이라는 계약을 성립시킬 수 있는 권리를 확보한 것이다.

→ '계약을 성립시킬 수 있는 권리'를 확보한 것이 아니다. 채권의 행사 시점을 미래로 정해둔 것이다. 계약은 이미 돈을 지불하고 승차권을 샀을 때 성립했다.

· 답 : ③

3. 다음은 [A]에 제시된 예를 활용하여, 예약의 유형에 따라 예약상 권리자가 요구할 수 있는 급부에 대해 정리한 것이다. ㄱ~ㄷ에 들어갈 내용을 올바르게 짝지은 것은?

구분	채권을 발생시키는 예약	예약 완결권을 발생시키는 예약
예약상 급부	ㄱ	ㄴ
본계약상 급부	ㄷ	식사 제공

	ㄱ	ㄴ	ㄷ
①	급식 계약 승낙	없음	급식 대금 지급
②	급식 계약 승낙	없음	급식 제공
③	급식 계약 승낙	식사 제공 계약 체결	급식 제공
④	없음	식사 제공 계약 체결	급식 제공
⑤	없음	식사 제공 계약 체결	급식 대금 지급

→ 문제를 제대로 읽어야 한다. 글을 아무리 잘 읽어도 문제를 제대로 안 읽으면 아무 소용없다. 특히 나 표, 그래프가 나오는 문제에서는 조건이 많기 때문에 좀 더 세심히 읽어야 한다. 이 문제를 틀린 많은 학생들은 아마 문제에서 "예약상 권리자가 요구할 수 있는 급부에 대해 정리한 것이다."라는 문 장을 날려 읽었을 것이다. 지금 ㄱ,ㄴ,ㄷ에서 말하고 있는 것은 '예약상 권리자'가 요구할 수 있는 급 부이다. 이걸 머릿속에 제대로 인지하지 못했다면 글을 제대로 읽었어도 문제 풀기가 매우 어려웠을 것이다.

우선 '채권을 발생시키는 예약'부터 살펴보면, [A]에 제시된 예에서, 회사가 급식 업체를 선별하는 것 이 '예약'이었다. 여기서 예약상 권리자가 요구할 수 있는 예약상 급부는 '회사에게 급식 계약 신청을 받아 달라고 하는 것'이다. 즉, 급식 업체는 회사에게 '급식 계약의 승낙'을 요구할 수 있다. 그 다음, 급식 업체 예시에서, '본계약'의 내용은 급식 업체는 급식을 제공하고, 회사는 급식 대금을 지급하는 것이다. 여기서 '예약상 권리자'가 요구할 수 있는 본계약상 급부는 회사에게 급식 대금을 달라고 하 는 것이다. 따라서 ㄱ에는 급식 계약 승낙이 들어가야 하고, ㄷ에는 급식 대금 지급이 들어가야 한다.

다음으로 '예약 완결권을 발생시키는 예약'을 살펴보면, [A]에 제시된 예에서, 식당 예약자가 식당에 전화해서 "몇 월 며칠 날 가겠습니다."라고 말하면 예약이 성립한다. 이때, 식당 예약자가 요구할 수 있는 '예약상 급부'는 없다. 식당 예약자는 그냥 언제 가겠다고 말하면 그걸로 끝이다. 따라서 ㄴ에는 '없음'이 들어가야 한다. 정답은 ①번이다.

· 답 : ①

4. 윗글과 〈보기〉에 대한 이해로 적절하지 <u>않은</u> 것은?

> ─── 〈 보기 〉 ───
>
> 특별한 행사를 앞두고 있는 갑은 미용실을 운영하는 을과 예약을 하여 행사 당일 오전 10시에 머리 손질을 받기로 했다. 갑이 시간에 맞춰 미용실을 방문하여 머리 손질을 요구했을 때 병이 이미 을에게 머리 손질을 받고 있었다. 갑이 예약해 둔 시간에 병이 고의로 끼어들어 위법성이 있는 행위를 하여 ㉮ 갑은 오전 10시에 머리 손질을 받을 수 없는 손해를 입었다.

> ① ㉮가 발생하는 과정에서 을의 과실이 있는 경우, 을은 갑에 대해 채무 불이행 책임이 있고 병은 갑에 대해 손해 배상 채무가 있다.

→ 맞는 말이다. 만약 ㉮가 발생하는 과정에서 을의 과실이 있는 경우에 을은 채무 불이행 책임을 지고, 병은 '고의로' 끼어들어서 위법성 있는 행위를 했으니까 손해 배상 채무가 있다.

> ② ㉮가 발생하는 과정에서 을의 고의가 있는 경우, 을과 병은 모두 갑에게 손해 배상 채무를 지고 을이 배상을 하면 병은 갑에 대한 채무가 사라진다.

→ 맞는 말이다. 을이 고의로 갑과의 계약을 안 지켰다면, 을은 갑에게 채무 불이행 책임을 지는데 이때의 채무는 '갑에게 머리 손질을 해주는 것'에서 손해를 돈으로 물어야 하는 손해 배상 채무로 바뀐다. 근데 여기서 병도 '고의로' 위법성 있는 행위를 했기 때문에, 갑에게 손해 배상 채무를 진다. 이렇게 되면, 을과 병 모두 급부의 내용이 동일하기 때문에 둘 중 누구라도 갑에게 돈으로 손해 배상을 하면 나머지 한 쪽의 채무도 사라진다.

> ③ ㉮가 발생하는 과정에서 을에게 고의나 과실이 있는지 없는지 증명되지 않은 경우, 을과 병은 모두 갑에게 채무를 지고 그에 따른 급부의 내용은 동일하다.

→ 맞는 말이다. ㉮가 발생하는 과정에서 을에게 고의나 과실이 없다고 증명이 되어야 을에게 책임이 없게 된다. 그런데 을에게 고의나 과실이 있는지 없는지 증명되지 않았다면 을은 갑에게 채무를 지게 된다. 병은 당연히 '고의로' 위법성 있는 행위를 했으니까 갑에게 채무를 진다. 이때 둘 다 손해 배상 채무를 지게 되므로 급부의 내용은 동일하다.

> ④ ㉮가 발생하는 과정에서 을에게 고의나 과실이 있는지 없는지 증명되지 않은 경우, 을과 병은 모두 채무 불이행 책임을 지므로 갑에게 손해배상 채무를 진다.

→ 틀렸다. 을이 채무 불이행 책임을 지는 건 맞다. 그런데, 병이 채무 불이행 책임을 진다는 설명이

틀렸다. 병은 '불법행위 책임'을 지게 된다. 정답은 ④번이다.

> ⑤ ㉮가 발생하는 과정에서 을에게 고의나 과실이 없음이 증명된 경우, 을과 달리 병에게는
> 갑이 입은 손해에 대해 금전으로 배상할 책임이 있다.

➜ ㉮가 발생하는 과정에서 을에게 고의나 과실이 없음이 증명되었다면, 당연히 을은 채무 불이행 책임을 지지 않으니까 갑의 손해를 돈으로 배상할 책임도 없다. 하지만 병은 그것과 상관없이 '불법행위 책임'을 지므로 갑이 입은 손해에 대해 금전으로 배상할 책임이 있다.

·답 : ④

5. 문맥상 ⓐ~ⓔ의 단어와 가장 가까운 의미로 쓰인 것은?

> ① ⓐ : 자신의 일에 자부심을 <u>가지는</u> 것이 중요하다.
> ② ⓑ : 올해 생일에는 고향 친구에게서 편지를 <u>받았다</u>.

➜ '편지를 받았다', '대금을 받기로' 둘 다 '어떤 물건'을 받는다는 점에서 비슷하다. 따라서 ②번 정답.

> ③ ⓒ : 기차역 주변에 새로 <u>생긴</u> 상가에 가 보았다.
> ④ ⓓ : 나는 도서관에서 책 빌리는 방법을 <u>물어</u> 보았다.
> ⑤ ⓔ : 바닷가의 찬바람을 쐬니 온몸에 소름이 <u>끼쳤다</u>.

·답 : ②

물건을 사용하고 있는 사람이 그 물건의 주인일까? 점유란 물건에 대한 사실상의 지배 상태를 뜻한다. 이에 비해 소유란 어떤 물건을 사용, 수익, 처분할 수 있는 권리를 가진 상태라고 정의된다. 따라서 점유자와 소유자가 항상 일치하지는 않는다.

[A] 물건을 빌려 쓰거나 보관하고 있는 것을 포함하여 물건을 물리적으로 지배하는 상태를 직접점유라고 한다. 이에 비해 어떤 물건을 빌려 쓰거나 보관하는 사람에게 그 물건의 반환을 청구할 수 있는 권리를 가진 사람도 사실상의 지배를 한다고 볼 수 있다. 이와 같이 반환청구권을 가진 상태를 간접점유라고 한다. 직접점유와 간접점유는 모두 점유에 해당한다. 점유는 소유자를 공시하는 기능도 수행한다. 공시란 물건에 대해 누가 어떤 권리를 가지고 있는지를 알려 주는 것이다. 물건 중에서 피아노, 금반지, 가방 등과 같은 대부분의 동산은 점유에 의해 소유권이 공시된다.

물건의 소유권이 양도되려면, 소유자가 양도인이 되어 양수인과 유효한 양도 계약을 하고 이에 더하여 소유권 양도를 공시해야 한다. ㉠ 점유로 소유권이 공시되는 동산의 소유권 양도는 점유를 넘겨주는 점유 인도로 공시된다. 양수인이 간접점유를 하여 소유권 이전이 공시되는 경우로서 '점유개정'과 '반환청구권 양도'가 있다. 예를 들어 A가 B에게 피아노의 소유권을 양도하기로 계약하되 사흘간 빌려 쓰는 것으로 합의한 경우, B는 A에게 피아노를 사흘 후 돌려 달라고 요구할 수 있는 반환청구권을 가지게 된다. 이처럼 양도인이 직접점유를 유지하지만, 양수인에게 점유 인도가 이루어진 것으로 간주되는 경우를 점유개정이라고 한다. 한편 C가 자신이 소유한 가방을 D에게 맡겨 두어 이에 대한 반환 청구권을 가지게 되었는데, 이 가방의 소유권을 E에게 양도하는 계약을 체결하였다고 하자. 이때 C가 D에게 통지하여 가방 주인이 바뀌었으니 가방을 E에게 반환하라고 알려 주면 D가 보관 중인 가방에 대한 반환청구권은 C로부터 E에게로 넘어간다. 이 경우를 반환청구권 양도라고 한다.

양도인이 소유자가 아니더라도 양수인이 점유 인도를 받으면 소유권을 취득할 수 있을까? 점유로 공시되는 동산의 경우 양수인이 충분히 주의를 했는데도 양도인이 소유자가 아님을 알지 못한 채 양도인과 유효한 계약을 하고, 점유 인도로 공시를 했다면 양수인은 소유권을 취득한다. 이것을 '선의취득'이라 한다. 다만 간접점유에 의한 인도 방법 중 점유개정으로는 선의취득을 하지 못한다. 선의취득으로 양수인이 소유권을 취득하면 원래 소유자는 원하지 않아도 소유권을 상실하게 된다.

반면에 국가가 관리하는 공적 기록인 등기, 등록으로 공시되어야 하는 물건은 아예 선의취득 대상이 아니다. ㉡ 법률이 등록 대상으로 규정한 자동차, 항공기 등의 동산은 등록으로 공시되는 물건이고, ㉢ 토지, 건물과 같은 부동산은 등기로 공시되는 물건이다. 이러한 고가의 재산

에 대해 선의취득을 허용하게 되면 원래 소유자의 의사에 반하는 소유권 박탈이 ⓐ 일어나게
된다. 이것은 거래 안전에만 치중하고 원래 소유자의 권리 보호를 경시한 것이 되어 바람직하
지 않다고 볼 수 있다.

1. 윗글을 이해한 내용으로 적절하지 <u>않은</u> 것은?

① 가방을 사용하고 있는 사람은 그 가방의 점유자이다.

② 가방을 점유하고 있더라도 그 가방의 소유자가 아닐 수 있다.

③ 가방의 소유권이 유효한 계약으로 이전되려면 점유 인도가 있어야 한다.

④ 가방에 대해 누가 소유권을 가지고 있는지를 알게 해 주는 방법은 점유이다.

⑤ 가방의 소유권을 양도하는 유효한 계약을 체결하면 공시 방법이 갖춰지지 않아도 소유권
은 이전된다.

2. [A]에 대한 이해로 가장 적절한 것은?

① 물리적 지배를 해야 동산의 간접점유자가 될 수 있다.

② 간접점유는 피아노 소유권에 대한 공시 방법이 아니다.

③ 하나의 동산에 직접점유자가 있으려면 간접점유자도 있어야 한다.

④ 피아노의 직접점유자가 있으면 그 피아노의 간접점유자는 소유자가 아니다.

⑤ 유효한 양도 계약으로 피아노의 소유자가 되려면 피아노에 대해 직접점유나 간접점유 중
하나를 갖춰야 한다.

3. ㉠~㉢을 비교한 내용으로 가장 적절한 것은?

① ㉠은 ㉢과 달리, 국가가 관리하는 공적 기록에 의해 소유권 양도가 공시될 수 있다.

② ㉡은 ㉠과 달리, 원래 소유자의 권리 보호가 거래 안전보다 중시되는 대상이다.

③ ㉢은 ㉠과 달리, 물리적 지배의 대상이 아니므로 점유로 공시될 수 없다.

④ ㉠과 ㉡은 모두 양도인이 소유자가 아니더라도 소유권 이전이 가능하다.

⑤ ㉠과 ㉢은 모두 점유개정으로 소유권 양도가 공시될 수 있다.

4. 윗글과 〈보기〉에 대한 이해로 적절하지 <u>않은</u> 것은?

< 보기 >

갑과 을은, 갑이 끼고 있었던 금반지의 소유권을 을에게 양도하기로 하는 유효한 계약을 했다. 갑과 을은, 갑이 이 금반지를 보관하다가 을이 요구할 때 넘겨주기로 합의했다. 을은 소유권 양도 계약을 할 때 양도인이 소유자라고 믿었고 양도인이 소유자인지 확인하기 위해 충분히 주의했다. 을은 일주일 후 병과 유효한 소유권 양도 계약을 했고, 갑에게 통지하여 사흘 후 병에게 금반지를 넘겨주라고 알려 주었다.

① 갑이 금반지 소유자였다면, 병이 금반지의 물리적 지배를 넘겨받지 않았으나 병은 소유권을 취득한다.

② 갑이 금반지 소유자였다면, 을은 갑으로부터 물리적 지배를 넘겨받지 않았으나 점유 인도를 받은 것으로 간주된다.

③ 갑이 금반지 소유자가 아니었더라도, 병은 을로부터 을이 가진 소유권을 양도받아 취득한다.

④ 갑이 금반지 소유자가 아니었더라도, 을은 반환청구권 양도로 병에게 점유 인도를 한 것으로 간주된다.

⑤ 갑이 금반지 소유자가 아니었더라도, 병이 계약할 때 양도인이 소유자라고 믿었고 양도인이 소유자인지 확인하기 위해 충분히 주의했다면, 병은 소유권을 취득한다.

5. 문맥상 의미가 ⓐ와 가장 가까운 것은?

① 작년은 우리나라에서 수많은 사건이 <u>일어난</u> 해였다.

② 청중 사이에서는 기쁨으로 인해 환호성이 <u>일어났다</u>.

③ 형님의 강한 의지력으로 집안이 다시 <u>일어나게</u> 되었다.

④ 나는 그 사람에 대해 경계심이 <u>일어나지</u> 않을 수 없었다.

⑤ 사회는 구성원들이 부조리에 맞서 <u>일어남으로써</u> 발전한다.

점유, 소유 해설

1문단

물건을 사용하고 있는 사람이 그 물건의 주인일까?

➡ 무작정 빨리 읽으려고만 하지 말고, 출제자가 질문을 했으면 생각을 하고 넘어가자. 물건을 사용하고 있는 사람이 정말 그 물건의 주인일까? 생각해 보니까, 어떤 사람이 물건을 사용하고 있어도 그 물건의 주인이 아닐 수 있다.

> **범작가 TIP**
>
> 이렇게 한 문장을 읽고, 내가 생각을 많이 하면 할수록 뒤 문장들이 이해가 잘 된다. 이 지문까지 지금 내가 총 16지문 해설을 하면서 항상 강조했던 것이, '천천히' 읽으라는 것이다. 시험장에서도 천천히 읽어줘야 한다. 출제자가 질문을 하면, 멈추고 머릿속으로 생각도 해보고, 동의하거나, 부정하거나, 의문 품거나 어떤 식으로든 계속 반응해주면서 읽어야 한다. 생각하지 않고 글을 읽기 시작할 때 성적은 그 자리에서 멈춘다. 명심하기 바란다.

점유란 물건에 대한 사실상의 지배 상태를 뜻한다.

➡ '사실상의' 지배 상태? 이 문장을 보고 아무 생각이 안 들었으면 반성해야 한다. '사실상의' 지배 상태라는 건 추상어다. '사실상의' 지배 상태라는 게 도대체 무슨 말인가? 출제자에게 좀 더 구체적인 답을 요구해야 한다. 그냥 납득하고 가면 안 된다는 것이다. 정말 정확하게 단어의 의미가, 문장의 의미가 내 머리에 박히기 전까지는 그냥 넘어가면 안 된다.

이에 비해 소유란 어떤 물건을 사용, 수익, 처분할 수 있는 권리를 가진 상태라고 정의된다.

➡ 상상해보고 납득한다. 어떤 물건을 사용할 수 있고, 팔아서 수익을 얻을 수 있고, 처분할 수 있다면 내가 소유했다고 할 수 있을 것이다. 그런데 아직 머릿속에서 정확하게 점유와 소유가 어떻게 다른 건지 구분이 잘 안된다. 뭔가 확 와닿지 않는다. "아, 그래서 점유랑 소유가 다른 거구나" 하는 느낌이 안 든다. 그래서 이 지문이 어려웠다. 그럼 이럴 때 어떡해야 했을까? **답은 간단하다. 시간을 써서 점유와 소유를 제대로 머릿속에서 이해하고 넘어가야 했다.** 이 글에서 말하는 점유, 소유는 낯선 개념이기 때문에 보자마자 머릿속에 그 뜻이 들어오지 않는다. 따라서 당연히 시간을 써서 그 단어, 문장이 익숙해질 때까지 읽어야 한다.

따라서 점유자와 소유자가 항상 일치하지는 않는다.

➔ 내가 물건을 가지고 있긴 하지만 즉, 점유하고 있긴 하지만 그 물건을 사용, 수익, 처분할 수 있는 권리는 없을 수도 있다. 생각하고 납득해준다.

2문단

물건을 빌려 쓰거나 보관하고 있는 것을 포함하여 물건을 물리적으로 지배하는 상태를 직접점유라고 한다.

➔ 물건을 내가 '물리적으로' 점유하고 있으니까 '직접' 점유하고 있다고 말하나 보다.

이에 비해 어떤 물건을 빌려 쓰거나 보관하는 사람에게 그 물건의 반환을 청구할 수 있는 권리를 가진 사람도 사실상의 지배를 한다고 볼 수 있다. 이와 같이 반환청구권을 가진 상태를 간접점유라고 한다.

➔ 아 여기서 드디어 '사실상의' 지배가 무슨 뜻인지 구체적으로 말해준다. 내가 내 물건을 갖고 있는 사람에게 다시 물건을 달라고 반환을 청구할 수 있는 권리를 가지고 있다면 나도 '사실상' 그 물건을 지배하고 있다고 볼 수 있다. **이렇게 간접 점유하고 있는 것도 '사실상' 점유에 해당하기 때문에 점유를 '사실상의' 지배 상태라고 말했던 것이다.**

직접점유와 간접점유는 모두 점유에 해당한다.

➔ 이 문장을 출제자가 그냥 써준 것이 아니다. 얼핏 봤을 때, 직접점유와 간접점유 둘 다 점유인 건 당연한 거 같은데 왜 굳이 이렇게 한 번 더 강조한 것일까?

출제자는 우리에게 **간접점유도 점유라는 걸 다시 한번 강조해주기 위해서** 이 문장을 쓴 것이다. 이 글에서 말하는 '직접' 점유는 우리가 평소에 알고 있던 '점유'의 의미와 크게 다르지 않다. 철수가 연필로 공부하고 있으면, 우리는 '철수가 연필을 점유하고 있다'고 생각한다. 그런데 **간접' 점유는 우리가 평소에 알던 점유의 의미와 약간 다르다. 철수가 자기 연필을 영희한테 빌려준 상황에서 우리는 보통 "철수가 연필을 점유하고 있다."라고 생각하지 않는다.** 그런데, 이 글에서 말하는 '점유'의 개념에 따르면, 철수가 영희에게 자기 연필을 빌려준 상황을 보고 "철수가 연필을 점유하고 있다."라고 말할 수 있다.

출제자는 이걸 주의하라고 점유의 의미를 한 번 더 강조해서 말해준 것이다. 평소에 우리가 생각하던 '점유'의 의미로 문제를 풀면 틀리니까, 글에서 제시해준 개념을 가지고 '점유'의 개념을 다시 잡으라고 말해준 것이다.

법 지문에서는 유독 이런 형식의 내용 전개가 많이 나온다. 앞서 해설했던 '예약지문'에서도 우리가 일상에서 쓰는 '예약'의 의미와 법적인 관점에서의 '예약'을 잘 구분해야 한다고 말해주고 있었다. 그것과 마찬가지로 이 점유, 소유 지문에서도 우리가 일상에서 쓰는 '점유'의 의미와 법적인 관점에서의 '점유'의 의미를 잘 구분해서 읽었어야 했다.

점유는 소유자를 공시하는 기능도 수행한다. 공시란 물건에 대해 누가 어떤 권리를 가지고 있는지 알려주는 것이다. 물건 중에서 피아노, 금반지, 가방 등과 같은 대부분의 동산은 점유에 의해 소유권이 공시된다.

→ 아마 이 문장부터 독해가 어려워졌을 것이다. 갑자기 정보가 쏟아지는 거 같은 그 순간에 침착함을 유지할 수 있어야 한다. 일단 차분하게 '공시'가 뭔지 받아들인다. 함축적 의미를 동원하든 2,3번 읽어서 외우든 머릿속에 집어넣어야 한다.

그리고 항상 말하지만 점유가 소유자를 공시하는 기능을 수행한다는 것, 대부분의 동산은 점유에 의해 소유권이 공시된다는 것을 외우는 게 아니다. '그럴 수 있겠다'라고 생각해 보고 납득해야 한다.

🔊: 동산과 부동산이 무엇인지는 알고 있었어야 했다. 동산은 '움직일 동'을 써서 말 그대로 '움직일 수 있는 물건'을 뜻한다. 시계, 가방, 차 같은 것들이 동산에 해당한다. 반면 부동산은 말 그대로 '움직이는 것이 불가능한 물건'이라는 뜻이다. 집, 땅 같은 것들이 부동산에 해당한다.

3문단

물건의 소유권이 양도되려면, 소유자가 양도인이 되어 양수인과 유효한 양도 계약을 하고 이에 더하여 소유권 양도를 공시해야 한다.

→ 이 문장 또한 납득해준다. 당연히 소유자가 양도인이 되어서 양수인이랑 '유효한' 계약을 하고 이후에 소유권이 양도되었음을 공시해야 할 것이다. 글을 읽을 때 납득하려는 태도와 암기하려는 태도는 완전 다른 것이다. 그걸 항상 명심하고 문장을 납득, 이해하려고 노력하기 바란다.

🔊: '양도인', '양수인' 같은 단어는 헷갈리면 안 된다. 헷갈린다면 이 지문을 기점으로 정확하게 알아두자.

점유로 소유권이 공시되는 동산의 소유권 양도는 점유를 넘겨주는 점유 인도로 공시된다.

➔ 조금만 생각해 보면 당연한 말이다. 동산이 점유로 소유권이 공시된다면, 갖고 있는 동산의 점유를 넘겨주는 것으로 동산의 소유권이 양도될 수 있다.

양수인이 간접점유를 하여 소유권 이전이 공시되는 경우로서 '점유개정'과 '반환청구권 양도'가 있다. 예를 들어 A가 B에게 피아노의 소유권을 양도하기로 계약하되 사흘간 빌려 쓰는 것으로 합의한 경우, B는 A에게 피아노를 사흘 후 돌려 달라고 요구할 수 있는 반환청구권을 가지게 된다. 이처럼 양도인이 직접점유를 유지하지만, 양수인에게 점유 인도가 이루어진 것으로 간주되는 경우를 점유개정이라고 한다.

➔ 점유개정의 제시된 개념이 나왔다. 정말 제대로 이해하고 넘어가야 한다. A와 B가 피아노를 거래하는 상황을 떠올려주면서 머릿속으로 구체적인 거래상황을 그려야 한다.

한편 C가 자신이 소유한 가방을 D에게 맡겨 두어 이에 대한 반환청구권을 가지게 되었는데, 이 가방의 소유권을 E에게 양도하는 계약을 체결하였다고 하자. 이때 C가 D에게 통지하여 가방 주인이 바뀌었으니 가방을 E에게 반환하라고 알려 주면 D가 보관 중인 가방에 대한 반환청구권은 C로부터 E에게로 넘어간다. 이 경우를 반환청구권 양도라고 한다.

➔ **반환청구권의 제시된 개념을 말해주는 문장이다. 지금 머릿속에서는 C, D, E가 거래하고 있는 상황이 펼쳐져야 한다. 거래 상황을 머릿속으로 떠올려 보면서, 반환청구권 양도의 제시된 개념을 제대로 잡고 넘어간다.**

4문단

양도인이 소유자가 아니더라도 양수인이 점유 인도를 받으면 소유권을 취득할 수 있을까?

➔ 출제자가 질문을 하면 생각을 해보자. 양도인이 소유자가 아닐 때, 양수인이 점유 인도를 받아서 소유권을 취득한다는 게, 지금 무슨 상황을 말하는 건지 구체적으로 상상해 본다. 이 말은 사실 '양도인'이라고 생각했던 사람이 물건을 훔친 도둑놈이라는 말과 비슷하다. 아까 A와 B의 거래에서 A가 사실 피아노의 소유자가 아니고, 피아노를 몰래 훔쳐서 B와 거래하는 상황이라 생각하면 된다. C와 D의 사례에서도, C가 자기 가방이 아니라 '훔친 가방'을 D에게 맡긴 상황이다.

→ 납득한다. 물건을 받는 사람이, 정말 저 사람이 진짜 물건 주인이 맞는지 충분히 주의를 했는데도, 양도인이 소유자가 아님을 알지 못했다면 양수인은 소유권을 갖는다. **충분히 주의를 했는데도** 양도인이 양수인을 속여서 자신이 소유자라고 믿게 했다면, 양수인 입장에서는 어쩔 수 없다고 보는 것이다. 그렇게 양수인이 소유권을 취득하게 되면 원래 주인에게는 미안하지만, 양수인에게 다시 물건을 돌려 달라고 할 수 없다.

위에 나온 예시로 설명하자면, B는 피아노를 가지게 되고 E는 가방에 대한 반환 청구권을 갖게 되는 것이다. 피아노와 가방의 '실제 주인'은 따로 있지만, B와 E의 소유권을 인정해 준다.

→ '선의취득'의 제시된 개념이다. 제시된 개념은 반드시 문제에서 물어본다. '점유개정', '반환청구권 양도'와 마찬가지로 제대로 머릿속에 집어넣는다. 나는 여기서 함축적 의미도 생각했다. 양수인이 어떤 '악의'를 가지고 소유권을 뺏어 온 게 아니라, 양도자와 정당한 방법으로 계약해서 소유권을 가져온 상황이기 때문에 '선의'취득이 아닐까 싶었다.

→ 왜 그럴까? 이해가 안 된다. 왜 점유개정으로는 선의취득을 하지 못하는 거지? 2, 3번 문장을 다시 읽으면서 생각해봤다. 그런데, 그 이유가 떠오르지 않았다. 사실 시험장에서 지문 내용만 가지고 '점유개정은 왜 선의취득이 불가능한지' 추론해내는 건 불가능에 가깝다. **그래서 나는 이 문장에서 처음으로 밑줄을 그었다.** 만약 네가 여기서 납득가능한 부연 설명이 만들어졌다면, 아주 잘한 것이다. 그럼 이 문장을 외우지 않아도 될 테니까.

지금은 분석하는 시간이니까 한번 생각해 보자. 왜 '점유개정'으로는 선의취득을 하지 못하는 걸까? 이걸 완벽히 이해하려면 법에 대한 전문 지식이 있어야 하기 때문에, 지금은 글에 나와 있는 정보만 갖고 논리적으로 추론만 해보겠다. 우선 점유 개정 같은 경우에, 당사자가 A와 B 밖에 없다. 하지만 반환청구권 양도는 당사자가 C와 D, 그리고 E까지 있다.

점유 개정에서 만약 A가 '소유자'가 아니라면, B는 피아노 소유권을 갖지 못한다. 이때, B가 입게 된 피해를 1이라고 하자. B는 지금 '내가 곧 피아노를 가지게 될 거라는 기대'가 무너지면서 피해를 입은 상황이다. B가 자기가 사용하고 있던 피아노를 뺏긴 것도 아니고 그저 '기대'만 무너진 상황이기 때문에 피해를 1로 잡았다. 반면 반환청구권 양도에서 만약 C가 '소유자'가 아니라면, E는 반환청구권을 양도받지 못한다. 따라서 소유권도 가질 수 없다. 이 상황에서 E가 자신의 반환청구권을 또 다른 F에게 양도했다고 하자. F는 또 다시 G에게 반환청구권을 양도한다. 이렇게 반환청구권 양도가 계속되면서 총 10명의 사람을 거쳐 갔다. 그래서 지금은 Z라는 사람이 가방에 대한 소유권을 갖고 있다. 그런데 만약 여기서 선의취득을 인정하지 않는다고 해보자. Z가 갖고 있던 소유권은 사라진다. 그러면 Z는 반환청구권을 양도 받은 누군가에게 찾아가서 따질 것이다. 그리고 그 누군가는 또 자기에게 반환청구권을 준 누군가에게 따지러 갈 거고, 이게 계속돼서 C까지 갈 것이다. 그러면 선의취득을 인정하지 않았을 때 가방을 도둑질한 C를 제외하고, '거래에 참여했던 9명'이 전부 피해를 보는 것이다. 거기다가 반환청구권 양도에 대해서 선의취득을 인정하지 않으면, 앞으로 그 누구도 맘편히 거래를 할 수 없게 된다. **왜? 선의취득이 안 되면 언젠가 내가 가진 소유권을 뺏길 수도 있다는 불안감이 생기기 때문이다.** 내가 아무리 주의를 해도, 얘가 나를 속인 거라면 나는 언제든지 내 소유권을 줘야 한다. 이 상황은 굉장히 많은 사람들이, 거래의 안정성이 보장되지 않은 채로 '불안정한 법적 상태(소유자냐 아니냐)'에 놓이게 되는 것이다. 이로 인해 발생하는 피해는 100, 1000에 가깝다.

결론을 말하자면, '점유개정으로는 선의취득을 못 하게 해서 B가 입은 피해'가 1이라고 했을 때 '반환청구권 양도에 대한 선의취득을 인정하지 않아서 발생하는 피해'는 100, 1000이다. 그래서 나라에서는 "'점유개정'은 선의취득을 못 하게 해서 원래 소유자를 보호하되, '반환청구권 양도'는 선의취득을 할 수 있게 해서 거래의 안정성을 높이자"라고 판단한 것이다. 물론 이것도 어디까지나 지문 내용을 바탕으로 한 추론일 뿐이다. 실제로 완벽히 내용을 이해하려면 다양한 거래 사례에 대한 이해도 필요하고, 복잡한 법리적 판단들이 필요해서 이 정도로만 간단히 생각해두면 충분하다.

🔊: 뒷 부분을 읽어보면 알겠지만, 몇억씩 하는 '고가의' 물건의 경우에는 '선의취득을 인정하지 않아서 발생하는 피해 100, 1000'보다 '원래 소유자가 고가의 물건을 잃어서 얻는 피해'가 더 크다고 판단한다. 그래서 이 경우에는 선의취득을 인정하지 않는다.

> 선의취득으로 양수인이 소유권을 취득하면 원래 소유자는 원하지 않아도 소유권을 상실하게 된다.

→ 당연하다. '이렇게 되면 원래 소유자가 너무 억울하지 않나?'하는 생각이 들긴 하지만 일단 납득하고 넘어간다.

5문단

> 반면에 국가가 관리하는 공적 기록인 등기, 등록으로 공시되어야 하는 물건은 아예 선의취득 대상이 아니다.

→ 왜 그럴까? 의문 품은 상태로 읽어 내려간다.

→ 뭔가 찜찜하다. '등기, 등록으로 공시되어야 하는 물건'은 선의취득 대상이 아닌 이유가, '선의취득을 허용하면 거래 안전에만 치중하고 원래 소유자의 권리 보호를 경시한 것이 되기 때문'이라고 한다. 그런데, 이건 '등기, 등록으로 공시되어야 하는 물건'이 아니어도 마찬가지 아닌가? 가방, 피아노, 금반지 같은 것들도 선의취득을 허용하면, 거래 안전에만 치중하고 원래 소유자의 권리 보호를 경시한 것이 되는 것이 아닌가?

처음 이 문장을 읽고 위와 같은 의문이 들었다. 그래서 다시 한번 차분히 문장을 읽어봤다. '등기, 등록으로 공시되는 물건'과 '등기, 등록으로 공시되지 않는 물건'의 차이가 뭘까. 그 차이는 바로 '가격'이었다. '등기, 등록으로 공시되는 물건'은 '고가의' 물건이기 때문에 선의취득이 되지 않았던 것이다.

피아노, 가방, 금반지 같은 물건들은 고가의 물건이 아니기 때문에, 소유자의 권리를 보호하는 것보다 선의취득을 인정해줘서 거래 안전을 지키는 게 사회 전체로 봤을 때 더 이득이었다. 그런데 땅이나 건물같이 비싼 물건들은 선의취득을 인정하지 않고 원래 소유자의 권리 보호를 하는 것이 사회 전체로 봤을 때 더 이득이다.

왜 그럴까? 예를 들어서 내가 금반지 하나를 샀는데, 선의취득이 안 된다고 하자. 그럼 나는 나에게 금반지를 판 사람이 원래 주인이 아니라면 언제든지 원래 주인에게 금반지를 뺏길 수 있다. 즉, 나는 금반지를 산 뒤에도 계속 이 금반지를 뺏길 수도 있다는 걱정을 하면서 마음을 졸여야 한다는 것이다. 모든 사람들이 이런 상황에 놓이면 사회 전체에 거래라는 것이 원활하게 이뤄질 수 없고, 따라서 이로 인해 발생하는 여러 비용들이 생길 것이다. 이렇게 생기는 비용보다, 선의취득을 인정해줬을 때 원래 주인이 입는 손해가 더 적기 때문에 법에서는 선의취득을 인정해주는 것이다. 즉, 선의취득을 인정했을 때 원래 주인이 입는 피해가 10이라고 하면, 선의취득을 인정하지 않았을 때 사람들이 거래 불안으로 입는 피해가 20인 것이다. 그래서 선의취득을 인정해준다는 말이다.

그런데 반대로 고가의 물건에 대해서 선의취득을 인정하면 원래 주인이 입는 피해가 30이다. 그리고 선의취득을 인정하지 않았을 때 사람들이 거래 불안으로 입는 피해가 20이다. 따라서 이런 경우에는 선의취득을 인정하지 않는다는 것이다.

지문 관련 문제 해설

1. 윗글을 이해한 내용으로 적절하지 <u>않은</u> 것은?

> ① 가방을 사용하고 있는 사람은 그 가방의 점유자이다.

➜ 맞다. 가방을 사용하고 있다는 건 물리적 지배를 하고 있다는 것이다. 물리적 지배를 한다는 건 직접점유를 의미하므로, 가방을 사용하고 있는 사람은 그 가방의 점유자라고 할 수 있다.

> ② 가방을 점유하고 있더라도 그 가방의 소유자가 아닐 수 있다.

➜ 당연하다. 글 읽으면서 계속 다뤘었다.

> ③ 가방의 소유권이 유효한 계약으로 이전되려면 점유 인도가 있어야 한다.

➜ 맞다. 가방의 소유권이 이전되려면 소유권의 공시가 필요하다. 이때 이 소유권의 공시는 점유를 넘겨주는 점유 인도로 공시된다고 했으므로, 가방의 소유권이 유효한 계약으로 이전되려면 점유 인도가 있어야 한다.

> ④ 가방에 대해 누가 소유권을 가지고 있는지를 알게 해 주는 방법은 점유이다.

➜ 동산은 점유로 소유권이 공시된다고 했으니 맞는 말이다.

> ⑤ 가방의 소유권을 양도하는 유효한 계약을 체결하면 공시 방법이 갖춰지지 않아도 소유권은 이전된다.

➜ 말이 안 된다. 물건의 소유권을 양도하려면 유효한 양도 계약을 하고 이에 더하여 소유권 양도를 공시해야 한다. 정답은 ⑤번이다.

· 답 : ⑤

2. [A]에 대한 이해로 가장 적절한 것은?

> ① 물리적 지배를 해야 동산의 간접점유자가 될 수 있다.

➡ 물리적 지배를 하면 동산의 직접점유자가 된다.

> ② 간접점유는 피아노 소유권에 대한 공시 방법이 아니다.

➡ 간접점유도 '점유'다. 동산의 소유권은 점유로 이뤄진다고 했으므로 간접점유도 피아노 소유권에 대한 공시 방법이다.

> ③ 하나의 동산에 직접점유자가 있으려면 간접점유자도 있어야 한다.

➡ 글에서 그런 말은 없다. 직접점유자만 있어도 된다.

> ④ 피아노의 직접점유자가 있으면 그 피아노의 간접점유자는 소유자가 아니다.

➡ 피아노의 직접 점유자가 있어도 그 피아노의 간접점유자가 소유자일 수 있다. 아까 '점유 개정' 상황과 똑같다. A가 B에게 피아노의 소유권을 넘겨주지만 3일 동안만 쓰고 준다고 한 경우, 직접점유자(A)가 있지만 피아노의 간접점유자(B)가 소유자다.

> ⑤ 유효한 양도 계약으로 피아노의 소유자가 되려면 피아노에 대해 직접점유나 간접점유 중
>   하나를 갖춰야 한다.

➡ 동산의 소유권은 점유로 공시된다고 했으므로 반드시 직접점유나 간접점유 중 하나를 갖춰야 피아노의 소유자가 될 수 있다. 정답은 ⑤번이다.

· 답 : ⑤

3. ㉠~㉢을 비교한 내용으로 가장 적절한 것은?

> ① ㉠은 ㉢과 달리, 국가가 관리하는 공적 기록에 의해 소유권 양도가 공시될 수 있다.

➜ 틀렸다. 국가가 관리하는 공적 기록에 의해 소유권이 양도가 공시되는 것은 ㉠이 아니라 ㉢다.

> ② ㉡은 ㉠과 달리, 원래 소유자의 권리 보호가 거래 안전보다 중시되는 대상이다.

➜ 맞다. ㉠은 지금 선의취득을 인정하고 있다. 이것은 소유자의 권리 보호보다 거래 안전을 우선시하는 관점으로 볼 수 있다. 반면에 ㉡은 선의취득을 인정하지 않고 본래 소유권을 가진 사람의 권리를 인정하고 있다. 이것은 거래 안전보다 원래 소유자의 권리 보호를 중시하는 관점이라고 할 수 있다. ②번이 정답이다.

> ③ ㉢은 ㉠과 달리, 물리적 지배의 대상이 아니므로 점유로 공시될 수 없다.

➜ ㉢은 등기로 공시되는 물건이므로 ㉠과 달리 점유로 공시될 수는 없다. 하지만 그 이유가 물리적 지배 대상이 아니기 때문은 아니다.

> ④ ㉠과 ㉡은 모두 양도인이 소유자가 아니더라도 소유권 이전이 가능하다.

➜ ㉠의 거래에서는, 양수인이 충분히 주의를 했는데도 양도인이 소유자가 아님을 알지 못한 채, 양도인과 유효한 계약을 하고 점유 인도로 공시했다면 양수인이 소유권을 취득한다. 선의취득이 가능한 것이다. 하지만 ㉡은 국가가 관리하는 공적 기록인 등록으로 공시되는 물건이므로 소유권 이전이 불가능하다. 즉, 선의취득이 불가능하다.

> ⑤ ㉠과 ㉢은 모두 점유개정으로 소유권 양도가 공시될 수 있다.

➜ ㉠은 3문단에 나오는 예시에서도 알 수 있듯이 점유개정으로 소유권 양도가 공시될 수 있다. 하지만 ㉢의 경우 소유권 양도의 공시는 등기에 의해 이루어지므로 ㉢이 점유개정으로 소유권 양도가 공시될 수 있다는 설명은 틀렸다.

· 답 : ②

4. 윗글과 〈보기〉에 대한 이해로 적절하지 <u>않은</u> 것은?

> —— < 보기 > 분할 분석 ——
>
> 갑과 을은, 갑이 끼고 있었던 금반지의 소유권을 을에게 양도하기로 하는 유효한 계약을 했다. 갑과 을은, 갑이 이 금반지를 보관하다가 을이 요구할 때 넘겨주기로 합의했다.

➡ 여기까지 읽고 '점유개정'이 떠올랐어야 한다. 〈보기〉를 읽을 때는 항상 글 내용을 붙여주면서 읽는다. 그래야 선택지에서 판단이 빨라진다.

> —— < 보기 > 분할 분석 ——
>
> 을은 소유권 양도 계약을 할 때 양도인이 소유자라고 믿었고 양도인이 소유자인지 확인하기 위해 충분히 주의했다.

➡ 양도인이 소유자인지 확인하기 위해서 충분히 주의했더라도, '점유개정'에서는 선의취득이 인정되지 않는다. 글에서 "다만 간접점유에 의한 인도 방법 중 점유개정으로는 선의취득을 하지 못한다."라는 문장에서 의문을 품고, 부연 설명 삭제되어 있다는 걸 생각하고 갔다면 떠올릴 수 있었다. 결국 이 문장을 〈보기〉를 읽으면서 떠올릴 수 있었는지가 문제 풀이에서 관건이었다.

> ➡ 많은 학생들이 그냥 글을 빨리 읽다 보니 저 문장을 놓치고 글을 읽었고, 점유개정은 '선의취득'이 안되기에 을은 소유권이 없다는 걸 캐치하지 못했다. 그래서 이 문제 정답률은 29%가 나왔다. 어려운 문제였던 건 맞지만, 14습관에서 말했던 태도대로 글을 읽었던 학생은 생각보다 쉽게 맞혔을 것이다.

> —— < 보기 > 분할 분석 ——
>
> 을은 일주일 후 병과 유효한 소유권 양도 계약을 했고, 갑에게 통지하여 사흘 후 병에게 금반지를 넘겨주라고 알려 주었다.

➡ 을과 병 사이에 일어난 계약은 '반환청구권 양도'라는 걸 알 수 있다.

> ① 갑이 금반지 소유자였다면, 병이 금반지의 물리적 지배를 넘겨받지 않았으나 병은 소유권을 취득한다.

➡ 갑이 금반지 소유자였다면, 을이 소유권을 가지게 되었을 것이다. 그리고 그렇게 소유권을 가지게 된 을로부터, 병이 '반환청구권'을 양도 받아서 소유권을 취득할 수 있다.

② 갑이 금반지 소유자였다면, 을은 갑으로부터 물리적 지배를 넘겨받지 않았으나 점유 인도를 받은 것으로 간주된다.

➜ 맞다. 갑이 금반지 소유자였다면, 을이 갑과 유효한 소유권 양도 계약을 했기 때문에, 물리적 지배를 넘겨받지 않았으나 '점유개정'으로 점유 인도를 받았다고 할 수 있다.

③ 갑이 금반지 소유자가 아니었더라도, 병은 을로부터 을이 가진 소유권을 양도받아 취득한다.

➜ 병은 을로부터 '을이 가진 소유권'을 양도받는 게 아니라서 틀렸다. 을이 금반지에 대해서 소유권을 가지려면, 선의취득이 되어야 한다. 하지만 갑과 을 사이에 일어난 것은 '점유개정'이어서 선의취득이 인정되지 않는다. 따라서 을은 소유권을 가지고 있지 않다. 그렇기 때문에 "병은 을로부터 '을이 가진 소유권'을 양도받아 소유권을 취득한다."는 말은 틀렸다. 답은 ③번이다.

④ 갑이 금반지 소유자가 아니었더라도, 을은 반환청구권 양도로 병에게 점유 인도를 한 것으로 간주된다.

➜ 2문단 내용에 따르면, 반환청구권을 가진 상태를 간접점유라고 한다. 따라서 갑과 을의 계약에 의해 반환청구권을 가진 을은 금반지를 간접점유하고 있는 것으로 볼 수 있다. 3문단에서 양수인이 간접점유를 하여 소유권 이전이 공시되는 경우로 '반환청구권 양도'가 있다고 하였으므로 갑이 금반지 소유자인지와 상관없이 을은 반환청구권 양도로 병에게 점유 인도를 한 것으로 간주될 수 있다.

⑤ 갑이 금반지 소유자가 아니었더라도, 병이 계약할 때 양도인이 소유자라고 믿었고 양도인이 소유자인지 확인하기 위해 충분히 주의했다면, 병은 소유권을 취득한다.

➜ 갑이 금반지 소유자가 아니었다면, 갑과 '점유개정'을 한 을도 금반지 소유권이 없다. 하지만 을과 병의 계약에서 병은 소유권을 취득할 수 있다. 을과 병 사이에는 '반환청구권 양도'가 일어났기 때문이다. 글 내용에 따르면 '반환청구권 양도'에서는 선의취득이 인정된다. 즉, 을이 소유권이 없더라도, 병과 '반환청구권 양도' 계약을 맺었기 때문에 선의취득이 인정되어, 병은 소유권을 갖게 되는 것이다.

또 여기서 만약 병이 양도인이 소유자라고 믿지 않고 양도인이 소유자인지 충분히 주의도 기울이지 않았다면 '유효한' 반환청구권 양도가 아니라고 해서 병의 소유권이 없다고 할 수 있다. 하지만, 병이 양도인이 소유자라 믿고, 정말 소유자인지 충분히 주의도 했다면 '유효한' 반환청구권 양도가 이루어져 병은 소유권을 취득한다.

· 답 : ③

5. 문맥상 의미가 ⓐ와 가장 가까운 것은?

> ① 작년은 우리나라에서 수많은 사건이 일어난 해였다.
>
> ② 청중 사이에서는 기쁨으로 인해 환호성이 일어났다.
>
> ③ 형님의 강한 의지력으로 집안이 다시 일어나게 되었다.
>
> ④ 나는 그 사람에 대해 경계심이 일어나지 않을 수 없었다.
>
> ⑤ 사회는 구성원들이 부조리에 맞서 일어남으로써 발전한다.

➡ 이러한 고가의 재산에 대해 선의취득을 허용하게 되면 원래 소유자의 의사에 반하는 소유권 박탈이 ⓐ일어나게 된다. ⓐ의 '일어나게'는 '어떤 일이 일어나다'의 뜻이다. 이와 가장 비슷한 건 사건이 '일어나다'이기에 ①번이 답이다.

· **답 : ①**

법 3

2025학년도 수능, 인터넷 ID와 명예훼손

리프킨은 사회적 상호 작용에서의 자기표현은 본질적으로 연극적이며, 표면 연기와 심층 연기로 ⓐ 이루어진다고 언급했다. 표면 연기는 내면의 자연스러운 감정보다 의례적인 표현과 같은 형식에 집중하여 연기하는 것이고, 심층 연기는 내면의 솔직한 정서를 ⓑ 불러내어 자신의 진정성을 보여 주는 것이다. 인터넷에서의 커뮤니케이션에 주목한 리프킨은 가상 공간에서 자기표현이 더욱 활발히 이루어진다고 보았다.

가상 공간의 특성에 주목한 연구자들은 사람들과의 관계 속에서 드러나는 고유한 존재로서의 위상을 뜻하는 자기 정체성이 가상 공간에서 다양하게 ⓒ 나타난다고 본다. 가상 공간에서는 익명성이 작동하므로 현실에서 위축되는 사람도 적극적으로 자기표현을 할 수 있다. 아울러 현실에서의 자기 정체성을 ⓓ 감추고 다른 인격체로 활동하거나 현실에서 억압된 정서를 공격적으로 드러내기도 한다. 게임 아이디, 닉네임, 아바타 등 가상 공간에서 개별적 대상으로 인식되는 '인터넷 ID'에 대한 사이버 폭력이 ⓔ 넘쳐 나는 현실도 이와 무관하지 않다.

사이버 폭력과 관련하여, 인터넷 ID만을 알고 있는 상황에서 그에 대해 명예훼손이나 모욕 등의 공격이 있을 때 가해자에게 법적인 책임을 물을 수 있는지에 대한 논란이 있어 왔다. 이는 인터넷 ID가 사회적 평판인 명예의 주체로 인정될 수 있는가와 관련된다. 인터넷 ID의 명예 주체성을 ㉠ 인정하는 입장에 따르면, 자기 정체성은 일원적·고정적인 것이 아니라 현실 세계와 가상 공간에 걸쳐 존재하고 상호 작용하는 복합적인 것이다. 인터넷에서의 자기 정체성은 사용자 개인의 자기 정체성의 일부이기 때문에 자기 정체성을 가진 인터넷 ID의 명예 역시 보호되어야 한다. 반면 ㉡ 인정하지 않는 입장에 따르면, 생성·변경·소멸이 자유롭고 복수로 개설이 가능한 인터넷 ID는 그 사용자인 개인을 가상 공간에서 구별하는 장치에 불과하다. 인터넷 ID는 현실에서의 성명과 달리 그 사용자인 개인과 동일시될 수 없고, 인터넷 ID 자체는 사람이 아니므로 명예 주체성을 인정할 수 없다는 것이다.

㉮ 대법원은 실명을 거론한 경우는 물론, 실명을 거론하지 않았더라도 주위 사정을 종합할 때 지목된 사람이 누구인지를 제3자가 알 수 있는 경우에는 명예훼손이나 모욕에 대한 가해자의 법적 책임이 성립한다고 판시해 왔다. 이를 수용한 헌법재판소에서는 인터넷 ID와 관련된 명예훼손·모욕 사건의 헌법 소원에 대한 결정을 내린 바 있다. 이 결정에서 ㉯ 다수 의견은 인터넷 ID만을 알 수 있을 뿐 그 사용자가 누구인지 제3자가 알 수 없다면 피해자가 특정되지 않아 명예훼손이나 모욕에 대한 가해자의 법적 책임이 성립하지 않는다고 보았다. 반면 인터넷 ID는 가상 공간에서 성명과 같은 기능을 하므로 제3자의 인식 여부가 법적 책임의 근거가 될 수 없다는 ㉰ 소수 의견도 제시되었다.

1. 윗글의 내용과 일치하지 <u>않는</u> 것은?

① 심층 연기는 내면의 진솔한 정서를 드러내기 위해 형식에 집중하는 자기표현이다.

② 리프킨은 현실 세계보다 가상 공간에서 자기표현이 더욱 왕성하게 드러난다고 보았다.

③ 가상 공간에서 개별적인 것으로 인식되는 아바타는 사이버 폭력의 대상이 될 수 있다.

④ 익명성은 가상 공간에서 자기 정체성이 다양하게 나타나는 데 영향을 미치는 가상 공간의 특성이다.

⑤ 가상 공간에서의 자기 정체성은 현실에서의 자기 정체성과 마찬가지로 타인과의 관계 속에서 나타난다.

2. ㉠과 ㉡에 대한 이해로 가장 적절한 것은?

① ㉠은 ㉡과 달리 자기 정체성을 단일하고 고정적인 것으로 파악하겠군.

② ㉠은 ㉡과 달리 인터넷 ID에 대한 공격을 그 사용자인 개인에 대한 공격이라고 보겠군.

③ ㉡은 ㉠과 달리 인터넷에서의 자기 정체성과 현실 세계의 자기 정체성이 상호 작용을 한다고 보겠군.

④ ㉡은 ㉠과 달리 인터넷 ID는 복수 개설이 가능하므로 자기 정체성이 복합적으로 구성된다고 보겠군.

⑤ ㉠과 ㉡은 모두, 인터넷 ID마다 개인의 자기 정체성이 다르다고 보겠군.

3. 윗글을 바탕으로 〈보기〉를 이해한 내용으로 적절하지 <u>않은</u> 것은?

───── < 보기 > ─────

○○ 인터넷 카페의 이용자 A는 a, B는 b, C는 c라는 ID를 사용한다. 박사 학위 소지자인 A는 □□ 전시관의 해설사이고, B는 같은 전시관에서 물고기 관리를 혼자 전담한다. 이 전시관의 누리집에는 직무별로 담당자가 공개되어 있다. 어떤 사람이 □□ 전시관에서 A의 해설을 듣고 A의 실명을 언급한 후기를 카페 게시판에 올리자 다음과 같은 댓글이 달렸다.

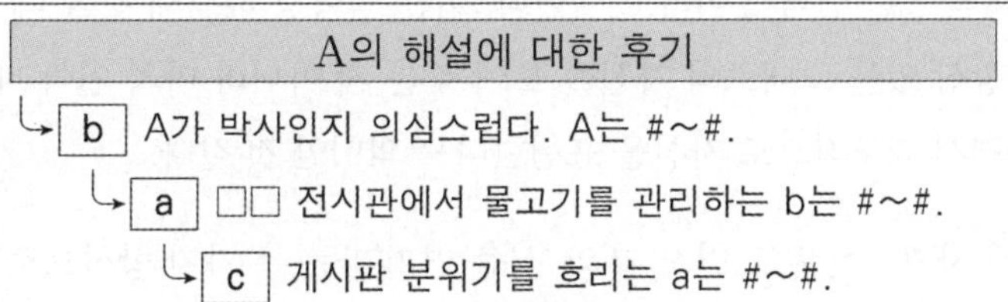

(단, '#~#'는 명예를 훼손하거나 모욕을 주는 표현이고 A, B, C는 실명이다. ID로는 그 사용자의 개인 정보를 알 수 없으며, A, B, C의 법적 책임에 영향을 미치는 다른 요소는 고려하지 않는다.)

① ㉮는 B가 가해자로서의 법적 책임을 져야 하지만 C는 가해자로서의 법적 책임을 지지 않는다고 보겠군.

② ㉯는 B가 가해자로서의 법적 책임을 져야 하지만 A는 가해자로서의 법적 책임을 지지 않는다고 보겠군.

③ ㉮와 ㉰는 A가 가해자로서의 법적 책임을 져야 하는지의 여부에 대해 같게 보겠군.

④ ㉯와 ㉰는 B가 가해자로서의 법적 책임을 져야 하는지의 여부에 대해 같게 보겠군.

⑤ ㉮, ㉯, ㉰가, C가 가해자로서의 법적 책임을 져야 하는지의 여부에 대해 판단한 내용이 모두 같지는 않겠군.

4. 문맥상 ⓐ~ⓔ와 바꿔 쓰기에 가장 적절한 것은?

① ⓐ: 완성(完成)된다고
② ⓑ: 요청(要請)하여
③ ⓒ: 표출(表出)된다고
④ ⓓ: 기만(欺瞞)하고
⑤ ⓔ: 확충(擴充)되는

1문단

> 리프킨은 사회적 상호 작용에서의 자기표현은 본질적으로 연극적이며, 표면 연기와 심층 연기로 ⓐ <u>이루어진다고</u> 언급했다.

→ 리프킨이 말한 '사회적 상호 작용'은 말 그대로 우리가 다른 사람들과 관계를 맺고 소통하는 모든 행위를 의미한다. 여기서 리프킨이 주목한 건 그런 상호 작용 속에서 이뤄지는 '자기표현'이다. 그는 이 자기표현이 본질적으로 '연극적'이라고 말한다. 이는 맥락상 해석해 봤을 때, 우리가 다른 사람들과 상호작용할 때 항상 있는 그대로의 자신을 보여 주는 게 아니라 마치 연극 배우처럼 상황과 관객(상대방)을 의식하면서 의도적으로 자신을 표현한다는 의미인 것 같다.

그리고 이런 연극적 자기표현은 '표면 연기'와 '심층 연기'라는 두 가지 방식으로 이뤄진다고 한다. 당장은 이 두 용어가 무슨 뜻인지 정확히는 모르겠지만, 바로 아래 문장에서 뜻을 설명해 주고 있으니 읽으면서 이해해 보자.

> 표면 연기는 내면의 자연스러운 감정보다 의례적인 표현과 같은 형식에 집중하여 연기하는 것이고, 심층 연기는 내면의 솔직한 정서를 ⓑ <u>불러내어</u> 자신의 진정성을 보여 주는 것이다.

→ 함축적 의미를 생각해 보면 쉽게 이해할 수 있다. 표면 연기는 '표면' 연기니까, 겉으로 보이는 '의례적인 표현' 같은 형식에 집중하여 연기하는 것이다. 예를 들어 실제로는 그다지 반갑지 않아도 "안녕하세요!"라고 밝게 인사하는 것과 같은 행위를 말한다. 그리고 심층 연기는 말 그대로 마음속 깊은 곳에 있는 내면의 솔직한 정서를 불러내서 자신의 진정성을 보여주는 것이다. 예를 들어 친구가 시험에 합격했다는 소식을 들었을 때, 진심으로 기뻐하면서 "축하해! 정말 잘됐다!"라고 말하는 경우를 생각해 볼 수 있다.

그런데 여기서 한 가지 의문이 들 수 있다. '연극적'이라는 말은 보통 '꾸며낸', '가식적인'이라는 의미로 쓰이는데, 어떻게 진심을 담은 심층 연기를 '연극적'이라고 할 수 있을까? 이에 대해 설명하자면 다음과 같다. '연극적'이라는 어휘의 의미를 좀 더 확장해서 생각해볼 필요가 있다. 연극이란 단순히 '가짜' 감정을 보여주는 것이 아니라, 무언가를 '의도적으로 표현하는 행위' 자체를 의미할 수도 있기 때문이다.

리프킨이 말하는 '심층 연기'도 이와 같은 맥락이다. 이는 단순히 감정을 꾸며내는 것이 아니라, 자신의 진정한 감정을 '의도적으로 표현하는 것'이다. 즉, 표면 연기가 '겉으로 보이는 것을 연기하듯 표현하는 것'이라면, 심층 연기는 '내면의 진실된 감정을 연기하듯 표현하는 것'이다. 결국 둘 다 무언가를 '의도적으로 표현한다'는 점에서 '연극적'인 것이다.

인터넷에서의 커뮤니케이션에 주목한 리프킨은 가상 공간에서 자기표현이 더욱 활발히 이루어진다고 보았다.

→ 여기서 논의의 초점이 '인터넷에서의 커뮤니케이션'으로 옮겨진다. 리프킨은 가상 공간에서 사람들의 자기표현이 더욱 활발해진다고 봤는데, 이는 우리의 일상적인 경험과도 잘 맞아떨어진다. 실제로 많은 사람들이 현실에서보다 인터넷상에서 더 적극적으로 자신을 표현하는데, 이는 앞서 설명한 '표면 연기'와 '심층 연기' 모두에서 나타난다.

예를 들어 SNS에서 사람들은 의례적인 표현("좋아요♥", "축하해요~")을 통해 표면 연기를 하기도 하고, 자신의 깊은 고민이나 진솔한 감정을 장문의 글로 털어놓으며 심층 연기를 하기도 한다. 또한 온라인 게임에서도 기본적인 예의나 규칙을 지키는 표면 연기와, 게임에 깊이 몰입하여 진정한 팀워크를 보여주는 심층 연기가 모두 나타난다. 이처럼 리프킨은 가상 공간에서 더욱 다양하고 활발하게 이루어지는 자기표현의 양상에 주목한 것이다.

2문단

가상 공간의 특성에 주목한 연구자들은 사람들과의 관계 속에서 드러나는 고유한 존재로서의 위상을 뜻하는 자기 정체성이 가상 공간에서 다양하게 ⓒ 나타난다고 본다.

→ 이 문장에서는 '자기 정체성'이라는 중요한 개념을 정의하고 있다. 자기 정체성이란 '사람들과의 관계 속에서 남에게 드러나는 고유한 존재로서의 위상'을 의미한다. 쉽게 말해서 다른 사람들과 관계를 맺을 때 **남에게 드러나는** '나다움', '나만의 특징'이라고 할 수 있다.

연구자들은 이런 자기 정체성이 가상 공간에서 다양하게 나타난다고 보았다. 이는 우리의 실제 경험과도 일치한다. 우리는 인터넷상에서 블로그를 운영하거나, SNS에 글을 올리거나, 온라인 커뮤니티에서 활동하면서 우리의 정체성을 다양한 방식으로 표현하고 드러낸다. 이런 실제 경험들을 떠올려 보면, 자기 정체성이 가상 공간에서도 나타난다는 건 충분히 납득할 수 있는 현상이다.

가상 공간에서는 익명성이 작동하므로 현실에서 위축되는 사람도 적극적으로 자기표현을 할 수 있다.

→ 충분히 납득할 수 있다. 익명성이 있으면 자신의 실제 정체가 드러나지 않는다는 점에서 심리적 안정감을 얻을 수 있고, 그로 인해 더 자유롭게 자신의 생각과 감정을 표현할 수 있다. 현실에서는 남들 앞에서 말하기를 두려워하는 사람도 온라인 게시판에서는 자신의 의견을 적극적으로 개진할 수 있는 것이다.

→ 이 문장은 가상 공간의 익명성이 가져오는 두 가지 특징적인 현상을 설명하고 있다. 첫째는 현실의 자기 정체성을 감추고 전혀 다른 인격체로 활동하는 것이다. 예를 들어 현실에서는 평범한 학생이지만, 인터넷에서는 전문가인 것처럼 행동하거나 전혀 다른 성격의 사람인 것처럼 활동하는 경우를 생각해 볼 수 있다.

둘째는 현실에서 억누르고 있던 정서를 '공격적으로' 표출하는 것이다. 여기서 '공격적'이라는 표현에 주목할 필요가 있다. 이는 단순히 감정을 표현하는 것을 넘어서, 다른 사람을 향해 적대적이고 위협적인 방식으로 감정을 드러낸다는 의미다. 이는 앞서 설명한 '익명성'과 직접적인 관련이 있다. 현실에서는 사회적 관계나 규범 때문에 자신의 공격적인 감정을 억제하지만, 익명성이 보장되는 가상 공간에서는 그런 제약 없이 타인을 향한 적대감이나 분노를 거침없이 표출할 수 있기 때문이다. 이것이 바로 뒤에 나오는 '사이버 폭력'의 토대가 된다.

→ 여기서는 앞서 설명한 가상 공간의 특성이 실제로 어떤 부정적 현상으로 이어지는지 보여준다. 여기서 주목할 건 '인터넷 ID'의 의미다. 게임 아이디, 닉네임, 아바타 등은 가상 공간에서 한 개인을 나타내는 '고유한 표식'이 된다. 이런 것들이 '개별적 대상으로 인식된다'는 건, 각각의 ID가 독립적인 주체로서 받아들여진다는 의미다. 그리고 이런 인식이 바로 ID를 '하나의 정체성'으로 보게 만드는 것이다.

문제는 이런 인터넷 ID에 대한 사이버 폭력이 만연하다는 사실이다. 이는 앞서 설명한 '익명성'과 '억압된 정서의 공격적 표출' 현상과 직접적으로 연결된다. 가해자는 익명성이라는 보호막 뒤에 숨어 있기 때문에 더 쉽게 폭력적인 행동을 할 수 있고, 현실에서 억눌린 공격성을 다른 사람의 인터넷 ID를 향해 마구 표출하게 된다. 실제로 온라인 게임에서 서로를 향한 무차별적인 비방이나 욕설, SNS에서의 악성 댓글 등이 이런 현상의 대표적인 예라고 할 수 있다.

3문단

> 사이버 폭력과 관련하여, 인터넷 ID만을 알고 있는 상황에서 그에 대해 명예훼손이나 모욕 등의 공격이 있을 때 가해자에게 법적인 책임을 물을 수 있는지에 대한 논란이 있어 왔다.

➜ 여기서부터는 사이버 폭력과 관련된 법적 쟁점이 제시된다. 지금 핵심적인 상황은 '가해자가 피해자의 인터넷 ID만을 알고 있는 경우'이다. 즉, 가해자는 상대방이 현실에서 누군지, 어떤 사람인지 전혀 모르고, 단지 게임 아이디나 닉네임 같은 인터넷 ID만 알고 있는 상태에서 명예훼손이나 모욕 행위를 저지른 것이다.

이때 법적 논란이 되는 지점은 이런 행위에 대해 법적 책임을 물을 수 있는가 하는 점이다. 예를 들어 게임에서 'ABC123'이라는 ID를 가진 사람을 모욕했다고 할 때, 이것이 실제로 그 ID의 소유자에 대한 명예훼손이나 모욕죄가 성립할 수 있는지가 문제가 되는 것이다. 단순히 가상의 ID를 향한 공격인지, 아니면 그 ID를 사용하는 실제 사람을 향한 공격으로 볼 수 있는지가 쟁점이다. 생각해 보니까 진짜 궁금하긴 하다. 도대체 이런 경우에 어떻게 처벌될까? 의문을 품으면서 읽어나가자.

> 이는 인터넷 ID가 사회적 평판인 명예의 주체로 인정될 수 있는가와 관련된다.

➜ 여기서 중요한 것은 명예가 '사회적 평판'이라는 점이다. 즉, 인터넷 ID가 '명예의 주체'로 인정된다는 것은 ID에 대한 모욕이 곧 사회적 평판을 해치는 행위로 인정된다는 의미다. 이는 결국 ID에 대한 명예훼손이나 모욕 행위에 대해 법적 책임을 물을 수 있는지의 문제와 직결된다.

> 인터넷 ID의 명예 주체성을 ㉠ 인정하는 입장에 따르면, 자기 정체성은 일원적·고정적인 것이 아니라 현실 세계와 가상 공간에 걸쳐 존재하고 상호 작용하는 복합적인 것이다.

➜ 여기서는 먼저 인터넷 ID의 명예 주체성을 인정하는 입장의 핵심 논리를 보여준다. 이들의 주장은 '자기 정체성'의 특성에 기반을 둔다. 그들이 말하는 자기 정체성의 특징을 구체적으로 살펴보면 다음과 같다.

첫째, 자기 정체성은 '일원적', '고정적'이지 않다. 즉, 한 사람의 정체성이 현실의 모습으로만 딱 고정되어 있는 게 아니라는 것이다. 이는 결국 한 사람의 정체성이 인터넷 ID를 통해서도 충분히 드러날 수 있다는 의미이며, 바로 이 때문에 ID도 명예의 주체가 될 수 있다는 것이다. 둘째, 자기 정체성은 현실 세계와 가상 공간에 걸쳐 존재한다. 예를 들어 한 사람이 현실에서는 평범한 학생으로서의 정체성을, 가상 공간에서는 유명 게이머로서의 정체성을 동시에 가질 수 있다는 것이다.

셋째, 이런 여러 정체성은 서로 '상호 작용'한다. 앞선 예시로 설명하자면, 그 학생이 가상 공간에서 유명 게이머로서 쌓은 자신감이 현실의 학교생활에도 긍정적인 영향을 미칠 수 있고, 반대로 현실에서의 성실한 생활 태도가 게임 내에서의 팀워크나 리더십에도 반영될 수 있다는 것이다. 이런 논리에 따르면, 인터넷 ID도 한 개인의 자기 정체성을 구성하는 중요한 부분이므로 당연히 명예의 주체가 될 수 있다.

> 인터넷에서의 자기 정체성은 사용자 개인의 자기 정체성의 일부이기 때문에 자기 정체성을 가진 인터넷 ID의 명예 역시 보호되어야 한다.

→ 이들의 입장에 따르면 인터넷 ID도 자기 정체성의 일부에 해당하고, 그렇기 때문에 인터넷 ID도 명예를 얻는다. 즉, 인터넷 ID가 단순한 식별 기호가 아니라 한 개인의 정체성을 구성하는 중요한 부분이므로 그에 대한 명예훼손이나 모욕도 실제 개인에 대한 공격과 마찬가지로 취급되어야 한다는 주장이다. 따라서 이들의 입장에서는 인터넷 ID의 명예 역시 보호되어야 한다. 충분히 납득할 수 있다.

> 반면 ⓛ 인정하지 않는 입장에 따르면, 생성·변경·소멸이 자유롭고 복수로 개설이 가능한 인터넷 ID는 그 사용자인 개인을 가상 공간에서 구별하는 장치에 불과하다.

→ 이제 인터넷 ID의 명예 주체성을 인정하지 않는 입장을 보자. 이들에 따르면 인터넷 ID는 생성·변경·소멸이 자유로운 데다가, 복수로 개설이 가능하다. 이런 특성에 주목했을 때 인터넷 ID는 그저 가상 공간에서 '누가 누구인지 구별하기 위한' 단순한 식별 장치에 불과하다는 것이다. 여기서 '구별'이라는 표현은 중요한데, 이는 ID가 정체성이나 인격을 담는 그릇이 아니라 단지 서로 다른 사용자를 '구분해내기 위한' 기호에 지나지 않는다는 의미이다. 마치 도서관의 책들에 붙은 청구기호나, 주차장의 차량 번호판처럼 말이다.

> 인터넷 ID는 현실에서의 성명과 달리 그 사용자인 개인과 동일시될 수 없고, 인터넷 ID자체는 사람이 아니므로 명예 주체성을 인정할 수 없다는 것이다.

→ 이것도 어느 정도 납득할 수 있다. 이들은 두 가지 중요한 지점을 지적하는데, 첫 번째로 인터넷 ID는 현실의 '성명(이름)'과는 다르다는 것이다. 성명은 그 사람과 뗄 수 없는 관계고, 그 사람 자체를 의미한다. 하지만 인터넷 ID는 그 사람과 동일시될 수 없다는 것이다. 앞서 설명했듯이 ID는 언제든 만들고, 바꾸고, 없앨 수 있는 임시적인 것이기 때문이다.

두 번째로, 더 근본적으로 봤을 때 인터넷 ID는 '사람'이 아니라는 점을 지적한다. 명예라는 건 결국 사람이나 단체가 가질 수 있는 것인데, 단순한 식별 기호에 불과한 인터넷 ID에게 어떻게 명예가 있을 수 있냐는 것이다. 이 입장도 충분히 이해가 된다.

㉮ 대법원은 실명을 거론한 경우는 물론, 실명을 거론하지 않았더라도 주위 사정을 종합할 때 지목된 사람이 누구인지를 제3자가 알 수 있는 경우에는 명예훼손이나 모욕에 대한 가해자의 법적 책임이 성립한다고 판시해 왔다.

→ 오, 두 논쟁이 하도 치열하니까 '대법원'의 판단을 말해주려나 보다. 대법원은 실명을 직접 거론한 경우는 당연히 법적 책임이 있다고 본다. 하지만 더 중요한 건, 실명을 거론하지 않은 경우에도 법적 책임이 성립할 수 있다는 점이다. 이때의 핵심 기준은 '제3자의 인식 가능성'이다. 즉, 주위의 여러 정황을 종합했을 때 제3자가 "아, 이 말이 누구를 지목하는 거구나"라고 알 수 있다면 법적 책임이 성립한다는 것이다.

이런 판단 기준은 인터넷 ID에 대한 명예훼손 문제에도 그대로 적용될 수 있다. 예를 들어 내가 어떤 게임 ID를 모욕했을 때, 그 게임을 하는 다른 사람들이 "저건 분명 김철수를 말하는 거네"라고 알 수 있다면, 이는 명예훼손이 될 수 있다. 결국 ID와 실제 사용자 사이의 연결고리를 제3자가 인식할 수 있느냐가 법적 책임의 성립 여부를 결정하는 핵심 기준이 되는 것이다. 이 문장을 보고 이 정도로 구체적으로 생각했어야 한다. 그래야 3번 문제를 수월하게 맞힐 수 있었다. 항상 말하지만, 문장을 애매하게 이해한 채로 넘어가면 문제에서 시간이 배로 걸린다는 걸 명심해야 한다.

* 판시하다 : 어떤 사항에 관하여 판결하여 보이다.

이를 수용한 헌법재판소에서는 인터넷 ID와 관련된 명예훼손·모욕 사건의 헌법 소원에 대한 결정을 내린 바 있다.

→ 헌법재판소는 '대법원'의 판결을 수용했다. 대법원의 판단이 적절하다고 본 것이다. 그리고 실제로 헌법재판소는 이 기준을 바탕으로 인터넷 ID 관련 명예훼손·모욕 사건의 헌법 소원에 대한 판단을 내렸다고 한다. 이는 인터넷 ID에 대한 명예훼손 문제를 다루는 법적 기준이 확실히 자리 잡았음을 보여준다.

이 결정에서 ㉯ 다수 의견은 인터넷 ID만을 알 수 있을 뿐 그 사용자가 누구인지 제3자가 알 수 없다면 피해자가 특정되지 않아 명예훼손이나 모욕에 대한 가해자의 법적 책임이 성립하지 않는다고 보았다.

→ 논쟁이 활발했던 주제인 만큼, 헌법재판소가 결정을 내릴 때도 의견이 갈렸던 거 같다. 참고로 헌법재판소는 9명의 재판관으로 구성되어 있고, 이들이 어떤 사건에 대해 판단을 내릴 때 의견이 나뉠 수 있다. 이때 더 많은 재판관이 지지한 의견을 '다수 의견'이라고 하고, 이것이 헌법재판소의 공식적인 판단이 된다. 사실 몰랐어도 독해하는 데 크게 영향을 주진 않았다.

'다수 의견'의 핵심은 대법원의 판단과 마찬가지로, '제3자의 인식 가능성'이다. 인터넷 ID를 가지고 누군가를 비방했을 때, 그 ID의 실제 사용자가 누구인지 제3자가 알 수 없다면 법적 책임을 물을 수 없다고 본 것이다. 이는 앞서 본 대법원의 판단 기준과 같은 맥락이다. 사실 똑같은 말의 반복이기 때문에 크게 힘들이지 않고 읽었어야 한다. 오히려 힘을 줘야 하는 부분은 아래 문장이다.

> 반면 인터넷 ID는 가상 공간에서 성명과 같은 기능을 하므로 제3자의 인식 여부가 법적 책임의 근거가 될 수 없다는 ㉯ 소수 의견도 제시되었다.

→ 헌법재판소 재판관 중 소수의 재판관은 인터넷 ID의 성격을 다르게 해석했다. 이들은 인터넷 ID가 가상 공간에서는 현실의 '성명'과 동일한 기능을 한다고 보았다. 여기서 '성명'과 동일한 기능을 한다는 것은 '사용자인 개인과 동일시될 수 있다'는 의미다. 즉, 현실에서 이름으로 한 사람을 특정하듯이, 가상 공간에서는 ID로 한 사람을 특정한다는 것이다.

이런 관점에서 보면, ID에 대한 명예훼손이나 모욕은 그 ID의 사용자가 누구인지 제3자가 알 수 있는지 여부와 상관없이 성립해야 한다. 마치 우리가 어떤 사람의 이름을 비방했을 때, 그 사람을 주변 사람들이 알아볼 수 있는지와 관계없이 명예훼손이 성립하는 것처럼 말이다.

여기서 중요한 점은 소수 의견이 '제3자의 인식'이 아닌 '당사자의 피해'에 주목했다는 것이다. 즉, 제3자가 그 ID의 사용자가 누구인지 알 수 없더라도, ID를 통해 특정된 당사자가 모욕감을 느꼈다면 그것만으로도 법적 책임이 성립한다고 본 것이다. 이것이 소수 의견이 제시한 핵심 논리다. 따라서 이들의 논리에 따르면, 누군가 인터넷 ID에 대해 욕을 하고 비방하였다면 그건 '명예훼손', '모욕'에 해당한다.

지문 관련 문제 해설

1. 윗글의 내용과 일치하지 <u>않는</u> 것은?

> ① 심층 연기는 내면의 진솔한 정서를 드러내기 위해 형식에 집중하는 자기표현이다.

→ '심층' 연기가 '형식'에 집중하는 자기표현이다? 틀렸다. '형식'에 집중하는 자기표현은 '표면' 연기였다. 이건 초반부에서 '표면 연기'와 '심층 연기'의 함축적 의미를 생각했다면 아주 쉽게 풀었을 것이다. 그런데도 이 문제 정답률이 66%밖에 안 된다. 이는 많은 학생들이 '형식에 집중'이라는 핵심 부분을 제대로 생각하면서 읽지 못했기 때문이다. 심층 연기가 '내면의 진솔한 정서'를 드러내는 것은 맞지만, '형식'에 집중하는 자기표현은 아니다. 선지는 항상 끝까지 꼼꼼하게 읽어야 한다.

② 리프킨은 현실 세계보다 가상 공간에서 자기표현이 더욱 왕성하게 드러난다고 보았다.

➜ 맞는 말이다. 리프킨은 분명히 가상 공간에서 자기표현이 '더욱 활발히 이루어진다'고 보았다. 이는 지문에서 직접적으로 언급된 내용이다. 더 중요한 건, 이런 리프킨의 관점이 지문 전체의 흐름에서 중요한 역할을 한다는 점이다. 가상 공간에서 자기표현이 더욱 활발해진다는 특성은 이후 사이버 폭력, 인터넷 ID의 명예훼손 문제로 자연스럽게 이어지는 발판이 된다.

③ 가상 공간에서 개별적인 것으로 인식되는 아바타는 사이버 폭력의 대상이 될 수 있다.

➜ 너무 당연한 말이다. 지문에서 분명 '게임 아이디, 닉네임, 아바타 등'이 가상 공간에서 '개별적 대상으로 인식되는 인터넷 ID'라고 명확히 설명했다. 그리고 이게 정확히 기억나지 않았더라도, 지문의 전체적인 흐름을 이해했다면 'ID'와 비슷한 '아바타' 또한 사이버 폭력의 대상이 될 수 있다는 건 충분히 받아들일 수 있는 말이다.

④ 익명성은 가상 공간에서 자기 정체성이 다양하게 나타나는 데 영향을 미치는 가상 공간의 특성이다.

➜ 지문에서는 가상 공간의 중요한 특성으로 '익명성'을 제시했다. 이 익명성은 두 가지 중요한 결과를 가져온다고 설명했다. 첫째, 현실에서 위축되는 사람도 적극적으로 자기표현을 할 수 있게 된다. 둘째, 현실의 자기 정체성을 감추고 다른 인격체로 활동할 수도 있다.

이처럼 가상 공간의 '익명성'은 사람들이 자신의 정체성을 다양한 방식으로 표현하고 드러내는 데 직접적인 영향을 미친다. 따라서 익명성이 가상 공간에서 자기 정체성이 다양하게 나타나는 데 영향을 미치는 특성이라는 말은 맞는 말이다.

⑤ 가상 공간에서의 자기 정체성은 현실에서의 자기 정체성과 마찬가지로 타인과의 관계 속에서 나타난다.

➜ 이 선지를 고른 학생들이 꽤 있었는데, 아마 지문에 이 선지와 똑같은 말이 없었기 때문일 거다. 하지만 지문에 있는 문장을 '이해'했다면 쉽게 판단할 수 있었다. 일단 이 선지를 판단하기 위해서는 먼저 지문에서 제시된 '자기 정체성'의 정의를 정확히 확인해야 한다. 지문에 따르면 자기 정체성은 **'사람들과의 관계 속에서 드러나는** 고유한 존재로서의 위상'이다. 이는 자기 정체성이 본질적으로 '타인과의 관계' 속에서 형성되고 드러난다는 의미이다.

그리고 지문은 이런 자기 정체성이 가상 공간에서도 나타난다고 설명한다. 더구나 가상 공간에서는 이것이 '다양하게' 나타난다고 했다. 따라서 자기 정체성의 핵심 특성인 '타인과의 관계 속에서 드러난다'는 점은 가상 공간에서도 동일하게 적용된다고 볼 수 있다. 이처럼 개념의 정의를 정확히 이해하면, 지문에 직접적으로 언급되지 않은 내용도 논리적으로 추론할 수 있다.

답 : ①

2. ㉠과 ㉡에 대한 이해로 가장 적절한 것은?

> ㉠ : (인터넷 ID의 명예 주체성을) 인정하는 입장
> ㉡ : 인정하지 않는 입장

> ① ㉠은 ㉡과 달리 자기 정체성을 단일하고 고정적인 것으로 파악하겠군.

➡ 이 선지는 두 입장이 '자기 정체성'을 어떻게 보는지 완전히 잘못 이해하고 있다. ㉠(인정하는 입장)은 오히려 자기 정체성이 '일원적·고정적인 것이 아니라'고 명확히 말한다. 이들은 자기 정체성이 현실 세계와 가상 공간에 걸쳐 존재하고 서로 영향을 주고받는 '복합적인 것'이라고 본다. 따라서 ㉠이 자기 정체성을 단일하고 고정적으로 본다는 건 완전히 틀린 설명이다.

㉡(인정하지 않는 입장)은 자기 정체성의 성격에 대해 직접적인 언급을 하지 않았다. 이들은 단지 인터넷 ID가 개인을 구별하는 장치에 불과하며, 현실의 개인과 동일시될 수 없다고 주장했을 뿐이다. 자기 정체성 자체가 단일한지 복합적인지에 대해서는 어떤 입장도 밝히지 않았다.

> ② ㉠은 ㉡과 달리 인터넷 ID에 대한 공격을 그 사용자인 개인에 대한 공격이라고 보겠군.

➡ 정답이다. ㉠(인정하는 입장)은 인터넷 ID가 사용자의 자기 정체성의 일부라고 본다. 이들은 자기 정체성이라는 것이 현실과 가상 공간에 걸쳐 복합적으로 존재하고, 인터넷에서의 정체성도 개인의 자기 정체성의 일부라고 본다. 따라서 인터넷 ID에 대한 공격은 곧 그 사용자인 개인에 대한 공격이며, 당연히 법적 책임을 물을 수 있다고 주장하는 것이다.

반면 ㉡(인정하지 않는 입장)은 인터넷 ID를 단순히 개인을 구별하는 장치로만 본다. 이들에게 인터넷 ID는 현실의 성명과 달리 사용자와 동일시될 수 없다. 따라서 인터넷 ID에 대한 공격을 그 사용자에 대한 공격으로 볼 수 없으며, 법적 책임도 물을 수 없다는 것이다. 이처럼 두 입장의 본질적 차이를 정확히 포착했다는 점에서 2번 선지는 적절한 설명이다.

③ ⓛ은 ㉠과 달리 인터넷에서의 자기 정체성과 현실 세계의 자기 정체성이 상호 작용을 한다고 보겠군.

→ 우선 상호 작용에 대한 입장을 지문에서 찾아보면, ㉠(인정하는 입장)에서 "자기 정체성은 일원적·고정적인 것이 아니라 현실 세계와 가상 공간에 걸쳐 존재하고 상호 작용하는 복합적인 것이다"라고 명확히 밝혔다. 즉, ㉠은 현실과 가상 공간의 정체성이 서로 영향을 주고받는다고 보는 것이다.

반면 ⓛ(인정하지 않는 입장)은 인터넷 ID가 단순히 사용자를 구별하는 장치라고만 보았을 뿐, 자기 정체성의 상호 작용에 대해서는 어떤 언급도 하지 않았다. 그런데 3번 선지는 ⓛ이 상호 작용을 인정한다고 단정 짓고 있다. 지문에서 확인할 수 없는 내용을 ⓛ의 입장이라고 말하고 있으므로, 이는 적절하지 않은 설명이다.

④ ⓛ은 ㉠과 달리 인터넷 ID는 복수 개설이 가능하므로 자기 정체성이 복합적으로 구성된다고 보겠군.

→ ⓛ(인정하지 않는 입장)은 분명 '인터넷 ID는 복수 개설이 가능하다'고 말했다. 하지만 이들이 이를 근거로 자기 정체성이 복합적으로 구성된다고 본 것은 아니다. 오히려 반대로 이들은 인터넷 ID가 복수 개설이 가능하다는 점을 들어, ID는 단순한 구별 장치에 불과하다고 주장했다.

자기 정체성이 '복합적'이라고 본 것은 ㉠(인정하는 입장)이다. ㉠은 자기 정체성이 현실과 가상 공간에 걸쳐 존재하는 복합적인 것이라고 명확히 설명했다.

⑤ ㉠과 ⓛ은 모두, 인터넷 ID마다 개인의 자기 정체성이 다르다고 보겠군.

→ ㉠(인정하는 입장)의 경우, 자기 정체성이 '일원적·고정적인 것이 아니라'고 명시적으로 밝히고 있다. 이는 한 개인의 정체성이 하나로 통일되어 있지 않다는 의미다. 또한 이들은 자기 정체성이 '현실 세계와 가상 공간에 걸쳐 존재하고 상호 작용하는 복합적인 것'이라고 설명한다. 따라서 한 개인이 현실에서의 정체성과는 다른, 여러 가지 정체성을 인터넷 ID를 통해 표현할 수 있다고 볼 것이다. 예를 들어 한 사람이 현실에서는 평범한 회사원으로서의 정체성을, 게임에서는 유명 길드장으로서의 정체성을, 전문 커뮤니티에서는 전문가로서의 정체성을 가질 수 있다는 것이다. 이처럼 ㉠은 인터넷 ID마다 서로 다른 정체성이 존재할 수 있다고 보는 입장이다.

반면 ⓛ(인정하지 않는 입장)은 인터넷 ID를 전혀 다르게 본다. 이들에게 인터넷 ID는 단순히 가상 공간에서 개인을 구별하기 위한 장치일 뿐이다. ID와 자기 정체성을 연결하는 것 자체를 부정하는 입장이므로, 인터넷 ID마다 개인의 자기 정체성이 다르다는 진술에 동의할 수 없을 것이다.

답 : ②

3. 윗글을 바탕으로 〈보기〉를 이해한 내용으로 적절하지 <u>않은</u> 것은?

→ 많은 정보가 나온다. 일단 첫 번째로, A, B, C는 사람들의 '실명'이라는 것과 a, b, c는 각각의 'ID'라
는 걸 알 수 있다. A는 '박사 학위'를 소지했고, □□ 전시관의 해설사로 활동하고 있다. 그리고 B는 A
와 같은 전시관에서 물고기 관리를 '혼자' 전담하고 있다. 여기서 '혼자' 전담하고 있다는 걸 봤을 때,
B는 특정되기 쉬울 거 같다는 생각을 했어야 한다. 그리고 이 전시관의 누리집에는 직무별로 담당자
가 공개되어 있다. 즉, A와 B에 대한 정보가 누리집에 공개되어 있는 것이다.

→ 상황을 잘 파악해야 한다. 어떤 사람이 □□ 전시관에서 A의 해설을 듣고 A의 '실명'을 언급한 후기를 쓴 상황이다. 그리고 B는 댓글을 통해 A의 '실명'을 거론하면서 A의 명예를 훼손했다. 같은 전시관에서 일하지만, 둘의 사이는 별로 안 좋은가 보다. 이 경우에 B는 무조건 '명예훼손'에 해당한다. '대법원'과 '다수 의견'의 입장에서 판단하더라도 B의 댓글은 제3자가 A를 특정할 수 있기 때문이다. 실명을 거론하면서 욕하는 건 무조건 '명예훼손'에 해당한다.

이후 B의 댓글을 본 A는, a라는 ID를 통해서 B에게 모욕적인 표현을 한다. A가 B의 댓글을 보고 발끈하는 걸 보니, B의 ID를 알고 있었던 거 같다. 그런데 A의 모욕은 실명을 언급하지 않고 ID인 b를 언급했다는 점에서 B의 모욕과는 다르다. 하지만 B는 전시관에서 물고기를 '혼자' 관리한다고 했으므로, A가 단 댓글은 제3자로 하여금 B를 특정할 수 있게 한다. 제3자는 A의 댓글을 보고 '전시관에서 물고기 관리하는 사람이 누구지? 누리집에서 직무별 담당자를 확인해 볼까? 아, B가 전시관에서 물고기를 관리하는 사람이구나' 하고 생각할 수 있는 것이다. 따라서 '대법원'과 '다수 의견' 입장에서도 이는 '명예훼손'에 해당한다고 판단할 것이다.

반면 C는 a에 대해 모욕적인 표현을 했는데, 사실 제3자가 이 댓글만 보고 'a가 누구인지' 알 수는 없다. 실명을 언급한 것도 아니고, A의 직무를 언급한 것도 아니기 때문이다. 따라서 '대법원'과 '다수 의견'에서는 명예훼손이 성립한다고 보지 않을 것이다. 하지만 '소수 의견'에서는 다르다. 소수 의견은 ID를 공격한 것에 대해서도 명예훼손이 성립한다고 주장했으므로 C에게 법적 책임이 있다고 볼 것이다. 참고로 '대법원'과 '다수 의견'이 명예훼손이라고 판단한 A, B에 대해서는 '소수 의견'도 당연히, 이들이 명예훼손을 한 거고 법적 책임을 져야 한다고 볼 것이다.

① ㉮는 B가 가해자로서의 법적 책임을 져야 하지만 C는 가해자로서의 법적 책임을 지지 않는다고 보겠군.

→ 맞는 말이다. '대법원'의 입장에서는 B가 가해자로서의 법적 책임을 져야 한다고 볼 것이다. B는 A의 '실명'을 밝히면서 모욕했기 때문이다. 지문에서도 '실명을 거론한 경우는 물론' 법적 책임을 져야 한다고 말했다. 하지만 C는 '대법원' 입장에서 봤을 때 가해자로서의 법적 책임을 지지 않는다. '대법원'에 따르면 실명을 거론하지 않았을 때는 '주위 사정을 종합할 때 제3자가 누구인지 알 수 있어야' 법적 책임이 성립한다. 그런데 C의 댓글만으로는 제3자가 'a'가 누구인지 특정할 수 없다. 따라서 C는 법적 책임을 지지 않는다.

② ㉯는 B가 가해자로서의 법적 책임을 져야 하지만 A는 가해자로서의 법적 책임을 지지 않는다고 보겠군.

→ 2번이 정답이다. 일단 '다수 의견'은 B가 가해자로서의 법적 책임을 져야 한다고 볼 것이다. B는 A의 실명을 거론하면서 모욕적인 표현을 했기 때문이다. '다수 의견'은 대법원의 판단을 수용했으므로 실명을 거론한 B는 당연히 법적 책임을 져야 한다.

하지만 A에 대한 설명이 틀렸다. '다수 의견'에 따르면 A 또한 가해자로서의 법적 책임을 져야 한다. A는 비록 'b'만 언급했을 뿐이지만 B가 전시관에서 물고기 관리를 '혼자' 전담하고 있고 이 사실이 누리집에 공개되어 있다. 따라서 A의 댓글을 본 제3자는 전시관 누리집을 통해 'b'가 B라는 것을 쉽게 알 수 있다. '다수 의견'에 따르면 제3자가 ID의 주인을 특정할 수 있는 경우에는 법적 책임이 성립하므로, A는 가해자로서의 법적 책임을 져야 한다. 따라서 2번은 적절하지 않은 선지에 해당한다.

이 문제 정답률이 화작 기준 32%, 언매 기준 43%였다. 정말 많은 학생들이 틀린 문제인데, 핵심은 〈보기〉 분석이다. 아까 〈보기〉를 읽으면서 지문 내용을 어느 정도 연결한 학생들은 '아, 이 부분에서 문제 나오겠다' 생각하고 선지의 함정에 걸려들지 않았을 수 있었다. 그런데 아무 생각 없이 〈보기〉에서 정보만 확인하고 바로 선지를 읽었던 학생들은 많이 헷갈렸을 것이다. 선지는 헷갈리도록 만드는 게 원칙이기 때문에 미리 〈보기〉 내용에 대해서 생각하지 않고 읽으면 어려울 수밖에 없다.

③ ㉮와 ㉰는 A가 가해자로서의 법적 책임을 져야 하는지의 여부에 대해 같게 보겠군.

➜ '대법원'의 경우, A는 법적 책임을 져야 한다고 볼 것이다. A가 비록 ID 'b'만 언급했지만, B는 전시관에서 물고기 관리를 혼자 전담하고 있고 이 사실이 누리집에 공개되어 있다. 따라서 제3자가 전시관 누리집을 통해 'b'의 사용자가 B라는 것을 알 수 있으므로, '대법원'의 판단 기준에 따르면 법적 책임이 성립한다.

'소수 의견' 역시 A의 법적 책임을 인정할 것이다. 하지만 이유는 다르다. 소수 의견은 인터넷 ID가 가상 공간에서 성명과 같은 기능을 한다고 보았다. 따라서 제3자의 인식 여부와 관계없이, ID에 대한 모욕도 그 사용자에 대한 모욕이 되므로 법적 책임을 져야 한다고 판단할 것이다. 이처럼 대법원과 소수 의견은 서로 다른 근거로 A의 법적 책임을 인정하게 된다.

④ ㉯와 ㉰는 B가 가해자로서의 법적 책임을 져야 하는지의 여부에 대해 같게 보겠군.

➜ '다수 의견'은 '대법원'의 판단 기준을 수용했다. B는 A의 실명을 거론하며 모욕적 표현을 했으므로, 당연히 법적 책임을 져야 한다고 볼 것이다.

'소수 의견' 역시 B의 법적 책임을 인정할 것이다. 그런데 '소수 의견'은 논리가 다르다. 이들은 인터넷 ID가 가상 공간에서 성명과 같은 기능을 한다고 보기 때문에, 실명을 거론했는지와 상관없이 모욕적 표현을 했다면 법적 책임을 져야 한다고 판단할 것이다.

⑤ ㉮, ㉯, ㉰가, C가 가해자로서의 법적 책임을 져야 하는지의 여부에 대해 판단한 내용이 모두 같지는 않겠군.

➜ '대법원'과 '다수 의견'은 같은 입장을 취할 것이다. C는 단순히 ID 'a'에 대해 모욕적 표현을 했을 뿐, 실명을 거론하지도 않았고 제3자가 그 사용자가 누구인지 알 수도 없는 상황이다. 따라서 이들은 C에게 법적 책임을 물을 수 없다고 판단할 것이다.

반면 '소수 의견'은 다르게 볼 것이다. '소수 의견'은 인터넷 ID가 가상 공간에서 성명과 같은 기능을 한다고 보았다. 따라서 제3자의 인식 여부와 관계없이, ID에 대한 모욕도 그 사용자에 대한 모욕이 되므로 C도 법적 책임을 져야 한다고 판단할 것이다. 이처럼 '대법원'과 '다수 의견'은 C의 법적 책임을 부정하지만, '소수 의견'은 이를 인정한다. 따라서 세 입장의 판단이 모두 같지는 않다는 5번 선지는 적절한 설명이다.

답 : ②

4. 문맥상 ⓐ~ⓔ와 바꿔 쓰기에 가장 적절한 것은?

① ⓐ: 완성(完成)된다고
② ⓑ: 요청(要請)하여
③ ⓒ: 표출(表出)된다고
④ ⓓ: 기만(欺瞞)하고
⑤ ⓔ: 확충(擴充)되는

→ 이 문제는 각각의 단어가 문맥 속에서 어떤 의미로 쓰였는지 정확히 파악하고, 그것을 적절하게 바꿔 쓸 수 있는지를 평가하는 것이다. 제시된 단어들을 하나씩 살펴보면, ⓐ의 '이루어진다고'는 자기표현이 표면 연기와 심층 연기로 구성된다는 의미인데 '완성된다고'는 '다 이루어져 끝난다'는 뜻이므로 부적절하다. ⓑ의 '불러내어'는 내면의 솔직한 정서를 끌어내어 표현한다는 의미인데 '요청하여'는 '청하다'는 뜻이므로 부적절하다. ⓓ의 '감추고'는 현실의 자기 정체성을 숨긴다는 의미인데 '기만하고'는 '속인다'는 뜻이므로 부적절하다. ⓔ의 '넘쳐 나는'은 사이버 폭력이 매우 많다는 의미인데 '확충되는'은 '늘려 충실히 한다'는 뜻이므로 부적절하다.

반면 ⓒ의 '나타난다고'는 자기 정체성이 가상 공간에서 여러 모습으로 드러난다는 의미이므로, '표출된다고'와 바꿔 쓰기에 적절하다. '표출'은 '겉으로 드러낸다'는 의미로, 문맥상 자연스럽게 어울린다. 따라서 정답은 3번이다.

답 : ③

자, 정말 수고 많았다.

여기까지 의지를 가지고 따라왔다면

넌 뭘 해도 될 사람이다.

이제 튜토리얼은 끝났다.

어서 스스로 전쟁터로 나가기 바란다.

글 읽기가 재밌어지는 순간, 점수는 급격하게 상승하기 시작한다.

몰랐던 걸 알고, 이해 못했던 걸 이해했을 때 인간은 누구나 쾌감을 느낀다. 그 쾌감은 생각보다 강력해서, 내 머리부터 발끝까지 전율이 흐르도록 만든다. 그 쾌감을 한번, 두 번 경험해보면 더 이상 누가 공부해라 말 안 해도 너 스스로 글을 읽고 싶어서 안달 날 것이다. 나는 글을 어떻게 읽어야 그런 쾌감을 얻을 수 있는지 이 책을 통해 전달하고 싶었다. 그런 쾌감을 한번 느끼게 해주고 싶었다. 결국 그게 내가 너에게 전달하고 싶은 것이었다. 그렇게 활자를 읽고 이해하는 즐거움을 깨닫게 되면 국어 점수가 오르는 건 시간 문제다.

이 책에 나온 글 읽기 방법을 통해 흐릿했던 네 세상을 선명하게 만들기 바란다.

글을 제대로 이해한다는 것은 세상을 살아가면서 내가 보고 듣는 모든 것들이 선명해진다는 뜻이다. 이 책을 통해서 조금이나마 네 흐릿한 세상을 닦아주고 싶었다. 내 뜻이 얼마나 전달됐는지는 모르겠지만 그래도 조금의 깨달음은 얻었을 거라 확신한다. 네가 지금 깨달은 것이 흐지부지 되지 않도록 이 책을 덮고 이제 너 스스로 지문과 마주해보기 바란다.

글 읽기 방법을 배운 너, 독해력 상위 4%는 이미 결정된 사실이다.

지금은 아니더라도 앞으로 삶을 살아가면서 많은 글들을 읽을 때 위에서 소개한 태도로 글을 읽는다면 언젠가 반드시 1등급의 독해력에 도달할 것이다. 점차 글 읽는 즐거움을 깨달을 것이고, 너의 세상은 좀 더 선명해질 것이다. 네가 수능에서 4% 안에 들어가지 못하더라도 그것은 순간일 뿐, 이미 글 읽는 법을 깨달은 너는 인생을 살아가면서 결국 4% 안에 들어갈 것이다. 앞으로 펼쳐질, '너'와 '네가 글 속에서 마주할 세상'과의 교감을 축하하며 글을 마치겠다.

국어 1등급을
정말 원한다면

독서편